筑摩書房

エイザ・ブリッグズ
Asa Briggs

今井 宏／中野春夫／中野香織 訳

イングランド社会史

A Social History of England

イングランド社会史　目次

謝辞

このたびの新版の準備にあたっては多くのかたがたのお世話になった。とりわけ新しい写真資料の発見に尽力してくれたスーザン・ハード、パット・スペンサー、ジョアン・キング、デザイナーのロナルド・クラーク、編集者のコラリー・ヘプバーンには心からの謝意を表したい。また、旧版刊行の際にご尽力くださったかたがたにも、この機会にあらためてお礼を申し述べたい。

図版の出典

本巻刊行に際し図版の復刻掲載を快諾してくれた以下の個人、博物館、写真家、写真資料館に謝意を表明したい。

Aerofilms 33 下, 49 上；Ancient Art & Architecture Collection 52 上；Barnaby's Picture Library 189 上, 291 下, 383 上, 431 (E. A. M. Ebden), 437 左 (William Boulton)；Beamish, North of England Open Air Museum (Bridgeman Art Library) 310；Birmingham Central Library 333 下, 339 下 (Francis Frith), 377 (Stone Collection), 407 左；The Bodleian Library, Oxford 117 上 (MS Bod 764 141v), 117 下 (MS Douce 88f.111), 129, 141, 177 上右 (MS Bod 247214 E 27 no 92), 265 下 (MS C 17：48 (9) Sheet 4)；Bradford Art Galleries & Museums 315 下, 437 右；City of Bristol Museum & Art Gallery (Bridgeman Art Library) 311 上；British Library Board 31, 54 上 (Bridgeman Art Library), 55 上 (Bridgeman Art Library), 55 下 (Bridgeman Art Library), 95 上, 下, 107 上, 下, 111 上左, 113, 133 中, 下, 157, 185 上左 (Bridgeman Art Library), 185 下, 186 上 (Bridgeman Art Library), 186 下 (Bridgeman Art Library), 188 (Bridgeman Art Library), 171 下, 177 下左, 183 上右, 197 中, 203 上, 213, 223 下左, 233 下, 329；Trustees of the British Museum, London 21 上左, 33 上, 49 下, 51 上, 下, 52 下左, 53 上, 65 中, 69 上 (Bridgeman Art Library), 93, 219 上右, 281, 295 左, 446 上 (Bridgeman Art Library)；Butlin's 451 上；Christie's, London (Bridgeman Art Library) 190 下；Christopher Wood Gallery, London (Bridgeman Art Library) 444；Peter Clayton 33 中；Clive House Museum, Shrewsbury (Bridgeman Art Library) 311 下；The Master and Fellows of Corpus Christie College, Cambridge 103 上；Cromwell Museum, Huntingdon 223 下右；Earl of Derby Collection, Suffolk (Bridgeman Art Library) 191 上；Sue de Jong/Format 483 上；Dean and Chapter of Durham Cathedral 81；Editions Alecto 89；English Heritage Photographic Library 50, 77, 305；E. T. Archive 21 下, 43 (Historik Museet, Stockholm), 54 下, 65 右 (British Library), 119 (Honourable Society of Inner Temple), 137 下 (Bibliotheque Nationale, Paris), 306 下, 307, 308 上 (Lincoln Museum and Art Galleries), 308 下 (Bath Museum), 441 (Guildhall Library), 442 上, 445 上, 下 (Private Collection), 447 上, 下 (Lords Gallery)； Fortean Picture Library 177 上左；Fotomas Index 165 上, 233 上, 389 下；Tom Graves 455；Grosvenor

Museum, Chester 53 下左 ; Guildhall Library, Corporation of London (Bridgeman Art Library) 187 ; Hatfield House, Hertfordshire (Bridgeman Art Library) 191 下 ; David Hoffman 499 ; Houlton Deutsch Collection 21 上右, 145 上, 下, 171 上, 177 下右, 183 上左, 219 下, 273 下, 291 上, 319 下, 347 上, 351 上, 下, 353 上, 373, 381 下, 383 下, 389 上, 397, 407 右, 413, 415, 419, 423 上, 下, 436 右, 451 下, 453, 461 上, 中, 465 上, 下 ; Illustrated London News Picture Library 343 下 ; JAK/Evening Standard 505 ; Leicester Museums 53 下右 ; Low/Evening Standard 425 ; Manchester City Art Galleries (Bridgeman Art Library) 312 ; Mander & Mitchenson Theatre Collection 203 下 ; Mansell Collection 99, 103 下, 237 上右, 下, 241 上, 下, 265 上, 277, 297 上, 下, 319 上, 333 上, 337 下, 339 上, 401, 403 ; Marks & Spencer 436 左 ; Mary Evans Picture Library 367 下 ; Marylebone Cricket Club, London (Bridgeman Art Library) 309 上 ; Roy Miles Gallery, London (Bridgeman Picture Library) 309 下 ; Maggie Murray/Format 461 下 ; Museum of London 52 下右, 65 左, 192 上, 237 上左 ; National Portrait Gallery, London 190 上 ; National Railway Museum, York (Bridgeman Art Library) 442 下 ; National Trust Photographic Library (Derrick E. Witty) 192 下 ; New College, Oxford (Bridgeman Art Library) 185 上右 ; P A News 411 ; Phoebus Picture Library 269 右 ; Popperfoto Endpapers, 337 上, 371 上, 405, 477 (Gordon Rawlins) ; Public Record Office 123 (E329/400) ; Punch 371 下 ; P. F. Purvey 137 上, 197 上, 219 上左, 367 上, 489 左 ; Rex Features 446 下, 448 下, 483 下 ; The Royal Collection © 1994 Her Majesty Queen Elizabeth II 189 下, 317 ; Royal Commission on the Historical Monuments of England 69 下 ; Edwin Smith 347 下 ; Society of Antiquaries of London 37 ; Spooner/Parker 448 上 ; Thomas Cook travel Archive 353 下 ; Tichborne Park, Hampshire (Bridgeman Art Library) 306 上 ; Topham Picture Library 363 上, 中, 下 ; The Master and Fellows of Trinity College, Cambridge 56 (Bridgeman Art Library), 111 上右, 下 ; The Board of Trinity College, Dublin 105 ; Graham Turner/The Guardian 495 ; By courtesy of the Board of Trustees of the Victoria & Albert Museum, London 381 上 ; Wander Limited 457 下 ; Trustees of the Wedgwood Museum 269 左 ; Weidenfeld & Nicolson Archive 133 上右, 153, 165 下, 183 下, 197 下, 295 右, 315 上, 343 上, 443, 489 右 ; The Wellcome Institute Library, London 457 上 ; Wesley's Chapel, London 273 上 ; West India Committee 251, 255.

地図作成 M. L. Design, London.

イングランド社会史

知識不足で誤った記述をしていれば、記述の撤回と訂正、さらには
この書物の書き直しすらいとわないつもりである。

ジョン・フィッツバート『家政の手引き』（一五三四）

序

イングランドほど、過去のすべてをみごとに現在へと受け継いでいる国家はない。われわれイングランド人にとって、過去の大事件への言及は、ただ言葉だけのものではない。イングランド人の生活は歴史とのむすびつきのなかで営まれ、生活の礎となる権利と義務の意識も歴史とのむすびつきから生まれている。

マンデル・クレイトン『イングランドの国民性』(一八九六)

歴史とは永遠なる瞬間という鑑、
歴史をもたない民族は、
時の暴力から逃れることはできない。
冬の午さがり、木漏れ日が落ちるとき、
人里離れた礼拝堂に、歴史とイングランドが見える。

T・S・エリオット『四つの四重奏』(一九四二)

イングランド人の性格を表現するとすれば、安定かつ画一的であると同時に多様かつ雑多、また明快であると同時にあいまいとしか言いようがない。彼らの性格を一般化すると、どんな表現でもぴったりと思われる反面、頭が混乱しているという印象を与えずにはおかない。

ヘンリー・スティール・コマジャー
『アメリカ人の眼を通したイギリス』(一九四八)

数多い歴史ジャンルのなかで、かつて社会史は政体史や政治史、あるいは軍事史より格下とみなされることが多かった。政体史などが大事件を対象とするのにたいし、日常的な事柄をあつかうのが社会史の役割であった。経済史が歴史の一ジャンルと認められ、社会史とおなじカテゴリーに分類されたときでも(この分類は今日でも一般的である)、格上なのは経済史であった。生活水準の方が、生活様式そのものよりも研究に値する「根本的な」問題と考えられていたのである。

ところが近年、状況は一変した。いまや社会史は歴史の花形となり、対象領域と方法論が広がるにつれて、専門書から一般書にいたるまで多様かつ重要な成果を生みだしている。あつかう問題と時代にかんしても、重要論文がほぼ出揃っており、なかにはきわめて高い水準のものがある。また、起源の解明を試みる地域史や家系史も生まれている。他方、専門家対象の研究書のなかには、人間よりも抽象論を中心にあつかい、十分に説明されているとは言いがたい概念(その一部はごく最近につくられた)をふり回す傾向がみられるようになった。また、一般読者向けの歴史書でも、あまりにも多くのことを自明なこととして片づけ、視点もあいまいで、歴史的意識をかなり欠いたものが見うけられる。本書の第一版が出版された一九八三年とくらべると、包括的な研究書の必要性、すなわち専門家による諸成果にもとづいて、時代を網羅的にあつかう研究書の必要性はさらにいっそう高まっている。

包括的なイングランド史の試みは、一九八三年でも大変な作業であったし、とりわけなにを省くかを決めるのに頭を悩ませた。それから一〇年たった今現在、歴史研究者の情報量はいちだんと増え、重要な著書と論文が数多く出現しているために、包括的な社会史の試みにはさらに多くの努力が求められている。またこの間、大きな社会変化が起こっており、その変化の多くは大きな話題となっていて、またその変化のほとんどがマスコミによってたびたび取りあげられている。本書の改訂が必要となったのはこうした理由からであり、ただ最終章を書き直すためだけではない。社会に新たな発展が生まれれば、現在だけでなく過去の再検討もせまられてしまうからである。ただし、現在と過去の関係にかんし、過去の出来事がすべて現在に向かってたんたんと（人によっていだく印象はちがうだろうが）押し寄せてくるとみなせば、過ちを犯す。なるほど、現在にいたるまでの傾向とか方向性を、数ある出来事のなかから選びだすのもひとつの有効なやり方ではあろうが、過去の出来事を過去自身の観点から理解すること、実現した選択以外にも取捨された選択があったことを考慮する必要がある。

私にとって社会史とは、近年用語として問題になっている社会という存在の歴史である。つまり、社会の構造とか変化のプロセスとかかわるのが社会史である。したがって、あらゆる物事が社会史の対象と言っていいし、たとえ瞬時にしか存在しない資料でも見逃すわけにはいかない。それほど資料の多くは失われており、ある意味では現存する資料も偶然残ったものにすぎない。社会のことを語るにあたって、私はそれでもつねに人間の体験、すなわち個人と集団によって共有、もしくは対立する体験を中心に据えている。名を残すこともなく権力の犠牲となった人びとの生活を明らかにすることは社会史の醍醐味のひとつであるが、かといって権力側の人びとを無視する説明は一面的である。社会とはあくまでも人間関係の網の目であり、理論上の集団ではない。もちろん、私たちが知ることのできないことも数多く存在する。

その点、社会の文化的な面はより具体的な対象となる。社会史の研究対象が台所から応接間や寝室、庭園へ、また畑から工場へ、村落から都市へ、そして倉庫や事務所からウェストミンスター寺院やホワイトホール宮殿の回廊へと広がった現在、社会史学者は文化の手がかりすべてを解読するよう努めなければならない。また、「宣伝活動《ピー・アール》」やメディアの役割に相当するものを考慮する必要がある。要するに好奇心こそ、社会史研究に不可欠な要素なのである。また、誇張表現を見ぬく才能も欠かせない。とりわけ、ある社会もしくはある時代に特有な文化と、ほかの社会もしくは時代と共通する文化を見きわめたい場合には、細部の丹念な研究が概論的研究よりも、対象となる文化を照らしだしてくれることが多い。

かつてはごく自然に使われていた「イングランド的な」という表現にしても、一九八三年以降、どんな現象が明らかに「イングランド的な」と言えるのか、格段の注意がはらわれるようになった。他国の社会史および文化史にも大きな関心がもたれている。また、比較史が脚光を浴びてもいる。かといって、イングランド社会史の魅力がそれじたい褪せたわけではないし、まったく異質な伝統社会をもつ他国の人びとにも、イングランド社会の歴史は直接的な関連（模範として、あるいは近年では反面教師として）があると今日でも考えられているために、またべつの魅力をもつ。なにしろ、教訓を引きだすにしてもかなり手強い対象であるし、はっきり物事を決めつける解説調の文章では、当然のことながら関連する多くの事柄を取り逃してしまう。

　本書であつかう歴史の長さが長さだけに、私は時代間で相互参照《クロス・レファレンス》を試みた。ある時代（あるいはある世代）がべつの時代（世代）をどう考えていたのか、この問題は私にとってつねに興味深いことだからである。現在と過去のあいだには、制度や政治の関連ばかりでなく、社会的な関連も存在し、したがってはるか遠い過去でも数世代前の過去とともに社会史の対象としなければならないと私は考えている。空間の上でも影響はつねに存在するし、はるか遠い過去でさえイングランドとヨーロッパおよびそのほかの地域とのあいだには交流が存在した。そして今日においてヨーロッパ以外の英語圏社会では、どれだけ独自のアイデンティティーが確立されているにしても、イングランド社会と共有する伝統遺産が数多く存在する。

　私独自の研究方法のせいか、私は社会科学系の研究とともに文学系の研究にも興味をもっており、いずれも社会史にとって重要だと考えている。また、私はひたすらロンドンを中心にイングランド社会をとらえることはしたくない。そのため改訂版の執筆にあたっても、ますます多くの研究がなされるようになった地域史および地方史の成果を利用している。ただ強調しなければならないことは、本書の対象となる地域はあくまでもイングランドであって、スコットランドやウェールズ、アイルランドではない。後者はいずれも社会と文化にかんして独自の歴史をもっているからである。要するに本書はイギリス［ブリテン］史でも、連合王国史でもない。

　本書の図版には地図や版画、絵画、写真がふくまれているが、けっしてお飾りのつもりで収録したわけではなく、本文の一部と考えていただきたい。その時代を映しだす資料として、いずれも代用が利かないものばかりである。私たちは思考と分析をつうじて学ぶこともできる。また観念の研究によって学ぶこともできるが、事物の研究によっても可能である。そして記録や統計だけでなく、かつてのイングランドの姿をしのぶことでも学べるのである。近年、社会史が脚光を浴びるにつれて、映像史や口述史への関心も高まり、その関心によって社会史はさらに充実している。

*

本書は長年にわたる研究と会話から生まれたもので、研究の起源は、アイリン・パワー教授の講義を聴き、中世社会の研究者であるジョン・ソルトマーシュ氏に連れられて野原を歩きまわったケンブリッジ大学での学生生活にある。会話の起源はさらにそれ以前、私が荒野の端に位置するヨークシャーの工業町に生まれ、リヴァプールやコッツウォルド地方に劣らず「イングランド的な」環境で育った幼年時代からはじまる。

もちろん、本書はイングランド人およびそれ以外の大勢の歴史学者から多大の恩恵を受けており、私の研究方法とはいちじるしく対立する研究者もその例外ではない。ただ、本書の結論については私だけの責任である。また、歴史研究が、専門的に細分化されている現在、本書の説明に省略や簡略化など多々不足な点があることは私も十分自覚している。イングランドの社会史を一冊にまとめるためには、スペースの都合から多くのものを省かざるをえなかったので、その点はご寛恕願いたい。残念なのは、脚注を付けられなかったことだが、改訂版では巻末に文献を紹介した註釈を収録しており、これを参照していただければ、今後の新たな研究の一助となると思う。

本書で使われた資料の一部は、BBCの世界向け放送で一九八二年に放映されたイングランド社会史の一二回シリーズ番組でも使われていた。それ以前、私は『万人の長い旅路』と題するBBCの企画番組に専門家顧問として深くかかわっていた。また、中国の視聴者向けにイングランド社会史を解説したこともある。一九世紀以前であれば想像もつかなかったマスコミュニケーションを体験して、私は社会史について貴重な知識を得ることができた。同様のことが、労働者教育協会とおこなった作業、さらに文化遺産教育グループとの作業にもあてはまる。けれども、書物もやはり重要なコミュニケーションの手段であり、G・M・トレヴェリアンの『イングランド社会史』の図版が収録された一九七八年版（第一版は今から五〇年以上も前の第二次世界大戦中に出版されている）に序文を寄稿する名誉に浴した。

私の気質と背景、ならびに本書における多くの結論はトレヴェリアンと対照的である。また世代も、私とトレヴェリアンとは三〇年以上の開きがある。だが、歴史には詩心が必要であるという点では同感である。また、トレヴェリアンのある確信を強く支持したい。私たちが「過ぎ去った時代それぞれの全体像」をふたたびよみがえらせるよう努めてみれば、「過去の人びとが自分たちの環境について知っていた以上のことを」私たちは知りうる……

一九九四年、サセックス州リューイスにて

エイザ・ブリッグズ

第一章

先史時代

文字に残されていない歴史

9000年前ごろ　ブリテン島が大陸と分離する
5000年前—4500年前　第1ストーンヘンジの建造がはじまる
3800年前—3700年前　「ビーカー人」の定住がはじまる。彼らによって青銅製品の使用がはじまり、第2ストーンヘンジの建造が着手された。
2700年前ごろ　鉄製品の製造がはじまる
2600年前ごろ　イングランド南部において丘陵砦の建造がさかんとなる

古代の遺物とは破壊された歴史であり、偶然に時の暴力から免れた歴史の断片である。

フランシス・ベイコン『知の革新』（一六〇五）

古代にたいする関心は、じつに魅力的な性質をもつ。それは地域や時代に限定されることがない。なるほど、歴史的な関連物によってその関心がいっそう強まったり、特定の対象に焦点をあてることで地域化できるかもしれないが、古代を語りつくそうと思えば、関心は無限にひろがる。

ウィリアム・カドワース
『ブラッドフォードの古代遺物』（一八七九）

先史は日常生活の根本を対象とする。先史によって、子供たちは人間にとって根本的に必要なものがなにかを考え、自分たちのまわりの世界に古代的な起源が存在することを知る。

D・P・ドブソン『学校教育における先史教授法』（一八二八）

先史にたいする伝統的な見方は、今やあらゆる点で矛盾している。

コリン・レンフルー『文明以前の時代』（一九七三）

イングランドは小国であり、その面積はアメリカ合衆国の六〇分の一にすぎない。ところがこの小国こそ伝統社会の中心となる。植民地のアメリカが一七七六年に独立宣言をおこなったさい、彼らは未開の大陸の新しさを誇らしげに語った。ところがイングランド人にとって、古くさいことはけっして悪いことではなく、ややもすると、時間の重みはこのうえなく貴重なものとなる。

イングランド社会にさまざまな歴史が存在するとすれば、その歴史の数だけ、イングランドの田園地方も多様だと言える。なるほど田園には複雑な地質と多様な気候が刻みこまれているけれど、田園風景が映しだすものはそれらばかりではない。原生の姿をとどめるかに思われる現在の風景、たとえばドーセット州の荒涼とした荒野《ヒース》のようにいまでは自然そのものとしか見えない大地も、イングランド史の最初期では開墾地だったのである。一八世紀の詩人ウィリアム・ブレイク（一七五七―一八二七）は「イングランドの緑におおわれた心地よい大地」と詠ったが、この大地にしても「うす汚れた邪悪な工場」とおなじく、歴史が生みだしたものにほかならない。海に囲まれていること、そしてどの地域でも（じっさいには遠いにせよ）海が間近に感じられることは、他の国で山岳や砂漠が重要な意味をもつのと同様にイングランドの歴史上いつの時代にも重要な背景となるが、その海岸線も、人間の力によって変わりつつある。自然は丘陵や湖沼、あるいは森林という姿をまとって、人心を震撼させる大事件が起きたさいにはしばしばイングランド人の心を慰め、霊感を与えており、その自然を守ろうとする意識はいまだに強い。「これはわれわれがつくり、われわれを生んだ大地なのだ」。地域への愛着心もその地域の風景の意識と深くかかわっており、自然と文化(「文化《カルチュア》」という単語は大地を耕すことから派生した)はイングランドのあらゆる地域で不可分にむすびついている。

　イングランド社会が生みだした功績と問題点はイギリス帝国「ブリテン帝国」の植民地支配とその反動をつうじて、発展途上にある海外の諸地域およびその文化――そのなかには、はるか海のかなたにある地域もふくまれる――と歴史的に深くかかわってきた。ブリテン諸島の一部にすぎないイングランドを、これだけ多くの人びとが訪れるのも、この事実があるからにほかならない。イングランド人であろうとなかろうと、イングランド社会に関心をいだく人間にとって、解説されることなくただ実体を示されるだけでは物足りない。なるほど解答を見つけることはそうやさしいことではないかもしれないが、現在のイングランド社会を探求してみたい人間ならば、いくつかの疑問をいだきたくなると思う。代表的なものは「イングランドの過去の出来事はいかなる理由から起きたのか」、あるいは「現在のイングランド人はどのようにして、またいかなる理由から形成されたのか」である。

　この種の疑問に答えるためには、しばしば時代をはるか過去までさかのぼらなければならない。偉大な社会史学者であるマルク・ブロック（一八八六―一九四四）の言葉を借りれば、そもそも「無脊椎動物のような骨格のない社会でないかぎり、すべてが直前の時代によって形成されてしまう社会など、存在しない」。G・M・トレヴェリアン（一八七六―一九六二）は『イングランド社会史』（一九四四）において、チョーサー時代のイングランドまでさかのぼっており、彼によればこの時期こそ、「イングランドが明確な国家として出現し、社会史を投影する英語が独自の言語として存在しはじめた時期であった」。だが、さらにもっと過去までさかのぼってよい理由がいくつかある。今日の太古史は人間と自然、化石と岩石、島と大陸、そして地理と地質の関係に関心をよせている。つまり太古史は、一九二八年に出版された先史の教科書が「基本」と呼んだものを対象としている。ただし、一九二八年当時においては、物的資料がかぎられているという事態はあまり重視されず、中心的な問題を探ることに重点がおかれていた。ちなみに教科書の著者たちは、なぜ生徒が先史時代を学ぶ必要があるのかについて、以前とは異なるたいへん興味深い理由をあげていた――生徒たちがそもそも「未発達《プリミティヴ》な存在」であるから、「先史時代《プリミティヴ》の出来事」も魅力的なものとなるだろう、と。

　時代の尺度は一九二八年の時点で、すでに劇的な変化をとげていた。その後も新たな時代区分体系が採用され、とりわけ一九六〇年代以降、物的資料の新発見や資料を分析する新しい方法が格段の進歩をみせているため、従来の概説は急速に時代遅れとなっている。本書が過去へさかのぼり、私たちのもっとも遠い祖先までたどろうとするのも、現在の時空間認識が科学とテクノロジーに支配されている点で、従来のものとは異なっているからにほかならない。だからといって、私たちが二〇世紀以前の研究成果を無視してもよいことにはならない。社会史の研究者は最新の研究からばかりでなく、時代遅れで見捨てられた学説からもじつに多くのことを学びうるからである。また、私たちが「因果関係にもとづく人間の歴史」を求めて過去へ旅だつとしても、それですべての驚異が消滅するわけでもない。じっさい、過去への探究が未知なる領域への旅行以上に神秘を生みだしてしまうことを、私たちはすぐ実感するはずである。たとえば近年検討しなおされ、年代を修正されたストーンヘンジにしても、いまだに謎の存在ではないか。この遺跡は一八世紀の考古学者たちを魅了した魔力を、今日の「探求者たち」に向かっていまだに放ちつづけている。

自然史と人類史を太古まで拡大し、より体系的に関連づけたのは一八世紀および一九世紀の探求者たちであった。未曾有の物質的進歩を誇りながら、彼らはしばしば白熱した議論をかわし、過去の発想法をつぎつぎに切り捨てていった。人びとに富と権力をもたらした石炭が、数百万年前ブリテン島に繁茂していた豊かな炭素を含有する大森林から生まれたというその事実に驚きをもって向かいあったのである。ノーサンバランドの海岸にある炭田に埋もれていた二〇本の直立した大木を発見したのも、かのトレヴェリアン一族のひとりサー・ウォルター・キャルヴァリー・トレヴェリアン（一七九七―一八七九）であった。二〇世紀の道路建築がそうであるように、一九世紀の鉄道および下水道整備に必要な発掘は、さまざまな大発見をもたらした。

ヴィクトリア時代の人びとは、はるか大昔、巨大爬虫類や大型哺乳類などの絶滅動物がブリテン島をのし歩いていた事実を知り、この事実を驚異と畏怖の念をいだきながら受けいれた。これら絶滅動物を再現した模型はシドナムの水晶宮《クリスタル・パレス》の庭園や、新たに一八八一年に開館した自然史博物館に展示された。なかには自然物なのか人工物なのか確信がもてないながらも、フリント［火打ち石］の収集と分類に没頭していたヴィクトリア時代人もいた。もちろん、この時代には花粉や骨の分析、あるいは放射性炭素測定などといった科学的分析法は知られていなかった。この種の科学的裏づけなしに、ヴィクトリア時代人は現存する物的資料にもとづいて先史時代を区分し、秩序ある時代に体系づけていた。それは発掘現場で作業をする人間よりも、いまなにが起こりつつあるのかを目撃したい物見高い見物人や、目録に血まなこになる自称買いつけ人の方がはるかに多かったとはいえ、ヴィクトリア時代こそ人びとがこぞって考古学熱にうかされた時代であった。

発掘された資料にもとづく地質学上の区分は、人類史の時代区分の先例となった。地質学者にとり、ブリテン島は博物館そのものであり、地質学者も歴史学者とおなじくイングランドばかりでなくブリテン島全体を研究対象としなければならない。ヴィクトリア時代の地質学者は地球の歴史においてある時代の地層に特徴的な岩石を見いだし、それぞれに古代ブリテンにちなむ名称を与えた。かくしてカンブリア（ウェールズの古名）から採られたカンブリア紀が存在し、この時代が一億年ほどつづくことになる。おもにシダ類と魚類が繁栄していた時代はデヴォン紀と命名され、こちらはカンブリア紀に先だち、六〇〇〇万年ほどつづく時代とされた。さらにオルドビス紀とシルル紀なるものがつくりだされ、この一見無関係な名称にしても、「古代ブリテンの種族」から採られていた。

これらの時代名称から私たちが学べることといえば、それは太古の時代よりも、むしろこの時代区分をおこなった一九世紀の社会史および思想史についてである。ヴィクトリア時代人が語る神秘のブリテン太古史には、矛盾する現象をふくむ二つの問題点があり、これには当のヴィクトリア時代の探求者たちも気づいていた。まずイギリス「ブリテン」が島国となる自然の過程は、宇宙の激しい作用とその結果生じる地球環境の大変化によって引き起こされたと考えられた。ところが、イギリスにおける人類の歴史はこうした環境の大変化にもかかわらず、ブリテン島の誕生よりもはるかに平穏、かつ継続的なものとされた。ヴィクトリア時代の人びとは地質学と生物学を刷新する一方で、イングランド人の歴史にたいしては安定性を誇りとしていたのである。今日では一部の社会史学者によって、イングランド社会では大革新と呼べる現象がほとんど起こっておらず、そのためにイングランドは多大の不利益をこうむっていると指摘されているが、この指摘などはヴィクトリア時代人にとっては想像すらできなかったにちがいない。

第二点にも、矛盾が存在していた。ヴィクトリア時代人にとって、イギリスの性格は島国という立地条件によって決定されているように思われた。ところがその一方で、イギリスにおける人間の歴史はイギリスがまだ沖合の島ではなく、大陸の一部であったときにはじまっていたことが明らかになった。はるかに遠い過去、猟をする一団が獲物を追い、大陸棚の水没していない地域をとおって、現在のイングランドとなる地域へたどりついていたのである。たしかに、大陸との最終的な分離はわずか九〇〇〇年前のことで、けっして「太古」とは呼べない時期であった。イングランドと外の世界とのあいだにはかつて自然の交流が存在したこと、しかも、コミュニケーションの手段が一変したあのあわただしい一九世紀の経済、社会、文化の複合的な交流よりもはるかに複雑であったことは、ヴィクトリア時代の人びとにとって理解を超えた出来事のように思えた。

地球の歴史を矛盾なく人間の歴史と関連づけることはヴ

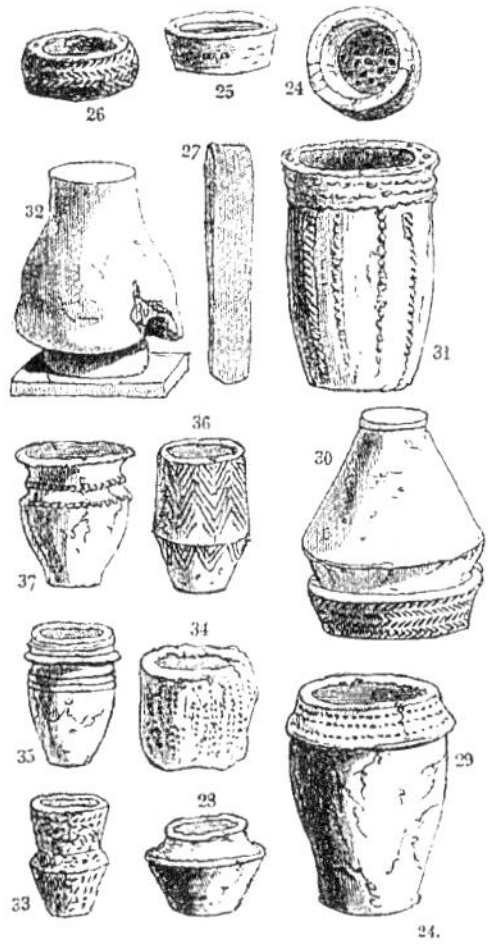

(右) 収集、組み立て、分類を表すヴィクトリア時代の区分法。ブリテン島の古墳から発掘された壺、お香皿、飲料カップ。(左) ノーフォーク州グリムズ・グレイヴスの新石器時代のフリント採石場から発見された石灰岩製の小女神像で、発見時には台座に置かれていた (紀元前 4000—2000 年)。おそらくフリントの増産を祈願して作成されたと思われるが、より仮説的な見方によれば、大陸で発見されている類似物の同種のものとされ、地母神崇拝とも関連づけられている。

最古のイングランド人を探す試みは現在までつづいている。1912 年にチャールズ・ダウソンが絶滅動物の骨とともに化石化したあごの骨を発掘し、ダウソンはこの骨が猿と人間との「失われた関連」を表すものだと主張した。このいわゆる「ピルトダウン人」の評価をめぐって 40 年間も論争がつづき、最終的にこの発見物がつくり物であったことが判明して決着がついた。1994 年 5 月の新聞は、「ボックスグローヴ人」のすねの骨が前年にウェストサセックス州の砂利採掘場から石器や動物の骨とともに発見されたと報じた。推定「50 万歳」のモンタージュ写真が添えられ、「最古のヨーロッパ人」の但し書きがつけられた。

ィクトリア時代でも、また今日でも口で言うほどやさしいことではない。一九世紀のある著作が述べるように、「太古の人類にかんして唯一信頼できる史書は、自然という書物に書かれたものである」けれども、この「書物」はそうそうかんたんには手に入らないし、また完全に信頼のおけるものでもないことが判明した。一九一二年にサセックス州で「発見」された「ピルトダウン人の頭蓋骨」は、初期人類の標本として貴重なイングランドの例と主張されたが、のちに偽物と判明した。おなじく過去の生活様式の空想的な再現も、一八八八年に「発見」されたサマーセット州の「グラストンベリー湖の村落」のように、明らかな戯画的要素をふくんでいた。「自然という書物」にたいする解釈は、近年の研究の目ざましい発展によって（その一部は実験室を中心としている）変わりつつある。量的分析もはるかに洗練されている。遺骨は起源をたどるためばかりでなく、病気をつきとめるためにも研究されており、グラストンベリー近郊のサマーセット平原では、泥炭層からフリントとともに太古の花粉まで採取されている。変化の因果関係を説明するために新たな試みが導入されつつあり、一方で一九九二年にスイスの氷河から姿をあらわした新石器人の遺体のような新発見も存在する。

科学的考古学が発達する以前では、初期のブリテンを理解するには、まず世界の他地域と他民族をより十分に理解することが最重要だと考えられていた。「考古学は、文化人類学の過去時制にすぎない」と、一九二五年に研究誌『アンティクイティー』を創刊し、考古学に応用される空中撮影の新技術を開拓したO・G・S・クロフォード（一八八六―一九五七）は言いはなった。文化人類学の多くが進化主義であり、一九世紀にその起源をもっている。この種の立場では、時代と空間が隔たってはいても、世界中にその痕跡を認めうる共通の進化論的な展開、すなわち狩猟民にはじまり、食物採集者、農業従事者、金属精錬者、そして「司祭」へといたる発展段階が想定された。そのうえでこの共通項にもとづくことにより、物質文化のみならず、集団の「心性《メンタリティー》」まで測りうるとされた。第二次世界大戦以前に初等教育で使用されていた一連の有名な歴史教科書のなかで、ハロルド・ピーク（一八六七―一九四六）とH・J・フルーア（一八七七―一九六九）は地域が異なるにしても、ある地域の「時の回廊」の分析をつうじて明らかになるさまざまな「原型」を紹介した。一九二七年に出版された第一巻の題名は『猿と人間』、第二巻は『狩りする人とものをつくる人』（この巻には先史時代の洞窟に描かれたとても面白い最初期の動物絵画が挿絵として描かれていたが、この種のものはイングランドにはほとんど存在しなかった）、第三巻は『農夫と土器づくり』（土器製作は考古学者にとって年代決定に重要な対象であり、研究対象としてしばしば土器の方が人間よりも重視されてしまった）、最終巻の第四巻は『司祭と国王』（試練に立ち向かう精神の剣と現実の剣、すなわち宗教と統率力を必要とする社会構造）である。

　地質学者と考古学者は過去を拡大する一方、鉄道網や国際航路さながらに、空間をいちじるしく縮小させていた。人類はすべて根源においてひとつと考えられ、その結果、最初期のイングランド社会史も、共通項から派生するたんなる特殊例とみなされることにより、部分的にでも演繹と帰納によって再現されることができるとされた。たとえば新石器時代初期もしくは中期の女性像と男根形崇拝物がノーフォーク州のグリムズ・グレイヴスで発見されたさい、いずれも世界共通の現象、すなわち地母神崇拝と関連づけることができたし、事実そのとおりになった。

　ところが、人類の歴史に付与されていた一九世紀の時代名称――旧石器時代、中石器時代、新石器時代という三段階の石器時代にはじまって、青銅器時代および鉄器時代（金属器の出現は、この区分化において特別な重要性をもっていた）をつうじ、文字の出現にいたる――は石や金属の素材の価値というより、人びとが成形し利用した素材そのものにちなんでいた。「先史時代」という用語が初めてイングランドに出現したのが一八五一年であり、この年に「大博覧会」がロンドンのハイド・パークにおいて（シドナムに移動する以前の）水晶宮で開催されたことは、偶然の一致ではない。もし一九世紀におけるあらゆる国家の製作物が物質的進歩の証拠として収集されうるのであれば、人間の過去の異なる諸段階それぞれの製作物を収集、展示することにより、進化を区分化してしまうのはある意味で自然の成りゆきであった。一八五一年の時点で、すでに石器時代、青銅器時代、鉄器時代の区分法はイングランドによく知られており、その当時から歴史は「自然科学として、さらには属や種に分類される物体としてあつかうことはできない」と批判されていたにもかかわらず、この区分は定着してしまった。

　その後、発掘調査、資料の収集、検討がいくどとなく繰りかえされ、この区分法をめぐる議論は沸騰した。ある時代とべつの時代とを厳格に区分することの危険性が強調されはした。だが、区分の枠組みは生き残った。また、地質学の時代名称がイギリスの影響を物語っているように、地質学上の標本につけられる名称は大陸の影響を投影していた。たとえば、みごとな先史時代芸術をもつオーリニャクの洞窟は「オーリニャク文化」という用語を生み出し、この文化に対応すると考えられたイギリスの例が、ダービシャーのクレスウェル・クラッグズにある洞窟群（ある洞窟ははるか後代の伝説から「ロビン・フッド洞窟」、べつの洞窟は一八世紀の喜劇の登場人物の名を借りて「マザー・グランディーの客間」と命名された）である。画一性と関連性の追求は、これほど情け容赦ないものであった。

　氷河期の終了後にみられるイングランドとヨーロッパ大陸の文化的な類似点を説明するため、考古学者たちは「侵入理論」と呼ばれる仮説を生みだした。かりに社会変化の原動力が民族の移動（移住）、あるいは技術の移転（文化の接触）だと仮定したうえで、イギリスが島国だったという事実があったとすれば、比重はつねに前者のプロセスにおかれていた。「侵入理論」は初期の環境変化のうちもっとも大きな変化である農耕の誕生からはじまる。この農耕の移入が中近東の文明発祥地までたどられ、この中近東から栽培化された小麦と大麦が、家畜とともに西と北へと広がっていく。ゴードン・チャイルド（一八九二―一九五七）によれば、ヨーロッパの未開状態は「オリエントの文明」によって「啓発」されたのであり、イギリスがこの啓発過程のなかで辺境に存在したとしても、入江と半島があったため、侵入者にとっては魅惑的な辺境だったことになる。チャイルドは先史「文化」の概念を広めた貢献者であり、先史時代をつうじて大きな役割をはたしたのは、個人ではなく民族という集団であったこと、さらには歴史の展開が民族の「分化、放浪、交流」にあったことを強調した。この点、彼は社会史学者の視点をもっており、彼の『ブリテン諸島の先史社会』はトレヴェリアンの『イングランド社会史』の一年前に刊行されていた。後年チャイルドが主張したところによると、先史時代の専門家は考古学の遺物から「政治家の代わりに文化を、また戦争の代わりに民族の移住」を抽出しなければならない。

「文化」の概念（民族、技術、心性）はいまでも生き残り、ローマ人の侵入に先だつこと五〇〇〇年前に、鉄器時代の「民族、技術、心性」が現在のオーストリアにあるハルシュタットの「標準遺跡」から、ヨーロッパ中に拡大していった現象を説明する重要な概念が、やはり移住である。とはいえ、今日「侵入理論」のようなアプローチはかつての魅力を失い、その影響もかぎられたものとなっている。古代ブリテンの遺物が体系だって地域ごとに研究されるにつれ、対象がどの時代であれ、ある地域における環境への適応性が重視されるようになってきた。さらに言えば、チャイルドが提唱する「戦争の代わりに」などは、今日の視点からすれば的はずれのように思われる。かつてはいざ知らず、今日、先史時代を語るにあたって戦争の歴史を省くことはおよそ不可能なことであり、それは今日の社会史学者がもはや、かつてのトレヴェリアンのように社会史から政治を取り除くことなど、できはしないのとおなじことである。現存する最初期の遺物である手斧も、その目的はひとつにかぎられたわけではなく、間氷期にあたる「旧石器時代」にまでさかのぼれる手斧がスオンズコームのテムズ川砂礫層から、頭蓋骨の断片とともに発見されている。なるほど作家のジョン・ファウルズ（一九二六―　）は感性豊かに、「石器時代の最良の道具が石と木材を加工するためのものであったとすれば、青銅器時代の最良の道具は人間を殺すためか、征服するためのものだ」と語っている。ところが、石器時代の大昔から暴力が存在していたことは、

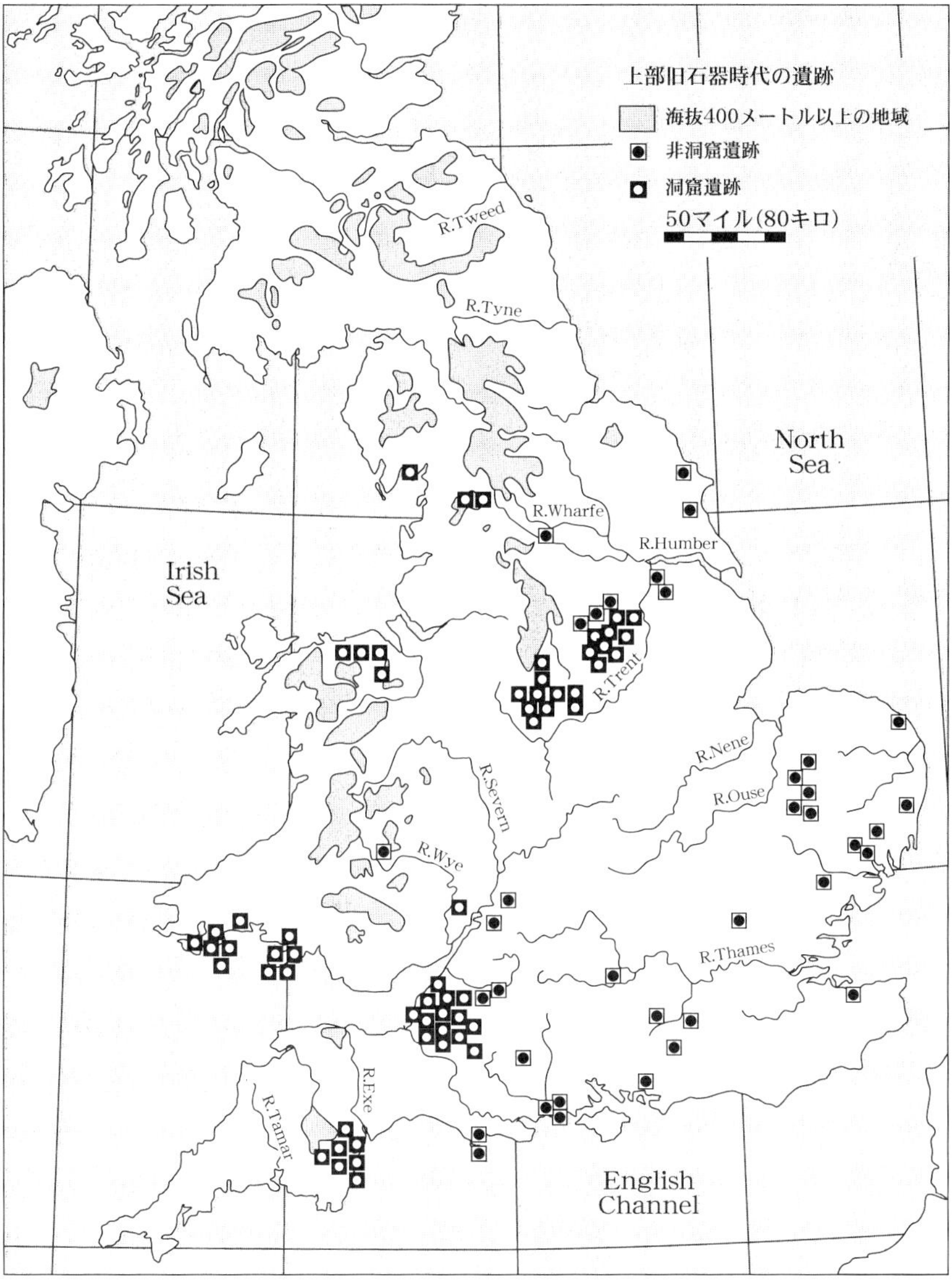
上部旧石器時代の遺跡
海抜400メートル以上の地域
非洞窟遺跡
洞窟遺跡
50マイル(80キロ)
R.Tweed
R.Tyne
North Sea
R.Wharfe
R.Humber
Irish Sea
R.Trent
R.Nene
R.Severn
R.Ouse
R.Wye
R.Thames
R.Exe
R.Tamar
English Channel

いまや疑いえない事実である。ウィルトシャーのソールズベリー南西にある長楕円形古墳から発見された成人の頭蓋骨には、側頭部にフリント製の葉状矢じりが突きささった跡がみられる。また、コッツウォルド地方のウィックウッド森林にある長い小室状の墓に埋葬されている遺骨の一体なども、その死因は右脇腹を貫通し、脊椎骨にまで達している矢が示してくれる。対象がいかなる時代であれ、社会史は鋭敏な洞察力とともに、政治的権威や権力を十分に説明できるだけの網羅的な説明を求められている。

　この二〇年あまりの目覚ましい「年代推定の革命」は、時間のみならず空間の再検討をも余儀なくさせてきた。かくして農業の発展にもとづく新石器時代の概念も、はるか過去までさかのぼって適応される一方、スコットランド北端の島々をふくめて、ブリテン島の離島までもが考古学的解釈のうえで以前とくらべてはるかに重要な役割を演じている。イングランドにかぎっても、ストーンヘンジのような身近な遺跡でさえ新たな意味を帯びつつある。『旧訳聖書』のアブラハムがこの世に生まれたとき、第一ストーンヘンジはもはや大昔のもので、第二ストーンヘンジでさえ、すでに建造されていた。イングランド西部の遺跡群をふくめて、西ヨーロッパの巨石遺跡が巨大墳墓として一括して考えられるようになったのは一九世紀になってからのことだが、現在では巨石遺跡がギリシアのミュケナイ文明よりも古い時代のものであることが知られている。環状列石《ストーン・サークル》がブリテン諸島のいたるところに点在しているが、石柱遺跡にもおなじことがあてはまる。

　さまざまな科学の成果によって、年代学が新たに生まれ変わったばかりでなく、先史時代をめぐる新たな解釈も生みだされている。ウィラード・リビー（一九〇八―八〇）が放射性炭素による測定法によってノーベル賞を獲得した一九五四年以降、諸年代は訂正され、必然的に新たな疑問が出現したからである。多くの空想が捨てさられる一方、推論を働かせる余地はさらに広がっている。考古学者のなかには推論に歯止めをかけようと試みるものもあらわれ、彼らによると、考古学はデータによって解決されうる問題にのみ、研究対象の範囲を限定すべきことになる。にもかかわらず、どれだけ困難かつ疑問の余地が残るにせよ、一般化の試みがおこなわれている背景には、先史社会研究の六つの要素、すなわち日常生活、テクノロジー、社会組織、商業とコミュニケーション、文化、人口分析が、どうしても体系的研究を要求してしまうという事情がある。

　この六つの要素は後世のあらゆる社会とおなじく、先史時代でも明らかに相互依存の関係にあった。たとえば日常生活が人口に影響をおよぼしていることは明らかであり、逆もまたしかりである。おなじくテクノロジーと社会組織も相互影響の関係にあり、テクノロジーは農業のやり方を決定していたし――それゆえ日常生活をも、ということになる――、社会組織は商業とコミュニケーション、そして文化と関連していた。実験データが断片的である場合でさえ、六つの要素を取りだし、モデルの形でそれぞれの関係を暗示することは可能である。つねに推論を働かせる余地があり、今日描きうる先史社会の想像図は、たとえ不完全で仮説的なものであるにしても、旧石器時代の仮小屋住まいや水辺の集落を描いた一昔前の色褪せた挿絵とくらべれば、はるかに説得力をもつ。

食糧事情はどんな社会でも根本的に重要であり、考古学者は先史時代の食糧事情にかんするどんな断片的な証拠でも見のがしてはいない。石器時代には狩猟生活から穀物栽培と家畜飼育への移行がみられるけれども、だからといって、この移行が狩猟の終焉を意味するわけではなかった。また火に守られた定住が、集落全体の安全な生活を意味するわけでもなかった。むしろ農耕生活への移行は食糧がたくわえられなければならなかったこと、土地に境界がつけられなければならなかったこと、さらには家系が重要となったことを暗示している。農耕による定住化により、男女間の社会的関係も変化していた。大地と海岸の資源がどう利用されていたかを詳細に分析してみると、ある地域は土地の疲弊のため廃れる一方、ある地域は文明化していくという、人口移動および社会組織の強度と関連する複雑な年代学があらわれてくる。より対象を限定した研究では、食生活を再現する試みが近年めざましい発展をとげており、この成果によると、先史人の食事には肉や野菜のほか魚もふくまれていた。残された遺物から判断すると、食生活は居住地によって異なり、またおなじ居住地のなかでも多様であった。

食糧事情と関連し、さらにはこれ以降の社会との関係からも重要となる大問題が存在する。すなわち日常生活の必要量が満たされたあと食糧として残されたもの、いわゆる農業生産物の余剰にかんする問題である。余った穀物はたまたま「天の恵み」によるものだったのだろうか。それとも計画的に生みだされたものだろうか。ストーンヘンジの建造を考えてみた場合、この事業は食糧採集への従事をひとまず休止しなければ、およそ不可能であったにちがいない。なにしろ三五トンもある巨石をひとつ運ぶにしても、皮製のロープで引っぱる人手は六〇〇人、もしくは七〇〇人ほど必要だったからである。まったくおなじ計算が、カンブリア州の巨石遺跡にもあてはまる。カンブリア州のその地域は効率的な農耕にもほかの地域との連絡にも、長年にわたって地理的な障害があった地域である。ならば、どうやって余剰生産物はつくりだされたのだろうか。

石の運搬をふくめていかなるテクノロジーの発展過程でも、ある特定のものをつくるために利用された道具や素材を研究することによって、その過程は推理しうる。フリントではできないことが青銅器では可能となり、真鍮では不可能なことでも鉄器では可能となるからである。だがこれらの素材にしても、相互に補完しあうことがありえたし

（じっさいそうだった）、木材と皮革製品も通常は今日まで残らないにせよ、テクノロジーでは利用された素材である。

テクノロジーと社会組織との関係については、多くを推論に頼らざるをえないのが実状である。とはいえ、四〇〇〇年前のウェセックス州で墳墓の数が急増していること（それも共同墓地ではなく、個人を埋葬する墳墓が急増していた）、さらには青銅器時代の初期において、おなじくウェセックス州の富裕者がやはり激増していることを考えれば、人口が増加しつつあったこと、階級が以前の社会よりも重要な意味をもちはじめていたことがたぶん指摘されてもよいだろう。いずれにしても、今日の社会史はコリン・レンフルー（一九三七― ）が試みたように、過去の全体的構造を再現しはじめている。レンフルーはヨーロッパ最大の古墳であるシルベリー・ヒルを例にあげ、共同体の公務としての人員動員をさほど重視せず、個人、すなわち族長などの富や権威をはるかに強調してきた。なるほどいちじるしい消費を示す徴候が数多く残されている。ただし付け加えるべきことも、ないわけではない。社会組織をあつかうにあたって、証拠の多くは生存中の状況よりは死亡時の状況、あるいは少なくとも埋葬の状況とかかわるということである。ヴィクトリア時代をふくめて、はるかのちの時代の証拠とまったくおなじことが、先史時代にもあてはまる。

文化の役割を一連の表象、すなわち「芸術」と「宗教」が究極的な媒体となり、多くの場合物質的な視覚物によって伝播する表象からとらえる研究が、文化人類学者と考古学者の多大な関心を惹いてきた。先史時代の人間にとり、食糧確保がすべてであったわけではない。ただし東アジアに現存している量とくらべて、イングランドの資料が断片的であることは否めない。馬の頭の彫刻がクレスウェル・クラッグズから発掘された骨片にほどこされており、おなじくダービーシャーのべつの洞窟で発見された象牙の先端にも、魚模様があしらわれている。また文化と自然の恵みの関係を暗示する、のちの時代の男根形崇拝物も存在する。なるほど物的証拠はとぼしいにしても、だからといって、さらに一般化して宗教的態度に一大変化が訪れ、信仰の対象が地上から天界へと変わっていく現象を指摘していけないことはあるまい。

生産用具がどのようにイングランド各地へ広まっていったのか、その道のりをたどるにしても、宗教的態度と諸儀式の伝播を推しはかる試みとおなじような困難がともなう。たとえば手斧はたんなる道具として以外に、中世や近代の職杖とおなじく、儀式上の象徴物ともなったからである。一方、生産と配分という経済学には推論が働く余地はない。土器を例にとると、その移動パターンは解明しうるし、移動ルートもたどりうる。明らかに商業とコミュニケーションは、すでにローマ人の侵入以前から相対的に洗練されていた。また侵入のはるか以前から、ローマ人とギリシア人はコーンウォール地方が貴金属の産地であることを知っていた。私たちはファッションに変化が生まれていたことも認識している。およそ二五〇〇年前に衣服留めがボタンからピンへ変わっていたが、この現象は二〇〇年前に生じた靴の留め金から靴ひもへの変化と比較検討してみることができるだろう。

人口分析は社会史学者にとり、もっとも魅力的な対象のひとつである。データが人口調査のため収集されたのは、近年になってからのことであり（一八〇一年までイングランドでは国勢調査は存在しなかった）、先史時代という遠い過去の人口となると、当然のことながら問題が多い。にもかかわらず、人口統計学と経済学を抜きにした社会史などはおよそありえない。興味深いことに、これまで概観してきた先史社会にかんする六項目の根本的特徴を最初に指摘することになったきっかけは、適切な実勢調査がおこなわれる以前の一八世紀の人口増加にかんする激しい論戦にあった。

先史時代にかんするかぎり、近年ようやく社会史学者は独自の方法で、ある特定地域の人口、寿命、男女のバランスまで推定できるようになり、さらに人口の影響が時代によってどう異なるのか、また対象となる民族が、先住民か侵入者であるのかを指摘できるまでになった。現在では、さらに多くのことを指摘しうる。時間と空間にたいする私たちの認識がこの二五年ほどで大きく変化したために、必然的に人口推定法も変わってしまい、それに応じて私たちの好奇心の範囲も広がったからにほかならない。先史人たちは、入手しうる素材でどう暮らしていたのか、彼らはどの程度健康であったのかについて、それこそ模擬実験がいくどとなく繰りかえされてきた。また、のちの時代における人口と食糧事情の関係から得られた知識を先史時代に応用することにより、人口問題はより明確になりつつある。

事実、地域およびブリテン全体の人口推計をおこなう野心的な試みさえなされている。この試みによると、旧石器時代前期には二五〇人から五〇〇〇人、狩猟時代のピークには三〇〇〇人から二万人（おそらく相当な増減があったと思われる）、新石器時代には一万人から四万人、青銅器時代には二万人から一〇万人、鉄器時代では五万人から五〇万人の人口が存在したと推定されている。

なるほど総人口の計測は可能であり、またそれじたい魅力的な学問対象ではあるが、やはりある特定の地域の生活様式を対象としてみると、より具体的な成果が得られる。手近なところで、まずロンドンから一五マイルの地点、毎日数千人、数万人が利用するヒースロー空港からはじめてみよう。一九五〇年代に滑走路の工事がおこなわれていたさなか、今から二四〇〇年前の居住址という考古学上の資料がこつぜんと姿をあらわした。その後、空港は神殿をふくむ鉄器時代の集落の上につくられていることが判明した。この集落で暮らし、祈りを捧げていた人びとは、ローマ人がおよそ五〇〇〇年後にブリテン島にやってきたときに出あったのとおなじ種族であった。むろん彼ら以前から多くの民族がこの地域に暮らし、遺物を残していた。古代ローマの歴史家タキトゥス（五五？―？）は「ブリタニアの最初の住人がだれであったのか、はたして土着民であったのかは判然としない」と述べており、また恩きせがましくもこう付け加えていた――「われわれが相手にしているのは、未開人であることを忘れてはならない」。

　ロンドンからさらに離れたべつの地域を例にとると、デヴォンシャーのトーキー近郊にあるケンツ洞窟では、発掘により一万四〇〇〇年前まで使われていた狩猟期のベースキャンプが発見されている。残された豊富な遺物のなかには狼、ハイエナ、熊――なかでも熊が圧倒的に多い――さらには毛でおおわれたマンモスとサイの骨、そして興味深いことにイングランド社会史において、のちに重要な存在となる馬の骨もふくまれていた。花粉の分析によるとその当時イネ科の植物やハーブ類、ヤナギ、ビャクシン、マツ、ブナ、シナノキなどが生育していた。道具類としては槍の穂先、刀身、骨製のピンが残っている。

　初期の狩猟者たちはかならずしも洞窟で暮らしていたわけではなく、動物の骨など、その地域で手に入るさまざまな素材を効率的に利用していた。たとえばヨークシャーのスカーバラ近郊、残念ながら今日では見物できなくなったスター・カーにある後代の狩猟キャンプでは、ほとんどの遺物がキャンプから徒歩で一時間以内の距離で得られるものであった。唯一の例外は黄鉄鉱だが、おそらくフリントに打ちつけて火を熾《おこ》すのに使われたと思われ、外見からするとヨークシャー南部の炭田地帯から採掘されるものと類似している。狩猟生活で火と熱が重要であったことは明らかである。

　新石器時代の世界は、狩猟者の世界とは異質なものであった。すでにイギリスが島となっていた今から六〇〇〇年前、はるばる海を渡ってブリテン島に到達した新石器人は森林を切りひらき、家畜のために牧草地をつくり、穀物を栽培し、暖炉をそなえた住居に暮らしていた。彼らはおそらく獣皮製のボートで海を渡り、ひとたび定住するやフリントを採掘し、土器を焼きあげるようになった。こうした新たな行動は、本能と経験のバランスが変わり、労働が新たに重視されていたことを意味する。したがって考古学者は石斧を「工場」とまで呼んでいる。新石器人は強靭な肉体をもっていたけれど、体は小さく、身長は五フィート半を超えることはまずなかった。彼らがどのような経過をたどって家族以上の大きな集団で居住するようになったのか、残念ながらその詳細はほとんどうかがい知れず、そもそもこの時代の家族について多くのことがわかっていない。私たちが知っていることといえば、彼らが今日まで残る遺跡群を建造したことである。

　ウィルトシャーはその遺跡の宝庫である。土塁がめぐら

イングランドの遺跡でもっともよく知られているストーンヘンジは研究者をこれまで魅惑しつづけてきた。中世期の年代記編纂者たちは、ストーンヘンジが5世紀に魔術師マーリンの助けを借りたウォルティゲルン王によって建設されたと信じていた（マーリンは巨石をアイルランドから運んできたとされる）。この図版は14世紀中ごろの年代記に収録されているもので、マーリンが石工たちに指示を出している場面を描いている。

された新石器時代初期のキャンプであるウィンドミル・ヒルは、エイヴベリーの巨大環状列石からわずか一一マイルしか離れていない。遺跡はウィルトシャーのいたるところに残り、二〇世紀の文化史学者であるG・M・ヤング（一八八二―一九五九）が主張するところによれば、古代にたいする想いにかけて、ウィルトシャーはイングランドのなかでもとりわけ強いものがある。またヤングによると、歴史研究者こそ「代々受け継がれる祭司長」であり、現在のM4道路と交叉する「山背道《リッジウェイ》」に沿ってウィルトシャー丘陵を横断する旅は、「三〇〇〇世代が歩んできた道程」にほかならない。

　社会史学者にとってウィルトシャーのこの地域がもつ魅力は、ひとつにはウィルトシャーに古代への意識が存在すること、さらに自然が歴史において大きな役割をはたしているという意識が同様に強いことにある。とはいっても、今日この地域の風景のわびしさ（夏至と冬至の両日だけはにぎやかだが）を誤解してはならない。新石器時代と鉄器時代後期において、この地域はブリテン島のなかでも、コッツウォルド地方、ダービーシャーの丘陵地帯、ヨークシャーの荒野地域とならび、人口密度がもっとも高い地域であった。いずれも砂礫質の石灰岩地帯であり、河川の渓谷地域に広がる水分の多い黒土よりも、当時の道具で容易に耕作することができたからである。

　ウィルトシャーでは歴史の層が幾重にも重なりあい、そのため異なる時代の成果が混同されてきた。ヒースロー空港から西へ六〇マイル、ソールズベリー平原にひっそりたたずむ巨大遺跡、あのストーンヘンジの建造でも、少なくとも五つの段階が存在していたことが今日知られている。しかも第一段階から最後の段階までに経過した年月は、遠くにかすんでいる七世紀から今日にいたるまでに流れた時間とおなじなのである。また私たちはストーンヘンジの建造が、ローマ人の侵入より一八〇〇年ほど早い時期にはじまっていたことを知っている。最初にこの建造に取りくんだ者たちは、この遺跡が永遠のものでなければならないと思っていたのだろうか、アメリカ人の作家ヘンリー・ジェイムズ（一八四三―一九一六）が語るところによると、「広大な野に孤独にたたずむストーンヘンジは、歴史においてもひっそりとたたずみつづけている」。

今日をふくめて、さまざまな時代がストーンヘンジの解釈に挑んできた。それぞれの解釈は解釈をしたその時代について多くを語ってはくれるが、何代にもわたる労働の結晶である肝心の大事業について教えてくれることは、ほとんどない。一二世紀の編年史学者モンマスのジェフリー（一一〇〇？―五四）はストーンヘンジ建造を彼の時代に先だつことわずか七〇〇年前の事業としたが、そうなると全長五〇マイルにおよぶ大規模な堀であるヴァンズダイクとほぼ同時期の建造ということになる。一七世紀になると、ストーンヘンジはドルイド教団すなわちローマ人が出あった「祭司団」とむすびつけられる一方、二〇世紀には「トラヴェラーズ」「ロマ民族など、定住生活をおくらない人びとを指す婉曲表現」のみならず、科学者や計測器とも関連づけられるようになった。その間、一八世紀の考古学熱の先駆者であったウィリアム・ステュークリー（一六八七―一七六五）は異なる見方をしており、彼によれば、「ストーンヘンジについて想いをめぐらすと、この世でもっとも大きな喜びが得られる」のである。

ストーンヘンジの建造には八〇個の青色砂石が、ウェールズのペンブルクシャーからはるばる一三五マイルの道のりをおもに海路で運ばれたようだが、この建造物が投げかける永遠の謎は、ほかの遺跡と同様に建造に要するその驚くべき組織的な労働力よりも、むしろこの建造物の用途にある。第一ストーンヘンジはいまから五〇〇〇年前から四五〇〇年前までのある時期に建造されているが、これは考古学のみならず、天文学のうえでも興味深いことである。第二ストーンヘンジも同様で、アレグザンダー・トム（一八九四―一九八五）はこの遺跡を「石柱による巨石幾何学」と呼び、G・S・ホーキンズは『ストーンヘンジの解読』のなかで、石の配置と方向を詳細に検討し、時間の測定と影によって季節を知ることが明らかに建造者および利用者にとって関心事であったことを突きとめている。第二ストーンヘンジはライン盆地から移住した俗に「ビーカー人」と呼ばれる民族の成果であった。「ビーカー人」の名称は

サマーセット州ポールデン・ヒルズから発掘された馬具。

アトレバテス族が用いた紀元前1世紀の貨幣。

バークシャーのアフィントンに作られた白馬の図像。イングランド南部の丘陵地帯を抜ける先史時代の山背道沿いにあり、地上700メートル以上になると全体像が見えてくる。

彼らが用いたビーカー形の容器にちなんでいるが、この民族にはほかにもきわだった特徴がある。彼らは火葬を習慣としていたけれども、死者を一人一人円形の塚に埋葬していた（これは革新的な習慣である）。ただし、おそらくビーカー人は先住民族を隷属させていたのではなく、共存していたようなので、特異な文化にかんしてビーカー人がどれだけ独自に発展させたかについては、近年疑問が投げかけられている。

第三ストーンヘンジの構造は、大砂岩の巨塊がモールバラから運搬されはじめたことをきっかけとして変化しており、その経緯を踏まえて「貴族的な」ウェセックス文化と呼ばれる後世の文化と関連づけられている。この当時、埋葬様式は以前よりぜいたく、かつ手のこんだものとなり、土墳もしばしば集団墓地の形式をとっていた。この時代の数多くの銅や金や青銅の製品が残されており、さらに彩色をほどこした陶製ビーズや、青色のガラス玉が女性の墓から発掘されている（女性の墓の華やかさは「ビーカー人」時代以降の女性の地位向上を暗示していることが、近年指摘されている）。だが、これらの遺跡がじっさいどれだけ文化の豊かさを表しているのかについては、まだ検討の余地がある。また、これらの遺跡がどの程度テクノロジーの革新（旋盤の考案）に依存しているかも、論議されなければならない。その一方で、当時の経済発展はむしろ飛躍的に進歩した牧畜農業に依存していることが指摘されている。

近年のストーンヘンジ研究者であるR・J・C・アトキンソンが主張するところによれば、一連の証拠は「少なくともある時期、政治的権力がひとりの人間に集中化し、この人物だけがストーンヘンジ建造という大事業に必要な諸条件をととのえることができた」。

このような脈絡のなかではたして「政治的権力」がいかなるものであったのか、今日となってはまったく推量の域を出ない。そもそも、「政治的権力」というよりは、むしろ「強制力」、あるいは「宗教的権力」だったのかもしれない。明らかなことは一点、金属が採掘され、混ぜ合わされ、鋳造され、分配されるにつれて、この時期には以前よりはるかに大きな社会の分業化が生じていたことである。ただし、これ以上となると明らかでないことが多い。ストーンヘンジおよびそのほかの巨石遺跡がどうして建造されるにいたったのか、かつてはこの経緯が関心の対象であったが、今日ではなぜ突然建造が断念されたのかという謎も注目されるようになったからである。

「後期青銅期」という用語は、ローマ人の侵入より約一〇〇〇年前からはじまった鉄器時代に先だつ時代を表すには、およそ不適切なものである。たしかに、青銅が石に代わって装飾品や武器に用いられるようになった現象じたいは、豊富に残る青銅塊からもたどりうる。けれども、社会変化のさまざまな側面において——たとえば定住のパターンや、風景の外見など——どの程度青銅器と関連しているのかは明らかではない。むしろ近年注目されていることは、この時期になんらかの変化があったことである。肥沃な土壌が重視され、その結果複雑な移住のパターンが生じるようになっていた。ただし現存する資料が断片的なために、私たちが知りうることはやはりごくかぎられたものとなる。考古学者がローマ人の侵入の一四〇〇年前から一〇〇〇年前にドーセット州で栄えた独特で連続的なデヴァレル－リンベリー文化を調査してみると、この地域では鉄器時代以前からすでに、不均整で単純な農地から畦《あぜ》で仕切られた長方形の「ケルト式耕地」へと変わっていたこと、さらには「牧畜大農場」や「貯蔵穴」が存在していたことが判明した。遠くイングランド北部では、中央部に支柱をもつ屋根付きの円形家屋が建てられており、東部の沼沢地方でも、辺境の大地が耕作されはじめた証拠が残っている。ローマ人の侵入に先だつ八〇〇年前、イングランドと大陸間の交易は増加の一途をたどっていたようだが、二〇〇年後にはふたたび減少に転じた。おそらく人口の増加と気候の変化によって生じる耕地の争奪が原因と思われるが、その時期には社会に血なまぐさい暴力が生まれていた形跡がある。武器では、突き刺すほか切り裂くためにつくられた両刃のどっしりした青銅製の剣が、従来の細身の剣に代わっていた。同時に青銅製の盾も出現し、馬具も手がこんで、くつわやおもがい、手綱通し環をそなえるようになったことも、あながち驚くべきことではない。丘陵にたつ砦が生まれたのもこの時期であった。

鉄製の武器および道具は、ローマ人侵入の六〇〇年前ごろにイングランドで生産されており、一部のものにはみごとな装飾がほどこされている。これら鉄製武器は戦闘が日常であった社会を暗示している。大陸からもたらされた製鉄技術は少なくとも古代ギリシア・ローマの技術と発展をおなじくしており、この技術がブリテン島外部からの移住民族によって先住民に「押しつけられた」のかどうかは、たえず論議されてはいるものの、鉄器の製造技術が社会を以前より分化させていたことは明らかなようである。たとえばヨークシャー東部において、ローマ人侵入の五〇〇年前ごろの大陸からの直接的な影響を示す、重要な考古学上の発見がなされている。イングランド北部および西部の牧畜民族は、耕地を囲った小規模な村落を好んでいた。ところが南部となると、堅固な防塁をもつ丘陵砦が典型的な鉄器時代の特徴となる。規模は異なるが、この種の城塞集落は少なくとも三〇〇〇ほどにのぼり、もっとも有名なドーセット州のメイドゥン・カースルのように、古い集落構造の上に建設されたものが少なからずある。今日でもこれらの城塞集落は見学可能である。石器時代の農民たちは鉄器時代がはじまる数世紀前から、メイドゥン・カースルで土塁を設けた野営地を建設しており、鉄器時代にはさらに壕がもうけられ、塁壁も高さを増した。大きな塁壁の高さは頂部から堀の底部まで、その当時で八三フィート［約二五メートル」もあった（この時代には投石器が鉄剣とともに使用されていた）。大規模な砦の内部は町の様相を呈していたことが、今日示唆されている。道路が敷かれ、円形の家屋と穀物貯蔵のための穴蔵がつくられ、それぞれの建造物はぴったり隣り合わせに配置されていた。蹄鉄を打たれた馬が家畜のなかでも重要となりはじめるのが、この鉄器時代であった。山背道《リッジウエイ》にほど近い石灰岩の丘陵地帯にあるアフィントンの「白馬」は、丘陵に残される数多くの白馬模様（そのほとんどはこの二〇〇年間に製作されたものである）の推定上の先祖であるが、これも鉄器時代のものかもしれない。馬の模様は鉄器時代の手桶や貨幣にも描かれている。当時のじっさいの馬はというと、ほっそりとした体軀で体高は一二〇センチほど、のちに輻《や》と鉄の車輪をそなえる戦車を引くために利用されていた。雄牛は犂を引き、犂入れは土壌を柔らかくするため十文字にほどこされた。鉄斧は森林を切りひらくために用いられた。鉄器時代の宗教と、その流れるような曲線の美術品は小川や森林のかたわらにある聖所と関連しており、経済はそれ以前の時代よりはるかに複雑となっていた。貨幣の鋳造量も、この時期に増加しつつあった。

　時代が下り、ローマ人侵入の時期に近づくにつれ、考古学上の資料も（やはり断片的で不完全とはいえ）増えてくる。一連の資料によれば、家族より大きな社会単位、すなわちそれぞれに「王のような」指導者をもつ「種族」の存在が明らかとなる。これら種族のなかにはテムズ川の北東部に住むトリノウァンテス族、南西部のドゥロトリゲス族とドゥモノニイ族、そしてイングランド北部においてペンニン山脈の大部分とその隣接する平地を占めていたブリガンテス族がいた。集落にかんしては、ある地域では家屋の点在型と中央集中型のいずれもが存在していたことが分かっている。また鉄器時代の農業では、耕作農業（おもに小麦と大麦が栽培されていた）と羊の飼育を中心とする牧畜農業が密接にむすびつきあっており、家畜を養いつつその排泄物で土壌を豊かにし、また種子を注意深く保存することによって、多様かつ効率的な農法へ発展していた。

　全般的にいえば、テクノロジーにかんしても、鉄器時代は以前とくらべ多様化していた。土器は紀元前一世紀のローマ人侵入以前に導入されていた高速回転の轆轤《ろくろ》によって製作され、粗製の土器と高品質の土器の二種類がつくられていた。織糸は以前とおなじく獣骨か土器、もしくは石でできた紡ぎ車で紡がれたけれど、織る工程は土製の錘と骨製の筬《おさ》をもつ竪機《たてはた》を利用するようになった。この時代の名称となる鉄は、おそらく壺形の炉で溶融されたのだろう。鉄器時代は奢侈品を増加させ、消費が階層化していたらしい社会の諸要求を満たしていた時代であった。地中海のワインが輸入され、ワインとともに美しい酒器もしばしば運ばれていた。また、みごとな装飾がほどこされたブローチもあり、墓には武器だけでなく鏡も埋葬されていた。鏡の

第１回目のローマ軍進入において戦死した者たちを埋葬したドーセット州メイドゥン・カースルの墓地。およそ34体の遺骨が埋葬されており、その多くに剣と矢の傷跡がみられる。遺体はすべてビール杯や羊の肩肉など来世への旅立ちに必要な品々とともに埋葬されている。

デザインは、ローマ人が到来した紀元前一世紀に技巧の頂点を迎えている。おもに交易はクライストチャーチ港の南側にあるヘンジストベリー・ヘッドでおこなわれていた。

文字に残されていない歴史は、今日やはり神秘のヴェールにおおわれている。いったい移住民はどれほどの数だったのだろうか？　ユリウス・カエサル（前一〇二─前四四）はドーヴァー海峡をわたってきたベルガエ人に言及していた。では、ベルガエ人はいつごろイングランドに渡ってきたのだろうか。どうして最初の鋳造貨幣は交換という通常の目的には不適当な金貨だったのか。この金貨は貢物として用いられたのか、はたまたほかの目的があったのだろうか。女性は経済のうえでいかなる役割をはたしていたのか。子供はどのように養育されていたのか。

文字で書かれた歴史は、ローマ人が遭遇した「部族」社会からはじまる。この「部族」社会が鉄器文化と関連する十文字に犂を入れた独特の耕作地とともに、「ケルティック」［ケルト文化の、ケルト族の］と呼ばれるようになったのは、はるかのちの時代である。じっさい、「ケルティック」という用語をイングランドとなんらかの点でむすびつけうる古代の資料はなにひとつ存在しない。時は一六―一七世紀、当時の学者たちはゲール語とウェールズ語がかつてはスコットランド、ウェールズ、アイルランドのみならず、イングランドにも住んでいた古代ケルト人の言語から派生していたものだと推論をくだしていたが、「ケルティック」という用語はそのときに生まれた。

その当時、イングランドの一地方、コーンウォールにおいてケルト語系の言語が使われており、さらにはイングランド全域にわたって、数多くの河川の名称（エア、エイヴォン、ディー、ダーヴェント、マージー、セヴァーン、テムズ）にケルト語が用いられていた。今日のリーズはケルト語に由来する最大の地方都市であり、サニット島とワイト島、そしてヨークシャーの美しい山岳地域であるクレイヴンもその名の起源はケルト語である。文字に残されていない歴史において、自然と言語は手をたずさえて歩み、そのむすびつきは現在でもケルト語の地名に生きつづけている。

今日の私たちはケルト語によるイングランド地図でさえ製作できるのにたいし、驚くべきことに、直接英語に入りこみ、かつ過去数世紀のあいだ英語として使われつづけてきたケルト語となると、ほとんど見あたらない。数少ない例のうちもっともなじみ深い単語はass［ロバ］とcombe［小渓谷］であるが、後者にお目にかかるのは辞書ではなく、地図のなかであろう。のちの時代になると、はるかに多くのケルト語の語彙が、フランス語やアイルランド語を経由して、間接的に英語に入りこむようになった。とはいうものの、いく人もの文人たちが認めてきたとおり、イングランドの遺産には古代ケルトの血潮が脈打っている。二〇世紀の著名な歴史学者のひとりであるA・L・ラウス（一九〇三―　）――彼はコーンウォール州出身だった――が雄弁に語ってくれたように、「一九世紀の歴史学者たちはわれわれをもっぱらアングロ・サクソン人とみなしていた。ところがじっさいには、われわれはアングロ・ケルト人なのである」。

第二章

ノルマン征服以前のイングランド

侵入、抵抗、移住、そして征服

紀元前55年　ユリウス・カエサル、第1回目のブリタニア遠征をおこなう
紀元前54年　ユリウス・カエサル、第2回目のブリタニア遠征をおこなう
43年　　クラウディウス帝、ブリタニア遠征をおこなう
59年　　ボアディケアの反乱
77年　　総督アグリコラ、ブリタニア北部へ遠征をおこなう
122年　ハドリアヌス帝、ハドリアヌス長城を建造する
140年　アントニヌス・ピウス帝、土塁のアントニヌス長城を建造する
197年　属州ブリタニアが2州に分割される（ブリタニア・スペリオル、ブリタニア・インフェリオル）
211年　セウェルス帝、エボラクム（現在のヨーク）で死去
212年　ローマ市民権が帝国領内の全自由民に与えられる
286年　カラウシウス、ブリタニア皇帝を自称する
306年　コンスタンティウス・クロルス帝、エボラクムで死去
368年　将軍テオドシウス、ピクト人とスコット人の制圧のためブリタニア遠征をおこなう
401年　アラリックのイタリア侵入に対抗するため、ブリタニア駐留軍の多くが撤退する
410年　ホノリウス帝、ブリタニアの諸都市に対して自己防衛を命じ、事実上ローマ支配時代が終わる
596年　ケント国王エゼルベルフト、キリスト教に帰依
602年　聖アウグスティヌス、キャンタベリー大司教に叙任される
655年　ノーサンブリア王オズウィー、ウィンワイド河畔の戦いにおいてマーシア王ペンダを破る
664年　ホイットビーで教会会議が開かれ、ローマ教会方式が採択される
668年　タルソスのテオドルス、キャンタベリー大司教に叙任される
731年　「尊師」ベーダ、『アングル人の教会史』を完成させる
757年　マーシア王オファ即位
793年　デーン人、リンディスファーン島を略奪する
865年　デーン人、イングランド全土に大規模に侵攻する
871年　ウェセックス王アルフレッド即位
973年　エドガー、全イングランド国王として即位
991年　エセルレッド、デーン人に対し最初のデーンゲルトを貢納する
1017年　クヌート、全イングランド王に認められる

圧制者のローマ人がやってきて、橋をわたし、道をつくり、この地を支配した。
そのローマ人が去り、デーン人が入りこんできた。
まさしくこの時点から、私たちの歴史書は話をはじめる。

ラドヤード・キプリング『川の物語』（一九一一）

私は民族の動き、すなわち相互に征服しあい、たえず混じりあいながら、それでいて固有の特徴をけっして失わない民族の動きを明らかにしたいと思う。その当時の想像を絶する苦労を紹介すれば、たぶん読者は恐怖をいだくことであろう。ただし、個人ではなく、民族の侵攻を解説するあわただしい描写が、かならずしも恐ろしい物語となるわけではなく、私たちはそこからじつに多くの教訓を得ることができるのである。

アレクシス・ド・トクヴィル
『イングランドの歴史にかんする随想録』（一八二八）

ワタシのお鼻は垂れ下がりのとんがり鼻。ワタシは地面を這いまわり、掘っていく。ワタシは灰色をした森の敵とご主人さまに導かれるがまま。ご主人さまはワタシのあとから腰を曲げながら歩いていき、ワタシをもちあげては、地面にぎゅっと押しつけ、そのあとに種をまいていく。

アングロ・サクソンのなぞなぞ（答え・犂）

ノルマン征服は「善なるもの」であった。その後ずっとイングランドは征服されることがなく、諸国家の頂点に立つことができるようになった。

W・C・セラーズ、R・J・イエイトマン
『一〇六六年とそのすべて』（一九三〇）

ローマ人は、侵入の記録を残したイギリス［ブリテン］への最初の侵入者であった。彼らは以前から、イギリスが海の向こう側の遠く離れた陸地であることに気づいており、またブリテン島がおおよそ三角形であること、さらにはドーヴァー海峡の両岸で交易がおこなわれていることを知っていた。ガリアのおもな部族を服従させ、ガリア遠征を一段落させたあと、ユリウス・カエサルは（野心と名誉心だけがその動機だったかもしれないが）さらにブリタニア［ブリテン島のローマ名］の征服まで夢見るようになっていた。カエサルはブリタニア遠征を二度にわたっておこなったけれど、いずれも直接ローマ人の移住にはいたらなかった。最初の遠征では予備調査以上の成果はあがらず、二度目は多少の成功をおさめはしたが、ごく短期間の遠征におわった。ガリアはわずか二シーズンの遠征で征服しおえたが、ローマの将軍はその後九六年間にわたり、ブリタニアに足を踏み入れることすらなかった。のちにシェイクスピア（一五六四―一六一六）は『シンベリン』において、ブリテン王妃にこう述懐させている――

……（カエサルは）上陸をめざしましたが、
二度までも海岸から押しもどされ、率いる艦隊は――
哀れなお飾りのように――われらの恐るべき大海のうえで
卵の殻さながらにくるくる漂うばかり……

移住にはいたらなかったものの、カエサル軍が押しよせてきた紀元前五五年および五四年という正確な年代は、イングランド史にとって二重の意義をもつ。

まず第一に、イングランドの歴史はこの年以降、記録の空白地帯ではなくなる。ローマ人は彼ら自身の記録を残しており、武人であるとともに文人でもあったカエサルその人がみずからの偉業を後世に伝えるべく試みていた。なるほどローマ支配時代全体をつうじて記録は挿入的かつ断片的なものであり、私たちはこれらの史料をもとに当時の社会を再現することはできないけれど、紀元前五五年以降にかんして、歴史学者は新たな種類の資料を利用できるのである。第二に、紀元前五五年とか前五四年という特定の年代は、暦法というイングランド史においてはじめて応用される概念にもとづいている。社会史学者にとって重要なのは、正確な年代よりも長期の社会的諸変化である。だが、キリスト誕生の年を基点とする時代区分は、イングランドがローマをつうじてキリスト教圏という、その後の政治史のみならず社会史と文化史にとって重要な勢力圏に組みこまれたことを意味する点で重要である。西暦そのものは、なるほど六世紀になってからキリスト復活の日付を論議したさいに副次的な産物として誕生し、しかも西暦が従来の王国治世を単位とする編年法にとって代わったのは七世紀に入ってからのことである。だがキリスト教の暦法が生まれる以前から、キリスト教の歴史は存在していた。イギリスが生んだ最古の歴史文献は、六世紀中ごろに修道士のギルダス（五〇〇頃―七〇頃）によってラテン語で書かれていたのである。

カエサルと彼の部下たちの目に、ケルト人とブリテン島はどのように映ったのだろうか。彼らの印象は最初に記録された外部者の見方であり、それはのちの植民者たちの見方、ポリネシアの「高貴な野蛮人」やアメリカの「赤いインディアン」などと比較してみることができるのかもしれない。ブリテン島は豊かな自然の財産に恵まれていた、と彼らは伝えている。のちの一六世紀にブリテン島を訪れたあるイタリア人も、こう述べている――「自然はブリテン島に、美とおおいなる恵みを与えたもうた」。ただし、初期のブリタニア総督の女婿であったタキトゥスは、ブリテン島の住人たちが分裂状態にあることを強調した。タキトゥスによれば、ブリテン島は統一されておらず、また分裂

海からの侵攻はブリテン島社会史の初期を通じて重要な出来事であった。ゴットランドから発見されたこの石板(9世紀) はヴァイキングの戦士とその軍艦を描いている。現在はストックホルムの歴史博物館に展示されている。

している地域のそれぞれが「戦闘に明けくれる内紛状態」にあった。エドワード・ギボン（一七三七―九四）は『ローマ帝国衰亡史』の数ページをブリテン島の記述に割いているが、彼らしい記述のバランスをとって、ケルト人のブリタニアにかんし「ブリタニアとガリアの海岸が目と鼻の先であること、この事実がローマ人の侵入を招き、真珠採集の怪しげな情報がローマ人の貪欲を刺激した」と述べている。ギボンもケルト人にたいして、タキトゥスとおなじく「バーバリアンズ」〔異民族、蛮族〕という用語を用いており、ギボンによると、彼らは「礼節を欠いた勇気と統一精神のない自由への愛」を有していた。

カエサルがブリタニア遠征をおこなったさい、まだ幼少であった地理学者で歴史学者のストラボン（前六四頃―後二三頃）にとって、「ブリテン島の大部分」は「平らかで、森林におおわれている」けれども、ところどころに「丘陵の広がり」がみられた。その後の地理学者はこの高地と低地との鮮やかな対照に目をひかれ、イギリス史を地理的な観点から解釈する傾向が生まれた。この地理的解釈はかなり修正されてはいるが、西部の降水量の多い高地は、東部のより乾燥した耕作可能な低地とは異なる歴史を展開し、沼沢地方では独自の歴史が存在することとなった。ストラボンはつづけてさらに、ブリテン島が穀物（初期の部族貨幣のなかには小麦の穂をデザインしたものがある）、家畜、金、銀、鉄、錫、獣皮、奴隷、そして「狩りに役だつ犬」を飼育、生産していたと述べている。カエサルの遠征から一世紀後に生まれたタキトゥスは、このリストをそのまま受け入れていたが、ブリテン島の北岸が『荒々しい大海に洗われている』ことをつけ加えた。この北部の海岸がローマ帝国の境界となることはけっしてなかった。ブリテン島の北部がアイルランドとともに最後までローマ帝国の版図に組みこまれなかったという事実は、のちのイギリス史にきわめて重要な意味をもつことになる。ローマ人はブリテン島全域を征服したわけではなく、境界の外側には数多くのケルト人たちが存在していた。

風評でしかブリテン島北部を知らなかったカエサルにとり、「もっとも文明化した住人たち」とは、彼が上陸した地域であるケント州の沿岸地域の住人にほかならなかった。たしかに彼らはカエサルがすでに征服していたガリアの人びとと酷似しており、両者には多くの接触もあった。その結果、他地域の住人には彼らと異なるアイデンティティーが与えられた。カエサルが信じていたところによれば、「内陸部の部族たちのほとんど」は農耕をおこなわず、「牛の乳と肉を糧とし」、獣皮を身にまとっていた。とりわけカエサルに印象深かったものは、戦闘における彼らのおどろおどろしい姿であった。彼らは長いケルトの剣をもち、鎧は身につけなかった。カエサルによると、「ブリトン人たちは体を大青《たいせい》で青く染めている……彼らは髪を長く伸ばし、頭髪と口髭以外はすべて体毛を剃りおとしていた」。

カエサルが用いた「部族《トライブ》（ラテン語では tribus）」という厄介な用語は、近年における〔ヨーロッパ人の植民地支配という〕歴史的な連想を働かせてしまう。一方、〔一部の語源学者によれば〕この用語はケルト語の tref もしくは treb、すなわち大地を切りひらき、王か女王によって支配される人びとと関連づけられている。ローマ人の侵略時代に、イングランドには一二以上の部族が存在していたことが今日判明しており、一部の部族はアトレバテス族のカルレウァ（現在のバークシャーのシルチェスター）のように部族の拠点をもつ一方、デヴォン州とコーンウォール州を生活圏としていたドゥムノニイ族などそのほかの部族は拠点をもっていない。カムロドゥヌム（現在のコルチェスター）はのちにブリタニアにおけるローマ人最初の首都になるが、もともとはトリノウァンテス族の拠点であった。部族それぞれに、社会階層の一方の極として「貴族」が存在し、おそらく彼らは農業など日常作業を免除されていた。そして、もう一方の極には奴隷がいた。部族の習慣や制度を伝える文書は、ほとんど存在しない。また、これはカエサルにとってとくに興味深かったことだが、ドルイドと呼ばれる占い師の祭司が存在し、彼らは若者に教育を与えたほか、いさかいごとの裁きもおこなっていたようである。彼らはこのように公的な役割をもち、経済的な報酬を得ていた。カエサルは、ドルイド祭司がブリテン島固有の存在で、彼らは「樫の木の森」に神殿をもち、彼らの儀式では木々（とくにヤドリギの小枝）とともに、月が重要な役割をはたしていると信じていた。月が「彼ら」の暦を規定し、「一四晩（fortnight）」という時間の単位は今日でも残っている。ローマ人はドルイド教の血なまぐささを伝える噂を忌み嫌ってはいたけれど、ドルイド教の神々はキリスト教の誕生以前からローマの神々と急速に融合していた。

カエサルはブリテン島の女性を紹介した最初の人物でもあった。彼の描写によれば、「女性たちは一〇人程度の男性集団のあいだで、とくに父子のあいだで共有されていた」。またローマ人は女性に率いられた部族の軍隊に遭遇しており、なかには、後世のさまざまな伝説に彩られてはいるが、傑出した個人としてボアディケア（?―六二）のような記録に残る女性もいる。多くのケルト人女性がローマ人兵士と結婚していることはわかっているけれど、ケルト人の家庭が一般的にどのようなものであったのか、あるいは総人口はどれほどだったのかについて、それほど多くのことは知られていない。ただし後者にかんするかぎり、歴史人口学者は先史時代と同様に農業の生産性や定住可能な人口密度にもとづいて、巧みな推定をおこなっている。かつて、ローマ支配時代のブリテン島の人口は最大でも五〇万人から一〇〇万人と見積もられていたが、近年では四〇〇万人から六〇〇万人という数字がはじきだされており、ちなみにこの数値は一〇六六年のノルマン征服《コンクエスト》後の、あるいは一三世紀のヘンリー三世時代〔一二一六―七二〕

のイングランドの人口よりも、はるかに高い。

カエサルの遠征からクラウディウス帝（前一〇―後五四）の遠征（四三）までのおよそ一世紀のあいだに、ケルト人の習慣は変化しつづけ、一部の部族とローマ人とのむすびつきは強まっていった。ブリテン島からの奴隷の輸出、そして南ヨーロッパからのワインの輸入と、ローマ世界との交易も急増した。だがクラウディウス帝が遠征の途につこうとしたとき、彼の軍隊は世界の最果てを越えた神秘の大地への渡海には不安をおぼえた。タキトゥスいわく、「この遠い辺境の地からやってきた者たちは口々にハリケーンとか、見たこともない鳥、あるいは海の怪物、半人半獣といった不気味な話を語るのだった」。

ブリタニア遠征の成功により、クラウディウス帝はローマの凱旋門に「彼は大海の彼方に住む蛮族を、ローマ帝国の力に服従せしめた最初の人物である」と、輝かしい文字を刻んだ。ローマの詩人たちも似たような帝国の主題を高らかに詠いあげた。ウェルギリウス（前七〇―前一九）はのちのイギリス帝国の帝国主義者たちが口ずさんだ詩行において、こう語っている。「ローマ人よ、忘れることなかれ、諸民族を支配し、平和を与えることこそ汝のみに与えられた才、敗者には寛大に、手向かう傲慢な者どもはたたきつぶすのだ」。経済的、政治的な動機はともかく、ローマ人は外部世界を「文明化する」使命、すなわちタキトゥスの言葉を借りれば、「統一することなく、文明を知らず、それゆえ戦さに明けくれる民族を穏やかに安寧へと誘う」使命を重んじたのであった。

「文明化の過程」と四〇〇年にわたるローマ人駐留の期間に起きたこと、それは必然的に多くの変化をともなっており、とりわけ二世紀におけるキリスト教の伝播以降には、タキトゥスの言葉よりもはるかに複雑な状況が出現していた。イングランドでは、四世紀の時点でオールバンというキリスト教兵士の殉教者が生まれていた。また、コンスタンティヌス帝（二七四？―三三七）が三一二年に「西方全土のアウグストゥス」［西の正帝］として承認されてから二年とたたないうちに（すでに三〇六年に彼はヨークのローマ軍によって、正帝に推されていた）、ブリタニアからの三人の司教がアルル宗教会議に列席していた。ヨークで豪華な埋葬を営まれたある女性は埋葬品として、イヤリング、鏡、ガラス製の水差し、そしてキリスト教のモットー「同胞よ、幸いあれ、神の御もとで過ごせかし」と印された骨製品をもっていた。コンスタンティヌス帝がキリスト教に改宗する数十年前から、ブリタニアでのキリスト教迫害はやんではいたけれど、帝の改宗後もキリスト教徒はごく一部にかぎられていた。キリスト教信仰をもっとも活発に実践していたのは、「文明化された」ブリトン人貴族という少数ではあるが影響力のある集団であったように思われ、また彼らの信仰には強い土着の異教的要素が残っていた。ローマ式の教会建造物は、大規模なものは発見されて

ローマ支配時代の部族
海抜400メートルの地域
50マイル(80キロ)
Caledonian Tribes
Antonine Wall
VOTADINI
SELGOVAE
NOVANTAE
Hadrian's Wall
BRIGANTES
CARVETII
LOPOCARES
TENTOVERDI
GABRANTOVICES
North Sea
SETANTII
PARISI
Irish Sea
DECEANGLI
ORDOVICES
CORNOVI
CORITANI
ICENI
CATUVELLAUNI
TRINOVANTES
DEMETAE
DOBUNNI
SILURES
ATREBATES
CANTII
BELGAE
DUROTRIGES
REGNENSES
DUMNONII
English Channel

おらず、シルチェスターにある最大のものでせいぜい六〇人を収容できる程度であった。明らかに教会以外の建物が礼拝に使用されていた。かつては人口が多かったネン渓谷流域にあるドゥロブリウァエ（現在はケンブリッジシャーのウォーター・ニュートン）から、典礼用の食器コレクションとも言うべき、ローマ帝国各地から集められた最初期のみごとな礼拝皿が一九七五年に発見されている。またブリタニアにおいて最初期のキリスト聖画と推定されるものが、ドーセット州のヒントン・セント・メアリーの荘園《ウィラ》から発見されている。これだけのかぎられた資料では、広範なローマ・ブリテン宗教芸術の存在を証明することはできないけれど、ケルト・キリスト教文化が聖パトリック［三八五頃―四六一］（イングランドの大土地所有者の息子であったが、奴隷商人にさらわれてアイルランドに連れてこられていた）の時代のアイルランドで栄えたこと、さらには、ケルト人のキリスト教徒により、キリスト教およびケルト的キリスト教文化の霊感が五世紀のイングランド西部へ伝えられたことは事実である。

イングランド内部の情報伝達、さらには帝国領内の他地域との情報伝達も以前より効率的になっていたため、ローマ化の過程は観念や信仰のみならず、旅行や商業にも浸透していた。軍事目的のため敷設された大ローマ道は軍隊とともに物品、さらには帝国にとって重要な諸情報を運んでいた。八マイルから一五マイルごとに宿場がおかれ、ときには替え馬や入浴の設備までととのえられていた。幹道は三本、いずれもロンドンから放射状に延びていた。一本はヨークと北部に向かい、もう一本はチェスターとカーライル、残る一本はグロスター、ウェールズ、南西部へとつづいていた。道路こそローマ人みずからも認めるとおり、ローマの輝ける偉業のひとつであった。ヨークシャーの辺鄙なスウェールデールに残された碑には、ただ「道路を最初に考えだした神へ」とだけ記されている。この碑の作成者はさらに「水路を」と付け加えてもよかった。というのも、河川交通は運河によって補われ、頑丈なローマ式の橋、港、水道施設がととのえられていたからである。沼沢地の一部を干拓してできあがったひと続きの水路であるカー・ダイクは、ケンブリッジとリンカンの近郊にあるウォーターピーチでキャム川と合流し、キャム川はさらにトレント川、ハンバー川、ウーズ川とむすびついていた。

ローマ人の支配はブリトン人に金銭および政治的な負担を課していたが、同時にこの負担は官職を得たブリトン人あるいはひと稼ぎをもくろむブリトン人には役得と利益をもたらした。租税は定期的に見直されていたが総じて重く、またかなりの間接雇用を生みだす軍備費もブリトン人が負担していた。ローマ軍の兵力は外人部隊をふくめて六万人、この規模は中世の国王たちがもちえたと推定される兵力よりもはるかに強大であり、この大軍勢を維持するには一〇万エーカー分に相当する穀物が必要であった。ブリトン人

（上）ドーセット州のメイドゥン・カースルは現存する丘陵砦のうち最大規模のひとつである。丘陵砦になる以前、この場所は新石器時代の狩猟キャンプであった。紀元後44年にこの砦はローマ軍の手に陥ちた。その後廃墟となっていたが、近年整備され、先史時代の様子を再現している。（第1章）

（下）コーンウォール州リンキンホーン近郊の古墳で、青銅器や象牙製、ガラス製の容器とともに発見された美しい金製カップ。紀元前1600年ごろのもの。（第1章）

(上) エイヴベリーの環状石柱は散乱した巨石群のように見え、その統一性は今日一見しただけではわかりにくい。南の石柱群と中央部の高い石柱は、紀元前2600年ごろに建てられたと推定されている。(第1章)

(次ページ上) 紀元後1世紀の青銅製鏡 (高さ35センチ)。鏡の表面はなめらかでよく磨かれており、裏面には豪華な装飾がほどこされている。(第1章)

(次ページ下右) 紀元前1世紀に作製されたみごとな腕輪 (金、銀、銅の合金で、それぞれ混合率は異なっている)。サフォーク州イプスウィッチ近郊で発見された。(第1章)

(次ページ下左) 紀元前200年ごろに作製された青銅製の盾形装飾品。複雑な文様の「ケルト曲線」が描かれている。(第1章)

青銅でおおわれた木製バスケットの装飾部分であるケルト戦士の顔。このバスケットはケント州の１世紀の墓で発見され、もともとは亡くなった戦士の遺灰が詰められていた。人間の首はケルト人にとって秘儀的な意味を持ち、敵の首は武勇の象徴として城門に掛けられた。（第2章）

キリスト教伝来以前ではミトラ教がローマ兵士に強い影響をおよぼしていた。雄牛を屠殺するミトラ神の図像はロンドンのウォルブルックで発見された大理石レリーフに見られる。また、キリストの肖像はドーセット州ヒントン・セント・メアリーで発見されたローマ・モザイク（４世紀）に描かれている。（第2章）

ドゥロブリウァエ（現在はケンブリッジシャーのウォーター・ニュートン）で使われていた、キリスト教の礼拝容器をふくむみごとな「財宝」コレクション。橋を渡した城壁町であるドゥロブリウァエはロチェスターのローマ名でもあった。（第2章）

ローマ時代の墓碑（第2章）

ローマ時代の里程標（第2章）

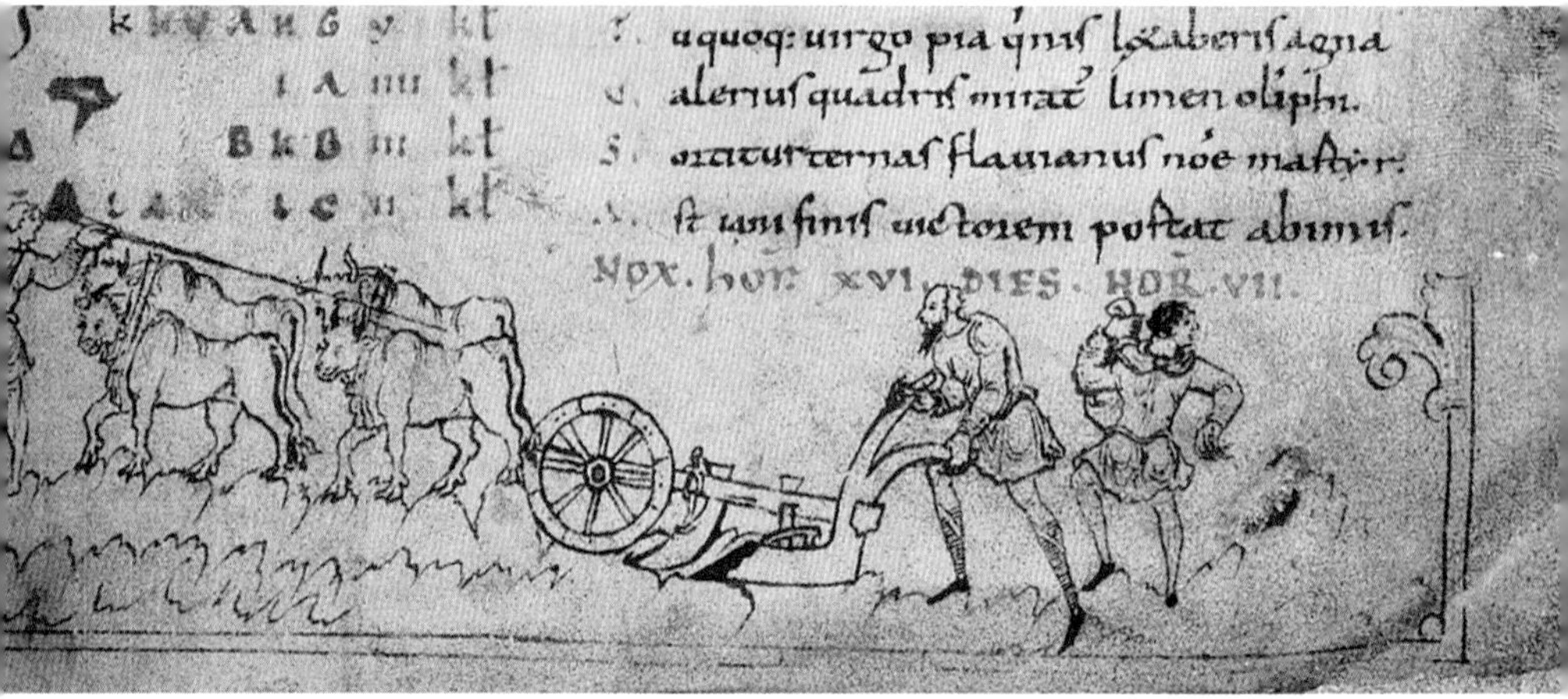

過酷な農作業は中世期をつうじて見られた光景である。犂入れの描写は８世紀に、牧羊描写は11世紀にはじまっている。（第2章）

（上）聖書の彩色画はアングロ・サクソン芸術の偉業のひとつである。従者をともなったファラオを描いた彩色画は11世紀前半のもので、聖書のキャンタベリー写本の一部である。（第2章）
（下）聖マタイを描いたものはノーサンブリア州沖のホーリー・アイランド島で作製されたリンディスファーン・ラテン語福音書の一部である。（第2章）

写本は、その「著者」よりもきらびやかな外見と内容で有名である。この彩色画は修道士エドウィンによる写字の作業を描いている。出典は12世紀の詩篇ウェスパシアヌス写本もしくはキャンタベリー写本。(第3章)

がローマ軍の兵士となったとき、皇帝にたいする忠節は大陸の「蛮族」とおなじく、彼らに報奨金と諸権利をもたらした。二五年間の軍務を終えれば、賜金と完全な市民権が与えられたのである。一方、ブリテン島に駐在するローマ人士官は比較的少数であったため（一九世紀のイギリス領インドの場合とおなじである）、まず行政にあたって地域の裕福なエリートである「クリアレス」［評議会議員］を頼ることが、ブリタニア総督――ブリタニアが一九七年に二つの州、二八四年に四州、さらに三六九年には五州に分割されてからは州知事――および属州の財務官であるプロクラトルにとって不可欠となっていた。これら地域エリートへの依存は、ローマ人にとって経済上の解決策となる一方、官職を得たブリトン人が社会的な優位を得ることになり、また歳出制度にも徴税請負制にも腐敗が生まれる下地となった。同時に、強制的につくりあげられた中央集権体制にしても、地域行政のおもな単位はあいかわらずローマ支配時代以前の部族に対応していた。それははるかのちの、部族を単位として地域行政をおこなったイギリス帝国植民地にもみられることである。

　貨幣経済の確立こそローマ支配時代のブリタニアの本質的な特徴であった。しかしローマ人の支配以前から貨幣は存在しており、またローマの貨幣経済が定着してはいても、貨幣の役割はかぎられていた。経済は自給自足的な農業に依存しており、物々交換がまだ重要な交換手段であった。貨幣のほとんどはイタリアとガリアから輸入されていたが（しばしば悪貨が入りこんできた）、公式の造幣所がさまざまな時期にブリタニアにおかれた。貨幣流通は一様でなく、そのためしばしば大インフレーションが起こり、とりわけ四世紀初期のインフレーションは大規模であった。また、悪貨が出まわるときには、良質の銀貨が珍重され、ためこまれていた形跡がある。

　額面の小さな貨幣が流通していた事実は、地域規模の商業が活発であった証拠と受けとめられており、また商業がさらに広い範囲でおこなわれていたことを指摘するためにも、貨幣という資料が利用されている。貨幣はローマ支配時代の初期から食糧（一部は輸入品、多くはブリタニア産）をはじめ、塩（一部はドロイトウィッチ産、また一部はライン川下流地域産）、ビール（貴重な地域特産物だった）、ワイン、陶器、家財道具、宝石、そして（真珠のある、なしにかかわらず）ローマ人にこよなく愛《め》でられたというあの牡蠣を購入するために使用されていた。さらに遠隔地との交易があった可能性は、現在のノーサンバランド州サウス・シールズに残るシリアのパルミラ商人の妻の墓石によって示唆されている。商人たちはギルドを形成しており、紀元前一世紀の終わり以前からチチェスターでは、金属細工職人の「コレギウム」［団体］が存在していた。それ以外の町でも、金属加工をおこなう職人たちがローマ支配の終焉まで繁栄をつづけていた。鉱物資源も広くいたるところで採掘されていた。

陶器産業がたどった盛衰は、文明化の過程とそれに付随する出来事の複雑さを物語ってくれる。国内産業としての陶器と輸入陶器の関係は考古学者によって詳細に分析され、ローマ支配時代をつうじて、国産品と輸入品のいずれもが需要と好みの変化と深くかかわっていたことが明らかになっている。鉄器時代初期の伝統的な製法がローマ支配時代初期でも用いられる一方、輸入品も膨大な量にのぼっていた。またローマ支配時代では、陶器にたいする軍需が、軍の監督による工房の設置をうながしていた。これにともない、民間にも新たな工房が登場し、ドゥロブリウァエは大規模な陶器生産の中心地となった。その一方、ハンプシャーのニュー・フォレスト地域では、粗製陶器を生産する小規模の陶工が数多く存在していた。したがって、軍による規制や政治的な規制がおこなわれなかった時期には、つねに販売と生産に競争が存在した。陶工の展示台と店舗が、いくつかのローマ支配時代の町から発見されている。

ブリトン人がどれだけローマの影響による恩恵を望んだとしても、文明化の過程はブリトン人すべてに等しく影響をおよぼしたわけではなく、多くの人間と地域は文明化からとり残されていた。発展は均質にはなされなかったのである。また文明化の過程はもてる者ともたざる者の格差を縮めることもなかった。ロンドンのウォールブルック川で発見された石板にはこう刻まれている――「カルリスヌスの息子ルフスより、エピルリクスならびにご同輩の方々にご挨拶申し上げます。小生が健康であることはよくご存知のことと思います。なにぶん万事につけてご注意くださいますよう。例の奴隷娘などは売却なさいますように」。バッキンガムシャーのマーロウ近郊の荘園《ウィラ》に残された九七体の遺体埋葬跡では、かつてこの地に「産業《インダストリー》」、それもおそらくは繊維産業が栄え、若い女性奴隷が使役されていたことを示している。ローマ支配時代の末期には西部地域のみならず、ケント州でもかなりの数の奴隷が存在していた。

支配される人びとの歴史は支配する人びとの歴史よりも、しばしば暗い色彩をおびてしまう。たとえばローマ人による初期の遠征において、メイドゥン・カースルの防禦兵は、のちに皇帝となる有能な指揮官ウェスパシアヌス（前九―後七九）に果敢に抵抗したが、全員が殺戮され、東門の墓地に埋葬された。数字じたいは明らかに誇張されてはいるけれど、タキトゥスが伝えるところによれば、五九年から六〇年にかけてボアディケア（後世、しばしば戦車に乗った女王戦士として描かれる）が率いる八万人もの反乱兵が、ウェルラミウム（現在はハートフォードシャーのセント・オールバンズ）近くで殺害された。ボアディケア軍はそれに先だって、最初のローマ人の首都であり神殿と劇場が設備されたコルチェスターを荒廃させ、ついでセント・オールバンズを蹂躙していた。総督アグリコラ（四〇頃―九三）

のもとでおこなわれたイングランド北部への遠征は、部族の勢力を屈服させはしたが、消滅させることはなかった。アグリコラはタキトゥスの義父にあたり、女婿は彼の偉業にしかるべき賛辞をおくっている。また、タキトゥスはすみやかにローマ文明に帰順したブリトン人を誉めたたえる一方、「帰順に応じない愚鈍な者どもをおおいに批判した」。

現存するローマ支配時代最大の遺跡はハドリアヌスの長城である。この大事業は一二二年、ハドリアヌス帝の書記官の表現によると、ブリトン人を「もはやローマの支配下におけなくなった」あとにはじまった。ハドリアヌス帝(七六―一三八)は創意と決断力にあふれる人物であり、彼の長城は完成に六年を要し、長さはおよそ八〇ローマ・マイル(一ローマ・マイルは一六二〇ヤード)で、ブリテン島のほぼ端から端まで横切っていた。その偉容は見る者を圧倒するが、建てられた当時は不満の的であり、長城の両側に暮らす住人から忌み嫌われていた。小塔は見張り台の役をはたし、歩哨を守るのに十分な高さをもっていた。ハドリアヌス帝の後継者アントニヌス・ピウス帝(八六―一六一)も規模が小さいながら、長城を建築した。アントニヌス長城は現在のイングランドとスコットランドの境界よりはるか北にある土塁であり、長さはハドリアヌス長城の半分以下であったが、この帝国境界を北上させた最後の線もごく短命に終わった。ピクト族はけっして征服されることはなく、ブリガンテス族も反乱を繰りかえした。二一三年から三四二年までの時期は今日まで「平和の時代」とみなされてきたが、陸地からの侵入だけでなく、当初は海賊、ついで自称サクソン人の移住者と、海洋からもたえず脅威が押しよせていた。そのため三世紀に入ると、北のブランカスターから西のポートチェスターまでの海岸線に強力な砦がもうけられた。長い海岸線はつねに侵略の危険をともなっていたのである。

人口が密集していたのは一部の地域にかぎられ、さらにブリタニアの諸都市がほかのローマ帝国領内とくらべて、それほど安全ではなかったことは上記の事情による。ローマ支配時代に建てられた都市のほとんどが、海岸の近くには置かれなかった。一部の都市、たとえばドゥロウェルヌム(キャンタベリー)やカルレウァ(シルチェスター)はブリトン人の集落地の上に建てられたが、集落地にほど近い区域に建てられたものもある。たとえば、家屋区域に隣接する典型的な先史時代の溝が一九四六年にキャンタベリーで発見されており、またデュルニオウァリウム(ドーチェスター)はメイドゥン・カースルからわずか数マイルしか離れていない。しかしながら、ローマ人は当初から比較的大きな都市に碁盤目状の都市計画をおこなっており、それまでイングランドが知らなかった社会的、文化的意義を都市に与えていた。ローマ人がつくりあげた都市は直線のローマ道と同様に、ケルト人が好んだ曲線を受けいれなかった。二〇世紀の都市史学者であるルイス・マンフォード（一八九五―一九九〇）は、ローマ時代の都市について辛辣に「広場、公共トイレ、そして浴場」と概括しているけれど、神殿と円形劇場の存在を見のがすわけにはいかない。キウィタス、すなわち都市国家は文明の中心地とみなされていた。その点、都市を特徴づける重要なものは、建造物よりはむしろ都市の住人という意識だったのである。「そうだ、都市生活のなかでもっとも心地よく、もっとも有益なものは社交と会話にある」。

ローマ時代の都市は三つのカテゴリー、すなわちキウィタス、ムニキピア（のちに地方自治体を表すことになる名称）、コロニアエに区分できる。従来の集落に近接しているかどうかを問わず、これらの都市はルグヴァリウム（カーライル）や、今世紀でもまだ軍事基地であるカタレクトニウム（カテリック）のように、駐留軍の中心地として設置されるのが通常であった。この種の最初の都市となるカムロドゥヌムは、当地に駐屯していた最初の軍隊がグロスターに移動したあとも存続した。

四カ所のコロニアエ［植民都市］はそれぞれ、オルドと呼ばれる評議会をもっていた。オルドはローマ元老院をまねたもので、議員はしかるべき年齢に達し（最低年齢は通常三〇歳）、しかるべき資産を有する市民によって選出されていた（議員はのちにクリア［会議広間］にちなんでクリアレスと呼ばれる）。この評議会は二人一組となる行政官を毎年二組選出し、そのうちの一組はおもに公共施設の維持管理にあたった。官職の魅力も、ローマ支配時代の末期には薄れていった。

規模の大小によらず、都市それぞれが独特な歴史をもっていた。なるほど、かつて存在したあまたの建造物のうち、現存するか発掘され今日に知られているものはごく一部であるにしても、私たちは現存するローマ支配時代の建造物から、都市が発展していくさまざまな過程を推しはかることができる。城壁とみごとな城門の建造は、防衛という軍事的観点のみならず、象徴面でも重要とみなされていた。木材から石材への建築材の移行も同様であった。都市の家屋でごくふつうの形態は、長屋、すなわち妻壁をもち、通りに面して「行列のように」長く細い建物である。ブリテン島の都市には、イタリアにみられる巨大な数階建てアパートメントは存在しなかったようである。都市が規模と富において発展していくにつれ、公共施設がさまざまな時期につくられていた。個人の家屋も家の内外の壁に色を塗り、都市の成長を映しだしていく。一部の都市には水道設備がととのっており、都市すべてに浴場と公共トイレがそなえられていたらしい。また、ある都市は広場以外にマーケットホール（マケルルム）をもち、この大広間は市場取り引きとともに、会合の場としても利用されていた。広場の片側にもうけられたバシリカは、屋根をもつ都市最大の会合用広間であった。先キリスト教時代の神殿と楕円形の劇場

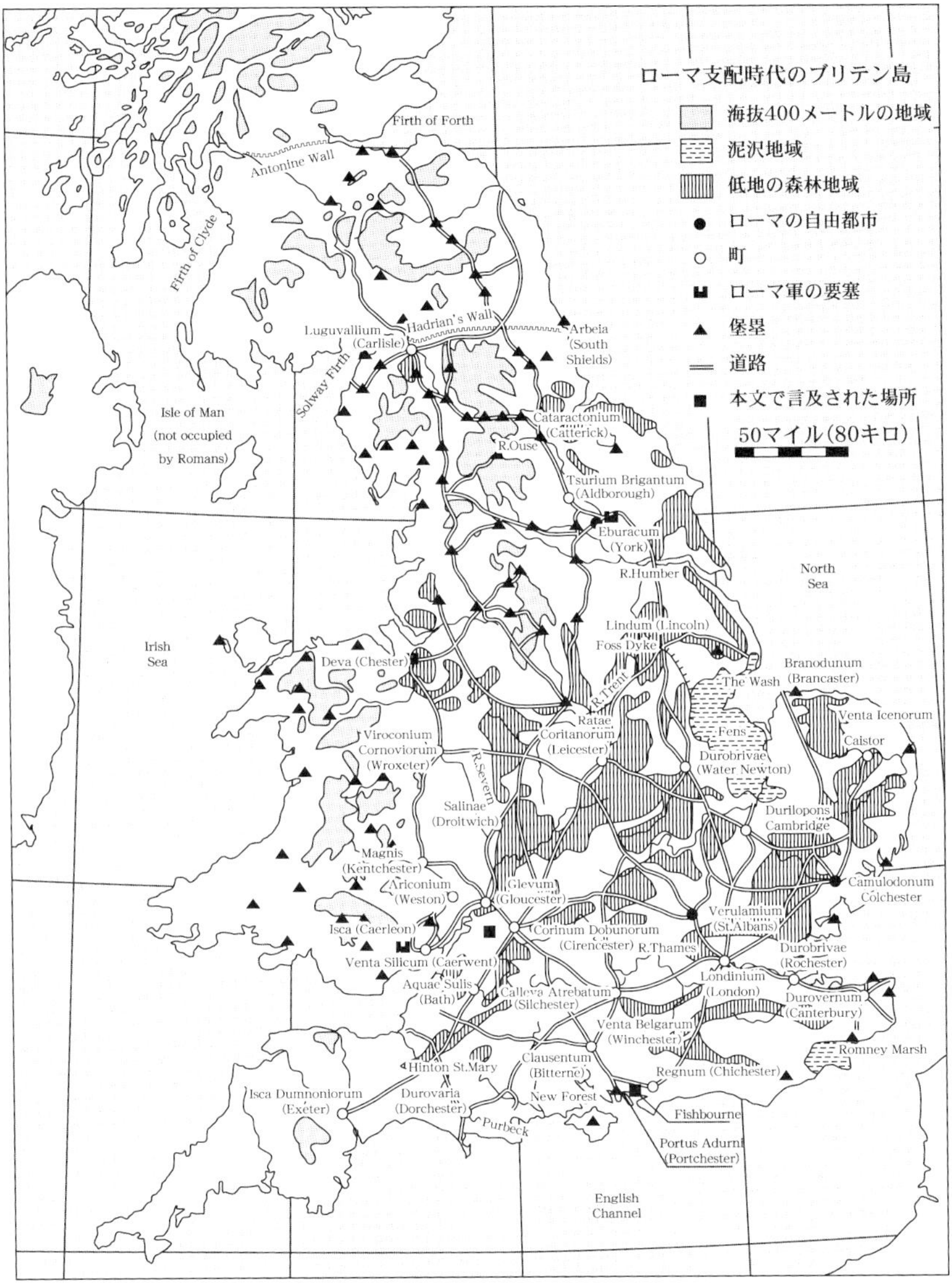
ローマ支配時代のブリテン島
海抜400メートルの地域
泥沢地域
低地の森林地域
ローマの自由都市
町
ローマ軍の要塞
堡塁
道路
本文で言及された場所
50マイル(80キロ)
Firth of Forth
Antonine Wall
Firth of Clyde
Hadrian's Wall
Luguvallium (Carlisle)
Arbeia (South Shields)
Solway Firth
Isle of Man (not occupied by Romans)
Cataractonium (Catterick)
R.Ouse
Tsurium Brigantum (Aldborough)
Eburacum (York)
R.Humber
North Sea
Lindum (Lincoln)
Foss Dyke
Irish Sea
Deva (Chester)
R.Trent
The Wash
Branodunum (Brancaster)
Ratae Coritanorum (Leicester)
Fens
Venta Icenorum
Caistor
Viroconium Cornoviorum (Wroxeter)
R.Severn
Durobrivae (Water Newton)
Salinae (Droitwich)
Durilopons Cambridge
Magnis (Kentchester)
Ariconium (Weston)
Glevum (Gloucester)
Camulodonum Colchester
Verulamium (St.Albans)
Isca (Caerleon)
Corinum Dobunorum (Cirencester)
R.Thames
Venta Silicum (Caerwent)
Durobrivae (Rochester)
Londinium (London)
Aquae Sulis (Bath)
Calleva Atrebatum (Silchester)
Durovernum (Canterbury)
Venta Belgarum (Winchester)
Romney Marsh
Hinton St.Mary
Clausentum (Bitterne)
Regnum (Chichester)
Isca Dumnoniorum (Exeter)
Durovaria (Dorchester)
New Forest
Fishbourne
Purbeck
Portus Adurni (Portchester)
English Channel

の存在は、都市生活に共通する特徴である。競技会は年中行事に組みこまれていた。庭園に囲まれた私邸があったとはいえ、この時代の公私のバランスがどうであったのかは、ほとんどわかっていない。先キリスト教時代には、どの家にも家庭の守り神ラールを祀る祠がみられた。

いつの世にも建造物に大きな災いとなるものは、疫病の流行と大火であった。たとえば現在は一面畑となっているウィロコニウム（ロクセター）の広場は、三世紀の終わりに大火によって破壊され（この都市の歴史において二度目の大火だった）、再建されることはなかった。ところが、みごとな浴場は利用されつづけ、のちに再建されもした。ローマ軍の撤退がはじまる五世紀初めでさえも、浴場には改築がおこなわれていた。

ドゥロウェルヌムにおいてそうであったように、ウェルラミウムで二世紀半ばにおこなわれた劇場建設は、それこそ都市をあげての大事業であったにちがいない。その規模は、現在人口五万人のセント・オールバンズに存在するどの施設よりも大きな収容能力を誇るものだったからである。この都市において最初期に建てられたもののひとつに、九店舗が一列に並んだひとつ屋根の建物がある。一五五年に起きたこの都市の大火災は、多くの建造物を破壊した。だが、市民の娯楽の範囲が広がりをみせ、劇場は三〇〇年ごろでも拡張され、入場料が無料だったためか、二輪戦車の競走や剣闘士の格闘が人気を博していた。ただし、おなじ四世紀でも後半となると、劇場も使用されなくなった。ウェルラミウムは中庭のついた石造りの市場をもっていた。

現在でも城壁、墓地、祭祀跡が残るエボラクム（ヨーク）は、ブリタニアが二つの州に分割されたのち、州知事によって統治されるブリタニア・インフェリオルの州都となった（もう一方の州はブリタニア・スペリオルと呼ばれたが、その名称の由来はローマに近いかどうかであった）。セプティミウス・セウェルス帝（一四六－二一一）、コンスタンティウス・クロルス帝（二五〇?－三〇六）の二人のローマ皇帝が、それぞれ二一一年と三〇六年にこの都市で息を引きとっている。エボラクムの重要性は、三〇〇年ごろに完成し、帝国領内で最良の城塞だと言われていた堂々たる城塞からもうかがえる。やはり三〇〇年ごろには完成していた飾り壁のなかには、雄牛をいけにえにする儀式をおこなうミトラ神崇拝を示すものが現存している。いけにえは先キリスト教時代におけるローマ宗教の一大特徴であり、血なまぐささが兵士たちに大いに受けいれられていた。先キリスト教時代において、より現実的な理由からローマ兵士に崇められたもうひとつの神は運命の女神フォルトゥナであり、以後（擬人化の形象こそ異なりはするものの）フォルトゥナはあらゆる時代の社会史に登場する。

ロンディニウム［ロンドンのローマ名］はオルド［評議会］の獲得こそ遅れたものの、二〇世紀の空爆によってローマ支配時代におけるその繁栄の跡が姿をあらわした。テムズ川はローマ支配時代以前から重要な交通網であったが、ロンディニウムそれじたいはすぐれた立地条件を背景に、ローマ的な発展をとげた。この地域に初期のローマ軍が駐屯していたけれど、ロンディニウムは戦争よりはむしろ商業をつうじて発達した。二世紀を迎える以前に壮麗な広場が建造されており、それにともない従来の建造物と回廊は一掃され、さらに壮大な材木埠頭、倉庫、桟橋がつぎつぎに築かれていった。ロンディニウムはヨーロッパ大陸とも直接交易をおこなっていた。この都市は経済と行政の司令基地であり、三世紀初めには城壁も建てられた。四世紀には「アウグスタ」という帝国称号も獲得している。おそらく人口は三万人にまで膨れあがっていたと思われる。面積も、ローマ支配時代のパリの二倍にあたる三三〇エーカーに広がっていた。公共建造物に用いる石材はノーサンプトンシャーやドーセット州のパーベック、アクアエ・スリス（バース）など、ブリタニア各地から運ばれてきた。アクアエ・スリスもローマ支配時代初期に効能のある温泉を中心として、石造りの建物が建てられた小規模のローマ都市である。浴場は四世紀末に利用されなくなるまで、いくども改築をほどこされていた。

　ローマ支配時代に築かれた都市は「地方の寄生虫」と評されることもあり、またローマ人によって都市に与えられた優位性のおかげで、「土俗の」イングランド人の思考に抜きがたい都市嫌いの偏見を生んだと指摘されている。なるほど貧富にかかわらず、「土俗の」イングランド人が都市より地方を好みつづけたのは事実である。このような因果関係を証明することはおよそ不可能であるけれども、R・G・コリングウッド（一八八九―一九四三）はこの問題を解説したうえで、その理由として「ローマ辺境芸術の恐るべき平凡さ」がケルト人の想像力あふれる精神を抑圧していたことをあげている（J・S・ウァッカーに批判された説だが、それなりに説得力があるといえよう）。ただしじっさいには、都市と地方は相互依存の関係にあった。荘園《ウイラ》の大部分は都市から馬で半日以内の田園地域にもうけられており、近くに都市がない西部の孤立した地域に設置される荘園《ウイラ》は明らかにごく少数であった。さらにローマ人は地方を無視していたわけでもない。彼らは広大な土地を開拓していた。たとえばケント州、エセックス州、東部の沼沢地帯の一部が干拓され、耕地に変えられていた。また村や町などおびただしい数の集落が存在していた。ミッドランド南部のネン渓谷流域では、一九三〇年の発見時のじつに一四倍にあたる四三四の村落が、一九七二年までに発見されている。多くの農民たちは羊よりも牛と豚の飼育を好んだようである。

　現在数にして六〇〇が知られるローマの荘園《ウイラ》のうち、最初期のものは――一世紀末以前に建てられていたものもある――ケント州とサセックス州の沿岸部におかれていた。一部の荘園《ウイラ》は六室から一〇室といくぶん簡素なバンガローである一方、時代とともに増築され、浴場や小作人の収容施設までそなえるにいたった大規模なものもある。ウェルラミウムやコリニウム（サイレンセスター）といった都市の周囲では、荘園《ウイラ》の大規模な発展がみられた。グロスターシャーのウィンチクーム近郊にある荘園《ウイラ》は小さく割ったコッツウォルド石で建てられ、屋根は近くの石切り場から切りだされた粘板岩で葺かれていた。おなじくグロスターシャーのウッドチェスターにある荘園《ウイラ》などは、一八世紀の豪華なカントリーハウスに匹敵するほどの規模を誇っていた。

荘園《ウイラ》のなかでも、とりわけよく知られるものは一九六〇年に発見され、「宮殿」と呼称されてきた、サセックス州のチチェスター近郊にあるフィッシュボーンの荘園《ウイラ》である。一世紀後半に木造の家屋は頑丈な石材の邸宅へと改築され、七五年から八〇年のあいだに築かれたこの「フラウィアヌス宮殿」は奥行一〇五フィート、幅六〇フィートの堂々たる玄関広間と壮麗な謁見の間（後者はローマのパラティヌス丘にあるドミティアヌス宮殿と比較されてきた）を一大特徴としている。この「宮殿」荘園《ウイラ》の主はローマの解放奴隷であるケルト王コキドゥブヌス（生没年不詳）であった可能性もあり（彼の貨幣には「偉大な王《レックス・マグヌス》」という銘が刻まれている）、いずれにしても移住者の職人の手を借りてつくられたこの洗練された建造物に、「恐るべき平凡さ」はかけらも見られない。

フィッシュボーンで発見された小間物の遺物はローマ支配時代の日常生活、あるいは少なくとも富裕者の生活を垣間見せてくれる。遺物のなかにブローチがないことは、当時の人びとが留め合わせを必要とするケルト服ではなく、トーガを身につけていたことを示唆している。靴は革製のものが履かれていた。布地の資料は現存していないが、化粧品が用いられていた証拠がある。また残された黄金のイヤリングや指輪などは、高い階級に特権が存在したことを暗示している。台所には陶製の壺が置かれ、たぶん当時唯一の甘味料であるハチミツが入れられていた。またヒラ豆を貯えた壺も発見されている。野菜貯蔵庫には輸入品のイチジク、ケシの実、キャベツ、レタス、エンドウ豆、インゲン豆、根菜類（もちろんジャガイモがイングランドにもたらされるのは、はるかのちの時代である）があったようだ。魚からとられたソースはとくに珍重されていた。バリー・カンリフはフィッシュボーンで発見された遺物の目録を作成しているが、そのリストのなかでも計算用の小石に注目している。書かれた現物は残っていないものの、インク壺が発見されており、また青銅製のケースと蠟板に書くための鉄筆も残されている。この種の遺物は、そのほか多くのローマ支配時代の都市からも発見されている。

フィッシュボーンは二世紀末ごろの不安定な時期に大火にみまわれ、かなりの地域が荒廃した。また海岸線の城塞化も、三世紀初めに他地域で起こりつつあった政情不安定を証拠づけている。ただし、ある程度の地域差があ

（右）ローマ人の墓碑は帝国領内の各地で見られ、歴史学者にとってローマ市民の貴重な伝記的資料となっている。また、墓碑銘によって帝国内の交流が判明することも多い。（中）音楽の楽しみを表すモザイク。左手には石に腰掛けてリラを奏でるアポロンが描かれ、右手には二つ笛を吹きながら踊るマルシュアスが描かれている。ドーセット州レンゼイの荘園から発見されたもの。（左）ロンドン奪還を祝して、コンスタンティニウス・クロルスによって鋳造された金貨（296年頃）。

り、ヨークシャーの渓谷地域はその時期にはじめて「ローマの支配による平和《パクス・ロマーナ》」の恩恵にあずかった。この地域では農業が発展し、最初の石造建築が出現した。惜しみなく浪費をおこなう大土地所有者により、最大規模の荘園《ウィラ》が建造、拡張されたのも四世紀初期のことであった。交易のバランスもとれており、輸出品には穀物のほかに羊毛がふくまれていた。毛織の敷物および粗羅紗のコートも輸出されていた。

法律上および体制上の重要な諸変化が軍人と民間人を分離し、市民権を拡大させていた。だが、社会のさまざまな不平等、格差が縮小されることはなかった。一九七年に遠征兵士に妻の同伴が許され、二一二年にはローマ市民権が帝国領内の全自由民に与えられはしたが、諸特権を謳歌するローマ市民最高の階級である「エクイテス」［騎士］の数は、その後も増加していた（エクイテスとは馬《エクウス》から派生した用語である）。エクイテスは騎士会議の議席を男子に継承させることができ、放漫な浪費をおこなった。

ローマ帝国の鉄壁な支配が四世紀に揺らぎだしたとき、状況は無頼の徒のみならず、富裕者や野心家にも有利に働いた。ブリタニアは修道士ギルダスによって「頑迷一徹の島」と表現されたが、「簒奪者を生みだしがちな性向」と呼ばれている特徴を示す点で、帝国のたんなる西部の一属州というわけではなかった。四世紀以前を振りかえってみると、たとえば海軍指揮官カラウシウス（二四五？—二九三）は混乱に乗じてブリタニアを占領し、二八六年に海軍の力を利用してみずから皇帝を称した。だが、カラウシウスの統治はブリテン島の人びとに歓迎されていたのかもしれない。ブリトン人は辺境の地ブリタニアがローマ帝国のなかでも、より平和な地となりうることを感じていた。カラウシウスの貨幣には、「ブリタニアの守護神」なる銘がほどこされている。

三六七年に短期間ではあるが、ピクト人とスコット人、さらには北海を渡ってきたフランク人とサクソン人を巻きこむ、蛮族による未曾有の大衝突が起きた。この状況に対処すべく有能な指揮官テオドシウス［?―三七六］（同名の皇帝の父親）が派遣され、ローマ軍の強化とブリテン島の安定につとめた。だがテオドシウスがブリテン島の長く、しかもつねに攻撃可能な海岸線の安全を保障するためにできたことはごくかぎられていた。三二六年以降、ブリテン島では貨幣が鋳造されなくなり、四世紀末にはローマで鋳造された貨幣の輸入も減少していった。

「最弱の皇帝」ことホノリウス帝（在位三九五―四二三）が統治する時代ともなると、貨幣の流通がまったくといっていいほど途絶えてしまい、まさしくこの時期にブリタニア情勢は決定的な変貌をとげた。四〇一年にローマ軍はアラリック率いるゴート人の攻撃からイタリアを防衛するため、ブリタニアから撤退していった。その後の一〇年間に、残ったブリタニア駐留軍は三人もの「皇帝」を選出しており、西ヨーロッパにたいするローマ支配は事実上崩壊をとげ、アラリックはローマを略奪した。いまやブリトン人はみずから対処せざるをえない状況に立たされ、ホノリウス帝もすべての幻想を捨てさり、四一〇年にはローマ人官僚ではなくクリアレス宛てに送った書簡のなかで、ブリトン人みずから防衛にあたれと命じた。その四〇年後に、オセールの聖ゲルマヌス［聖ジェルマン］（三七八頃―四四八）の伝記を編纂した人物がブリテン島を訪れており、私たちはこの人物をつうじて、当時の状況を知ることができる。すなわち、五世紀の中ごろの時点で、ブリタニアとローマとの直接的な交流が途絶えてからかなりの時間が経過していることである。ただし、この時期にだれが権力を握っていたのかは、判然としない。

聖ゲルマヌスは、ブリタニア最初の（あるいは最初に記録された）異端であるペラギウス派の信徒を改宗させるためにブリテン島を訪れており、この地で有力市民と会談し、ウェルラミウムにある聖オールバンの墓地に詣でた。彼の伝記作家はその滞在中にドイツからサクソン人、さらにハドリアヌスの長城を越えて、北からピクト人の侵入があったことを伝えている。この種の侵入は当時珍しいことではなかった。侵入がたびたび起こり、初期のサクソン人がすでに定住していたことは、考古学が明快に証明している。どう解釈できるのかというむずかしい問題がつきまとうけれど、私たちに残されたこの時期の資料は出来事の記録よりも遺物の方が多いのである。

四一〇年から六〇〇年のあいだにローマ支配は終焉をつげ、サクソン人がイングランド東部のいたるところへ定住していった。この時期こそ「失われた世紀」と呼ばれる確実な史料の空白期間であり、もはや遠く時間が隔たった現在では、歴史と神話の境界を判断することは不可能である。たとえばサクソン人の侵略にたいして抵抗したあの有名なアーサー王の役割について諸説があるように、ヴォルティゲルン、すなわちサクソン人を招き入れたと伝えられる「傲慢な暴君」の正体についても、さまざまな議論がかわされている。一方、少なくとも五二〇年ごろに「ベイドン丘の戦い」と呼ばれる大衝突があったこと、この戦闘でサクソン人は敗れ、彼らの西進が一時的に食いとめられたことが判明している。サー・トマス・マロリー（?―一四七一）は『アーサー王の死』において、アーサーを「過去と未来の永遠なる王」と呼んだが、その伝説は今日でも魅力を失ってはいない。一九世紀にアルフレッド・テニソン（一八〇九―九二）が『国王の牧歌』において象徴的なキャメロットをつくりだし、二〇世紀でもその名がケネディ大統領のワシントンの「宮廷」に与えられていた。

ローマ文化のそのすべてが六世紀に突然消滅したわけではなく、またローマ文化につづいて訪れてきたキリスト教文化もまた同様である。だが北海の向こう側から襲ってくる一連の攻撃に直面して、ブリタニア社会は極度に緊張していた。ローマの道路は補修されることなく、また同時にすべてがというわけではないが、都市が衰退し、内部秩序も崩壊した。おなじく、所領内のあらゆる作業というわけではないにせよ、荘園《ウィラ》が放棄された。これもまた、すべて同時にではないけれど、イングランド南東部のウィールド地方における鉄産業のように、ローマ海軍を支えていた産業も衰退した。貨幣経済はもはや存在してはいなかったが、貨幣そのものは交換の手段や計算単位の役割をはたす代わりに、装飾品として珍重されたらしい。社会史学者の関心をよぶ五世紀および六世紀の問題は、ほぼ例外なくこれらローマ支配の遺産がどれだけ存続、あるいは消滅していたかに収斂されていく。近年では社会面での存続を、とくにイングランドの地方において考察する試みがなされている。

ローマ支配の終焉によって生活様式も多様化し、規範的なものを判別することが困難となる。生活様式は地域によっても、違いをみせていた。サクソン人はナイフと槍を使い、ブローチやビーズの首飾りをふくめた金属製の装飾品を製作したけれど、石造家屋を建てることはなく、また七世紀に入るまで製陶に轆轤《ろくろ》を用いることはなかった。サクソン人がスカンディナビア半島からもたらしたルーン文字がアルファベットにとって代わられるのは、八世紀初めになってからのことである。その時期までに、権力はキリスト教の年代記作者たちが記すように、「諸王」の手に渡っていた。またイングランドの地方資源も、のちの一一世紀のように、人口が相対的に流動的であったため十分活用されていたように思われる。ただし、軽い砂岩質の土壌は敬遠される傾向にあり、沼沢地は干拓されなかった。当時のもっとも一般的な穀物は大麦、カラス麦、小麦であり、犂本体は残っていないが、数個の犂の刃が現存している。

住居は粗末で、サクソン人は床を掘り下げたじつに小さな家屋で生活していた。エセックス州のマキングはテムズ川河口域の湾曲部にある司令基地であったが、この町が当時の典型的なものであるならば、街路は存在しなかった。一方、サフォーク州のウェスト・ストーでは、境界として堀溝がほどこされていた。定住がより永続的になり、権力が確立するにつれ、ノーサンブリア州のイーヴァリングのような権力者の壮麗な居住区域が出現した。食事、宴席用の巨大な広間がいくつもうけられ、そのうちの数室は奥行が八〇フィートにもおよび、壁は盾とタペストリーで飾られて（掘り床の小屋とは大違いである）、宮廷生活の中心となっていた。祝祭日や祝賀記念日のけたたましい浮かれ騒ぎは、「広間の喜び」のひとつであった。サクソン人の遺言状には装飾された角製の杯が言及されており、銀製のカップやタペストリーとともに、のちのサクソン史を解釈するうえで貴重な資料となっている。広間の楽師のなかには、竪琴をたずさえた吟遊詩人がしばしば加わっていた。彼ら「民衆の歌人」たちの多くはキリスト教伝道師のように、「諸国を放浪する運命」にあった。

サーガで表現されたサクソン人の偉大な口誦伝統は、初期サクソン文化の一部を伝えてくれる。まず始めに神々ありき、であった——ウォーディン［Woden］、トール［Thor］といった神々の名前は［それぞれ水曜日、木曜日という］曜日の名称によってその伝承が裏づけられている。成立年代不明の英雄物語詩『ベーオウルフ』は、「霧に包まれたきり立つ岩山から、荒野をわたってやって来た」邪悪な怪物や自然の美と力、血縁のむすびつき、指輪を与える妖精、王者にふさわしい果敢な勇気、裏切りと血の復讐を語った。べつの詩人は「われわれだれしも、この世で生の終わりを経験しなければならない」と教訓を述べ、さらに「死ぬ前に栄光をなしとげよ」とつけ加えた。だが、詩人たちは「争いごとがしばしば疫病と飢餓をもたらす」ことも知っていた。また彼らは、木造船に乗って「大海の嵐と恐るべき苦難」と戦い、新たな生の苦悩を経て、生の源である大地へとたどりつく一行について詠っていた。

イングランドの大地は、イングランドの天候のなかで耕作されなければならなかった。耕作地は入念に手が加えられ、さまざまな継承習慣のもとで次の世代へと受け継がれていった。広大な大地を細長く仕切った農法や、近隣との共同作業を示す証拠がサクソン時代末期から数多く出現している一方で、中世農業の中心となる共同地［入会地］制度の起源は判明していない。共同地制度のもととなるものは、牧草地や荒地に放牧する権利であったことが示唆され

サフォーク州サットン・フーで発掘されたサクソン人の巨大な船墓遺跡から、銀製の深皿や小皿、兜、宝石装飾品など豪華な工芸品が出現したが、遺体は見つかっていない。船は湿った砂の溝にしっかり固定され、発掘当時、木材の跡が砂地にしっかり残っていた。不明の遺体はイースト・アングリア王レドワルドと推定されている。

現存するサクソン時代初期の教会のほとんどは小規模のものであるが、身廊部は全体の大きさの割には大きく高い。ウィルトシャーのブラッドフォード・オン・エイヴォンにあるこの教会の外壁部は雪花石膏と溝彫りの柱を用いている。

ている。農民の一部は牧畜にもたずさわっていた。牛がもっとも貴重視されていたが、羊は乳と肉、羊毛を供給してくれた。豚はいたるところで飼育されていたけれど、山羊が飼われていた形跡はほとんどない。おもに小麦と大麦が栽培されていた農地も、耕作と施肥のため家畜の存在は欠かせないものであった。重量犂は一〇世紀になるまで使われていなかった。

定住化がすすむ一方、ブリトン人をふくむさまざまな王国が覇権をめぐって戦いつづけ、権力はめまぐるしく、ある地域からべつの地域へと移った。一七世紀の詩人ジョン・ミルトン（一六〇八—七四）はこの覇権争いを評して、「トンビとカラスたちの争い」と呼んだが、ことサクソン王の財宝となると、この大詩人も知らなかったようである。時は一九三九年、サフォーク州のウッドブリッジ近郊にあるサットン・フーで、七世紀のイースト・アングリア王の船墓遺跡が発見され、当時覇権を争っていた者たちの富、権力、そして交易の状況が明らかになった。この王が海に埋葬されたさいに使われたボートは、残念ながら砂のなかで朽ちた木材の骨組みしか残っていない。ところが埋葬品の財宝のなかには、ビザンティウム製の巨大な銀製皿、宝石を鏤《ちりば》めたライン地方製の剣、鳥とドラゴンの図像がほどこされたたいへん手の込んだ盾、豪華な兜、七宝焼きの肩帯金、色とりどりでまばゆいばかりの宝石細工、装飾品としての貨幣（貨幣経済が復活する以前の時代だった）、そして砥石でできた珍しい王笏がふくまれていた。

この王はキリスト教への改宗者であったけれど、新たな信仰がサクソン時代イングランドの経済と人口に影響をおよぼすことはなかった。個人の寿命は短く、私的な絆のほうが抽象的な議論よりはるかに重要だったのである。改宗の意義は地位と経験しだいであった。上からの改宗である場合には、古い習慣もただちに改まるわけではなかった。王自身がふたたび改宗することもありえたし、キリスト教がごく身近な存在になってからかなりの時が経過したあとでも、王たちは結婚式や葬式を昔からの慣習にのっとって執りおこなうことも可能であった。また、キリスト教へ改宗したからといって、「魔術」信仰がすたれることもなく、むしろ新たな要素が加わりさえした。魔法の井戸が、キリスト教の霊所となることもあった。聖遺物や聖書に手を置きながら発せられた古くからの誓い、あるいは教会の鐘を器とした液薬は、特別な効力をもつと信じられていた。

比較的多くのことがわかっている最初のサクソン王は、ケント王国のエゼルベルフト（五五二頃—六一六）である。この人物はキリスト教徒の王女と結婚し、彼自身もキリスト教へ帰依していた。ただし「王」とはいっても、彼は大勢いた王のなかの一人にすぎず、富裕で権勢をふるったのはその一部、さらに「ブレトウァルダ」（一種の宗主）として広くその権威を認められた者となると、そのうちのただ一人であった。エゼルベルフト以前のブレトウァルダを輩出していたのはサセックス王国とウェセックス王国であり、イースト・アングリア王国はそのかなりのち、そしてノーサンブリア王国は七世紀後半にエドウィン、オズウァルド、オズウィーによってこの権威を獲得した。サクソン人の王たちはいずれも祖先の起源を、北欧神のウォーディンもしくはサクスネアトに置いていた。家系は重要であった。あるイースト・アングリア王は祖先にカエサルを加えており、キリスト教時代には、アダムまで家系に組み入れられることがあった。

エゼルベルフトがキリスト教へ帰依したのも(五九六)、まさしくケント王国が富裕な時代であった。ローマ教皇グレゴリウス一世が彼の改宗がもつであろう重要性をいちはやく認めて、聖アウグスティヌス(?—六〇四)を四〇人の宣教師とともにキャンタベリーへ派遣していた。ノーサンブリア王国のエドウィン(五八五?—六三二)もやはり重要人物とみなされ、イタリア人修道士パウリヌス(?—六四四)が彼の最初の北方伝道において数千人に洗礼をおこなったのは、ノーサンブリア王国のイーヴァリングであった。エドウィンの継承者はキリスト教を棄てたが(エゼルベルフトの後継者エドボールドと同様である)、ノーサンブリア王国は、とくにリンディスファーン島が、キリスト教布教と学問の中心地となった。六六四年、ヨークシャーの海岸のホイットビーにおいて重要な教会会議が開かれ、ある懸案に決定がくだされた。当時ブリテン島のキリスト教には、ケルト教会系とローマ教会系の二派があり、前者はサクソン人の改宗以前から布教活動をおこない、独自の修道院組織を形成していたが、後者はローマ教皇に直属しており、両者にはさまざまな違いが存在していた。軍配はローマ教会系にあがった。この決定以降、一つの王国には一つの教会があるべきことになった。この会議から五年後には、新たな「信徒の導き手」タルソスのテオドルス(六〇三?—九〇)が小アジアからイングランドに到着し、六六八年から六九〇年までキャンタベリー大司教を務め、司教座制度の組織化と確立に尽大な貢献をはたした。ノーサンブリア王国ではもう一人の「信徒の導き手」ベネディクト・ビスコープ(六二八?—九〇頃)がモンクィアマスとジャローの地に修道院を建て、壁面をローマ式絵画で飾りたてた。その壁画には、新約聖書の出来事がいかに旧約聖書で予言されていたかを示すものがある。

ノーサンブリア王国のオズウィー(六一二?—七〇)が、「ペニー」の語源になったと伝えられているマーシア王国(イングランド中部の王国)の異教王ペンダ(五七五?—六五五)を打ち破ったのは六五五年のことであった。ところがすぐさま、タムワースを中心とするマーシア王国が覇権を奪回する(六七〇—七九六)。マーシア王国はダービーシャー北部の丘陵地帯やシュロップシャー、チルタン丘陵の高地人から、リンカンシャーのリンゼーや沼沢地方といった低地に住む人びとにも勢威をふるった。ノーサンブリア王国から覇権を奪ったマーシア王ウルフヘレ（?―六七五）は、ロンドン司教管区を売却したうえ、ワイト島を処分し、さらにはサセックス王国のヘイスティングズを支配できるほどの権勢を誇っていた。のちのマーシア王オファ（在位七五七―九六）は、生前ローマ教皇ハドリアヌス一世によって「アングリアの王」と呼ばれた。後代の年代記作家によると、オファはセント・オールバンズ修道院と短命に終わった大司教管区を設立した（この大司教管区はキャンタベリーではなくリッチフィールドを中心とするもので、イングランド社会史において特異な地位を占めている）。かりに小規模だったにせよ、彼が鋳造させた貨幣の分布は交易が広範におこなわれていたことを暗示しており、あるディナール金貨などはヨーロッパを越えて、イスラム圏にまで取り引きがあった可能性を示している（「鋳造《ミント》（する）」という語はサクソン人により、彼らがイングランドに侵入する以前にローマ帝国のラテン語から借入されていたもので、「道路《ストリート》」も同様である）。オファは長さ七〇マイルにもおよぶ長塁を建設した人物としても知られている。アイリッシュ海から山あいを縫って、ブリストル海峡まで達するこの長塁は、ケルト人の侵入を防ぐためにつくられ、サクソン時代最大の事業とされている。

　世俗界の権力が通商と大事業から明らかとなるのにたいし、聖職界の権威も八世紀には目に見える形であらわれてくる。「尊師」ベーダ（六七三?―七三五）により七三一年に完成した大歴史書は、一連のサクソン人の聖人たちをはなばなしく登場させていた。ベーダはモンクィアマスとジャローの修道院において、彼自身の言葉によれば「北の極のもとで」その生涯のほとんどをおくった。彼は偉大な歴史学者であり、史料の空白を想像力で埋めることを嫌った（「〜と伝えられている」は彼が好んで用いる表現のひとつである）。多くの同時代人とおなじく、彼もまたその当時「賢い巨人たち」の仕業と考えられていた先史時代の遺物に惹きつけられていた。アングロ・サクソン語［古英語］には未来時制がなかった。だが、ベーダはタイトルどおりの「純粋な教会史」だけを記述したわけではなく、彼が残したものは一種の年代記と聖人伝、それも聖パウロによってイスラエルの民が語られたとおなじ観点から、イングランドの民が語られているものであった。

　八世紀の後半、とりわけ「アルクィンの時代」と呼ばれる時期が、文化の活力みなぎる平和な時であった。ヨークのアルクィン（七三五頃―八〇四）は誕生地の大聖堂付属学校で教育を受けたが、生涯の多くをシャルルマーニュ［カール大帝］に仕えてヨーロッパ大陸ですごした。彼は神学者であると同時に、数多くの書簡を残した文筆家でもあり、彼の書簡は（英語のものはほとんどないが）法律から聖歌、自然史、天文学にいたるまでじつに幅広い対象を論じていた。アルクィンの時代はまた華麗な装飾をほどこされた福音書、ビューカスルとラズウェルの有名な十字架像、

アングロ・サクソン人とデーン人
876年までのスカンディナビア人植民地
デーン法の施行された地域
5カ所のバラ
KENT 初期の州の名称
50マイル(80キロ)
Kingdom of Picts and Scots
Lothian
NORTHUMBRIA
STRATHCLYDE
Lindisfarne I.
Bernicia
Galloway
Carlisle
Durham
North Sea
Isle of Man
YORK
R. Ouse
York
Irish Sea
DANISH MERCIA
Lincoln
Nottingham
Chester
Gwynned
Derby
Stafford
Shrewsbury
Powys
Offa's Dyke
Tamworth
Leicester
Stamford
NORFOLK
Thetford
Bridgnorth
R.Severn
R.Nene
Ely
SUFFOLK
Warwick
Watling Street
Northampton
Cambridge
Worcester
Bedford
EAST ANGLIA
MERCIA
R.Wye
Brecknock
Buckingham
Colchester
Dyfed
Gloucester
Witham
Gwent
Ashdown
Oxford
Maldon
ESSEX
Wantage
Glamorgan
BERKSHIRE
London
Sheppey
Chippenham
R.Thames
Canterbury
Wedmore
Glastonbury
Winchester
SURREY
KENT
Pilton
SOMERSET
Appledore
Dover
WESSEX
HAMPSHIRE
SUSSEX
Wilton
Hastings
DORSET
Lewes
Exeter
Chichester
Southampton
Wareham
Wight
Lydford
WEST WALES
English Channel

そして最初の勅許状（ノーサンブリア王国ではなく、ケント王国とサセックス王国のものであった）が作成された時代であった。一方、イングランド南部でも最初の法典が編まれており、ウェセックス王イネ（?―七二六頃）の法典はその起源が六世紀末にまでさかのぼることができる。ウェセックス王国の勢力が強まりつつあり、九世紀にはアルフレッド（八四九―九九）のもとで、この王国が覇権争いを勝ちぬいた。

サクソン人の社会がどうであったか、私たちは彼らの法典からかなりのことを知ってはいるが、歴史学者が指摘してきたとおり、この法典そのものがじっさいの社会よりも、あるべき社会を示している可能性がある。一方、今日に伝わる文化的資料の魅力については疑いの余地がない。アルクィンの半世紀前に作成されたみごとな『リンディスファーン福音書』も、ため息をつかせるほんの一例にすぎない。サクソン写本の美しさは、ローマ時代の形式一点張りの刻銘とはあまりにも対照的である。

とはいっても、これら文化的ルネサンスを示す数多くの徴候も、八世紀末からノーサンブリア王国にあらわれはじめた「暗雲の予兆」、「たび重なる疾風、稲妻、そして空を舞う火を吐くドラゴン」のなかでは、とかくその輝きを失いがちであった。ヴァイキングの来襲がはじまっていたのである。初期の侵略はノルウェー人によるもので、今日「デーン人」として知られる北欧人ではない。侵略が直接的にもたらすものは明らかであった。物質的な損害、男女の恥辱（殺害とともにレイプが諸記録で言及されている）、成りゆきからできあがっていた「文明」（すでにローマ文明とは似ても似つかぬものとなっていた）への脅威に加えて、イングランド北部における最初の侵略にともなう、北部から南部への権力の地理的な移動である（一八世紀から一九世紀初めにかけて産業革命が起こるまでは、ふたたび移行することはなかった）。リンディスファーンが七九三年に略奪され、ヨークも占領されて「神の聖域」が冒され、「聖人像は通りに放りだされて、さながら糞のごとく足蹴にされた」。消滅した司教管区も二区におよんだ。

近年指摘されるところによると、ヴァイキング来襲の記録は、その多くがキリスト教の聖職者によって書かれたものであるため（彼らは書き手たるみずからについて、ほとんど語ることはなかった）、ヴァイキングの艦隊の規模、襲撃の激しさ、とりわけ教会や聖地にたいする残虐な行為も、おそらく誇張されたものと思われる。ヴァイキングが神の罰という性格をもつにいたったのも、部分的には彼らの異教性によるものだけれど（ときには反キリスト《アンチ・キリスト》者とまで表現されていた）、彼らの略奪の激しさは判断がむずかしい問題である。ヴァイキング自身は彼らの望みも、恐怖も語ることはなかった。当初こそ土地よりもむしろ略奪品を目あてにしていたのかもしれないが、彼らは初期のサクソン人とは異なり、商業にも関心をよせていた。ヴァイキングたちの土地にたいする執着はアルフレッド王によって記されている。アルフレッドがヴァイキングをもてなしたさい、この客が王に語ったところによれば、ヴァイキングがやってくる北ヨーロッパの大地は「とても長く、とても狭い」ものであった。牧草地か耕作地にできる土地はすべて海辺にあり、しかも「その一部は山岳」であった。アルフレッドはまた、こうも記していた。この客は「彼の国では名門の出身だが、彼が所有している家畜はわずか二〇頭の牛、二〇頭の羊、そして二〇頭の豚にすぎず、彼が耕すわずかな土地は馬で耕されていた」。

イングランド史の舞台で重要な役割を演じたのは、イングランドの平原に惹かれたデーン人であった。卓越した操船技術をもつ彼らは用途の異なるさまざまな種類の船を操り、おびただしい数の兵士、ときには軍馬を引きつれて北海を渡ってきた。デーン人はイングランドの北部および東部に定住しても、なお戦いをやめることはなかった。彼らはすぐさまノーサンブリア王国、マーシア王国、イースト・アングリア王国と征服していき、もともと不明確であったにせよ、サクソン諸王国の伝統的な境界を破壊してしまった。アルフレッドは八七一年からウェセックス王位についていたが、デーン人がブリテン島に向けて大軍を派遣した八六五年以降、彼らに抵抗しえた最初のサクソン王となる。「わずかな手勢を率いて、彼はおよそ人馬が通えないところへ進軍し、ヴァイキング軍と戦いつづけた」。デーン人の侵略を食いとめることにより、アルフレッドはその後二〇〇年も継続する西部サクソン王朝を確立し、また今日まで残る英雄としての名声を獲得した（ヴィクトリア時代人などのちの世代は、アルフレッドをアーサー王と同列にあつかっている）。その当時、すべてのイングランド人が彼をすぐれた統率者とみなしていたわけではなかったけれど、アルフレッドの功績は顕著であり、しかもそのほとんどが実質的に社会と密接な関連をもつものであった。アルフレッドはまず、みずから書物をあらわす稀有の文人王であった。また時間を計れるよう、印をつけたろうそくを考案したのも彼である。彼が編んだ法典は独自の形態をもつ最初のものであった。さらに船の建造、軍隊の再編成（フェルド）、バラ（城塞都市）の建設（それらの一部は鉄器時代の集落やローマ支配時代の砦の上か、その近くに建てられた）、デーン人との境界の設定（一部は旧ローマ道であるワトリング街道に五〇マイルほど沿って設定された）、これらの対策を講じることにより、アルフレッドはデーン人を、一一世紀にデーンロー地域として知られるようになる彼らの広い土地に押しとどめることができると確信した。なるほどデーンロー地域の大部分でデーン人の法律が課されてはいたが、だからといって、この地域全体がデーン人によって植民地化されたわけではなかった。デーン人が定住していたおもな地域はレスターシャー、リンカンシャー、ノッティンガムシャー、そしてヨークシャーにかぎられていた。

ヴァイキングの活動のなかでも重要な点は、サクソン人に朝貢を強要したことである。エセルレッド王のもとで九九一年以降、この種の貢納がほぼ定期的におこなわれるようになった。ヴァイキングへの朝貢はサクソン人に長期の平和をもたらし、アルフレッド王の後継者たちは、たとえ彼らがイングランドのどの地域の出身者であろうと、デーン人と友好な関係を保つことができた。たとえばエセルレッドの父であり、アルフレッドの後継者のなかでもっとも偉大だったエドガーが九七五年に死去したさい「平和王」の称号を得ていた。エドガーは九七三年にバースで全イングランドの国王として即位しており、彼が北部のチェスターに宮廷を構えたさい、八人の小王国の王たちがみずから漕ぎ手となり彼をディー川をとおってチェスターまで運んだ。彼の戴冠式を執りおこなったのは聖ダンスタン（九〇九頃―八八）であった。ダンスタンはグラストンベリー近郊に生まれ、王家の血筋に連なる人物であり、のちにグラストンベリー修道院の初代院長、九六〇年にはキャンタベリー大司教に就任する。エドガー王は、最初期の修道院が荒廃したあとでも、男女を問わず人びとの心をとらえつづけていた修道の理想に強く惹かれていた。彼は信仰とともに貨幣鋳造でも知られている。そのうちの一種類に刻まれた図像は、雲間からあらわれる神の御手であった。

エドガーの死去と同時に、深刻な王室内部の「抗争が王国を騒乱の渦に巻きこみ、王国は州ごとに分裂していった」。追い討ちをかけるようにヴァイキングの略奪がつぎつぎと起こり、ついにはデーン人クヌート（在位一〇一七―三五）により、イングランド全土がデーン人の支配下におかれた。一〇一二年にデーンゲルト（デーン税、当時は用いられなかった用語）が系統だった土地税として正規に徴収されはじめていたけれど、もはやこの徴税によってサクソン人が救われることはなかった。ちなみにデーンゲルトはクヌートの征服からはるかのちの一二世紀まで、正規の税として徴収されつづけた。この税は従来のサクソン税（そして徴兵）と同様に、土地単位であるハイドをもとに計算されていた。教会税は一〇分の一税（収入の一〇分の一もしくは現物で納入する）の形態をとっており、それ以外にも「犂の施し」など、一年の特定の時期には種々の付加税が徴収された。

一一世紀に入ると、度量法がサクソン人とデーン人、すなわち被支配者と支配者双方にとって重要になっていた。「ハイド」などの単位が地域ごとに異なる一方、徴税の対象はイングランドのすべての住人におよび、彼らは納税が義務であることを痛いほど思い知らされた。たとえば一〇四一年にハルタクヌート王の二人の従士《セイン》がウースター司教座聖堂で税の徴収をおこなったさいに、殺害されるという事件が起こり、ハルタクヌート王はそれにたいして、ウースターシャー全域を処罰の対象とするよう命じた。

「ハイド」とは、労働者一家族を養えるだけの土地の広さと大まかに考えられていた単位であった。一一世紀にはさらにもうひとつ、ハイドよりもはるかに大きな土地の単位が存在した。すでにイングランドは面積も富裕度も異なるシャイア〔州〕、すなわちのちにカウンティーと呼ばれるものに分割されていたのである。一部の州はケントのような古代王国であったが、そのほとんどが地域の単位として現在まで引き継がれている。サクソン時代末期のイングランドでは州それぞれに裁判所が存在し、法廷は年に二度開かれ、国王の名代である州長官《シェリフ》が統括した。また州も百戸村に区分され（デーン人の領地では「ワペンテイク」と呼ばれた）、百戸村もそれぞれ面積が異なり、独自の裁判所

リンディスファーンで発見された700年ごろの墓標。ヴァイキングと思われる戦士たちの行進が描かれている。リンディスファーンは875年にヴァイキングによって略奪された。

をもっていた。州裁判所をもっとも利用していたのは、村や過疎の田園地域に住む地方の住人たちであった。

　都市の人口はそれほど多くはなかったが、主要なサクソン王国には商業都市があり、そのうちの一部はサウサンプトン（七二エーカー）のように比較的面積が広かった。サウサンプトンからほど近いウィンチェスターは、ローマ人侵入以前の名称ウェンタ・ベルガルムが引き継がれたローマ都市であったが、九世紀に再建され、おそらく人口一万人を有するまでになっていた。ミッドランド地方のバンベリーやメルトン・モウブリー、ケント州のメイドストンのような内陸部の中心地も数多く存在し、これらの都市もローマ時代もしくはローマ人侵入以前における古い定住地となんらかの関連をもっていたと思われる。ヨークは少なくとも八〇〇〇人の人口をもち、ノリッジとリンカンも人口五〇〇〇人の都市であった。人口が抜きんでて多かったのはロンドンで、おそらく一一世紀までに一万二〇〇〇人を超えていた。人びとが陸路と海峡をつうじて集まってくる「エムポリウム」〔商業の中心地〕とベーダはこの都市を表現しており、すでに宗教上でも司教管区の中心地となっていた。一〇四二年には、ロンドンで貨幣を鋳造する「公認鋳造者」は二〇人にもおよんでいた。

　規模の大きな都市では、都市特有の関心が存在していた。まずは経済的な接触への関心があり、これは従来の血縁による結びつきとはまったく異質な関係であった。貨幣の鋳

造とともに金もうけを意味する金融への関心ももたれた。さらに秩序にたいする大きな関心があり、都市内においても対外的にも、平和な状態にあってはじめて安定した秩序とみなされた。

デーン人の王たちもサクソン王とおなじく、みずからを統一者であると同時に立法者とみなしており、クヌートの「ドゥームズ」すなわち法典は、当時のヨーロッパでももっとも進んだものであった。ここから皮肉なめぐり合わせが生まれる。「法律」という言葉はむろん恣意的暴力の反対を意味するはずだが、その起源がじつはデーン人の言語にあった。F・W・メイトランド（一八五〇―一九〇六）が指摘したとおり、「もし今日のわれわれが〈法律〉と〈権利〉を区別できるのであれば、それはひとえにデーン人のおかげである」。デーン人の王たちは法を新たにつくることはなく、従来のものを解釈していた。したがって、法律そのものは古ければ古いほど良い法律とみなされた。一〇世紀になると、デーン法は周到につくりあげられた階層組織を呈示することになるが、社会におけるある個人の身分は法律だけではなく、慣習や称号によっても決定されており、また慣習と称号それじたいも地域ごとに異なっていた。血縁関係がやはり地位の決め手となり、自由も均等に配分されてはいなかった。社会の底辺にはまったく自由を欠いた者たち、すなわち奴隷が存在し、彼らのある者はサクソン時代以前の諸民族の子孫であり、またある者は個人もしくは家族の不運によってこの境遇に落ちていた。奴隷の上には多数の半自由民、すなわち農耕に厳しく縛りつけられ、領主の意思に従う義務のある農業従事者たちがいた。彼らは賃金を受けとることもなく、また地代をはらうこともなかった。のちにノルマン人はこの身分の者たちを隷農《ヴィレン》と呼ぶことになる。社会の頂点に位置するのは大土地所有者、戦士もしくはその子孫たちであった。臣下と主人のつながりは、さまざまな方法で表現されていたが、要するにほかのあらゆる関係に優先する至上のものであった。すなわち、主人をもたない者は彼自身が主人でないかぎり、社会組織からはずれた存在となった。

身分の低い者たちが血縁者よりも主人に依存するにつれ、臣従関係が血縁関係よりも優先するようになった。かくしてアルフレッド王の法典は「臣下は彼の主人が復讐の理由以外で攻撃を受けたならば、主人のために戦うことができる」こと、さらに「臣下はその血縁者が不当に攻撃を受けたならば、血縁者のために戦うことができるが、ただしその相手が主人である場合、われわれはこれを認めない」ことを定めていた。血縁を表す言葉はその関係を明確には表していなかった。mannという単語は、子供をさすbearnとおなじく、男女いずれにも用いられた。古英語のwifは「女性」を意味した。したがって、wifとmannの合成語wifmanが現在のwomanのもともとの語形である。語源的に言うと、wifは「織る」［weave］と関連していた。一方、spinster〔オールドミス〕の初めの意味は機織りをする女性たちであった。husbandry〔倹約、家計〕も、もとはといえば耕作地に由来する単語である。

修道士でもあった英国散文の巨匠、「アルフリク・グラマティクス」〔文法学のアルフリク〕ことエインシャム修道院長のアルフリック（生没年不詳）は、アルフレッド王が翻訳文中の余談としておこなったように、社会構造の現実を単純化する記述を残した。彼の説明によれば、国王は「三組の支え手たち」、すなわち「働く人」、「祈る人」、「戦う人」の上に君臨する――

「働く人」とは、われわれに食糧を供給してくれる者たち、すなわち食糧の供給にのみ専念する農民たちである。

「祈る人」は、われわれと神の仲立ちをつとめ、神のためキリスト教徒のなかでキリスト教を広める者たち、すなわちわれわれすべての幸福のため、上記の務めに専念する聖職者たちである。

「戦う人」は、われわれの都市と土地を守り、近づく敵と武器で戦う者たちである。

現実には三階層の区分も不適切かつ不十分な分類であったけれど（時がたつにつれ、ますます妥当性を欠くものとなる）、のちの階級分類、すなわち「上流、中流、下層」の三区分がごく自然に受けいれられているように、当時にあっては自明のものであった。最下層の者たちに自由がないことも、当然であった。アルフリックが描く農民は不満をこんな素朴な言葉でしめくくっていた――「わしには自由がないもんで、仕事もしんどくなる」。さらにアルフリックは、農民に課せられた作業を鮮明に描いている――

わしは年がら年中汗水たらす。夜が明ければ仕事のはじまり、牛を畑に連れていき、犂にくくりつける。冬がどんなにつらかろうと、家に居る気にゃなれない。領主さまがおっかないからな。牛を犂にくくりつけ、犂には犂の刃をくっつけて、くる日もくる日も畑おこしの繰りかえし。それも毎日一エーカー、いやもっと耕さなきゃならぬ。せがれも突き棒で牛を追いまわしてくれるが、寒さやらどなり声で、もう声もしわがれておる。野良仕事が終われば、飼葉桶に干し草と水を入れてやらにゃならぬ。おつぎは糞の大掃除。

感情移入をおこなえるアルフリックの才能は、イングランド社会史にある種の新たな力、たんなる分類とは異なるなにかを吹きこんでいた。読者たちは別世界の人びとの経験にたいし、関心と共感をもちうるのである。

のちになると、アルフリックの三階層の分類はさらに単純化され、語呂合わせで「エオール」と「チェオール」（チャール）、すなわち権力をもつ者と自由な平民に区分された。じっさいには大守《エオール》や従士《テガス》（セイン〔もともとは王の従臣だったものたち〕）などの支配階級にも多くの区分があったように、一口に平民《チェオール》といっても、さまざまな階級が存在した。一一世紀に一部の平民は階級を上げる一方、より多くの者たちは零落していき、半自由民の数を増大させていた。平民の多くは農民として土地をつぎの世代へ継承させたが、おなじ階級の者でも地域が異なれば、人口に占める割合も、その権利も異なっていた。ケント王国では奴隷所有者となる平民がいる一方、ウェセックス王国ではいかに富裕であろうと、土地の所有者でないかぎり、財産が平民に高い身分をもたらすことはありえなかった。ちなみに、平民の平均的な土地所有面積は小さかった。

社会的平等は見かけ上ですら存在しなかった。鹿狩り、狐狩り、鷹狩りは貴族だけの娯楽であり、彼らは労働をおこなうことはなかった。また教区司祭のなかには、教区の教会を建立した貴族から家臣として待遇されるものもいた。もし修道院を所有する一族が妥当な修道院長候補をもっていなければ、昇格させる権利が売買されることもあった。ただし教会が貧窮していたため、個人の力で昇進できる道も開かれていた。王たちは政治的配慮から、顧問に名門の血縁者よりも聖職者を迎えることが多かったからである。王は上からの改革を押しすすめることが可能な、強い立場にあった。土地の寄進を教会に保証し、土地保有を確かなものとできるのも、彼らだけであった。

サクソン時代の女性は労働において確固たる役割をはたすだけでなく、社会制度のなかでも公的な地位を占めていた。女性たちは掃除、料理などの家事以外にも、羊や山羊の乳しぼり、羊毛の刈りとりや衣服づくりをおこなっていた。女性はすでに最初期の法典、すなわちケント王国のエセルベルトによる法典(六〇〇頃)に登場しており、寡婦への補償があいまいさの残る表現で規定されていた――「女性に生存中の子供がおり、かつその夫が先に死去した場合には、その女性に夫の遺産の半分を所有させるべし」。多くの点でこの時期の女性は、のちの時代とくらべるとはるかに多くの権利を有していた。たとえば、意に沿わない結婚を強制されることはなかった。離婚も容易であった。高い階級に属していれば、土地などの資産を所有することも可能であったし、家具や家屋など結婚の贈り物を受けとることもでき、さらには遺言状の作成も許されていた。なかには息子から相続権を奪った例すらあった。サクソン時代の女性は社会に実質的な影響をおよぼすことができたのである。

イングランド侵入に成功した最後の侵略者がやって来たのは一〇六六年であった。ノルマン人は従来の社会構造に新たな要素を導入し、社会制度を堅固かつ明確に組織していく。とはいっても、ノルマン人もヴァイキングの一族であり、フランス語が公用語だったとはいえ、ごくごく最近身につけたばかりであった。しかもノルマン征服の直前には、スカンディナビア人の来襲があった。最後のサクソン王ハロルド二世(在位一〇六六)がヨークシャーのスタンフォード・ブリッジ近郊で、ノルウェー王ハーラル・ハル

イングランド人女性が作製したバイユー・タペストリーなど、ノルマン王朝時代の戦いを活写したものは数多く存在する。本図は12世紀後半のピュイゼ写本聖書に描かれた色彩画で、一般にはそれほど知られていない。ヒュー・デュ・ピュイゼは1153年から95年にかけてダラムの司教職にあった。ウィリアム1世の命により1072年に築城されたダラム城はダラム司教の管轄下にあり、歴代の司教たちは副王の権能を与えられてイングランド北部の制圧を企図し、必要とあらばスコット人たちとの戦いも辞さなかった。

ドラーダ（一〇一五―六六）を激闘のすえ破ったのは、彼がヘイスティングズにおけるノルマン軍との戦いで一敗地にまみれる、ほんの半月前のことであった。

ノルマン人の勝利は中世技術史の研究者によって、七世紀の軍事技術にたいする一一世紀の勝利とみなされている。ハロルド王の兵力には騎兵がふくまれておらず、弓兵もごくわずかで、戦い方も旧式な盾の壁であったが、ウィリアム征服王は蹄鉄とあぶみをそなえた馬と弓兵で戦っていた。ただし、軍事技術うんぬんは、その当時の解釈ではない。当時にあっては罪の意識、あるいは神による懲らしめという受けとめ方が強かったのである。たとえばウィリアム一世（在位一〇六六―八七）に味方した人物の伝記を編んだ司教ウルフスタン（？―一〇二三）は怒りをこめて、こう記している――

卑劣な輩というものはなんと気概のないものか。最初の戦いの後、ふたたび自由を求め一致団結して戦う気などさらさらなかった。あたかもハロルド王の死とともに、イングランドの活力をすべて失せてしまったかのようであった。

とかく歴史的事実が共感よりも怒り（あるいは軽蔑）を呼びがちであることは、いつの世にも変わりがない。

ノルマン征服がおよぼした長期的な諸影響という問題は、これまで大きな議論をよんできた。ヨーロッパ大陸から渡来し、北方よりも南方を見つめる「建設的な」ノルマン人の到来がもたらした数々の恩恵を懐古的に注目する歴史学者もいる。また「ノルマンのくびき」として知られる、さまざまな諸制約と戦った「自由な」サクソン人を絶賛する歴史学者もいないではない。ただし、多くの歴史学者が強調してきたことは、ウィリアム征服王が従来の慣習を尊重し、遵守することを誓い、この姿勢がのちの世代の規範となったこと、その結果としてノルマン王朝にはノルマン征服以前との連続性が存在することである。ウィリアムはイングランド王となるために海を渡ってきたが、この進軍はかならずしも武力一辺倒のものではなく、エドワード証聖王（在位一〇四二―六六）によって王位を約束されていた。「己れの権利を守る」という大義名分が掲げられていた。

ノルマン人は「支配する性向」という天賦の才を発揮し、て、実務的な植民者であることを実証してみせた。だが、批判の声も完全に抹消されたわけではない。ノルマン人がやってきて、サクソン人にくびきをかける以前は平和だったという黄金時代神話はのちのちまで語り継がれた。マーカム夫人の好評を博した歴史書、一八二三年に出版された『イングランドの歴史』では、サクソン時代のイングランドについて勉強していた二人の子供たちが、母親からつぎのような教えを受けていた。「サクソン人はノルマン征服の後でもイングランドに住みつづけ、その数はノルマン人よりはるかに、はるかに多かったのですから、私たちイングランド人の大部分はサクソン人の子孫ということになります。ええ、私たちの言葉やたくさんの習慣が、私たちの起源を物語ってくれるのですよ」。

第三章

中世前期のイングランド

従属、拡張、そして文化

1066年　ウィリアム1世、イングランド国王として即位、ノルマン人が支配階級となる
1070年　イタリア人のランフランク、キャンタベリー大司教に叙任される
1086年　ウィリアム1世、土地台帳『ドゥームズデー・ブック』を作成させる
1152年　ヘンリー2世、アキテーヌのエレオノールとの結婚によりフランスに広大な領土を獲得する
1170年　大司教トマス・ア・ベケット、キャンタベリー大聖堂内で暗殺される
1190年　リチャード1世、十字軍遠征の途につく
1204年　フランスのノルマンディー領が失われる
1215年　「マグナ・カルタ」が公布される
1235年　マートン制定法が成立する
1264年　ヘンリー3世、リューイスの戦いでレスター伯シモン・ド・モンフォールに敗れる
1265年　議会に初めて都市の代表者（平民）が招集される（シモン・ド・モンフォールの議会）　エドワード皇太子、イーヴシャムの戦いでシモン・ド・モンフォールを敗死させる
1297年　エドワード1世、1225年の修正版「マグナ・カルタ」を認証する

ノルマン人がイングランドのオークを伐《き》りたおし、
イングランド人の首にノルマンの軛《くびき》をかけた。
イングランドの皿にノルマンのスプーンがつっこまれ、
ノルマン人の思いどおりにイングランドは支配された。
明るい未来はもはや訪れることはない、
イングランドがノルマンの支配を脱するまでは。

サー・ウォルター・スコット『アイヴァンホー』（一八二〇）

俗界を捨てると決意した修道士にとって、だれがいかなる官職を得たかなどは、いったいなんの意味をもちましょうか？　すべての人間が、渡り鳥たちのようにいっせいに働くよう定められているわけではありますまい。

聖アンセルムス『二人の修道士へ宛てた書簡』（一〇八一）

奴隷という存在は神によって、奴隷となるべき者たちの罪がゆえに、あるいはより善き者となるための試練としてつくられたものである。

一二世紀の神学にかんする断章

社会を支配する諸制度の枠組みは、最終的に人間環境総体の知識によってのみ理解される。

マルク・ブロック『封建社会』（一九六一）

ノルマン征服の二〇年後にウィリアム一世のため、州ごとにこと細かく作成された『ドゥームズデー・ブック』は、不完全ながらも、イングランドの大地と人びとについて記すこのうえなく貴重な調査である。作成者たちは羊皮紙に、「イングランドの大地を所有するものすべてが、土地もしくは家畜にかんし、なにをどれだけ所有しているのか、そして所有物がいかほどの価値があるのか」を記載しようと試みていた。コミュニケーションの手段がおもに口伝えであった社会にあって、『ドゥームズデー・ブック』は文字の記録としてその後のいく世代により、経済や社会、行政制度が様変わりしてしまっていたにもかかわらず、実務上の必要性から敬意をもって参照されつづけた。ただしこの記録が『ドゥームズデー・ブック』の名で呼ばれるようになったのは、一二世紀に入ってからのことであり、出版にいたっては一七八三年まで待たなければならない。これは前例のない調査であり、近年ではこの記録のデータがコンピューターによって分析されている。

今から一世紀ほど前に、『ドゥームズデー・ブック』の偉大な研究者であったF・W・メイトランドは、もちろんコンピューターなど想像すらできなかったにもかかわらず、「一世紀後」には『ドゥームズデー・ブック』の「実体」が整理しなおされるだろうと、みごとな予言をおこなった。彼によれば、「ノルマン人の官吏たちがばらばらにしてしまった町村や百戸村」も、いずれは「再構築」されることになる。これを可能にしたのがコンピューターであった。ただし、歴史書編纂にたずさわっていたその当時のある人物は対照的な意見をもっていた。調査をささえる驚くべき労力に圧倒されながら、この人物は「ウィリアム王はご満悦だろうが、記録しそこねたものは雄牛、雌牛、豚にいたるまでなにひとつないと脱帽してしまうのは、屈辱以外のなにものでもない」と、複雑な心境を語っていた。調査、いや今日呼び慣らわされているところによれば「審問」は、人口のみならず慣習や諸手続きにかんして、大きな地域差があったことを示している。人口密度はかなりの偏りがあった。イングランド北部がとりわけ過疎であり、東部は密度が高かったけれど、かなりの数の人間が住んでいたウォリックシャーのような州でさえ、森林地域となると人家はほとんどまばらとなる。一方、ノーフォーク州、サフォーク州、レスターシャーのような穀倉地帯では比較的人口密度が高かった。『ドゥームズデー・ブック』の資料から割りだした当時の推定総人口は、一〇〇万人から三〇〇万人までさまざまである。数値にばらつきがみられる原因は、『ドゥームズデー・ブック』の記載を人口調査に変換するさいに用いる乗数が専門家のあいだで異なるためである。

ノルマン人による征服は経済、社会、文化にも直接的な影響をおよぼしていた。ウィリアムは助言を望む姿勢を明らかにしており、調査が開始されるにあたって、「このイングランド王国にどれほどの人びとが暮らしているのか、またいかなる身分の者たちがどれだけいるのか、賢明な臣下と長いあいだ話しあった」。すでに従来の徒士《セイン》は土地と影響力を失っており、フランスから渡ってきたたくましく、快活な新貴族たちがサクソン人の所領の一部をそのまま引き継ぎ、権力を獲得していた。一一〇〇年の時点で、五〇〇におよぶノルマン式城郭が設営され、地方における戦略上の拠点に配されていた（テムズ川を見わたすウィンザー城もそのひとつである）。キリスト教にも断絶が生まれた。サクソン人の司教たちは罷免されるか、もしくはその死後にノルマン人がとって代わっていた。また修道院と司教座聖堂をふくめて教会組織も改変された。たとえば一〇八〇年においてサクソン時代の司教管区のうち、サクソン人の司教は一管区にとどまり、司教座中心地も六管区において大きな都市へ移動されている。

ノルマン征服により、イングランドはイギリス海峡の対岸との密接な文化網に組み入れられることとなった。一〇七〇年にキャンタベリー大司教に就任したランフランク（一〇〇五？―八九）は、かつてベック修道院およびカーン大修道院の院長をつとめ、ローマ教皇レオ九世の教師でもあった人物である。この人物とおなじ経歴をたどる修道士も数多くいた。最初にイングランドを訪れた修道士はベネディクト会、すなわちノルマンディーの改革された大修道院からやってきて、イングランドの諸都市に（それらの多くは司教座中心地）に拠点をつぎつぎと築いていった「黒

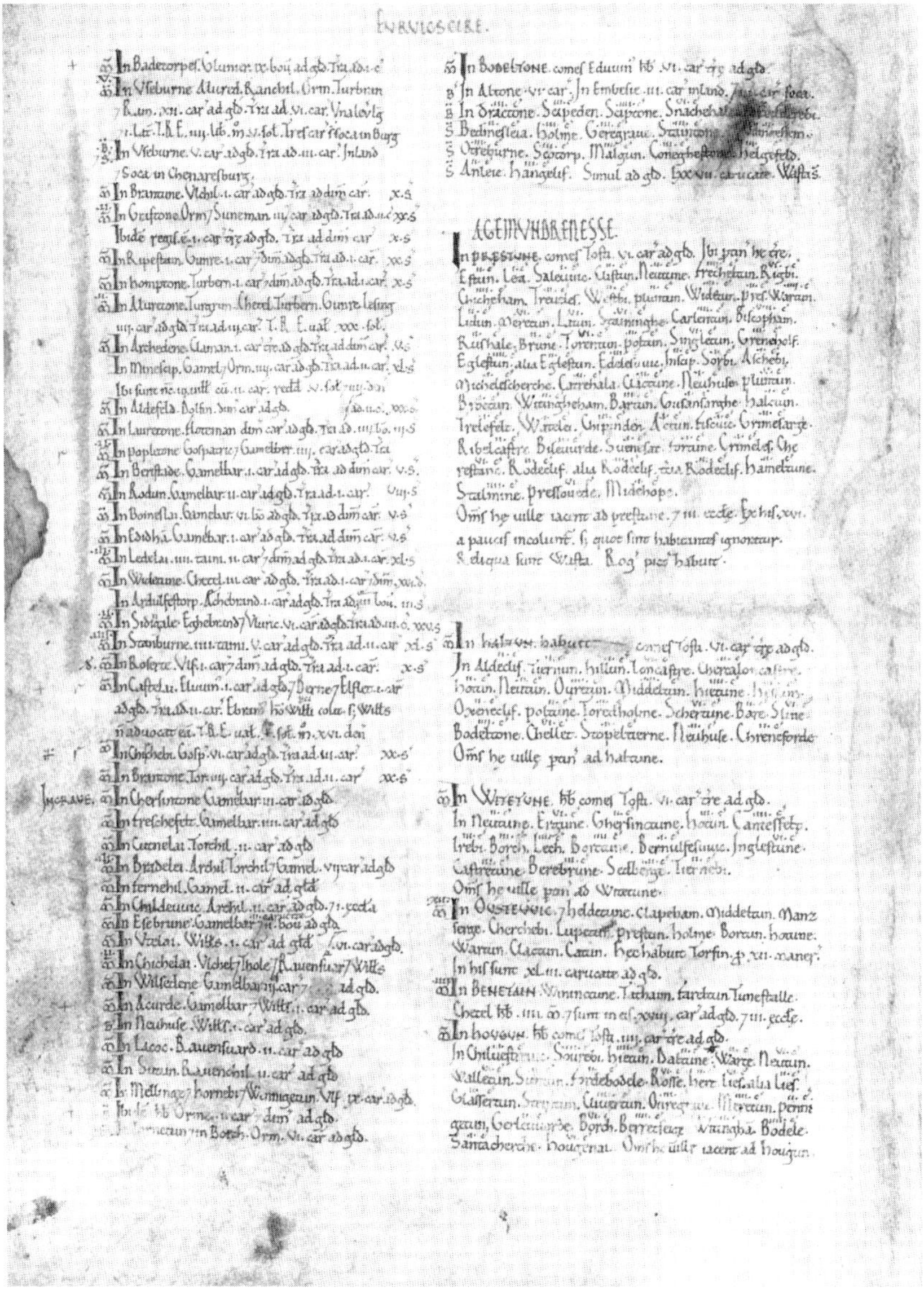

1086 年におこなわれた調査結果、すなわち「このイングランドにどれだけの人間が住み、どのような身分の者がいるのか」を記した土地台帳『ドゥームズデー・ブック』の一葉。この土地台帳はイングランド社会史においてもっとも有名な史料であり、他の史料では見られない貴重な情報源となっている。上記の図版はヨークシャーに言及している箇所。

衣の修道士たち」であった。ノルマン征服の時点で、すでにイングランド国内には三五ものベネディクト会修道院が存在していた。ベネディクト会に遅れること約半世紀、そのつぎにイングランドを訪れたのはシトー会の「白衣の修道士たち」であった。ベネディクト会と異なり、彼らは中心地から遠い人里離れた地域に修道院を建立した（その数はすぐに増加する）。たとえばリーヴォー、ファウンテンズ、バイランドの大修道院は、いずれもシトー会によりノルマン征服から一〇〇年以内に建てられたものである。一〇七〇年から一二一六年までの時期は、「イングランド教会史における修道院の時代」と呼ばれているが、じっさいには修道士たちは隠遁生活を送っており、聖職界の再構成に尽力したのはノルマン人の新貴族であった。

聖職界と世俗界双方において、地域住民と新領主とのあいだに言葉の障壁が生まれていた。まずラテン語は、大多数にとって理解できない神秘の言葉であった。ノルマン人のフランス語は法律と権力の言語であり、英語への最初の「借入語」には、castle［城］や prison［監獄］、cardinal［枢機卿］、prior［修道院長］などがあった。屈折形態《インフレクション》をもち、地域によって異なる発音がなされていた古英語はアングロ・サクソン人の初期における定住形態の遺産であり、民衆の言葉でありつづけた。英語が駆逐されることはなく、『アングロ・サクソン年代記』はノルマン征服後もおよそ半世紀のあいだ書きつづけられていた（ただし、屈折の多くは消滅することになる）。時代が下って、ロマン派の小説家サー・ウォルター・スコット（一七七一－一八三二）はこう指摘していた。ノルマン時代においては、「〈太守様の雄牛《ブル》殿〉は農奴のもとで飼育されているあいだは、サクソン語の通称を失うことはなかったが、ひとたびこいつを食らい尽くす、やんごとなきご領主さまの食卓に供されると、〈牛肉《ビーフ》〉、すなわち燃えたつフランス語の伊達男に大化けする」。ところが、大小説家の指摘も正しくはなかった。おなじ雄牛でも家畜と食肉をあらわす単語が別々になるのは、一八世紀に入ってからのことである。それまで農夫は「マトン」［羊］を放牧し、「マトン」［羊肉］を食していた。言語は複雑な発展をとげるものだが、英語の場合、植民者であるノルマン人によって使用されず、また学校で教えられることもなかったために、民衆の会話によって豊かな言語に発展していき、じっくり時を経て、社会全体の言語としての地位を獲得していった。

ノルマン社会はサクソン社会に引きつづき、世俗界と聖職界の「領主権」を基盤としていた。たとえ無能であろうと国王は一義的に領主のなかの領主であり、彼より上位を占めるのは天界の主と聖人だけであった。大修道院長を務めたイーヴシャムのウォルターが主張するところによれば、一〇六六年におけるサクソン人の敗北も、古きイングランド聖人たちへの祈りそのものが間違っていたことを示すなによりの証拠であった。ウィリアム征服王は王朝の存続と神のご加護を願い、キリスト教の主要な祝祭日にイングランド南部の重要な都市三カ所で大規模な祝典をおこなった。一方、イングランド北部では、ウィリアムの権力はべつのやり方で誇示されていた。ヨークシャーの広大な領域が、彼によって荒地と化したのである。

武力で王冠を獲得したため、ウィリアムはエドワード証聖王の二倍にあたる広大な王室直轄領を手に入れることができた。イングランドの大地すべてが王室の所有物であり、ウィリアムから直接的に土地を分け与えられた大土地保有者が王の直臣《テナント・イン・チーフ》となる。司教と大修道院長が国土の二六パーセントを、世俗界の貴族が四九パーセントを受領していた。あわせて直臣の数は一七〇人、彼らはウィリアムからの贈与で土地を保有し、その見返りとして特定の奉仕をおこなった。厳密な意味での自由土地保有者は聖職界にも世俗界にも存在せず、直臣たちは、国王から与えられた封土をさらに彼らの陪臣へ配分する。直臣たちも、それぞれの陪臣に軍事奉仕を要求した。ウィリアムの治世において、ナイト［騎士］の数は少なくとも四〇〇〇人、彼らは社会身分において、貴族とは一線を画されうる存在だった。直臣とナイトは歴史学者により（あるいは中世の身分体系のなかでも）ひとつにまとめられ、「貧困者」と対比される「権力者」と位置づけられてはいるけれど、いずれの階層にしても均質な構成ではなかった。どちらも土地保有の規模は大小さまざまな者をふくんでいた。

「封建制」［フューダリズム］という用語を最初に用いたのは一七世紀の法律学者であったが、歴史学者はこの用語をノルマン人の（そしてヨーロッパにおける他地域の）臣従関係に適用してきた。封建制の観点からすれば、ウィリアム一世自身もフランス王の封建家臣であった。「封建制」とは、「資本主義」［キャピタリズム］や「帝国主義」［インペリアリズム］をはじめ、あらゆる社会に応用可能であり、異なる時代、異なる発展「段階」にある社会を比較しうる「イズム」のひとつと考えることができる。カール・マルクス（一八一八―八三）が「封建制から資本主義への移行」を、この「諸段階」のひとつとして初めて論議して以来、社会史学者および政治学者により「封建制」について多くのことが論じられてきた。彼らが主張するところによれば、封建制とは静態的な制度でもなく、均質な制度でもない。しかも狭義にも広義にも、この用語は使われてきた。狭義にとれば、封建制とは土地保有の条件としての軍事奉仕（すなわち騎士役）に限定される。一方、広義の封建制は封建家臣という概念に表現されるような土地保有、義務、従属までふくんでいる。前者は暴力的な時代の戦争状態を中心的な対象とする一方、後者は土地保有が社会身分の決め手となった時代にあって、保有のみならず土地の利用法にも注目する。

広義、狭義の解釈それぞれに根拠がある。一〇六六年のノルマン征服から一三四八年の黒死病までのおよそ三〇〇年間に、イングランド国内では三〇年以上平和がつづいた時期は、わずか一度しかない。対外的にみても、イングランドはこの約三〇〇年間のかなりの期間、フランスでの戦闘にかかわっていた。イングランドへ新たに移住する民族もおらず、ノルマンディーも一二〇四年に失われてしまう。しかしながら、ヘンリー二世（在位一一五四―八九）が一一五二年のアキテーヌのエレオノール（一一二二?―一二〇四）との結婚により、ボルドーをふくむフランス南部および西部に広大な領土を獲得し、「アンジュー帝国」を生みだしたとき、イングランドの巨大な新拠点が確保された。そのため、中世前紀のイングランドにおいては、ウィリアム一世とヘンリー一世（在位一一〇〇―三五）のように国王みずからフランスに遠征する場合でも、スティーヴン（在位一一三五―五四）の治世のように貴族の内乱による無政府状態にあった場合でも、王室への義務となる軍事奉仕と軍事税が、つねに重要でありつづけた。

新たに城を築くことも、胸壁に銃眼をもうけることも国王から許可を得なければならず、国王は必要な場合、封臣の居城に軍隊を駐屯させる権利をもっていた。だが、直臣同士の対抗意識はイングランドの風土病のようなものであり、王の許可を得ない「違法の城」が相ついだ。年代記作者であるマームズベリーのウィリアム（一〇九〇頃―一一四三?）は修道院の見晴らしのきく一室で文章を綴った人物だが、若干の皮肉を込めてつぎのように語っている。本来であれば「近隣の村々を守る」はずのお城が、「どちらかといえば、破壊する方に精をだす」――「駐屯兵たちは農地から羊や牛を追い払うばかりか、教会やその敷地にすら遠慮しない」。スティーヴンの偉大な後継者ヘンリー二世が法と秩序を立て直し、多数の「違法の城」をとり壊す一方、みずからのために新たに築いた城はわずかひとつであったことは、彼の権力が実質的であったなによりの証拠である。その新たな城はサフォーク州のオーフォードにあり、壮麗な多角形の城塞であった。

裁判を全自由民に開放することにより、ヘンリー二世はコモン・ロー［共通法］、すなわち、これまでの慣習法を引き継ぐが、個別の判決に示される判断をつうじて進化する可能性をもつ法律の基礎を築いた。スコットランドをふくめて、ほかのヨーロッパ諸国の多くがローマ法を採用していたため、コモン・ローの誕生は長期にわたる重要な影響を生みだした。一方、刑法は強化され、秩序のためにより厳格に執行されていた。したがって、イングランドの封建制には、公的な権力の分散はふくまれない。むしろ、「合理性」によって称賛されている中央集権機構が形成されたのが、ヘンリー二世時代であった。この時期に王室歳入が念入りに算出され、新たな行政手続きが導入されており、のちにヘンリー二世の末子であるジョン王（在位一一九九―一二一六）が財務府をウェストミンスターに移管している。ちなみに、イングランド王室が戦争によりノルマンディーを失ったのは、ジョンの治世であった。

　ノルマンディーの喪失により一族間の交流が絶たれたところも多く、その結果、ウィリアム一世の直臣たちがたどる運命は明暗が分かれていた。たとえば、いずれもヘイスティングズの戦いに参戦し、その後イングランドのみならず、ノルマンディーにも土地と勢力を保持していたウィリアム・フィッツオズバーン（？―一〇七一）とウィリアム・デ・ワーレン（？―一〇八八）の場合、フィッツオズバーンはウェセックス州の旧都であるウィンチェスターに新たな拠点を与えられ、ワーレンはイングランドにもノルマンディーにも、広大な点在する所領を獲得していた。ノルマンディーの喪失により、フィッツオズバーン家の運命は下降する一方、ワーレン家は上昇した。一二世紀の終わりまでに、『ドゥームズデー・ブック』以来の名門の多くが消滅していた。一〇六六年から一三二七年までにかけて、男子継承により存続しえたイングランドの直臣一族、すなわち諸侯の数はわずか三六家にすぎない。

ヘンリー2世時代の1ペニー硬貨

　世代交代が進むたびに新興の一族が出現し、ときには王の引きたてにより、「無一文から成り上がる」場合すらあった。彼らはしかるべき時機としかるべき女性相続人を選び、結婚を手段として地位を固めていった。それでも運命の女神は紡ぎ車を回しつづけた。たとえばライル家は一連の結婚により大繁栄をとげ、ナイトからみごと貴族へと成り上がった。一方、ペヴァレル家は数代つづけて女性が相続者となったため、家勢が傾いた。結婚相手に細心の注意をはらうことは、所領を次世代に引き継ぐために欠かせない知恵となっていた。万が一失敗すれば、所領は「不動産復帰権」により王室に没収されてしまうからである。いずれにしても、どの名門が繁栄を謳歌したにせよ、それらひと握りの者とそのほかの大多数の者たちとのあいだには、あいかわらず大きな貧富の格差が横たわっていた。一方に「権勢をもつ者たち」がいれば、もう一方には「貧しき者たち」がいたのである。
　のちの改革主義者たちは一〇六六年におけるイングランドの自由の喪失のみならず、たえず出現する「いなごのように貪欲な輩」に不満をもらすことになる。フランス革命に刺激された一八世紀の急進改革派であったトマス・ペイン（一七三七―一八〇九）によれば、「マグナ・カルタ」で諸権利を獲得したにもかかわらず、ノルマン人から課せられた強制の「後遺症により、イングランドは今日でも身体に障害を負っている」。ところがその一世紀後に、イギリス軍事史研究者であるサー・ジョン・ウィリアム・フォーテスキュー（一八五九―一九三三）が、対照的な見解を表明した。ノルマン征服以降の時代を分析して、彼いわく、イングランドは「服従の美徳を教えてくれた民族の支配下にあって、偉大な繁栄」をとげることができた。フォーテスキューによれば、名門の安定強化こそ強い国家をもたらす。

　およそ対極にあるこれら二つの意見こそ、イングランド人の、社会の歴史全体にたいする立場の相違を集約してくれる。改革主義者は特権を非難し、国家とともに教会組織をも批判対象として異議を唱える。一方、保守主義者は恭順を賛美し、服従を擁護する。言うまでもなく、こうした特徴すべてがのちに「イングランド的」とみなされるようになる。ところが両極端な立場でも合意《コンセンサス》に達しうることもまた、（つねにとは言えないまでも）ほとんどの世代において「イングランド的」とみなされてきた。相容れない意見でも、「補完的」意見とみなしてしまうところがまた「イングランド的」な特質であった。

　大小さまざまな貴族の直営地は、耕地総面積のうち三分の一から五分の二にすぎなかった。みずからの利用のために確保する直営地以外の耕地は、さまざまな身分の「ペザント」〔小作農〕によって耕作されていた（ただし、「ペザント」という単語はその当時存在しておらず、それじたい論議を呼ぶ用語である）。小作農を意味する当時の用語は、まず「ウィラーニ」〔隷農〕（農民全体の四一パーセントを占め、耕作地全体の四五パーセントを保有）、「ボルダリイ」〔小農〕（農民全体の三二パーセントを占め、耕作地全体の五パーセントを保有）、「リベリ・ホミネス」〔自由農〕（農民全体の一〇パーセントを占め、耕作地全体の二〇パーセントを保有）、そして「セルウィ」〔奴隷〕（農民全体の一〇パーセントを占め、土地をまったく保有しない）があった。領主直営地での賦役労働は封建的な義務であったが、地域ごとにその内容は大きく異なっていた。

　イングランド全体を対象としてみれば、きわめて多様な身分関係が存在しており、その関係が完全に固定されていることはむしろ例外であった。このために、社会身分の基本的な比率は一定してはいなかった。たとえば一〇六六年から『ドゥームズデー・ブック』の調査が開始された一〇八六年までの二〇年間に、「セルウィ」の数が急減していたことを示す証拠がある。今日の経済評論家があらゆる人間を富裕者か貧困者に分けてしまうように、一二世紀のある法律学者も「あらゆる人間は自由民か奴隷である」と単刀直入に表現しているけれど、自由民か奴隷かという割り切った区分がそのまま現実に適用できたわけではなく、その区分をめぐってたえず議論や訴訟を生みだしていた。どちらにも区分されない数多くの中間的身分がつねに存在し

10 世紀から 11 世紀にかけて農業従事者の日常生活はほとんど変わらなかったが、有輪重量犂の登場によって大地を開墾し、耕地を広げることが可能となった。犂入れのこの光景は 14 世紀の詩篇ラトレル写本に描かれた彩色画であり、これ以外にも四季の日常生活が数多く収録されている。この写本はオクスフォード大学学長であったジョン・ラトレルのために作成された。

詩篇ラトレル写本に描かれている穀物刈り入れの光景。刈り入れは収穫のクライマックスであり、収穫高は社会に多大な影響を与えた。刈り入れのあとの脱穀は領主の製粉場でおこなわれるか、悪名高い粉屋に任された。中世期において、粉屋は目方をごまかすことで有名であった。

ており、ある身分はサクソン時代からの遺産であり、しかも独自の歴史をもつ地域ごとにさまざまな変種をもっていた。たとえばサセックス州とケント州とでは重要な違いがみられた。ケント州では「ガヴェルカインド」、すなわち男子のあいだで均等に相続される土地保有制度が定着しており、自由身分と裏表の関係にあるとみなされていた。北部のデーンロー地域でも、自由農がときに村の人口の大部分を占めることがあった。一二世紀の後半に法体系が整備されるにつれて、社会身分はより明確に定義されるようになった。その過程で、領主への従属もいっそう明確に規定されていた。「自由な身分の欠如」は、「血縁者の証言」によって証明することができた。また法律は小作農を、「領主の法廷の判断および合理的な慣習にしたがって」しかるべくあつかうべしと保護する一方で、領主側にとっても、とりわけ「奉仕および慣習にかんし、小作農を強制するだけの力」をもたない領主にとって、ありがたい後ろ盾となった。

身分構成という複雑な状況は、イングランドの地方が町村と荘園《マナー》(後者は近代工場のような経済単位だった)に分割されていたために、いっそう複雑さを増していた。町村と荘園《マナー》は、かならずしも境界を共有しているわけではなかった。ある町が二つもしくは三つの荘園《マナー》にまたがることもあれば、逆に、ある荘園《マナー》が複数の町村に広がっていることもあった。このような事態も元をただせば、荘園《マナー》が領主によって保有されるある種の不動産であり、また少なくとも最初期には一つの中心地から管理されている一方で、町村は領主の居住とはかかわりなく、まずもって住民たちが隣りあわせに暮らす共同体であり、その中心は教区教会、すなわち祈りとともに娯楽の場所であった事実から生まれている。隣同士の町村が面積や町なみ、社会構成、富によってまったく異なるのと同様に、荘園《マナー》にしても組織と慣習は大きな違いをみせていた。荘園《マナー》の種々の記録、なかでも裁判記録は貴重な史料である。

レスターシャーはこうした複雑な状況を示す典型的な地域であり、その小村であるウィグストン・マグナの歴史をW・G・ホスキンズが調査している。デーン法のもとで面積と人口数を増加させていたウィグストンは不在地主の村であり、「自由な身分をもつ」小地主によって「所有」されていた(「所有」は一三世紀ごろに重要になりつつあった用語である)。一方、レスターシャーのほかの町村ではまったく状況は異なり、特定の一族の支配を長年にわたって受けていた。ところが、精力的な地主が居住している点で、これに状況がよく似ている荘園《マナー》でも、農奴に要求された年貢はかなりの違いを示しており、もっとも苛酷な奉仕は最大規模もしくは古くからの所領に要求される傾向があった。むろん一般化は不可能である。もっとも苛酷な賦役である「一週間の務め」(領主のための定期的な耕作)も、これを要求する村もあれば、しない村もあった。

『ドゥームズデー・ブック』が示す同時代の諸特徴のうち、多くのものが一一世紀から一三世紀末にかけて劇的な変化をとげているけれども、変わることのない重要な事実は、総人口の九〇パーセントが純粋に地方の共同体のなかで暮らしていたことである。残る一〇パーセントも、すべてが「都市」の住人というわけではなかった。ヨーク、ノリッジ、リンカン、スタンフォード、レスターなど人口二〇〇〇人を超える一〇の都市に居住していたのは、わずか総人口の四パーセントにすぎない。しかもこの四パーセントにしても、その半数近くはロンドンに集中していた。『ドゥームズデー・ブック』には「バラ」［都市］への言及が数多く存在するが、一口にバラといってもその実体はさまざまであり、城塞をそなえ、市場と裁判所をもっているものは大規模なバラにかぎられていた。残りの六パーセントは農業がさかんな中心地に住んでいたが、この種の中心地にはしばしば司教、あるいは国王の名代として州を治める王室官僚の「シェリフ」［州長官］が居住していた。石工、陶工、織工、皮なめし工などの職人たちもこの中心地の住人であったのだろう。地方の職人には、ウィルトシャーの陶工、いくつかの州における金属細工職人、さらにはデヴォン州ならびにヨークシャーのウェスト・ライディング地方の鍛冶工がふくまれていた。ただし、職種のなかには、州長官《シェリフ》の令状執行報告書でも確認できないものがある。また、ヘレフォドシャーのように、農村部全域のなかで大工職人がわずか一人しか確認できないこともある。魚を多く食していたはずの州にあっても、その地の人の胃袋を満たすには奇跡でも起こらないかぎり不可能なほど、漁師の数は極端に少なかった。

『ドゥームズデー・ブック』は穀物の収穫量について（あるいは交通の便についても）詳しく言及していないけれど、この貴重な史料から教えられる驚くべき事実の一つに、一九一四年におけるイングランドの全耕作地のうちかなりの部分が、すでに一〇八六年から耕作されていたことがある。さらに言えば、野良仕事の日常にノルマン征服以前と変わったところはみられない（ただし、深掘り用の重量犂が利用されるようになり、荒地を耕作地に変えて開墾地を広げるのが容易になっていた）。アングロ・サクソン人やデーン人とは異なり、ノルマン人は耕作地を目あてにイングランドへやって来たわけではなく、したがってノルマン征服が農作業に変化をもたらすことはなかった。唯一例外があるとすればブドウ園の導入であったが、ブドウ栽培にしてもやがては廃れてしまい、部分的に復活したのはようやく近年のことである。耕地は夏に掘りおこされ、冬に鍬でならされ、春に種がまかれた。一年でもっとも繁忙な時期は、晩夏の刈り入れ時であった。毎年土地の多くが休閑地となった。作付け地が多すぎれば［休閑地の牧草を飼料とする］家畜の数を減らさなければならないからである。しかしながら、農地の拡大が進んだ一三世紀には、農耕の経済効率にも細心の注意がはらわれていたことを、多くの記録が示している。

ノルマン征服にともなう社会および政治、文化の諸変化はそれじたい複雑であり、さらにまた変化それぞれが複雑にからみあっていたため、個々の変化がはっきりするまでには時間がかかった。またこれらの諸変化が、すべておなじ方向をめざしていたわけではなかった。制度史および行政史の専門家は、強力な王室行政の発展とローマ法とは異なり先例から先例へと動くコモン・ローの出現を中心的にあつかい、国王と貴族間の時に激しい軋轢を生んだ関係や議会の誕生を前者ほどに強調してはいない。経済史学者がまず強調することは——短期間に減少することもあったが——最大時で優に四〇〇万人を超えていたと推定される人口のいちじるしい増加、そしておもに権力をもたない小地主の開墾により、地味の悪い辺地へと広がっていた耕作地の拡大現象である。また一二世紀以降にみられる商業と都市化の発展現象も、近年経済史学者がかなり具体的に分析している対象である。

制度上の現象にせよ、経済上の現象にせよ、いずれも社会的な側面をもっているものである。たとえば、エドワード一世（在位一二七二—一三〇七）の時代に開かれた議会に、「平民《コモンズ》」が貴族、司教、大修道院長とともに出席していた事実は、都市における市民と州におけるナイトがそれぞれ経済的な力をつけつつあったこと、さらには彼らが代表する共同体において、高い地位に就きつつあったことを示している。その一方で、都市市民とナイトがともに議席を有していたことは、多くの政治的社会グループに分割されていた商人と封建的被支配階級を刺激して、共通利害を模索させることになった。議会は新しく考案されたもので、制度として確立したのははるかのちのことであった。考案された目的は臣民の同意、とりわけ徴税にたいする同意をとりつけることにあったので、そこには必然的に取り引きをする余地が残されていた。

税の徴収は「国王とその顧問が引き受けうる務めのなかでも、もっとも困難なもの」とみなされていた。ヘンリー二世時代の興味深い文献のひとつに、リチャード・フィッツニール（生没年不詳）の『王室財務官の対話』（一一七九年ごろに完成）があり、そのなかでフィッツニールは王室財務府の任務、すなわち数の体系とともにアラブ世界からもたらされた算盤（その時代のコンピューターだった）を駆使する任務を描いている。彼が断言するには、「イングランド王国の浮沈」も、ひとえに国王陛下の富にかかっていた。ただし国王陛下の臣下たちは、まったくべつの見解をもっていたかもしれない。課税、とりわけ戦争のための税は臣下たちにとり、数ある負担のなかでももっともつらい負担であった。

ジョン王が一二一五年の「マグナ・カルタ」に玉璽を捺さざるをえず、それ以降課税に臣下たちの同意が必要とな

教会は教区あるいは司教区のレヴェルにおいて、さまざまな務めをおこなっていた。この図版は、キャンタベリーのクライスト・チャーチで学ぶ神学生たちが教師の周りに集まっている光景を示している（1150年ごろ）。キャンタベリーは学問と蔵書で有名であり、12世紀には教会法の学校が設立された。

ったのも、おもに徴税にかんする議論がもとであった。いつの世にもポケットの中身の淋しさは、心のなかの淋しさよりいち早く身に染みるものである（とはいっても、当時の男性服にポケットはなかったが）。貴族たちが封建軍役を金銭で代納することはすでに「科料」の形で可能となっており、この科料がお互いに満足できる選択肢となっていた。また貴族も「軍役代納金」の形で、軍役を忌避したいナイトから金銭を受けとることが可能であった。ジョン王はみずからの政策を実行するにあたって、さらにべつの財源を求めるまでに追いこまれていた。たとえば彼は結婚税と後見税にたいして、さらに上積みを要求した。ほとんどの国王が（のちの時代でもそうだったが）戦争の準備に悩まされていたにしても、ジョンは限度いっぱいの貢納を強要し、このことが多くの大貴族たち、すなわち干渉を拒む数多くの貴重な特権をもつ貴族たちの怒りを招いてしまった。さらに彼は収入に応じて、新種の税（三〇分の一税、七分の一税、さらには四分の一税まで）を課した。反発は自然の成りゆきであり、その点、「マグナ・カルタ」がいくぶん性急に起草された文書であること、さらにはその内容が基本的にノルマン貴族によって主張された諸特権であることもうなずける。長年にわたり、税制が変化してしまった時代でも、「マグナ・カルタ」はイングランドの制度的遺産でありつづけた。その文面に盛りこまれた諸特権の要求は、自由と正義という普遍的な目標へと、のちの時代に読み換えることができたからである。

　ジョン王以降の国王たちは封建的賦課金だけではこと足りず、地方の住人とともに都市民をも対象とする総合資産税に相当するものに依存するようになり、エドワード一世の治世からは、取り引き税や関税も導入された。ここでも経済と政治は関連しあっていた。課税に必要な同意を得るため、国王は議会に頼らざるをえなかったからである。早くも一二四〇年代から、年代記作者たちは、高位聖職者と諸貴族が玉璽の捺された文書によって招集された「もっとも包括的な」議会、あるいは「大」議会について記録を残しており、一二六五年からは「平民《コモンズ》」が議会に招集されはじめた。平民の議会出席は一二八四年までに開かれた八回のうち一回にとどまるが、エドワード一世時代の後半期になると、三回に一回の割合となった。エドワード一世時代以降、イングランド国王はローマ教皇の承認なしに聖職者へ課税することができ、さらに教皇による聖職者への賦課金から配分を受けることも可能になった。

　このように一二世紀および一三世紀は課税制度の変化と議会の出現を生みだしていたが、さらにまた、社会構成の変化も顕在化させつつあった。一〇六六年とくらべると、社会は複雑化し、また社会の諸制度もはるかに組織化していた。おそらく中世期にあってももっとも博識な古典学者であったソールズベリーのジョン（一一二〇？―八〇）は、『ポリクラティクス』（一一五九）において社会構成を人体の比喩によって描いているが、その構成はあくまでも「戦う人、祈る人、そして働く人」の伝統的な区分であって、数と富を増しつつあった都市民、あるいは行政官と宮廷官僚をふくめていない。その一方で、人体の比喩へのこだわりのためか、彼は裁判官を「目」、徴税吏を「腸」と呼んでいた。一三世紀の終わりともなると、少なくとも最大規模の都市において、収入、衣装、地位、権力のいちじるしい偏りをともなった複雑な都市的社会構造がはっきりしてくる。伝統的な社会区分から除外されてはいても、商人の生活様式は、「祈る人」や「戦う人」とははっきりと異なっていた（むしろ、「祈る人」が実質的な商行為を独自におこなっており、「戦う人」は子弟を都市に送りだす準備をととのえていた）。一般的に「働く人」と「戦う人」の大半は、英語をしゃべり、中世期をつうじて読み書きができなかったけれど、聖職者以外でも教養人の数はしだいに増加しつつあった。

　ソールズベリーのジョンは、「祈る人」という総称がもはや時代にそぐわないことにも気づいていなかった。いまや聖職者たちはまったく異なる集団に分かれていた（それどころか、それぞれ異なる価値を強調し、社会において異なる役割を想定していた修道会諸会派のなかでは、対立が起こっていた）。聖職者のなかには教師（教会は教育を独占していた）もいれば、行政官、神学者、預言者、哲学者、芸術家、音楽家もいた（長年にわたり、典礼聖歌は単旋律で歌われていたが、一二世紀になると単旋律に重ねられる「装飾旋律《デスカント》」が導入された）。この時期は芸術上のルネサンスであるとともに、知のルネサンスでもあった。スコラ学者はラテン語で書き、その著作をたんなる読み書きの次元をはるかに超えて、複雑な分析と思索の領域へと高めていた。古典古代の新たな知識もアラブ世界から伝えられ、イングランドの学者たちはトマス・アクィナス（一二二五―七四）、すなわちアリストテレスに依拠して信仰と理性の調和を求めたこの大スコラ学者の著作を読んだものだった。スコラ学者たちは大学という独自の新たな制度をつくりあげ、そこでともに学び、議論した。

オクスフォードの歴史は、聖職者文化の発展過程を示している。ノルマン人がこの地に城を築いたのは一〇七一年のことであった。それから四〇年後に彼らはまず修道院を、その後ほどなく慈善院と女子修道院を建立した（近郊のウッドストックには狩猟用宿舎が建てられた）。オクスフォードは一一五五年に勅許状を、一一九一年にはひとつの印章を共有して使う許可を得た。一二世紀の末ごろには学者たちがこの地で教鞭をとっており、学生たちの小さな共同体も生まれていた。一二〇九年には多くの学生が東のケンブリッジへ移住した。一三世紀に修道会の新たな代表団――最初にドミニコ会、ついでフランシスコ会、さらに一三世紀の末にはベネディクト会とシトー会の伝統的な修道会が訪れた――がオクスフォードに施設をもうけると、学者と学生を一堂に集めようとする気運がにわかに高まった。奇蹟物語が町にあふれ、聖遺物崇拝も生まれた。その一方で、一三世紀の中世オクスフォードにおける著名なフランシスコ会修道士ロジャー・ベイコン（一二一四？―九四）は、数学を評して誤ちを犯すことなく真理が確立されうる唯一の学問分野と述べ、眼鏡、潜水艦、飛行機をふくむ未来の姿を時代を超えて観想していた。

そのあいだに「戦う人」も、独自の文化を発展させていた。『ドゥームズデー・ブック』の調査を命じたのと同じ一〇八六年に、ウィリアム征服王はホイットサンタイドの地で息子のナイト叙任をおこなったが、その儀式は、一三世紀における聖杯清め、告解、聖体拝領をふくむ大がかりな叙任式とくらべて、はるかに簡素なものであった。一三世紀の「戦う人」は、「名誉《オナー》」――ノルマン゠フランス語からの用語――にかんする概念体系、すなわち力、大胆、勇猛、技能を組み合わせた忠節と勇気の美徳と、さらに甲冑の表象を重んじる体系をつくりあげていた。騎士道精神とは貴族的なものであり、地理的、国家的境界を乗り越え、宗教的要素を内包しており、騎士道物語もしくはその幻想によって育まれたものである。騎士道精神はやがて「八割方は幻想」とみなされるようになるが、当時にあっては疑いなく馬上槍試合とともに中世の典型的な一要素であった。「騎士修道会の役割とはなんぞや」とソールズベリーのジョンは自問し、こう答えた――「教会を守り、裏切りにたいして戦い、聖職者を敬い、貧者から不正義を一掃し、地域の平和を守り、同胞のために血を流し、必要とあらばみずからの命を捨てること」。ただし、このような理想を共有できたのは、ごくひと握りの人間であった。しかも実践となれば、さらにその一部にかぎられた。にもかかわらず、騎士道という理念は貴族文化の欠かせない特質であった。特権階級の子女はどう養育されるべきか、その理念は貴族的な養育法に影響を与えたのである。

「戦う人」の戦場は、ヨーロッパだけではなかった。彼らの一部は一〇九五年に開始された十字軍遠征をつうじて、アラブ世界の「再征服と奪取」をめざしていた。イングランドにおいても二人の国王、ヘンリー二世の長男でジョンの長兄にあたる獅子心王ことリチャード一世(在位一一五七―九九)が一一九〇年に、またエドワード一世が一二七〇年に聖戦の途についた。戦争の現実も、戦争につきまとう野卑な行為も、騎士道精神と容易に合致することはなかった。十字軍それじたいが、ときにはヴァイキングの略奪のような野蛮な一面(ただし計算されつくした野蛮だった)をみせることがあり、またフランスでの戦争にしてもつねに略奪をともない、しばしば裏切りが生まれていた。戦争では肝心の戦闘よりも、土地の収奪と村々の焼き払いの方が頻発した。ブロワのピーター[ペトルス・プレセンシス](一一三〇/三五―一二〇四?)は、大司教トマス・ア・ベケット(一一一八?―七〇)がキャンタベリー大聖堂の祭壇の下で四人のナイトに暗殺された一一七〇年直後のイングランドについて、こう書き記していた――「昨今、ナイトの秩序は乱れに乱れている。なにしろナイトのなかのナイト、ナイトの鑑ともてはやされる者がもっとも口汚い言葉を吐き、もっとも忌わしい誓いをたて、もっとも善など意に介さない者なのだから」。

なるほど文学と芸術をふくめた文化の諸変化は、基本的に王侯貴族の庇護のもとに起こったもので、粗野な一般社会とは無縁であったようにと思われるけれど(フランスやブルゴーニュからの輸入文化には、なおさらその傾向がある)、建築などにみられる文化的変化は、明らかに国内の社会変化を投影していた。一〇八六年と一三〇〇年の城や大聖堂、都市を比較してみれば、違いは一目瞭然となる。一〇八六年ごろの城といえば「土塁と外壕」タイプ、すなわち自然の丘陵を生かすか、あるいは深い方形の壕を掘るときに生じた残土を盛り上げるか、いずれにしても城の中央部が盛り上がり、堀に囲まれた広い中庭をもつものであった。ところが一三〇〇年ともなると、城は石造りの塔と天守閣がもうけられ、堂々たるものとなる。後者は騎士道物語に登場する魔法の城のようにみえたであろうし、今日でも、ときにそうみえることがある。民衆にとって、城の変わりつつある姿を目撃すること、あるいは城を改築する作業に加わることは興奮をおぼえる新たな経験だったにちがいない。たとえばノリッジにおいてヘンリー一世時代の

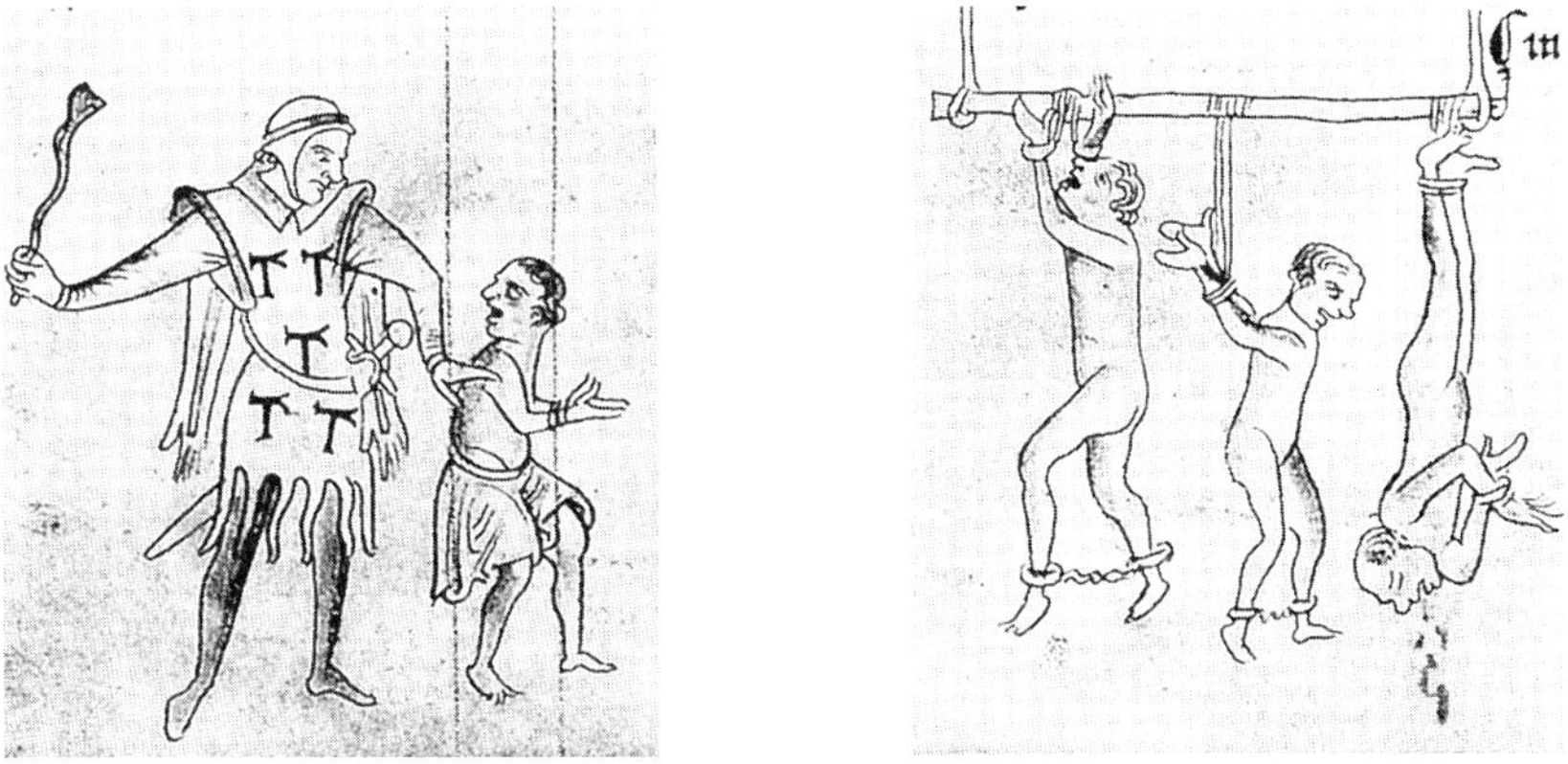

ジョン王時代におこなわれた中世期の刑罰。出典はセント・オールバンズの修道士マシュー・パリスが編纂した有名な年代記。パリスはジョン王を好ましくない国王として描いた。

12 世紀は司教座聖堂および修道院建築の時代であった。これらの建築には労働力以外に有力者の後援や豊富な石材、技術が必要であった。技術は昇降機の発明により画期的に発達しており、設計も精密な三次元モデルにもとづいておこなわれた。この図版は 7 世紀における聖グースラークによるクロウランド大寺院建設を 12 世紀の芸術家が想像して描いた光景。

労働者たちは、木造の城を珍しい正方形の天守閣をもつ巨大な建造物へ改築しており、またその一世紀以上のちに、貴族の首領シモン・ド・モンフォール（一二〇八？―六五）はケニルワース城に手のこんだ大水濠をめぐらせた。

聖堂がおかれた都市では、視覚的変化はよりはっきりとあらわれた。ストーンヘンジとおなじく、イングランドの司教座聖堂もそのほとんどが、何世代にわたって建造されたからである。丘陵にダラム司教座聖堂の建築が着手されたのは、一〇九三年のことである。つづいて、ウィリアム二世の軍事顧問を務めていたレイナルフ・フラムバード（？―一一二八）が一〇九九年にダラム司教に就任すると、建築は急ピッチで進んだ。力感あふれたその円柱と壮麗な身廊は、ノルマン人の衰えることのないエネルギーとその支配の意志をあますことなく伝えてくれる。遠く南に下って、ロチェスターの司教座聖堂は、ロチェスター司教ガンドゥルフ（一〇二四？―一一〇八）――城の偉大な設計者であり、ロンドン塔のホワイト・タワーもこの人物の設計による――によって再建された。築城の場合とおなじく、司教座聖堂の建築も一貫した一つの工程で完了することは稀であり、一二二〇年から六六年にかけて建てられたソールズベリー司教座聖堂（ただし、あのすばらしい一四世紀の尖塔を除く）だけがほぼ例外となる。イングランドにおけるほとんどの中世大聖堂は、さまざまな時期にわたり継続的に建築されていたのであって、その点、その建造物は重要な建築様式の違いを反映させていた。たとえば一一七〇年から一二〇〇年にかけて、円形のノルマン式アーチは尖塔のゴシック建築にとって代わられ、さらには、一二五〇年から一三三〇年にかけて流行したフランス「装飾様式」の影響のもとで驚くべき精力が精巧な装飾に費やされた（イーリー大聖堂の内陣における肋材付き円天井などはその典型的な例である。リンカン大聖堂の「天使の内陣」も同様である）。

のちの世代、とりわけ一九世紀においてA・W・ピュージン（一八一二―五二）とジョン・ラスキン（一八一九―一九〇〇）の影響を受けた者たちによれば、ゴシックこそ至高の建築様式であった。彼らによると、ゴシック様式を考案した中世の人びとは有機的な社会と文化のなかに暮らしていたが、いまやその社会と文化は商業と産業の勃興によって失われたか、あるいは意図的に破壊されてしまった。同様な見方をアメリカ人作家ヘンリー・アダムズ（一八三八―一九一八）がとっており、彼は一三世紀の聖母崇拝によって得られた霊感と二〇世紀の精力家崇拝によるものとを比較して、いにしえの時代を賛美した。多くの司教座聖堂には二つの中心点、すなわち高い祭壇と霊廟が存在していた。セント・オールバンズ司教座聖堂にある聖オールバンの霊廟は、一四世紀初めにまでさかのぼれるものである。

中世の社会とは、教会《ザ・チャーチ》、すなわち普遍的教会の諸儀式が、個人と家族の地域生活にかかわるおもな出来事すべて

建築法を示す貴重な図版（資料が少ないためさらに貴重）で、出典は13世紀の『セント・オールバンズにかんする書』。測量線や測鉛水準儀、巻き上げ機、バスケット、モルタル容器が使われていることに注目せよ。

を包みこむ社会であった。誕生も結婚も、そして死も、すべて一定の儀式をともなっていた。彼らの暦は、精進と祝祭の暦であった。都市の住人であれ、村の住人であれ、はたまた無教養なものであれ、教養人であれ、歴史や美、あるいは道徳、永遠についてなんらかの教えを得るとすれば、それはつねに教会から発せられていた。地域的な次元で言うと、牧人《シェパード》としての教区司祭は、羊たる村人たちと彼らの造り主をつなぐ媒介者であった。しかも聖界と俗界との境界はつねにあいまいであった。教会がこれほど社会に多大な影響力をおよぼしえたのも、ひとえに諸儀式とともに教会の会堂そのものによるところが大きい。教会堂はステンド・グラス、壁画、石像、彫刻聖水盤（エドワード一世時代において一部の聖水盤は八角形で、それぞれの面に彫刻がほどこされていた）などの図像とともに、一三〇〇年以前に由来する真鍮銘板をつうじて信者へ雄弁に語りかけたのである。むしろ教会堂の内側では、言葉によるコミュニケーションは、視覚によるコミュニケーションほど重要ではなかった。じっさい、製作年代が一三四〇年以前までさかのぼれる説教壇は、イングランドには存在しない。ただし、神に仕える吟遊詩人である托鉢修道士、すなわち修道院に住む資格をもたない者たちによる教会の外側での説教は、また別問題であった。彼らの説教は意識的に、日常的な主題とイメージを選んでいた。ただし、教える手段がちがっていても、修道院付きの修道士たちとともに托鉢修道士たちもまた、正しき者が平和を得られる来世を願っていた。一一世紀には、煉獄の教義が状況を大きく変えており、この世で罪を犯したとしても、その償いを煉獄ではたせる可能性がでてきた。

宗教儀式の重要性は、告白と懺悔が儀式に不可欠な部分となることから生まれていた。悪しき行ないは矯正されなければならなかった。しかしながら、教会を「子供たちの誕生を待ちわびる優しき母親」と思いこむならば、その過ちをしばしば思い知らされることとなる。教会は祝祭の準備に精力的に取りくむ一方で、諸要求を押しとおすにあたっても、精力的だったからである。教会には戒告する役割もあった。「罪と手をむすんで」と題された一二〇三年のバラッドでは、こう忠告されている——

小歌、レスリング、浮かれ騒ぎ、
教会とその中庭でこんな大騒ぎを
年がら年中やらかせば
神のお仕置きをたっぷり食らう。

教区民を導く牧人《シェパード》は同時に彼らを監視する猛犬《マスティフ》でもあったが、正しき道を教えるはずの牧人ご本人が道ならぬ道にさまようこともあった。

叙任司祭の数は、一三世紀におそらく四万人に達していた。彼らは極貧階層をふくめ、すべての社会階層出身者から構成される一大グループであった。かつてロジャー・ベイコンが学問の香りただようオクスフォードの高みから記したところによれば、司祭たちは教会の内側で、「とんと意味が分からぬくせに、他人の言葉をオウムやカササギのように繰りかえす」一方、教会の外側へ出れば、しばしば子供をもうけ、泥酔し、そして密猟に興じた。ロジャー・ベイコンと同時期のフランシスコ会修道士であり、キャンタベリー大司教を務めたジョン・ペッカム（一二二〇／二五—一二九二）——彼自身農民の息子であった——は、自分の監督下にある教区すべての出来事を把握すべくしばしば巡察に出かけていたが、彼の出した結論は、司祭の息子が父親の聖職禄を引き継げぬよう規制をもうけることであった。

教区教会は積極的に美徳を育成するとともに、これまた積極的に「罪と手をむすんで」いた。聖職禄（基本財産）を所有する俗人は、聖職禄そのものを個人資産とみなしていた。一二七九年および九〇年に制定された死手法により、国王の許可なしに土地を宗教組織の「死んだ手」に寄進もしくは遺贈することが禁じられるまでは、キリスト教会も俗人の寄進の恩恵を受けつづけた。一二〇〇年の時点で、修道会はイングランドの全教区の四分の一を支配しており、彼らも既得権を守るために細心の注意をはらっていた。事実、土地利用の歴史は世俗領主のみならず、司教や大修道院長の影響も受けていた。その点、宗教的利害と世俗的利害とのあいだに、はっきりした境界があったわけではない。清貧を説き、「家も、土地も、あらゆるものを我がものと

前掲の建築現場の図版よりさらに珍しいものが、『世界の鑑』に収録されている赤裸々な彩色画。修道女と修道士の肉体関係を描いている。

道徳上の不節制は厳しく罰せられることもあった。この図版は道を踏み外した修道士と修道女を描いている。

しない」と誓いをたてたはずの托鉢修道士にしても、俗人からの寄進を受けていた。ヘンリー三世（在位一二一六―七二）は、レディングのある家屋を「彼らに押しつけて」おり、サウサンプトンの市民も同様な寄進をおこなっていた。

正しい信仰と誤った信仰との境界、すなわち、キリスト教と異教との境界も不明瞭であった。たとえば、一二三六年の管区制定法はいかなる理由で「聖水盤は妖術の予防のため、鍵をかけて人目につかぬところに保管されるべし」と規定したのだろうか。図像はしばしば魔術的効果をもつと信じられており、遠くローマで開かれたラテラノ公会議も聖体拝領のパンとワインや聖油を厳重に保管するよう命じていた。教区の教会堂は地方になじみの風景であったが、その教えは古い信仰とたえず混じりあい、日常生活上の要請に歩みよっていた。

一三世紀末の時点でイングランドの大多数、すなわちアルフリックの言う「働く人」は、どの程度の生活水準をもっていたのだろうか。この根本的な問題にたいする見解は、歴史学者のあいだで大きく分かれている。この当時の人口はおそらく『ドゥームズデー・ブック』時代の二倍以上に増加し、一二五万人だったものが四〇〇万人強に膨れあがっていた。これだけ人口が増加すれば、さまざまな面でその影響を被ることは必然であった。一部の歴史学者によると、この当時ほとんどのイングランド人がごく小面積の農地で、ぎりぎりの生活を強いられていた。その一方で、一二―一三世紀のイングランドは、危機的な一時期をのぞけば繁栄を謳歌していたと考える歴史学者も少なくない。一二世紀と一三世紀に商業の拡大がみられたことは意見の一致をみるけれど、その原因として、過密な地域から人口が流出していた現象をあげる歴史学者もいる。さらには、一三世紀の終わりごろに起こった重要な経済発展、すなわち梳毛糸貿易の成長をうながした要因は、地方の貧困によるものだったことが近年指摘されている。

肥沃な土地が少なかったため、一二―一三世紀に耕地は森林、泥炭地、沼沢地、低湿地へと広がり、注目すべき耕作面積の拡大現象がもたらされた。たとえばデヴォン州ダートムアの「荒野《ウェイスツ》」でさえ、当時は耕作されていた。段状の丘陵斜面もかっては太古そのままの世界と考えられていたが、ウィルトシャーのメアやドーセット州では耕作地であった。サセックス州にあるバトル大修道院の修道士たちは、低湿地を耕作適地にするため長い防潮壁を建造した。一三世紀末の時点で、イングランドの耕作総面積は第二次世界大戦以前において最大のものとなる。もちろん発展は均質ではなく、また地域差をともなってはいたけれど、耕地の拡大はその担い手が領主であれ、修道院長であれ、また農民であれ、社会生活に多大な影響をおよぼしていた。また、主要な都市の拡大現象もみられる。一二―一三世紀に多くの新都市が出現し、そのなかには発展する海外貿易を背景に繁栄したニューカースル、ハル、リン、ボストンのような港湾都市や、現在一七二ほどが確認されている数多くの「計画」都市もしくは「入植」都市が存在した。後者の典型的な例はサセックス州の「新」ウィンチェルシーであり、この新都市には一二八一年から八八年のあいだに三九の長方形区画がもうけられた。幸か不幸か、その碁盤目状の街路はウィンチェルシーのその後の衰退により、今日でもそのまま残っている。そのほか新たに出現した都市には、ストーニー・ストラットフォードとディヴァイジズなどがある。その間、ハイアム・フェラーズのような従来の地域中心地も、しばしば新たな都市的特徴をそなえるようになった。

　とはいえ、一二―一三世紀における時間の速度を表していたのは都市の生活リズムではなく、やはり地方の生活リズムであった。もっとも重要な商業活動の一部は地方の定期市《フェア》、すなわちギルドのように商業活動と娯楽活動をあわせもつ中世的な混合体であった栄光の市場でおこなわれた。『ドゥームズデー・ブック』は定期市についてほとんど言及してはいないが（唯一の例外はサフォーク州のアスパル）、一二世紀末になると、ヘンリー一世によって開設されその記録がよく保存されているセント・アイヴズ定期市、ジョンの治世にはじまり毎年九月の三週間開かれていたスタワーブリッジ定期市など、数多くの定期市が存在していた。もちろん都市で開かれる定期市もあり、ワインと香辛料で有名な一区画をもつウィンチェスター・セント・ジャイルズ定期市、スミスフィールドで開催されたロンドンのバーソロミュー定期市などが、その例である。宗教が定期市の立地に直接影響し、屋台は教会の周囲におかれることが多かった。また開催期日を決定したのも宗教であり、セント・アイヴズ定期市はイースターに催された。この種の巨大な定期市は地方間の商取り引きを促進する一方で、定期市そのものには地域的な特徴が反映していた。定期市をもたない都市では、ほとんど毎週市場が開かれており、おもに地域の生産物の売買によって活気づいていた。

　地方の日常生活は四季を中心としていたが、村によって、その立地や面積、外観、資産はさまざまであった（すでにその数は『ドゥームズデー・ブック』に記載されているものだけで、一万三〇〇〇村におよんでいた）。一三世紀末には小ぢんまりとまとまった村落が、イングランドの低地地域のいたるところでみられるようになった。なかにはリンカンシャーのフリートのような新しい村もあるが、その大部分は以前からその地に存在するものであった。室内には家具はほとんどなく、外観も汚く、家屋じたいも間に合わせのものであるため、一三世紀の村落はけっして快適なものではなかったが、菜園と果樹園をそなえていた。もっとも粗末な家屋となると、屋根はわらぶき、壁は泥土であったが、一三世紀ごろには、領主の邸宅が穀物倉とおなじく石材で建てられるようになった。領主がその邸宅に高品質の屋根、装飾タイルをしつらえ、床にいぐさやわらを敷き、中庭を丸石で敷きつめると、その邸宅は贅沢の徴候を示すことになる。また領主たちはしばしば贅沢な鹿狩猟地を計画していた。レスターシャーのコールド・オーヴァトンにある鹿狩猟地の最初の記録は一二六九年のものであるが、広さは二〇〇エーカー、さらに幅三〇フィートの土手で囲われていた。荘園《マナー》の内部では、大広間が日常生活の中心となり、宴会のためだけでなく、食堂や寝室としても使われていた。一般的に窓は小さく、高いところにもうけられていた。ガラスは一般家庭で用いられる以前は、教会だけに使われていた。木枠の寝台、長椅子、保管箱をのぞいて、家具はほとんど存在しなかった。

湖水地方やコーンウォールなどの地方の一部では、人口の大部分が、点在する集落に暮らしていた。地域、規模はどうであれ、いくつかの点で個人の利害よりも共同体の利害の方が優先することは、ごく当然のことと考えられていた。都市と同様に、村にしても、さまざまな地位と富をもつ個人もしくは家族のたんなる集合体ではなかった。道路や橋の保全などもろもろの共同体の義務は、当たりまえの労働であった。一三世紀に、ヘンリー三世とその嫡男エドワード一世のもとで、町村は村人の生命および資産を守るために夜警をたてることを義務づけられ、のちに軍隊へ兵士一名を出し、その賃金の支払いを命じられた。村人たちは上からの圧力を受けることなく内規の形で、土地の利用資格や牧草地の使用法などをとり決め、新たな教会のための基金を設定したりした。事実、ある地域にかんするかぎり、領主よりもむしろ共同体自身がしばしば生活の変化の原因となっていたことが指摘されている。

近年、一三世紀の町村における中世的社会秩序の構図が論じられるようになり、その代表者である社会文化人類学者のアラン・マクファーレンは以下のように主張している。「少なくとも一三世紀イングランドの一般人は、その大多数が過激な個人主義者であって、地理的にも社会的にも高い流動性をもち、経済的には合理主義、市場中心主義、利益第一主義であり、血縁関係と社会生活においても自己中心的であった」。村人たちは土地に縛りつけられていたけれども、マクファーレンによれば、彼らは当時の農民社会にみられるような小作農ではなかった。慣習は万能ではなかったし、家長を中心とする血縁関係も社会関係を基礎づけるものではなかった。家庭は数世代家族ではなく、核家族であった。村人たちは土地を売買し、土地保有にかんして隷農とそうではない者との境界も厳密ではなく、法律によれば女性も男性と同様に、取り引きをおこなうことができた。

一九世紀の大歴史学者メイトランドの流儀にならって、マクファーレンは当時の数多くの法的な証拠により、彼が提起するところの社会学、経済学、心理学的な側面を確証づけようとした。マクファーレンによると、コモン・ロー

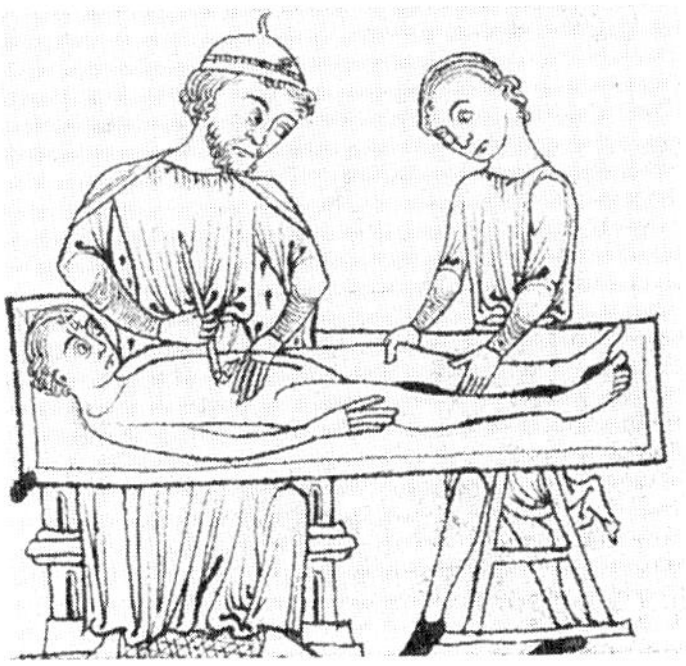

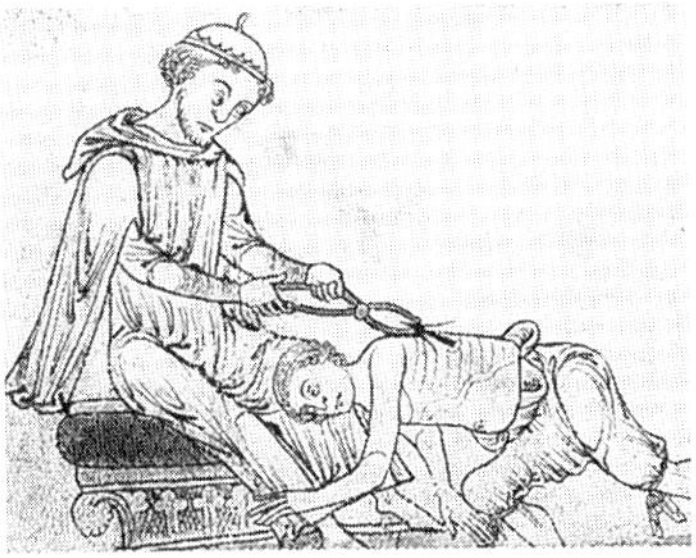

弓矢を引き抜く手術は弓矢が当たったときと変わらぬ痛みをともなった。痛みは中世期の生活の１コマであり、けっして和らぐことはなかった。とりわけ外科医が手術をおこなう場合は激痛が起こり、患者をじっとさせておくことがむずかしかったほどである。当時は外科医よりも内科医の社会的地位の方が高かった。

のもとで家族と土地がむすびついていた形跡はみられない。また、「農民土地譲渡証書」は、一二世紀から一三世紀にかけて地方のある地域では、不動産取り引きが広範におこなわれていたことを示している。また偉大な一三世紀の法律学者ヘンリー・デ・ブラクトン（一二一六―六八）も、こう発言していた――「もし自分の遺産が、意に反して大馬鹿の道楽息子と受けとる資格のない妻の手に渡ってしまうのであれば、だれもが思いきって土地を売却しても、なんの不思議はない」。

　社会的および地理的流動性を示す数多くの証拠が存在する一方で、マクファーレンの刺激的な二者択一的図式はのちの時代との関連からも、またロドニー・ヒルトンに代表される学説とのいちじるしい対照の点からも、多くの問題を投げかけている。もしもイングランドの村人を農民と呼ぶことに慎重であった方がよいというのであれば、同様に「過激な個人主義」とか「市場中心主義」、「自己中心主義」など、比較的近年の社会学、経済学、心理学に由来する用語を、そのまま中世のイングランド男性および女性の性質にあてはめることにも慎重でなければならない。「インディヴィデュアル」［個人の］という語にしても、現代の意味が生まれるのは一七世紀末のことであり、一三世紀では「分割できない」という意味で用いられていた。さらに言えば、家族の扶養と家系の維持は、いつの世でも重要な関心事でありつづけたはずである。

　個人にも、さまざまな中世的な制限が課されていた。その当時、社会的絆は明確に表現され、身分も入念に分類されており、近年二人の研究者が、一二九七年当時においてケンブリッジシャーの村落社会では、二一もの身分用語が使用されていたことを突きとめている。また、身分だけが足かせではなかった。国王裁判所が隷農にたいし、立ちのきからの保護を与えることはなく、また領主への反抗を認めることもなかった。それどころか、領主の行為が死もしくは身体障害にいたるほどの暴行といった常軌を逸したものでないかぎり、隷農が裁判所に領主の不当を訴えることはできなかった。

　経済史および社会史の専門家は、ノルマン征服から一三世紀末のあいだに生じた地方町村および荘園《マナー》の変化について、おもに領主側の行動に焦点をあてて議論をかわしている。一二世紀において、多くの領主たちが彼らの耕作地を直接管理することをやめ、賃貸するようになった。ところが、一三世紀に入ると事態は変わり、領主たちはその多くが直営地から最大の利益をあげるために、耕作地の直接管理にのりだした。この方針転換は需要の影響を受け、また需要そのものも人口による影響を受けていた。一方で必然的にこの時期には、供給の諸要因――土地の質と賃金の出費――が考慮されるようになったのである。またこのようなさまざまな要因を反映する価格も、計算されるようになった。その背景には、一一六〇年から一二二〇年にかけて

馬が重要であったため、中世期とその後をつうじて蹄鉄工が必要とされ、蹄鉄打ちは重要な仕事であった。蹄鉄工の仕事風景を描くこの図版は14世紀の写本から採られたものである。

急激な物価上昇が起こり、一三世紀全体をつうじて賃金が安定する一方、物価はほぼ四倍にはね上がったという事情がある。

生活環境がどうであれ――とにかく地方の住人の大部分はぎりぎりの生活を強いられていた――一二―一三世紀は経済活動がさかんな時代であった。小麦がイプスウィッチから海外へ輸出されていた。また羊毛は最重要の輸出品であり、一二九七年に諸侯がエドワード一世と課税および政体について論じたさい、彼らはいささかの誇張をもって、国富の半分は羊毛から生まれたと主張したほどである。毎年三万袋の羊毛が海外へ輸出されていたが、おもな輸出先は、イングランドの羊毛を加工する織物産業が高度に発達していたフランドル地方であった。羊毛貿易は一二世紀からすでに発達しはじめており、クラウランド大修道院で飼育された羊の頭数は、一二七六年から一三一三年のあいだに四〇〇〇頭から七〇〇〇頭へと激増していた。

イングランド史における羊毛の重要性は、さまざまな点から確認しうる。一二七五年において羊毛の輸出に課せられた最初の関税は、「アンティクア・クストゥマ」［古き慣わし］として知られるようになり、その当時すでに羊毛の統制が政治的な武器となっていた。裁判官および大評議会における大法官《チャンセラー》も、職権の象徴として羊毛の荷袋に腰をおろしていた。二〇世紀の初めに広く使われていた歴史教科書『黄金の羊毛』の第一章は、「イングランドの誕生における羊毛の荷袋」と題されていた。

また、羊毛を海外に輸出する代わりに、イングランド国内で布地に加工するようになると、いわゆる織物「産 業《インダストリー》」の成長が促進されることになった。一三世紀末において、イングランドの羊毛加工技術はフランドルに遠くおよばなかったが、フェルトの縮絨と洗毛をおこなう新たな水力縮絨機が開発されるなど、かなりの発展をとげており、ある著名な研究者などは、この発展を一三世紀の「産業革命」とまで呼んでいる。織物産業は都市に集中するよりはむしろ地方に拡散しており、そのため初期の史料も都市《バラ》の記録よりむしろ荘園《マナー》の記録となっている。最初期の紡織工場のひとつがモールバラ近郊のエルコットに存在しており、その起源はジョンの時代にまでさかのぼれる。一三世紀も終わりごろになると、ヨークシャー西部、湖水地方、コーンウォールシャー、デヴォンシャー、サマセットシャー、ウィルトシャー、コッツウォルド地方に重要な織物産業の集中化がみられた。

経済発展の徴候がこれほどはっきりしていたにもかかわらず、大多数の経済史学者は、その発展による耕地の拡大と人口増加が長続きすることはありえなかったと指摘している。経済発展は好機以上に、問題を多くもたらしていた。なかでも、耕作のための領主による共同地（村民すべてが家畜を放牧する権利を有していた）の専有化が、共同権［入会権］についての複雑な問題を生みだしており、また、耕地の拡大現象は土地の疲弊や収穫高の減少など、悪循環をもたらしていた。前者の問題は一二三五年のマートン制定法により、領主に有利な結論で落着した。この法令により領主には、共同地で放牧していた自由保有農にたいし十分な放牧地を残すという条件で、共同地全体を専有する権利が与えられた。だが、後者の農業生産性の低下にかんしては、二〇世紀の工業生産性の問題が政治家の手では解決しえないように、法律ではいかんともしがたい問題であった。なるほどもし牧畜用の土地面積が減少したために土地が疲弊し、肥料となる牧畜の糞も減少したのならば、集約農業そのものもいずれは行きづまらざるをえなかった。

一三世紀の終わりごろに土地が痩せ、そのために農業生産高が低下しはじめたという従来の仮説は、近年の綿密な調査によって疑問視されている。また、一八世紀末にトマス・マルサス（一七六六―一八三四）によって指摘された「飢餓による成長の阻害」説や、これに類する仮説をふくめて、一三世紀の末にイングランドが（ほかのヨーロッパ諸国とともに）資源および応用技術の点で人口過剰であったとする仮説にも、多くの学者から異議が唱えられている。地方には小土地保有農が密集した過密地域が存在していたが、たとえば二〇世紀に匹敵するほど人口過密だった沼沢地方の共同体地域において、マルサスが指摘する因果関係が生まれた形跡はなく、一四世紀に入っても、なお繁栄はつづいていた。さらに言えば、定期借地の地代水準も一三世紀の末に、突然かつ全国的に低下したわけではない。いずれにせよ、年ごとの収穫高によって多くのことが影響されてはいたが、そうかといって収穫高をうまく平均化する手だてはなかった。

経済生産性の向上とは直接むすびつかなかったものの、のちのイングランド経済にとってきわめて重要な二つの特質が、一三世紀の経験に芽生えていた。いずれの特質も違いこそあれ、自然が飼いならされうることを暗示するものである。第一の特質は、新たな産業活動の発展が、自然物を利用して人力の補完的もしくは代替的な動力源を得ていたことである。この発展のもとになっていたのは、新たな動力テクノロジーであった。同時代人が述べたように、水力縮絨機は「人間の足の力による」作業をものの見事にやってのけた。必然的に五〇〇年後の蒸気機関発明のさい再燃することになる、あの動力の所有権についても問題が生まれた。ジョスリン・デ・ブラックランド（年没年不詳）の年代記に登場する司教座聖堂参事会長は、「風の力から得られる利益はだれにも否定されてはならない」と述べていた。

第二の特質は、一三世紀に農業改良への関心が高まりつつあったことである。インフレ圧力や土地不足、あるいは増収という経済的動機など、原因はさまざまであったが、とにもかくにもテクノロジーと経済効率に細心の注意がはらわれはじめた。結果として、新たに開拓した土地を利用し、かつ休耕地面積を減らすために、多くの地域で二圃制から三圃制へと転換していった。さらに作付けにも変化が生まれ、泥灰土混合による土地の肥沃化、年ごとに新しい種の蒔きつけ、豆類の割合の増加とが試みられるようになった。「毎年ミカエル祭［九月二九日］を迎えたら、種を変えてごらんなさい」、ヘンリーのウォルターは農耕など、家事一般をあつかった一三世紀の影響力ある書物のなかで、こう勧めていた――「というのも、よその地面で生長した種の方が、あなたの地面に植わった古い種よりも、はるかによい収穫をもたらしてくれるでしょうから。ひとつ試してみませんか」。

　最後の問いかけは彼らしい忠告であった。ウォルターはただ助言を与えるだけでなく、ぜひとも実行してもらいたかった。新しい技術もさることながら、会計をふくめた管理強化こそ重要だったのである。彼が強調するに、「共同地管理者はきびきびして、頭のよい男でなければつとまりません、というのも彼こそ、夜明けから日暮れまで持ち場となる森林、畑、牧草地などを巡回し、管理しなければならないからです」。もろもろの任務は特定の役職ごとに明確に区分され、その数と範囲は一三世紀のあいだに拡大しつつあった。ウォルターによれば、管理の強化によって（副次的な効果だが）横領や不正が防止でき、より生産的な面では、生産達成目標を設定することができた。ときに修道院は管理の面ですぐれた成果をおさめており、ウォルターもキャンタベリーの修道院で執筆をしていた事実は興味深い。キャンタベリーのクライスト・チャーチ修道院長であったイーストリーのヘンリー（？―一三三一）はその当時にあって、牧畜経営について大変な敏腕家であったからである。

　ウォルターは労働者にも関心をよせており、彼の助言は農作業にかかわる万事におよんでいた。たとえば彼はつぎのように述べている。「乳搾りの娘は忠実で清潔、また身もちのよい者でなければなりません……彼女はけっしてだれかしらにミルクやバター、クリームをくすねさせてはなりませんし、もしそんなことにもなれば、チーズが少なくなり、やがて農場も廃れてしまうからです」。酪農だけが、地方に暮らす女性の仕事ではなかった。鍬をふるうこともふくめて、女性たちは農場でいろいろな作業にたずさわっていた。

　家事労働者の管理だけでなく、不動産管理にも辣腕をふるう女傑もいた。ある修道院年代記作者はハーウィザという女性について伝えている。それによるとハーウィザはみずから伯爵号を有しており、一一八〇年にエセックス伯と結婚していたが、彼女は「生殖力を除いて、およそ男性的なものはなに一つ欠けていない、男のなかの男」であった。相当な額の報酬を受けとる外科医、もしくは内科医となっていた女性も存在する。産婆《ワイズ・ウーマン》や修道女など、女性だけの職業もあった。未亡人はかなりの自由をもち、多くの社

動物にかんする 13 世紀の論文に描かれた乳絞りの光景。ヘンリーのウォルターによれば、雌牛二頭でクリスマスから聖ミカエル祭までの約 9 カ月間にチーズが 1 ウェイ（224 ポンド）とバターが 19 ガロン（約 40 リットル）とることができた。

巣から飛び立つミツバチ。ハチミツは 15 世紀に砂糖が輸入されるまで唯一の甘味料であったため、養蜂は重要な技術であった。

会的責任を免除されていた。にもかかわらず、法令の規定に定められていた女性の社会的立場はノルマン征服以来悪化していた。「アダムの堕落も、イヴに強いられたからこそ」が、お決まりの理屈であった。教会法でも、民事法でも、女性は「鞭の下に」あるべしと考えられており、教会法ははっきりと妻への暴力を容認していた。妻の動産は夫の資産の一部であり、少なくとも夫が生きている期間はそうであった。

一三世紀の社会生活にかんする情報の多くは、修道士の年代記に由来している。たとえばマシュー・パリス（一二〇〇？―五九）が一二五〇年に述べたところによると、この五〇年間の出来事はキリストの誕生以来もっとも驚異的であったそうである。ただし、史料は年代記だけにかぎられていたわけではない。なるほど一三世紀に『ドゥームズデー・ブック』に匹敵する調査がおこなわれることはなかったが、継続的で体系だった記録が増えており、裁判記録、大法官府記録、会計録などがその例となる。また、もともとは羊皮紙の長い巻紙であったパイプ・ロールズ（財務府記録簿）は、財務府が州から受けとった金額を記録したもので、一一二九―三〇年度からはじまり、一一五四年までそろっている。大法官府記録には、勅許状や遺言状、契約の詳細がふくまれている。国王評議会記録は、国王の権威に依存する高度に組織化された法体系の記録であり、国王が当事者となっていない訴訟をあつかった。荘園《マナー》裁判所は封建的正義を、教会裁判所は（破門の力を拠りどころとして）普遍的な教会法を行使する一方、都市《バラ》裁判所は地域の都市裁判管轄権をもっていた。だが、イングランドの法を支えていたのは、議会高等裁判所をふくめた国王裁判所であった。出張裁判の制度も存在した。エドワード一世の治世は一二七四年の「巡回裁判」、すなわち王室領と王権にかんする出張調査ではじまったが、この制度は『ドゥームズデー・ブック』の調査と比較対照されてきた。また彼の治世には重要な法律が制定されている。その一つにウェストミンスター制定法があり、これによって三年に一度の巡回裁判が制度化された。またウィンチェスター制定法では、陪審制度など法と秩序の機構強化がはかられた。とはいっても、新しい法律よりも古い法律が重んじられる傾向に変わりはなく、その点、法にたいする不満は法が遵守されていないか、無用のものになってしまったかのいずれかであり、要するに本質的に保守的な不満であった。

一三世紀のもっとも有名な記録、一二一五年にジョン王の署名ではなく玉璽が捺された「マグナ・カルタ」は、四部のオリジナルが現存している（玉璽は貨幣とともに貴重な資料である）。大英図書館に二部が所蔵されているが、リンカン大聖堂が所有するものが最良のオリジナルである。一方、一二二五年の修正版はオリジナル版を三分の一ほどきりつめており、また、一二九七年にエドワード一世がこの修正版を認証して、新たな法令記録に収録するにいたっ

法制度の発展はイングランド語（英語）の発展と同じくイングランド独自のものであった。この図版には15世紀の国王裁判所における裁判風景が描かれている。中央部に足かせがはめられた囚人が両脇の法吏に付き添われ、奥に裁判官の一団（若い年齢のように見える）が座っている。左側は陪審席があり、手前には順番を待つ囚人たちの姿が描かれている。出典の写本には他の裁判所の模様も描かれており、そのひとつである大法官府は複雑さを増す社会にあって、契約や証書、遺言の効力をあつかっていた。

た経緯は、一二―一三世紀における国王と諸侯とのたび重なる衝突を物語っている。歴代の国王は官職任命権を握っていたが、官職の配分が恣意的に感じられたときには、紛糾の種となった。うちつづく対外戦争のため評判の悪かったヘンリー三世は、一二六四年のリューイスの戦いでレスター伯シモン・ド・モンフォールに完敗したが、翌年にはヘンリーの長子、たくましい支配者であったエドワード皇太子「エドワード一世」が軍を率い、イーヴシャムの戦いでシモン・ド・モンフォール軍を打ち破った。モンフォールは殺害され、モンフォール一族の「毒蛇の血筋」は、イングランドの名門から一掃された。

ヘンリー三世の妹であり、九歳のときにシモン・ド・モンフォールへ嫁いだエリナーは、たいへん興味深い家政記録を残している。この記録は、食料品とその価格をこと細かにつけているばかりでなく、ひんぱんにあった家事労働者の交代を記していた。したがって私たちにとり、過去の生活様式を再現するうえで、このうえなく貴重な史料である。まずは料理人サイモン、執事アンドルー、パン焼き人レイフなど、さまざまな使用人のあいだにみごとな階級秩序が存在していたことが判明する。毎日の食卓で、どんな料理が供されていたかもわかる。またエリナーとともに、ある名家からべつの名家へと豪華な旅を楽しむこともできる。なかでも面白いのが、食事にかんする記述である。この当時、貧しい大衆はたいへんつましい生活を送っており、(せいぜいよくても)全粒の大麦、もしくは雑穀(小麦とライ麦あるいは豆類)でできた粗悪な(だが栄養価は高い)パンを五ポンド、付けあわせ程度に肉、チーズ、ミルク、バター、野菜を少々摂り、そしてアルコール度の低いエールを大量に飲んでいた。ところがモンフォール家はおびただしい量のパンを消費していたうえに、大量の肉、あらゆる種類の野鳥、家禽類、さらに多様な種類の魚も消費していた。この当時、フォークと陶製の皿は使用されていなかった。

米は鍵つきの箱でだいじに管理されていた。香辛料も高価であったが(胡椒は一ポンドあたり一〇ペンスから二シリング四ペンス、生姜は一〇ペンスから一シリング六ペンスと、価格の変動が激しかった)、必需品と考えられていた(十字軍遠征により、香辛料と果実の種類が増えていた)。砂糖の価格も毎月変動していた。砂糖の年間消費量は胡椒とそれほど変わらず、砂糖の方が少し多めといったところである。当時の料理の多くは、香辛料といっしょに酢を使った風味の強いものであり、色どりもサフランや(おそらく好ましい着色料ではなかったかもしれないが)深紅の血によって、鮮やかであった。焼き菓子も一般的であった。ガスコーニュ産のワインがフランスのイングランド領から、おもにボルドーを経由して大量に輸入されており、これが代表的なアルコール類となった。各家庭で手造りのエールを醸造していたが、一三世紀ではまだホップは使われていなかった。果樹園と菜園は果実と野菜を供給してくれたが、その種類はどの記録でも言及されていない。おそらくごくありふれたものであったからであろう。興味深いことに、奢侈品の価格が大きく変動していたのにたいし、日常的に消費されるパンとエールの価格は、穀物価格と連動して度量衡と同様に統制を受けていた。

　会計簿をふくめて、修道院領荘園記録はさまざまな情報をふくんでおり、記録者たちが関心をもって選んだ話題以外のものでも、じつに多くの興味深いものがある。最良の記録ともなると、時の過ごし方、定期借地の地代、穀物生産高、賦役、賃金、そしてこれらの季節間、地域間の違いについて多くを語ってくれる。たとえばキャンタベリー大司教ペッカムの古文書は、彼が司祭たちの精神的な幸福のみならず、地代簿にも多大の関心を抱いていたことを示している。また一三世紀には（知名度はペッカムより劣るけれど）修道院の資産を効率よく運用する修道院長たちもいた。とはいっても、記録のなかでつねに強調されたことは、修道院があくまでも「霊魂の管理」のために存在しているのであって、資産管理のためではなかったこと、さらに大修道院長は彼自身の教えや「弟子たちの服従心」、労働と祈りについてたびたび説明を求められていたことである。

　自治都市のもっとも初期の記録は一二世紀末までさかのぼり、ヘンリー二世時代の勅許状が五〇通ほど現存している。都市の規模がさまざまであったように、勅許状の内容と形式もさまざまであったが、都市役人の任命権あるいは市場の組織など、自治都市の諸特権が言及されている点では共通する。また、通行税などの免除も都市がもつおもな特権のひとつであった。しかしながら、都市がその権限を強化していったのも、地方に依存しているとはいえ、地方とは異なる都市独自の機構のおかげであった。たとえば一二〇〇年のイプスウィッチにおいて、市民集会は都市行政をおこなう二名の都市執政官《ベイリフ》と四名の訴訟補佐官《コロナー》、そして「一二名の市民委員《チーフ・ポートマン》」を選出していた。のちになると、都市執政官の代わりに市長《メイヤー》が置かれるようになる。都市執政官や州長官《シェリフ》とは異なり、市長はその共同体市民以外にはなにものにも責任を負わなかった。

　ロンドンは『ドゥームズデー・ブック』が作成された時期でも、また一三〇〇年においても、圧倒的に巨大かつ経済力をもつ都市であった。ヘンリー三世が一二三九年にロンドンの諸特権を一時的に停止し、市長を罷免したが、この都市には「マグナ・カルタ」で確認された特権が存在していた。ロンドン市長の存在が最初に言及されたのは一一九〇年代、ロンドン市民のひとりが「いかなる事態が起ころうと、ロンドンは市長以外に国王をもつことはない」と主張した記録においてである。その特権には、問題もともなっていた。一三世紀末の時点で、ロンドンの住居がいたるところで密集しており、もはや「空いた土地」がなく、なかには「住む権利などまったくない隣人の住居」を占拠している者まであらわれる事態に、不満が高まっていた。

　ロンドンのような最大規模の都市は、あわただしさとともに物騒な一面をもちあわせていた。一二〇二年のリンカンで報告された犯罪件数はおよそ四三〇件、そのなかには殺人事件が一一四件、レイプ事件が四五件ふくまれていた。時期はこの報告より少し前、ディヴァイジズのリチャード（生没年不詳）の『年代記』（一一九三―九八）に登場するユダヤ人は、キリスト教徒のフランス人少年にたいして、もしもロンドンへ行くのならば、足ばやに通りすぎたほうがよかろう、と忠告していた。このユダヤ人によると、ロンドンは「役者、道化師……歌姫、薬草売り、好色漢、占い師、ゆすり屋、夜盗、手品師、物まね師、乞食、浮浪者」の巣窟であった。なるほどこの種の人間は、とりわけ祝祭日に目立ったものである。五月祭もそのひとつであった。聖燭節［二月二日］には一週間、クリスマスには一二日間の祝祭がおこなわれた。ただし、ディヴァイジズのリチャードによる記述は一面的なものである。そこにはロンドンで相当な不動産を有する聖職者、さらには都市生活に欠かせない職業人たち（商人と職工）の記述が省かれていたからである。

　大規模な都市には、特権をもつ外国人の共同体が存在していた。早くも一一五七年にヘンリー二世がケルン商人にたいして、ロンドンにギルドホールを建てる許可を与えた。また一二八三年の市場制定法は外国人にたいし、居住と商業活動の奨励をおこなった。その一方で、外国人にたいする反感、とりわけ反ユダヤ人感情が高まっていたことを示す多くの徴候もある。最初のユダヤ人共同体はウィリアム征服王の時代にはじまり、安全を国王に保障してもらう一方で、利息は高率だったが国王の側も彼らの資本をあてにしていた。ユダヤ人の数は一二〇〇年ごろには、おそらく二五〇〇名に達していた。一三世紀に入ると、リンカン、ヨーク、スタンフォードにおいて儀礼的殺人の告発が起こり［キリスト教徒の子供たちの変死や行方不明がしばしばユダヤ人の仕業とされた］、これを皮切りにおぞましいユダヤ人迫害がおこなわれた。一二九〇年には、ユダヤ人に国外追放の命が下された。

　商人ギルドは中世的制度の典型であって、特定の都市における商人の経済的利益を保護するとともに、さまざまな懇親の機会を提供する友愛組織でもあった。ギルドの役割は市場と度量衡単位の検分、商品流通量の判断、そして商取り引きと商慣習の規定づくりであったが、地域商業を保護すると同時に、保護の過程で制限をおこなう傾向をもっていた。ギルドはしばしば学校を開設しており、のちにこれがグラマースクールへと発展した。商人ギルドの存在を示す最初の記録の一つに、オクスフォードシャーの小さな美しい町バーフォードの勅許状がある。バーフォードの領主は勅許状の作成にあたり、「オクスフォードの都市《バラ》住人たちが、商人ギルドにおいて得た」ものとまったくおなじ文言を用いた。ところがギルドは、都市《バラ》の権力組織とかならずしも一致してはいなかった。イプスウィッチのように、ギルドの構成員ではない都市《バラ》市民もありえたし、逆に都市《バラ》市民ではないギルド職人もありえた。また商人ギルドがどの都市にも存在したわけではなく、たとえばロンドンやノリッジにはなかった。ギルドによる統制はきわめて小規模となるか、あるいはきわめて大規模となるかの傾向があり、大規模の場合には、もろもろの制約もかなり厳格におこなわれた。たとえばサウサンプトンでは、「商人ギルドの一員、もしくは特別の許可を得た者でないかぎり、なに者といえども、商いを目的として同市に立ち入ることを禁ず」と規定されているが、シュールズベリーの規制対象は露店の設営や、「同業の同胞以上の売り上げをあげるために」他人の工夫を盗むことだけであった。

印章も歴史的事実を物語る資料となる。たとえばセント・ポール大聖堂の古い印章には1666年の大火で焼失する以前における13世紀の大聖堂の姿が刻まれている。

　商品価格は売り手、買い手双方に納得のいく公正かつ適切なものであるべきだという認識は、中世の重要な発想であったが、むろんこの時代もご多分にもれず、理想と現実はかけはなれていた。仲買人が「フォーストーリング」（商品が市場に流れる前にその流通を妨げる行為）、「イングロウシング」（多量の商品を買いあげることで市場の独占をおこなう行為）、「リグレイティング」（高値で小売りするために大規模な買いつけをする行為）で非難を浴びるのが日常茶飯事であったことは、理想と現実の乖離《かいり》がいかに根深いものであったかを物語ってくれる。じっさいのところ、合法的な商行為と理不尽なそれとの境界はあいまいであった。しかも、さまざまな職人集団が彼らの名にちなんだ街の一郭――職業を冠した通りの名称は今日でもよくみられる――に集中して住み、一部の都市にはそれぞれの職益を代表する複数のギルドが存在したという実態にあっては、職種間の利害に対応することは容易ではなかった。ロンドンは早くも一二六〇年から、複数のギルドをもっていた。職人ギルドは度量衡単位と価格のみならず、徒弟の採用と賃金も決定した。ほとんどの職種において、その職業の「秘伝」を会得するには、七年間の徒弟奉公が必要と考えられていた。

　ノルマン人の第三世代、第四世代ともなると、フランス語と英語を自由に話せたため、徒弟が誓うさいにもフランス語と英語が用いられた。リチャード・フィッツニールによれば、「イングランド人とノルマン人がともにおなじ地域に住み、結婚していくにつれ、両人種の融合もすっかり進み、いまでは——自由民にかぎられているが——だれがイングランド人で、だれがノルマン人なのかほとんど見分けがつかぬほどである」。にもかかわらず、一三世紀末でもノルマン＝フランス語とラテン語がやはり法律、法廷、教育での公用語であり、一二五八年に英語で公布されたヘンリー三世のオクスフォード条款の布告は、ヴィクトリア時代の中世にかんする記述において、「ラテン語とフランス語ばかりがこだまするもの悲しい荒野にあって、唯一われら固有のオアシスに見える」と表現されている。だが英語の方言も使用されつづけ、その一部は地方社会で発達していた。言語の行く末はいまだ定まらなかった。シモン・ド・モンフォールを称え、「イングランドはふたたび息をふき返した、自由を求めて」と詠った『リューイスの戦いの歌』はラテン語で執筆される一方で、イングランド人たちはすでに英語を使って、'Sumer is icumen in'［夏は来たりぬ］と詠っていたのである。

第四章

中世後期のイングランド

秩序と衝突

1305年　1337年まで続く大インフレーション期に入る
1314年　エドワード2世、バノックバーンの戦いでスコットランド王ロバート・ブルースに敗れる
1336年　最初の贅沢禁止法が制定される
1337年　エドワード3世、百年戦争を開始する
1338年　一転してデフレーション期に突入する
1346年　エドワード3世、クレシーの戦いに勝利し、カレーを包囲する（翌年に陥落）
1348年　黒死病の大流行がはじまる
1356年　エドワード黒太子、ポワティエの戦いで勝利をおさめ、フランス王ジャン2世を捕虜とする
1360年　ブレティニ和約が結ばれ、ジャン2世が釈放される
1372年　イングランド海軍、ラ・ロシェルの戦いで大敗北を喫する　ウィクリフ、このころから独自の説教を唱えはじめる
1376年　エドワード黒太子、死去する
1377年　リチャード2世、10歳で即位、第1回目の人頭税が徴収される
1379年　第2回目の人頭税が徴収される
1381年　第3回目の人頭税（1380年）をきっかけに、ワット・タイラーとジョン・ボールに率いられた大規模な農民の反乱が勃発する
1388年　諸侯派が実権を握り、リチャード2世の側近グループを処刑する
1393年　教皇尊信罪法が制定される
1397年　ふたたび政変が起こり、宮廷派が実権を取り戻す
1399年　リチャード2世が廃位され、代わってヘンリー4世が即位する
1415年　ヘンリー5世、アジャンクールの戦いでフランス軍に大勝利をおさめる
1417年　サー・ジョン・オールドカースル、絞首刑に処せられる
1420年　トロワ条約が結ばれる
1422年　ヘンリー5世の死去にともない、生後11カ月のヘンリー6世がイングランド王位とフランス王位を継承する
1424年　イングランド軍、ヴェルメイユの戦いにおいて勝利をおさめるがこれが百年戦争最後の大勝利となる
1450年　ジャック・ケイドの反乱が起きる
1453年　ボルドーが陥落し、フランスにおけるイングランド領がカレーをのぞきすべて消滅する
1455年　ランカスター派とヨーク派の軍事衝突が始まる（薔薇戦争）
1476年　ウィリアム・キャクストン、ウェストミンスターに印刷工房を開く
1485年　ヘンリー7世、ヘイスティングズの戦いでリチャード3世を破り、テューダー朝を開始する

私は奇蹟の夢を見たことがある。美しい野原がさまざまな人間でいっぱいだった……庶民たちはいろいろな仕事にたずさわっており、そのなかには農夫、すなわち共同体のために地面を耕す者がいた。

ウィリアム・ラングランド
『農夫ピアズの夢』（一三七二―一三八九頃）

戦場にとどろく馬蹄の音、負傷者のうめき声、喇叭《らっぱ》のつんざく音、兵士のどなり声を聞くと、身の毛がよだってきた。

サー・ジョン・チャンドス
『ポワティエの戦いについて』（一三五六）

おお、正しき神よ、万能の裁き手よ、貴族と私たちとでは、なんと不公正な分配がなされていることでしょう。貴族が心ゆくまで食事ができるのに、私たちは餓えに苦しみ、彼らが槍試合に興じているあいだ、私たちは仕事に汗水たらすのです。彼らが宴席を堪能しているあいだ、私たちは断食をおこなわなければなりません。

ドミニコ会修道士ブロムヤードのジョン（一四二〇ごろ）

かつて私は運命の車輪を高く舞い上がらせ
自分の財産がどれだけあるのか、わからなかった。
いみじくも福音の書はこう語っている、
身分が高かろうと、低かろうと、生きるもの
みな、運命の車輪を前にしてはおなじ、
この世のすべてが虚しく、はかない。

『グロスター公爵夫人の嘆き』（一四四一）

デザイナーであり、社会主義者でもあった一九世紀の詩人ウィリアム・モリス（一八三四―九六）が、散文物語『ユートピア便り』のなかでヴィクトリア時代後期におけるユートピアを語ったとき、一四世紀は彼にとって憧憬の的そのものであった。またモリスの同時代人である経済史学者ソロルド・ロジャーズ（一八二三―九〇）にとって、一五世紀は礼賛の対象にほかならなかった。ところが近年になると、歴史学者は（むろん有名な例外もあるけれど）総じて、一四世紀および一五世紀における社会組織の分裂を強調している。ウィリアム・ラングランド（一三三二頃―一四〇〇）の物語詩『農夫ピアズの夢』が暗示するところでも、世界は悲惨な一四世紀に終末を迎えることになっていた。また、今日評されるところによれば、一五世紀とは、「血と薔薇の混じりあった芳香」がグロテスクに漂う時代にほかならない。歴史学者のバーバラ・タックマンが一四世紀ヨーロッパの研究書『はるか彼方の鏡』において

述べるには、「どこを眺めても見えてくるものは、街路の喧騒、野蛮、暴力ばかりである。この時代こそ大混乱の世界、苦難に満ちあふれた熱病の世界であった」。ある一五世紀のジェントルマン［郷紳］は同時代を、「正真正銘の野蛮」な時代と形容した。

「中世の衰退」を解説するにあたっては、どの説明も通常、黒死病として知られる一三四八年および翌年の「大疫病」、すなわち病気に感染したクロネズミからネズミノミを経由して伝染する腺ペストの大流行からはじまる。この伝染病はヨーロッパ大陸から船でイングランド南部へ伝わり、一三六一年から六二年、一三六九年、一三七四年から七五年にも、爆発的な流行をみせた。黒死病がおよぼしたもっとも重要な影響は、人口の激減であった。わずか三〇年のあいだに、イングランドの総人口の三分の一から二分の一がこの世から消えていった。とりわけ幼児の死亡率が高く、事実、一三六一年から六二年に起きた二番目の流行は、「幼児の疫病」として知られていた。一四世紀末の時点で、おそらくイングランドの総人口は約二〇〇万人にまで落ちこんでいた。一五〇〇年の総人口はたぶん一二〇〇年のとさほど変わらず、また一六〇〇年の総人口も一三〇〇年と大差はなかったであろう。近年の歴史学者による指摘では、人口維持比率が低下するにつれて、この時代に「出生率」の危機が生まれていた。

なるほど黒死病は、例をみないほどの大災禍であった。だが、最初の流行がもたらしたとされる結果のうち、一部はすでに黒死病が発生する以前から顕在化していた。たとえば人口問題にしても、たしかに一三世紀には増加の一途をたどっていたけれど、おそらく一四世紀初めには減少に転じていた。さらに腺ペストをふくめた疫病への抵抗力が、慢性の栄養不良によって低下していたのであろう。この時期のイングランドは、天候によって致命的な打撃を受けていた。一四世紀初めにはいちじるしい寒冷現象がみられ、近年ではこの時期を「小氷河期」と呼んでいる。また一三一五年から一七年にかけて大水害が発生し、同時代の人びとはノアの大洪水に喩えていたほどである。収穫高も減少していた。一三一三年からは羊に病気が広まり、一三一九年には牛にも感染したため、牧畜が大打撃を受け、ある地域では免疫をもつ馬が雄牛に代わって重量犂を引かなければならなかった。これらの諸要素がかさなって、一部の歴史学者により、ノルマンの征服以降最大の農業危機と表現される事態が生まれた。食糧不足は地方のみならず、都市部にも深刻な影響をおよぼした。『バーモンジー編年史』が伝えるところによれば、一三四八年に貧困者は犬猫の肉、はては鳩の糞から自分の子供までを口にしていた。慈善の余裕がなくなることで、状況はさらに悪化した。施しものが姿を消してしまったのである。

やはり地域差が存在したけれども、黒死病以後の歴史を特徴づけるとされる耕作から牧畜への転換、辺境開墾地か

馬上槍試合は秩序だった儀式的な一騎打ちであった。初期の馬上槍試合は戦争の予行演習であったが、のちになると観客をともなう壮麗な儀式となった。

らの撤退という現象が、一三四八年以前からシュロップシャーやサセックス州など遠隔の地域でも起きていた。チルタン丘陵地方にある一寒村イブストンの利用されなくなった風車などは、この時代の象徴であった。一二九〇年にオクスフォード大学マートン・カレッジの教師たちがこの風車に投資していたが、三〇年後に風車は遺棄された。荒れはてた村の風景は一四世紀、一五世紀をつうじて目新しいものではなく、それどころかその数は増加しつづけた。廃村の現象も、黒死病以前の時期までたどりうる。たとえば一三三四年において、ノーフォーク州にある四カ所の村に課された税額（人口の規模を反映している）は、近郊の村の五分の一以下であった。ちなみに、その四つの村のひとつパディン・ノートンの教会が一四〇一年に事実上閉鎖されたとき、「教区民の激減と困窮」の原因とされたのは、疫病ではなく土壌であった。村々は肥沃な耕作地に恵まれるか、あるいは穀物以外の生産物、とくに羊毛に依存している場合にのみ、安全であった。

どの程度深刻だったかについては意見が分かれるが、解決困難な経済上の諸問題そのものは一四世紀の初期段階から発生していた。なかんずくインフレーションが大問題であった。ある地域では穀物と家畜の価格が一三〇五年から一〇年のあいだにほぼ二倍に跳ねあがり、さらに一三一五年から二一年にかけてふたたび上昇した。それ以前の一一八〇年から一二二〇年までの時期も、ウィリアム・ベヴァリッジ（一八七九—一九六二）によって中世期最悪のインフレーション期と呼ばれる時代だったが、なにぶんにも当時の人びとの声が記録されていないため、今日となってはその衝撃を計りうる唯一の手がかりは、コンピューターによって算出された価格指数だけである。一四一五年の物価指数を一〇〇とすると、一二六四年は八三、一三一〇年は一〇五となり、一三一六年と一七年はそれぞれ二一六、二一五と頂点に達した。この数値は黒死病以降の時期よりも高い値である。

原因がなんであれ（その一つは外国からの銀の流入だと考えられていた）、インフレーションは貧困層を直撃した。貧困者の生活はすでにあいつぐ徴税——エドワード二世（在位一三〇七—二七）がスコットランド王ロバート・ブルース（在位一三〇六—二九）に一敗地にまみれた一三一四年のバノックバーンの戦いをふくむ、対スコットランド戦争がその原因となっていた——によって圧迫されていた。インフレーションは一三三七年までつづくが、この年を境として物価が下落し、二〇年間ほど低い値で安定した。以前のインフレーションでは貧困層が不満を漏らしていたのが、一転して領主たちがデフレーションを激しく呪うようになった。物品は豊富に出まわっていたが、デフレーション期にはいっこうに売れなかった。貨幣も不足状態にあり、一三三九年の収穫は一三一五年以来最悪であったにもかかわらず、物価は上昇しなかった。しかしながら、地域によっていちじるしい変動がみられたものの、一三五〇年代から七〇年代にかけての二〇年間は、インフレーション基調で推移した。やはり穀物の出来不出来が生活を大きく左右し、一三六二年と六三年の凶作につづいて大豊作の年が四度出現すると、物価はふたたびデフレーションへと移行した。

おなじ不満であっても、広大な荘園《マナー》を所有する有力者たちの声の方が、はるかに聞きとどけられやすかったことは言うまでもない。ナイト［騎士］階級も同様であり、彼らの不満は議会で吐きだされていた。政治情勢も経済状態とおなじく、ノルマンの征服以降、イングランド国王としてはじめて廃位の屈辱を味わい、ついにはバークリー城で暗殺の憂きめにあったエドワード二世の不幸な治世のもとで混乱をきわめた。未成年で王位についた当初こそ、困難な出発を余儀なくされたとはいえ、エドワード三世（在位一三二七—七七）の統治のもとで、行政機構は黒死病と経済混乱および対外戦争などのかずかずの不安定要因があったにもかかわらず、一三三〇年以降長期にわたり効果的に機能していた。地方行政にかんしては、治安判事《ジャスティス・オブ・ピース》が国王の代理人である州長官《シェリフ》とともに、以前より広範かつ実質的な権限を与えられており、科料をふくめ税の徴集、令状の執行、州裁判所の統轄、陪審員の選出、囚人の管理にあたった。官僚の数も増えつつあったが、法の執行と秩序の維持はいまだむずかしい問題であり（犯罪が広がっていた）、汚職の一掃も困難をきわめた。

一二世紀のスティーヴン王の時代、あるいは一三世紀半ばの諸侯の反乱期がそうであったように、内乱は「残虐かつ凶暴」であった。都市部でも不満が蓄積していた。たとえば以前より教会と市民のあいだでしばしば衝突を生んでいた修道院都市であるベリー・セント・エドマンズにおいて、一三二七年に市民の暴動が起きていた。しかしながら、エドワード三世が莫大な歳出を要する彼の政策への同意(そして金銭も)を得る必要に迫られたとき、国王は都市の住人たちにたいして、州を代表するナイトとともに議会へ参加するよう奨励した。市長もしくは参事会員が議会の下院の一部を占めるようになり、ハル選出の議員を一三三二年、三四年、三六年、三七年と務めたウィリアム・ド・ラ・ポール(?—一三六六)もそのひとりであった。彼らもしだいに出身の共同体の了承を必要とするようになり、たとえば一三三九年において議会の下院は同胞の市民たちと相談するまで、エドワード三世に課税を認めなかった。

エドワード三世の政策が多大の出費を余儀なくされたおもな原因は、対外出兵にあった。一三三七年にエドワードはフランス王であることを高らかに宣言し、「フランス王を僭称するヴァロアのフィリップ」に挑戦状をたたきつけていた。これによって、一九世紀に「百年戦争」として知られるようになる一連の対仏戦争がはじまった。百年戦争といっても、そのあいだつねに交戦状態にあったわけではなく、また当初こそ輝ける大勝利で沸きたってはいたが、「長いあいだ耐え忍ばれてきたさまざまな試練」を経て、敗北の結末を迎えた。議会の下院ではもちろんのこと、出兵に要する莫大な戦費は、巷間でも十分に知れわたっており、『国王陛下の課税にもの申す』という諷刺文では手きびしい批判を受けていた——「臣民の懐はすっからかん、もはや尻の毛一本も残りはしない。臣民に指導者でもおれば、いまごろ一揆で世の中てんやわんやのことだろう」。

ところが、戦争は貴族およびナイト階級にとり、国内の混乱する経済的、社会的状況から逃避する手段として、また略奪により私益を得る機会として、魅力的な選択肢であった。戦争は個人の社会身分を上げ、国家意識を高める恰好の機会でもあった。

一三三七年、エドワード三世がフランスに侵入したさい、彼は新たに二四名にナイト爵位を、六名に伯爵位を授与し、「それぞれが陛下に仕える新たな身分に満足していた」。エドワードはまた、彼みずからがその一員となるガーター騎士団を創立した。国王エドワードをふくめ二六名のメンバーによる結成式が聖ジョージ[ゲオルギオス]の祝祭日に、ウィンザー城の新設された「高潔の間」で執りおこなわれた[エドワード王はアーサー王を崇拝しており、ウィンザー城は「円卓」とともにアーサー王によってつくられたと考えられていた]。ガーター騎士団のメンバーと同様に、当時の有力者たちもこぞって家門の名誉に血眼になり、家門と表裏一体の紋章と騎士道精神——忠節、名誉、勇気、礼節——へとのめりこんでいた。戦争が「成り上がり」の新たな機会を提供するにつれ、社会では否応《いやおう》なく身分の区別がやかましくなり、同時に「家系」がもてはやされるようになった。

一三四六年の八月、貴賤をひとしく餌食とした黒死病が猛威をふるう直前の時期に、対仏戦争史上さんぜんと輝く偉業のひとつがピカルディーのクレシーにおいて、壮麗なフランス騎馬隊をみごと撃ち破ったエドワードの弓兵隊によってなしとげられた。この勝利は騎馬軍にたいする歩兵軍の勝利であり、すでに八年前のサウサンプトン略奪のさいにフランス軍が使いはじめていた最新兵器（大砲）にたいする長弓の勝利であった。一三四七年にカレーが一年にわたる包囲戦の結果、イングランド軍の手におちた。一三五六年にはフランス王ジャン二世（在位一三五〇—六四）が、エドワード三世の恐るべき長男、「情け知らずで険しい顔つきの黒太子」によりポワティエの戦いで捕虜となり、ロンドンまで連行された。騎士道の偉大な記録者であるジャン・フロワサール（一三三七？—一四一〇？）は、ポワティエの戦いがクレシーの戦いよりもはるかに偉大だったと確信していたが、その理由は「高貴な人間の戦死者をより少なくすませた」武勲があったからにほかならない。なるほど、クレシーの戦いでは多くの兵士が、「身分を問わず戦場の露と消え、貴族の戦死者もおびただしい数にのぼって」いた。

クレシーの戦いに参戦したとき、エドワード黒太子はわずか一六歳にすぎなかったが、同時代の人びとにとって、黒太子は「残忍かつ冷酷」な若者であると同時に、「騎士道の華」でもあった。ある年代記作者いわく、「黒太子に仕えれば、ナイトへの昇進は保証されたも同然であった」。戦場で名を馳せたもう一人の勇士は、ガーター騎士団創設時のメンバーでもある初代ランカスター公グローモントのヘンリー（一二九九？—一三六一）であった。この人物は十字軍に加わり、聖地以外にリトアニアやスペインまで赴いた。ヘンリーの名が後世に思いおこされるとすれば、同時代人が礼賛してやまなかった「武人にふさわしいふるまいと数々の武勲」やその類いまれな外交手腕ではなく、むしろキリストを医師になぞらえ、瞑想と告白を綴ったみごとな一書『癒しの聖人伝』によってであろう。ヘンリーは慈善でもその名を知られており、ケンブリッジ大学のコーパスクリスティー・カレッジを創設したのも、この人物である。

黒死病はいかなる君主よりも「残忍かつ冷酷」であり、いかなる治療も効果がなかった。サウサンプトンとブリストルから内陸部へと広まる過程で、黒死病を患った者は一〇人のうち九人までがその命を奪われていった。黒死病がひとたび忍び寄れば、「おぞましい、猛り狂った凶暴な」疫病が、その地域一帯を荒廃させた。アシュウェル教会に

化粧をする貴婦人（14世紀）。

擬人化された黒死病。鐘の音によって疫病が発生する。

（左）娯楽の歴史は労働の歴史とおなじだけ古いものである。屋内の娯楽として、この時期にはチェスなど盤ゲームが楽しまれており、その光景は詩篇メアリー王妃写本に描かれている（14世紀初め）。（下）一方、屋外では棒とボールを使ったスポーツがおこなわれ、グレゴリウスの『教令集』にその光景がみられる（14世紀初め）。

ある碑文には、生々しくこう記されている――「生き延びた住民はほんのひとしずく、この者たちが目撃した」。

いかなる権勢も資産も、黒死病が相手ではなんの意味ももたなかった。碩学で知られて、わずか六日前にキャンタベリー大司教に就任したばかりの人物がこの世を去り（この人物以外にも二人の大司教が就任から一年以内に亡くなった）、広大なリンカン司教管区で叙任された聖職者たちは、五人に二人が黒死病に倒れていった。黒死病を神の罰とみなしていただけに、聖職者たちにはべつの意味の苦しみがのしかかった。


　神の耳はいまや閉ざされ、われらの言葉を聞きとどけてくださらない。

　もはや祈りとて、疫病を抑える力をもちはしない。


一方、広く流布していたあるラテン語文献は、のちの時代のように神罰説とは異なる見解を表明していた。この文献によると、「神の思し召しに適う」清潔な生活こそが唯一の正しい予防策であった。ただし聖職につく人間が患者との接触を絶ちきることはむずかしく、黒死病流行期の末期にヨーヴィルでおこなわれた感謝祭の礼拝は、不安に満ちた「地獄堕ちの息子たち」によって妨害され、患者たちは時のバース・アンド・ウェルズ司教を教会のなかでずっと取りかこみつづけた。

領主や都市の幹部たちも黒死病の犠牲者となりはしたが、やはり最大の打撃を受けたのは、権力をもたない人びとであった。しばしば調査対象となるオクスフォードシャーのクックスハム荘園《マナー》では、小作農の三分の二と隷農一二名全員が一年以内に死亡しており、おなじオクスフォードシャーのタスモアでも、やはり隷農が全員死亡したため、荘園《マナー》の領主が耕地を狩猟場に変える勅許を得た。

必然的に労働力の不足が生まれていた。死を免れた荘園《マナー》の領主たちは賦役を強化することでこの苦境を乗りきろうとしたが、長つづきはしなかった。一二世紀につづいて、ふたたび労働義務の免除が一般的になった。また、賦役が軽減された農民たちの賃金を、法律によって抑制しようとする領主および小地主階層の試みも、長くは効果をおよぼさなかった。一三五一年の労働者規制法に先だって公布されていた一三四九年の勅令は、黒死病以前の水準以上で賃金を支払うこと、さらに施しを五体満足な物乞いに与えることを禁じたが、当初こそ厳格に執行されてはいたけれども、半世紀もたたずに、二〇世紀の賃金・所得政策と変わらず、空文と化してしまった。この勅令によって農業従事者はより強い社会的連帯を求められる一方、二年後の規制法によって、肝心の賃金を繁忙期で一日あたりわずか一ペニーに制限されてしまった（ちなみに調教されたナイト向けの軍馬がその当時で約一〇〇ポンド、この額は労働者が一生働いて得られる総所得に相当した）。

賃金をどれほど強引に抑えこもうとしても、その試みは失敗に終わった。ただでさえ不足がちな労働力を確保するため、雇用者のあいだで過当競争が生まれていたことが法律の空文化を招く背景にあり、また被雇用者の巧みな抵抗も効を奏していた。隷農たちは法律と諸義務を逐一記録していた荘園《マナー》文書を廃棄してしまった。また、女性の地位が変わりつつあったことを示す徴候もある。労働力不足のおかげで、女性にもさまざまな機会が与えられた。結婚年齢も上がった。隷農たちが種々の厳しい封建的義務を免除され、また男女を問わず、労働者の経済状態が相対的に改善されるにつれ、修道院をふくめて荘園《マナー》領主の歳入は減少していった。たとえばヘイスティングズ近郊のバトル大修道院は、一三四七年から五一年にかけては収入を二〇パーセント、一三八〇年代にも七パーセント減らしていた。

　このような状況のもとで、小規模ながら荘園《マナー》領主や村民との土地売買で富を蓄える小地主が出現した。小規模な自作農家族の資産にも、それなりの格差が生まれた。リンカンシャーのフリスビーでは一三八一年の時点で、一六世帯の小作農の家族が暮らしていたが、そのなかでもっとも富裕な一家の資産は、もっとも貧困な一家の二倍もしくは三倍と見積もられている。また小自作農の平均的な所有面積が、しだいに広がっていた証拠も存在する。とはいえ、貧困者の諸要求がほとんど無視されるにいたり、また近年の歴史学者が荘園《マナー》領主による大規模農業の「小春日和」と呼ぶ現象が生まれた時期のあとでは、ふたたび不穏な空気がただよいはじめた。ウィリアム・ラングランドが記すように、貧困家族の生活は容易ではなく、とりわけ自前の耕作地をもたず、「子宝に恵まれすぎ、領主さまへの地代に涙を流す」小作農の場合には過酷をきわめた。

　社会もまた一四世紀末には大きな混乱を迎えており、あいも変わらずその原因は明らかな不平等にあったけれど、この時期には不平等の内容そのものも変わっていた。当初は物価上昇にともない、賃金上昇の最大の恩恵はしばしば最貧困層があずかっていた。たとえば屋根葺き職人およびその弟子たちは、黒死病の流行以前では日当一ペニーで仕事をしていたのが、黒死病発生から二〇年後には、その適正額の二・五倍も稼ぐようになった。馬の価格、さらにはその飼料となる大麦の価格が据えおかれた一方、脱穀夫の賃金はいちじるしく上昇した。市場原理が機能していたことは歴然としており、身分の枠組みが厳然と存在しながらも黒死病の発生以降身分間の流動性が高まりつつあったとすれば、社会的混乱が生まれる一四世紀末以前から、身分への関心が強くなると同時に、身分の枠組みの遵守がさかんに強調されたことは、あながち驚くべきことではない。議会の政治演説や法律文を彩っていたものも、「経済分析」（まったくべつの世代の用語だが）ではなく、むしろ身分にかんする戒めであった。とりわけ貧困者が身分をわきまえることが求められていた。議会は一三六二年にすべての嘆願が英語でおこなわれるよう決定したが、その狙いが「法と秩序」（いまだに生き延びている用語の組み合わせである）を、発達しつつある情報伝達によって維持することにあったことは疑いない。民衆の不満の声は、社会と文化の力強い支持を得たのである。『為政者の鏡』は伝統的な概念をつぎのように明解に表明していた——

　臣下は主君に強制してはならず、
　事情を問わず、法に委ねるべし。

ところが、悩める「貧しき小作人たち」は法に委ねることもできず、嘆願の裁きを「彼らを慈しみ、尊敬すべき公正なる領主」に委ねなければならなかった。

　上流階級をふくめたあらゆる社会集団のなかで、身分にたいする関心が高まりつつあったことは、一三六三年に制定され、身分ごとに身につけるべき衣服を規定した「贅沢禁止法」が如実に物語っている。すでに三〇年前の一三三六年の規制でも、毛皮を身につけることができる者は王族、伯《アール》、高位聖職者、直臣《バロン》、そして年収一〇〇ポンド以上のナイトとその夫人たちにかぎられていた。一五世紀に入ると衣装はよりきらびやかになり、ますます流行に支配されるようになり、だれがいかなる衣装を身につけるかが重要とみなされた。伯および直臣はナイトと明確に区別され、ナイトも「ジェントルマン」［郷紳］、「ヨーマン」［自作農］、「ハズバンドマン」［農夫］と一線を画されていた。

　道徳をふりかざす人は贅沢な流行服に痛烈な批判を浴びせかけたが、一五世紀の男女にとってその種の非難はどこ吹く風で、衣装はよりいっそう華美になっていた。一五世紀から一六世紀にかけて衣装熱が高じるさなか、ひそかに法律用語の変化が進行していた。たとえば「謄本《コピー》保有権者《ホルダー》」とは、もともと荘園《マナー》記録の謄本で設定されている期間もしくは終生にわたり、領主から慣習的な借地権を与えられている農民を指していたが、この時期にはっきりした利害をもった法律上の社会集団とみなされるようになった。また「謄本保有権者」のなかでももっとも富裕な（そしてもっとも数が少ない）者たち、すなわち「ヨーマン」もすでに法律のうえで、村の住人から「州」の住人へと変わりつつあった。

　一四世紀の半ば、服従が声高に叫ばれれば叫ばれるほど、緊張と摩擦が生みだされ、ついには、短期間で収束したものの、「農民の反乱《ペザンツ・リヴォルト》」［農民一揆］として知られる激しい抗議の暴動が一三八一年に地方から生まれ、リチャード二世の宮廷を狼狽させた。この暴動は当時から「農民の反乱」と呼ばれていたわけではなく、またそのきっかけも漠然とした不満ではなく、きわめて特定の原因、すなわちイングランド全域を対象とする議会による人頭税の導入（住民の頭数で徴収される税）であった。一三七七年から八一年にかけて、この新税は三度徴収されているが、反乱のきっかけとなったのは三回目の課税であった。一三七九年の人頭税が身分ごとに税額の段階をもうけていたのにたいし、一三八一年のそれでは一律課税となり、しかも平均税率が三倍にもなったために、強い反発が必然的に生まれた（私た

ロンドンで鋳造されたエドワード3世時代のグロート銀貨（4ペンス）

フロワサールの『年代記』に収録されている1346年のクレシーの戦い。背景には城が描かれている。

ちの時代の人頭税導入が一九八八年におなじ運命をたどることになった）。興味深いことに、課税を決定する一四世紀の議会はロンドンではなく、ノーサンプトンで開かれた。理由はもちろん、お膝もとでの大暴動が危ぶまれたからである。

反乱が起きるにいたった背景には、べつの不満も存在していた。一三六〇年にフランスと交わされた悪評高いブレティニ和約から九年後、対仏戦争がふたたび火ぶたを切って落とされたとき、もはや勝利の女神はイングランド軍に微笑むことはなかった。フランスの肥沃な南西部、ガスコーニュ領の大半が失われ、一三七二年には海軍がラ・ロシェルで大敗北を喫した。こうした事情から、老齢期にさしかかったエドワード三世の長い治世も、その幕開けとおなじく騒乱に満ちながら幕を閉じようとしていた。一三七六年に「邪悪な顧問官」二名が下院で弾劾され、その年に訪れたエドワード黒太子の死去が、未来をいっそう暗澹たるものにした。いまやイングランド王国を継承するのは、黒太子の息子であるボルドー生まれのリチャード、このとき御歳一一にも満たない少年であった。一三七七年にエドワード三世が崩御したさい、未詳の詩人がイングランド王国を艦船に（そして庶民をマストに）喩え、やりきれない想いをつづった。この詩人によると、かつて栄光を誇ったイングランド号も、いまや大海に漂う難船となり、行く末は暗澹たるものであった——

主よ、あらゆるものを疲弊させ、消滅させるとは
いったいいかなるご意志でありましょうや

エドワード三世崩御の年に、南部の海岸地域がフランス軍の略奪にあい、農民の反乱の前年である一三八〇年には、大規模なフランス軍襲来の噂が飛びかった。

社会暴動が起こる可能性、そして起こった場合の災禍にたいする警鐘を、その時代の代表的な詩人ジョン・ガウアー（一三二五？—一四〇八）が打ち鳴らしていた。気質、見識ともに保守主義で貫かれたこの詩人は、暴動を予見していたも同然であった——

私の目には、領主たちが惰眠をむさぼり、平民どもの愚行を放置しているように映ってならない、元来性質が凶暴なイラクサを増えるがままに放置しておけば、どうなることか。

ガウアーが結論づけるに、「もし主に救いの手をさしのべるおつもりがなければ、いまは無力なイラクサでもある日突然われわれを刺すことになろう」。

農民の反乱は三回目の人頭税にたいする一揆としてエセックス州、ケント州、ノーフォーク州、サフォーク州、ハートフォードシャーではじまったが、結局この始末をつけなければならなかったのは、当時わずか一五歳のリチャード二世（在位一三七七—九九）であった。まず反乱はエセックス州のブレントウッド近郊にある沼沢地の三つの村から起こり、すぐさまほかの村々に飛び火した。農民たちは不

満のかずかずを並べたてたが、彼らの要求には急進的なものもあれば、保守的なものもふくまれていた。権力者側の目に映るケント州の反乱指導者ワット・タイラー（?―一三八一）は、「与太者たちが祭り上げる王、百姓どもが崇める偶像」にほかならなかった。その一方で、タイラー本人からすれば、「われら農民もキリストの似姿でつくられている人間でありながら、獣のような扱いを受けている」。反乱者たちはロンドンまで進軍し、六月一三日の聖体祝日にはじまる嵐が吹きすさぶ三日間に、反乱はクライマックスを迎えた。ケント州の反乱集団はキャンタベリーとロチェスターを経由して首都に達し、ブラックヒースに駐屯した。一方、エセックス州の集団はテムズ川北岸に集結した。少年王と反乱者の一団は、現在ロンドン市の食肉市場となっているスミスフィールド塔の近くで、じっさいに会見したのである。

この三日間になにが起きていたのか、今日となっては、重要な情報の多くは闇に包まれている。たとえば合流の噂が飛びかっていたとしても、じっさいに農民たちが、内輪もめで揺れていたロンドン市民からいったいどれだけの支援を得ていたかははっきりしていない。とはいえ、この大事件のあらましを再現できるだけの記録は残っており、個人の性格すら垣間見ることができる。まず農民たちの要求のなかでも一貫して主張された具体的なものは、隷農の法的身分の撤廃であった。反乱に身を投じた聖職者ジョン・ボール（?―一三八一）は、イングランドから貴族とともに大司教、司教、大修道院長など高位聖職者を一掃すべしと主張した。時のキャンタベリー大司教（大法官を兼ねていた）および財務府長官は殺害された。そしてリチャード二世は反乱者の集団と対面するという胆の太い一面をみせ、ワット・タイラーはロンドン市長の抜いた剣で落命した。

生き残った農民たちは厳しく処罰され、イングランド北部および東部ではもっとも軽減されていた隷農の封建的義務も廃止されることはなかった。しかし、ほどなくして反乱をうながした経済的な要因はなくなり、人頭税も廃止された。この事件以降、下院の議員たちは「国王といえどもみずからの力で生きるべし」と以前よりはるかに強い調子で議論するようになった。この表現が意味するところは、国王があてにすべき歳入は、彼自身が相続した諸権利および不動産に限定されること、またとくに政治的理由、あるいは議会が承認する例外的な状況が生じないかぎり、関税、臨時税、強制賦課金を課すことはできないことである。王室歳入にこのような制限を設定したことは、その後の王室行政を長期にわたり困難な諸問題に直面させることとなり、とりわけ一六世紀末から一七世紀にかけて、利害の衝突を農民の反乱にとどめず、内乱にまで発展させてしまう大きな要因となった。

一三八一年の農民の反乱にかんしては、さまざまな人物が鮮烈な描写を残しており、それぞれがこの大事件にたいして独自の見解を示していた。ウォルシンガムのトマス（？―一四二二？）が書き記すところによれば、「つい先ごろまで虫ケラ同然の身分であった謀反人どもが、貴族さながらに通りをのし歩き、豚飼い奴《め》がナイト顔負けの英雄面をするが、その正体は隠れもなきゴロツキだった」。しかしながら、農民たちにたいするこの種の描写にも好意的な証言が混じっていた。なるほど農民がつきつけていた要求のひとつは、「国王を例外として、領主に領主権をもたせてはならず、領主権はすべての臣民に分割せよ」であったが、不思議なことに蜂起した農民たちは、多くの地域で「ジェントリー」［地主階級］の援助を得ようとした。たとえばジェントルマンは一三八一年の反乱のさいにも、農民たちの怨恨の対象とはならなかった。一方、海峡のかなたからこの出来事を見守っていた騎士道の記録者フロワサールは、反乱そのものよりも反乱における個人の運命の浮き沈みに興味をおぼえていた――「この世の運命はなんと摩訶不思議、不可解なものではないか」。

一四世紀の社会問題を理解するにあたっては、あらゆる点で教会《ザ・チャーチ》という存在――しだいに「イングランドの教会」として言及されることが多くなっていた――を抜きにしては考えられない。当時の思考、発想にキリスト教が深く浸透していたこと、また一三八一年の農民反乱を指導したジョン・ボールのような聖職者も出現していたこと、そしてとりわけ王国を統治する権力の中枢に、しばしば聖職者が存在していた事実があることがその理由である。教会それじたいが独自の大荘園《マナー》領主をふくむ一大階層組織にほかならず、そのなかには聖職界の権威以外に、世俗界の政治経済的権力まで握る者がいた。これら権力者の下に小規模の領主がおり、彼らは赴任する地域で絶大な影響力をもち、おおぜいの従者に取りまかれて暮らしていた。その一例が「司教の目」と呼ばれる司教座聖堂大執事《アーチディーコン》であり、彼らの役割は任命者である司教の指示を遂行することにあった。一方、組織の最底辺には貧しい聖職者や托鉢修道会士たちがおり、彼らは少なくとも理念のうえで、十二使徒の清貧への回帰を願っていた。イングランド王国内にはおよそ九五〇〇の教区が存在し、教区司祭の多くは以前よりすぐれた教育を受けるようになっており、その一部はオクスフォード大学とケンブリッジ大学で神学を学んでいた。フランシスコ会とドミニコ会の托鉢修道会は都市部で重要な役割をはたし、独自の学校をもっていた。

議会においてローマ教皇と聖職者にたいする反感がまき起こった原因は、教会の財力とイングランド全域に課せられた教会税にあった。農民の反乱が起きる一〇年前の一三七一年、議会は聖職者にたいする課税をめぐって対立し、その結果、時の実力者であるウィンチェスター司教ウィッカムのウィリアム（一三二四―一四〇四）――ウィンチェスター・カレッジおよびオクスフォード大学のニュー・カレッジの創設者である――が大法官を解任された。この時

黒死病期における衣服の廃棄。伝染にたいする恐怖感は強く、一度かかれば治療の手段はほとんどなかった。

期には教会不動産の没収さえ話題にのぼり、さらには一三七八年に教会にとってより大きな打撃、すなわち二人の教皇がローマと、敵国フランスのアヴィニョンに存在するという教会大分裂が起きた。一三九三年の教皇尊信罪法「ローマ教皇の権威をイングランド国王よりも上と主張する者を罰する法」が「イングランド王がこの世に主君をもつことはなし」と主張したのも、まさしくこの背景があればこそであった。急進的な反聖職者主義も生まれていた。社会批判で貫かれている詩『農夫の嘆き』のなかで、未詳の作者は「馬上でふんぞりかえり」、毎日衣装を変え、貧困者を懲らしめる「ペテロの後継者たち」をつぎのように手厳しく糾弾していた——

糞坊主のおかげで聖なる教会も売春婦になり下がり、いまや教会の子宮はワインとエールの泡でただれきっている。

主張はさまざまだったとはいえ、一四世紀末における宗教上の抵抗のうちもっとも組織だっていたのは、「ロラード」と呼ばれた一派であった。最初のロラードであるジョン・ウィクリフ（一三三〇—八四）は一三七二年にオクスフォード大学で神学博士号を取得し、急進的なスコラ学者から多くを学んでいたが、異端とみなされる教説を説教しはじめたのは一三七八年以降であった。盲目的な国粋主義の裏返しにすぎない一連の反教皇主義をはるかに超えて、ウィクリフは聖書を信仰の唯一確かな拠りどころとし、万人の手もとに英語版聖書が置かれるべきことを主張した。彼によるそのほかの主張も、この聖書中心主義から生まれている。彼は教会の中心的な儀式である聖餐式にかんする教義を問題とし、さらには莫大な教会財産の解体を求め、修道院制度を強烈に批判したうえで聖職者の結婚を唱道した。とはいえ、ウィクリフはより広範な社会批判、政治批判にまで行きつくことはなかった。彼の最大の関心は信仰問題の急を要する解決にあり、また彼自身が「神の御心にあわないことは、すべて惨めな結果に終わる」(その時代にぴったりのモットーであった)と信じていたうえ、「君主」に絶大な信頼をよせていたからにほかならない。一六一六年の欽定訳聖書が「軍の全能の王」と訳すことになる「創世記」の一部を、ウィクリフは「ナイトの鑑たる君主」と表記しているほどであった。

ウィクリフの教説が激しく非難されたことはある意味で必然的な成りゆきであり、一四一一年には彼が教育を受けたオクスフォード大学でも、学問上の異端の烙印をおされた。時のキャンタベリー大司教は、もしロラードが一掃されなければ、この王国にふたたび騒乱の嵐がまき起こされるであろうと警告を発していた。だが、ロラードが発想法や行動形態の点で広範囲の諸変化を望んでいたとしても、現実にはウィクリフをふくめて、ロラードが社会的反逆者とみなされることはまずなかった。事実、一三八一年の反乱軍は、ウィクリフの宗教的見解をさほど共有してはおらず、むしろ彼の教説を支持したのは、農民の反乱の原因を生みだした議会の方であった。

ウィクリフ主義が急進的な少数集団のなかで支持を広げた時期は、一四世紀ではなく、一五世紀に入ってからのことであり、反教皇主義の気運に満ちていたロンドンばかりでなく、バッキンガムシャーのチルタン丘陵地帯やケント州のテンタデン周辺の村々のような地方でも、ウィクリフ主義者を生みだしていた。バークシャーでも、「ウィクリフに忠節を誓う輝ける秘密結社」が存在していた。万人に開かれた英語版聖書の要求こそ、ロラードが受け継いだ遺産の核心であり、ウィクリフ聖書を発禁にするため、ありとあらゆる努力がはらわれていたにもかかわらず、最初の完訳英語版聖書は一〇〇部以上もが弾圧を免れた。当初の目的のうちロラードが直接的に実現したものはなにひとつなかったとはいえ、一六世紀の宗教改革において大きな推進力となった大衆の不満は、ロラードによって脈々と受け継がれたのである。

一五世紀のロラード弾圧は、英雄を生みだしてもいた。そのひとりが豪傑の戦士サー・ジョン・オールドカースル(?—一四一七)、皇太子時代のヘンリー五世(在位一四一三—二二)が親しく交わっていた人物である。オールドカースルは豪胆不敵な性格の持ち主であり、キャンタベリー大司教が「異端の容認、促進、保護をはかった中心人物」として彼に最後通牒をつきつけたさい、彼は召喚状をはねつけ、固く城門を閉ざした。裁判を受け有罪判決を受けたのち、彼は摩訶不思議な手段でロンドン塔から脱獄し、都市民や農民と反乱を企てるが失敗に終わる。以降、ひそかに地下に潜行するが、一四一七年末にふたたび逮捕され、議会に連行されたのちにロンドン塔において絞首刑となり、遺体は焼かれた。

オールドカースルの物語には、聖俗を問わず中世の権力者がいかなる存在だったのか、はたまた中世の「地下社会」とはいかなるものなのか、このあたりの事情を垣間みせてくれる要素が潜んでいる。理由はともあれ無法者となることが、一四世紀末から一五世紀初期にかけて好まれた主題であった。古くは一三七七年の『農夫ピアズの夢』が「ロビン・フッドの詩」に言及しており、この時期こそ、ロビン・フッドをはじめとする無法者伝説が広く流布した時代である。伝説はロビンを正義の使者、社会の破壊を求めず社会の明らかな不正を正す人物として称えているが、今日指摘されるところでは、ロビンは貧困層の英雄ではなく、むしろジェントリーの英雄であり、彼の「陽気な仲間たち」も食料調達のためではなく、娯楽として密猟にふけっていた。一方、ロビン自身はこう言いきった――「犂で耕してくれる農民には手をだすな」。

裏街道を歩む者たちのほとんどは、明らかにロビン・フッドとは異質な存在だった。フランスでのじっさいの戦争と騎士道理念がおよそ別物だったように、現実の無頼漢は伝説の偶像とはかけ離れていた。一三七八年の制定法に付されている前文では、武装集団がいかに「神はもとより、聖なる教会の掟も王国の法も踏みにじり、善や正義など一顧だにせず」家屋や荘園《マナー》をのっとっていたかが記されている。またほかならぬ荘園《マナー》の領主もある種の状況のもとでは、無法者まがいの行動をとっていた可能性すらある。たとえばノッティンガムからほど近い村、レスターシャーのアッシュビー・フォルヴィルにある荘園《マナー》の領主には七人の息子がいたが、その一人、ユースタス・フォルヴィルは犯罪集団の一員となり、強盗は序の口、人さらいからレイプ、はては殺人までと悪行のかぎりを尽くした。彼が得た数々の成果は、なるほど仲間うちのチームワークも貢献大だったのだろうが、とにもかくにも権力者たちの後ろ楯によるところが大きかったはずである。事実、フォルヴィルは三度罪を赦されているが、赦免の理由は国王陛下の敵をみごと討ちはたしたからであった（挙句のはてに、彼はナイト爵位まで頂戴している）。一度ならずフォルヴィルはその地域の権力者から直接に雇用を受け、そのなかには司教座聖堂の有力聖職者たちがふくまれていた。

一五世紀に入っても、なお対仏戦争が継続されるにつれて、百年戦争にたいする見方も変わっていき、かつては暴力のはけ口をフランスに求める手段と解されたものが、むしろ国内において秩序崩壊の意識を高める原因と受けとめられるようになった。またほかの要因も、無秩序の印象を植えつけることに一役買っていた。一三八一年から一四一三年までイングランド国内において、劇的な大事件がつぎつぎに発生していたのである。農民の反乱が起こったあの一三八一年でさえ、実力者たちの権力闘争が反乱よりも大きな不安を与えていた。リチャード二世時代の後半期には一三八八年、九七年と二度にわたって、実権グループの交代が生じ（宮廷派が実権をにぎった九七年には、王室によって領地の再分配が大規模におこなわれていた）、一三九九年にはついにリチャード二世が廃位され、英語を母語とする新国王ヘンリー四世（在位一三九九―一四一三）が誕生した。だが、リチャード二世が廃位される経過には不正がまとわりついており、少なからぬ者によって王位簒奪者とみなされたヘンリー四世の治世もまた不安定なものとなった。年代記編纂者であったアスクのアダム（?―一四三〇）によると、戴冠式のさい、頭髪に塗られた聖油のおかげで、ヘンリー四世の髪は毛じらみだらけとなった。このエピソードを凶兆ととらえるアダムの解釈は、この時代の不安と恐怖をまたべつの角度から映しだしてくれる興味深い例であろう。

後世英雄として名を馳せることになるヘンリー五世のもとで、イングランド軍はフランス軍にたいしてかずかずの大勝利をおさめ、一四一五年におけるアジャンクールの戦いでは、イングランドの弓兵隊は兵力の絶望的な劣勢をものともせず、フランス軍をみごと撃ち破った。一連の勝利にともない、ノルマン征服のときとは逆に、フランスの大地がイングランドの有力諸侯のあいだで分配された。サー・ジョン・ファストルフ（一三七八―一四五九）が、「戦争の幸運」によって二万マルクせしめたと伝えられる一四二四年のヴェルメイユの戦いにおいても、ふたたび凱歌はイングランド軍に上がり、この戦争以降、ヘンリー五世の遺児であるわずか二歳のヘンリー六世（在位一四二二―六一）が、名目上イングランドとフランスの両王国を支配する君主となった。だが、ヴェルメイユの戦いは百年戦争においても、イングランド軍最後の大勝利でもあった。それからの物語はジャンヌ・ダルク（一四一二頃―三一）の登場、フランス王室の復権、フランス軍の大砲・火薬の優勢、ノルマンディーの喪失へとつづき、一四五三年には――オスマン・トルコによってコンスタンチノープルが陥落した年でもある――カレーをのぞき、フランスにおけるすべてのイングランド所領が失われた。

イングランド国内でも憂うべき事態が発生していた。まず一四五〇年にヨーク公リチャードの従弟と称するジャック・ケイド（?―一四五〇）に率いられた反乱軍が、ケント州で蜂起した。ケイドの統率力は農民よりも、エスクワイヤー［郷士］やジェントルマンを惹きつけていたが、ケイド自身の要求には労働者規制法の廃止や、以前払い下げられていた王室領をふたたび国王の所領とすることがふくまれていた。反乱軍はロンドンに入城するや、時の財務府

1381年の農民反乱におけるワット・タイラーと説教師ジョン・ボールの会見を描いた図版。同時代のフランス人によるこの図版は、反乱者がイングランドと聖ゲオルギオスの旗のもとに結集し、秩序だった行動をとっているように描いている。事実、農民反乱の期間に混乱していたのはロンドンであった。宗教は秩序を促進する反面、反乱を誘発することもあった。ロラードが地下に潜伏する以前、ロラード主義は貧困者ばかりでなく、サー・ジョン・オールドカースルのようなナイトにも受け入れられていた。

ロビン・フッドは原型的な無法者であり、その名声は騎士道の時代以降もつづいている。図版は1600年ごろのロクスバラ・バラッドから。

長官を殺害したのちに解散、そしてケイドは殺された。それから二一年後の一四七一年、ヘンリー四世によるリチャード二世廃位が起源となる散発的な王位継承戦争が、ランカスター家とヨーク家の支持をめぐって貴族を二分し、その結果王権がいちじるしく弱体化した。『昨今の腐敗について』と題する同時代の詩によれば、王冠争いは秩序回復のためではなく、「不当な権威」の糾弾のために繰り広げられており、その間はただひたすら空論で時が過ぎゆくばかりであった。ヨーク家のエドワード四世（在位一四六一―八三）も反乱によって王座を獲得しており、彼が最初に召集した議会は貴族一三名をふくむランカスター派の一一三名にたいして、反逆を理由に権利剥奪決議を採択した。

薔薇《ばら》戦争の期間、有力貴族たちは下級貴族を終身年金で召しかかえるようになった。その先鞭をつけたのが一三六二年に二二歳で第二代ランカスター公爵となったジョン・オブ・ゴーント（一三四〇―九九）であった。ジョンは一四世紀の末に多数のナイト、エスクワイヤーと契約をかわし、そのほとんどを終身家臣として召しかかえていた。この制度は別名「擬似封建制度」と呼ばれているが、本来の封建制度とはまったく異質なものである。封臣とはもともと主君から土地を受けとる代わりに忠誠を誓う、いわば相互義務に縛られた存在であったが、この点「擬似封建制度」の家臣はまったく別物であった。家臣は主君を庇護者とみなしていた。家臣とは主君の従者であり、主君から与えられた制服を身につけ、終生もしくは契約で明記された条件のもとで特定の期間主君に仕える代償として、主君の扶養を受けた。奉仕への代償が分割払いでおこなわれたことが擬似封建制度の本質であり、この制度のもとで主君に仕える者たちには百年戦争に従軍した歴戦の強者が多く、彼らはみずから選んだ主君に仕えることを望んだ（彼らが選んだ主君はときに戦争での成り上がり者、そして多くの場合、その地域の大領主であった）。ひとたび家臣として主君の定める制服を身にまとえば、彼らは主君の権勢を誇示したものであり、主君同士で家臣の数と権力の誇示を競いあうこともあった。

主君が召しかかえていた家臣の数は、ほとんどの場合それほど多くはなかったが、擬似封建制度にも不安定性――もしくは流動性――という避けがたい要素が存在していた。家臣は落ちめの主君から昇り調子の主君へと仕官替えをおこなうことができ（見切りをつけるのは、主君だけの特権ではなかった）、強力な国王は実力者のバランスをとることで有効な統治をおこなうことができた。この時期の社会はまさしく不安定であり、紋章や「名誉」が尊ばれていたにもかかわらず、けっきょく、富と権力をにぎるのは野心であった。当時の表現を使うと、「ある者は分別によって、ある者は力によって、ある者は勇気によって、そしてある者はべつの美徳によって」好機をつかみ、「貴族にのしあがっていった」のである。歴史学者によりたびたび引用さ

筑摩書房 新刊案内

2004. 6

●ご注文・お問合せ
筑摩書房サービスセンター
さいたま市北区櫛引町 2-604
☎048（651）0053　〒331-8507

この広告の表示価格はすべて定価（税込）です。　http://www.chikumashobo.co.jp/

昼にも月は出ています。この世は昼でも月下です。

テーブルの上のファーブル

moonshiner

クラフト・エヴィング商會
坂本真典・写真

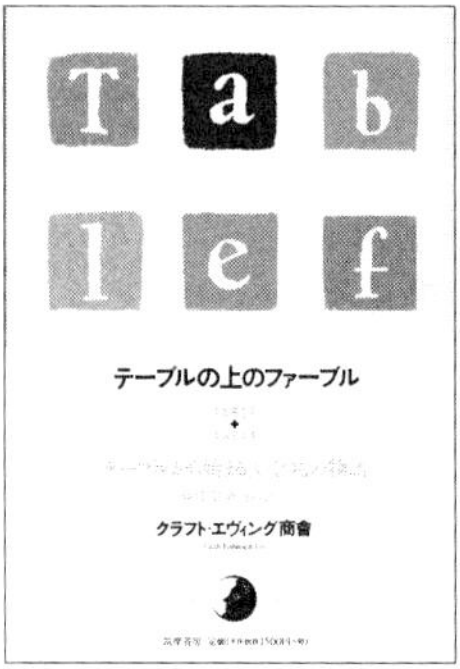

すべての物語はテーブルの上から始まる。空に昼月、机上に昼酒、酔いがまわったら、昼寝もまたよし。雑誌のような、絵本のような、新しいスタイルの本、ここに誕生！

81634-8　A５判（5月22日刊）**1575円**

山本容子版画集

静物画

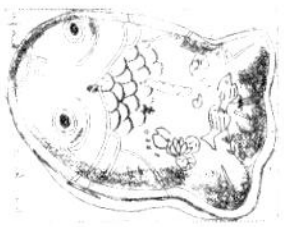

版画・山本容子　文・池澤夏樹

人が生きている時間に触れあうモノたちを、一つ一つかたどるように描いていった434点の版画。池澤夏樹が、人とモノとの関わりを綴った小品三編を添える。**目次より**／モノの名について（池澤夏樹）／子供／食べた／男と女／体重が八貫目だった頃（池澤夏樹）／散歩する／匂い／三代前の先祖の斧（池澤夏樹）／働く／祈る／ほか

87345-7　B5横判（5月27日刊）**2940円**

価格は定価（税込）です。6桁の数字はISBNコードです。頭に4-480をつけてご利用下さい。

れているパストン家書簡集は、イースト・アングリアに暮らすこの一族が、貴族によって派遣された武装集団に三度邸宅を包囲されたことを伝えている。

　にもかかわらず、一五世紀に渦まいたとされる社会不安と反乱にも、かなりの誇張がふくまれている可能性がある。かりにパストン家書簡集が示すこの一族の資産への執着が、この当時どこにでもみられるものだとしても、この一族はけっして同時代に典型的な家族ではない。また、すべての人間が、冷徹な野心にとりつかれていたわけでもない。「神秘の旅人」ことマージァリー・ケンプ（一三七三？—一四四〇？）について書かれてきた多くの物語が示すように、多くの人間にとって生活の中心は信仰であった。そもそも一五世紀の主要な出来事そのものが、その多くは政治的な神話、すなわちボズワース平原の戦いでリチャード三世（在位一四八三—八五）を撃ち破って王座についたヘンリー七世（在位一四八五—一五〇九）の時代、あるいは宗教改革後のヘンリー八世の時代につくられたテューダー王室礼賛神話によって脚色されている。一五世紀後半の時代は、諸侯の反乱が生まれた一三世紀半ば、あるいはさらに以前のスティーヴン王の時代にくらべれば、はるかに平穏であった。都市が略奪されることはなかったし、また教会の神聖が汚されることもなかった。ランカスター家、ヨーク家ともそれぞれさまざまな時期と場所で、これまたさまざまな主張をおこなったけれども、結局のところ地域的な一族同士の私闘、言いかえれば血縁者に家臣が加わっただけの、当時で言う「邪悪な徒党」の大喧嘩の域を出なかった。さらに言えば、戦闘に加わった人数も多くはなかった。たとえばヨーク公リチャード・プランタジネット（一四一一—六〇）が、サマーセット公エドマンド・ボーフォート（？—一四五五）の指揮下にあるヘンリー六世軍を破った一四五五年のセント・オールバンズの戦いにおいて、ヨーク公が動員できた戦力はわずか三〇〇〇人、敗北したサマーセット公にいたっては二〇〇〇人にすぎなかった。「あっという間に終わった街角での乱闘」——この戦いの実態はまさしくこの簡潔な表現で言い表されている。

　ランカスター家とヨーク家の抗争とは一線を画していた人びとも多かった。また一線を画することで彼らの生活は悠々自適なものとなりえた。一九二〇年代において一五世紀にたいする好意的な見方をした数少ない人間の一人、C・L・キングズフォード（一八六二—一九二六）は、サー・ウィリアム・ストナーという人物が地方の小地主として送った生活を詳細に紹介しており、それによればサー・ウィリアムは所領の管理に多忙なかたわら、地域行政にも参画し、似た環境にある隣人たちと親しく交際していた。また彼は牧羊の収入で一財産を築きあげ、邸宅の改築や庭園の設計をおこなった。

　もう一つの社会階層である聖職者は、一四世紀の悲惨な境遇から抜けだしていた。また、ローマは一四五〇年から一五三〇年にかけて、都合一二回にわたりイングランドの聖職者に臨時税を要求していたが、イングランドの聖職者会議が受諾したのは、わずか二回にとどまった。修道士の数が減少する一方、生活水準は多くの場合向上していた。一六世紀の初め、ランカスタシャーにあるフォーリー大修道院のシトー会修道会士たちは、食費に収入のじつに三分の二をあてていた。北方をむすぶ幹線道路沿いにあるセント・オールバンズでは、大盤ぶるまいの接待がおこなわれていた。一四二三年から二四年、そして三六年に当地で歓待された二人の公爵は、それぞれ三〇〇人の随員を率きつれての逗留であり、しかも三六年の場合には、九名の司教と聖職者会議の全出席者が加わっていた。一四二七年から二八年の初頭にかけても九日間、幼いヘンリー六世が母后とともに滞在した。

　第三の社会階層である賃金労働者の多くは大修道院で雇用されており、彼らはこの時期に、中世期をつうじてもっとも恵まれた生活をおくっていた。人口は一五世紀に入ってもなお回復しなかったので、農業労働者および都市職人の賃金は、いずれも彼らが供給する物品の価格の上昇よりも大きな上昇率を示していた。それどころか、建築業の実質賃金は、黒死病から一四一五年のアジャンクールの戦いまでに倍増し、一五世紀をつうじて高水準を保った。食肉は鶏肉をふくめて豊富に出まわっていた。穀物価格も、一四八〇年代に凶作がつづいて小麦が一四八二年に七四・七パーセントも上昇するまでは、安値で安定していた。一四七〇年代に、法律家であり文人でもあるサー・ジョン・フォーテスキュー（一三九四？―一四七六？）は、「イングランドの庶民こそ、すべてのキリスト教徒や異教徒のなかでも飛びぬけて美食家にして着道楽」と評した。なるほど、庶民たちはいまや衣食以外の支出をおこなうだけの余裕をもっており、真鍮製の壺や白鑞《しろめ》製の燭台がおおいに売れていた。飛躍的とは言えないにせよ、物質生活の水準は実質的に改善されていた。一五世紀の議会は課税に抵抗し、特定の都市に税の免除を与えたが、この事実が物語るものは、どうやら庶民の逼迫していた懐具合ではなく、現金を手もとにおいておきたいという彼らの欲のようである。フォーテスキューはつづけてフランスの課税状況を紹介することにより、イングランドの課税を賛美した。彼によれば、フランス国王の場合、課税は思うがまま、貴族と聖職者は課税を免除されている一方、必需品（食料品であった）にはしっかり税がかけられていた。

　土地を所有していればそれで永遠の繁栄が保障されていたわけではなく、荘園《マナー》領主のなかにも不平をもらす者がいた。事実、おなじ州の領主でも、たどった運命はさまざまであった。にっちもさっちもいかなくなる領主がいれば、繁栄を謳歌する領主もいた。この時期、最大規模の所領はもっぱら定期借地となる傾向にあったが、経営の才覚に恵まれていた領主は、それこそ細心の注意をはらいながら所

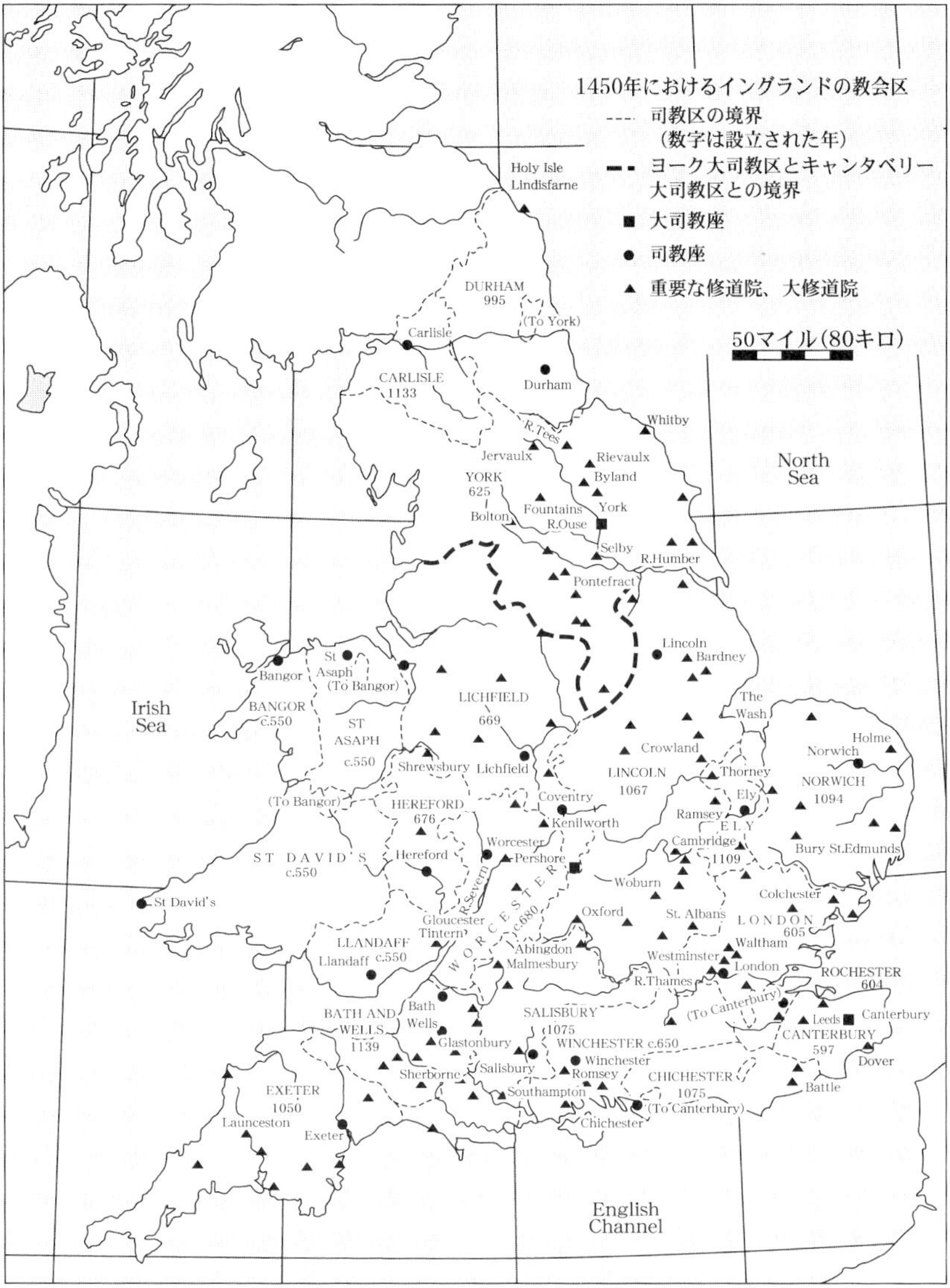
1450年におけるイングランドの教会区
司教区の境界
(数字は設立された年)
ヨーク大司教区とキャンタベリー大司教区との境界
大司教座
司教座
重要な修道院、大修道院
50マイル(80キロ)
Holy Isle Lindisfarne
DURHAM 995
(To York)
Carlisle
CARLISLE 1133
Durham
Whitby
R.Tees
Rievaulx
Jervaulx
Byland
YORK 625
Fountains
York
Bolton
R.Ouse
North Sea
Selby
R.Humber
Pontefract
Lincoln
Bardney
Bangor
St Asaph
(To Bangor)
LICHFIELD 669
Irish Sea
BANGOR c.550
ST ASAPH c.550
The Wash
Crowland
Holme
Norwich
Shrewsbury
Lichfield
LINCOLN 1067
Thorney
NORWICH 1094
(To Bangor)
HEREFORD 676
Coventry
Kenilworth
Ramsey
Ely
ELY 1109
Worcester
Cambridge
Bury St.Edmunds
ST DAVID'S c.550
Hereford
Pershore
Woburn
R.Severn
WORCESTER c.680
Colchester
St David's
Gloucester
Oxford
St. Albans
LONDON 605
Tintern
Abingdon
Waltham
LLANDAFF c.550
Llandaff
Malmesbury
Westminster
London
R.Thames
ROCHESTER 604
Bath
(To Canterbury)
BATH AND WELLS 1139
Wells
SALISBURY 1075
Leeds
Canterbury
Glastonbury
WINCHESTER c.650
CANTERBURY 597
Winchester
Dover
Sherborne
Salisbury
Romsey
CHICHESTER 1075
EXETER 1050
Southampton
Battle
(To Canterbury)
Launceston
Chichester
Exeter
English Channel

領を管理した。その一方で、経営の才覚に恵まれない領主たちは少なくとも一五世紀の終わりまで収入を失いつづけており、とりわけミッドランド地方の穀物耕作地域においてその傾向が強く、廃村もしだいに増えていった。

一四世紀には、才能豊かで精力的な農業経営者にとって千載一遇の機会が訪れていた。小麦栽培よりも労働力を必要とせず、かつ輸送コストが低く抑えられる牧羊業が、相当な収益をあげていたのである。黒死病の発生から七年後には、年間四万袋の羊毛が輸出され、一世紀後には八〇〇〇頭から九〇〇〇頭の羊を飼育する巨大牧羊場が出現した。一五世紀に入ると、羊毛の輸出が減少する一方、毛織物の輸出は四倍にもはね上がった。その結果、一四五〇年の時点でイングランド最大の輸出品は、羊毛から毛織物へと変わっていた。一次産品よりも二次産品の方が、利潤（そして雇用も）が上がったからである。

耕作地が牧羊地へと転用されるにつれて、羊が人間を「食いつくす」窮状への不満は、一五世紀から一六世紀にかけてますます顕著になり、またより怨念のこもったものとなる。おそらくこの期間に、牧羊地への転換がいっそう加速していたのであろう。また、一四七六年にウィリアム・キャクストン（一四二二？—九一）によってイングランドへ導入された印刷機が、不満の声を増幅してしまったのかもしれない。ただし牧羊への不満そのものは、一五世紀において印刷所によって広められる以前から存在していた。有名なウォリックシャーの古事研究家が、「昨今みられる村々の荒廃については、どう言ってよいものだろうか」と自問しているが、この問いには彼自身が自信をもって答えることができた。「この悪の源は貪婪である。強欲という疫病が今日蔓延しており、この強欲病のおかげで、人びとの目には正しき道が映らない」。まさしくこの非難こそ、土地利用を強化、制限するために柵で囲うこと、すなわちのちに「囲いこみ《エンクロージャー》」と呼ばれる経済行為の長い歴史において、いくどとなく繰りかえされることになるものである。

牧羊地をめぐる利害のあからさまな衝突は、文学作品の世界にも反映していた。喜色満面の毛織物商人が登場人物となれば、こんな台詞が口をついてでた——

　神さま、ありがたや、ありがたや
　羊さまこそ打手の小槌

ところが牧夫や毛織物職人がこれほど喜びにひたっていた形跡はみられない。一五世紀初期のキリスト降誕劇において、牧夫はこんな愚痴をついついこぼしていた——

　オラたち、荒地で暮らすしがない羊飼い、
　家ももたずに、年中大空とにらめっこ、
　オラたちが貧乏なのも当たりまえ、
　畑は床みてえにガッチガチ、
　オラたちの体はガッタガタ、
　財布の中身はスッカスカ、

御主人さまの鞭はビッシビシ、
ああ、羊の方がまだましだ。

一五世紀の牧夫および農民の生活にそれほど大きな変化はみられないが、毛織物職人の生活は激変していた。領主と農奴のあいだに大きな違いがあったように、いまや大規模な毛織物業者と職人《ジャーニーマン》とのあいだにも、大きな経済格差が生じるようになった。また親方が雇用できる徒弟の数や、毛織物の取り引きをおこなう権利についても、制限がもうけられるようになっていた。一三八八年の制定法では、一二歳まで農業に従事していた者は、毛織物業の「職人組合《ミステリー》」に加わることができなくなり、さらに一四〇六年の制定法では、「年間最低二〇シリングの収入をあげる不動産、もしくは定期借地を所有するものでないかぎり」、いかなる者も子弟を徒弟に送りだしてはならなかった。ひとたび職人組合から受け入れられれば、徒弟たちは職人《ジャーニーマン》の期間を経て、やがては親方《マスター》として一人立ちする日々を心待ちにしたものである（少なくともこのパターンが公認のシステムだった）。ところが「職人技術にかんして、十分な知識と経験をそなえ」ながらも、商売をはじめる資金力をもたないために、被雇用者の身分に甘んずるほかない職人たちの存在が恒久化していた。

　ノリッジのように人口が倍増し、その富も急増する都市がみられたものの、一五世紀に大発展をとげた都市はあまりなかった。リンカンやウィンチェスターなどのような歴史のある都市も、衰退に向かった。リンカンの市民たちは一四八六年に、窮状をこう嘆いていた――「この町に貴族はおろか、ジェントルマンですら訪れることはない。職人や宿屋の主人も、ここからどんどん逃げだしていく」。その不満に先だつこと四〇年前、ウィンチェスターの市民が、「かつては国王陛下の戴冠式と埋葬式に選ばれていた」彼らの都市が荒廃しつつある現状をこぼしていた。名誉あるウィンチェスターもいまや「疫病にとりつかれ、商いは廃れて」いた。近年の歴史学者はヨーク、キャンタベリー、コヴェントリーなど、古くからの都市にみられるこの時期の「都市の倦怠」現象を指摘しており、人によってこの現象を「都市の危機」とまで呼んでいる。歴史学者がとりわけ注目する事実は、この時期に繁栄した毛織物産業の中心地が、都市特有の自治制度をもたなかったことである。その一つであるサフォーク州のラヴェナムは、もともと制度的には荘園《マナー》裁判所によって統治される一寒村にすぎなかったが、突如サフォーク州のなかでも富裕な一五の市町村のひとつにのし上がった。

　一六世紀初めのサフォーク州において、ノーフォーク公爵につぐ大富豪はラヴェナムの毛織物業者トマス・スプリングであった。ラヴェナムの町は統一された建築様式で再建され、すばらしい教区教会が人目をひくロング・メルフォードのような周辺の町々も、毛織物の取り引きで繁栄をとげていた。もうひとつの重要な羊毛産業地域であるコッツウォルド地方にも、堂々たる教会建築が出現した。コッツウォルド地方はその当時羊毛の特定市場《ステイプル》であった大陸のカレーと、一三九九年から古代の山背道《リッジウエイ》をつうじてサンドウィッチへといたる輸送路によってむすびついていた。またコッツウォルド地方はサウサンプトンともつながっており、サウサンプトンには第二次世界大戦の空爆撃にも耐えた「羊毛館《ウール・ハウス》」が存在していた。

　これら羊毛産業が発達した地域では、世俗の建築が栄えた。たとえば「イングランド王国における全羊毛商人の華」と謳われたウィリアム・グレヴェルは、教区教会へ莫大な寄進をおこない、チッピング・キャムデンに堂々たる邸宅を構えた。また「豪商」ともてはやされたスタンフォードのウィリアム・ブラウンも、貧しい同業者のために「慈善院《ホスピタル》」を創設した。両名の功績は教区教会にある真鍮銘板に刻まれている。当時の教会はしばしば「垂直様式」と呼ばれるイングランド様式で建立され、この様式の教会建築物はきわめて壮麗な印象を与えた。また、一五世紀には死にたいする強い関心が存在していた（腺ペストはいまだ猛威をふるいつづけており、死者へのミサをふくめた特別礼拝堂の建立が、この時代に好まれた寄進であった）。内陣仕切りもしばしば複雑な装飾がほどこされ、一五世紀の篤い信仰心を伝えてくれる。比較的新しい「列聖者」が、いにしえの聖人とともに崇拝されるにつれ、聖骨箱も大きくなった。一方、垂直様式の建築は気品と明るさを採りいれていた。穹窿形の天井をもつブリストルのセント・メアリー・レドクリフ教会は、「あらゆる教区教会のうちもっとも壮麗な」ものと評され、ケンブリッジ大学のキングズ・カレッジにある礼拝堂――ヘンリー六世が寄進者であった――は、グロスターの修道士たちによってはじめられた建築革命と呼ばれる運動の頂点を印すものである。ノッティンガム産の雪花石膏《アラバスター》は明るい色の素材であり、国内外で珍重されていた。

　城郭も一五世紀の終わりごろには、全国的にカントリーハウスにとって代わられており、その最後のものにしても、城郭本来の防禦目的ではなく、もっぱら威信のために築かれた。また農園の家屋も大規模に改築され、地方に数多く点在する風物となった。港湾都市には新たな波止場がもうけられ、サウサンプトンでは新しいギルドホールが建てられた。ノリッジのような昔からの暮らしやすい都市では、家屋がつぎつぎと新築された。ロンドンにも壮大なギルドホールが出現し、その一部は一六六六年の大火にも生き残り、一九世紀に入って中世様式で飾りたてられた。

　都市部に暮らす人間は一二―一三世紀と変わらず、総人口の一〇パーセントにとどまっていた。地方の村と異なり、都市は儀式や歓迎式典など、なにかにつけ物入りな伝統を維持しなければならなかった（一部の産業は都市部から逃げだしていた）。そのために都市行政は相当な出費を負っていたうえ――とりわけ最大の人口と富を誇りつづけるロ

印刷工房における白日夢（15世紀末）。図版のなかで印刷されている書物は『死を忘るるなかれ』である。印刷術は死に関心をもつ15世紀ヨーロッパの新たな発明であった。

ンドンがそうだった——都市生活は特有の複雑な規制で縛られるようになった。ベヴァリーのように小さな町でも、街路を保護する規制法が存在しており、たとえば「市の住人は鉄輪をはめた馬車を、町なかで走らせてはならない」と定められていた。一方、ロンドンも「特別行政区域《リバティーズ》において、馬車は荷駄を積んでいない場合でも、積んでいるときより速く走ってはならない」と規制をもうけた。スカーバラでは、「街路に低く出っぱり、通行の妨げとなっている」家屋の張出し部屋が槍玉に上げられており、一四六七年に制定されたベヴァリーの規則は、一九世紀から二〇世紀の大気汚染規制法の先駆けとなった。この規則は、煉瓦製造の過程で生じる悪臭の危険から、「この町において今後は新たに煉瓦炉をつくることを禁じ」ており、「違反者には一〇〇シリングの科料」を課した。またこの規則には、「大気の悪臭と汚染が果樹に与える被害」が明解に指摘されている。

　この種の都市特有の諸問題にたいしては、しばしば民衆から規制の声があがっていた。たとえば当時のロンドンでは、まだシティーとウェストミンスターのあいだに野原が広がっており、一四四四年にロンドン市民が提出した嘆願書において、以下の苦情が申したてられた——「白鳥、ガチョウ、アオサギ、羊、鶏などが群れつどい、その悪臭たるや筆舌に尽くしがたく、長年にわたり市民の健康を害してまいりました」。ある権力者の命令書にも、この種の嘆願が反映していた。一三七二年にエドワード三世がロンドン市長および州長官に宛てて、タワー・ヒルから糞尿とゴミを一掃するよう命じており、さらにその命令書には、その区域が「その周辺の住民に嘔吐をもよおさせる」ほどひどい状態にある、との報告を受けている旨が記されていた。ウェストミンスター寺院の記録も、バーバラ・ハーヴェイによって系統的に調査されており、誕生から死にいたるまで、社会生活のほぼすべての局面が明らかとなっている。また、この諸記録により、中世の慈善がはたしていた役割も判明している。

　なるほど都市は農村部よりも慈善が寛大である一方、社会規制も厳しく、またそれ以上に社会的な摩擦が激しい場所として知られていた。職人ギルドは一五世紀においてしだいに実力を蓄えつつあったが、かならずしも商人ギルドと同一の利害をもっていたわけではない。たとえば一四四〇年代にロンドン、コヴェントリー、ノリッジにおいて、毛織物商人と仕立て職人とのあいだに公然たる軋轢が生まれていた。職種別同業組合（組合員は規定の制服を身につけていた）が発展するにつれ、加入を認められた者と資産の不足によって排除された者が区別されるようになった。職人《ジャーニーマン》は職人でしばしば独自の組合を運営しはじめた。コヴェントリーの職人《ジャーニーマン》は聖アン友愛会を組織し、この組合は弾圧をものともせず、名称を変えてしぶとく生き残った。一四世紀の終わりごろでも、ある靴職人が職人《ジャーニーマン》ギルドへの加盟を断ったため、組合員から激しいリンチにあい、かろうじて一命をとりとめるという事件が起きていた。

　ギルドと市や州の行政組織とのあいだに存在した経済上の利害衝突が、さらにもう一つの社会対立の根となった。ギルドが定める経済慣習は以前と変わらず、きわめて排他的である場合があり、靴作り職人と靴修繕職人の規則では、「古い靴を取りあつかう」者が新品靴の販売から閉めだされていた。一四三七年に議会を通過した制定法では、「ギルドの親方《マスター》および組合員」は、彼らの慣習を州の治安判事もしくは「都市および町の行政責任者」へ提出しなければならなくなった。さらに一五〇四年の制定法は報告すべき範囲を、「かつてギルドが私利を得るがため、価格などにかんして非合法かつ非道徳な慣習を定め、人びとの共同利益をいちじるしく損ねていた」時代にまで拡大した。

　一五世紀におけるギルドの生活は文化的に表現されており、ときに手の込んだ演劇やページェントが教訓を示していた。演劇は特定の祝祭日、とくに一三一一年の宗教会議によって公式に祝祭日と定められた聖体祝日の大夏至祭に催されていた。この種の定期的な催しは「共同体を映し出す鏡」と呼ばれ、都市特有のものであったが、一五世紀の半ばまでにその運営は、聖職者から世俗の人びとの手に移っていた。演劇は楽師が加わり、都市のさまざまな場所で上演されていた。劇全体の構成は複雑だが、上演の目的はきわめて明快であり、人類の堕落から贖罪まで、一連のキリスト教史を視覚的に提示することにあった。チェスターとコヴェントリーとともに聖史劇を上演していたヨークでは、「船大工たち」がノアの箱舟を製作しており、「漁師および水夫たち」が洪水の演出を担当していた。『タウンリー・サイクル』として知られる聖史劇の一幕である「羊飼いの劇」は、人間の純粋さ（「主よ、身を切るような寒さでございます」）にはじまり、確信した信仰の法悦（「至上の主よ、栄光あれ、あなた様がわれらを求められたがゆえ」）で締めくくられている。

　中世劇には聖史劇のほかにも、聖人伝をあつかう奇蹟劇や、一五世紀末の道徳劇が存在していた。『万人《エヴリマン》』は道徳劇のもっともよく知られている作品であり、この寓意劇の傑作は、早くも一六世紀初めに印刷された。主人公の「万人」は最後の審判の日に救われるため、この世では「善行」「この劇に登場する寓意人物」以外のすべてと縁を切る――

　汚れなく死を迎える者こそ
　天上で王冠を授かるのだ。

今日において『万人』は、『農夫ピアズの夢』とともに「文学」（リテラチュア）に分類されている。ただし、一四世紀において「リテラチュア」という語が初めて出現したとき、その意味は「読むことから得られる知識」であり、さしずめ今日で言えば「リテラシー」「読み書き能力」に近い意味の単語であった（一五八一年でもこのような使われ方が可能だった――「彼は聖書を理解できるだけのリテラチュアがない」）。その点、リテラチュアをもっている、いないを問わず、『万人』は文字どおり、万人のための演劇作品であった。だれでも理解できる英語で上演され、しかもその英語は文法的にもそれ以前の作品とくらべてはるかに簡素、しかも語彙は豊富だったのである。

　一五世紀ともなると、現存する書簡の数もぐんと増し、読み書き能力が人びとのあいだで広まっていったことを物語っている。なかでも重要なのが、一四二〇年から一五〇三年までのパストン家の生活を明るみに出してくれる英文書簡（その数は一〇〇〇通を超えていた）である。この一連の書簡は書き手の驚くべき言語の才を示しているが、おそらく一族の者すべてが――大学もしくは法学院で学んだ者も、またマーガレット・パストンをふくめてその機会に恵まれなかった者も――この才能を共有していたように思われる。「敬愛する旦那さまへ」、マーガレットは文面を決まり文句ではじめているが、肝心な部分になると話し言葉そのままになる――「あなた様と直接お話しできれば、と思わぬわけではありませんが、お顔を合わせればこの書面の八倍は申し上げなければなりません」。さらに彼女は寛大にこうつけ加えていた――「手紙にしたためる方があなた様にとっても気楽でよろしかろうと思います」。私たちは書簡によりパストン一族がかわした会話のほとんどを知ることができ、おなじくシーリー家の内輪話も彼らの書簡から知ることができる。シーリー家はエセックス州に住む羊毛業者であるが、ロンドンのマーク・レインで商売を営んでいた。

もし今日一般的に知られるイングランド文学の特質が、生き生きとした明晰で絵画的な描写、それぞれが記憶に残る多様な登場人物たち、そしてユーモアあふれる諷刺にあるとすれば、その原型をなすのがジェフリー・チョーサー(一三四〇?―一四〇〇)の詩作品である。チョーサーの経歴だけを取りあげれば、この人物が一連の文学作品を書いたとはおよそ信じがたいであろう。チョーサーはエドワード三世の随臣だったジョンを父として、一三四三年ごろにロンドンのヴィントリーで生まれた。ヴィントリーはワイン商人が住む区域であり、ロンドンがまだボルドーと直接交易をおこなっていたこの当時、富裕な商人たちで活気づいていた。チョーサーは将来官僚になることを期待して小姓を勤めたが、彼自身の将来も主人の政治的運命しだいであった――

この惨めな現世はなんと移ろいやすいことか、
栄華をきわめれば、突如不幸が襲いかかる、
そこには秩序も、分別もなし、
ただ「運命」の気紛れに支配されるだけ

チョーサーはラテン語、フランス語、イタリア語に習熟していたが、今日でも彼の作品に、私たちをはるか一四世紀の世界にまで惹きつける魅力があるとすれば、それはひとえに英語を自在に操る彼の才能による(彼は多くの方言も知っていた)。

チョーサーの代表作『キャンタベリー物語』は貴重な文学遺産であるが、この作品に登場する人物たちの忘れようにも忘れがたい多彩な経歴と職業も、社会史の貴重な遺産である。また、彼らは巡礼の雰囲気(巡礼の目的地はすべて聖地であり、一部は特定の祝祭日とかかわっていた)をよく伝えてもくれる。「こんな時期になると、だれでも巡礼の虫が騒ぎだすのだ」とチョーサーは語っているが、巡礼者はキャンタベリーや、さらに遠くサンチャゴ・デ・コンポステラやエルサレムをめざして旅だった。今日忘れられがちであるが、中世期のイングランド人はひんぱんに遠隔地まで巡礼の途についていたのである。じっさいにある巡礼者は一四五六年に旅先から「心から愛する妻へ」書簡を送っていた。「ご機嫌よいことと思います。神のご加護によりこちらは体調よく過ごしておりますが、これもたいへんな奇蹟と言えましょう。と言いますのも、われわれほど危険な目にあった巡礼者もいないでしょうから」。

巡礼に危険がつきものであることは事実であった。ただし、『キャンタベリー物語』の基調は、浮かれ騒ぎである。チョーサーの巡礼者たちは、ひとたび女子修道院長やバースの女房、あるいはエスクワイヤー、免罪符売りの僧の話に耳を傾ければ、いつふりかかるかもしれない身の危険も、

たちどころに忘れ去ってしまったことであろう。
この免罪符売り僧の頭髪は、蜜蠟のようにまっ黄色、
だが亜麻糸のように、なめらかに垂れていた…
ガラス細工のなかに豚の骨をしまいこみ、
片田舎の教区司祭のもとを訪れては、
この聖遺骨をネタに教区司祭から
二カ月分の俸給以上の大金を
みごとせしめてしまうのだった…

その凄腕たるや、教区司祭や教区民など、猿同然。巡礼者のひとり、チョーサーが描く年配のナイトは、現実のナイトによるどの武勇伝よりも、われわれの記憶のなかに中世騎士道の理想像として生きつづけている。

ウィリアム・キャクストンの飾り頭文字によって、イングランドで印刷された最初期の書物が見分けられる。

ひとりのナイトがおり、このご仁は立派な人物だった。
はじめて戦場を駆けまわったときよりこのかた、
騎士道一筋の生活を送りつづけ、
真理、名誉、寛容、礼節をこよなく愛した。

文学におけるこれ以外の騎士像については、未詳の作者によりミッドランド北西部の方言で綴られた『ガーウェインと緑の騎士』の躍動する頭韻詩、あるいは一四六九年に執筆され、ウィリアム・キャクストンにより一四八五年に印刷されたサー・トマス・マロリーの明晰な散文物語『アーサー王の死』が参考になる。

「愚生、ウィリアム・キャクストンは長年この書物を印刷せんと企図してまいりましたが、いまここに皆さま方に捧げ奉ります」と、キャクストンは『アーサー王の死』の序文に、こう記している。彼の経歴は毛織物商人としてはじまり、当初は古くからイングランド羊毛の集散地となっていたブリュージュで活動していた。彼が最初に印刷をおこなったのはケルンであり、その書物は『トロイの歴史集大成』であった。キャクストンが自称する「簡潔な文体」には疑問が残り、また翻訳家および批評家としても、事実を誤解していた節があるけれども（たとえば彼はチョーサーを「華麗な」雄弁家として絶賛していた）、彼が活字にした書物は（多くはノルマン＝フランス語からの翻訳だった）印刷術だけにとどまらず、彼の時代について多くを物語ってくれる。この時代こそは、まさしく新たな社会層が

出現した時代であった。すでに一三七九年、リチャード二世が身分ごとに段階化された人頭税を徴収したときに、判事たちは伯爵よりも高額の税を課されており、下級法廷弁護士にたいする課税額はナイトと同額であった。

大発明はおうおうにしてそのような運命をたどるものだが、印刷術もその当時からさまざまな議論をよび起こしていた。したがってその影響については、二〇世紀のテレビの影響とおなじく判断がむずかしい。時代は下り一六四二年になると、このような意見も出現した――「印刷術は知識を普及させ、庶民も自分たちの諸権利を知ることにより、もはや圧政によって支配されることはなくなるだろう」。だが、この意見はあくまでも一世紀たってからの判断であり、しかも限定的な社会対立ではなく、内乱について語ったものである。まだ活字が目新しかった一五世紀において、印刷術は生産および流通という経済行為を活性化させていた。印刷工房は、一字一字手間と愛情をこめて筆写される「写字室」よりも、はるかに効率においてまさっていたのである。写本が印刷にとって代わられるにつれ、より多くの情報が供給されるようになった。また短期的にとらえると、情報の増大以上に重要な意味をもつのが、情報の広範な普及である。新たに執筆された書物とともに、古い時代の書物も印刷の発明以前とくらべれば、はるかに多くの人間に読まれるようになった。

印刷物にかんし、ほかにもさまざまな概論的説明がなされているが、そのほとんどはかならずしも事実を反映していない。たとえば図像が活字にすぐさま敗北したわけではなく、また説教壇が印刷所の出現によって存在意義を失ったわけでもない。さらに言えば、最初期において印刷術の強い影響は公的社会の出来事にとどまらず、当時発達しつつあった概念である「家庭」にもおよんでいた。印刷本を購入できるだけの余裕があれば、家庭は作法書や教訓本（キャクストンは一四八七年にフランス語の作法書を翻訳していた）、あるいは家庭医学書（一四九一年にキャクストンの『健康にかんする日課書』が出版されている）、そしてとりわけ宗教書を入手できるようになったのである。じきに教育機関として大学に、印刷および書籍販売の権利が与えられることになったとはいえ、聖職者と大学関係者だけが知識を独占できる時代ではなくなっていた。その一方で、読むことのできる者は、社会的評価において文字を読めない者と一線を画されることとなる。言い換えれば、従来より存在していた世俗界のさまざまな差別に加えて、印刷術は新たな差別を生みだしていた。

キャクストンが出版した書物の一つである『ブリテンの描写』は、ジョン・デ・トレヴィーサ（一三二六―一四一二）によるレイナルフ・ヒグデンの『諸王国年代記』の英訳版から抜粋したものである。キャクストンはヒグデンによるブリテン諸王国の記述順序を変更し、アイルランドではなくイングランドの記述が最初に登場するようにした。

この書はあのおなじみの一節、「ヨーマンはエスクワイヤーの衣装をまとい、エスクワイヤーはナイトの衣装を、ナイトは公爵の衣装を、そして公爵は国王の衣装を身にまとう」をふくむとともに、さらに議論をつづけて、イングランド臣民の統一がいまだ不完全であると主張した。「南部の人びとはより親しみやすく、温和であるが、北部の人びとはより移り気で、残酷かつ親しみにくい。一方、中部の人びとは北の人びととも南の人びとともほどほどにつきあっている」。イングランド王国をめぐる分裂の図式化は、一六世紀に入ると国内の比較ばかりでなく外国との比較もされるようになったため、劇的な変化をとげることになる。一五五九年ごろに、のちのロンドン司教ジョン・エイルマー（一五二一―九四）は、海外の追放先からの書簡のなかで強い国家意識を表明していた――

ああ、イングランド人がなんとすばらしい富に恵まれ、またイングランド王国がいかに富裕であるかをご存じであれば、貴殿も神にむかい一日に七度は頭をたれて、自分がフランスやイタリア、ドイツの農民ではなく、イングランド人に生まれついたことを心より感謝することでしょう。

第五章

一六世紀のイングランド

宗教改革とエリザベス女王

1485年　ヘンリー7世即位、テューダー朝をはじめる
1504年　封建家臣団を制限するための「揃い服禁止法」が制定される
1509年　ヘンリー8世即位
1527年　ヘンリー8世の離婚問題が発生する
1529年　「宗教改革議会」の召集
1533年　ヘンリー8世、アン・ブーリンと秘密結婚　上告禁止法　のちのエリザベス女王誕生
1534年　国王至上法、国王を首長とするイングランド国教会成立
1535年　トマス・モアの処刑
1536年　小修道院解散法　ウェールズ、イングランドに統合　「恩寵の巡礼」の反乱
1547年　エドワード6世即位
1554年　メアリー、スペイン国王フェリペ2世と結婚　モスクワ会社が設立される
1555年　メアリー、プロテスタント迫害を開始
1558年　エリザベス1世即位　国王至上法ならびに礼拝統一法によって国教会の「中道政策」を展開
1564年　シェイクスピア誕生
1568年　王立取り引き所が設立される
1569年　北部の大貴族を中心とする反乱が起きる
1571年　ウィリアム・セシル、バーリー卿として女王側近になる
1580年　フランシス・ドレイク、世界周航を達成する
1587年　エリザベス1世、スコットランド女王メアリー・ステュアートを処刑する
1588年　スペイン無敵艦隊にたいする勝利
1597年　議会、独占権問題で政府を批判する
1599年　地球座建設
1600年　東インド会社が設立される
1601年　エセックス伯の反乱、エセックス伯は処刑される　救貧法を集大成

われわれイングランド人は目のあたりにした、
金貨よりも大事な、
古来のしきたりによるあの土地が
きれいさっぱり消滅し、
代わりにあらわれたのは
（もうおわかりだろう）
われわれの大地すべてを
荒れ野にしてしまうもの。

一五二〇年のバラード「今のご時勢」から

読者諸賢よ、心されよ、
何事にも身分をわきまえることを。
しからば、いつ何時でも、
神の御加護を確信できよう。

ロバート・クローリー『ヨーマンへの忠告』（一五五〇）

シェイクスピアという人物が生まれたとき、イングランドはその人物を大劇作家にするだけの豊かさをもっていた。

J・M・ケインズ『貨幣論』第二巻（一九三〇）

エリザベス時代のイングランド人にきわだつ特徴は、さしずめ今日で言えば、日本人が連想される類いのものであった。

C・M・チポラ『時計と文化』（一九六五）

スペイン無敵艦隊の襲来がさしせまり、エリザベス時代のある人物が「主よ、世界の片隅にあるこのイングランド王国こそ、御身が御身の偉大さを増すべく選びたもうた国家」と高らかに祈りを捧げたのは、エリザベス即位から一世代［三〇年］を経た一五八七年のことであった（ちなみにこの年は日蝕と惑星の「合」が起こる、不思議な「預定」の年でもあった）。この祈りと高揚する気分は、ヴィクトリア時代の一八五一年に大博覧会水晶宮が開場したときになされた祈りと非常によく似ている。エリザベスもヴィクトリアもともに、誇り高く神の祝福をうけたイングランド人の忠誠心を統治の基盤としており、また両時代の多くのイングランド人が、自分たちこそ神に選ばれた民であると考えていた。雰囲気は似ているものの、この二つの世紀をへだてる違いは、二人の女王の違いとおなじくらい大きかった。ヴィクトリアはドイツ系の夫をもつ大家族の母親であった。一方のエリザベスは、最初は「その人民にキリストの支配を復活させる」イスラエルの女預言者デボラの生まれ変わり、「美しい純潔の乙女」として歓呼の声で迎えられ、のちには「世界の不死鳥」グロリアーナ、古代神話にもとづく乙女の皇帝として熱烈な支持をうけていた。一八五一年のイングランドは「世界の工場《ワークショップ・オブ・ザ・ワールド》」であったが、エリザベスの死んだ年である一六〇三年には、オランダの方が経済力でははるかに先を行っていた。一九世紀には「イギリスの支配による平和《パクス・ブリタニカ》」が保たれていたが、一六世紀のイングランド人はヨーロッパ大陸の各地でしばしば戦争をおこない、スペイン無敵艦隊の襲来にさいしては侵略の脅威にさらされた。テューダー朝のイングランドは、ヴィクトリア時代とはちがい、平和の力からはなんらの利益を得ることはできず、王位継承問題や宗教問題があったために、国内の平和を確保するのは困難であった。このような違いがみられたとはいえ、二つの世紀のあいだには共通する現象もみられる。すなわちヴィクトリア時代には民主主義がしだいに発展していき、テューダー朝においては、歴代の君主たち、とりわけエリザベス一世（在位一五五八―一六〇三）が議会のもつ役割をしだいに認めざるをえなくなっていた。そのうえ一六世紀と一九世紀の両世紀ともに人口が異常なほど増加し、また国民的な一体感が高まりをみせていた。また現在の視点からすると、両世紀はともに二〇世紀とはまったく異質な時代のように映ってしまう。例外なのはエリザベス二世時代の幕開け（一九五三）にあたってあがった「新たなエリザベス時代」の創造という掛け声や、マーガレット・サッチャーが首相をつとめた時期（一九七九―九〇）に唱えられた、「ヴィクトリア時代の価値観」への回帰というスローガンである。

「宗教改革の世紀」と称されてきた時代の歴史を説明するためには、まずテューダー朝の歴史にたいするヴィクトリア時代の解釈を乗りこえることが必要である。というのもその解釈は、対象とするエリザベス時代だけでなく、ヴィクトリア時代そのものをも明らかにするものであったからである。また変化の度合を考慮して、この世紀、とりわけヘンリー八世（在位一五〇九―四七）とエリザベスの二人の長い治世を、いくつかの小さな単位に分解してみることも必要である。ボズワース平原の戦場で武力により王冠をうばったものの、その治世には一五世紀の価値観とはっきり断絶するものが認められなかったテューダー朝の開祖ヘンリー七世から、大衆から長らく遠ざけられたのち、用心深く玉座にたどりついたエリザベスにいたるまで、一六世紀をとおして、テューダー朝の君主たちはたえず議会の同意を求め、同意を得ようと手をつくした。と同時に、彼らは臣下にたいしつねに服従を期待した。彼らは反乱を、たとえそれが「強大な臣下」によって引き起こされたものであれ、また不満をいだいた聖職者や農村の労働者によってたきつけられたものであれ、テューダー王室のみならず、社会にとってももっとも危険なものとみなした。秩序こそは、国家の安定と安全にとって本質的に不可欠のものであった。王国の法の背後には自然の法が存在しているという信念が、全体の組織に尊厳を与えた。国家と教会にかんするエリザベス時代の大著、神学者リチャード・フッカー（一五五四―一六〇〇）の『教会統治の諸法』（一五九三）は、一六世紀の厳しい試練の経験から直接引きだされた考え方を、権威にあふれた文体で要約してみせ、一七世紀に大きな影響を与えることになった。フッカーにとって、「神に

階級や身分や地位は流行の服装によって示された。ロンドン商人とその夫人（左側）の豪華な衣裳は（洒落者の衣裳はさらに豪華であった）地方に住むヨーマンとその妻（右側）の質素な衣服とはおよそ対照的なものであった。

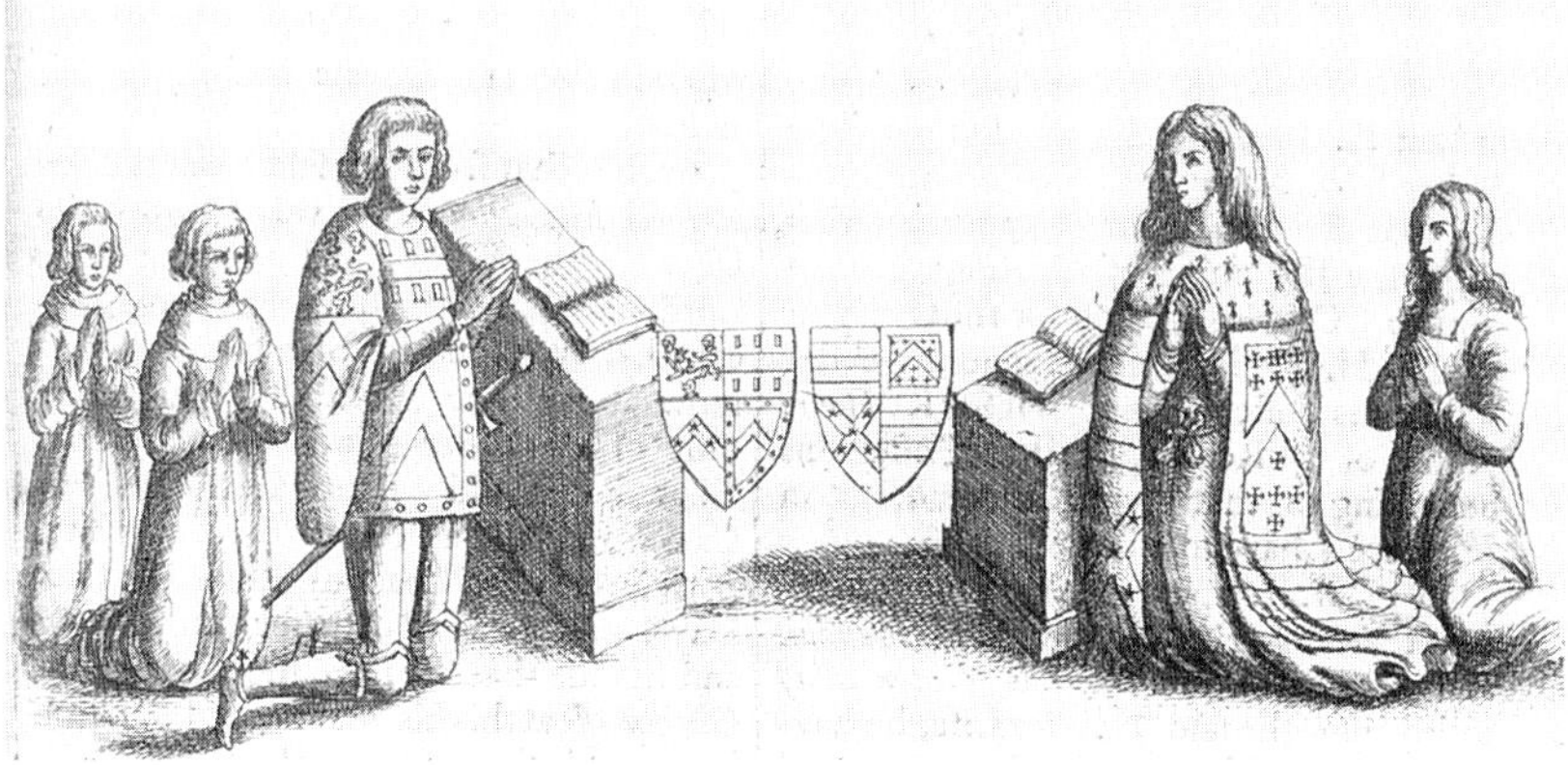

16世紀のイングランド社会では、身分を上げる機会があった。この図版に描かれているウィリアム・コンプトンは妻と子供とともに、紋章を完成させるべく家系の研究に余念がない。彼はヘンリー8世からナイト爵位を与えられ、特例でその紋章に王室のライオンを加えるのを許された。彼の邸宅であるコンプトン・ウィネイツは、テューダー朝のカントリーハウスのうちもっとも美しいもののひとつである。

よってつくられたものが自然の法に従うこと」こそ「この世の礎」であり、「万物が法に従い、それぞれの務めを尽くす」ことは自明の理であった。したがって、社会の諸法にもとづき「国家の器官たる臣下が頭部、すなわち統治者に従う」こと、さらには「秩序、中庸、理性」が「欲望を抑圧すべき」こともまた自明であった。

法を強化するものは、家庭内における父親の権威と、たとえ儀式や教義がどれほど変わろうとも、教会の説教であった。全体としての社会と同様にそれぞれの家族は、少なくとも理論上、その小さな王国において服従を要求する「頭部」をもっていた。妻は慣習と法によって、夫に従属するのが当然と思われていた。子の親にたいする関係も同様であった。当時さかんに論じられた「家庭作法」論のひとつを一五九〇年に著した著名な神学者ウィリアム・パーキンズ（一五五八—一六〇二）によれば、夫の定義は「妻にたいして権威をもつもの」であり、親とは「子にたいして力と権威をもつもの」とされた。非国教徒にとっては、べつの解釈もありえたが、聖書こそがこのような自然の「秩序」を正当化していると考えられた。こうした教えは日曜日ごとに教会の説教壇から説教され、公認の印刷物もおなじメッセージを伝えていた。

「秩序」こそは、すべてのものごとの中心と考えられていた。一五三一年から一六〇〇年にかけて一〇版を重ねた『統治者論』のなかで、サー・トマス・エリオット（一四九〇頃—一五四六）は「秩序を取り去れば、いったいなにが残るというのか」と述べている。シェイクスピアの魅惑的な台詞の多くも、王朝と社会、自然の秩序を論じており、以下の台詞は『トロイラスとクレシダ』のもっともよく引用される一節である［第一幕、第三場］——

天体そのものも、惑星も、またこの宇宙の中心も
階級を、序列を、地位を守ります。……
……しかしながら惑星が
順序を乱すと、
悪疫、天変地異、暴動がすぐさま起こり、
海は荒れ狂い、大地は揺れ動きます！……
階級を廃し、絃の調子を狂わせれば、
どんな不協和音が聞こえることか。
いっさいは混乱のきわみです。

エリザベス時代の人びとが自然界の秩序——すなわち神が定められた配置——を人間界の秩序と直接関連づけて秩序観を表現するとき、それはただたんにあるべき姿を表現しているだけではなかった。エリザベス時代には（史実であれ伝説であれ）過去への関心が高まっていたが、過去の経験が教訓として想定されてもいたのである。テューダー朝初期のイングランドを観察したヴェネツィア人は「過去二〇年のあいだに、三人の王族、四人の公爵、四〇人の伯爵、そのほかにも三〇〇人以上もの人びとが、暴力によって殺された」と記している。国を治めていくには、なによりも

用心深い計算が必要であった。ヘンリー七世はヨーク家のエリザベスと結婚したが、一四九九年には自分より上位の王位継承権をもっていたヨーク家最後の人物ウォーリック伯を処刑した。ヘンリー八世が一五二九年にアラゴンのキャサリン（一四八五―一五三六）を離婚して、一五三三年にアン・ブーリン（一五〇七―三六）と結婚したのは、男子の王位継承者を得たいというあせりからで、彼は王家の血をひく多くの人間を処刑し、その治世に九つもの大逆罪法を成立させた。エリザベスは血縁にあたるスコットランド女王メアリー・ステュアート（一五四二―八七）がカトリックのエリザベス暗殺計画に加担したのを知って、一五八七年、彼女の死刑判決文に不本意ながらも署名せざるをえなかった。その一方でヘンリー八世の三人の子供たち、エドワード、メアリー、エリザベスはたとえその統治が対照的であったにしても、本来の継承順位を守って即位した。カトリックに復帰したメアリー一世（在位一五五四―五七）の治世には、三〇〇人もの人びとが「宗教上の意見の違いから、炎のなかで死んでいった」。

一六世紀には社会全体に暴力が存在していた。暴力は日常生活の一部でさえあった。私的に武器をたくわえ、武装集団をもつのは当然のことと考えられていた。政治とは無関係の凶悪犯罪や残酷な処罰は日常茶飯事で、殺人の発生率は高く、牢獄には囚人が「犬よりも悲惨な状態で不潔な藁のなかに横たわっていた」。農村と町とを問わず、地域的な暴動や騒ぎがしばしば起こり、大規模な反乱も周期的に生じた。宗教改革直後の一五三六―三七年には北イングランドにおいて、「恩寵の巡礼」と呼ばれた反乱が、それぞれ利害関心の異なる貴族、ジェントリー［地主階級］、ヨーマン［自作農］、ハズバンドマン［小農民］、織工たちを不穏な同盟関係に導いていた。一五四九年に「陛下の貧しき庶民」の救済を求めて、二つのべつの叛徒たちが、一方は西部に、もう一方はロバート・ケット（?―一五四九）のもとで東部に陣をかまえた。五年後にはサー・トマス・ワイヤット（一五二〇?―五四）の率いるケント州の叛徒たちがキングストンでテムズ川をわたり、ロンドンのチャリング・クロスまで到達した。一五九六年にオクスフォードシャーの農民たちが「囲いこみ《エンクロージャー》」に反対して暴動を起こしており、その同年にロンドンの徒弟たちが市当局に反対する暴動を起こしていた。一連の反乱があったものの、一五七〇年代と八〇年代はスペイン無敵艦隊の恐怖にもかかわらず、あるいはその恐怖のためにというべきか相対的に平穏であり、一五九〇年代の危機的な時期を予見させるような暴動はほとんどみられなかった。一六〇一年に「当代の傲慢と諍いと人気の中心」であったエセックス伯（一五六六?―一六〇一）が起こした謀反は、暴力の余波を残さなかった。同輩の貴族が彼に死刑を申しわたしたあと、彼を失ったことを嘆き悲しむのは、もっぱらバラッド作者の仕事になった。

貴族が直接に武器や兵員を支配できなくなったために、暴動は連鎖的には広がらなくなった。一六〇三年に裁判にかけられて、大逆罪で有罪になったサー・ウォルター・ローリー（一五五二？―一六一八）はこう記している――

昔の貴族は今よりも……ずっと力が強く好戦的であった。一〇〇〇頭ものバーバリー産の馬を戦場に駆りたてることのできる伯爵がたくさんいたが、今日では国王に奉仕するのに二〇頭をさしだすものすらほとんどいない。

封建的家臣団という一四―一五世紀の組織はヘンリー七世時代でも生き残っていたが、一五〇四年に揃い服《リヴァリーズ》禁止法が制定されると、家臣に揃い服の着用を命じたり、扶持を与えた者は、新設の国王大権裁判所である星室《スター・チェインバー》裁判所に出頭させられ、「自白、審問、証拠など」にもとづいて有罪判決を受けることになった。このような法的処置が宗教改革以前にとられていたことは、テューダー朝国家をつくりだすうえで決定的に重要なことであり、揃い服禁止法によって、国王よりも貴族の方に義務をつくす人の数は激減した。揃い服禁止法は一五〇九年に効力を失ったが、そのときまでにこの法やそのほかの一連の処置がその目的を達成していた。ヘンリー八世は王国の軍事組織を監督するために統監《ロード・レフテナント》を任命したが、その権限はエドワード六世（在位一五四七―五三）、メアリー、エリザベスの治世においても、制定法をとおして継続された。統監の下には、行政と司法の両方の機能を執行する無給の治安判事がいた。テューダー朝がしだいにジェントリーを治安判事に登用するようになったのは、重要度の増してきたこの新興社会集団にたいする譲歩の結果ではなく、効果的でしかも金のかからない手段で秩序を維持する試みと解釈しうる。治安判事は社会的、政治的な不満の徴候を警戒しただけではなく、「風紀を乱す居酒屋《エールハウス》」や「非合法な賭博」にも眼を光らせた。一方、中央の政府においては、国王は出身の階級とは無関係に有能な官僚を登用した。トマス・ウルジー（一四七五頃―一五三〇）、トマス・クロムウェル（一四八五頃―一五四〇）、ウィリアム・セシル（一五二〇―九八）は気質やものの考え方、政策にはそれぞれ違いがみられたものの、いずれも中流社会層の出身であった。

だれが行政を担当するにしても（まだ常勤の有給官僚は少数であった）、彼らの背後には法と法律家が存在していた。イングランドならではの制度、法律家養成の専門機関である法学院《インズ・オブ・コート》の入学者数は、一六世紀には五倍にも増えて二〇〇人に達した。かならずしも遵守されはせず、また完全に施行されることもなかったとしても、法律そのものは尊重されていた。現実の社会の動きに遅れをとることもときにはあったにしても、法律は国内で画一的に運用され、地方の治安判事によって施行される場合でも、王国の高等法廷で行使される場合でもいっさい変わりはなかった。荘園《マナー》裁判所と教会裁判所もまだ存続しており（司法権には制限があった）、教会裁判所は宗教改革後でも性犯罪を中心にあつかっていたが、教会法じたいはすでに大学のカリキュラムから姿を消していた。コモン・ローにたいして唯一挑戦を企てたのは新設の国王大権裁判所であり、それには星室裁判所、貧しい人びとに影響をおよぼす訴訟を迅速に処理することをゆだねられた少額債権裁判所《コート・オブ・リクエスツ》、しぶる土地所有者から多額の金銭をしぼりとる後見裁判所《コート・オブ・ウォーズ》、それにイングランドの北部とウェールズを管轄する裁判所などがふくまれていた。これらの大権裁判所はコモン・ローの擁護者から激しく非難されたが、本格的な攻撃をうけるのはこの時代よりものちのことである。これらの司法機関の法手続きが能率よくしかも迅速であったことは、王室とその執行者にはきわめて好評であった。

自然と社会の法は、「権威」にたいしてだけでなく、「階級、序列、地位」にたいしても尊敬をはらうことを要求していた。ただし今日となっては、この時期の「階級」システムとその内部における個人の流動性を正確に把握することはむずかしい。たしかに「ジェントリー」の数は増加したけれど、ほかの現象と同様に階級という次元でも数値や背景には大きな地域差があり、州の内部でも格差がみられた。首都に近いケント州の一部では、一七世紀の末の時点で土着のジェントリーはジェントリー全体の三分の一しか占めていなかったのにたいして、おなじケント州でも東部になると土着でないジェントリーはわずか三パーセントにすぎなかった。レスターシャーでは、リーダー役をつとめるジェントリーの家系はしっかり根をおろしていたが、その隣に位置したノーサンプトンシャーは、この時代の碩学ウィリアム・キャムデン（一五五一―一六二三）の言葉によれば、「いずこを見ても貴族やジェントルマン［郷紳］の邸宅が目につくが」、「この州の社会を流れる、中世に起源を有する貴族の血統はきわめて細い」状態であった。というのも、この州の半分はかつては王有林であって、大邸宅が建つ新しい領地の多くは、このかつての王有林地域とその近隣にあったからである。

ジェントリーよりも低い階層では、首都とその近辺など一部の地域において階級制度そのものが不安定であったために、かなりの社会的移動がみられた。一五五一年と一五五三年にロンドンで「自由市民《フリーマン》」と認められた八八一人のうち四六人はジェントルマンの、そして二八九人はハズバンドマンの子弟であった。いつの時代にもみられたことであるが、下降する者がいれば、上昇する者もいた。この上昇、下降のプロセスを理解するには、単純な社会的な梯子ではなく、より多くの要素を組みあわせたものを考えなければならない。社会的にみればあきらかに下降した若い男性が（名誉や評判はいざしらず）少なくとも富のうえで兄の主人になったり、あるいは上に立ったりする例がままみられた。上昇して成功をおさめた者はそれまでの商業活動から土地所有者に転身し、いったん十分な富をたくわえると、今度は自分の子弟にもおなじ道をたどらせたいと願った。以前とくらべれば社会的移動が容易になり、爵位をもつのはむりだとしても、ジェントリーの仲間入りをはたすことは可能となった。

　土地の所有が社会的地位と権力を保証する最大の証しでありつづけたために、社会的移動が階級的な社会システムにおよぼす影響は、都市だけでなく地方においてもはっきりとみてとれた。宗教改革の過程で決定的な処置としてとられた修道院の解散（一五三六―四〇）は多くの地域において不動産取り引きを拡大させ、ジェントリーに恩恵をもたらしたが、旧修道院不動産の取り引きが一五八〇年以後ふたたび活気づいていたことは疑う余地がない。もちろん土地の所有以外にも、階級をはっきり示すものがあった。だれにたいして帽子を脱いで敬意を表すか、教会ではどの席にすわるか、どのような衣服を身につけるか、などがそれである。テューダー朝では、それぞれの集団がなにを身につけてよいかを定める贅沢禁止法を施行するのは困難であった。手段を選ばずに成り上がって財産を手に入れたトマス・ドルマンという男性は、自分の新しい邸宅の入口にラテン語の銘をかかげようと考えたとき、明らかに自信過剰な言葉を選んだ――「歯を失った人は、ものが食べられる人の歯に羨望を禁じえない」。

「成り上がり」の典型とされるものが身の回りでいくらでも起きていたために、同時代の人びとは立身出世をいくらでも一般化できた。たとえば法律家であり政府の役人でもあったサー・トマス・スミス（一五一三―七七）は、一五六〇年につぎのように簡潔に述べている――「イングランドではジェントルマンの身分がたたき売りされており」、「肉体労働をすることなくただブラブラと生活でき、ジェントルマンらしいふるまいと支出、外見をしていれば……旦那さまと呼ばれる」。スミスやそのほか大勢の同時代人にとって、ジェントルマンが増えつつあったことそのものはけっしてとがめだてすべきことではなかった。ただ、ジェントルマンに出世する過程に問題があるとされた。エドワード六世が「商人が土地所有者となり、本来の身分を忘れジェントルマンと自称してしまう」と指摘したのもその一例である。

　この身分階層制の枠組みを説明したもののなかでもっともよく知られているのは、地方の聖職者でのちにウィンザーの主教座聖堂参事会員となったウィリアム・ハリソン（一五三四―九三）の解説である。「通常イングランドの人びとは四つの階層に分けられる」と、ハリソンは一五七七年に述べている。ハリソンによれば、第一の階層はジェントルマンであって、「君主を頭に……貴族がつづき……つぎにナイト［騎士］、エスクワイヤー［郷士］、それにたんなるジェントルマンがくる」。第二の階層は「官職を引き受けるほどの資産をもつ市民、自治都市住民《バージェス》」であり、第三は地方で暮らす「ヨーマン」となる。底辺に位置するの

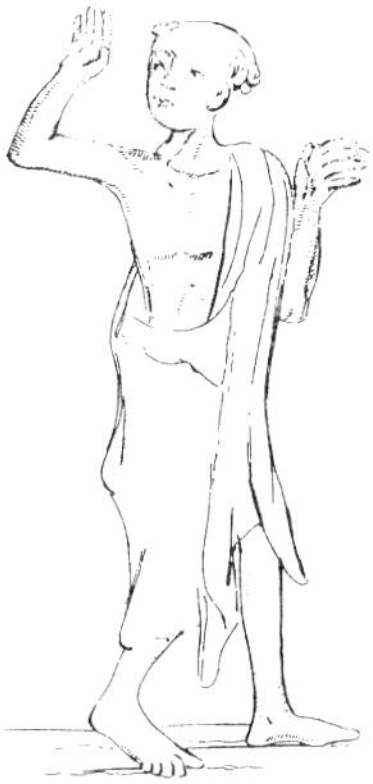

乞食、浮浪者、精神障害者、魔女、不信心者は、当時のテューダー朝社会の描写にしばしば登場する。救貧法の発達によって、病弱な者から危険な者にいたるまで、貧困者にもさまざまな種類があることがわかった。(上右) 石鹸を食べる人と (上左)「トム・ア・ベドラム」[物乞いを許された精神病院帰りの男]。ある人物は1587年に「ロンドン全体が病院」と書いている。「矯正院」であるブライドウェルと精神障害者の病院であるベツレヘムは、同じ管理のもとにあった。(下) 1598年以後、乞食は制定法によって鞭打ち刑に処せられることになった。

は「治められるだけで、他人を治めることはない」人びとからなる第四の階層、すなわち「日雇い労働者、貧しい小ズバンドマン、仕立て屋、靴職人、大工といった者たち」であった。「この人びとは、わが国家《コモンウェルス》では発言権も権威ももっていない」とハリソンはつづけている。

階級の区分化にあたって、ハリソンは出自と富を根拠にしたので、専門職と聖職者については触れなかった。さらに、彼の関心はおもに権力者の階層で起こりつつあったことに向けられており、最下層の人びとには向けられていなかった。ハリソンの見解では最上層の人びとには同質性があり、それは議会への召集令状を個々に受けとる点で、貴族には法律上のアイデンティティーがみられるからである。しかし彼ら貴族は、司法および地域にかんして特別の権力はもっておらず、富にもかなりの開きがみられた。貴族のうち高位の爵位をもつもの——公・侯・伯・子・男——の数は、一六世紀をつうじて変わりがなかった（一四八五年の時点で貴族の数は五五家であり、入れ替わりはあるものの一五九七年でもその数には変わりはなかった）。

一七世紀の前半においてしだいに増加していたとはいえ、「ジェントルマン」の数はケントとランカシャーという遠くはなれた二つの州においてさえ、人口の約二パーセントにすぎなかったと推定されている。「ジェントルマン」はかならずしも法の上ではっきり定義された集団ではなかったが、ジェントルマンとそうではない身分の区別こそハリソンにとって決定的に重要なものであった。ジェントルマンのもつ力は、土地の所有とそれにともなう社会的、経済的な影響力にあった。かといって、彼らがおなじ程度の富をもち、おなじような考え方をしていたわけではない。したがって、爵位をもつ階層の保護者であった紋章院から一五六〇年から一六四〇年のあいだに紋章を授かった六〇〇〇人のジェントルマンにかんして、「ジェントルマン」という階層を一般化することは不可能である。旧家であれ新興であれ、地方の邸宅にとどまった者もいれば、ロンドンと宮廷の生活に魅力を感じる者もいた。一六一一年以降になれば準男爵《バロネット》（世襲のナイトに与えられた新設の爵位）になる者もいた。また「貧しい身分の者たち」に特別の関心をはらうジェントリーがいる一方で、なんらの義務感ももたない者もいた。

ジェントリーのつぎに位置づけられるのはヨーマンで、彼らはジェントルマンと同様に法の上で明確に定義された身分ではなく、ジェントルマンとはちがい紋章を所有することはできなかったが、富裕になることはできたし、警吏、教区委員、陪審員などの公職につくこともできた。ヨーマンの下にくるのは労働に従事するハズバンドマンで、自分の土地をもち、ロマンティックな伝説によると、かの百年戦争におけるクレシーとポワティエの戦闘で奮戦した弓兵の後裔であったという。しかし彼らの数はこの当時減少しつつあった。このハズバンドマンと同格、あるいはその下の身分であったのが社会的にまったく力をもたない種々の貧困者であり、彼らにとっては賃金労働で自活していくことさえむずかしかった。なかでももっとも悲惨な状況に置かれていたのが古い封建制度から生き残った人びとであった。ノーフォーク州のある荘園《マナー》では三人のボンズマン、すなわち隷農が一五七五年になっても封建的な奉仕を提供していた。隷農にかんする最後の訴訟が国王裁判所に提起されたのは一六一八年のことであった。

　最下層のなかでも階層的な順位が存在したにもかかわらず、ハリソンは彼がいうところの第四グループにおける区分についてはなにも述べていない。最下層の人びとは行政の外側にとり残されていると言っても、それで十分通用する時代であった。「貧しい身分の者たち」が人口の大部分を占めていたのは明らかである。ところが彼らはせいぜい合唱隊の役割しかはたせず、まだ稽古をしていない曲を歌うためにときとして個人が声をあげるにすぎない存在であった。多くの地域において彼らは教会の交わりからも、さらに共同社会からも閉めだされていた。

　彼らが経済的に無力であったことは、いつの時代においても、その政治的な無力さと同様に顕著であった――

　　貧しき者は鞭打ち柱から
　　さらし台へと引き回される。
　　働く者たち、
　　畑で犂をひく人たち、
　　手仕事に精出す人たち、
　　酒場で働く人たち、
　　それに良きヨーマンがそれなのだ。

窮状を嘆く貧困者の声は一五世紀ではおおむね消え去りがちだったが、一六世紀になると繰りかえし聞かれるようになった。貧困者とならんで浮浪者の存在も大きな社会問題となり、治安判事の心配の種はつきることを知らなかった。宗教改革以前には教会が修道院や都市における慈善行為をとおし、組織的ではなかったにしても直接貧困者へ食糧を提供していた。都市の同業組合も同様であった。慈善としての施しの額は宗教改革後に減ったが、地域的なレヴェルで公的な機関がおこなう救貧事業はむしろ増加した。一五七二年に議会がのりだし、強制的な救貧税を課す重要な立法措置をとる以前では、公的な救貧事業はしばしば地域の治安判事や町議会が担っていた。たとえばヨークが一五六一年に強制的な税を課しているのはその一例である。一五五二年の救貧計画で手本を示していたロンドンは一五四六年から一五五七年のあいだに救貧制度を改編して、聖バーソロミュー院を「就労不能の貧困者」の対象施設とし、ベツレヘム慈善院（通称ベドラム）を精神障害者対象の施設とした。

　国家規模の貧困者対策にかんする立法はしだいに充実していった。一五三一年の制定法は浮浪者と病気で失業している貧困者を区別したうえで、後者だけに教区で物乞いをすることを認めたが、一五五二年の制定法は教区にたいし貧困者を登録制にして、財源の多寡に応じて責任をはたすことを命じた。一連の貧困者対策は、一五九七年と一六〇一年の重要な制定法で頂点に達した。この二つの法律はすべての貧困者を一括できないことを認め、教区を救貧税行政の単位として確認し、救貧税を賦課する権限と、壮健な貧困者に提供される仕事の賃金を支払う権限とを治安判事に与えた。これら一連のエリザベス時代の立法は「旧救貧法」として知られるようになり、（いくつかの重要な変更を加えながらも）一八三四年まで効力を失わなかった。新たに貧民監督官が反則金を課すという条件づきでそれぞれの地方の治安判事から毎年任命されることになり、彼らは教区委員と肩をならべて、多忙でありながら無給でしかも欠くことのできない地方役人としての地位を占めるようになった。

テューダー朝前半期の救貧立法は貧困者にたいして厳しい姿勢をとっており、その姿勢には貧困者が都市でも農村でも増加しつつあることへの恐怖心と、そのなかには「就労不能な貧困者」だけでなく「ならずものと浮浪者」がふくまれているため、公共の秩序への脅威になるという確信が反映していた（「就労不能な貧困者」というのは、性格がよく善意の持ち主であるが、病気であったり、働き先が見つからない者を指して、当時用いられていた言葉である）。と同時に、貧困者にたいする厳しい姿勢には、貧困者対策にかんし行政でできることには限界があるという認識が投影してもいた。経済政策と社会政策がかならずしもおなじ方向をめざせるわけではないことが、はっきり意識できるようになったのはこの時期からのことである。

理想と現実は救貧問題以外でもぶつかりあった。自然の責務および人間相互の責務という原理にもとづけば、共同体という存在は国家であれ地域であれ、理念のうえで単一であった。一六世紀前半の著名な説教者であったヒュー・ラティマー（一四八五頃―一五五五）は会衆に向かって、「わが救い主が『われわれ』という言葉を使うように命じたもうたことを心に留めよ」と告げている。共同の善を意味する「コモンウェルス」という単語は「帝国《エンパイヤー》」とおなじくごく当たりまえに用いられていた。そしてエリザベス一世は「身分といっさいかかわりなく、平等に手をさしのばすのが君主たるものの責務である」ことを強調した。死にのぞんではあらゆる装飾も儀式も消えうせて、すべての人間はおなじ状態におかれることになるのを指摘したのは、ひとりシェイクスピアだけではなかった。「たとえ貴族、貴族令夫人、ジェントルマンといった身分に属しようとも、また学問のあるなしを問わず、神が病をおくりたもうたときには、薬の助けを借りようとすることなかれ。神はすべての人に時を与えたもうたからである」と、医師のアンドルー・ボード（一四九〇頃―一五四九）は『健康のための祈禱書』において読者に語っている。

ところが、そう語ったボードその人がラティマーとおなじく、人が生きていくかぎり薬の助けを受けられる人もいれば、助けを受けられない人もいることに気づいており、「当今では医薬は金持ちにとってだけの治療法である」と述べていた。責務という理念を実践しようにも、容易に事が運ばない状況が生まれていた。生と死の偶然にはじまり、性別、仕事、食事、衣服、住居から教育や趣味にいたるまで、共同体には二極化した不平等が蔓延していたからである。また自然の秩序という理念を利用して、行政の介入に反対することもできた。一五五〇年の布告によって、チーズとバターの価格を規制する試みがなされたとき、効果に懐疑的な人間は「自然はおのずから定められた道をたどるものであって……一ペンスの新品を一ファージング［四分の一ペニー］で売るようにむりやり仕向けることはできない」と主張した。一六世紀後半の詩人でパンフレット作者、劇作家でもであったトマス・ナッシュ（一五六七―一六〇一）もまた、自然の責務をはたしてどう実行できるのか、はなはだ疑問を感じていた――

ロンドンでは富者は貧者をさげすむものだ。廷臣は市民を、市民は田舎者を、ある職業の者はほかの職業の者を、大商人は小売り商人を、小売り商人は職人を、職人の上位にいるものは下のものを、靴作りは靴直しをさげすんでいる。

日常生活の表面だけでも、貧富の格差は明らかであった。もっとも目につきやすい格差はハリソンによって指摘されている。「高貴な身分」の者は白いパンを食べるが、「奉公人や貧しい人びとはライ麦や大麦のパンを食べ、飢饉のときには……豆やカラス麦でつくったパンを食べる」。一六世紀が進むにつれて、食事内容の格差はますます広がっていった。もうひとつきわだった対照がみられたのは衣服であった。糊のきいたひだ襟、パッドのついた胴着、スカートの下につける張り骨のファージンゲルを（もちろん購入したうえで）着用できたのは人口のごく一部にかぎられていた。最上層の人びとが最良のウール、上質のリネン、絹を着用する一方で、最下層の人びとは皮やボロを身にまとった。これが華やかな衣服がもてはやされた時代の実態であった。おなじようにきわだった対照をみせたのが家屋であった。違いは食事の時間にもおよんでいた。ハリソンによれば、貴族とジェントリーは商人よりも早い時間に食事をとる一方、ハズバンドマンは「いうところの正午ぴったりに」昼食をとり、「夕食は七時か八時である」。最下層の食事時間にかんしてハリソンの指摘は一言だった――「彼らは食べ物が手に入るときに食事をするのが基本だから、彼らの食事時間を論じるのは意味がない」。

メアリー・テューダーの夫になったスペインのフェリペ［のちの二世］のある随臣はイングランド労働者がとる「大量の食事」とくらべて、彼らの「棒切れとごみでつくられた」住居があまりにみすぼらしいことにいささか衝撃をうけていた。一方、ハリソンによると、イングランドの貴族たちは「ほぼ例外なく邸宅を新築して」おり、「もっとも身分の低い貴族の、そのまたもっともみすぼらしい邸宅でも昔日の王侯の宮殿に匹敵する」。なるほど当時の貴族のおかげで、もっともイングランド的とされる家屋建築の例が今日まで残っている。壮麗な邸宅が建てられた背景には最上層間の競争心があり、ダービーシャー、エセックス州、サマセット州、シュロップシャーという遠くはなれた地域それぞれにおいて、一五七〇年から一六二〇年の半世紀間にもっとも多くのカントリーハウスが新築されたことは重要な現象である。大所帯の規模とその管理のしかたに予想されるような変化はみられないが、新たに廊下や門番小屋がつくられるといった外見上の変化があらわれた。またプライヴァシーの要求が増していく徴候もみられるが、それは貧しい人びとにはとうていむりな要求であった。

食事や衣服、住居と同様に、教育にも社会的、文化的格差が存在していた。ことに宗教改革後、ひとりの教師が経営する小さな私立学校や基金の豊かなグラマースクール（一五〇〇年から一六二〇年までにじつに三〇〇校以上もが新設された）など、教育施設の数が増加したものの、増えたことで不平等はますます目立つようになった。一方、読み書きの能力は一五六〇年代と七〇年代に高まり、一六世紀の終わりにいったんその上昇傾向がとまったけれど、一七世紀の初めにはひとつの主要な社会集団ともいうべきロンドンの犯罪者たちの少なくとも四七パーセントが文字を読むことができたという証拠が存在する。出版業も発展し、事件などを主題にした俗謡《ブロードシート》を絵入りで印刷しただけでなく、一六〇〇年だけでも二五九点の書籍を刊行した。しかし社会の底辺には読み書きのできない人びとが存在した。シェイクスピアの父親が書類へのサインのさいにいつも十字架印で代用していたことは、興味ある一例である。

一六世紀最後の一〇年間に一時的に減ったこともあったが、大学教育をうける学部学生の全体数はまぎれもなく増加しつづけた。増加した卒業生のなかには教区司祭（無学な教区司祭は当たりまえではなくなっていた）や、官僚として出世をめざす世俗人がいた。とはいっても学費が高かったため、大学に入ることはかならずしも容易ではなかった。「いまのご時勢では、きわめて優れた学問の能力をもっているとしても、貧乏人の子供であれば奨学金をもらって大学にいくのは困難」と、一五七七年にハリソンは書いている。法学院には奨学金がなかったので、大学よりもさらに門戸は閉ざされ、一七世紀の前半において法学院の学生一〇人のうち九人は貴族もしくはジェントリーの子弟であった。

たとえ数はきわめてかぎられていたにしても、貴族とジェントリーがいっしょに教育をうけることは両者のあいだで文化的な一体感を増大させ、関心の対象を広げるのに役だった。地域ごとに文化と暮らしぶりに違いがみられたに

(右) さらし刑はさまざまな犯罪にたいして科せられた。絞首刑を含む刑罰の大半は公開であった。(左) 魔女の「水泳」は過去のものとして忘れ去られていた刑罰である。

(右) グラマースクールはテューダー朝にはじまった。この学校の印章は、学問ではなく、懲罰を中心においていることが明らかであるが、書物も描かれている。カリキュラムの中核になったのは、ラテン語の文法であった。
(左) 学問のなかには多くの技能がふくまれていたが、その多くはヨーロッパ大陸で発達したものであった。「貴族とジェントルマン」には鷹狩りが奨励された。出典は1575年に出版された書物のタイトルページ。鷹とともに犬も描かれていることに注目せよ。

せよ、文学や芸術への関心をつうじ「地域の大学」のようなものをつくる地方のジェントルマンもあらわれた。言葉によらない文化も軽視されることはなかった。サー・フィリップ・シドニー（一五五四―八六）を典型とする完全な「ルネサンス人」は、肉体の技と言葉の技をむすびつけること、すなわち読むのとおなじくらい上手にダンスをし、またペンとおなじように上手に弓をあつかうことを期待されていた。エリザベスがまだ若かったときに家庭教師をつとめたロジャー・アスカム（一五一五―六八）は、特権階級の子弟にたいする教育内容を一五三〇年にこう記している――「優雅に馬を乗りこなし、槍試合場を駆けめぐり、ありとあらゆる武具を使いこなし、たくみに弓を射て、銃を正確に撃ち、たくましく跳躍し、走り、跳ね、取っ組みあいをし、泳ぎ、美しくダンスをし、歌を歌い、器用に楽器をかなで、鷹狩りをし、狩猟に出かけ、テニスをすることなどなど、すなわち広い空間と日光のもとで戦争のための訓練や平和時の心地よい気晴らしに適した運動を組みあわせたあらゆる娯楽に励むこと」。

しかしながら、アスカムは闘鶏といった不快な娯楽とみなされるものも楽しんでいたし、『統治者論』の著者で馬術を賛美したものの、狐狩りには賛成しなかったサー・トマス・エリオット（一四九〇頃―一五四六）は、「獰猛で残酷な動物を屈服させる」見世物こそ、「庶民にたいし権威と畏怖の対象を教えこむ」恰好の娯楽になると考えていた（もっとも彼は女王陛下が自分の熊飼育場をもっていて、彼女を喜ばすために熊いじめがしばしば催されていたことにはふれていない）。熊いじめや競馬のように階級を超えた共通の興味があったにもかかわらず、このときすでにイングランド文化には「高級」文化と「低級」文化が存在するようになっていた。音楽家、著述家、画家はロンドンにおいても、また新築の大きなカントリーハウスにおいても廷臣やジェントルマンのパトロンを求めた。まだ音楽や絵画は今日のような意味での芸術とは認められていなかったけれど、（教会やロンドンのシティー以外において）新たな影響力をもつにつれ、特権階級の社会的な誇示に利用されるようになった。エリザベス時代に流行した弦楽器のリュートはたいへん高価な楽器であり、ヴァージナル［ハープシコードの一種］もそうであった。ヘンリー八世の宮廷画家となったドイツ人ハンス・ホルバイン（一四九七―一五四三）以後の絵画は、国王、廷臣、ジェントルマンのためのものであった。エグゼターの州知事の息子で、エリザベス女王お抱えの細密肖像画家であったニコラス・ヒリヤード（一五四七―一六一九）は、「ジェントルマン以外は細密画に口出ししてほしくない」と言っている。ただし「高級文化」がしだいに形成される一方で、ジェントルマンの著述家をふくめた、ジェントルマンとしての芸術家と、どんな芸術であれ、職人ないしは演奏者としての芸術家はつねにはっきり区別されていた。たとえばエリザベスは廷臣のダンスは賞賛したものの、ダンス教師を職業にする者を賞賛することはなかった。自分のダンス教師の踊りを見せるために女王を招待したレスター伯（一五三二？―八八）に言った彼女の言葉は、「貴殿の雇い人のダンスなんか見たくありません。商売なのですから」であった。

　音楽や絵画ばかりでなく、文学や建築、園芸も寓意の世界をつくりあげていた。詩人のエドマンド・スペンサー（一五五二？―九九）は『結婚祝曲《エピサラミオン》』において二四連で自分が結婚した日の二四時間を詠い、多くの寓意をふくんだ技巧を織りこんだ。ローマ・カトリック教徒の国教忌避者《レキュザント》であったサー・トマス・トレシャム（？―一五五九）は自分の名前の綴りに三位一体を表す数字の「トレス」が隠されていたので、ノーサンプトンシャーのルストンに一辺が三三フィート、（各階に三つずつの）九つの窓をもち、三三字の銘が刻まれた三階建てで三角形の家屋を建てた。

　小さな町や村の民衆文化はいまだ伝統を引き継いでいた。ある村の教区民が「ロビン・フッドの日」を祝っていたために、宗教改革者のラティマーが説教をおこなえなかったこともあった。エリザベス時代のピューリタンのひとりフィリップ・スタッブズ（一五五五？―一六一〇？）は、教区民が「敬愛の対象とするメイポールを取りまく」有様を、異教の残存を示すものとして不快な気持ちで見守ったものであった。新しい娯楽には楽しんでよいものもあったし、非難の対象になるものもあった。たとえば、組織だった競馬は一五三〇年にヨークではじめられており、ボーリングは一六世紀の終わりにはふつうに見かけるものになった。スタッブズはフットボールにたいして「娯楽というよりは友人同士のなぐり合い」と偏見を抱いていた。またスタッブズ以前にはエリオットがフットボールを「けだものよりも凶暴で、乱暴狼藉のかぎりをつくすもの」と切り捨てていた。それでもフットボールが根絶されることはなく、そのうえ少年たちの新しいスポーツとして、「クリケット」がサリー州のギルフォードのさる土地でおこなわれたと一五九八年に記録されている。

　当局はこれまで以上にスポーツを規制しようとした。例をあげると、一五〇四年の制定法は長弓の練習を「低い身分の者」に勧める一方で、弩《いしゆみ》の使用を貴族とジェントリーだけにかぎった。一五二六年の法は違法の弩を捜索し、「遊戯台、さいころ、トランプ、ボーリングやテニスなどに使うボールを没収して焼却するために」、私人の家に立ち入る許可を与えた。かくして法律によって貧しい者と金持ちそれぞれのスポーツが存在することになった。しかし当局に警戒心をいだかせたのは、私人の家やボーリング場ではなくて、居酒屋《エールハウス》のような「ふしだらな」場所であった。居酒屋の数が激増したのは、かつては「たちの悪い、有害な雑草」とかたづけられていたホップが、「国民的な飲みもの」となったビールに不可欠な原料となるこの時期からのことである。保守的な人びとはホップの使用にたいして、つぎのように非難した――

ホップと宗教改革とトルコの高官とビールが
悪い年にいちどにイングランドに渡来した

変化をひき起こした三つの主要な要因のなかでも最大のものである宗教改革は、それが意識して企てられたものであったかどうかはさておき、一六世紀における変化に新たな意味をもたらした。宗教上の変化はだれの目にも明らかであった。それを目撃したあるヴェネツィア人は「それはこの国でこれまでに生じた最大の変質である。というのも慣習、法、服従心、そして最後に国家そのものの性格の革命がこれにつづくのは避けられないからだ」と記した。大きな変化の第二の要因は、その影響がはっきり見てとれた人口の増加であり、第三は当時の人びとを当惑させたインフレーションであった。

宗教改革の政治上の変化とともに、「国家そのもの」の変化、すなわち国制の変化があらわれた。国王は議会をつうじてイングランド国教会の「至高の頭部《スプリーム・ヘッド》」［首長］となり、イングランド国教会は「外部からの干渉を受けることのない」自己完結的な組織とみなされることになった。これ以後は国家と教会は一体となった。教会の財産も国家の手に移った（もっともその大半はじきに国王の手をはなれて俗人にわたっていった）。当時もまた後世でも、この処置は「略奪」と非難された。宗教改革の初期の段階では、トマス・クロムウェル（彼は行政官になる以前には商人、兵士であった）の立案にそって教会のもつ権力と地位に徹底的な変革がおこなわれたが、この初期の段階においてさえ宗教改革はべつの広がりをもっていた。変革が遂行できたのは反聖職者感情の高まりをとおしてであり、外部からの影響も無視できなかった。ヘンリー八世は反対であったが、すでにイングランドにおいてカルヴァン主義とルター主義が信奉者をもつようになっていたのである。

全員とは言えないにしても、聖職者の大半が変革をうけいれる用意をする一方で、世俗界の意見は二つに分かれてしまい、イングランド国教会はつづく三〇年間、体制にしっかりと根づくにはいたらなかった。クロムウェル自身は一五四〇年に斬首され、ヘンリーの息子でプロテスタントであったエドワード［六世］とローマ・カトリック教徒であった娘のメアリー［一世］の治世には、宗教上の対立がいっそう激しくなった。エドワード六世時代にミサは聖餐式だけになり、また（今日では意味が怪しくなっているが）美しい荘重な英語で書かれた大主教トマス・クランマー（一四八九―一五五六）による新しい祈禱書が導入された。こうした変革に反対する人も多く、たとえばコーンウォール州のある人物は改革が気にいらず、クランマーにたいして新しい礼拝は「クリスマスのお遊戯みたいだ」と不満をもらした。しかしカトリックの信仰を復活させようとしたメアリーの企ても、彼女がローマ教皇の権威をふたたび押しつけようという決意を固めていたために、失敗する運命にあった。

イングランド国教会の基盤が固まりはじめたのは、対立する宗派に妥協をはかったエリザベスの新体制がはじまる一五五八年からであった。ただし、エリザベスの治世でも、「礼拝の統一」が強調されたにもかかわらず、国教会の内部にはつねに特定の宗派を支持する派閥が存在しつづけた。もはや宗教はスポーツや娯楽のように上から完全に規制することはできなかった。したがって不完全な宗教改革を完結させる願いが、ピューリタンにとって国教会の改革をさらに進める推進力となり――一七世紀に意味をさらに拡張することになるピューリタンという用語は、すでに一五六〇年代からイングランドで使われていた――、彼らはこれまでとはちがう教会の機構と運営、教会内部の装飾、さらに各家庭に聖書をおくことをめざした。

宗教改革に由来する経済上の最大の変化は修道院の解散であり、このことは国家だけでなく、国家内部の社会勢力の均衡に直接的な影響をおよぼした。修道院の解散は、年収二〇万ポンド以下の三七四の小修道院を解散させた一五三六年にはじまり、一八六の「大規模で荘厳な修道院」を対象にした一五三八―四〇年までつづく、二段階の事業であった。トマス・クロムウェルによっておこなわれたこの事業の目的は、王室を富ませることにあった。司教区と同様に、修道院にも豊かなものもあれば貧しいものもあったが、国教会の全収入のおよそ半分をあつめていた修道院こそ、だれの目にも明らかな恰好の標的であった。この解散の最初のねらいは、修道院の不動産から得られる王室の年間収入を実質的に増加させることにあったので、それを処理するための王室増加収入裁判所という新しい役所が必要になった。この資産をうまく運用すれば、王室歳入は長期にわたって安定したと思われる（この場合、どのような結果が社会にもたらされるのか、その当時は予想がつかなかったであろう）。

ところが王室はせっかく手に入れたこの資産を手放してしまった。その一部は封建的な騎士奉仕を条件にして贈与されたが、贈与されたものよりもほかの不動産と交換されたものの方が多く、また大部分は定期借地として貸借されるか、あるいは一年分の地代の二〇倍を最低価格として不動産市場で売却された。貴族全体の三分の二がかつて修道院が所有していた不動産を贈与されるか、購入しており、ヘンリー八世時代が終わる時点で、旧修道院不動産の三分の二が空前の規模と早さで不動産市場の取り引き対象と化していた。かくして修道院から解放された不動産の大部分は、「新参者」や投機家の懐にではなく、その地域の地主たち、すなわち貴族とジェントリーの手にうつった。たとえばヨークシャーでは、ほかの州とおなじように地域差がみられはするものの、一六四二年の時点でジェントリーの四分の一が、一五四〇年以前には修道院がもっていた不動産を所有していた。

プロテスタントばかりでなくカトリック教徒も新たに得た資産を手放そうとはしなかったので、いったん剝奪された所有権がふたたび修道院に戻る見込みはなかった。修道院の身廊はすぐに農場の家屋に化け、小礼拝堂は居間に、塔は仕事場になった。グロスターの織元トマス・ベルはドミニコ会の小修道院を作業場に転用しており、サセックス州のロバートブリッジにあった修道院の跡には炉と鍛冶場がつくられ、ロンドンにあったドミニコ会所有地の一角は劇場のために貸しだされた。修道院の不動産が俗人の所有のもとで貸借される場合には借地期間は短く、地代も法外に値上げされ、以前の借地人は追い出されるのがつねであった。たとえばセント・オールバンズ修道院の地所は、一世紀後に解散時よりも八〇倍もの価値をもつようになっていた。

エドワード六世時代になるとさらに小礼拝堂、付属礼拝堂、聖職者の共同宿舎、慈善施設、信徒団体、宗教ギルドの解散がおこなわれ、一連の所有権移転が完了した。これによってこうむった被害はさまざまであったが、中世後期にもっとも好まれた寄進の形態であった小礼拝堂のうけた被害は、宗教ギルドよりもはるかに大きかった。この二回目の解散によって得られた収入の一部はグラマースクールや病院、救貧院の創設に使われた。しかし不動産の大半は市場に放出され、一五三〇年代とおなじように個々の私人が直接に利益をうけた。

修道院の解散は、社会的な不安をかきたてることを避けられなかった。というのも修道院はとくに農村地域における重要な雇用主であり、多くの慈善活動の機能をはたしていたからである。一五三六年に勃発した「恩寵の巡礼」という反乱の原因の少なくとも一部は、イングランド北部における大修道院の解散にあった。そして経済的な変化が社会的な不満を生みだしたとすれば、教会の教義面の変化は社会の分裂をもたらすことになった。宗教改革はカトリックとプロテスタントの両方に殉教者を生んだのである。カトリック側にはヘンリー八世時代に処刑されたサー・トマス・モア（一四七八―一五三五）とフィッシャー枢機卿（一四六九―一五三五）がおり、プロテスタント側にはメアリー時代に焚刑に処せられて、ジョン・フォックスの『殉教者列伝』で不滅の名前を残すことになったヒュー・ラティマー、ニコラス・リドリー（一五〇〇頃―五五）、トマス・クランマーなどがいた。殉教者ほど目立ちはしないけれど、州や村落、さらに家庭にも分裂がみられたことは重要である。神聖ローマ帝国皇帝から「良きイングランド人たれ」との忠告をうけたメアリーの治世には、さまざまな身分のプロテスタントが多数亡命をした（わかっている四七二人の亡命者のうち、一六六人はジェントリー、六七人が聖職者、四〇人が商人、一一九人が学生、三二人が職人、一三人が奉公人であった）。そのなかには「イングランドにエルサレムの嘆きの壁をふたたび築こう」という激烈な決意

田園地方は牧歌的な桃源郷として描かれることが多かった。(左)「八月」を表す図版。出典はエドマンド・スペンサーの『羊飼いの暦』初版(1579)。(右)18 世紀に商店が開かれるまでは、小間物、俗謡集、衣料品を売り歩くロンドンの行商人が、地方の顧客に商品を供給する唯一の手段であった。

宗教的迫害の時代、殉教者たちはしばしば偉大な勇敢さを示して、火刑台の露と消えた。当時もっともよく知られたプロテスタント派の書物、ジョン・フォックス著『殉教者列伝』は 1559 年にラテン語による初版が刊行された。1563 年には英語による増補版が刊行され、以後何世紀にもわたって人びとの愛読書となった。ロンドンのスミスフィールド・マーケットでの火刑の様子を描いた本図はそのなかに収録されている。テューダー朝初期のカトリック教徒殉教者たちはローマ・カトリック教徒の崇敬を集め、なかには列聖される者もいた。エドマンド・キャンピオンもそのひとりで、彼は拷問されたのち 1580 年に処刑された。

を固めた者もいた。

宗教改革期全体をつうじて、教会の「偶像崇拝的な」図像は壊され、教会の壁にかかげられた中世の絵画は聖書の語句におきかえられ、献金皿は売却され、聖餐式のテーブルが祭壇にとって代わり、司祭の結婚も一五四七年と一五五九年に法によって認められ、もはやラテン語のミサが唱えられることもなくなった。しかし改革者たちの熱意にもかかわらず、ランカシャーやシュロップシャーなどピューリタンが「イングランドの邪悪な辺境」と呼んだ地域においては、過去の多くのものがそのまま維持された。エリザベス自身、自分の礼拝堂では蠟燭と十字架を使って礼拝した。主教から教区司祭にいたる教会の位階制度は存続し、影響力の多くを維持しつづけたばかりか、新しい主教区が修道院解散後に五区（一時的に六区）もうけられた。教会裁判所も聖職議会も影響力を失わなかった。国教会の聖職者は、ヨーロッパのほかのプロテスタント諸国とはちがって、国家から給与をうけることはなく、一〇分の一税、寄進、教会畑地《グリーブ・ランド》からの収入によって暮らしをたてていた。

俗人のパトロンのなかには宗派によって聖職者を選任するものもいたが、地方においてはカトリックの信仰と慣習が優勢な地域が大半を占めた。たとえばロゲイション・タイドにおいてはいぜんとして野外礼拝がおこなわれ、また教区ごとの巡回もおこなわれた。聖職者と信徒とをへだてる教会堂内陣の仕切りは、エドワード六世時代に破壊されたこともあったが、地域によってはプロテスタントからの反対にもかかわらずエリザベス時代に復活した。イングランドにおける「魔女狩り」は宗教改革が進行中の一五五〇年ごろにはじまり、それから一世紀もつづいた。一五六三年からエリザベスが死去した一六〇三年までに、エセックス州だけでも一七四人が（死刑を科しうる犯罪であった）「邪悪な魔術」の容疑で告発されたが、処刑されたのはその半数にすぎなかった。一方「善なる魔術」は、それをおこなった「不思議な力をもつ」男女ともども容認されるのが通常であった。畏怖心も迷信も社会と文化から消えうせることはなかったのである。

宗教改革初期の段階において、トマス・クロムウェルは教区牧師に結婚、洗礼、埋葬の記録を残すことを命じたが、これは個人の自由の侵害であるとして多くのジェントリーから反感を買った。しかし一五三八年にはじまるこの記録を詳細に分析することによって、歴史人口学者は以前のどの時期よりもはるかに正確に、この時期の人口動態を把握することが可能となっている。一六世紀には人口の劇的な増加が起こり、それが広範囲の影響をおよぼしたことは明らかである。人口は一四七〇年代に、前世紀の黒死病の流行以来はじめて増加に転じた。増加傾向は一六世紀と一七世紀前半をとおしてつづいたが、伝染病が流行し埋葬者数が通常の年の二倍になった一五五七―五九年にはいったん停止し、また一五九〇年代にも増加の傾向はいくぶん鈍っ

（右）国王を頂点とする行政組織がより複雑化しつつある時代において、教育もしだいに重要になっていた。この図版は、ウィンチェスター司教であり、尚書部長官でもあった聖職者官僚ウィッカムのウィリアムにかんする写本の一部であり、この人物が創設したオクスフォード大学のニューカレッジを表している。場面は1463年の講義であり、学寮長と教師、学生、聖歌隊が描かれている。（第4章）
（左）フロワサールの『年代記』に描かれている1400年におけるリチャード２世の葬儀の模様。リチャード２世は1399年に強制的に退位させられ、ヨークシャーのポンティフラクト城で死をとげた（おそらく他殺）。（第4章）

1415年のアジャンクールの戦いはヘンリー５世最大の偉業とみなされている。この図版でも背景に城があり、また仕事にいそしむ農夫が描かれていることに注目せよ。（第4章）

羊は多目的な動物で、羊毛と食肉を供給した。また羊からはミルクもとられ、この図版は水差しで囲いから羊のミルクを運んでいる女性たちを描いている。（第4章）

質屋は一種の商人であり、その当時金持ちの後援をうけていた。この図版では質草が注意深く記録されている。画面左手の剣に注目せよ。（第4章）

参事会員のローブをまとったサイモン・エアの肖像画（15世紀中ごろ）。のちにエアはロンドン市長となった。（第4章）

『海員の鏡』（1579）はヨーロッパだけをあつかっているが、16世紀の発見はすでに大洋を越えた未知の大地におよんでいた。『海員の鏡』が出版された9年後にスペイン無敵艦隊への勝利が生まれ、そのさいには「神風が吹き、彼らは霧散した」と銘打ったメダルがロンドンで鋳造された。さらにその1年後に、リチャード・ハクルートは『イングランド国民の主要な航海』を刊行した。同書には、あふれる冒険心とともに、世界と文化および交易の拡がりが描かれている。（第5章）

テューダー朝における法の尊厳。（上）1523年における貴族院の開会式にあたって作成された席次図。中央に位置する裁判官たちは羊毛の袋（ウールサック）の上に座っている。左側は司教、大修道院長などの聖職貴族、議長に先導された下院議員は図の下、議場の仕切りの外にいる。上部には、国王を中心にした宮廷人が配置されている。国王の左側にいるのは、キャンタベリー大司教と枢機卿のウルジーである。（下）テューダー朝の裁判官。（第5章）

(上)「サー・ヘンリー・アントンの肖像」(作者不詳)。寓意的な要素とテューダー朝イングランドの日常生活の場面を組み合わせた珍しい作品。作者は肖像の右にいくつかの場面を連続させることにより、サー・ヘンリー(1557－96)の生涯と業績を表した。図版の右下から上に向かって、幼少時代、オクスフォードにおける教育、ヨーロッパ旅行、レスター伯のもとでの従軍、フランスへの送還が描かれている。中央右には、サー・ヘンリー・アントンの本宅であるウォドリーハウスにおける宴会と古典による仮面劇、左には、彼の埋葬の様子が細かく描かれている。(第5章)

(下)「ある少年の肖像」、ロバート・ピーク(1580－1625)作。この少年が目下学んでいるのは、田園生活における貴族的スポーツである。(第5章)

トランプゲームのプリメロを楽しむテューダー朝の紳士。以後数世紀にわたってさまざまなカードゲームが発明された。（第5章）

「バーモンジーにおける結婚のお祝い」ヨリス・ヘーフナーゲル（1542－1600）作。結婚は華やかに祝われ、村人同士の交歓のための絶好の機会を提供した。バーモンジーは遠くロンドン塔を望む田園の風景にも恵まれていた。（第5章）

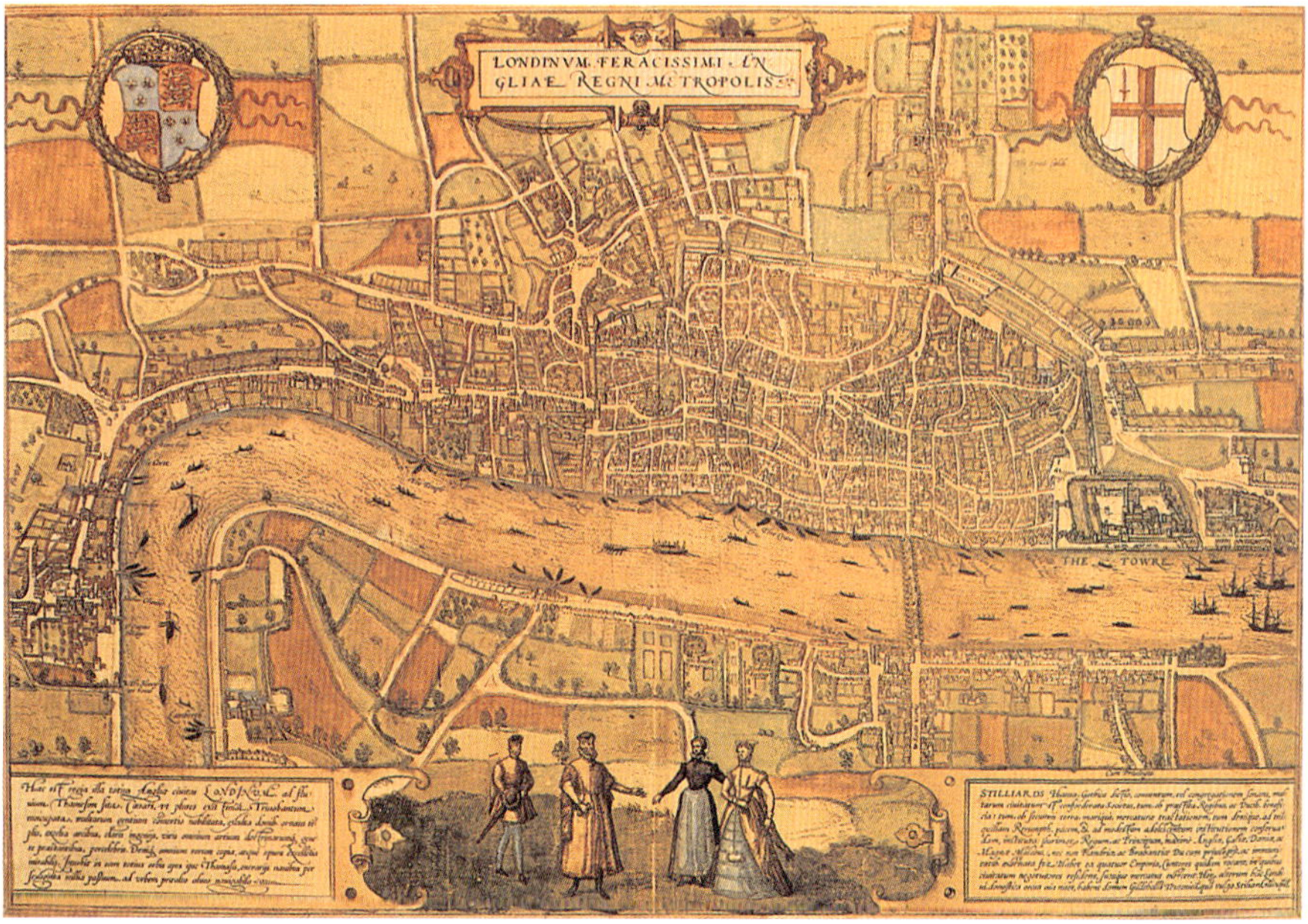

テューダー朝のロンドンは多くの地図の題材になった。これは1572年に出版された地図の一部。テムズ川を渡る橋が一本しかないこと、また緑の草原が広がっていることにも注目せよ。(第5章)

衣装は時代とともに変わったが、子供の公式の衣装は大人のものを小さくしたものであった。ウォリックシャーのチャールキュートにあるこの絵画に描かれているのは、サー・トマス・ルーシーの子供たちである。(第6章)

た。しかしながら一六〇三年の時点でイングランドの人口はおそらく四〇〇万人の大台を超えており、なおも増加しつづけた。もちろん増加率は国内で均一ではなく、主要な農業州であったレスターシャーの場合数値はかなり高めとなり、人口は一五六三年から一六〇三年にかけてじつに五八パーセントも増加している。

一六世紀の初めに人びとの話題になったのは人口減少の問題であったが、新たに語られることになったのは、むしろ過剰人口をどうするかであった。一五八四年に地理学者、歴史学者で著名な航海記録編纂者のリチャード・ハクルート（一五五二頃―一六一六）は「われわれはこれまで経験したことのないほどの人口をかかえている」と記している。また移住による解決を考えていた航海者のサー・ハンフリー・ギルバート（一五三九?―八三）によれば、イングランドは「人間であふれかえって」いた。ほかの地域へ移住するにしても、共同地がまだ利用可能と思われる場所を選んだ場合には、同様な移住者が数多くいたために、訴訟を起こされるか、あわれな悲鳴をあげるのが関の山であった。しかしテューダー朝の経済は、（二〇世紀の多くの開発途上国よりは明らかに低い）人口の増加を吸収することができたために、大量の飢餓と失業といったマルサス流の深刻な問題は生じなかった。人口の増加につれ、牛や羊、馬、豚の数も増えたので、飢饉による死亡率は過去よりもはるかに小さくなった。死亡率は、国全体の人口が増大した一五九六―九八年よりも、世紀半ばのおそるべき危機の年であった一五五七―五九年の方が高かった。

人口増加率の変動は、凶作と伝染病にその原因を求めることができる。この両者には、「凶作がくれば、つぎにペストがやってくる」と言われる密接な関係がみられた。凶作が減ればペストの脅威も減ったのである。平均寿命は長くなり、結婚年齢は一世紀後よりも一、二歳低かったが、相対的にみて人口分布の基礎的な形態はほとんど変化しなかったと思われる。

教会の記録簿を分析してみると、人口の構成ならびに所帯もしくは家族の形態について貴重な情報が得られる。家族はけっして大きくはなく、（親類縁者がいっしょに住む）拡大家族よりは、（両親と子供だけの）核家族が多くを占めていた。教区によって数値は大きく異なるが、乳幼児の死亡率は高かった。人口の半分以上は二五歳以下であり、六〇歳以上はわずかに八―一〇パーセントであった。平均余命は短く、労働できる期間も短かった。貧しい家の子供は、六歳か七歳から労働することが期待されていた。

身分と富をもつ家族の場合、結婚はしばしば財産権の取り引きをともなうため、あらかじめ結婚相手が取り決められるのが通常であったが、取り決めによる結婚は最上層以外の階層でもおこなわれていた。結婚式じたいはお祭り気分で皆が集まる機会であった。結婚のしきたりは地域ごとに異なっていた。また、その当時から性急な早婚を疑問視する声があがってはいたけれど、庶民も特権階級も今日とそう変わりがない年齢で結婚しており、むしろ平均寿命を考慮すると今日とくらべてかなりの晩婚とさえ言える。同時に、庶出の子の生まれる率は一六世紀の末ごろまでは低かったが、以後急速に高くなったまま一七世紀に入っていくことを、少数ながらも残された史料が物語っている。未婚者と、片親を亡くした子供の数は少なくなかった。

家族は生産の基本的な単位であったが、西ヨーロッパ諸国とくらべてみると、生産の単位ではない家族の数もかなり多かった。所帯の内部には、家族の一員ではない奉公人と従者がいたが、その数は富と身分によって異なり、もっとも貧しいものの所帯がもっとも小さくなる傾向があった。子供の数が多ければ、それだけ生活も苦しくなった。土地を所有しない貧困者が他地域へ移住していく現象が多々みられたこともけっして驚くべきことではない。移住先に選ばれたのはミッドランド地方のような古くからの「耕作」地域よりも、社会的な雰囲気がより開放されている地域であった。商業が人をひきつける磁石の役割をはたしたのである。

人口の動向をつきとめるのは非常にむずかしい作業であるが、それにも増して困難なのが家族生活における行動様式の一般化であり、とりわけ貧困家庭の場合がむずかしい。家長の権威をそこねないという大前提はあったけれども、結婚生活には夫婦それぞれが個性を発揮する余地は十分にあった。シェイクスピアの芝居には夫を尻にしいている妻の例がみられるし、場合によっては奉公人が主人を言いなりにさせることすらありえた。一般に女児は男児にくらべると十分な教育をうけなかったことは確かであるが、ヘンリー八世の二度目の妃のアン・ブーリンやサー・アンソニー・クック（一五〇四―七六）の娘たち（娘のひとりはウィリアム・セシルと結婚した）のような学問のある女性という意義深い例外もあった。親による子供への折檻はしつけの手引き書でも賛否両論であり、じっさいに愛情の印として折檻する親が多かった。世代間の対立は、若者を軽んじ老人を大事にした時代だから驚くべきことではないが、世代を超えた共感の実例もみられる。徒弟たちは未来を期待させるもののひとつと考えられることが多かった。「いまのご時勢でしなければならないことがあるなら、若者がそれをすべきである。なにしろ老人はもはや時代おくれだからだ」とエリザベス時代のある聖職者は語っている。

当時は、人口が多すぎるのか少なすぎるのかについての議論とあわせて、この時期の変化を生みだす第三の要因であった物価の上昇を懸念する声がひんぱんにあがっていた。とりわけ物価上昇がもっとも急激であった一五四〇年代、一五五〇年代、一五九〇年代においてその傾向が強かった。一五世紀の安定期のあとにスペインではじまった物価上昇は、たちまち西ヨーロッパ中に広がった。フェルプス・ブラウンとホプキンズによる物価指数表を参考にすると、一四五一—七五年の物価を一〇〇とする指数は一五二〇年に一六〇、一五五五年には一七〇に上昇した。一六世紀の半ばに二度の異常な物価上昇の年があり、一五五六年に指数は三七〇、一五五七年には四〇九とピークに達した。一五九四年には指数は二八一に下落したが、二年後には五〇五に上昇し、一五九七年には六八五になった。それ以後は、谷間とみなされる年にも四〇〇以下に落ちたことはなく、一六五〇年には一七世紀でもっとも高い八三九にまで上昇した。

二〇世紀後半のインフレーションにくらべれば、この物価上昇傾向も劇的というよりは、むしろ穏やかなものにみえるかもしれない。しかしながら一二五〇年から一九〇〇年のなかで比較してみると、この時代の物価上昇がもっとも激しかったことになり、事実、この物価上昇は社会関係に重大な混乱をもたらした。物価上昇の因果関係にかんしては、これまでのところ社会史学者がその影響を論じる一方で、経済史学者はその原因を分析する傾向があったけれど、現在の時点で以下の諸点で共通の認識が得られている。すなわち当時の経済においては最低限度の生計を営むものが大きな割合を占めていたため、変化によって影響をうけたのはごくかぎられた範囲にすぎなかったこと、しかもその範囲には顕著な地理的差異が認められること、商品ごとに価格の変動に違いがあること、またすべての局面において、物価のみならず賃金と地代の動向を考慮にいれねばならないこと、などである。

以上の点を踏まえれば、物価上昇の原因はそう単純には説明できないように思われる。当時の人びとは、大西洋をわたってもたらされたスペインの財宝と貨幣の悪鋳を重要な原因と考えていた。近年の研究ではむしろ人口増加が需要におよぼした影響を重視しているが、一八世紀のより顕著な人口増加が一六世紀のような長期にわたる物価上昇を生まなかった事実をみれば、人口の増加だけに責任があったとは言えない。また、かりに貨幣の悪鋳が物価上昇の病因というよりは症状にすぎなかったとしても、ヘンリー八世の一五二六年と一五四四—四六年の悪鋳——基準貨幣の長い伝統をやぶって、銀の純度を前者では二分の一にし、後者では三分の一に引き下げた——によって、貨幣の流通速度が加速されたことは事実である。エドワード六世の摂政サマーセット公（一五〇六？—五二）によるさらなる悪鋳は、銀の割合を四分の一にまで引き下げたのであった。

後世のインフレーションとおなじように、王室の財政政策も物価上昇に直接の影響をおよぼした。一五四四年にフランスに派遣されたヘンリー八世の軍勢は、これまで大陸の土を踏んだどの軍隊よりも大部隊で、しかも自活するための略奪はおこなわなかった。この国王は晩年の八年間に税収と借入金の全額をはるかに超えるものを、無駄な戦争に費やした。一方では修道院の不動産にたいする需要が修道院の解散後に活発化しており、不動産価格と地代をいっきに釣りあげた。たとえばダービーシャーの牧草地は、一五八四年には一五四三年当時の四倍もの地代を生むようになった。巨大化の徴候をみせつつあった首都ロンドンに近いケント州の一部では、ウィリアム・ランバード（一五三六―一六〇一）が後世の地代の剰余価値説を先取りした説を書いたほどの急激な上昇を示した。ランバードの意見によれば、ケント州のジェントリーが豊かになったのは「所有している土地の広さや肥沃さのためではなく、ひとえにケント州の立地条件のおかげ」であった。

　物価と地代の上昇が社会のそれぞれの階層にどのような影響をもたらしたかについては、現在でも議論がつづけられている。高位の貴族をふくめて土地所有者の運命は悲喜こもごもであり、彼らの支出の対象もさまざまであった。かならずしも貧困の証拠とならないにしても、一部の貴族は建物や衣装、飲食にこれみよがしに浪費した結果、いかにも貴族らしい借金に追いこまれた。バークレー家のように深刻な財政状況に直面して、荘園《マナー》を売却したり、奉公人を解雇した由緒正しい家系の貴族も少数ながら存在しており、その当時彼らの苦境は、途方もない浪費とともに無能さで説明された。一方、オルソープのスペンサー家やウォーヴォンのラッセル家は不動産を増やし、富をたくわえた。資産が分散されていた古い家系の土地所有者は、一方で損をすることがあっても、ほかからの利益で収支を合わせることができる場合が多かった。

年代記作者で尚古家であったジョン・ストウ（一五二五？―一六〇五）は、「お金に不自由しなければ、なにごとにも不自由はしない」と述べているが、この発言を実証するかのように、この時代は勤勉で積極的で幸運にも恵まれた人間、とりわけ法律家が物価上昇をたくみに利用できる時代であった。しかしながら幸運に恵まれず、物価上昇の犠牲になった人びとが、勤勉でなく消極的であったとはかぎらない。犠牲者のなかには定額の収入あるいは現金納付の一〇分の一税収入に頼る人びとや、土地の保有条件が不安定な人びとがふくまれていた。地方の雇われ農民や町の賃金労働者も、賃金が物価に追いつけなかったために、深刻な被害をうけていたが、彼らは通常とぼしい収入をおぎなう手段をもっていなかった。そのうえ人口の増加にともなって、労働者は一四世紀後半と一五世紀にもっていた有利な条件を失ってしまった。フェルプス・ブラウンとホプキンズによる実質賃金指数は、一五九七年に一三世紀半ば以降の七〇〇年間において最低値となったことを示している。ちなみに、この年はシェイクスピアの『真夏の夜の夢』が上演された年である。

　王室は大きな財政問題を抱えていた。一三世紀および一四世紀と同様に、君主は自分の収入だけで暮らしていくのは困難になった。火薬が使われるようになり、戦闘技術にも変化が生まれたため、戦争に多額の費用がかかるようになっていた。ヘンリー八世は一五一二年に、「特別補助金《サブシディ》」

ロンドンで鋳造されたエドワード6世時代のシリング銀貨。

ヨークシャーの検地官クリストファー・サクストンが1575年に描いたサセックス州の地図。1579年に刊行された彼のイングランド地図帳は新しい国家意識を表現したものである。

1608年の『ロンドンのベルマン』に収録されている夜警の図版。

（個人の資産評価を基準にして議会が課す税）を徴収せざるをえなくなっており、さらに大法官のトマス・ウルジーが一五二五年に「友誼的補助金《アミカブル・グラント》」を強要した。エリザベスの治世は平和のうちにはじまり、行政の費用もかからなくなったが、治世が進むにつれて女王も議会に財政的な援助をたよらざるをえなくなった。一五七六年に下院議長は女王に「借金は個人と世襲の財産のみならず……君主とその領地を食いつくす癌でありますが……陛下はいとも慎重に、しかも幸運にも恵まれて、膨大な借金からこの王国をお救いになられました」と慶賀の意を表明した。しかしそれは対スペイン戦争の前のことであり、エリザベスが死去したときには王室の年間歳入にも匹敵する借金が残されていた。

　王室が新しい財源を求めたことは、必然的に王室と議会とのあいだで論争を生みだし、ひいては以前の時代と同様に、代議制と個人の権利という国制上の論争を引き起こすことになった。下院は封建的な負担の増大にたいしてたえず警戒の目を向けており、王室が臨時の目的のために特別税を要求しても簡単には応じなかった。まして下院が平時における常備軍にたいして財政援助をおこなうことは、いついかなるときでもなかった。議会は新しい課税にも警戒していた。この種の新税のなかでもっとも重要なものは、富裕な希望者にたいして現金と引き換えに王室から与えられる独占権《モノポリーズ》であり、それはもともとは特殊な技能を保護して技術革新を奨励するために、ヘンリー八世によって導入されていた。船舶税《シップ・マネー》も、元来は海岸線を防衛する船舶の整備を目的として港町にだけ課せられていた一四世紀の賦課金であったが、それをエリザベスが全国を対象として復活させ、一七世紀には議会と王室との論争の中心的な問題になった。独占権にたいする批判がはじまったのはエリザベス時代からであり、エリザベスは一五九三年および一五九七年、一六〇一年の議会において独占権からの収入を増やそうとしたため、批判的であった議会と対決することになった。一六〇一年には、干しブドウからトランプ（独占権はサー・ウォルター・ローリーがもっていた）にいたる長いリストの物品に独占権が授けられたと聞かされた議員たちは、歴史に残る会話をかわした。ある議員が「パンはリストに入っているか？」と大声をあげると、ほかの議員たちも「パンだって？」と叫んだ。それにたいして最初の議員いわく、「今回は大丈夫のようだ。だが、対抗策をこうじないと、つぎの議会までに入れられてしまうぞ」。

　経済と社会の変化がいちじるしかったこの時代にあっては、王室歳入と臣下の収入の関係も変わらざるをえなかった。ただし変化をうながしたのは、独占商品のトランプや干しブドウではなく（もちろんパンでもない）、羊毛であった。シェイクスピアは『終わりよければすべてよし』のなかで、「人間の一生という布地には、幸運の糸と悲運の糸が織りこまれている」と述べているが、羊の飼育には幸運と悲運の実例が数多くみられた。

一五一〇年から一五二〇年にかけて、羊の飼育数と牧草地の一六世紀における最初の拡張をうながしたのは、羊毛価格の上昇であった。飼育数と牧草地面積はいったん減少したあとで、ふたたび爆発的に拡大し、増加傾向は一五五一年までつづいた。農学者のフィッツハーバート(生没年不詳)は『農法の書』のなかで「すべての家畜のなかで、羊の飼育がいちばん利益が大きい」と述べた(このころスペンサー家は一万三〇〇〇頭の羊を飼育していた)。しかし一五五一年以降に羊毛の需要は深刻な落ち込みをみせ、そのために毛織物業にもかなりの失業者が生まれ、羊の飼育頭数も減り、飼育業者のなかには食肉とチーズの生産に転向するものもあらわれた。一五四八年から一六〇〇年の時期には、穀物価格の方が羊毛価格よりも急速に上昇していた。

囲いこみについて百出した議論は、一五世紀の議論とおなじく、価値感の激しい対立を示しており、とりわけイングランド地方の「開放耕地」の中心であるミッドランド地方の諸州の議論がそうであった。一四八九年の議会制定法は、のちの同種の制定法にその趣旨が引き継がれることになるもので、住民の追いたてと耕地の牧場への転換をすべて禁じていたが、それを実行することはできなかった。そのため一四八五年から一六〇七年にかけて、二七〇の村落のうち一四〇ほどが部分的ないしは全面的に囲いこまれたレスターシャーは、騒動の中心地のひとつになった。

すでに一五二〇年のバラッドはつぎのように歌っていた

——

今日このごろのご時勢では、お偉方が
教会に羊小屋をおったてる。
それから三〇年もたつと、「無神論者さながらにふるまう」者たちにたいして苦情の声がしばしばあがるようになった。「やっらときたら、頭ごしに家を取りあげ、おいらの手から土地をうばい、地代を釣りあげ、高額の(まったく理不尽な)罰金をおしつけ、共同地を囲いこんでしまう。どんな慣習も、法も、おいらがいじめられるのを止めてはくれない」。

当時の思慮ある人びとは、農業に従事している人間が土地を「改良する」ためにおこなう囲いこみと、金持ちによる「他人の共同地」の囲いこみとを努めて区別しようとした。また彼らは、強制的な囲いこみと同意にもとづく囲いこみの違いも指摘した。しかし共同権が失われていくにつれ、史料によりひんぱんにあらわれてくるのは、土地改良のための囲いこみよりも、「強欲」による囲いこみの方であり、この事態を教えてくれる典型的な史料が一五九七年に初版が刊行されたトマス・タッサー(一五二四?—八〇)の『農法要諦一〇〇項目』(これはのちに五〇〇項目までふえたが、著者の創意になるものはほとんどない)である。こうした状況のもとでは、一五四八—四九年のケットの反乱のような、囲いこみに反発する大暴動が起きたとしてもなんら不思議はなかった。

徴利（ふつうは高利で金を貸すことを意味した）が一般的になりつつあったことも、囲いこみとよく似た問題と考えられていた。一五五二年にいったん無効とされていたヘンリー七世の制定法を復活させて、一五七一年の議会が徴利を合法のものと認めると、ハリソンは「もともとユダヤ人によってもちこまれた商売である徴利は、今では完全にすべてのキリスト教徒がおこなう普通の商売になっているので、利息もとらずに金を貸す人は馬鹿扱いされる」と発言した。とはいうものの、経済的な欲求をうながす力もあれば、抑制する力もはたらいた。ヘンリー八世による修道院の略奪によって利益をあげたベッドフォードシャーのサー・ジョン・ゴストウィックは、自分の後継ぎに向かって「うちから土地を借りている農夫が、又貸し先の地代を上げないかぎり、地代を上げてはならない」と忠告をしている。しかし一六世紀も半ばともなると、甘い汁を吸う「仲介者たち《ミドル・メン》」にたいする嫌悪感はいぜんとして強かったものの、囲いこみや徴利といった問題に政府が干渉することへの抵抗感もしだいに強くなっていった。すべての人は自由であるべきである、「これこそが本当のイングランド人の希望するところである」と力説したのは、ひとりサー・ウォルター・ローリーだけではなかった。

行政の介入に反対する声は将来においてとくに産業《インダストリー》と関連して上げられることになる。しかし「インダストリー」という単語にまだ近代の意味［産業］がなかった一六世紀において、まだ産業《インダストリー》の大半は農業と関連しており、小規模で手工業の段階にあった。

一六世紀の産業のうちで最大のものは、やはり織物関係であった。キャムデンはこの製造業を「わが国《コモンウェルス》を支える柱の一本」と呼んだが、まさしく毛織物産業こそイングランドの活力源であった。毛織物業は羊毛生産の中心地よりもむしろ、労働力が十分にあって安くつくることのできたイングランドの西部と北部の地域で発展した。毛織物市場が拡大した結果、「問屋制前貸し」による生産、すなわち資本をもった織元が注文を集め、織機を借り受け、職人がつくったものを売りさばく制度が出現した（生産工場への集中が起きるのは未来のことである）。一六世紀前半の急速な経済成長を生んだブームにつづいて、一五五九年から一六〇三年までは海外からの需要も安定していたため、イングランド産の毛織物はこの国のもっとも貴重な輸出品でありつづけた。ほかの製造業と同様にこの産業においても、テューダー朝経済の推進力になったのは、外国から移住してきた職人たちであった。彼らが「ベイ織」、「永久織《パーペテュオノス》」、「シャルーン織」などと呼ばれる、これまでの製品にくらべてずっと廉価で軽く、耐久性には劣るものの流行の変化に対応しやすい織物、いわゆる「新毛織物」をはじめたのは、この一六世紀後半であった。流行はハリソンのような人物から「気紛れな愚行」と批判されることもあったが、流行を採りいれた衣服は収益率が非常に高く、結果として「新毛織物」はイングランド社会に定着した。と同時に、新毛織物を最初に製造した外国からの移住民たちもイングランドに定住することとなった。一五九六年に、ある議員は「イングランドほど世界各地からやってくる多くの人びとを養っている国が、世界のどこにあろうか」と発言している。

ストッキング製造業は繊維産業のひとつであり、一六世紀に栄えていたが、この製造部門で未来の先触れとなるイングランド独自の発明が出現した。「イングランド最初の機械技師」と評される聖職者のウィリアム・リー（？―一六一〇頃）が一六世紀の後半に編み機を発明したのである。この編み機は、当時繁栄していたイングランド東部のストッキング製造業において急速に普及した。リーの発明とその動機については多くの伝説が伝えられており、そのうちのひとつは、彼の乏しい収入を補うために妻がストッキングを編む手を休めなかったのを見て、心を痛め発明を思いついたというものである。しかし発明後の彼の不遇は、後世の発明家の末路を先取りするものであって、そこには伝説の入りこむ余地はない。彼は一六一〇年に窮乏のうちにフランスで死去した。

一六世紀に生まれた純粋な意味での「新産業」も、外国からの移住者の助けを借りており、そのなかには製紙、印刷、銃の鋳造、火薬の製造などがあった（フランシス・ベイコン（一五六一―一六二六）は火薬と印刷を自分の時代の三大発明の二つにあげている。三番目のものは船員の使う羅針盤である）。しかしこれらの新たな産業の発達も、鉛、銅、鉄などの産業が大いに発達していたため、影の薄いものになった。この当時、金属製品にたいする需要は、鋳鉄製の大砲からポットや鍋にいたるまで、増加しつづけていた。これらの商品の供給者でもっとも重要な人物は、新興の成り上がり者ではなく、ガラス製造と石炭採掘をはじめた第六代シュルーズベリー伯ジョージ・トールボット（一五二八―九〇）であった。

一五世紀の末に溶鉱炉が導入されたことにより、製鉄業は技術面で新たに重要な発展をとげていた。その一世紀後に溶鉱炉の数は六〇以上になり、その大半はケント州からサセックス州に広がる南部のウィールド地方に、錬鉄炉とともに建設されていた。これまで数世紀にわたって鉄を作りつづけてきたこの森林地域では、一五六五年に（ドイツの職人の助けを借りて）はじめて鋼鉄《スティール》が生産され、また一五八八年には加工工場も開かれた。意見が分かれるところであるが、近年指摘されるところによれば、一六世紀後半において製鉄生産量はすでに減少しはじめており、その原因は錬鉄炉や溶鉱炉で使用される木炭の材料となる木材が不足していたこととされる。一方、森林面積の減少と製鉄業者の生産活動とのあいだに因果関係は存在しないとする説も有力である。事実、木材価格の上昇率は農業生産物のなかでもっともゆるやかであった。

ロンドンの煙突からはきだされる煙によって引き起こされる喉や頭の痛みに閉口していたハリソンは、なぜ製鉄産業が、鉱山業のなかでも最大かつ集中的な生産品である石炭を使わないのか疑問に感じていた。ダラム州やノーサンバランド州が産出額でリードしていた採炭量の増加は、一部の歴史学者によってもうひとつの「産業革命」と指摘されるほど飛躍的なものであった。石炭はまだ一八世紀や一九世紀のように直接に製鉄業とはむすびついておらず、もっぱら家庭で消費されて、ロンドンの空を暗くしたのであった。ニューカースルからロンドンへ船で運ばれた石炭の量は、一五六三―六四年に三万三〇〇〇トンであったのにたいし、一五九七―九八年にはじつに一六万三〇〇〇トンにのぼっている（石炭は海路で運ばれることにより「海の炭《シーコール》」と呼ばれ、シェイクスピア喜劇の登場人物シーコールの由来となった）。しかしながら、石炭を燃料に使って地底深い炭鉱の排水を可能にする蒸気機関がまだ存在していない時代では、石炭産業の成長にもおのずと限界があった。

炭鉱労働者の生活と彼らの共同体意識は、蒸気機関が出現する以前でも以後でも変わりはなかった。すでにテューダー朝においても、彼らは緊密にむすびついた集団を形成しており、自分の職業の危険性と団体交渉能力を十分に自覚していた。まさに石炭こそ彼らの生命線であった。


しかしこの石炭産業だけが、都市の外側で栄えていた唯一の産業ではなかった。毛織物産業も中世期や産業革命時代のように町と密接な関係をもっていたわけではない。ただ例外はウースターであって、そこでは判明している職人のほぼ半数が、繊維産業に従事していた。コヴェントリーのように、古くからの自治都市でありながら規模が縮小していき、農村やバーミンガムのようなまだ自治権をもっていない町とくらべて相対的に経済上の重要性を失ないつつあった都市もあった。またヨークでは、手織り工たちが荒れ地《ムア》を越えて、水力の豊かなハリファックスに移住しつつあることが問題視された。イングランド北部の出身であった二〇世紀の経済史学者ジョン・クラパム（一八七三―一九四六）の指摘によれば、水力は「縮絨機の出現以来ギルドの力を弱めるはたらき」をしたことになるが、ヨークならびにイングランド第二の人口を擁した都市ノリッジの職人ギルドが一六世紀において衰退した徴候はほとんどみられない。ちなみにノリッジの人口の約三分の一は、すでに一五七〇年代から外国人の移住者で占められていた。

一部の歴史学者は、観察者の意見や都市の不満、あるいは中央政府側からの懸念の表明などを根拠として、一五二〇年から七〇年（あるいはそれ以降まで）の時期に、「深刻な都市危機」が起こっていたと指摘している。また、多数の住民を排除して、少数のものが経済負担を負うようになった都市当局の寡頭制的な性格に注目する歴史学者もい

テューダー朝の劇場は偉大な施設であった。(上) 地球座の看板には「世界はすべて舞台を演じる」のモットーが掲げられていた。(下) 1590 年に描かれた白鳥座内部のスケッチ画。

る。しかしながら、一六世紀の都市問題についても一般化はむずかしく、衰退の要因があれば繁栄の要因も存在し、都市によって受ける要因は異なっていた。

数世紀前からはじまっていたウィンチェスターとリンカンの没落は、少なくともその原因の一部が、宗教改革に求められる。しかしおなじく宗教改革による断絶を経験しながらも、ヨークやノリッジといった都市は、すぐに新しい機能を身につけて、新しい活動分野を切りひらいた。ヨークには新たにイングランド北部を統治する機関として北方法院の本部がおかれ、ノリッジは新織物業の中心となった。いずれの都市にも娯楽施設や新たな商店が建てられるようになり、近郊の貴族やジェントリーにとって別邸を置くほど魅力的な空間へと変貌しつつあった。また同じ港町でもサウサンプトンの人口が減少する一方、ニューカースルは繁栄した。全国を精力的にまわった古物研究家のジョン・リーランド（一五〇六頃—五二）は、当時すでにマンチェスターが「ランカシャー全土でもっとも美しく、建物がもっとも整い、もっとも活動的で、もっとも人口の多い町である」と記している。ところがマンチェスターはいぜんとして荘園《マナー》裁判所の支配下にあったのにたいして、より小さな、商業上も重要ではなかったコーンウォール州のグラムパウンドのような場所が、新たに議会に議員を選出することのできる特権都市《バラ》になっていた。

地方の中心的な都市や州都ばかりでなく、小さな町においても新しい都市風の建築が多くみられるようになり、と同時に街路の舗装、照明、「汚物の清掃」といった改良がおこなわれていた。都市の拡張を述べるにあたってリーランドは、「郊外《サバーブ》」という用語を使っている。そして一五七九年に刊行されたある書物によれば、「郊外」とは「市壁の外側で」貧困者が生活する場所ではなく、新鮮な空気を求め、騒音をのがれたいと考える富裕者のための場所であった。都市の中心部はたいへん混雑しており、さまざまな社会集団が密集しあいながら、多種多様な経済活動や社会活動をおこなっていた（教会があれば市場もあり、民家があれば倉庫もあり、商店があれば売春宿もありで、対照的な活動が同時に営まれていた）。だが、都市には農村の臭いもただよっていた。どこにも菜園がみられたし、まだ豚が街路を歩きまわっていたからである。また規則を増やすことにより、都市は規制の対象をますます拡大させていった。ノリッジでは一五〇九年に、またブリストルでは一五七四年に、屋根の茅葺きが火災予防のために禁止され、レスターではどの身分の者であっても、役人と不寝番をのぞいては、夜一〇時以後の外出が禁じられた。

イングランドにおいてはただ一つの都市が成長をつづけ、ほかの都市をますます小さくみせるようになっていた。ロンドンの人口はヘンリー八世の治世ではノリッジの五倍にすぎなかったが、一六〇〇年には一二倍から一四倍の人口を有するようになった。すなわち一五二〇年代前半には約七万人であったものが、一六〇〇年にはおそらく二〇万人を超えるまでに膨張していた。ロンドンの全景図が最初に描かれたのは一五五八年のことであったが、その四〇年後には、ジョン・ストウの大作『ロンドン市概観』がこの大都市の様子を描きながら、人口膨張の原因となった人びととその動機を分析していた。この著書を書いたときすでに七〇歳であったストウは、ロンドンの変化をはっきり記憶していた。ほかの大都市とおなじように、ロンドンは魅惑的でもあれば、おぞましくもある都市であった。詩人のエドマンド・スペンサーは「静かに流れよ、愛するテムズ川よ。私が歌い終えるまで」という不滅の詩を残したが、ある外国からの使節にとっては、この都市は悪臭を放ち、「世界でもっとも不潔な町」であったのである。

ロンドンに向けられた苦情のおもなものは、それが「ほかの都市や町すべて」、とりわけ港町を「呑みこんでしまう」というものであった。そしてエリザベスの後を継いだスコットランド人のジェイムズ一世(在位一六〇三―二五)はのちに、「やがてロンドンが全イングランドになってしまう」と語った。この不満は大げさではあるけれど、ロンドンが犯罪、無秩序、疾病を周囲にまき散らす恐怖感は非現実的なものではなかった。それはロンドンに流入してきた人びとの少なくとも三分の一が、最低の生活をおくっていたからである。ロンドンは一五八〇年と一六〇二年の二度にわたって布告を出し、「シティー」の門から外側の三マイル以内の地域に建物を建てることと、いままでの家屋と二重に住むことを禁じ、過去七年以内に貸し間に移り住むようになった者に退去を命じたが、それでも人間の流れをせき止めることはできなかった。

テューダー朝が終わりに近づくにつれて、まだ十分とは言えないにしても、国家的な統合が進展する徴候がみられるようになった。一般的には、貧しい北部や西部よりも豊かな南部や東部の方が、ひとつにまとまる傾向をみせはじめていたといえ、地域経済は専門分化の度合いを強め、地域間で補完しあうようになりつつあった。沿岸交易が発達することによって、ブリテン島の各地域がむすばれるようになった。一方、レスターシャーのウイグストン・マグナのように海から遠くはなれたミッドランド地方の一部は陸の孤島となり、自給自足的な生活を送っていた。沿岸交易でもっとも繁栄したのは石炭取り引きであったが、石炭の量を計るのにロンドンとニューカースルではまだ異なる単位が用いられていた。度量衡の統一は、はじまったばかりであった。

ヘンリー八世による海軍増強が先触れとなる探険と発見への情熱は、マーティン・フロビッシャー(一五三五頃―九四)やフランシス・ドレイク(一五四〇頃―九六)といったエリザベス時代の人びとを大洋のかなたへ送りだすとともに、国内においてはイングランドの地理と歴史への関心を高めることになった。イングランド王国にたいする包括的な関心は、ジョン・リーランドによる『イングランド紀行』の随所に反映している。リーランドはヘンリー八世にたいして「私は過去に書物で読んだことのある、陛下の豊かで広々とした王国のありとあらゆる地域を、徹底的に見てみたいという気持ちにかきたてられたものでした」と語った。その半世紀後にはクリストファー・サクストン（一五四四頃―一六一一頃）が最初の州地図を作成し、歴史学者たちは州の歴史を編集しはじめた。

国教会はエリザベスのもとで、ふたたび国家統合を推進する主体となった。というのも国教会と王国の統一は両者が補完的なものではなく、あくまでも一体のものとみなされるべきことが、一五五九年の第二次国王至上法という「法によって定められた」からである。一五六八年にエリザベスの誕生日が国教会の祝祭日になり、またすべての教会には王室の紋章がかかげられるようになった。ノーフォーク州のティヴェチャルではこの紋章が現存しており、王室紋章はおそらく意図的に、「最後の審判」を表す中世期の絵画の裏側に描かれていた。一五五九年以後は、制定法によって教会への出席が強制されるようになり、それを怠った場合には科料と投獄の刑罰を課すことができるようになった。内心の信仰よりも、国教会に信従していることが外からわかる方が決定的に重要であったのである。キャムデンの表現によれば、「宗教と国家《コモンウエルス》のあいだには、分離があってはならない」のであった。

言葉も標準化されつつあり、その原因のひとつは詩が発達したことによる。その一方で、いまだコーンウォール語が話されつづけており、地域が異なれば（ときにはおなじ州内においてさえ）、家畜や衣類、日用品を表す単語も異なっていた。ある歴史学者が指摘したとおり、エリザベス時代の散文がもつ言葉の力強さは、それが民衆の言葉、すなわち「畑を耕し、荷車で運び、ものを売り、噂話をする者たちの」英語に近いことから生まれていた。ただし、力強さの源は民衆の言葉だけにとどまらない。畑を耕す少年がなにかしらの比喩を使いたくなったときには、一五三九年の『大聖書』や『共通祈禱書』の表現を口ずさんだかもしれないし、また商人であればチョコレートやタバコ、ポテトといった新大陸起源の単語を好んで用いたであろう。（『お気に召すままに』の「われわれは幸せな日をすごした」'we have seen better days' とか、『テンペスト』の「素晴らしい新世界だわ」'brave new world' といった）後世にもさかんに使われることになる不滅の語句をつくりだしたシェイクスピアその人も、法律文をしばしば参考にした。学者たちも熱烈に英語を支持していた。セント・ポール校の校長であったリチャード・マルカスター（一五三〇頃―一六一一）は、「なぜすべてを英語で言わないのか」と述べている。マルカスターによれば、英語は「厳密な表現をするにあたって、精妙なギリシア語に劣らず、公正さを広めるにあたって壮麗なラテン語にまったく劣らない」。

社会的な統合は、さまざまな社会層の人びとを呼び寄せる劇場という新しい芸術にあらわれていた。エリザベス時代の演劇は、中世の聖史劇や道徳劇と連続性をもっていたが、両者には決定的な違いが存在した。テューダー朝の演劇は、その本質において世俗的なものであったことである。一五四五年に祝典長官が役者と劇場を監督する責任を負うようになり、やがて宮内大臣《ロード・チェンバレン》のもとで劇を検閲する責任も負うことになった。このようにしてかつて教会が担っていた機能は世俗の官僚に受け継がれたのである。一六世紀の終わりごろともなれば、「神を冒瀆するつくり話」を商売にしているとして、有名な役者たちが聖俗両方の批評家から激しく非難されていた。劇場にかよう新たな大衆が出現したのは、とくにロンドンにおいてであった。一五七六年に劇場座《ザ・シアター》がジェイムズ・バーベッジ（一五三〇？—一五九七）によってフィンズベリー広場に建設されると、それにならってサザークの白鳥座や、かの有名な地球座などの劇場がつぎつぎと建てられた（地球座は二〇世紀の末に再建されている）。役者は社会的地位を認められつつあり、なかには一財産築いた者さえいた。ジェイムズ・バーベッジの息子である大俳優リチャード・バーベッジ（一五六九頃—一六一九）は相当額の遺産を残し、四〇歳になる前に引退したエドワード・アレン（一五六六—一六二六）は荘園《マナー》を購入し、ダリッジにカレッジを創設した。

当時の人びとにとってエリザベス時代の世界は、後世の学者たちが考えるような「場面」とか「世界像」よりも、むしろ舞台で演じられる見世物とみなされることが多かった。そのようなイメージのなかでもっとも有名なものは、シェイクスピアの『お気に召すまま』の一節である——

　この世という広い、あまねき劇場は、
　われわれが演じる舞台よりも
　はるかにあわれな見世物を演じている。

しかしこの考えを究極まで推し進めたのは、探検家であり、歴史家、廷臣、詩人であるサー・ウォルター・ローリーであった——

　人の一生とは、苦しみのお芝居、
　われらが演じる喜劇は不和の伴奏曲。
　母親の子宮は舞台の楽屋、ここで
　われらは人生という喜劇のために衣装をまとう。
　神はすべてを見そなわす賢明なる観客、
　役者の誤ちをたちどころに見抜く。
　われらの墓はわれらを日の光から遠ざけ、
　さながら芝居の終わりに引かれるカーテンのごとし。

社会史学者は、社会にたいする詩人の（もっと後の時代では小説家の）反応を歴史的な証拠として認めている。しかしながら同時に、文学作品の記述は厳密かつ批判的な分析が必要であることも認識している。というのも詩人はときとしてありふれた出来事を特異なものとして描き、またごく当たりまえの見方を誇張して（あるいは衝撃的に）表現することがあるからである。と同時に、文学作品はほかの資料からは得られない独自の情報を与えてくれることもある。そうであるならば、「シェイクスピアの時代」という表現は不適切ということになる。シェイクスピアの作品には多様な世界が反映していた。彼はたしかにこの時代の人間ではあったが、時代に縛られていたわけではなく、同時代だけでなく過去の歴史にも素材を求めている彼の戯曲は、のちの世代にとってつねに新しい意味をもちつづけている。

シェイクスピアは同時代の観客にたいして、イングランド人であることの誇りをかきたてたが、それはエリザベス女王がイングランド臣民にたいして鼓舞したものでもあった。ノルマン人の征服があった一〇六六年以降、エリザベスは歴代君主のなかでもっとも外国の血が薄い君主であった。エリザベスこそが同時代の演劇の中心であり、イングランド臣民の服従心と愛情の求心力となった。したがって、もしもこの時代になんらかのラベルを貼る必要があるのなら、それは「エリザベスの時代」でなければならない。彼女には跡継ぎがいなかった。彼女の祖父であるヘンリー七世が、リチャード三世を撃ち破ってテューダー朝をはじめるために、キャドウォラドゥル［?―一一七二］の赤い竜の軍旗をかかげて［ヘンリー七世はウェールズ人の血を引くみずからの血統を強調するため、一二世紀のウェールズ支配者キャドウォラドゥルのエンブレムを政治的に利用した］、わずかな軍勢とともにウェールズからイングランドに攻め入ったとき、ヘンリーはまだ非合法の王位請求者にすぎなかった。一方、エリザベスの死後にスコットランドのジェイムズ六世がスコットランドから南に進軍してきたとき、ジェイムズはイングランド議会の招請を受けていた。

第六章

革命の一七世紀

ピューリタン革命、王政復古、そして名誉革命

1603年　スコットランド王ジェイムズ6世、イングランド王ジェイムズ1世として即位、ステュアート朝をはじめる
1610年　ジェイムズ1世、議会との「大契約」締結に失敗する
1611年　欽定訳聖書の刊行　火薬陰謀事件が起こる
1620年　「巡礼始祖」、北アメリカのニュー・プリマスに到着する
1625年　チャールズ1世即位
1628年　権利請願の提出。
1629年　チャールズ1世、国王議会を解散、専制をはじめる
1637年　ハムデン、船舶税の支払いを拒否、スコットランド人の抵抗がはじまる
1640年　長期議会召集　一連の国政改革　ピューリタン革命の開始　アイルランドの反乱
1642年　議会派と国王派の間で武力衝突がはじまる
1647年　独立派とレヴェラーズの「パトニー討論」
1649年　チャールズ1世処刑　共和制宣言　アイルランド征服
1651年　航海法が制定される　ホッブズ『リヴァイアサン』
1652年　第1次蘭英戦争
1653年　クロムウェル、長期議会を解散、護国卿に就任
1658年　クロムウェル死去、無政府状態となる
1660年　王政復古、チャールズ2世即位　王立協会が設立される
1661年　「騎士議会」の召集
1665年　ロンドンでペストが大流行する　第2次蘭英戦争
1672年　第3次蘭英戦争　信仰自由宣言
1673年　審査法の制定　カトリック教徒は公職から排除される
1679年　王弟ヨーク公ジェイムズにたいする王位継承排除法案が議会に上程され、それをめぐって「ホイッグ」「トーリー」の二大政党の原型が出現する
1685年　ジェイムズ2世即位、専制とカトリック化の政策を推進する
1688年　ファルツ継承戦争　第三次信仰自由宣言　オラニエ公ウイレム（ウィリアム3世）が招請に応えて上陸する
1689年　仮議会が召集され、権利宣言を提出する　ウィリアム3世とメアリー2世即位　権利章典　寛容法を制定　名誉革命の成立
1694年　イングランド銀行が設立される　三年議会法の制定

湖面のように平穏な描写よりも、残虐な戦争や反乱を書きたがる歴史学者には、当世こそもってこいの時代である。こんな時代に、私は仕えたくはない。

サー・ヘンリ・スリンズビー（一六四三）

ふと気づいてみると、それまでなにひとつ不自由なく、平和に暮らしていたものですから、私たち夫婦は水を失った魚のように感じました。なにもかもが変わってしまい、私たちはただ茫然とするばかりで、なすすべを知りませんでした。

アン・ファンショー『回想録』（一六〇〇―一六七二）

国教会と国王の軛《くびき》から逃れるために、抑圧された信仰篤い、心豊かな人びとは今こそ立ち上がり、信仰の自由と、身体および資産の正当なる自由を取り戻すのだ。

リチャード・オヴァートン『数千人の市民の抗議』（一六四六）

今日の午後、私は馬車に乗るのに、手に時計をもたずにはいられなかった。そしていま何時かと、百回も時計を見たので、もはやこれからは時計なしではいられないのではないかと、ひとり考えたものだった。

サミュエル・ピープス『日記』（一六六五年五月一三日）

「あらゆる階級のはじまりである、貧しい階級《プアラー・ソート》から記録をはじめるのがよいと私は思う」と、ロバート・ライス（生没年不詳）は一六一八年にサフォーク州の記録のなかで述べた。「富者と同様に貧者も主より出《い》でしものである。……富者も、貧者なしでは存在しえない。……貧者の小屋から煙のようにたちのぼる慎ましい考えは、君主の宮殿の高価な香水に劣らず、主へのすばらしい捧げ物である」。

　ここにみられるロバート・ライスの主張は、その内容と用語の両方とも、疑いもなく一七世紀のものである。一六四〇年代後半と一六五〇年代に、かならずしも「慎ましい」とは思えない口調ではあるけれど、貧困者は自らの主張を唱えるようになった、また、同時代とそれ以前の社会にたいする批判や、社会的な抗議のほとんどすべてが戦闘的な宗教一色に染めあげられていた。一六一一年の荘重な欽定訳聖書も、その三〇年後にはおよそ「欽定」の名に似つかわしくない扱いを受け、この試練に耐えたのちに永く生命を保つことになった。しかしながら一七世紀という時代はけっして一本道ではなかった。一七世紀が終わるはるか以前から、貧困者の要求は、それほど声高には聞かれなくなっていた。むしろまったく聞かれなくなってしまったと言っていい。また急進的な宗教も、もはや「世の中をひっくりかえす」ほどの力を失っていた。革命のあとには王政復古がつづくことになったが、その革命にしても、近年この時期を研究している歴史学者のひとりコンラッド・ラッセルに言わせれば、「保守的な人物たち」が起こしたものであった。一七世紀全体をみるならば、社会変化の主要な要因は、宗教の力よりも経済の進歩であった。べつの歴史学者は、「経済の進歩からほとんど恩恵をうけない（いぜんとして非常に数が多かった）『貧困者』をのぞけば、一六〇〇年にくらべて一七〇〇年の生活は少しばかり多様化し、未開の度合いも減った」と結論づけている。このような総括は正しいが、そこには限定をつけることも必要である。

一七世紀の社会史を、社会構造や社会過程だけの観点から叙述しようとすれば、誤解を招くことになりやすい。というのもこの世紀は、ほかのどの世紀にもまして、劇的で前例のない出来事の多かった時代であったからである。まず、さまざまな社会層が参加した内乱が起こった。つづいて、チャールズ一世（在位一六二五―四九）は処刑され、農民出身のオリヴァー・クロムウェル（一五九九―一六五八）が統治して、彼へ王位の提供がなされた。そして一六六〇年にはチャールズ一世の世継ぎが亡命先の外国から帰還した。それから先も、これまた前例のないような出来事がつづいた。初代クラレンドン伯となったエドワード・ハイド（一六〇九―七四）は、チャールズ二世の治世（在位一六六〇―八五）の初めに新議会に向かって、「全国民が原初の気質と高潔さ、古来のよき風習、古来のよき気分と古来のよき性格」を取りもどせるように議会も手を貸してほしいと訴えたが、その二八年後に二度目の革命が起こった。チャールズ二世の弟のジェイムズ二世（在位一六八五―八八）が、国教会のジェントリー［地主階級］と聖職者ではなく、ローマ・カトリック教徒と非国教徒の助けをかりて国土を支配しようとする可能性が高まると、今度はこの世紀にイングランドが戦いをまじえたプロテスタントの国オランダから、新国王ウィリアム三世（在位一六八八―一七〇二）が招き入れられた。

当時の人びとにとって一六八八年の「名誉革命」は、かつてクラレンドン伯が「内乱」について試みたような説明の必要はなかった。クラレンドン伯によると、「内乱」は多くの「不可解な原因」によって生みだされ、「天地の見えない力がこの大惨事を引き起こしたと噂されるのももっとも」であった。一方、一六八八年の革命は、内情につうじていた多くの人にとっても、またそうではなかった人にとっても、「この王国のプロテスタントの宗教と法と自由」への明白な脅威にたいする、プラグマティズムと人間の理性の勝利にほかならなかった。そしてこの勝利の結果、以前の数世代を悩ました争点に最終的にけりをつけることができた。すなわち「均衡《バランス》」が樹立され、それはその後も維持されることになった。一九世紀半ばに、ホイッグ的な進歩主義の歴史解釈［ホイッグは一七―一八世紀にトーリーと対立した政党で、自由党の前身］を提示して、過去数世紀の関係をたどった歴史学者T・B・マコーリー（一八〇〇―

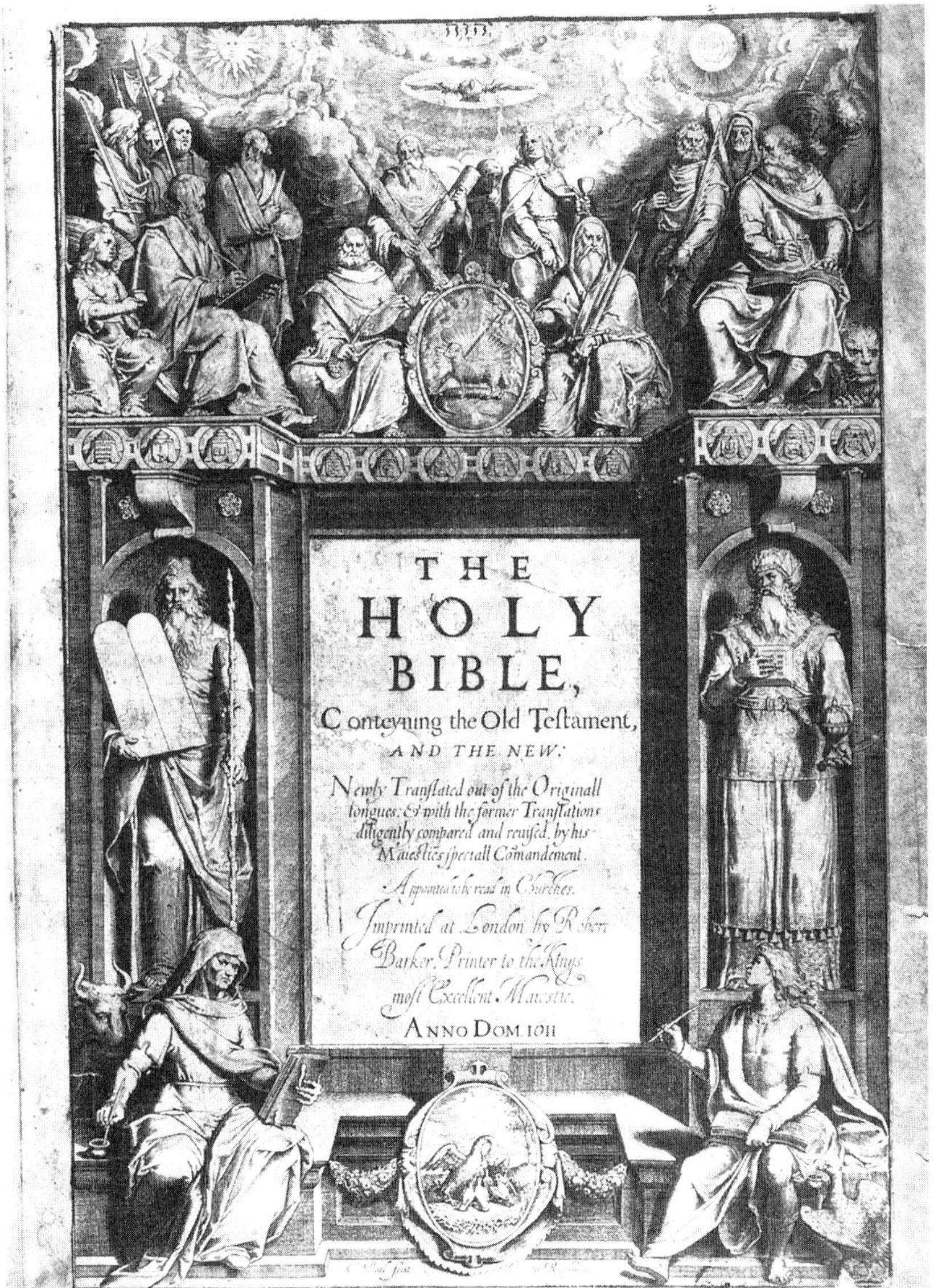

英語版聖書の出版は、イングランド社会史において画期的な出来事であった。ウィリアム・ティンダルの英訳版(1525) は発禁にされ、彼は1535年にアントウェルペンで捕らえられ、異端の罪に問われ、処刑された。ティンダルは「俗人の目の前に母国語で聖書がおかれないかぎり、彼らに真理を証明することは不可能である」と述べた。ほぼ一世紀にわたる宗教紛争のすえ、ジェイムズ1世版の大聖書である欽定訳聖書が、1611年に刊行された。この聖書は17世紀において、また18世紀以後においても、さまざまな使われ方をした。たとえばそれは国王にたいする抵抗と国王擁護を正当化するのに利用された。聖書は物語だけでなく、教理の典拠でもあった。聖書はイングランドの歴史ともっとも深くかかわってきた書物である。

五九）によれば、「一七世紀に保存のための革命をもつ一方……一九世紀には破壊的な革命を起こさなかったために」、イングランド人を「他国の人びととは異なる」ものにしたのが、この「名誉革命」であった。しかしながら近年の一七世紀史研究者のなかには、この革命はイングランド政治史における「英雄時代」の終着点とみなす者もいる。

　テューダー朝の舞台で演じられたお芝居よりもはるかに劇的であった一七世紀の諸事件が、鮮烈な多くの記憶を残したのは驚くべきことではない。また一連の事件が人びとを不安におとしいれ、疲労困憊させたとしてもなんの不思議はなかった。名門ジェントリーのひとりであるサー・ジョン・リアズビー（一六三四―八九）は、自分はあまりにも多くの変化を体験し、また「あまりにも多くの人びとがこの時代に落伍してしまったのを見てきたので、正直のところ野心は消えはじめてしまった。今の時代、思慮のある人ならだれでも、一発勝負に出てもっと多くのものを手に入れようとするよりも、引退して自分がもっているもので満足することを選ぶ、と考えるようになった」と、一六八〇年代になってからようやく書き記すことができた。「偉くなるよりも身の安全が一番」という信念を披瀝して、リアズビーはこの文章をむすんでいる。

　一連の大事件は論争を引き起こし、時として根本的な大論争へと発展した。あるいは、むしろ事件そのものが論争の産物であったと言ってよく、論争のすべてが決着し、論じつくされたわけではなかった。一七世紀において、論争は説教壇や印刷物という媒体をとおしておこなわれた。それはこの時代に識字率がおおいに上昇したことを反映している。偉大なピューリタンの詩人で言論の自由の先駆者であったジョン・ミルトンは、「もっと多くの論争や著作や多種多様な意見が表明される必要があるであろう。というのも善良な人間にとって、主張することは知識を形にすることにほかならないからである」と述べた。一六三〇年代には、印刷された言葉には厳しい検閲が存在したが、当局は説教壇や宿屋《イン》を完全には取り締まることはできなかった。そのため一六四一年に検閲がなくなると、パンフレットの全盛期が訪れることになった。一六四〇年に二二点が公刊されたパンフレットは、一六四二年には一九九六点を数えるにいたった。社会的、政治的な争いに印刷機を利用することで、宗教と政治の両方が活気づいていた。またこのことは歴史研究に豊富な史料を提供することにもなった。

　論争は、課税から法と臣民の自由や宗教、土地と交易、権力と所有権など、文字どおり多岐にわたった。一七世紀前半における経済論争の多くは、王室財政の逼迫に端を発していた。全ヨーロッパ的な現象であった一六世紀の物価高騰がゆるやかに収束しつつあったために、中世後期以降つねに余裕がなかった王室財政はいまや悪化の一途をたどっていた。一六二〇年代に物価の上昇は止まったが、これは事態の改善ではなく、むしろ経済的な緊張が高まった徴候であった。毛織物輸出の最高が記録されたのは一六一四年であったが、八年後にはこの数字も半減した。貿易が輸入超過におちいり、凶作がつづき、毛織物産業を中心に困窮が生まれた。ジェイムズ一世時代の家屋と家具はその重量と耐久性によって頑丈そのものの印象を与えるかもしれないが、当時の経済状態は安定している時期でさえ、いつ破綻してもおかしくはなかった。一六二九―三五年は「豊作の七年間」であったが、その後は不作がつづいた。たとえば「内乱」がはじまった一六四二年、さらに国王が処刑された一六四九年、さらにチャールズ二世が王座に返り咲く前年の一六五九年は大凶作であった。

　近年において、経済史学者は「イングランドの外国貿易の根本的な再調整から生じた長期的な危機的状況」に注目している。ただし、当時の人びとが非難したのはペストと凶作であって、それらは明白な経済的理由から国内の需要を減少させ、さらには輸入穀物の代価として市場から金貨を回収させていた。もうひとつよく聞かれた不満は「貨幣の不足」であった。悪人もおり、おそらくもっとも有名なのは、毛織物の仕上げ工程をオランダからうばおうとして多くの約束を取りかわし、結局は破滅的な失敗を招いたロンドン市参事会員ウィリアム・コケイン（生没年不詳）とその仲間であろう。「空想の逸楽世界《コケイン》」はまさしくコケインによってその架空性が証明されてしまった。

　イングランドの王位を継承したときからすでにジェイムズ一世は、彼が言うところの「欠乏という害毒」に気がついていた。エリザベスから引き継いだ負債が三倍にも増大した一六一〇年に、ジェイムズ一世は議会とのあいだで、毎年定額の補助金を受けとる見返りに封建的賦課金を廃止する「大契約」をむすぼうとしたが、失敗におわった。こののちジェイムズと大浪費家であったチャールズ一世は二人とも、議会の反発を招くことになる船舶税など「一時しのぎの便法」を使って、歳入の増加をはかった。歳入の大半を懐に入れてしまう請負人に徴税を委託したのもその一環である。もちろんこうした王室の姿勢の裏側には、課税額の決定に現実的に対応できなかった議会のかたくなな態度があった。議会は歳入の十分な手当てを進んでしようとはしなかった。財政上の争点は、内乱史のごく初期において、国制上の争点になりえたのである。「もしも国王が意のままに欲するだけの税金を臣民に課し、支払いを拒否した者を投獄するならば、われわれの自由のすべては一挙に失われてしまう。もしも財産に恣意的な税が課せられることになったら、自由人といえども昔の奴隷や農奴とどんな違いがあるというのか」と、サー・シモンズ・デューズ（一六〇二―五〇）はその『自伝』で述べていた。

　国王と下院のあいだで起こった初期の論争は、おおむねコモン・ローの言葉によってとりかわされた。というのも論争で提起された先例と諸権利が、裁判所に照会されたからである。一六一三年に王座裁判所の首席裁判官に任命された経験をもつサー・エドワード・クック（一五五二―一六三四）は、「王座の下にひかえるライオン」のように王室を守る行動をとるのをかたくなに拒否した。とりわけ彼は、正当な法の手続きと下院の特権を問題にするときには、「マグナ・カルタ」に着想を求めた。一六一六年六四歳のときに彼は解任されたが、五年後に彼は下院の議員となった。

　ジェイムズ一世の即位は、ピューリタンとカトリック双方の非国教徒から、エリザベス時代で獲得できなかった譲歩をかちとる絶好の機会と考えられた。そのため一七世紀をつうじてつづくこととなる宗教論争の大筋と用語が、すでに最初の一〇年間から姿をみせることになった。一六〇四年一月のハンプトンコート宮殿の会議において、国王とピューリタンは激しい口論をかわしたけれども合意には達せず、その一年後には議会を爆破しようとしたカトリック教徒の陰謀が発覚して、ガイ・フォークス（一五七〇―一六〇六）が処刑された。カトリック教徒よりも数が多く、いっそう危険な集団であったピューリタンは議会に多くの代表をおくっており、「真理を植えつけるために地上のこの一隅を選びたもうた神」のご加護により、議会を守っていかなければならない、と主張した。

　時がたつにつれ、真理にたいするプロテスタント的解釈も多様となり（その大半は聖書の権威を主張していた）、また分派の数も激増した（すぐ消滅したものもあった）。新たな分派には、独立教会主義者《インディペンデンツ》〔独立派〕、長老教会主義者《プレスビテリアンズ》〔長老派〕、バプティスト、クエイカー、急進主義的な千年王国主義者《ミレネリアンズ》などがあり、また忘れ去られてから久しい時がたつランターズ〔喧騒派〕、求正教徒《シーカーズ》、マグルトニアンズといった一風変わった名称の分派も生まれていた。ジョン・ミルトンの言葉を借りれば、「多産の子宮」に封印をすることはできなかったのである。誤謬と対決する真理という意識が、プロテスタントとカトリック双方にみなぎっていた。内乱で議会側に参加した多くの人びととおなじように、ミルトンにとって、勃発した内戦はけっして一連の利害や意見の対立ではなく、あくまでも悪にたいする善の戦いであった。「神と表向きだけの誓約しかむすばない国民は、神に見捨てられるのだ。イングランドがそれにならないという保証はどこにあるのか」と、説教師トマス・フッカー（一五八六?―一六四七）は一六四一年の告別説教において、会衆に向かって警告を発した。「聖書の言葉と剣とをむすびつけなければならない」と、あるピューリタンの説教師は大声で叫んだ。また、カトリック側にもチャールズ一世は聖人として遇されるべし（じっさいにそうみなされてきた）という、強硬な主張が存在した。

　内乱の原因を分析するにあたって、過去の歴史学者たちは、議会における国制上の討論や国内における宗教上の動揺に関心を集中させる傾向があった。しかし近年では、社会や経済の利害の問題も注目され、一六六〇年をあいだにはさむ時期の連続性が指摘されている。イングランドを内乱に追いこんだのは貴族とジェントリーであった。また、彼らの多くは内乱に巻きこまれまいとしていたが、内乱から利益を得たのもしばしば彼らであった。「封建制の手綱」と呼ばれる後見裁判所などの諸機関は、すでに内乱が勃発するよりも先に長期議会によって廃止されていたが、内乱の勃発後にその廃止を議会が追認した事実は、「イングランドの土地所有の歴史において、おそらくもっとも重要な一事件」であるとも言われている。土地所有者が封建的な軍事奉仕だけでなく、その奉仕を貨幣によって代納する義務からも解放されて、相続上の資格にたいするあらゆる障害がなくなった一七世紀の末には、私有財産権とりわけ大規模な土地の所有権は、世紀の初めよりもはるかに強固に確立された。そのころには所有権を正当化する新しい理論と、所有権を保護するための新しい法律上の防禦策とが出現した。しかし、じっさいには保護の必要はなかった。一八世紀前半にバーナード・マンデヴィル（一六七〇？―一七三三）［『蜂の寓話』で知られる著述家］が簡潔に表現したように、「統治権は所有権に従う」ものであったからである。

　内乱の究極的な陣営構成を社会、経済的な利害の対立であったとする説明は、同時代人のジェイムズ・ハリントン（一六一一―七七）が一六五六年に刊行した『オシアナ』で最初におこなったものである。それは土地の所有権が王室と貴族から庶民に移動し、権力の移行をもたらしたために、内乱が勃発したと主張していた。一九世紀にこの解釈を継承したのが、カール・マルクスであった。テューダー朝のもとで「貴族が減少したので、均衡は人民の側にかたむいた」とハリントンは論じたが、マルクスによれば、イングランドにおける争いは封建的なイングランドにたいするブルジョアジーの争いであった。「権力は所有権に従う」のである。

　ハリントンは「貴族《ノビリティー》」のなかにジェントリーをふくめたが、一九四〇年代と五〇年代の歴史学者はしばしばこの両者を厳密に区別したうえで、「貴族の危機」と「ジェントリーの勃興」を指摘した。彼らは、エリザベスの死から内乱の勃発にいたる時期の「貴族」と「ジェントリー」の資産と姿勢を綿密に調べあげ、こと細かに比較した。ときとして一七世紀の議会における討論さながらに過熱したこの歴史学の論争も、終わってみれば、内乱をはじめた両陣営の土地所有者のあいだに、はっきりした経済的な相違はなかったことが明らかとなった。内乱の「原因」になったのは、ジェントリーの勃興でもなければ、ジェントリーの一部の経済的な没落でもなかった。議会派の円頂党員《ラウンズヘッズ》と国王派の騎士党員《キャヴァリヤーズ》を、上昇するジェントリーと没落するジェントリー、さらには「封建的」土地所有者と「ブルジョア的」土地所有者という観点から分類することは、じっさいには困難である。

しかしながら、社会における「進歩的な」要素によって率いられた「ブルジョア革命」というマルクスの考え方と、とくに商人的な利害集団がどの程度国王に反対して議会を支持したのかといった問題については、いまだに論議がつづいている。たしかにロンドンなどの港湾都市や印刷工房をつうじて、イングランドの商人たちはジェノヴァ、ストラスブルク、アムステルダムなどの政治意識の高かった市民（ブルジョア）たちとの連帯をもっていたけれど、イングランドの商人たちが彼らとまったくおなじ集団としての政治意識をもっていたとは思えないし、商人の集団にもつねに分裂がみられた。おなじ社会的な背景をもつ商人でも、政治的にも宗教的にも異なる姿勢をとっていた。そのうえ議会で発言権をもっていた商人は議会のなかでは少数派であって、州から選出されたジェントリーのかたわらに議席を占めていたにすぎない。商人階級は、たとえば「怠惰にたいして激しく抗議し」、自分の職業を神聖な「召命」と信じるなど、とりわけピューリタン的な価値観を採り入れたいと考えていたかもしれない。また、少なくとも一部の商人たちは、教会や国家にみられた身分階層制にたいして反対意見を表明していた。ところが、商人社会内部の分裂は内乱が勃発したあとも存続していた。たしかに経済的にみて「後進的」であった北部と西部よりも、経済的に「先進的」であった東部と南部が、断固として議会を支持したことは事実であったとしても、これらの地域内部でも国王側につく勢力が存在した。たとえば国王派がおさえていたヨークシャー西部の毛織物工業地帯に、円頂党の飛び地が存在しており、他方で議会派の領域であったノーフォーク州のキングズ・リンに騎士党の蜂起が起こっていた。

しかしながら議会派にとって決定的に重要だったのは、富裕なロンドンが最初から最後まで議会の後ろ盾になっていたことである。ロンドンの商人には過去に王室と強いつながりをもつ者もいたが、一六四一年に追放の憂き目をみた「独占業者」の下院議員を除くと、残りの一九人のロンドン選出の下院議員のうち一八人は、一六四二年の内乱の勃発にさいして議会を支持した。彼らは重大な局面をむかえると、議会に支持を与えていた。

近年では、異なる角度から内乱の「因果関係」にアプローチを試みる歴史学者もおり、彼らは、社会的、経済的な集団がみずからの利害を守ろうとしたことは認めるにしても、彼らの利害意識とはまったくべつの要因もはたらいていたと指摘している。この立場の歴史学者たちは、「宮廷《コート》」と「地方《カントリー》」とのあいだに緊張が高まり、その裂け目がついに修復不可能となって内乱へ突入したと考えている。この緊張がジェイムズ一世の治世のはじまりから存在したことはたしかである。ピューリタンのルーシー・ハッチンスン（一六二〇―？）［「国王弑逆者」として革命に活躍することになる夫のジョンの『回想録』を著した］は、「宮廷」は「肉欲と深酒を育てる場所」であると記した。また宮廷を熟知

護国卿政権時代の硬貨。クロムウェルの横顔がローマ皇帝風に刻まれている。

チャールズ1世時代のシリング銀貨。ロンドン塔造幣局で鋳造されたもの。

17世紀前半における、厚手と薄手の毛織物の製造工程を図解する同時代の印刷物。農夫や、「船員」など、多種多様な働き手が毛織物製造に貢献していることを示している。中央の輪にも注目せよ。

する立場にいたサー・ウォルター・ローリーはつぎのように「宮廷」を非難した――

宮廷にたいして言ってやれ、
それは朽ちた森のような光を放っている、と

もうひとつ攻撃の的になったのは、宮廷にみられた「外国からの」影響であった。ジェイムズ一世とチャールズ一世の宮廷には、政治とスタイルの点で、エリザベスの宮廷よりもはるかに強い大陸とのむすびつきがみられたことは事実である。ホワイトホール宮殿のみごとな迎賓館とグリニッジのクィーンズ・ハウスは、いずれも建築家イニゴ・ジョーンズ(一五七三―一六五二)によりイタリア人パラーディオの古典主義を模範にして建てられた。ロンドンの最初の広場であるコヴェント・ガーデンにも、イニゴ・ジョーンズをつうじてイタリア古典主義の影響がみられる。

「宮廷」は、宮廷人と大臣、事務官から構成される複雑な組織であった(官僚と政治家の区別はなかった)。エリザベスが試みたような節約が求められていたにもかかわらず、「宮廷」は国内でも海外でもしばしば放漫な支出をおこなった。ジェイムズ一世の寵臣で、一六二六年に弾劾をうけることになる初代バッキンガム公のジョージ・ヴィリヤーズ(一五九二―一六二八)は外交における枢要な人物であると同時に美術品の蒐集家であり、チャールズ一世も外国芸術の大の保護者であった。一方の「地方」においても、州レヴェルで家系と縁故関係をめぐって紛糾があったり、影響力と依存の鎖が存在したことは事実であり、貴族やジェントリーの一部に外国風のスタイルの影響をうけた者もいたが、通常は「宮廷」のようなやっかいな金繰りや商売の問題に巻きこまれることはなかった。例をあげると、ジェイムズ一世のもっとも有能な大臣のひとりで浪費の削減につとめたライオネル・クランフィールド(一五七五―一六四五)は、国家の役人になる以前は貿易商、投機家として資産をなし、その大臣としての職歴が弾劾、投獄、釈放、蟄居によって終わりをつげるまで、自分の実業活動をつづけたのであった。

「宮廷」が「官職」につくあらゆる機会を提供する一方、「地方」は自立のあらゆる満足を提供した。「官職」のすべてが金もうけの手段になったわけではなかったが、それには地位がつきものであって、たいていの地位は、自分の経験を土台にしたフランシス・ベイコンの説得力のある言葉を借りれば、「らせん階段」をのぼることによって手に入れられるものであった。一方、官職とは無縁で独立独歩の生活をおくることが、みすぼらしさを意味するとはかぎらなかった。というのも一七世紀前半には、直営地と地代の両方からの土地収入が上昇していたからである。したがって、ほとんどのカントリー・ジェントルマンは裕福な生活をおくっており、「官職」によって「財産」を獲得する人生に激しい嫌悪をいだくまでもなかった。

チャールズ一世時代をつうじて、「宮廷」と「地方」の

あいだには文化的な格差が広がる徴候がみられた。「宮廷」の芸術は少数者のためのものであって、しかも費用のかかるものであった。科学はジェントリーと都市民のあいだで実用面と教養面での関心から探求されたが、「宮廷」では関心の対象外であった。諷刺も「宮廷」では好まれなかった。代わって、形式が定まった宮廷仮面劇が好まれ、その「技巧豊かな台詞」と「甘美な音楽」、「みごとな寓意」がベン・ジョンソン（一五七二―一六三七）の怒りの的となっていた（ジェイムズ一世時代に、ベン・ジョンソンはイニゴ・ジョーンズが舞台演出をした宮廷仮面劇の台本を書いていたが、ジョーンズとは犬猿の仲であった）――

お絵描きと大工仕事が、仮面劇の真髄とは！
それならお前のガラクタ詩で舞台をつくってしまえ！
いまや肉体労働者が芝居をつくる時代なのだ。

ただし、内乱が生じたその当時、この戦争を「宮廷対地方」とか、「体制対反体制」という観点から単純に説明できたわけではない。動機は複雑にからみあっており、かならずしも嫉妬や嫌悪感、あるいは疎外感ばかりではなかった。世論もくるくると変わり、その結果、一六二五年と一六四〇年とでは政治的な同盟関係の構成が異なっていたし、さらには一六四〇年と一六四二年とでも異なっていた。また、それぞれの期間に起こったことは、その当時きわめて重要な意味をもっていた。社会史にとって、当時の状況と選択を詳細に検討する作業が不可欠であることは政治史の場合と同様である。そもそも、内乱を必然的とみなす説明は誤解を招きやすい。出来事の詳しい段階的な分析は、事件の経過をたどる政治史学者ばかりではなく、社会関係の変化を解明する社会史学者にも求められている。大切なのは、関連する人物たちがそれぞれ異なる争点をもっていたことを考慮しながら、内乱が起こるまでの展開に存在するさまざまな段階を明らかにすることである。

社会的な同盟関係と事件の展開にかんして、ひとつの段階が決定的な重要性をもっていたことが、これまでしばしば指摘されてきた。一六二八年に下院は苦情をまとめ、議会に諮《はか》られない課税や軍法の適用、勝手に投獄する権限を終わらせるために「権利の請願」を作成した。チャールズ一世は財政が困難であったためにその受諾を余儀なくされたが、翌年の一六二九年には自分は新しい特権《リバティーズ》を付与する気持ちはなく、古来の特権を確認するだけであると主張した。下院は停会を拒否した議長を議長席に押さえつけたまま、自分たちの主張をむりやりに通そうとした。

この結果チャールズ一世は一六二九年から一六四〇年の一一年間、議会を開かずに統治した。国王がたよったのは、一五七三年の生まれで一六三三年にキャンタベリー大主教に昇進したウィリアム・ロード（一五七三―一六四四）と、一六四〇年にストラフォード伯を授かったトマス・ウェントワース（一五九三―一六四一）という二人の側近であった。教会の教義と教会（と大学）の秩序についてロードが一貫してとった見解は、彼が大主教に任命されるはるか以前からピューリタンの見解とは根本的に対立していた。一方のウェントワースは一六二一年以後の議会すべてに議席を占めており、かつては議会の同意のない国王の行為を批判しつづけてきた人物であった。

　この二人の人物は国王の権威を盾にして、しばしば専横的なやりかたで不人気な政策を実行にうつした。「神聖さのもつ美」を名目にして、教会に規律を確立しようとしたロードの要請は、ピューリタンの一部からの報復行為を引き起こした。ピューリタンは祭壇をつくるために聖餐台を柵で仕切ることと、それに頭をさげることを「カトリック的」であるとして拒否したのである。一方、ウェントワースの統制主義的な経済・社会政策は、ロンドンの企業家や、一〇分の一税の増額に反対する地方ジェントルマン［郷紳］とヨーマン［自作農］を離反させた。とりわけ、過酷な検閲と批判者の口封じは反対を強引におさえつけただけで、強い反発が残ってしまった。法律家でパンフレット作者であったウィリアム・プリン（一六〇〇―六九）は、主教たちと演劇を批判したために、一六三四年に刑罰として耳を削がれ、さらに彼の演劇論はカトリック教徒の王妃ヘンリエッタ・マライア（一六〇九―六九）を中傷するものとロードが判断したために、さらし刑にも処せられた。また裕福なジェントルマンであったジョン・ハムデン（一五九四―一六四三）は、一六三六年の船舶税支払い反対によって国民的な英雄になった。国王はフランスやスペインの国王が意のままに使っていたような官僚組織をもっていなかったために、役人を主教から登用しなければならなかったが、彼らは同時代人からは「贅沢三昧の神学者」とか「王室御用達聖職者」などと激しく非難された。結果として、チャールズ一世時代の宮廷官僚は、ジェイムズ一世時代の官僚よりもはるかに不人気な存在になった。政治体制がクラレンドン伯の言うところの「名誉と高い身分」をもつ多くの人びとにとって腹立たしいものになったのは、まさにこの時点においてであった。

　必然的に道徳的な権威が失墜し、軌を一にして国家規模でも地域規模でも文化的な分裂が進む徴候、さらには善良な穏健派がかつては身をおいていた中間の地面が侵食される徴候が数多くあらわれた。そして分裂した文化の両極には、それぞれ妥協を知らない強硬派がいたために、結果として二つの文化は二つのあい戦う陣営になった。ウェントワースが「プリンとかピムとかベンとかいう、奇怪な名前と性質をもつ輩《やから》」をさげすむ一方で、対立する陣営にたいしてルーシー・ハッチンスンは「借金まみれの廷臣」、「高慢で強欲な聖職者」、「盗人たけだけしい投資家」、「好色な貴族」とののしった。

　しかしながら、一六四〇年の時点でまださいは投げられていなかった。これにつづいて起こった出来事を説明するには、イングランド史と関連させてスコットランドの歴史

ローマ・カトリックのものであろうと、ロード派のものであろうと、宗教上の飾りつけはプロテスタントの感受性をいたく傷つけた。また、それは出版業者にとって恰好の題材にもなった。

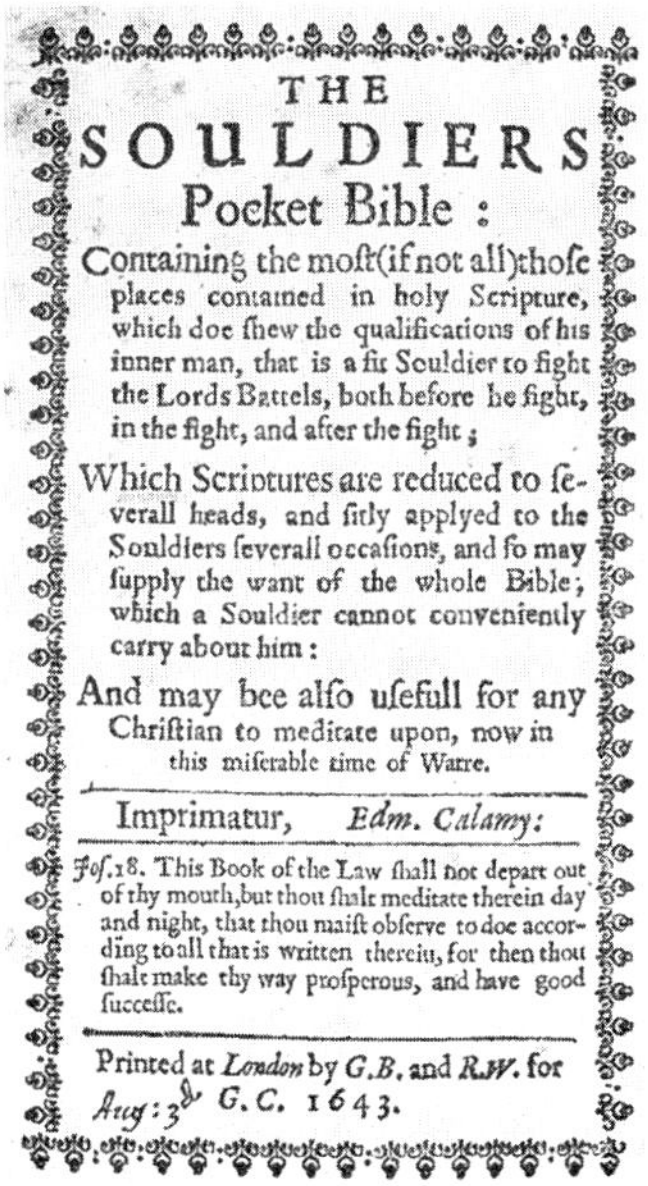
THE SOULDIERS Pocket Bible:

Containing the most (if not all) those places contained in holy Scripture, which doe shew the qualifications of his inner man, that is a fit Souldier to fight the Lords Battels, both before he fight, in the fight, and after the fight;

Which Scriptures are reduced to severall heads, and fitly applyed to the Souldiers severall occasions, and so may supply the want of the whole Bible; which a Souldier cannot conveniently carry about him:

And may bee also usefull for any Christian to meditate upon, now in this miserable time of Warre.

Imprimatur, *Edm. Calamy:*

*Jos.*18. This Book of the Law shall not depart out of thy mouth, but thou shalt meditate therein day and night, that thou maist observe to doe according to all that is written therein, for then thou shalt make thy way prosperous, and have good successe.

Printed at *London* by *G.B.* and *R.W.* for G.C. 1643.

Aug: 3d

（右）ニューモデル軍の兵士のための便利な携帯用聖書。（左上）兵士たちの活動。偶像など「カトリック」的なものすべてを破壊する光景。（左下）スコットランド軍を歓迎する光景。スコットランド軍はピューリタン革命において決定的な役割を演じた。

を詳細に考察しなければならない。いわゆる「短期議会」の召集を余儀なくされたあとで、チャールズ一世がロードとウェントワースの二人を犠牲に供したのがこの一六四〇年であった。チャールズ一世は短期議会をわずか三週間で、激しい議論のなか解散した。つぎに開かれた第二の議会、すなわちのちに「長期議会」の名前で知られるようになる議会は、貴族会議の忠告にしたがって召集され、公式には一六六〇年までつづくことになる。しかしながら一六四一年のウェントワースの処刑とロードの弾劾（彼は五年後に処刑されることになる）の影響は、イギリス海峡のかなたでマザラン枢機卿（一六〇二—六一）が気づいていたように、本来の意図とは反対のものをもたらした。つづいて議会は課税を支配し、国王大権裁判所と主教制度を廃止した。

かつてウェントワースを激しく非難した者たちの一部が、新たに分裂した議会と袂を分かってしまったにもかかわらず、議会は、三年に一度は議会を開かねばならないとする三年議会法と、みずからが同意しない解散に反対する法を通過させた。この二つの法案はスコットランド人が強硬に主張したものであった。一六四一年末には「大抗議文」が公表、配布されて、チャールズ一世を攻撃した。「大抗議文」の通過はわずかに一一票の差であった。それに反対したひとりは、つぎのように叫んだ——

私が最初にこの「抗議」のことを聞いたときには、邪悪な枢密顧問官の談合や不誠実な裁判官の裏切り行為について、国王陛下にお戒めするものであると考えていた。まさか国王陛下をかやの外に置いて、「抗議」を身分の低い者たちにするとは夢にも思わなかった。私自身は、不満の治療を庶民に求めたり、彼らに慰めてもらうつもりはさらさらない。

国内の不満勢力を動員するのに、「抗議を身分の低い者たちにする」必要はなかった。「大抗議文」につづいて国王が（ハムデンとピムをふくむ）五人の議員の逮捕に失敗してロンドンを退去したときには、自分から攻撃を仕掛ける気にはなれないにしても、心理面でも道徳面でも受けてたつ心構えをした多くの人たちがいた。しかも分裂は地域間のみならず、おなじ地域の家族の内部にも存在するほど激しく、いざ戦争がはじまれば容易に決着がつかないことは明白であった。

内乱期の大規模な戦闘は三度にわたり、すべてロンドンではなく、地方で戦われた。一六四二年当初、チャールズ一世はノッティンガムを本拠地とした。エッジヒルの戦いのあと国王軍はロンドンに進軍することができず、オクスフォードが臨時の首都になり、七〇人の貴族と一七〇人の議員が移り住んだ。オクスフォードは一六四六年に陥落したが、このときすでに国王は議会側に降伏していた。国王の身柄は、二万二〇〇〇の兵力を有して勝利をおさめたニューモデル軍の手にわたされ、軍はついでロンドンをおさえて、総司令官トマス・フェアファックス（一六一二—七ご〕をロンドン塔の総督に任命した。彼の副司令官がオリヴァー・クロムウェルであり、クロムウェルは優れた軍事指導者であることを立証し、一六四九年にチャールズ一世が処刑されたのちに護国卿になった。イングランドは共和国となり、貴族院は廃止され、宗教上の寛容が宣言された。

四年にわたる戦闘で一〇万人以上ものイングランド人が戦死した。彼らの亡霊は二〇世紀になってもさまよいつづけた。一例をあげれば、T・S・エリオット（一八八八―一九六五）は、時間と歴史のもつ意味に思いをめぐらせて、彼らを回顧している――

もしも私が日暮れどきに国王や
処刑台にいる三人や、その他の人びと……
また目かくしされ黙って死んでいった人びとのことを
　考えるとき
これらのすでに死せる人たちを
いま死へと歩みつつある人びと以上に
祝福すべきなのであろうか。

しかしながらイングランド人の大半は軍事的な作戦行動には従事しなかったので、戦闘が進むにつれて厭戦的な徴候があらわれてきた。内乱そのものがよく知られていなかったことを示す徴候も数多くある。一六四四年七月に議会軍はマーストン・ムアにおいて重要な勝利をおさめたが、こんな言い伝えが残っている。戦闘がこれからはじまるので、戦場には近よらないようにとの警告をうけたある農民は、「あれまァ、どこかの二人がけんかしているだかね？」と聞き返した。

にもかかわらず、感情はいやましに高まって、いちじるしく急進的で暴力的な意見が内乱中にも、内乱後にも表明された。たとえばあるノーサンプトンシャーの叛徒は、「一年以内に、ジェントルマンはこのイングランドからひとり残らず消えてほしいものだ」と発言した。一六四〇年代に独特な政治的、宗教的急進主義がもっていた真の特質は、一六四七年のパトニーにおける一連の討論にもっともよくあらわれている。この討論においてニューモデル軍の兵士たちは、内乱の体験も新たに、地域への帰属意識や社会的な規制から解放されて、宗教、統治、財産にかんして、あい異なる考えをぶつけあった。たしかに兵士たちは「神はわれわれとともにいまし、われわれをみちびき、われわれの仕事を喜びたまうのだ」と信じていた。ところが、この信仰心の一致も、自分たちが戦ったばかりの戦闘のもつ社会的な意味や、ノルマン人の征服がもっていた社会的、政治的な意味について統一的な見解を生みだすことはできなかった。

この討論で表明された見解には、社会的、政治的な力をもたない人たちの口から出たものもあった。たとえばある討論参加者は、「この王国で不動産権をもたない人間は、この王国でなんの権利も与えられていない。われわれはよくもだまされてきたものだ。もしもこの王国でなんの権利も与えられていないのなら、われわれはたんなる傭兵にすぎない」と不満をもらした。これにたいしてもうひとりの発言者であるヘンリー・アイアトン（一六一一―五一）（クロムウェルの婿であった）は率直に反論した――「この王国で永続する一定の財産をもたない人間は……ここでわれわれが統治される法律を定める人を決めたり、選んだりすることに関与する権利をもたない」。これからのちに支配的になったのは、後者の見解であった。

「レヴェラーズ」と呼ばれたニューモデル軍のより過激な共和主義者の考えは、第一の発言者の意見と完全に一致していた。彼らは「人民協定」という自分たちのマニフェストをもっており、「鋲を打った靴や釘を打った靴をはき、毛のエプロンを身につけた庶民」の権利を守るために団結して、議会をまったくちがったものにする（おそらく当時においては、結果としていっそう保守的なものにするかもしれない）男子普通選挙権を要求し、また、一〇分の一税の廃止を要求した（これが実現していれば、主教制度を認める認めない以前に、どんな国家教会の権力をも消滅させることになったであろう）。「今やってしまわなければ、好機は永遠に訪れない」と彼らは主張した。

人数ははるかに少ないがさらに急進的な集団であった「ディガーズ」は、私有財産に根本的に反対して、「土地を自由にする」ために戦った。しかも彼らはたんに言葉だけにとどまらなかった。荘園《マナー》制下の共同地に住みこみ、封建制下の木を切り倒した。チャールズ一世は征服王ウィリアムの遺産の受け取り人だったのだから、われわれにはその遺産を受け取る権利がある、と彼らは主張した。「イングランドの庶民には、おえら方から雇われ仕事をもらうだけの自由しかないというなら、このイングランドといえどもあの専制的なトルコやフランスとおなじことではないか」と、ディガーズの主要なスポークスマンのひとりジェラード・ウインスタンリーは述べた。彼によれば、「もっとも貧しい者も、もっとも富裕な人と同様に、土地にたいする資格と正当な権利をもっている」。

一六四〇年から四五年にかけて爆発した急進主義者の言動は、あらゆる保守主義者に驚愕を与えた。すでに内乱に先だつこと数十年前から、権力者たちは「無規律で貧窮した群衆」が「たくさんの頭をもつ……無分別で凶暴な野獣にいとも簡単に変わりうる」ことに危惧を示していた。また、かつて国王の批判者であった者でも、「全王国の困窮した人民」が「衆をたのんですぐさま蜂起し、その手でこの王国のすべての貴族とジェントリーを滅ぼしてしまう」と信じて、内乱が開始される以前に国王側につくこともあった。たしかにいったん戦闘がはじまると、急進主義への反発から、一七世紀初めの基準からいえばけっして保守主義者ではなく、ときには急進的な宗教信条をいだいていた人びとも、保守的な傾向を見せるようになった。「もしも手に負えない群衆が乗り手をほうりだしてしまったら、彼

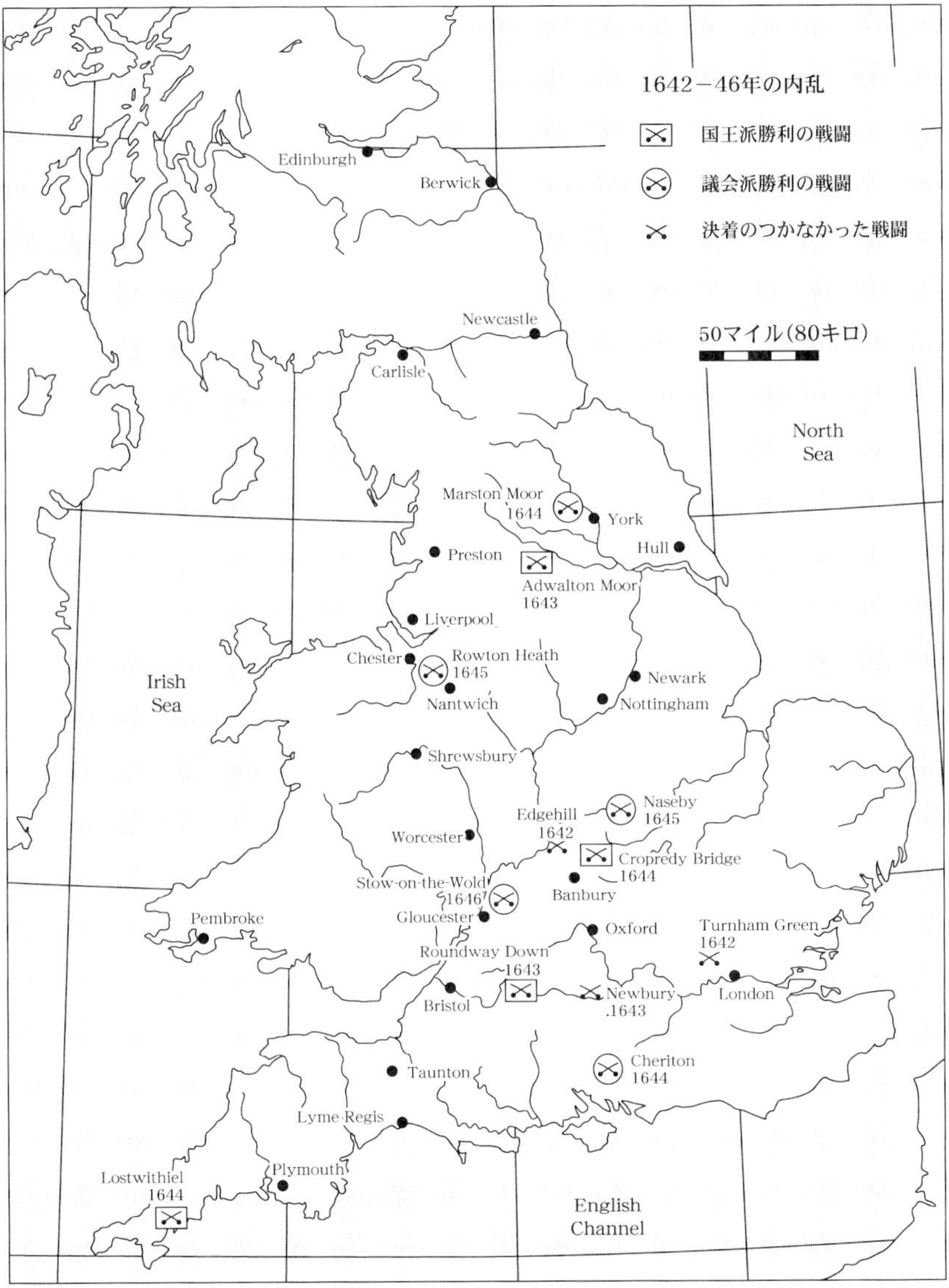
1642−46年の内乱
国王派勝利の戦闘
議会派勝利の戦闘
決着のつかなかった戦闘
50マイル(80キロ)
Edinburgh
Berwick
Newcastle
Carlisle
North
Sea
Marston Moor
1644
York
Hull
Preston
Adwalton Moor
1643
Liverpool
Chester
Rowton Heath
1645
Nantwich
Irish
Sea
Newark
Nottingham
Shrewsbury
Edgehill
1642
Naseby
1645
Worcester
Cropredy Bridge
1644
Stow-on-the-Wold
1646
Banbury
Gloucester
Pembroke
Oxford
Turnham Green
1642
Roundway Down
1643
Bristol
Newbury
1643
London
Taunton
Cheriton
1644
Lyme Regis
Plymouth
Lostwithiel
1644
English
Channel

らはイングランドのすべての州を野火のように走りまわることであろう」と言う人もいた。宗教上は「国教会根絶派」に属したクロムウェルも、「イングランドで数百年にわたって知られてきた、貴族、ジェントルマン、ヨーマンという身分階層」が維持されることを切に願っていた点で、気のすすまない共和主義者にすぎなかった。この点においても、彼は「自分が平均的な人間にほかならない」ことをみせていたのかもしれない。一九世紀後半の歴史学者S・R・ガードナー（一八二九—一九〇二）はクロムウェルを評して、あらゆる時代をつうじてもっとも典型的なイングランド人と呼んでいる。

しかしながらチャールズ一世が処刑された一六四九年から王政復古の一六六〇年までの内乱と大空位時代から、結果として利益を得たのは、「たくさんの頭をもつ野獣」ではなくて、「貴族とジェントリー」であった。ディガーズはその企てのすべてに失敗し、レヴェラーズはクロムウェルら軍の指導者にたいして反乱を起こしたのち、一六四九年に鎮圧された。またランターズのような宗教的急進主義者が、新しいシオンの園をつくりだすこともなかった。なるほど、いくつかの面で注目すべき革新がみられたことは事実である。すなわち、宗教的寛容が穏健派のピューリタン分派に拡張された。没収された広大な教会と国王派の不動産は所有者が変わり、クロムウェルは（市民権は与えはしなかったが）ユダヤ人を歓迎して呼びもどしたし、司法上の改革もおこなわれた。しかし一六五八年に死去するまで「家族における父」、「教区における警吏」として権力の座にとどまったクロムウェルは本質的に保守主義者であった。議会も、粛清と議員の指名化、あるいは解散と改革など、変化の歴史を繰りかえし、命脈を保った。そして、財産をもたない者の状況にも、目に見える変化は起こらなかった。

一六五五年以降のイングランドは、これまでの伝統的な教区だけでなく、少将の位をもつ軍政官《メイジャー・ジェネラルズ》が「信仰深く徳がある」ことを看板にして権威を行使するいくつかの地域に分けられた。農村においても都市においても、一連の統制体制が敷かれた。まず安息日の遵守と賭博禁止（テューダー朝ではじめられた）の規則が施行され、酒場と（数年間は）劇場が閉鎖された。闘鶏や決闘、さらには競馬の集まりまで禁止され、検閲もおこなわれた。不道徳（すなわち悪態をつくこと）とみなされた者は厳罰に処せられた。またメイポールのまわりで踊ったり、クリスマスを祝う類いの「無秩序な」もしくは「迷信的な」行為が取り締まられた。一六四六年のある書簡には、「かつてイングランドではクリスマスの日に教会が閉じられ、商店が開かれていたものだが、いまではだれもそんなことは信じはしない」という文面がみられる。しかし軍政官のピューリタン的な行きすぎと彼らの不人気はいくらでも誇張しうるし、事実、王政復古の時期に大いに誇張されていた。こうした規制の多くはけっして新しいものではなかった。沼沢地帯《フェンズ》からほど近いハンティンドンに生まれたクロムウエル自身は乗馬と鷹狩りを愛し、他人には「簡素な食事」を出しながらも、自分と家族は少なからぬ量のワインを消費し、（教会以外の場所では）音楽に耳をかたむけることもあった。

ピューリタンのリチャード・バクスター（一六一五―九一）は「慣習」を取り締まり、イングランドを「聖人の土地、全世界の神聖さの模範」に変えることを望んだけれども、その種の理想は実現困難であることがわかった。酒場を「悪魔の巣窟」と表現する分には問題がないにしても（そもそもこの時代が初めてではなかった）、じっさいに取り締まりの対象にしたことは、「地方の名士」と「庶民」との距離をいっそう広げてしまった。同様なことは、「地方の名士」が「庶民」を、彼らには理解できない説教を聞かせるために教会に連れていこうとしたときにも起こった。「一〇人中一人たりとも……日曜日に礼拝の場所に行く者はなく、自分の家にとどまっている」と、ある聖職者は担当の軍政官に不満をもらした。これは、宗教儀式に列席することを義務として強制しようとした一六世紀の試みの再現であったけれど、結局こうした企ては放棄され、統一された形式に従わない礼拝が少数の信徒集団だけでおこなわれるようになった。

自発的につどう宗教集団が存在しつづけたことは、この後もイングランド社会の特徴となるが、大空位時代の改革の多くは短命に終わった。内乱中あるいはそれ以後に議会によって没収された教会と国王派の不動産は、その一部が王政復古以前に、また大部分はそれ以後に元の所有者の手に戻された。したがって土地所有の形態には、他国の革命にみられるような長期にわたる大きな変化は起こらなかった。一七世紀の終わりには、大規模な地所はますます規模を拡大させ、小作によって利益をあげる組織的な試みもおこなわれた。先駆的な統計家グレゴリー・キング（一六四八―一七一二）によれば、当時の土地所有者の地代収入と農場経営者の利潤は、国家収入のおよそ半分と算出されており、その数値は二〇世紀における四三パーセントとほぼおなじである。彼の計算によれば、森林、果樹園、菜園をふくむ耕作地の総面積は二五〇〇万エーカーとなり、そこには一二〇〇万頭の羊と四五〇万頭の牛、二〇〇万頭の豚など、一五〇〇万ポンド相当の家畜が飼育され、九〇〇万ポンド相当の基幹作物が栽培されていた。

農業改良への関心の高まりは、オランダから技術が採り入れられたり、利潤のあがる農業にかんする多くの書物が出版されたことにあらわれていた。沼沢地帯の干拓技術を提供したのも、オランダであった。しかし（かつての森林法のあとを継いだ）狩猟法は、特権保護のために規制をいっそう強化させていた。一六七一年のいわゆる「騎士議会」で、年収一〇〇ポンド以下の（大半の）自由保有農民《フリー・ホルダー》は、自分の土地であっても猟鳥を殺すことを禁じられた。鷹の代わりに猟銃《ショット・ガン》を使用する狩猟も、「身分の高いもの」だけに制限された。土地所有者の利害は堅固なものになり、法によって制度化された。

社会的なピラミッドの頂点には一六〇人の貴族がいた。その数は、ジェイムズ一世が気前よく五五人から一二六人に増やしたことによって激増していたが、この数は一七世紀をつうじてほぼ変わらなかった。その下には一万エーカー以上の土地を所有する、八〇人から一〇〇人程度の世襲貴族ではない階層が存在した。これら最大規模の土地所有者は、地方の特権層以外との結婚によって、さらに資産を増やすことが可能であった。たとえばベドフォード公爵位を受け継ぐラッセル家の財産は、一六九五年に家系の一員である若いタヴィストック侯がロンドンの裕福な商人の娘エリザベス・ハウランドと結婚したことによって、膨大なものとなった。

一七世紀末になると、ジェントリーは一括して「郷士階級《スクワイアラーキー》」とみなされるようになっていた。彼らはこの国の土地のほぼ半分を所有し、また一六六〇年から八五年の時期に治安判事をつとめたときには、一六四〇年以前よりもはるかに大きな地域的権力を行使していた。治安判事はこの国の唯一の実質的な武装兵力である地方の民兵隊の責任を負っていた。

グレゴリー・キングが明らかにしたところでは、名誉革命後に所有権が強化されたとはいえ、一六八八年にはイングランドの家族の半数は「生きるのがやっとの収入」しか得ていなかった。これよりもはるか以前から、救貧法と救貧税は、緊急時だけでなく、平時でも既成事実として受けいれられていた。一六六二年に通過した定住法は、救貧委員からの苦情があれば、生活のすべをもたない新参者を以前に住んでいた教区に追放する権限を治安判事に与えた。この法律により、以前は浮浪者だけが受けた措置を貧困者全体が受けることになった。

昔からの貧富の格差がまったく縮まっていないことは、一六五九年の飢饉によって大きな被害をうけた貧困者が、パンの価格が二倍になった一六九三年から一六九九年という一七世紀最後の数年間に、いっそう大きな被害をうけた事実によって示されている（「パンとチーズこそが死なないですむために、まず手に入れねばならないもの」と、内科医のトマス・マフェットは一六五五年に書いている）。とはいうものの、この数年間は、穀物の産出量が増加し、これまでは耕作されていなかった土地を耕地にする農業改良がおこなわれたこの時期にしては、例外的な時期であった。全体として、穀物価格には下落の傾向がみられ、一六七三年には政府によって輸出補助金が導入されており、この制度は一六八九年に失効するとまたあらためて更新された。

一六八七年に当時の時勢を論じたエドワード・チェンバ

レン（一六一六―一七〇三）が、たとえ食糧が欠乏しても「さまざまな気晴らし、スポーツ、娯楽」によって補いはつくと言ってみたところで、それは貧困者にとってはごくかぎられた慰めにしかならなかった。じっさいには、奨励された「気晴らし」にはべつの目的があった。チャールズ一世時代からの生き残りであったニューカースル公の覚え書きには、過去において「神を汚すものとして禁止されていた」懺悔火曜日の祝祭や、「五月祭のゲーム、モリス・ダンス、五月祭の主人公たるロード・オブ・メイやレイディー・オブ・メイ、道化役と棒馬、聖霊降臨節のロードやレイディー、クリスマスのキャロルや酒宴」などなどの行事を復活させれば、「民衆に楽しみを与え、彼らを無害の状態におくことによって、国王陛下も党派争いや反乱の心配をしなくてすむであろう」と記されている。チャールズ二世自身も乗馬を楽しみ、ニューマーケットの競馬で二度も勝っている。

　この時期の政治家たちも、独自の「気晴らし」を楽しんでいた。政治家とは、カーニヴァルの参加者のように、仮面をかぶって正体を隠す者とみなされていた。この当時の新しい流行語といえば、ひとつは「まやかし《シャム》」、もうひとつは「陰謀《プロット》」であった。「陰謀」とは国王の暗殺をさす言葉であって、たとえばタイタス・オーツ（一六四九―一七〇五）が、イエズス会のメンバーはチャールズ二世を暗殺して代わりに弟のジェイムズを王位につけようと計画していると主張した一六七八年の「教皇支持者の陰謀《ポピシュ・プロット》」や、これまた国王を殺そうと計画したとされる一六八三年の「ライ・ハウス陰謀」などの事件に使われた。また「秘密結社(cabal)」という単語が生まれたのもこの時期であり、それは一六六七年から七三年に権力の座にいた五人の大臣(Clifford, Arlington, Buckingham, Ashley, Lauderdale)の姓の最初のアルファベットを組みあわせたものであった。

　王政復古期における恐怖のひとつがローマ・カトリックであったとすれば（この恐怖はミルトンを引退生活から引きだしたほどであった）、イングランド社会のまさしく中枢で恐怖の「まやかし」が演じられていた。というのも、イングランド国教会の首長であり、したがって「信仰の擁護者」であるはずのチャールズ二世が、隠れカトリック教徒であることは周知の事実だったからである。彼の後継者のジェイムズ二世は公然たるカトリック教徒であり、最初の議会と衝突すると、二度目の議会は招集しなかった。たよりになる政治的基盤を求めて、彼は治安判事のほぼ半数を自分が指名した人間におき換えたが、これは一七世紀をつうじてもっとも大胆な更迭劇であった。もしもジェイムズが強力な軍隊によって支えられる国王絶対主義の確立に成功し、その過程においてイングランド国教会の外側にいた人びと、すなわちローマ・カトリック教徒だけでなくピューリタンをも取りこんでいたならば――それはかならずしもありえないことではなかった――、独立独歩の地方ジェントルマンは国家官僚のなすがままになり、イングランドはほかのヨーロッパ君主国にずっと似かよったものになっていたことであろう。しかし彼がそのような企てを実現することはなかった。国教徒のジェントリーが貴族の大土地所有者と手を組んで、ジェイムズを拒否したからである。イングランド国教会は財産をもつ人びとの強力な支援を得ていた。根本的な社会変化が起こり、プロテスタント主義こそ国制の不可欠な一部という見解や、教会と国家は一体という見解が徐々に崩れていったにもかかわらず、なお国教会は存続しつづけることができた。

しかしながら、王政復古後のイングランド国教会が、内乱にいたるまで困難ながらも維持しようとつとめてきた多様な宗教上の見解を包含するのが不可能となったことは、これ以後のイングランド社会の歴史において、国教徒と非国教徒《ディセンターズ》もしくは国教会非信従者《ノン・コンフォーミスツ》とのあいだに境界線が引かれることを意味した。後者はさまざまなプロテスタント分派からなっていて、そのため国教徒と非国教徒を分かつ境界線こそは、貧富の境界線よりも重要であると思われた(今日でも、敬虔な国教徒が拠りどころにするのは、一六六二年版の共通祈禱書である)。一六六二年の第三次礼拝統一法は、聖バーソロミュー祭の日までに国教会の祈禱書による礼拝形式に従わない聖職者から聖職禄を剝奪すると規定したため、およそ一〇〇〇人にのぼる国教会離脱者(「バーソロミュー・メン」と呼ばれた)を生みだした。一方、非国教徒は、迫害や、秘密の礼拝所での非公認の宗教集会にたいする抑圧や、法人格を与えられていない町における行動の自由にたいする制約といった処置にたいして、抵抗できるほどの力をもっていた。

一六六〇年以降、「狂信的な見解」は影をひそめた。カトリック教徒同様に一六六三年に公職から追放された新たな非国教徒は、しだいに商業界や産業界へ転身していった。ただし、一六六七年にピューリタンの聖職者ジョン・コーベット(一六二〇—八〇)が述べているところによれば、非国教徒であることによって「貴族世界から締めだされることはなかった」し、またジェントリーのなかにも少なからず非国教徒が存在した。なかでも重要な非国教徒は、「この国の交易に関係のある人びと、産業によって生計をたてている人びと」であり、「イングランドがはたす務めの多くは彼らによって担われて」いた。「彼らは忍耐強く、労働と勤勉こそは神に対する義務であると信じている人びとである」と、『政治算術』の著者として名高いサー・ウィリアム・ペティー(一六二三—八七)は記している。

もっとも民主的な非国教徒はクエイカー教徒であって、彼らは身分の上下を問わず「君《ザウ》」で呼びかけ、帽子をとることを拒んだ。彼らは小規模ではあるが能率のよい全国的な組織網をつくりだし、また暴力を非難して、やがて慈善活動でよく知られるようになった。クロムウェルが属していた独立派は地方に基盤をおいて、それぞれの集会で聖職

教理の問題とともに、教会の組織問題がさまざまな非国教会宗派を生みだしていた。非国教主義にも、つねに多様な意見があった。(右) 長老派の夫と再洗礼派の妻。(左) 左側が国教会の正統な聖職者、右側は悪に導く偽りの説教師［国教会側の宣伝画］。

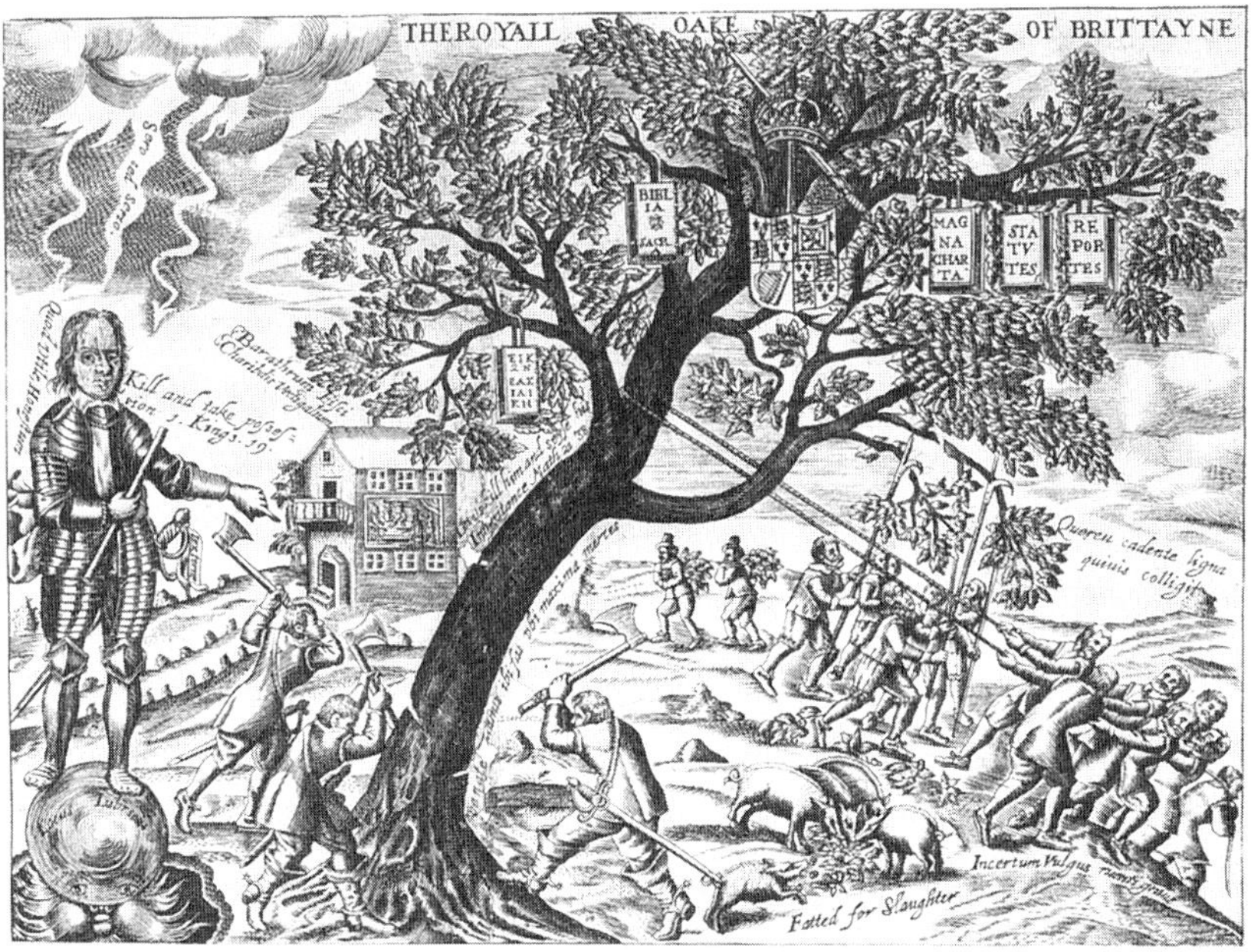

「ロイヤル・オーク」は、国王派のシンボルであり、そのロイヤル・オークがクロムウェルによって切り倒される様子が描かれている。『ブリテンのロイヤル・オーク』(1649) に収録されている図版。「ロイヤル・オーク」という名称は、［皇太子］チャールズが 1646 年にイングランドから逃亡するさい［その洞穴に隠れて助かった］伝説に結びつけられて、宿屋やパブにはもってこいの商号になった。オーク［ブナの一種］はすでにイングランドを象徴する樹木として知られており、サセックス州のメイフィールドにある「ロイヤル・オーク」という宿屋は、16 世紀に由来をたどることができる。

者を選び、やがて組合教会派《コングレゲイショナリスト》になった。バプティスト派は「公開」と「非公開」の二つの会衆組織に分裂した。かつて長期議会に強力な代表をもち、スコットランドではいぜんとしてその国教会を支配していた長老派は、教会体制の面では独自のカルヴァン派的な組織をもっていた。彼らはスコットランドで行使していたような影響力はもつことはできなったが、一六八九年まではすべての教派を包含するイングランド国教会を夢みていた。一八世紀に彼らの一部は三位一体の教理を拒否して、ユニテリアン派を組織した。ユニテリアン派はおもに都市社会において、長老派とは異なる世俗的、もしくは文化的な影響力を獲得することになる。

一六八九年の寛容法は、ユニテリアン派を除くすべてのプロテスタントの非国教徒に信仰の自由を認めた。非国教徒が完全な意味での宗教的、市民的な自由を確保するのは一九世紀に入ってからのことであるけれども（一年に一度それぞれの国教会の教区教会において聖餐をうける用意がなければ、いぜんとして公的な生活からは排除された）、ほとんどの地域において、ローマ・カトリック教徒がうけたほどには、民衆から強い偏見でみられたり、刑法上の罰をうけたりせずにすんだ。非国教徒はロンドンと地方の両方で、多様な社会的、経済的利害集団の一角を占めるようになった。

科学と芸術は一六八九年以前でもまたそれ以後でも、社会的な認知をうけていた。とりわけ科学は大空位時代に大きな恩恵をうけていた。ずっと以前から科学へ関心をよせていたピューリタンがいたことと、より一般的には、人びとの精神がいっそう「活動的で、勤勉で、探求心に富む」ようになったことがその背景にある。芸術についてみると、チャールズ一世の肖像を描いたこともあり、王政復古後に人気を博することになる肖像画家で好事家のピーター・リリー（一六一八―八〇）は、大空位時代でも護国卿クロムウェルから肖像画の依頼をうけており（「荒れた肌、にきび、いぼなどのすべてを」描きもらすことのないようにという命令をうけた）、それ以外にも数多くの肖像画を手がけることができた。文学もほとんど被害をうけずにすんだ。また、文学の題材がかならずしも宗教的なものに限定される必要もなかった。自分にとって「イングランドは苦悩ではなく、小川そのもの」であったアイザック・ウォルトン（一五九三―一六八三）は、一六五三年に『釣魚大全』を刊行した。海外のパリにいて、チャールズ皇太子の家庭教師をつとめていたトマス・ホッブズ（一五八八―一六七九）は一六五一年に『リヴァイアサン』を出版した。学識にあふれたこの著書には国内の混乱にたいする恐怖心がみなぎっており、そこに盛りこまれた絶対主義的な傾向のために意見の対立を引き起こすことになった。その意味で、この書物がどのような未来をもつことになるかは、興味深いものがあった。というのも、一六六八年九月にサミュエル・

ピープス(一六三三―一七〇三)が『リヴァイアサン』の古本を出版者がつけた値段の三倍も払って購入しており(「主教が再版を許可しないであろうから」とその『日記』は記している)、その一一年後にこの著書はオクスフォードで焚書の処分をうけることになるからである。

一七世紀のもっとも偉大な作品の一つは、王政復古の直後に世に出た。大空位時代にはその才能を政治的な目的のために使い、いまや盲目の身であったミルトンは一六六七年に『失楽園』を刊行した。七〇年代には、過去に内乱に巻き込まれた経験をもつジョン・バニヤン(一六二八―八八)がピューリタン文学の大作『天路歴程』を執筆し、この作品はイングランドが生んだもっとも力強い寓意物語としばしば評されてきた。バニヤンは信仰のために一二年以上も獄中ですごしており、彼の『天路歴程』は、ラングランドやチョーサーが数世紀も前に著した「巡礼」という観念に新たな次元を切りひらくものであった。

『天路歴程』の主人公であるクリスチャンは、都市の誘惑や「虚栄の市の売りもの」に抵抗せねばならなかったが、後者には放蕩だけでなく、劇場もふくまれていた。王政復古期の喜劇は、韻律詩の導入を奨励した(と同時に、教会には「分かりやすく短い説教」を要求した)チャールズ二世によって高く評価される一方で、ピューリタンにとっては嫌悪の対象にほかならなかった。王政復古期の劇作家の言葉づかいは、芝居のテーマとおなじく、表面上は丁重で機知に富んでいたが、あまりにも猥褻な喜劇の詩神がはたらきすぎることが多く、またそのお得意の筋書きも策略や陰謀であった。このような演劇の変化を是認した詩人のジョン・ドライデン(一六三一―一七〇〇)は、「われわれの生活様式はますます自由になっており、これまで厳格で気の滅いるしつけによって消えかけていたイングランド人の機知の灯は、わが国民の堅実さに隣国の陽気さを混ぜあわせて、ここにはじめてまばゆい光を放ちはじめた」と評した。ただし、王政復古期の演劇には露骨な場面がたびたび登場し、また、舞台装置やトリックばかり重視されているという観衆の不満も多かった(「舞台がよくなっている分だけ、役者が悪くなっている」)。また、劇評も数多く残っている。一六六一年一一月のある日記には、「デンマーク王子ハムレットのお芝居を観る。いまとなっては、昔のお芝居はもうこの洗練された時代の趣味には合わなくなりかけている」と書かれている。

個人の日記は一七世紀の中ごろと後半期に、ある種の文学作品のような存在になりつつあった。事実、一六六〇年以後のイングランドの生活にかんして、もっとも記憶に値する記述の一部は日記作者によって書かれている。一六三三年生まれのピープスは海軍長官の秘書に昇進し、一六七三年には議員にも選出されたが、彼に不滅の地位を与えているのは、政府の運営についての彼の知識よりはむしろ、日記にみられる率直な批評である。彼の日記は一六六〇年から一六六九年まで速記体で書き記され、一八二五年に抜粋のかたちで刊行された。もうひとりの日記の書き手ジョン・イーヴリン（一六二〇―一七〇六）は、驚くほど筆まめに手紙を書いた人物であったが、その生涯にわたる記録を後世の人びとに残した。そのなかには一六六一年にクロムウェルら共和国の中心人物の死体が墓から掘りだされて、タイバーンの絞首台であらためて処刑されたというような、当時の驚くべき事件のすべてが鮮明に描かれている。

　しかしイーヴリンとピープスの日記に書かれていることは、事件のあらましばかりではなかった。彼らはイングランドの生活様式と思考様式が変わりつつあることに気づいていた。イーヴリンは王立協会《ロイヤル・ソサエティー》の創立以来のメンバーであり、ピープスも一六六五年に入会している。国王からの祝福をうけて一六六二年に法人格を与えられたこの協会は、「技芸と科学の繁栄を促進し」、「自然と技芸にかんするあらゆる仕事の忠実な記録を作成する」ことを目的にしていた。この記録に用いられた散文は王政復古期の喜劇とはちがい平明で、「鼻につく隠喩」は注意深く避けられていた。この変化にたいして、実験派の「自然哲学者」こと伝統的な錬金術師のひとりは、王立協会創立とおなじ年に、新たな「哲学」が「大潮にのって」出現し、「古臭い哲学をすべて洗い流してしまった」と比喩たっぷりに表現している。新しい「科学」が広まるにつれて、変化という感覚も強くなった。科学の新しい体系を打ちたてることになるアイザック・ニュートン（一六四二―一七二七）は、中心からはなれたところで仕事をしていた。彼にとって「驚異の年」となる一六六五―六六年を、ニュートンはペストを逃れ田舎のリンカンシャーの自宅でおくっていたのである。後年サミュエル・ジョンソン（一七〇九―八四）は「ニュートンはほかの者たちに先んじていたため、孤高の人となった」と述べた。

　イーヴリンとピープスは、時代のテンポをロンドンからじかにつかんでいた。時間が新しい意味を獲得しつつあり、日記作家や歴史学者だけでなく、実業家にとっても時間は重要なものになった。教会がその鐘に従い、農業が季節に従うのと同様に、実業の世界は（世俗界の日常生活の大半も）厳格に時計に従いはじめた。時計をもっているのを自慢し、ますます必需品としてあつかうようになっていたのは、ピープスだけではなかった。ピューリタンのバニヤンは『少年少女読本』のなかでこう述べている――

　この郵便配達少年を見てごらん、
　馬車に乗れば、こんなに早く移動できるのだよ、
　馬車を使うのは当たりまえ、少年の仕事は早さが肝心。

イングランド社会のなかで「時間の有効な使いかた」をもっとも重視したのがピューリタンであった。時計の振り子と、時針に分針をつけ加えるのに必要な髭ぜんまいは、王政復古期から使われはじめた。

　社会の――少なくとも都市社会の――あらゆる集団が、

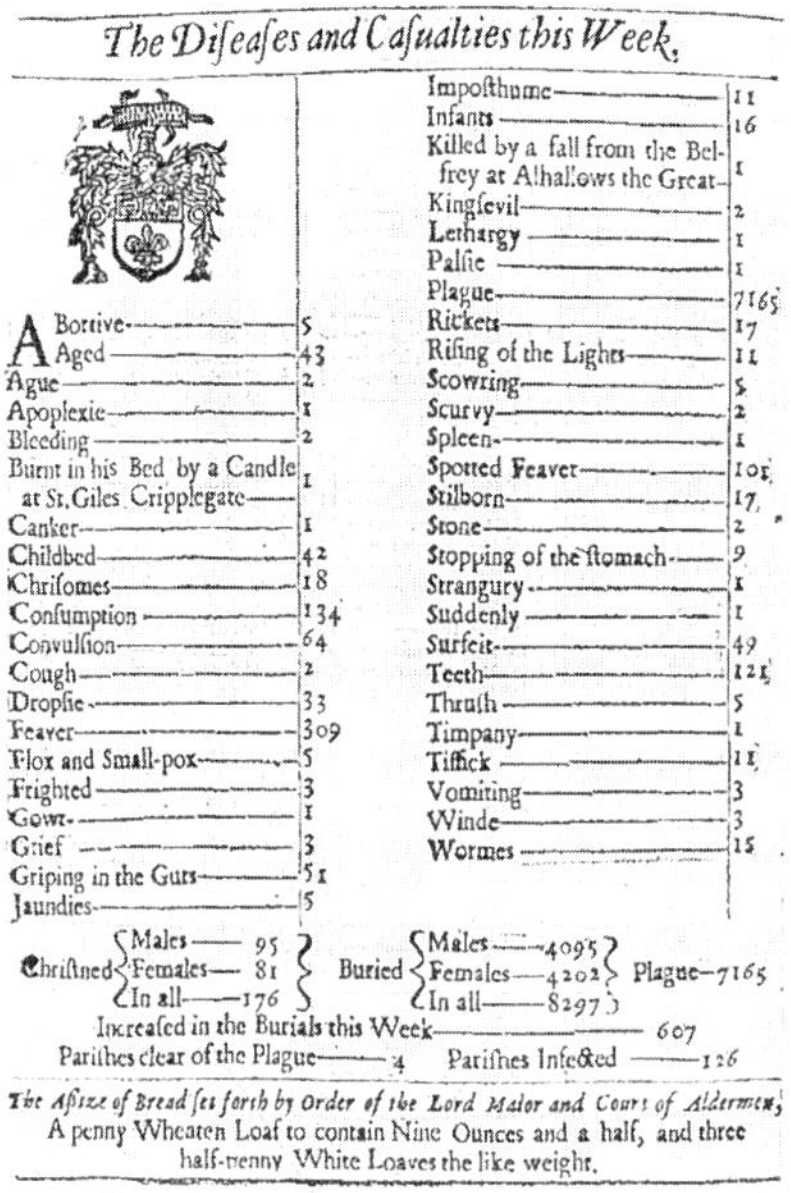

The Diseases and Casualties this Week.

Abortive	5	Imposthume	11
Aged	43	Infants	16
Ague	2	Killed by a fall from the Belfrey at Alhallows the Great	1
Apoplexie	1	Kingsevil	2
Bleeding	2	Lethargy	1
Burnt in his Bed by a Candle at St. Giles Cripplegate	1	Palsie	1
Canker	1	Plague	7165
Childbed	42	Rickets	17
Chrisomes	18	Rising of the Lights	11
Consumption	134	Scowring	5
Convulsion	64	Scurvy	2
Cough	2	Spleen	1
Dropsie	33	Spotted Feaver	101
Feaver	309	Stilborn	17
Flox and Small-pox	5	Stone	2
Frighted	3	Stopping of the stomach	9
Gowt	1	Strangury	1
Grief	3	Suddenly	1
Griping in the Guts	51	Surfeit	49
Jaundies	5	Teeth	121
		Thrush	5
		Timpany	1
		Tiffick	11
		Vomiting	3
		Winde	3
		Wormes	15

Christned: Males 95, Females 81, In all 176. Buried: Males 4095, Females 4202, In all 8297. Plague 7165

Increased in the Burials this Week 607

Parishes clear of the Plague 4 Parishes Infected 126

The Assize of Bread set forth by Order of the Lord Maior and Court of Aldermen,
A penny Wheaten Loaf to contain Nine Ounces and a half, and three half-penny White Loaves the like weight.

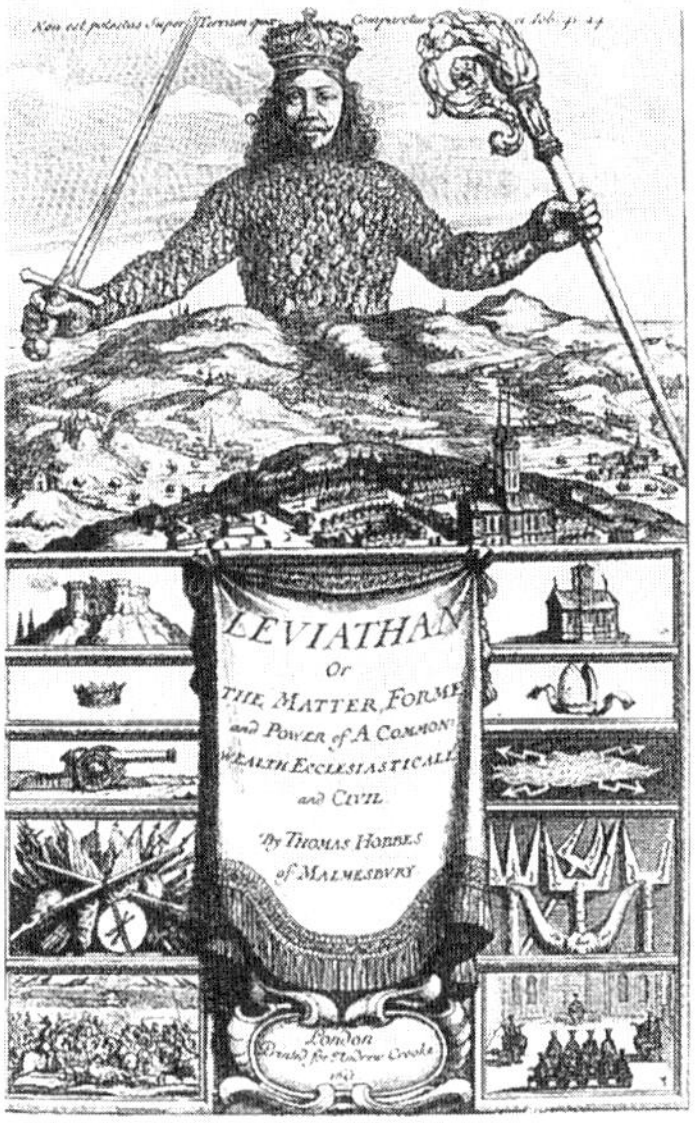

（上右）17世紀でもっとも有名な書物であるトマス・ホッブズの『リヴァイアサン』(1651) は、今日でも大きな影響力をもちつづけている。この書物は、暴力による死の恐怖が人間をして国家をつくらせる主要な動機であるという主張をおこなっていること、あるいは「自然状態」において生命は「危険であり、残忍であり、短い」ことを前提としていることで、よく知られている。（上左）1665年9月19—26日の1週間におけるペストによる死亡者を示すリスト。教区の書記は災害時だけでなく「平時」にもこのような統計をおこなった。（下）王政復古時代のコーヒーハウスで仕事や事件を語り合うロンドンの「シティー」の人びと。

情報にますます関心をよせるようになった。イングランドで最初のニュースブックと、（ほかのものと同様）ずっと以前にオランダ人がはじめたものの模倣であった「コラントス」（「新聞」）が出現したのは、一六二〇年代前半であった。ところが、共和国時代でも王政復古期でも、検閲制度のもとで厳重な統制がおこなわれ、政府は情報を独占権の対象にしようとした（それに反発して、ミルトンは『言論の自由《アレオパジティカ》』で反論を展開した）。情報の公式的な媒体として、隔週刊行の『ロンドン・ガゼット』が一六六五年に創刊されたが、新聞が一枚のレイアウトで姿をあらわした世紀末になると、非公式の情報にたいする需要が急速に増大したことは明らかであった。書物にかんするかぎり、その刊行点数と影響力は増大しつつあったが、出版印刷商《ステイショナーズ・》組合《カンパニー》が法人格を与えられた一五五七年以降実施されていた認可制度は一六九五年に失効し、以後はおこなわれなくなった。

それから一〇年後、商売が繁盛していたサン火災保険会社によって三週ごとに刊行されていた『ブリティッシュ・マーキュリー』に掲載された一論文は、国全体の人口増加率は（地域的な差はあっても）一六九〇年代まで下降したのにたいし、都市の人口はおなじ期間に逆比例して増加した、と回顧している。一七〇〇年には全人口の一六パーセントが、五〇〇〇人以上の人口をもつ都市に住んでいた。この時点で一万人以上の人口をもつ都市が七つ、五〇〇〇人以上の都市は二三も存在した。これらの地方都市は、一六九〇年代に訪れた旅行家セリア・フィエンズに大きな感銘を与えていた。彼女はジャーナリストのダニエル・デフォー（一六六〇—一七三一）が『大ブリテン島全土旅行記』を刊行するよりも四半世紀も前に、イングランドの諸都市をまわっていた。彼女によれば、ノッティンガムはいままで見たなかで「もっともきれいな町」であったし、リーズは「この規模ではもっとも豊かな町」であり、ノリッジは「繁栄している豊かな産業の場所」であり、また漁師の住む家並みから発展したリヴァプールは、「たいへん美しいロンドンの縮小版」であった。

一七世紀をとおしてロンドンは、過密で非衛生的な危険の多い場所である一方、生産と交易にむすびついた富の中心であっただけでなく、経済と社会を支配する別格的な大都市であった。一六〇三年、一六二五年、一六三六年には疫病にみまわれ、煙の薄い幕が天蓋のようにいつも空をおおっていた。スコットランド独立論者であったアンドルー・フレッチャー（一六五五—一七一六）は一七〇三年に「この巨大な都市は、虚弱な少年の頭のようにいろんなものがはちきれんばかりに詰めこまれているので、その結果、発作的な精神錯乱を起こして死んでしまうにちがいない」と述べている。その混雑ぶりは、すでに早くも一六〇六年に、思想も感情も生粋のロンドンっ子であった劇作家のトマス・デッカー（一五七二？—一六三二）が『ロンドンの七つの大罪』で認めるところであったが、その罪のひとつは荷馬車や馬車の出す騒音のすさまじいことで、「あたかも地球が車輪で走っているかのような轟音をたてていた」。

一六〇〇年から一六五〇年にかけて、全国の人口増加は停滞していたが、ロンドンの人口だけは倍増して四〇万人に達し、イングランドの人口のうちロンドンに住むものは、一七世紀の初めには二〇人に一人であったのにたいし、一七世紀末には九人に一人となった。そして「社交季節《シーズン》」ともなると臨時の住人が急増して、さまざまな行事に押しかけるばかりでなく、商店の得意客になった。この都市はまた事件の多いところでもあった。チャールズ一世はホワイトホールで処刑され、クロムウェルの切りはなされた首はウェストミンスター・ホールの柱の上におかれた。バニヤンにとっては「この町を通りすぎることなく（天の）都にたどりつきたい者は、この世から出ていかねばならぬ」のであった。

私たちは一六六〇年代のロンドンにおけるもっとも劇的な出来事を、イーヴリンとピープスの記述からうかがい知ることができる。それはかの「大疫病」「ペスト」と「大火」であって、イングランドが困難な（第二次の）対オランダ戦争に巻き込まれていたときに、それぞれ一六六五年と一六六六年と年を接して発生した。疫病についてはピープスが「だれもが死人の話をしている」と簡潔に書き記しており、また大火について古代研究家のアンソニー・ウッド（一六三二―九五）は「大波のような響き」がした、と述べている。この大火は四日間荒れ狂い、一万三二〇〇戸の家屋と八七の教会と四四のロンドン市同業組合の大ホールを焼きつくした。

ウッドの言葉によれば、大疫病と大火は寄ってたかってロンドンを「困窮と不満、苦痛と苦悩に陥れた」。しかし革命のあとに王政復古がつづいたように、大火のあとにつづいたのは急速で目をみはらせる復興であった。古いロンドンは消滅し、新しいロンドンが誕生した。王立協会のメンバーであったクリストファー・レン（一六三二―一七二三）は、焼失した教会のうち五一を再建したり、再建の監督をして、ロンドンに新しい景観を与えた。ウォールブルック教区のセント・スティーヴン教会は、再建されたセント・ポール大聖堂とならぶ彼の傑作であり、イーヴリンに言わせれば、レンのセント・ポール大聖堂とくらべると、ウェストミンスター寺院の古いゴシック様式は「曲がりくねったもの」にしか映らなかった。「たんに見る目にとってだけでなく、知性にたいしても荘厳さと荘重な偉大さを強く印象づける」セント・ポール大聖堂の大ドームの方がはるかに美しいことはだれも否定できない、とイーヴリンは述べている。彼にとって、ゴシック建築はすべて「猿や怪獣が住みつく砲台や塔」であった。

一七世紀初めと大火以後とでは、趣味と雰囲気の点で多くのことが対照的な変化をとげた。大火はけっしてクライマックスではなく、変化の序曲であった。ただし衣装の変化は、すでに宗教改革直後からはっきりと認められていた。批評家たちは痛烈であった。一六六三年にアンソニー・ウッドが書いているところによると、「男性が服装の点で女性のまねをするとは、まったくおかしな軟弱時代だ。たとえば長いかつら、顔には小布をまとい、化粧をし、ペティコートのような短く広いズボンをはき、円筒状の手袋《マフ》をつけ、しかも衣装は香水ぷんぷんで、ありとあらゆるリボンで飾りたてている」。これよりも二年前にイーヴリンは、ひとりの男性が「あたかも六軒もの店から略奪したように、二〇人の行商人が商売のできるほどのリボンを身体のまわりにたらし、身体全体をまるでメイポールか、はたまた狂人の帽子のように飾りたてて」、ウェストミンスター・ホール界隈を歩きまわっているのを目撃している。国王自身も一六六二年に議会に向かって「全国民の生活が華美に流れて、いささか腐敗しているように思われる。だれもが衣服や食事や日常に必要以上の浪費をしすぎている」と不満をもらすほどであった。しかしながら流行をつくりだしたのはチャールズ二世その人であって、しかもその流行服はけっして安いものではなかった。

　ゆとりのある人にとって、食事はいっそう洗練されたものになっていった。古い調理法の書物が収集される一方で、新しい食品や飲み物が輸入され、「これまではアラブ人やエジプト人が飲んでいた」コーヒーや、「最近イングランドで人気のある」チョコレートなどが飲まれるようになった。最初のコーヒーハウスは一六五〇年にオクスフォードで開店したが、じきに首都だけでなく地方の都市においても社交のための新しいたまり場になった。コーヒーハウスの数でロンドンのつぎに多かったのは、ブリストルであった。食事をする場所もとりわけロンドンで増え、なかには王立協会の会員をお得意にするものもあった。ボルドー産の赤ワインであるクラレットが大いに愛好されたのもこの時期のことである。ただし、一七世紀末の対フランス戦争によって高額の税が課せられたため、フランス産ワインの消費は劇的に減少し、蒸留酒類《スピリッツ》とビールの消費が増加した。飲み物ばかりでなくさまざまな娯楽も提供する場所として、飲食業がロンドンでの大きな事業に発展した。一六八〇年代にラドゲイト・ヒルにあった大きな乗合馬車の宿舎であったベル・ソウバージは、サイの見物料として一シリング、それに乗るのに二シリングの料金をとっていた。

　家庭における食事の範囲と量をもっともよく知ることのできるのは、大貴族のお屋敷の記録よりも、むしろサミュエル・ピープスの日記である。一六六一年の新年の朝食（当時は早朝にとられていた）に彼は客人に、牡蠣一樽、肉を一皿、数本の牛タン、アンチョビー一皿を出していた。また一六六三年の特別な夕食において以下の料理を客に供した——

　兎と鶏の蒸し焼き、ボイルした小羊の脚一本、一皿に

多くのイングランド人は都市よりも田園地方を好んだ。ただし、この図版は、ロンドンの住人がペストの災禍を逃れようとして、脱出を試みている様子を描いている。

「名誉革命」は、17世紀に出現したさまざまな敵にたいする勝利であると考えられた。ウィリアムとメアリーは王権神授説によってではなく、臣民との同意にもとづいて統治をおこなった。

三匹の鯉、大きな皿に羊のわき腹肉、ローストした鳩の皿、四匹のロブスターの皿、タルト三つ、最高のやつめうなぎパイ、アンチョビー一皿、何種類かの良質のワイン、すべては上等で、私は満足であった。

一六八八年には、ウィリアム三世のロンドン到着を祝うための大晩餐会がしばしば開かれた。ウィリアムはヨーロッパにおけるプロテスタント勢力の信頼できるオランダ人指導者であった。彼はジェイムズ二世の長女である妻メアリーと共同で統治にあたることになった。この出来事は一〇〇年後にも熱烈に祝われた。

　ウィリアムとメアリーは、神権によって統治するのではなく、議会と臣民に招かれて統治することになった。事実、彼らが王冠を受諾する以前に、「権利宣言」が提出されていた。この経過こそが一六八八年の「名誉革命」の本質であった。国王の権力はその当時制限を受けていたとはいえ、明文化されてはいなかった。ところが、一六八九年の「権利章典」は新たな権利をつくるのではなく、古来の権利を再確認するという体裁をとりながら、議会によらない恣意的な課税は違法であることを宣言し（チャールズ二世は一六八二年から八五年まで議会を開かずに統治していた）、また平時の常備軍は議会の承認を必要とすることを明文化した。議会の役割は一六九四年の三年議会法によっていっそう強調された。この法律により、議会は少なくとも三年に一回おこなわれる総選挙にもとづいて招集されなければならなくなった。一連の王権制限の仕上げとして一七〇一年に王位継承法が制定され、イングランド国王は国教徒でなければならなくなり、名誉革命の取り決めの永続化がはかられた。ちなみにこの法律の副題は「王権をさらに制限し、臣民の諸自由をいっそうよく維持するための議会制定法」であった。

「栄光の革命《グロリアス・リヴォルーション》（名誉革命）」の「栄光」たるゆえんが暴力をともなわなかったことにあるとすれば、それを可能にした政治制度こそ「歴史上もっとも美しい制度」として賛美されることになり、事実、革命からまもなく画期的な出来事として称えられはじめた。イングランド史にかんするマコーリーの「ホイッグ的な解釈」［ホイッグ史観］（それは進歩の物語におけるイングランドの民主的な諸制度の役割を強調するものであった）は、なによりもこの無血革命を中心においたものであった。しかしながら、この革命に先だつ反乱と抗争の記録が存在しなかったら、名誉革命にたいする敬意ははるかに小さくなったであろうし、また、「ホイッグ的な解釈」も一七世紀前半における暴力と流血の抗争の歴史があればこそ、である。一七世紀全体の経験が、無血革命という最終的な結末とかかわりをもっていたのである。

　一七世紀の終わりの数年と一八世紀初めの数年間にとられた財政上の取り決めは、国制上の取り決めと直接的な関連があった。国制と同様に財政上の取り決めも、嵐のような一七世紀末の一〇年間よりもはるかに長い体験から生まれたものであった。内乱中の一六四三年に、議会は国王といえども内乱開戦以前には確保することができなかった二つの新しい税を導入することができた。その第一は、古くからあった議会による補助金と後見料の代わりをする、土地への課税であった。第二は物品税《エクサイズ》、すなわち内乱の戦費をまかなうために議会側の指導者ジョン・ピム(一五八四―一六四三)が導入した消費税であり、オランダの税をモデルにしたものであった。その賦課対象となる物品の範囲は、一六六〇年以降は、今日でも課税されつづけているビール、りんご酒、蒸留酒と茶、コーヒー、チョコレートに制限されたが、一六八八年から一七一三年にかけてモルトとホップ、塩、蠟燭、石鹼、皮革、紙へと対象がふたたび拡大された。土地税の負担が土地所有者にかかるとしたら、物品税の負担の多くは貧困者にかかった。これと同時に、一六九〇年から一七〇四年の期間に輸入関税は四倍になった。それは一六八八年以降イングランドがはじめてヨーロッパの列強としてかかわることになった、ヨーロッパ大陸における長期にわたる戦争の費用をまかなうためのものであった。課税にかんする議論は、「利害集団」の仕組みや、私的な富と公的な富の問題を論じていたが、そこには「封建的な」論調にもとづくものはもはや存在しなくなった。この複雑な社会にあって、国王は「自分の収入で生活すべし」とするかつての考え方は、交易を論じるさまざまな出版物が刊行されるようになった一六四〇年代には、すでに死に絶えていたのである。

新しい税のもたらす恩恵があったにもかかわらず、クロムウェルはジェイムズ一世よりもはるかに多額の借金を残した。チャールズ二世は秘密の援助を、力はもっていたものの人気のなかったフランス国王ルイ一四世(在位一六四三―一七一五)にたよった。しかしながら長期的にみて重要であったのは、チャールズ二世がクロムウェルと同様に、商人や銀行家からの借金をたよりにしていて、その結果「シティーの利権」を強化したことであった(もっとも、一六七二年の悪評高き「財務府の停止」によって、王室が借金の一部の支払いを拒否したとき、シティーは危険と困難に巻きこまれた)。一六九四年に国王と女王を出資者リストの筆頭として、イングランド銀行が特許状により設立される以前から、銀行業は利潤のあがる活動としてロンドンで発展していた。

このような財政、金融上の重要な変化がおよぼした影響は広範囲にわたるものであった。同時代の人びとには十分わかっていたように、数々の「利害集団」が出現したことは、以前にまして社会を複雑に入り組んだものにした。あるパンフレットは、交易と商業は臣民の生命と財産が健全な法によって守られている自由な地域以外では発展できないと主張する一方、「貿易という国家の偉大な力」を代表していた「通商利害集団」と、私的資金と公的資金両方の信用取り引きにたずさわっていた「シティー利害集団」にはしばしば疑惑と怒りの目が向けられていた。また、貿易と信用取り引きは土地ほどには堅固なものとはいえないとの主張もあり、「もっとも永続的な住民であり、かつ国家の基盤となるのは大地という固定資産をもつジェントルマン、ヨーマン、そして農業経営者」であるとする主張もあった。イングランド銀行の株を最初に所有した者のなかで、貴族はわずか二人しかいなかった。一八世紀の政治家初代ボーリングブルック子爵ヘンリー・セントジョン（一六七八―一七五一）は、ロンドン金融業界の諸制度と信用機構の成長は国家を強化させるどころか、むしろ破滅させるものであるとする、イングランド史の保守的な解釈を後世の人びとに伝えた人物であるが、彼はこの趣旨のことを一七四九年に、より印象に残る喩えで表現している――「土地をもつ人びとこそが、この国の政治という船の本当の所有者であり、貨幣をもつ人はたんにその船の乗客にすぎない」。

一六八八年の革命以後、増大する政府の支出要求にこたえるために、精巧な公的負債システムが考案された。ここでも模範となったのは、ヨーロッパにおける経済の最先進国であるオランダであった。イングランド社会史において、イングランド銀行の設立は名誉革命に劣らない重要性をもつものであった。この銀行が確実かつ定期的な基礎に立って公的な借り入れを可能にし、政府に新しい歳入の基盤を与えたからである。一六九〇年から一七〇〇年のあいだに、ヨーロッパ大陸での戦費をまかなうために、四五〇〇万ポンドの課税に加えて、一四〇〇万ポンドの借り入れがおこなわれた。これからおよそ一〇〇年後に、アメリカ独立戦争期の首相であったノース卿（一七三二―九二）は、イングランド銀行は国制の一部であるとさえ言った。アダム・スミス（一七二三―九〇）は、「イングランド銀行は一般の銀行とおなじはたらきをするだけではなく、国家の大きな動力源なのだ」と述べたが、その時までにはロンドンばかりでなく地方においても、「一般の」銀行が数多く活動していた。

しかし一七世紀は、これらの発言が示唆しているほどには、すんなりと終わったわけではない。この時代の余裕のなさを象徴するかのように、内閣が一枚一〇ポンド（やがて仲買業者《ディーラー》はもっと小額の券を売るようになったが）で総額一〇〇万ポンドの国営の宝くじを発行する法案を通過させたのは、イングランド銀行が設立されるわずか一カ月前であった。勤勉が熱心に追求される一方で、ギャンブル熱も高じた。一八世紀最初の二〇年間にはイングランド史のどの時期よりもはるかに多くの「大規模な事業計画」――およそありとあらゆる種類の事業計画で、なかには新しい発明にもとづくものもあった――が試みられた。そのうえ国制上の取り決めも、政治論争の火種をなくすことはなかった。ジェイムズ二世の次女であるアン女王の治世（在位一七〇二―一四）になると、政治と宗教の両方の論争が緊迫の度を加えた。選挙は激しい対立のもとで戦われ、説教は政治演説に劣らぬくらい論争の種をはらんでいた。一七三〇年代と四〇年代にイングランドが「安定の時代」に移行したとしても、そこには騒音がつきまとっていたのであって、静穏のうちにそうなったのではない。ダニエル・デフォーは「意見の対立にせよ、利害の対立にせよ、われわれイングランド人がこの世でもっとも仲の悪い、けんか好きの国民であることは認めないわけにはいかない」と、一七〇一年に述べている。

その六年後、一六〇三年にイングランド王になったときにジェイムズ一世が希望を表明していたイングランドとスコットランドの「完全な合同」が、一七〇七年の合同法によって実現をみた。いまや両国はひとつの議会とひとつのユニオン・ジャックの旗のもとにあることになった。ところが、この合同が平和のうちにしっかり根をおろすよりも先に、一八世紀中に二度も国境の北側で、ステュアート家に忠誠を誓う支持者（ジャコバイト）による反乱が起こることになった。しかも、この合同（二〇世紀になると異議申し立てをうけることになる）は政治上、国制上の変化ではなく、両国が共有していた富と権力と啓蒙の追求によって達成されることになった。

第七章

一八世紀のイングランド

富と権力と快楽の追求

1701年　スペイン王位継承戦争（北米植民地ではアン女王戦争）　王位継承法
1702年　ウィリアム3世死去、アン女王即位
1707年　イングランド・スコットランド合同、大ブリテン連合王国が成立する
1714年　ジョージ1世即位、ハノーヴァー朝をはじめる　ユトレヒト条約でスペイン領植民地への奴隷貿易独占権（アシエント）を獲得する
1715年　ジャコバイトの反乱
1716年　七年議会法
1720年　南海泡沫事件が起こる
1721年　ウォルポールが政権を掌握、最初の「総理大臣」といわれる
1727年　ジョージ2世即位
1732年　北アメリカ13植民地完成
1733年　ウォルポール、消費税計画を撤回
1739年　ウェズリー、野外説教を開始（のちのメソディスト派）
1740年　オーストリア継承戦争（ジョージ王戦争）
1744年　インドにおけるイギリス・フランスの植民地争奪戦開始
1745年　第2次ジャコバイトの反乱
1752年　グレゴリウス暦を採用
1756年　七年戦争
1760年　ジョージ3世即位、このころ産業革命がはじまる
1764年　ウィルクス事件　北アメリカ植民地との紛争激化
1765年　東インド会社、ベンガル地方の徴税権を獲得する
1775年　アメリカ独立戦争がはじまる
1776年　アメリカ独立宣言
1783年　第2次パリ条約によってアメリカの独立を承認、第1次植民地帝国崩壊　小ピット政権成立
1789年　フランス革命の勃発　急進主義運動の展開
1793年　第1次対フランス大同盟結成、次第に反動化の傾向強まる
1801年　アイルランドを併合し、大ブリテン・アイルランド連合王国となる

陛下の臣下たちはここロシアで、陛下には内緒で私腹を肥やしております。ロシア会社の商人たちは陛下の王国の利害をないがしろにして、おのれだけの利益を追い求めております。

ロシア皇帝イヴァン四世　エリザベス女王への返書（一五七一）

神の命令でブリテンがはじめて
紺碧のわだつみから立ち上がったとき、
これこそこの国土の憲章であり、
守護天使はつぎの旋律を歌う、
ブリタニアよ、統治せよ、海原を統治せよ、
ブリトン人はけっして奴隷にはなるまい。

ジェイムズ・トムソン「ブリタニアよ、統治せよ」（一七四〇）

イングランドは国内にいると不穏分子となる臣下たちのために、遠い異国の地で広大な領地を獲得した。

アダム・スミス『諸国民の富』（一七七六）

幸福こそ、存在における真の価値をもつ唯一のものである。富も、権力も、知恵も、学問も、勇気も、美徳も、宗教も、人生そのものでさえも、幸福を生みだすのに貢献しないかぎり、なんらの重要性ももたない。

ソーム・ジェニンズ（一七六五）

一七世紀は戦争で終わりをつげたが、一八世紀も戦争で終わった。一七一三年までつづいたルイ一四世との戦争は、イングランドの国家支出を二倍以上に膨張させ、国家の負債も一一〇〇万ポンドから四〇〇〇万ポンド以上へ増加させた。ところが、同時に国富も急速に伸び、一六八八年から一七〇一年までの増加率は二〇パーセントにおよんだとみられている。この富の大部分は国内で生みだされたものであったが、その一部は海外における富と権力の追求によってもたらされた。富と権力の追求の歴史には、その追求が引き起こす独特な現象と、社会問題を生みだす皮肉な現象が数多くみられ、さらには、アジアやアフリカをふくむヨーロッパ以外の大陸の社会史に大きな影響を与えた現象も数多く存在する。また、この追求の歴史は、ほかのヨーロッパ諸国との競争の歴史（当然その結果として戦争の歴史）でもあったため、その広がりを理解するには、ヨーロッパ全体に目配りをすることが必要になってくる。一七〇〇年において、イングランドの輸出と再輸出に占めるヨーロッパ市場の比率は、全体の八五パーセントを占めており、輸入の三分の二（成年男女や子供もふくめて一人あたり〇・六七ポンド）も同様にヨーロッパ大陸からのものであった。ところが、一七二二―二四年になると、イギリス「ブリテン」からの輸出の四二パーセントは大西洋を越えておこなわれるようになった。

海外進出においてイングランドが成しとげた功績の歴史

(そして犠牲者側からすれば、悲劇とは言わないまでもアイロニーの歴史)は、発見の時代と呼ばれる一六世紀からはじまった。リチャード・ハクルートの『西方植民論』(一五八四)には、針、石鹸、膠《にかわ》、錠前といった広い範囲にわたるイングランドからの輸出品が列挙されており、ハクルートの盟友であるジョン・ホーキンズ(一五三二—九五)はすでにアフリカからの奴隷の取り引きに従事していた。イングランド産の石炭には本格的な需要があったし、毛織物は以前と変わらず「黄金の羊毛」という名に値していた。探検家たちはさらに道を突き進んでいき、フランシス・ドレイクは、一五〇トンたらずの「ゴールデン・ハインド」号に乗りこんで、三年たらずの航海で世界周航を成しとげた。イングランドではドレイクより知名度は劣るけれど、ウィリアム・アダムズ[三浦按針](一五六四—一六二〇)が一六〇〇年に日本に漂着して、その海軍建設に一役買っていた。

世界が広がるにつれて、人びとの考え方にも変化がみられるようになった。すでに一五七七年という早い時期に「比類なきブリテン帝国」の成長を予言したのは、船乗りではなく、占星術師であり数学者であったジョン・ディー(一五二七—一六〇八)であり、それまでのスコラ学の伝統を破って地図という概念を学問にもちこんだのは、『ニュー・アトランティス』の予言者フランシス・ベイコンであった。「王国とその領土の大きさ」になみなみならぬ現実的な関心をよせていたベイコンは、植民を主張した人物でもあったが、彼は「いずれかの地に植民することは、木を植えるのに似て」実をむすぶまでに時間がかかるものである、と警告するのも忘れてはいなかった。彼は初期の発見と植民の動機についても率直な意見をもっていて、それはけっして「キリスト教信仰を普及させる」ためではなく、あくまでも「黄金と銀、それに俗世における利潤と栄光」を主目的とする、と述べた。

一六世紀末になると、出資者各自がその責任において貿易をいとなむ制規交易会社《レギュレイテッド・カンパニー》の数が急増するが、おそらくその増加の原因は貿易の拡大ではなく、ヨーロッパ貿易の低調にあった。同時代人たちが誇るエリザベス時代の貿易拡大は、かりに「密輸商人」や「海賊」の貿易活動を考慮にいれたとしても、ある種の神話にほかならなかった。イングランドの商人たちを海を越えて進出させたのは、ヨーロッパには政治的な障壁が存在し、経済的な条件に限界があったためである。たとえば、イングランドがモロッコとのあいだに新しく貿易関係を築いたのは、一六世紀の中ごろに毛織物貿易が最大の好況期を終えて急激に衰え、またアントウェルペン[アントワープ]がヨーロッパ貿易網の支配権をアムステルダムに譲りわたすようになってからのことである。ギニアへの最初の航海は一五五三年におこなわれ、おなじ年にイングランドの航海者が白海に到達して陸路モスクワに入り、一五五五年には国王の特許状によっ

食料と富の源泉である砂糖プランテーションは、奴隷労働に依存していた。砂糖を生産する最善の方法について学問的な議論が交わされたけれども、アフリカから連れてこられた第一世代の奴隷が、プランテーションの「鍵」であった。

てモスクワ会社が設立された。おなじ一五五〇年代に、イングランドはヨーロッパ大陸に残された最後の領土であるカレーを失っている。

イングランド産の毛織物にとって、不安定要因をはらみながらもいぜんとしてオランダとドイツが最大の市場であったが、毛織物貿易はバルティック海と地中海方面にも拡大された。そこで一五七九年にイーストランド会社、その二年後にはトルコ会社が設立され、後者は一五九二年により大規模なレヴァント会社の一部になった。これらの交易会社はそれぞれの地域で貿易独占権をもっていたが、商人たちは納付金と引き換えにそれぞれ独立して貿易をおこない、利益を会社から受けとっていたわけではない。ところが、新たに出現した合本制会社《ジョイント・ストック・カンパニー》の場合はちがっていた。そのうちもっとも有名なのが、一五八八年にはじめられた王立アフリカ会社と一六〇〇年の大晦日に設立された東インド会社である。これらの合本制会社では、本国でも海外においても、運営にあたったのは有給の社員であった。

海外貿易の最大の利潤は、輸出や再輸出からではなく、輸入から得られていた。おもな輸入品は、ロシアからの蠟、獣脂、毛皮、皮革、バルト海地域からの木材、麻、亜麻、ピッチ、タール、穀物（ただしこれは一五九五年の一年だけであったことが知られている）、フランスからのワイン（ボルドーを失ったとはいえ、この貿易だけはなくならなかった）、地中海からの果実、アジアからの絹、香料、香水、西インド諸島でサトウキビ栽培がはじまる以前にはモロッコからの砂糖、それに一五八五年から輸入がはじまる新大陸のヴァージニア産タバコなどであった。ここにあげた個々の商品はテューダー朝の消費者を興奮させはしたものの、輸入手形が巨額に達したことや、そのことが貿易収支におよぼす悪影響は、交易会社が貿易を独占していることとともに、一部の人びとに不安をいだかせた。一五九三年にひとりの下院議員が「われわれは商品を売る以上に、外国商品を輸入している」と発言したのは、けっして最初でも最後でもなかった。

一六世紀後半において富と権力の追求（もっとも、通常この両者はおなじものであったが）がいかに興奮に満ちたものであったのか、経済分析の数値ではその興奮を伝えるのはむずかしい。というのも、この時代には、「あらゆる危険や災難」も「耐えうる」ものとして受けとられ、海賊行為すら「冒険心に富んだ」ものとして歓迎されていたからである。数世紀後の今日、この時代の雰囲気を言葉から理解しようとするなら、第一巻が一五八九年に、最終巻が東インド会社設立の年である一六〇〇年に刊行された、ハクルートの『イングランド国民の主要な航海と発見』が恰好の史料となる。ハクルートは、イングランド人は「地球の真裏に位置する地域をくまなく探検し、……広大な地球を周航した点で」、「この地上のいかなる国民よりも優れている」と、誇らしげに述べている。そしてスペイン領アメリカであったノヴァ・エスパーニャ〔現在のメキシコ〕の総督は、かのドレイクについて「歴史上もっとも偉大な船乗りのひとり」と評し、「彼はヴィオールの奏でる音楽にあわせて飲み、かつ食らい」、「また彼のために海岸の絵を正確な色彩で描いてくれる画家を同行している」とつづけている。

発見の時代における大胆さを、無謀と混同してはならない。航海は科学と科学的な器具にもとづいておこなわれており、事実、経験的な技術よりも科学の方が正確であった。当時の航海に欠かすことのできない発明品には、羅針儀と、イングランド人ジョン・デイヴィス（一五五〇？—一六〇五）が考案した、海上で緯度の測定に使う新しい四分儀があった。また地図はそれまで図示されていなかった海路を記載していた。

一六四〇年までの六〇年間でイングランド船舶の総トン数は二倍以上になり、アジアにも西インド諸島にもイングランドの帝国拠点がもうけられた。アジアではムガール帝国の首都アグラへの入口にあたるスラートが東インド会社の最初の基地になり、西インド諸島では一六二四年にセント・クリストファー島が植民地となった。三年後にバルバドス諸島の無人島の領有が宣せられ、ネヴィス島は一六二八年に、モントセラット島とアンティグア島が一六三〇年代にイングランド領となった。このようにこの時期は国内での庭園人気とならんで、「島への人気」が高まった時代であった。さらに北に目を向けると、「神の創りたもうた完全な庭園」であるバーミューダ諸島が、すでに『テンペスト』においてシェイクスピアに霊感を与えており、さらに詩人のアンドルー・マーヴェル（一五八六？―一六四一）にたいしても同様であった――

神はわれらにこの永遠の泉を与えたまい、
それはこの地で万物を七宝の輝きで飾る。

アメリカ大陸における初期の農園《プランテーション》のなかで最大規模のものは、処女王エリザベスにちなんで名づけられたヴァージニアにあった。初期の農園はジェントルマン［郷紳］の生活様式を新大陸で実現できるように、イングランドの田園地域に似た場所につくられた（ただし、時を追うごとに農園の維持には黒人奴隷の使役が不可欠となっていった）。「初めのころは、アメリカのすべてが処女の大地《ヴァージニア》であった」とウィリアム・バード（一五三八？―一六二三）は記している。しかしヴァージニアへの最初の植民者は苦難と危険に直面していた。一六〇七年に到着した少年をふくむ男性一〇四人のうち、翌春までに五一人が死亡したのである。ヴァージニア植民活動の後援者たちは、イングランドの同胞が十分に植民活動を支援してくれないことにたいし、同胞の「冷酷このうえない怠慢」を激しく非難した。彼らによると、イングランド人は「かたつむりが自分の殻にこだわるように、生まれた土地に執着して」いた。しかしながら、タバコ栽培の中心であったヴァージニアにはじきに繁栄が訪れ、一六三二年から植民がはじまったメリーランドも同様に栄えた。

時がたつにつれ、奴隷が農作業の重要な労働力になると、奴隷を確保し輸送することによって、王立アフリカ会社や船舶所有者、さらに砂糖商人とタバコ商人が途方もない利潤を獲得した。初期の興奮は消えうせ、代わって搾取が植民活動の動機となっていた。バルバドス島に最初に「植民」したイングランド人は、一〇人の黒人と三二人のアメリカ先住民を引きつれていき、アフリカから黒人奴隷の輸入をほとんどおこなわなかったにもかかわらず、一六六〇年に黒人は白人と同数（それぞれ二万人）になり、人口密度はイングランドにおける大半の地域よりも高くなった。植民者たちは豊かになったが（たとえば、五人の植民者が、一六五八年から一六六五年にかけて准男爵《バロネット》の爵位をうけていた）、と同時に植民者のあいだで生活様式の違いも目立つようになった。

ヴァージニアより北に位置し、はるかに寒冷なニュー・イングランドでは、まったく形態が異なる植民地がつくられた。一六二〇年にほぼ二カ月半かけてニュー・プリマスに到着した一八〇トンの小船「メイフラワー」号の航海は、イングランド国内ではほとんど噂にものぼらなかった（今日では対照的に、最初の厳しい冬に四〇人もの死者をだしたという事実が感謝祭のたびに回想されている）。この最初の「巡礼者たち《ピルグリムズ》」は独立派の信者であった。一六二九年にマサチューセッツ湾会社、その翌年にプロヴィデンス島会社が設立される以前から、ニュー・イングランドにはピューリタンの増援部隊が到着するようになった。

ニュー・イングランドはその名称にもかかわらず、計画的にイングランド本国と異質なものにされた。サフォーク州からの移住者でバルバドス島で男児をもうけていたジョン・ウィンスロップ（一五八八―一六四九）によれば、「ニュー・イングランドはわれわれにとっての避難所であり隠れ家であって、旧約聖書にあるソドムとゴモラが滅びたときに、ロトが身をよせた場所ゾアルのようなもの」であった。しかし、この地はけっして民主的ではなかった。ウィンスロップにとっては民主制は「あらゆる統治形態のなかでもっとも卑しく最悪のもの」であり、最初の「巡礼者たち《ピルグリムズ》」のひとりエドワード・ウィンズロウ（一五九五―一六五五）は、アメリカでは「宗教と金儲けがいっしょに跳びはねる」と、言いきっている。じっさい、宗教は出発点ではあったが、それ以上のなにものでもなかった。ことに移住者たちはなにごとにつけても実践的でなければならなかった。イングランド本国とのあいだに文化と政治のつながりがあったにもかかわらず（最初の移住者たちは彼らの憲法ともいうべき「基本条項」にならべて、「マグナ・カルタ」の主要な箇所を印刷していた）、アメリカ植民地における生活は、たとえ関連がみられるにしても、つねにイングランド社会史とはべつの社会史を必要とするほどはっきりと異なっていた。しかもおなじアメリカでも、多様な生活体験が存在していた。ニュー・イングランドの人びとのものの見方は、ヴァージニアのそれとはまったく違っていた。

一七世紀において富と権力の追求が絶頂に達したのは、ピューリタンがイングランド本国を支配していたときのことである。クロムウェルはニュー・イングランドにたいしてことのほか熱意を示した。クロムウェルは植民地に巡礼者たち《ピルグリムズ》よりもむしろ受刑者を送りこみ、一六五五年以降にはその地に組織的な法的手続きを導入した。長期議会が制定した一六五一年の航海法［共和国時代のため正式には航海条例］は、イングランド商人の利益を最大のものにした。この法には過去に前例となるものがあり、アメリカ、アジア、アフリカからイングランドに輸入される商品はすべてイングランドの船舶によって輸送されなければならないこと、またほかの商品もすべてイングランドか原産地の船舶で輸入されなければならないことが定められた。

ピューリタン革命期に戦われた対外戦争は、本質的には商業上の動機に発するものであった。一七世紀をつうじてその種の戦争は三度起こったが、その最初のものである一六五二―五四年のプロテスタント国オランダにたいする戦争［第一次蘭英戦争］は、基幹商品にかんするオランダの貿易支配を打破するためにおこなわれた。したがって、戦争が終結しても、和平がイングランド商人に歓迎されたわ

ヨーロッパへ送られる第一段階である砂糖の積み込み（樽には糖蜜がはいっている）。ラム酒の貿易もおこなわれた。利益をもたらすこの貿易はイギリス船舶の独占するところであり、アフリカ向けのイギリス商品と引き換えに、奴隷をアフリカから西インド諸島に運んだ。

けではなかった。一六五六年にはじまり、それほど多くの戦果をあげられなかったスペインとの戦争でも、その主要な動機は西インド諸島における貿易、征服、植民の問題であった。イングランドは一六五五年にジャマイカ島をスペインから奪取し、以後イングランド植民地としてこの島の姿を一変させた。ドーヴァー海峡の対岸ではダンケルクを占領する一方、ロンドンでは東インド会社にたいする警戒心が強かったにもかかわらず、大洋を越えた中国との貿易上の取り決めがむすばれた。またアフリカ北部の海賊を撃破したブレイク提督（一五九九―一六五七）は、タンジールを砲撃し、チュニスを攻め、アルジェでイングランド人捕虜を解放した。

一連の戦勝に劣らず重要であったのは、富の形成にたいする考え方に変化がみられたことである。かつてベン・ジョンソンのお芝居や現実世界のなかで「強欲」役を演じていた高利貸しは、いまや悪役としての力を失っていた。一六五二年に六パーセントまで下落した利息率は、利益率のように自由に設定することができるようになった。一六六〇年以降、利息が許されうるかという道徳的、倫理的議論は影をひそめ、代わって利息率の適切な水準など現実的な議論がおこなわれるようになった。また、低い利息率こそオランダが繁栄する大きな原因とみなされていたため、利息率になんらかの法的制限をもうけるのが望ましいという意見もあらわれた。執筆から数十年たった一六六四年に出版されたトマス・マン（一五七一―一六四一）の『外国貿易によるイングランドの財宝』は、商人こそが「貿易の奥義」に精通しており、商人の倹約的な生活様式は、「怠惰と享楽」の日々をおくっている階級のそれとは対照的であると述べている。ピューリタンは精をだして働くことの重要さを強調した。

一六九一年ともなると、実務経験のある経済論者ダドリー・ノース（一六四一―九一）が『貿易論』において、人をして「勤勉と創意」に駆りたてるものは、「人間の途方もない欲望」にほかならないと主張するまでになった。さらにノースはこうも述べた――「人がたんなる必需品だけで満足するなら、この世はなんと惨めになるものか」。農学者のジョン・ホートン（?―一七〇五）などは一六八一年に「ぜいたくな暮らしをすることは、この国に害を与えるどころか……むしろ富ませるものだ」と断言するほどであった。ヨーロッパにおけるイングランドの政治的な立場は、一六六〇年の王政復古以後かなり弱くなっていたけれども、クロムウェルのもとで考案された経済政策の多くが実質的な変更を加えられることなく、そのまま継承された。それどころか、経済政策の実務者の一部はクロムウェル時代から引きつづきその任務にあたっていた。「政治算術」の創始者ウィリアム・ペティーが一例となるように、理論家の顔ぶれにも変わりはみられなかった。一六六〇年から六三年における一連の航海法は、一六五一年の航海法［条例］が取りくんだ作業を完成させた。この航海法により、一六六三年以降は海外の植民者も、ヨーロッパ産のほぼすべての商品をイングランドから購入しなければならなくなった。これら一連の航海法は対オランダ戦争を二度にわたって引き起こし、オランダ人は一六六七年にケント州のチャタムに攻撃を加え［第二次蘭英戦争］、五年後にはサフォーク沖の海戦で勝利をおさめた［第三次蘭英戦争］。対オランダ戦争は費用がかさむばかりで不首尾に終わりはしたが、戦果をあげられなかったことで逆にイングランドの関心は、ヨーロッパにおけるオランダの経済力やチャールズ二世へ年金を支給するフランスの政治力からはなれ、はるか彼方の世界へ向けられるようになった。

対オランダ戦争のあいだに、東インド会社はボンベイ［現・ムンバイ］の内陸部を獲得し、一六八〇年には会社のベンガル地方への投資額は年一五万ポンドに達した。ベンガル地方に駐在する職員はイングランドの毛織物織元のように問屋制前貸しをおこない、イングランドの消費者向けに絹の「タフタ織」や木綿の「ギンガム地」を生産させていた。スラートを訪れたある聖職者は、「インドの職人たちの創意工夫は、すべてのヨーロッパ人よりはるかに優れている」と記している。一〇年ほどのちには、紅茶がイングランド人が愛好するもうひとつの商品になり、一七世紀末にはイングランドへの輸出は年に一〇万五〇〇〇ポンド（四万五六〇〇キログラム）にもなった。東からの紅茶には、西からの砂糖が必要であった。そのため、西インド諸島（とりわけ一六八一年に「庭園で飾られたひとつの大きな町」と形容されたバルバドス島）が発展するにつれ、カリブ海地域からの砂糖の輸入量は一六六〇年から一七〇〇年にかけて倍増した。おなじころイングランドが競争相手なしに「新大陸」と貿易できる大事な手だてになったのは、ニューファンドランドの鱈《たら》の取り引きであった。

　一六六〇年代にサミュエル・ピープスが「すべての面からみて、もうひとつのロンドン」と表現したブリストルは、アフリカならびに大西洋の彼方をむすぶ三角貿易のイングランド側の拠点となった。ブリストルは一七世紀後半に奴隷が貴重な積み荷になる以前から栄えていたが、奴隷貿易によってさらに発展をとげた。リチャード・スティール（一六七二―一七二九）によって一七二二年に書かれた喜劇『気の弱い恋人』に登場するブリストル商人は「われわれ商人は、この百年のあいだに生まれた新しいジェントリーであって、名誉と有益さにかけては、商人を見下す君たち地主にまったくひけはとらない」と叫んだ。まだこれまで舞台の登場人物にはなっていないイングランドの製造業者も、アフリカ市場から利益を得るようになった。一六九〇年から一七〇一年のあいだに、あるバーミンガムの製造業者は四〇万本以上のナイフと七〇〇〇本の剣をアフリカに向けて船積みしており、一七世紀最後の四半世紀には、マンチェスターからの織物輸出の三分の一がアフリカ向けになっていた。一七世紀末に、東インド会社の交易は不振におちいった。

　スペイン王位継承戦争では、モールバラ公（一六五〇―一七二二）が指揮した陸軍が大陸のラミリーズやブレンハイムなどの戦闘で勝利をおさめ、長期にわたる戦闘の結果、イングランドは一七一三年にスペインの広大なアメリカ植民地にたいする「奴隷貿易独占権《アシエント》」を獲得した。またその一〇年前には、メシュエン条約によってポルトガルが三角貿易システムに組み入れられていた（この条約によって、当時はまだアルコールは添加されていなかったポルト酒が、一八世紀の生活の必需品となった）。この三角貿易システムの鍵になったのは奴隷であり、一六八〇年から一七八三年の期間だけをとってみても、二〇〇万人以上の奴隷がイギリス領植民地に輸出された。奴隷貿易に群がるさまざまな企業の収益率については、これまで広範な論争がかわされており、とりわけ近年では計量経済史学者の議論の対象になっている。奴隷貿易関連企業の一部は、一七一一年に設立され、一三年には「奴隷貿易独占権《アシエント》」を引き継いだ南海会社のようにきわめて投機的であった。

　ありとあらゆる種類の投機熱をあおった南海会社の株価暴騰は、一七二〇年に悪名高いバブルがはじけると、多くの人びとにただの紙きれを残すことになった。歴史学者のエドワード・ギボン（一七三七―九四）の祖父もそのひとりで、「二〇年にもおよぶ苦労が一夜にして無に帰し」てしまった。また政治家ロバート・ウォルポール（一六七六―一七四五）にとっても、それは「忘れることとも、許すこともできない」経験となった。連鎖的にほかの企業も打撃を受けたけれど、株価大暴落の一七二〇年は経済が大混乱したわりには全体として悪い年ではなく、奴隷貿易も動揺することなくべつの企業によって継続された。一七二九年にジョシュア・ジーは「イングランドの富がこれほどまでに激増したのは、ひとえに農園における黒人奴隷の労働のおかげである」と述べている。大商人の一部と仲買人の大半が認めるように、彼らの懐を潤したのも奴隷貿易であった。西インド諸島で大農園を所有していたブリストルの商人ジョン・ピニーの語り口はきわめて率直である――「黒人奴隷こそ農園の活力源であり、藁《わら》がなければ煉瓦ができないように、黒人奴隷なしでは砂糖をつくることはできない」。西インド諸島の農園経営者たちは東インド帰りの大資産家（ネイボブ）とおなじく、しばしば本国へ戻り、その巨富をこれみよがしに見せびらかして、ときには良識ある人びとの顰蹙《ひんしゅく》を買うこともあった。議会には強力な西インド諸島の利害集団が存在し、西インド諸島からの帰国商人だけでなく、その地に土地を所有している不在地主の議員も彼らを支持した。

社会史の観点からすると、西インド諸島の奴隷制がもたらしたものは重大であり、遠い将来まで影響をおよぼすことになった。二〇世紀になると、初期の奴隷たちの子孫であり、英語を話すことのできる人びとが大挙してイングランドに移住して、とくに大都市部の生活様式に大きな影響を与えている。しかし、すでに一八世紀のロンドンにも黒人奴隷が存在していた。一八世紀になると以前にもまして、黒人と白人の違いが論じられるようになった。小説家トバイアス・スモーレット（一七二一―七一）が一七五三年に書いているところによれば、「アフリカ人」の慣習は「われわれとは大いに異なって」おり、「その違いはこの世とあの世の違いほどに大きい」。ただし、黒人の「慣習」がカリブ海域と故郷のアフリカとでは、これまた大いにちがっていたことは言うまでもない。黒人奴隷に家族生活と呼べるものは存在せず、混血有色人種の数が増加したのは、結婚によるものではなく、同棲やさまざまな性的暴行の結果であった。一七四八年のジャマイカでは、庶子の相続する財産の上限を一二〇〇ポンド以下に定める法律が通過した。一方、スモーレットの攻撃は奴隷貿易にも向けられており、一八世紀が進むにつれて、クエイカー教徒をはじめとする多くの人びとが、奴隷貿易攻撃の隊列に加わるようになった。

一七〇〇年から一七八〇年のあいだにイングランドの外国貿易はほぼ倍増し、それとともに通常は連合体《シンジケイト》の組織をとおして営まれる海運業の規模も二倍になった。イングランドの外国貿易で最大のシェアを占めたのはやはりヨーロッパであったが、イングランド人は高利潤の魅力につられ

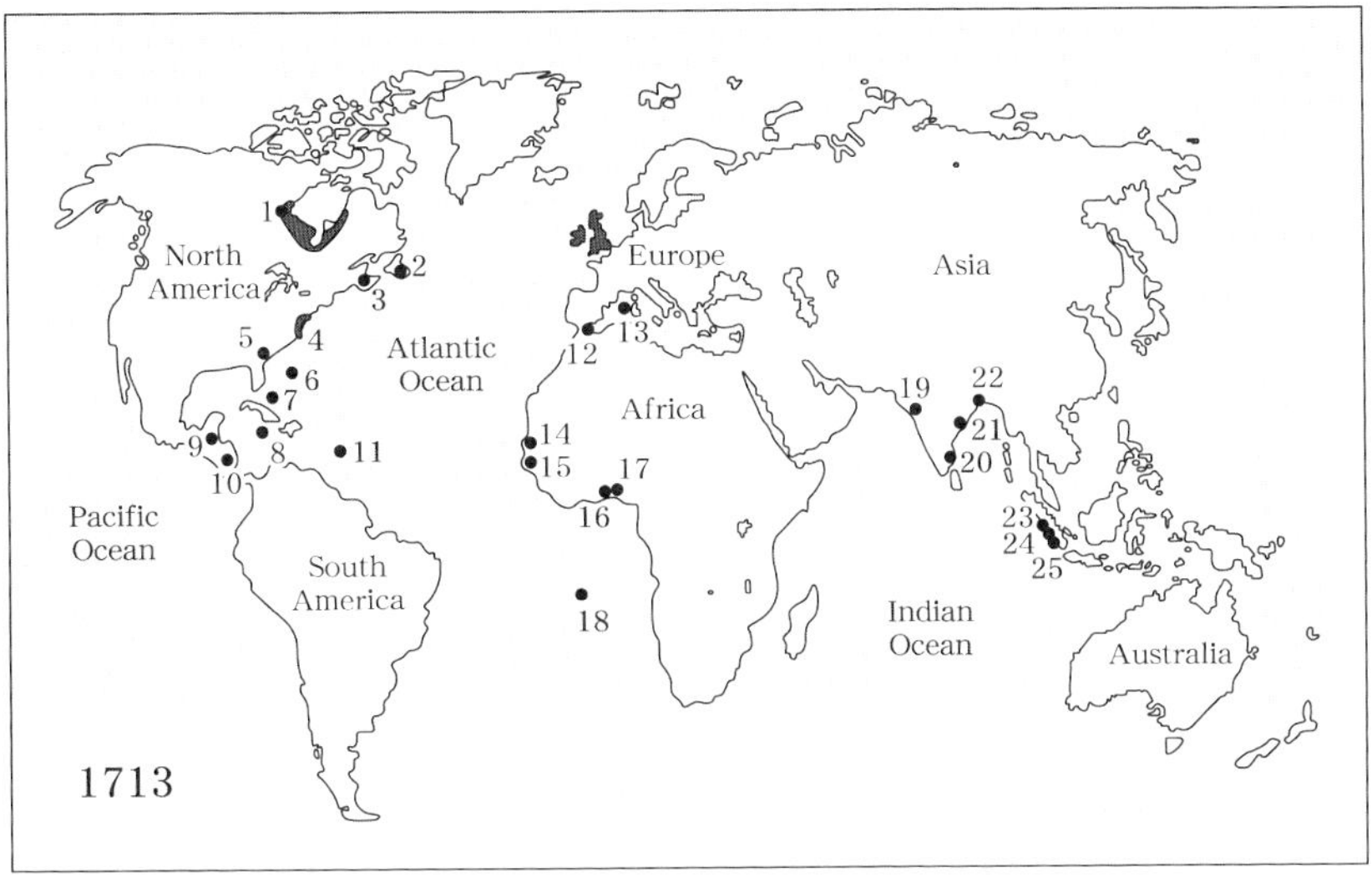

イギリス帝国の拡大（年次は、実効的支配のおよんだ年、国際的承認を得た年、および1900年以前に領土を喪失した年を示す）

1713年の海外領土

1 Rupert's Land 1670 2 Newfoundland 1713 3 Nova Scotia 1713 4 New York 1664-86 5 Charleston 1670 6 Bermuda I. 16-9/84 7 Bahama Is. 1670 8 Jamaica 1655/70 9 Belize 1638 10 Mosquito Coast 1655-1860 11 Barbados 1627 12 Gibrartar 13 Minorca 1708-82 14 Alberta 1698-1763 15 Fort James 1664 16 Cape Coast Castle 1664 17 Accra 1672 18 St Helena 1651 19 Bombay 1611 20 Madras 1639-1746 21 Masulipatam 1611 22 Calcutta 1698 23 Batang Kapas 1685-1824 24 Benkulen 1684-1824 25 Silebar 1685-1824

て世界のすみずみまで進出していった。新しい金貨がアフリカの領土ギニアにちなんで「ギニー」と名づけられたことは、象徴的な出来事であった。ところが、植民地の効用のひとつは「時として政治組織に生じかねない悪感情のはけ口」や、「自活できない貧民を雇用して、国内や海外の農園で就業させる」手段を与えることにある、と主張する人間もいぜんとして多かった。ジョージアの開拓者ジェイムズ・オグルソープ将軍（一六九六―一七八五）がその地に入植地をもうける提案をしたときにも、後者の論法が使われた。哲学者も植民地にたいして独自の関心をいだいていた。たとえばカロライナの憲法を準備したジョン・ロック（一六三二―一七〇四）は、所有権にかんする理論を展開するにあたってアメリカの植民地制度を援用している。

一七一三年から一七三九年までイングランドは戦争から遠ざかっていたが、全体としてみれば一八世紀は、外交と不可分にむすびついた戦争の世紀であった。そして一七四五年以降になると海外のイングランド人は、ヨーロッパから遠くはなれた前線で戦争にまきこまれていった。奴隷植民地はヨーロッパの国境の町のように、

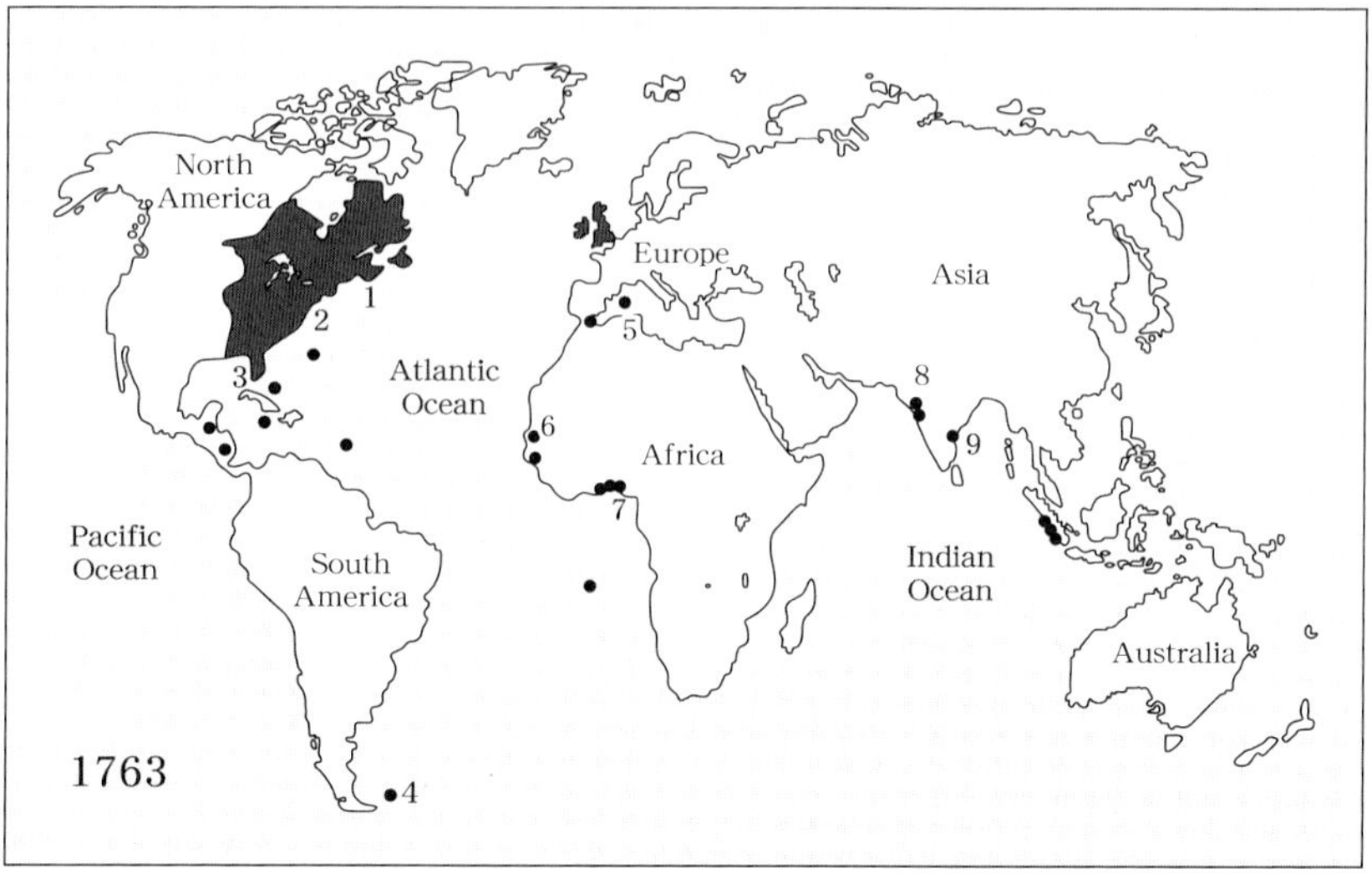

1763 年までの獲得領土

1 Canada 1763 2 Thirteen Colonies 1783 3 Florida 1763-83 4 (Falkland Is. 1765-83 5 Minorca 1708-82/98 -1802 6 St Louis 1758-79 7 Ningo 1735 84 8 Basein 1757 9 Madras 1748

しばしば占有者を代えた。一八世紀とは、スペインとフランスにたいする戦争が商人や植民者だけでなく、国粋主義的なジャーナリスト（批判者から「売文家」と命名された）の扇動にのった民衆からも歓迎された時代であった。スコットランド人からの支持もあった。スコットランド人は商魂たくましい精力的な商人であり、冒険心に富んだ勤勉な植民者であった。一七三九年、「ジェンキンズの耳」戦争の開戦布告を歓迎した民衆が、ロンドン、ブリストル、リヴァプールの街頭にあふれでた。言葉と同様に音楽も人びとを強く動かした。トマス・アーン（一七一〇―七八）の「ブリタニアよ、統治せよ《ルール・ブリタニア》」の曲はその一年後に出版され、「神よ、国王陛下を守れかし《ゴッド・セイヴ・ザ・キング》」は一七四四年に登場した。一七四五年、ジョージ二世の息子のカンバーランド公がカロドンとインヴァネスの残虐な戦闘で、ステュアート朝の復活をもくろんだジャコバイトとスコットランド軍に勝利をおさめたその四年後に、「ブリタニアよ、統治せよ」を作詞した詩人ジェイムズ・トムソン（一七〇〇―四八）は、イングランドを「永遠に神聖な国」と称えた――

　この国は境界線をもたず、過ぎさった過去を
　振りかえり、来たるべき未来を見つめる。

また、風変わりな詩人で賛美歌作者であったアイザック・ワッツ（一六七四―一七四八）は、「過去においてイングランドの助けとなってくださり、未来においてイングランド

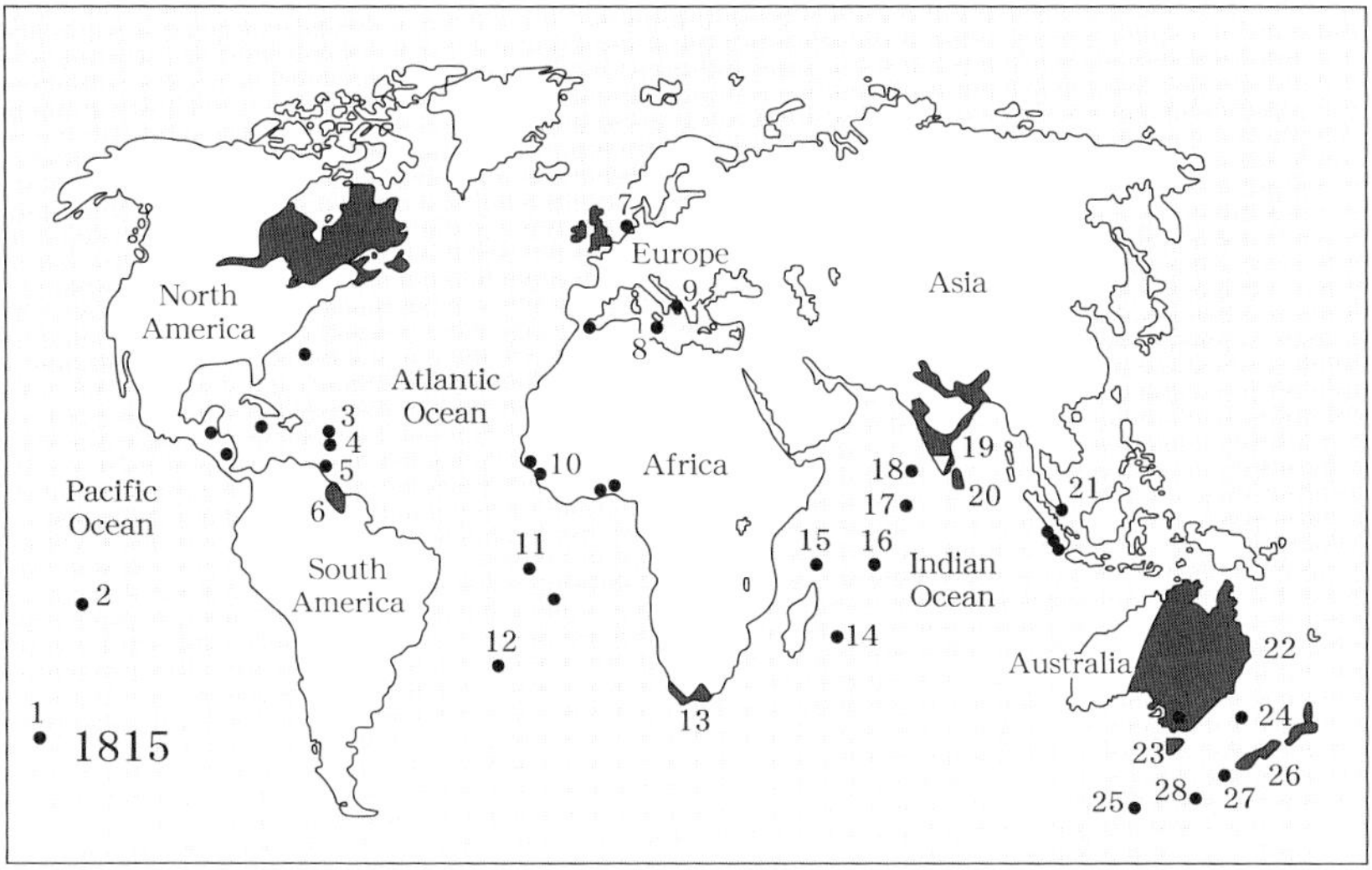

1815年までの獲得領土

1 Chatham Is. 1790 2 Pitcairn I. 1767 3 St Lucia 1815 4 Tobago 1815 5 Trinidad 6 British Guiana 1815 7 Heligoland 1814-90 8 Malta 1800 9 Ionian Is. 1815-64 10 Sierra Leone 1806 11 Ascension I. 1815 12 Tristan da Cunha 1815 13 Cape Colony 1806 14 Mauritius 1810 15 Seybelles 1794 16 Chagos Is. 1784 17 Maldive Is. 1815 18 Laccadive Is. 1791/1855 19 Indian Territories ceded by 1815 20 Ceylon 1815 21 Singapore 1795/1819 22 New South Wales 1788 23 Van Diemen's Land 1804 24 Lord Howe I. 1788 25 Macquarie I. 1811 26 New Zealand 1814/40 27 Auckland I. 1806 28 Campbell I. 1810

の希望となってくださる神」に請願する詩を書き、その詩句は二〇世紀に愛国的スローガンとして引用されている。

ジョージ二世（在位一七二七―六〇）の関心は海外の植民地よりも、一七一四年にロンドンにやってきた父親の出身地ハノーヴァーに向けられていた。彼は戦闘で軍隊を指揮した最後のイングランド国王であり、その戦地がヨーロッパ大陸のデッティンゲンであったことは、彼の関心をよく示している。しかし、スコットランドで徴集されてランカシャーまで南進してきたジャコバイトの軍勢を、一七四五年に撃ち破って、彼の王朝が安泰となると、大臣たちはヨーロッパ、北アメリカ、カリブ海地域、アフリカ、インドをふくむ全地球的な規模での覇権争いに乗りだしていった。

一七四〇年代と五〇年代にイングランド人が希望をたくしたのは、(大)ウィリアム・ピット（一七〇八―七八）であった。この若い政治家は一七三九年に、「最後の砦である貿易政策が危くなれば、あとは守りぬくか、滅亡かだ」と発言した。しかし、二〇世紀の歴史学者たちはこの発言に異議を唱え、「理性は戦争という不合理なゲームに眉をひそめる」というサミュエル・ジョンソンの格言に共鳴してきた。産業革命史研究者であったT・S・アシュトン教授は、「もしもイングランドが途絶えることのない平和を享受していたなら、産業革命はもっと早く起こっていたであろう」としばしば発言した。なるほど、一八世紀の主要な三つの戦争（一七〇二―一三年のスペイン王位継承戦争、一七四〇―四八年のオーストリア継承戦争、一七五六―六三年の七年戦争につづくアメリカ独立戦争）は、のちにふたたび拡大させるとはいえ、いったんは海外貿易額を激減させてしまった。戦争中に貿易条件はイングランドに不利にはたらき、実質収入は下落した。

反対に、一部の歴史学者によれば、戦争こそ技術的進歩をもたらす重要な要因であった。また、水兵にとって「従軍すること」は、すぐに戦利品が手に入ることを意味した。海軍軍人の給料は一六五三年から一七九七年のあいだは昇給せず、強制的に徴募された水兵はいつでも逃亡しようと身がまえていたが、戦利品にありつくと全員で分けあった。一七一四年にある提督は、妻あての手紙に「もしも今度の戦闘でフランスの地主たちを捕虜にできれば、お屋敷を購入し、私たちのかわいい子供たちに将来残してやれるだけの身代金をとってやるつもりだ」と書いている。また、戦争には戦利品以外の魅力もあった。一七八二年の陸軍の新兵募集令は、「太鼓の音に胸が高鳴り、高邁な任務をのぞむ、身体強健な若者すべて」に訴えかけた。「活動的な奉仕生活」を楽しみたい者にとっては、新兵の教育も軍紀の厳しさも、興奮が補ってあまりあるものであった。若者の熱狂ぶりが噂だけではなかったことは、のちに急進主義者になるウィリアム・コベット（一七六二―一八三五）が水兵を志願していたのに、じっさいには陸軍兵士になった例にもみられる。軍隊には魅力もあった。

イングランドでは、海軍は陸軍よりも上級の奉仕とされており、海軍の予算はイングランドの方がフランスよりも多かった。陸軍にかんしては、一七世紀にみられた常備軍にたいする警戒心がまだ残っており、士官の数は戦争のたびに増えたものの、フランス陸軍の方が軍事的優位に立っていると当時はみなされていた。「わが植民地は富と住民数で敵にまさっているが、軍紀の点ではフランスの方がわれわれよりも優位にあり、フランス植民地の住人たちはほとんど全員が兵士である」と、ウォールグレイヴ卿（一六八五―一七四一）は七年戦争中に記している。イングランドでは陸軍の徴兵制も、平時における十分な訓練もなかった。

しかしながら、一七五六年から一七六三年にかけて世界各地で戦われたフランスとの長い戦争で、勝利をおさめたのはイングランド人であった。セネガルのフォート・サン・ルイと、西アフリカにおけるもうひとつの重要なフランスの拠点であるゴリを獲得するのに決定的な役割を演じたのは、イングランドの海軍力であった。「連戦連勝の年」であった一七五九年に（俳優で戯曲家のデイヴィッド・ギャリックが「驚異の年」と評した）、ジェイムズ・ウルフ将軍（一七二七―五九）がケベックを占領したことは、翌一七六〇年のカナダにおけるフランス支配の終焉をつげるものであった（もっとも、それはケベック地方におけるフランスの言語、文化、政治的野心の終わりを意味したわけではなかった）。ウルフ将軍の軍勢はフランスにくらべると劣勢であったので、ここでも勝利を決定づけたのは海軍の支援であった。カリブ海域の豊かなグアドループ島が陥落したのも一七五九年であり、当時においてはケベックより大きな戦果とみなされていた。それから二年後の一七六一年に、インドにおけるフランスの拠点であるポンディシェリも陥落し、その地のフランス人勢力は完全に駆逐された。一七六〇年まで東インド会社の戦闘を指揮していた野心的なロバート・クライヴ（一七二五―七四）が陸地で数々の勝利をおさめることができたのも、初期の段階でインド海域のフランス艦隊がイングランド海軍によって撃破されていたことが大きい。

一七五九年になると国民の自信もみなぎり、ピットからの激励を必要としなくなっていた。一七五七年に聖職者のジョン・ブラウン（一七一五―六六）は『現今の流儀、信条についての考察』を著して、同胞の軟弱さを非難していたが、その同一人物が一年後の『考察の補足的弁護論』では、国民の奮起をうながしたピットの功績を激賞した。さらにその一年後に、サセックス州の商店主トマス・ターナーは「このイングランドほど、全能の神を崇める機会に恵まれた国民はほかにはあるまい、この国の軍勢は世界のいたるところで勝利をおさめているのだから」と誇らしげに書いた。しかしながら、一連の大勝利は高くついていた。

土地税は、サー・ロバート・ウォルポールが首相であった一七二一年から四二年までは、地代収入一ポンドあたり一シリングであったが（ウォルポールは節約につとめたものの、財政危機に直面し、一七三三年に土地税より高率の消費税導入を計画した）、その土地税もいまや一ポンドあたり四シリングまで跳ねあがった。しかも、二〇万人の軍人の給料は予算外の支出であった。借入金も巨額にのぼった。七年戦争中の一七五六年から六三年にかけて政府が支出した一億六〇〇〇万ポンドのうち、六〇〇〇万ポンドは借金であった。国家全体の負債もこの額の二倍を超えていた。やっとこの時点で、議会もこの負債問題と毎年の利子支払いに直接関心をよせるようになった。同様に少なからぬ関心をよせたのは、一七五二年に各種の国債を三パーセントの利息付き国債に統合した「コンスル」債券の所有者たちであった。少額の国債を所有する個人の大半はロンドンとその周辺諸州の住人であり、さらにその大部分が未婚女性や寡婦であった。

一七六一年にピットは、ニューファンドランド沖の鱈《たら》漁業にかんするフランスとの交渉をめぐって失脚した。その二年後、彼は七年戦争の終結とともにむすばれた第一次パリ条約の多くの内容を激しく非難した。ピットの期待とは裏腹に、グアドループ島よりもカナダが重視され、グアドループ島は一部のフランス領西アフリカとともにフランスに返還された。また、ニューファンドランド島周辺のフランスの漁業権があらためて確認されることになった。とはいえ、この戦争の結果、イギリス帝国《ブリティッシュ・エンパイヤー》は新たに最盛期をむかえることになった。北アメリカの植民地が北は遠くカナダまでのび、南はフロリダ、西はミシシッピー川まで拡張した。フランスは戦争中に占領されていたカリブ海域のいくつかの島をとりもどしたとはいえ、イギリス「ブリテン」もグレナダ島、セント・ヴィンセント島、トバゴ島などを確保した。一方、アジアにおいては、ベンガル地方の富があたかも伝説の財宝の国「エル・ドラド」でもあるかのように、情け容赦なく搾取された。初代ベンガル総督のロバート・クライヴを批判した多くの人物によると、「ロンドン政府があずかった略奪の分け前」は増える一方であり、それは「近年のベンガル地方の食料不足と三〇〇万人もの死者」を犠牲に獲得されていた。「インドの領土」は東インド会社には「広大すぎる」というクライヴ自身の進言にたいして、その当時イングランドの政治家たちが大きな関心を示すことはなかった。

　一七六三年当時のイギリス帝国は、戦争でも貿易でも勝利をおさめていたにもかかわらず、多くの問題点をかかえていた。多様な構成要素それぞれがあまりにも異質であったために、帝国の全体像を宗教などあるひとつの観点から描くことは不可能であった。帝国を曲がりなりにもひとつにむすびつけていたのは海軍力であったが、その海軍力にしてもその力だけでは帝国の統治はおろか、制御にも十分ではなかった。また貿易上の優位も、かならずしも確立されてはいなかった。フランスは一七六三年以後も、いぜんとして強力な競争相手でありつづけた（一部の同時代人は、つねに勝利が望める海上戦闘で解決できる範囲であれば、フランスにたいして敵視政策をとることがイングランドの国益にかなう、と信じていた）。

　北アメリカ植民地もまた、問題点のひとつであった。その人口は劇的な増加をみせ、一七六〇年の人口は一七〇〇年の六倍になった。北アメリカの住民たちは、共通の文化遺産や戦争の勝利を語るときにはイングランド人と変わらぬ愛国主義者でありえたけれども、北アメリカ植民地と本国とのあいだには、明らかな利害の不一致があった。一七六三年にロンドンで政権の座についたグランヴィル内閣は、アメリカ防衛のためにはつねに一万人ほどの常備軍をおくべきであり、しかもその費用を負担するために植民地に課税すべきであると考えていた。近年では、七年戦争によって国家の負債が二倍になった当時の状況を考えれば、繁栄の一途をたどる植民地が負担にたいしてもらした不満は一方的なものであったことが示唆されている。

　最近のアメリカ経済史の研究者たちは、イングランドがこの時点で植民地に新たに重い負担を課したという従来の

耕作法は大昔とそれほど変わってはおらず、この図版のようにいぜんとして馬を利用していたことは多くの資料が示している。ただし、産業革命期ともなると、ほかの農具と同様に犂も改良された。

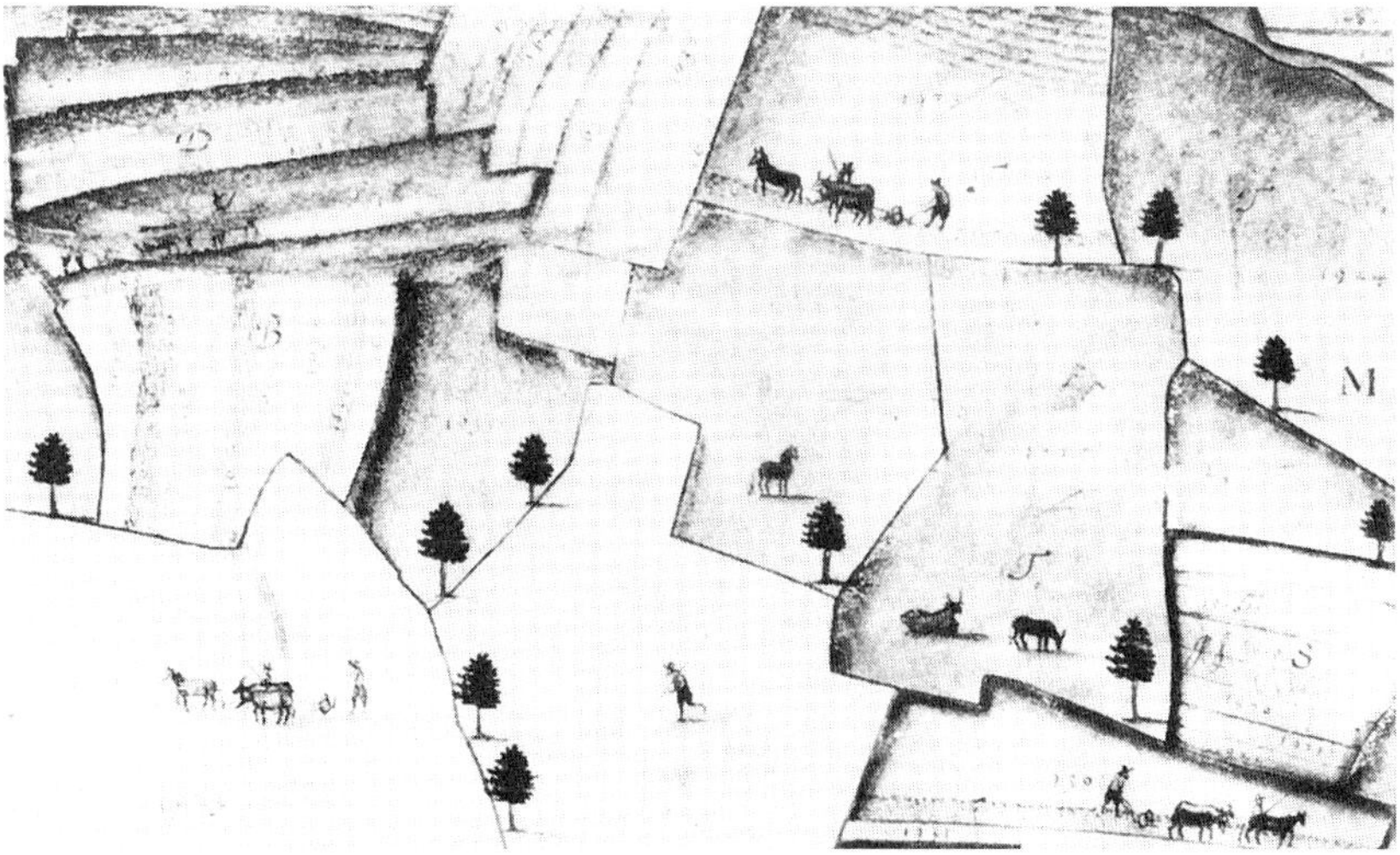

囲いこみは農業改良に不可欠な準備段階とみなされたが、社会に破壊的な結果をもたらすのを避けることはできなかった。昔ながらの開放耕地制度も、この図版でみられるノーサンプトンシャーのラクストンのような一部の地域に残っており、それは20世紀まで存続していた。

見解を批判して、北アメリカ植民地の実質年間防衛費用は四〇万ポンドにおよび、その額はこの植民地からの最大収入の五倍であったことを指摘している。この数値が正しいかどうかは別問題として、このような計算はその当時ではおこなわれなかったため、一七世紀の航海法の規制にたいしてすでに大きな不満を感じていた植民地の住人たちは、一七六三年以降本国の政策がますます厳しくなっていくことに怒りをつのらせていった。一七六四年の砂糖法、一七六五年のアメリカのスタンプ法（この両者はのちに撤廃された）、一七六七年の茶法（これはのちに改定されることになる）は激しい反発をかった。この種の立法はあまりにも多すぎたため、ベンジャミン・フランクリン（一七〇六―九〇）をして「かしこくて善良な母親なら、こんなことはしない」と言わしめたほどであった。抵抗を進めるために植民地の住人たちは、一七世紀およびそれ以前の先例にますます熱心に目を向けるようになった。自分たちは「自由に生まれたイングランド人」であり、「尊厳と自由の点では平等」であるべきはずである、と彼らは論じた。まさに代表のないところへの課税は専制であったのである。

一七七五年にはじまるアメリカ独立戦争は、一七八三年までつづいた。アメリカの勝利も重要であるが、イングランド側の失政も、それが政府の力を弱めたという点で重要である。この戦争をめぐるイングランド本国での議論は、大ピットの次男である小ピット（一七五九―一八〇六）によって「不正義の女神から生まれ、怒りの女神によって育てられた」と形容されるほど、アメリカでの戦闘さながらの激しさでおこなわれた。一七八一年にヨークタウンでイギリスの指揮官コーンウォリス卿（一七三八―一八〇五）がジョージ・ワシントン（一七三二―九九）にたいして降伏を余儀なくされたとき、彼の配下の兵士たちは、前世紀の本国で起こった大変動を連想して、「世界はひっくり返った」の曲に合わせて武器を投げだした。そのときの兵士たちとおなじ感情が、一七八二年に述べられたある発言、「当然と言えば当然かもしれないが、敗北はイングランドの歴史上もっとも摩訶不思議な革命をもたらした」によくあらわれている。その年に、一七七〇年以来首相をつとめてきたノース卿が、批判者であったホイッグのロッキンガム侯（一七三〇―八二）と交替し、さらに同年、ロッキンガム侯の死去にともないシェルバーン卿（一七三七―一八〇五）が首相の座につき、第二次パリ条約の内容をまとめあげた。この条約によって、五大湖以南とミシシッピー川以西に広がる新たな独立国アメリカが承認された。

サミュエル・ジョンソンのような悲観的な人物は、「帝国が崩壊してしまった」のだから、「われわれは全世界を敵にまわすことになる」と考えた。ところが現実には、一七八〇年代後半に工業生産量が急増するにつれて、独立国アメリカに輸出されるイングランド商品の量は、一六六〇年の航海法にもとづく「旧植民地体制」時代よりも増加していった。輸出総額は一七八二年に一二五〇万ポンド、一七九〇年には二〇〇〇万ポンドに達した。一七九〇年には、アメリカが独立したあとも本国への忠誠派が多数居住していたカナダにたいして、国制上の取り決めが導入され、その結果「政治における権威と社会における身分秩序」がさらに強化されることになった。

植民地担当大臣の職は一七八二年に廃止されたが、それとともに帝国の植民地体制が消滅したわけではなかった。それどころか、一七七〇年にジェイムズ・クック（一七二八―七九）がオーストラリアを発見すると、のちに重要な流刑植民地となるこの広大な（だが当時は未探検の）領土が帝国に加えられた。クックはつねに植物や樹木をもち歩く進取の気性に富んだ探検家であり、彼は一七七九年にハワイの地で原地人との戦闘の結果、死をとげた。また、東インド会社の活動を本国の支配下におこうとする政府の一連の試みがおこなわれたにもかかわらず、帝国はインドにおいて拡大の一途をたどった。一七八四年に組閣された小ピット政権は、翌年に東インド会社の全政治活動を調査する「規制院《ボード・オブ・コントロール》」を設置した。その設置につづいて、「帝国基盤の設計者」であるベンガル総督ウォーレン・ヘイスティングズ（一七三二―一八一八）への弾劾と裁判がおこなわれた。その裁判のさなか、インド提督に任じられたコーンウォリス卿はインド人との緊密な連帯という伝統路線と訣別し、強硬な政策をおこなった。ヘイスティングズの弾劾裁判が結審した一七九五年に、当時の首相である小ピットはこう説明した――「東インド会社の制度は恣意的で専制的ではあるけれど、正義と自由の規範にしたがってみずから行動するのが、インドにおける行政組織すべての務めである」。

当時のイングランド人にとってインドはしょせん遠い異国であり、事実、インド社会の歴史はイングランド社会の歴史とは異なっていた。イングランド社会史にとって決定的に重要なことは、巨利を得ることが海外の植民地だけでなく、階級意識がやかましかったイングランド国内でも、一八世紀をつうじてつねに可能であったという事実である。イングランドではいぜんとして土地こそが富と力の主要な源泉であり、大土地所有者はその財産を増やしつづけた。貴族は一七〇〇年にイングランドの総不動産額の一五―二〇パーセントを所有していたが、一八〇〇年になるとその数値は二〇―二五パーセントに上昇した。貴族の一部は、石炭や鉄の鉱区使用料や運河から富を形成し、またロンドンでベッドフォード家やグロヴナー家が先鞭をつけたように都市部の不動産によって、富を増加させた貴族もいた。しかしながら、彼らの富の誇示と歓待の象徴となったのは、地方にかまえた広大な邸宅であった。「イングランド人が楽しみのためにすることを、フランス人は追放にあってはじめてするのだ」と、アーサー・ヤング（一七四一―一八二九）はのちに述べている。「汝の領地に根をおろし、飾りたてよ」。

貴族の下位に位置するジェントリー［地主階級］は、相続資産に違いがあったにしても、「農業改良」がはかられたこの時代にあって、富を増加させる絶好の立場にいた。なかにはホーカムのトマス・コーク（一七五二―一八四二）のように、身分を上げて貴族になるジェントリーも出現した。もっていた称号がなんであれ、スクワイヤー［郷士］としての彼らが社会においてはたした役割は、地域社会の要といえるものであった。彼らは治安判事として、書記や無給の教区役人、教区委員、貧民監督官、警吏などの助けをかりながら地域社会の行政にあたった。その仕事は無報酬で、負担だけがかさむものであったが、ジェントリーは地域と国全体にたいする発言力をもっていたので、穀物法や狩猟法を維持することができた。ジョージ三世の治世（在位一七六〇―一八二〇）だけをみても、三二もの狩猟法が制定されている。一連の狩猟法はすべてジェントリーの特権を強化するようにつくられていた。狐狩りが田園地域のスポーツとして定着したのも、この時代であった。

ジェントリーの力と富は、ロンドンや外国貿易と関係をもつことによって強化することができた。なるほど、一七二七年に外国から訪れた人によれば、ロンドンのシティーには「ドイツやイタリアの君主よりもはるかに裕福な商人王」がいた。おなじころのロンドン市長は南海会社の株を一二万二〇〇〇ポンド、イングランド銀行の株を一一万八〇〇〇ポンド所有していた。また、P・J・グロスリーが『ロンドンへの旅』（一七七二）において語ったところでは、貴族と「商業にたずさわる臣民」との混合（あるいは「融合」）こそ、「国の富のつきるところを知らない源である。貴族が商人との結婚により富の相続権を獲得すれば、商人はその損失を埋めるべくいっそう商売に励むようになり、さらにジェントリーも自分か子孫の代に爵位をもてるだけの資産を形成するため、商人との結婚をもくろむ」。

結婚によって身分を上げることは一種の理想像であり、一七三〇年にサミュエル・ジョンソンよりも先に辞書をつくったネイサン・ベイリー（？―一七四二）の「いまの時代ではお金持であれば、だれでもジェントルマン［郷紳］とみなされる」という「ジェントルマン」の定義とは、対照的な考え方である。じっさいには、グロスリーのような同時代人（あるいはそれ以前、それ以後の作家たち）が言うほど、貴族の仲間入りは簡単なことではなかった。ただし身分はいざ知らず、結婚が富を獲得する大きな手段であったことは間違いない。一例をあげれば、ノース卿の父親は三人の女性相続人とつぎつぎに結婚している（またその弟は、リッチフィールド、ウースター、それにすべての主教管区のなかでもっとも富裕なウィンチェスターの主教を歴任していることも、つけ加えておかねばなるまい）。貴族もジェントリーも閉鎖的な社会集団ではなかった。なるほど一八世紀の貴族はほかの時代とくらべて相対的に閉鎖

奴隷貿易反対運動の彫刻（1790年ごろ）

ケベック占領を祝賀するメダル（1759）

的であったかもしれないが、同時代の人びとは、一七五七年において「身分にかんする段階的で、容易な移動」と表現される現象に誇りを感じていた。「たいていの商人は、カントリー・ジェントルマンになる夢をもっている」とアダム・スミスは述べているが、おなじ考えの者も多く、ダニエル・デフォーもそのひとりであった。デフォーは商業にたずさわる読者にたいして、ジェントルマン願望にふりまわされないようにと警告を発する一方、自分の小説の主人公であるロビンソン・クルーソーが孤独な島の生活から帰国すると、ベッドフォードシャーに土地を購入させている。同様に、西インド諸島でひと財産をつくった一族の一員であったピニーは、自分の「最大の誇りは、公職につかないカントリー・ジェントルマンとみなされることにあるから、称号《タイトル》で十分満足し、西インド帰りと呼ばれるような生活はしないことにした」と一七七八年に書いている。

　当時のジェントリーが「称号」だけで満足できたとすれば、それはあまりにも控えめな満足であっただろう。概算で四〇〇万エーカーの土地が耕地になり、しかも農業の生産性が高まるにつれて、不動産価値は一七〇〇年から一七九〇年の期間にほぼ二倍になった。どの点からみても、産業の発達が農業の衰退をまねくことはなかった。「製造業が栄え大きくなるにつれて、農業も栄えるであろう」と一七七二年にジョン・ハウレット師（一七三一―一八〇四）は書いている。目を見はらせるような農業革命は起こらず、一部の穀物生産地域が一七三〇年代と四〇年代に不況に直面する一方、国内全域において数多くの変革が生まれ（その大半は一七世紀に起源を有する）、近年においてこの変革は潮の満ち引きに喩えられている。農業改良の雄弁な支持者であったアーサー・ヤングは、「どこにでも目を向けてみよ。読者が目にするのは大きな富とさらに大きな資源なのだ」と記した。ある経済史学者の試算によると、農業従事者は一七〇〇年において一人あたり一・七人を扶養していたのにたいし、一八〇〇年には二・五人を扶養するようになった。これは四七パーセントもの増加である。イングランドは（輸出が絶頂に達した）一七五〇年まで小麦と小麦粉の輸出国であったが、一七五七年と五八年、さらに一七六七年以降は継続的に輸入国となった。輸入が必要になったのは、一七三〇年代半ばにさかのぼる人口増加のためであった。

土地や作物、（ジェスロ・タル［一六七四—一七四一］によって考案された有名な条播機といった）農業用具、農場配置のいっそう有効な利用による「改良農法」の長所は、おおいに宣伝された。なかでも有名であった改良農法の普及者は、アーサー・ヤングである。彼は農業経営者としては失敗したが、その『イングランド南部諸州六週間紀行』は、「農夫王」と自認するジョージ三世が即位した八年後の一七六八年に出版された。改良品種の家畜とジャガイモは日常会話の話題となり、ときには論争の対象となることもあった。一八世紀に新たに建てられた邸宅には、この時代の巨大な雄牛や目を見はらせる羊、毛並みの滑らかな馬などを描いた油絵が、肖像画や風景画とならんで飾られた。田園風景にちりばめられた宝石を思わせるこれら邸宅の多くは、もとは農場内の家屋であった。馬の絵画でもっとも高い評判をかちえたジョージ・スタッブズ（一七五六—一八一五）は、馬丁で『馬の解剖』という書物の著者でもあった人物の息子であった。

ヤングは一七八四年に『農業年鑑』の刊行をはじめたが、彼が改良農法の宣伝にこれつとめた地域は、ノーフォーク州であった。輪作の実験によって、休耕年なしに農地の継続利用を可能にした「新農法」が発達したのが、この州であったからである。この「新農法」は家畜に干草と冬場の飼料を供給することができ、結果として家畜の頭数と有機飼料の量を増やすこともできた。当時の記述によると、ノーフォーク州は、「人の記憶にあるかぎり、かつてこの州の半分が羊の飼料だけしかつくれなかった」が、いまや「どの畑も、大量の小麦のほかに、世界でもっとも高品質な大麦やライ麦でおおわれ」るようになった。のちにレスター伯になるトマス・コークは、その管理のもとで収穫した生産物の価格を一五年間で四倍にするほどの財政的な大成功をおさめ、その名前はノーフォーク州でみられた変革（ノーフォーク農法）とむすびつけられて知られているが、彼以前にも「蕪《カブ》のタウンゼンド」や首相のロバート・ウォルポールといった名高い先駆者がいた。しかしながら、イングランド全土がノーフォーク州のようであったわけではなく、コークをもってしても、農業経営者に従来の農法を変えさせることのできなかったグロスターシャーや、一八〇四年になってもヤングが「ほぼ一〇〇マイル」の旅をしたのに「穀物を条播きする」のを見かけなかったヘリフォードシャーのような州も存在した。さらに言えば、一八四〇年代になっても、カブの作付け総面積に相当する農地が休耕地となっていた。

レスターシャーもノーフォーク州に劣らず、農業の変革で有名であった。ラフバラ近郊のディッシュリー・グレンジでロバート・ベイクウェル（一七二五—九五）が経営する農場（ベイクウェルは「草を羊肉に変える工場」と自認していたが、彼の批判者からは「買うには高すぎ、食べるには脂肪分が多すぎる」と酷評されていた）は、ヨーロッパ中から訪問客を集め、そこで飼育されている馬、羊、牛は惜しみない称賛を受けていた。ただし、大農場主や評判を意識した人びとが長期的な成功をおさめたとはかぎらず、たとえばベイクウェルの訪問客にたいする歓待はあまりにも気前がよすぎたために、彼は破産してしまった。一方で、偉大なイングランド品種になったヘリフォードシャーの牛や南部のサウスダウンの羊は、けなされることもなく普及しつづけた。ノーフォーク州やグロスターシャーといった州はしだいに耕作を農業の中心にするようになり、またレスターシャーなどの州は畜産に転向していった。事実、一七九〇年にウィリアム・マーシャル（一七四五—一八一八）は、レスターシャーを「遠々と広がる緑の大地」と描写している。農作と畜産の混合経営がもっとも順応力をもつ農業形態であり、これには土地の肥沃度を維持するという利点があった。

農業「改良」の発展には、「囲いこみ《エンクロージャー》」をつづけることが必要不可欠であった。一八世紀前半にミッドランド諸州の粘土地帯が囲いこまれたのにつづいて、ミッドランド地方と南部、東部の二〇〇万エーカーから三〇〇万エーカーほどの開放耕地や荒地が、一七六〇年から一七九九年にかけて囲いこまれた。囲いこみの手続きは自発的な同意や圧力よりはむしろ、議会の個別立法によって進められるのが通常であった。囲いこみの法律が成立するには、その地域の全員一致の賛成を必要とはしなかった。むしろ必要であったのは、弁護士と測量士への謝礼、それに法案が通過したあとで柵と生け垣、道路、排水施設をととのえるための資金であった。土地を測量するために任命された委員たちは、囲いこみを支持していたので、個別立法といっても形式的な手続きにすぎなかった。囲いこみを支持していたことでは議会も同様であり、手続きをさらに簡便にするために、一八〇一年に包括的な囲いこみ法を通過させた。一七六〇年から一八〇一年までに通過した個別的な囲いこみ法は、一三〇〇以上を数えた。さらに一八〇〇年から一八二〇年のあいだには、ほぼ一〇〇〇以上もの囲いこみ法が成立することになる。

当時の人びとは、囲いこみを支持する農業経営者たちを「知識と着想の点で新種の人間」とみなしていたが（これはバンベリーの市場でみかけられた農業経営者の肉体的な外見から述べられた所見である）、ヤングは囲いこみが進取の気性をうながし、「囲いこみによって、国が改善されるのとおなじくらい人も変わる」と信じていた。囲いこみの結果、必然的に大規模経営者が先頭に立つことになった。ヤングによれば、「小規模の農民にはノーフォーク州でみられたような大事業を成しとげることはできない。大規模農場こそがノーフォーク農業の魂である。いまの農場を年間一〇〇ポンド以下の定期借地に分割してみよ。この州に残るのは乞食と雑草だけだ」。しかしながら囲いこみの要求は、一八世紀末にイングランドの土地の四分の三を耕作していた小作農や小地主からも出ていた。保有地をひとつにまとめて、未開墾の土地をなくそうとする動機が彼らにはあったからである。ただし、小作農への転落と引き換えに、自由土地保有権を売却してひと稼ぎをもくろんだヨーマン［自由農］の場合は、また別問題であった。

囲いこみと農業の変革は、農村の風景を変えた。すでに一七六〇年代にスモーレットは、風景の変化を「耕作によってきれいな大地と変わり、……美しい囲いこみ地に区分されている」と描写した。耕地が囲いこまれるにつれて、森林や未開墾地は姿を消し、生け垣や壁、柵、道路の連なる新しい景観がととのえられた。一九世紀の初めにイングランドを再訪したドイツ人は、「これまで耕作されていなかった広大な土地が、あたかも魔法をかけられたかのように肥沃になり、りっぱな穀物畑に変わっているのを見て、たびたび仰天したものだ」と述べている。これ以後、田園の外見にこれほど大きな変化がみられるようになるのは、二〇世紀も後半になってからのことである。

この囲いこみが富を生みだしたことはたしかである。地代は上昇し、農場からの利潤もあがり、生活様式も変わった。だが一部の大土地所有者たちは彼らの祖先と同様に、「怒れる多数」の抑圧者として攻撃された。そしてコベットが「農場経営者がジェントルマンになると、彼の労働者たちは奴隷になる」と述べているところをみると、攻撃をうけたのはかならずしも大土地所有者ばかりではなかった。立場が一貫していないことの多いヤング自身も、囲いこみの害を認めるようになった。ヤングは、囲いこみがなかった教区に住む労働者が「黒人奴隷のように働き、救貧院の住人よりもひどい暮らしをしている」と確信する一方で、「二〇の囲いこみ法案のうち一九までが、貧しい人びとに被害をおよぼし、ある場合には大変な打撃を与えている」ことに気付いていた。

囲いこみは、それまで独立した身分を自覚していた人びとの独立性を脅かした。一八世紀後半に貧困者の生活状態

クエイカー教徒の集会所は17世紀の中ごろに出現した新しいタイプの宗教建築物であり、自然な素朴さを旨として建てられていた。初期のクエイカー教徒はみずからをフレンド教会のメンバーと呼び、既成の慣習を無視し、内なる光の導くままに内心からの声を直接語った。
（上）1778年の「シティー・ロードのウェズリー派礼拝堂」の会堂礼拝。ウェズリーが説教をはじめたとき、彼は新しい宗派をつくろうとは考えていなかったが、彼に帰依した人たちの多くは国教会から離れて、のちにはさらに分裂した。
（下）1650年ごろの初期クエイカー教徒の集会所内部の様子。女性は男性と同等の場所を占めている。

にかんする貴重な書物を著したサー・フレデリック・イーデン（一七六六―一八〇九）が「自力でやってこれた人でも困窮におちいることがあるということは、自由の当然の結果なのだ」と主張したところで、なんの救いにもならなかった。「独立」という概念はのちに機械の時代の職人によって重視されたが、柵や排水施設、納屋をもうける資金をもたず、共同地を利用できるかどうかが死活問題であったほど、保有地がわずかであった零細農民にとっても同様であった。最大の被害者が共同地を不法に占拠している人びとであったことは言うまでもない。彼らには法的な権利がなかったから、いっさい手続きをとられることもなく立ちのかされることが多かった。たしかに囲いこみがじっさいに進行していく過程で、彼らに一時的に働く機会が与えられることはあったが、とどのつまりは赤貧状態におちいるのがつねであった。したがって、共同地から追いだされた人びとが不満をつのらせていったとしても、不思議ではなかった。

　共同地から鵞鳥を盗むものは
　男ならしばり首に、女ならむち打ちだ。
　だが鵞鳥から共同地を盗む
　大泥棒には、なんのおとがめもない。

政治的な不満がさらに腐敗に向けられたとしても、これまた不思議ではなかった――「貧しい人びとは……議会が所有権ばかり大事にしていると言うが、もっともなことだ。私が知るかぎり、私は雌牛をもっていたが、議会の法がそれを私からうばってしまった」。囲いこみは土地を絶対的な私有財産に変えてしまい、また囲いこみの進行を神聖で不可侵なものにした法と、その法を執行する治安判事の両方にたいする疑惑を生みだした。劇作家のオリヴァー・ゴールドスミス（一七二八―七四）は「法は貧しい人びとを粉砕し、富める人びとは法を粉砕する」という金言を述べたが、囲いこみはその正しさを示す一例であった。状況的にもはや元の状態へ戻すことは不可能と思われたにもかかわらず、一九世紀の貧困者たちは土地の再所有を夢みて、囲いこみが完全に終了したはるかのちまで、土地を取りもどす運動をつづけた。

　村落共同体においては一八世紀よりもはるか以前から、また廃村においてはオリヴァー・ゴールドスミスがその描写をする以前から、緊張が生まれていた。ところがいまや、危機意識まで生まれかねなかった。たとえば、一五二四年から一七六五年のあいだに人口が三倍になったレスターシャーのウイグストン・マグナ村では、一七六五年の囲いこみによって状況が一変した。かつては人口の三分の二を占めていた五〇エーカー以下の小土地所有者が、一七六〇年代から七〇年代にかけて社会集団として事実上消滅し、彼らは農業労働者や機械編み工、そして救済をうける貧困者になった。一七五四年に村の救貧税からの支出はわずか九五ポンドであったものが、一八〇二年には一七七六ポンドにも達した。

　地方の多くの地域では、治安判事をはじめとする行政担当者が、不作によって小麦価格が急騰したさいには、貧困者にたいして救貧院の院外給付金を与える権限をもっており、経済情勢が回復したあとでも、将来の給付にそなえて定率の税を徴集しつづけた。そのもっともよく知られた例が、バークシャーのスピーナムランド村の制度であり、その名にちなんでこの種の給付金制度はスピーナムランド制と呼ばれた。しかしながら、この「制度」は全国いたるところで、また常時適用されたわけではなく、イングランドを「スピーナムランド制」適用州とそれ以外の「非スピーナムランド制」州に分けるのは間違いである。強健な貧困者に労働を課す救貧院の数も一七七六年から一八〇一年のあいだに増加した。教区の希望しだいで救貧院建設が可能となる全国救貧院法が一七二三年に議会を通過しており、一七七六年に救貧院の数は二〇〇〇に達した（それぞれの収容者数は二五人ないし三〇人程度であった）。ギルバート法と呼ばれた一七八二年の法は、救貧法問題に対処するために教区が連合することをみとめた。人道主義者からの支援をうけた一連の改革は、エリザベス時代の「旧救貧法」の歴史に最終段階が訪れたことをつげるものであった。

　のちの一九世紀初期になると、「旧救貧法」制度はますます費用がかかるようになり、また工業化の進んだ社会の要求にますます合わないものになってしまう。産業社会の起源は一八世紀にあり、一七八〇年代と九〇年代における産業《インダストリー》の発展は目覚ましかった。しかしながら、「インダストリー」という単語が経済の一部門ではなく、「勤勉」という人間の資質を意味していた一八世紀初期からすでに、デフォーは「土地資産は池にすぎず、商業こそが水源である」と指摘していた。デフォー以後の人ならば「産業こそが水源である」と修正したかもしれない。一八世紀の末ともなると、この「インダストリー」という単語は、工場を連想させるようになった。

　イングランド北東部のタイン川流域の製鉄業者でクエイカー教徒であったアンブローズ・クロウリーは、大製鉄場によって財産を築きあげた。ベン・トルーマンは、一七六〇年には三万ポンドの資産価値をもつ醸造工場と一〇万ポンド以上の流動資本を所有していた。もうひとりのクエイカー教徒エイブラハム・ダービー（一六七七―一七一七）は一七〇九年にはじめて鉄をコークスで精錬した人物であり、シュロップシャーのコールブルックデイルに大溶鉱炉を建設して、その地の風景を一変させた。ボタン製造から身をおこしたマシュー・ボールトン（一七二八―一八〇九）は、一七六九年にジェイムズ・ワット（一七三六―一八一九）と出会う以前から、ありとあらゆる金属産業に手を染めて、ことごとく成功をおさめていた。バーミンガム近郊のソーホーにあったボールトンの大工場は、その地方に住む詩人から「ヨーロッパの驚異にして、ブリタニアの華」

と詠われた。この詩人によれば、ボールトンは「不毛の荒地を心地よい庭園に変えた」のであった。最初の工場を一七六八年にノッティンガムに開いたリチャード・アークライト（一七三二―九二）は、三年後にはダービーシャーのクロムフォードにりっぱな新工場を建てた。彼が一七九二年に死去したときには数多くの工場が残され、「それからの収入はドイツの大半の小国家の収入よりも多かった」。「驚異の年」であった一七五九年にウェッジウッド製陶所をはじめた製陶業者のジョサイア・ウェッジウッド（一七三〇―九五）は、王立協会《ロイヤル・ソサエティー》の会員になったほどの才能にもめぐまれ、五〇万ポンドの遺産を残した。

政治家エドマンド・バーク（一七二九―九七）は一七八〇年代には政界変動の犠牲者であったが、フランス革命が勃発するとイングランドの急進主義者に酷評をあびせ、逆に彼らからの酷評をあびることになる人物である。しかしながら産業革命という絵模様には、農業変革における囲いこみのような、暗い背景があることを示唆したのはバークであった。たとえば、彼はためらいもなく、イングランドの労働者を海外の奴隷に喩えている――

グレイト・ブリテンには鉛、錫、銅、石炭の鉱山で働く一〇万人以上もの労働者がいると思われる。……そしてさらに少なくとも一〇万人以上もの人びとが、鉱石を処理したり、精錬するのに必要な息苦しい煙と強烈な炎と絶え間のない苦役によって、永遠に苦しめられるのだ。

じっさいのところ、労働者の境遇はさまざまであった。たとえばクロウリーに雇われていた人は就業の指示をうけたが、救済と健康管理の価値を認めていた彼から貧民救済をうけている人は、「クロウリーの貧民」と刻まれたバッジをつけねばならなかった。かたや、アークライトの労働者は、条件の良さにつられてクロムフォードに集まっていたが、つぎのような歌を歌うことも求められていた――

もろびと来たりて、ともにむすばれん。
ご主人さまのかずかずのご親切に感謝せん。
工場の外でもしてくださった
ご親切にたいしても。

新たに重要な労働供給源となったのは、ロンドンの教区から連れてこられた子供の貧困徒弟であった。彼らには選択の余地はなかった。

一八世紀が新たな貧富の格差をつくりだしたわけではなく、従来の格差を拡大したにすぎない。工場で働く子供が存在する以前にも、子供の煙突掃除人がいたし、不満をかかえた失業中の工場労働者が存在する以前でも、就業機会が均等ではない不機嫌な職人たちがいたからである。瓦切り職人はこう不満をもらしていた――

おいらの商売と仕事が
嘆きの種なんだ。
それがおいらの身分を呪わせる。

大陸旅行は、18 世紀における有閑階級男性の教育に不可欠であった。グランド・ツアーのなかにも、期間と距離、行程、費用の点でさまざまのものがあり、一部の旅行者はギリシャまで足を伸ばしていた。イタリアが主要な目的地であり、アルプスを越えることは最大の冒険であった。旅行者のなかにはこのグランド・ツアーをパブリックスクールと大学のあいだに「はさむ」者もいたが、このいずれにも進学しない者もいた。ツアーには冒険ばかりでなく、不親切な警官や役人、盗人や病気といった危険もつきものであった。だがほかには得られない楽しみ、すなわち外国製品や外国人女性を獲得する機会でもあった。

生まれてこなければよかったのに。
一シリングのたくわえもできない、
死ぬほどつらいことながら、
年をとれば乞食になって死ぬだけだ。

「身分」意識は根強く残っており、社会の底辺にはデフォーの言葉を借りれば、「食うに困り、切羽つまった悲惨な人びと」がいた。その上にいたのが「厳しいなかでも、なんとか食べていける貧困者」であった。

貧困か富のどちらかだけに焦点をあわせた一八世紀像は、社会全体の構造や動機にかんするかぎり、誤解を招きやすい。貴族、ジェントリー、ヨーマン、小作農、農業労働者という伝統的な身分階層と、雇用主、工業労働者、職人という新たな社会関係のはざまには、一八世紀に数と収入を増加させた多数の「中間層《ミドリング・フォーク》」と、これまた数を増した専門職の集団とが存在していた。

「中間層」が仕事と余暇の両面ではたした役割は(「中間層」内部における彼ら独得の格付けとともに)、以前から認められてはいたが、社会的な認知をうけたのは一八世紀後半であった。彼らの職業はさまざまであり、名士であるかどうか、あるいは地方と都市のいずれに住んでいるか(そもそも当時において、地方と都市はまだ完全には分かれていなかった)は、この身分と関係はなかった。ただ共通項は、同時代の表現によると「この時代の活力を生みだしている」ことであった。「中間層」の数は増えつづけ、以前より金もうけの機会にめぐまれるようになり、また、富豪さながらに浪費する機会にはさらにいっそうめぐまれるようになった（その代償に、「中間層」は富豪の真似ばかりしているとしばしば批判をうけた）。

　訴訟が増え、またその解決に時間がかかったおかげで、法律家も「中間層」とおなじく金もうけと浪費の機会にめぐまれていた。ただし、法律家の収入の多くは謝礼という形式で得られており、また彼らの多くが「良家」の出であったために、法律家は「中間層」とは明確に区別されていた。彼らは（薬剤師ではない）内科医や陸軍士官と同様に、疑いもなく「ジェントルマン」であった（もっとも一口に法律家といっても、法廷弁護士《バリスター》と新しく出現してきた集団である事務弁護士《ソリシター》とのあいだには、はっきりした境界線が引かれていた）。聖職者の地位にかんしても、以前とくらべて微妙な違いが生まれるようになり、薄給に甘んじる聖職者がいれば、ロンドンで高収入にめぐまれた学識豊かで行動的な聖職者もいた。内科医の地位はゆるがなかったが、外科医の地位は上昇しつつあった。薬剤師は多大な財産をつくることが多かった。「文士」、芸術家、音楽家はまさに多種多様であった。上流社会好みの人がいれば、自由奔放な「ボヘミアン」（この言葉はそれまでは使われていなかった）もおり、独立独歩の人もいれば、召使いと変わりのない者もいた。彼らのなかでもっとも名声をとどめているサミュエル・ジョンソンは、この時代になにが起こっても不思議ではないことをよく心得ていた。浮浪者、詐欺師、ペテン師、こそ泥、売春婦たちがおりなす「裏社会」も存在していた。それはまさにジョン・ゲイ（一六八五—一七三二）の『乞食オペラ』（一七二八）にみられる「さかしまの世界」であった。この裏社会には、とりわけ密猟者や追いはぎといった庶民のヒーローも安んじて棲息することができた。最高の身分の者と最低の身分の者のあいだにも、賭博と暴力的なスポーツをとおしてつながりがあった。

　女性たちは自分たちのおかれた状況について、ごくかぎられた記録しか残していない。男性の女性観についてみると、チェスターフィールド卿（一六九四—一七七三）にとって、女性は「成長した子供」にすぎず、「分別をわきまえた男性なら、軽くあしらえる」存在であった。またジョンソンにとっては、「女性の純潔」はまさに「所有権を左右するだけに、きわめて重要な」ものであった。男性側の女性観には、さまざまな矛盾があった。一部の女性が快楽の対象となる一方、既婚女性は家庭を守るべきであり、身分の高い未婚女性（その存在を表現するのに「スピンスター」という単語が一七一九年から使われるようになった）は慈善事業に専念すべきであった。また、コモン・ローのもとで、既婚女性は経済的な独立性をすべて失ってしまった。著名な法律家ウィリアム・ブラックストン（一七二三

素手の「ボクシング」は長い歴史をもっている。しかしジャック・ブロートン（1755―1825）が初めてルールを導入してから、プロボクシングが成立した。図版左側のブロートンはボクシンググローブを考案した。またガードや攻撃法、バックステップも彼が考えだしたものであった。1791年に当時36歳であったブロートンは右側のジョージ・スティヴンソンを45分におよぶ試合でたたきのめし、スティヴンソンはそのダメージで1カ月後に死亡した。ブロートンのルールはしばらく残り、1838年に改定された。

の情熱がつねに型に押しこめられていたわけではなかったことは、一八世紀のもつ活力をよく物語っている。「熱　情《エンシュージアズム》」は、ジョンソンの辞書において「想像力の過熱」、「感情の暴力」と定義されたにもかかわらず、つねに心酔者をもっていた。大詩人ウィリアム・ブレイクは、レノルズと彼が擁護するすべてを毛嫌いしていた。（あたかも哲学の対象とするかのように）自然を秩序化する美学につづいて（あるいは同時に）、荒れ地や山岳などの「絵画のように《ピクチャ》美しいもの《レスク》」に新たな喜びを見いだし、風景や廃墟に感傷的な思いをめぐらせる美学が生まれた。ゴシック建築がはやり、ときには前世紀に流行したパラーディオ様式の建物の傍らに建てられたこともあった。そこには「ロマン主義」の最初の鼓動が感じられ、それは一八世紀最後の一〇年間にワーズワース（一七七〇―一八五〇）やコールリッジ（一七七二―一八三四）のロマン主義の詩によって花開くことになった。二人の『叙情詩集』初版が出版されたのは一七九七年のブリストルであった。

　一七七五年に生まれたジェイン・オースティン（一七七五―一八一七）の秩序だった小説は（恐怖小説にたいするおだやかな皮肉がふくま

れていて)、摂政皇太子［ジョージ四世］も称賛するところであったが、彼女の存命中は一八世紀初めの文人たちが受けたような称賛の対象にはならなかった。貧乏文士がたむろする「グラブ・ストリート」はアレグザンダー・ポープ(一六八八―一七四四)が諷刺の材料に使い、ロマン派の詩人はポープに反論を加えた。そのさなか、ほかの文学様式とは異なる新しい様式としての小説がどのような魅力をもっているかとなると、それじたいが論争のテーマになった。のちの一九世紀のように、たしかに一八世紀においても、小説にたいする意見は賛否両論であった。したがって、一八世紀において小説がどのような楽しみを与えたのかを詳しく述べるためには、読み書き能力と美的な好みの変遷に十分な考慮をはらわなければならない。また、小説家のパトロンと大衆に影響をおよぼした新たな環境にも注意を向けなければならない。新しい環境としては、書物のたんなる印刷や販売とは一線を画す出版業の出現、貸本屋の普及、女性読者の増加などが挙げられる。作家のなかには、「文筆が金もうけの労働に成り下がり」、書籍商が「王侯貴族に代わって、才能をもつ人間のパトロン兼支払い主」となる現状に異議をとなえる者がいたが、オリヴァー・ゴールドスミスもそのひとりであった。しかしながら、読み書き能力と収入には限界があったから、小説の発展にも限界があった。

一八世紀をとおして洗練(そして秩序)がこれほどまでに強調されつづけたひとつの原因は、一八世紀の生活がある一面で洗練とはおよそほど遠い状態にあったことにある。一八世紀の社会では、教養のキョの字もない人物や歩く暴力のような人間が、きわめて教養の高い人物や粋《いき》そのものの人間といっしょに生きていくことができた。まさしく、優美と不潔が同居する社会であった。若死にする者の数の方が長寿をまっとうする者よりもはるかに多い時代であり、ペストの流行はなかったにしても、まだ熱病は存在した。ぞっとするような医療がまだおこなわれており、お決まりの治療法は瀉血と吐瀉であった。パンフレットや俗謡《ブロード》印刷物《シート》では言葉の暴力、試合場や街頭では肉体の暴力と、日常生活には暴力があふれ、政治的示威運動と犯罪を区別しようにも、両者の違いはそれほど明らかではなかった。『トム・ジョーンズ』の作者ヘンリー・フィールディング(一七〇七―五四)は治安判事でもあり、小説と行政について確固たる意見をもっていた。

権威ならびに階層制という原理はしばしば攻撃をうけたが、それは政治、宗教、経済の面で不満がつのったためであって、政府の側に動揺がおこった結果ではない(政府はむしろ、とりわけフランス革命や一七九三年にはじまったナポレオン戦争の期間に、法の力を総動員してこの原理を守ろうとした)。農村と都市の犯罪に対処するためにつくられた一七二四年のウォルサム・ブラック法は、死刑を科しうる新しい五〇以上もの重罪をもうけたが、その大半は所有権にたいする侵害行為であった。ただし、制定法集には死刑を科しうる一〇〇ほどの犯罪が掲載されていたけれど、じっさいに絞首刑になるものが年間二〇〇人を超えることはなかった。実効のあった制定法による介入例は一七五一年のジン法であり、ジンに重税を課すことによって、一七二〇年にはじまっていた「ジンの時代」を終焉にみちびいた（この時代はホガースに霊感を与え、ジン横町とビール横町との対照的な様子を描かせた）。ウィリアム・メイトランドは『ロンドンの歴史と概況』で、「ジンの時代」がピークをむかえた一七三九年にロンドンには八六五九軒もの「一杯飲み屋」があったと推定している。ほかにもおよそ六〇〇〇軒もの居酒屋《エールハウス》があり、そのおもなお得意さんは「肉体労働をする人びと」であった。

農村においては「モラル・エコノミー」という行動が容認されていた。それは食糧価格が高騰したときに、部分的に儀式化された行動（そのなかには大目にみられる程度におさえられた暴力行為がふくまれていた）をとおして、不満をあらわすことを許すものである。それに参加した群衆は、たとえ社会全体の賛同は得られないにしても、なにを正しいとするか自分たちの判断が理解してもらえると考えていた。一方の都市部では、民衆の動機および行動には一貫性が乏しくなっていた。とりわけロンドンはしばしば、儀式化されない暴動の舞台となった。なかでも有名なのは、国王誹謗罪に問われたジョン・ウィルクス（一七二七－九七）を支持する一七六三年の暴動、一七八〇年のゴードン暴動である。ゴードン暴動の一週間にロンドン全体がうけた被害総額は、暴動によって商売が繁盛した新興産業の保険会社の見積もりによると、フランス革命期のパリの一〇倍にも達した。この暴動の原因は、ローマ・カトリック教徒にたいする刑罰法のいくつか（ことに財産の取得と相続にかんするもの）が廃止されたことにあったが、「教皇支持反対」の叫びとともにはじまった暴動は、その波及につれて攻撃目標に金持ちの屋敷をふくめるようになった。すべての面で治安が保たれてはいなかった。また、治安の維持にあたろうにも、警察組織がまだ存在していない時代であった。

フランス革命期に広まった急進思想は、民衆の激情をいっそうあおりたてた。広く読まれ、すぐに完売となったトマス・ペイン（一七三七－一八〇九）の『人間の権利』（第一部一七九〇、第二部一七九二）は、激しい議論を巻きおこし、バークが軽蔑もあらわに「豚の群れ」と呼んだ民衆を行動に駆りたてた。さらにその影響は「国王と国制、および国家」の支持者にもおよび、彼らは体制支持組織をつくった。一七九三年にペインの像が焼かれたのは、ロンドンではなく、新興産業都市のバーミンガムである一方、非国教徒の説教師、著述家、神学者であったジョーゼフ・プリーストリーの家を襲撃した群集は、急進派ではなく、体制派によって扇動されていた。

プリーストリー（一七三三―一八〇四）は非国教徒専門学校の出身者であった。かたや、プリーストリーの「啓蒙的」ユニテリアン主義と対照的な「熱狂的」キリスト教を唱えたジョン・ウェズリー（一七〇三―九一）は、オクスフォード大学の出身者であった。プリーストリーは貧しい人びとの権利を認めたものの、彼らからは遠くはなれた位置にいた。一方、ウェズリーは貧しい人びとの義務を強調したが、彼らの心に訴えかけた。一七三八年にウェズリーは貧富を問わず、すべての人に開かれた「心の宗教」に転向して、おそれることもなく説教した。この時期のイングランド国教会は、キリスト教の教えとして救済や裁きよりも、美徳と分別を重視する主教たちによって支配されていた。結果として、ウェズリーは死にいたるまで国教会にとどまったにもかかわらず、教区から教区へと二万五〇〇〇マイルもの旅をしながら、全世界が自分の教区と公言したため、しばしばユニテリアン以上に危険視された。ウェズリーはみずからの贖罪の歴史をとおして、国教会から多数の転向者を生みだし、「メソディスト」と呼ばれた転向者たちはのちに独自の教会をつくり、さらには多くの分派を生みおとすことになる。分派のひとつ原始メソディスト派からは説教者とともに、未来の急進主義者と労働運動の指導者が出現した。

国教会内部の福音派は、メソディスト派よりもはるかに強い政治力をもっていた。メソディスト派が一八世紀末に一〇万人たらずであったのにたいし、小ピットの友人であり、下院議員であったウィリアム・ウィルバーフォース（一七五九―一八三三）を中心とする福音派の「聖人たち《セインツ》」は、体制の内部から全面的な「風習の改革」を強く主張していた。「聖人たち」はフランス革命には反対であったが、海外の奴隷の解放を求める闘争に参加して、クエイカー教徒の強力な支援をえて勝利をおさめた。奴隷貿易は、それまで盤石であったさまざまな利権もろとも、ナポレオン戦争のさなかの一八〇七年に議会制定法によって廃止された。歴史学者G・M・ヤングの表現を借りれば、一九世紀がはじまると、「美徳という名分が、全勝街道を爆進した」。さらに、一八一五年にナポレオンが敗れると、福音派は国民に道義の鎧を準備したことを根拠に、自分たちも勝利の一端をになったのだと主張した。

ただし美徳の鎧だけでは、おそらく戦争に勝ち抜けなかったにちがいない。巨額の戦費を必要としたナポレオン戦争の勝利も、イングランドが一八世紀初めとくらべ格段に富を増大させたからにほかならない。そして、いまやイングランドの富は産業革命によって加速度的に増大しつつあった。この経済成長によって、民衆の「モラル・エコノミー」は姿を消し、代わって市場と工場の「ポリティカル・エコノミー」があらわれた。これら一連の変化のなかで、安価であることが実用的見地から、優雅であることや美しいことよりも重視されるようになった。と同時に、イングランドの革命がフランス革命のような政治革命ではなく産業革命であったという事実は、平等よりも発展の方に重点がおかれることを意味した。このような産業社会のなかで、道楽を求める風潮はいぜんとしてつづいていたが、工場経営者などの「勤勉なる人びと」からは敵視された。なるほど、工場の煙のなかでは、楽しむ対象はほとんどなかった。

第八章

一九世紀のイングランド（一）

工業化の経験

1733年　ジョン・ケイ、飛び杼を発明し、特許を取得する
1754年　グレイト・ブリテン技芸・製造業・商業奨励協会が設立される
1759年　ジョサイア・ウェッジウッド、故郷バーズレムに陶磁器製作所を設立する
1775年　ジェイムズ・ワット、マシュー・ボールトンと合名でバーミンガムに工場を設立する
1819年　官憲がマンチェスターの労働者集会を弾圧し、11名が死亡する「ピータールーの大虐殺」事件が起こる
1824年　団結禁止法が廃止される
1829年　ジョージ・スティヴンソン、蒸気機関車の試作競争においてロケット号で優勝する
1834年　トルパドルの農業従事者6名が組合活動によって逮捕され、流刑の判決を受ける
1835年　都市自治体法が制定される
1838年　ロンドン労働者協会、6項目から成る人民憲章を発表し、チャーティスト運動と呼ばれる労働組合運動がはじまる
1844年　ロッチデイルの労働者たちが出資金を出し合い、協同組合を設立する
1851年　最初の万国博覧会がロンドンで開催される
1859年　サミュエル・スマイルズ、『自助論』を出版する
1867年　第2次改正選挙法が制定される
1870年　初等教育法が制定される
1871年　労働組合法が制定される
1873年　ジョーゼフ・チェンバレン、バーミンガム市長に就任し、生活環境の改善に取り組む
1884年　チャールズ・パーソンズ、蒸気機関より強力な蒸気タービンを発明する
1893年　キア・ハーディー、独立労働党を結成する
1901年　タフ・ヴェイル事件にたいする判決によって、労働組合のストライキ活動が大きく制限される
1906年　労働党が結成される

われわれの時代をひとつの形容詞で特徴づけるとすれば、……「機械」の時代と呼ばねばなるまい。

トマス・カーライル『時代の兆候』(一八二九)

節制よりも、発明の才能が産業革命を支配した。

D・N・マコロスキー『一七〇〇年以降のイギリス経済史』(一九八一)

エンジンが動いているかぎり、人びとは働かなくてはならない。男も女も子供も、鉄と蒸気の軛《くびき》をかけられているのだから。肉体機械(絶好調のときでも壊れやすい)は……苦しみも疲れも知らない鉄の機械に固く鎖でつながれている。

J・P・ケイ『マンチェスターの木綿工業に雇用されている職工の精神的・肉体的状況』(一八三二)

産業革命を生みだし、世界中に広めた当の国が、その産業革命の成功度をおっかなびっくり再検討しはじめたことは、歴史の皮肉である。

M・J・ウィナー『英国産業精神の衰退』(一九八一)

その種のものとして世界で最初であったイングランドの産業革命にかんするほぼすべての研究が、社会史学者にゆだねられる時代がかつてあった。社会史学者は、それまで産業革命の恩恵者とみなされていた貧しい人びとこそが産業革命の犠牲者だと断じ、彼らに深い同情を寄せた。「工場制度が確立したことによって、イングランドの人びとは、適切な保護手段をとられることもなく、過去のいかなる疫病、飢饉、戦争よりも致命的な打撃をうけた」と、一九〇一年にオクスフォード大学の歴史学者フレデリック・ヨーク・パウエルは述べている。

社会史学者による産業革命史においては、事実よりも価値観の方が優先していた。たとえば一八八〇年代にアーノルド・トインビー(一八五二―一八八三)[「産業革命」という用語の生みの親。二〇世紀の歴史学者アーノルド・J・トインビーの叔父]が、産業革命の煙のなかで破壊されたものは創造されたものよりもはるかに多かったと論じたとき、彼は産業革命のはるか以前にさかのぼる歴史的因果関係からとらえていた。トインビーにとって産業革命の本質は、石炭、鉄、繊維などの諸産業が劇的に姿を変えたことや、蒸気力の利用が発達したことにあったのではなく、「富の生産と分配を調整していた中世以来のもろもろの規制に、競争がとって代わった」ことにあった。しかしながら、なるほど賃金と雇用の規制など、中世以来の多くの規制が発動されつづけてはいたものの、規制そのものはすでに産業革命よりもはるか以前から実効性を失っていた。

概論的説明がおちいりやすい不正確さは、近年の経済史学者の解釈にもしばしばみられる。産業革命を単純な成功物語として論じたがる研究者もいれば、そこから革命とか断絶といった意味をなくしてしまいたい研究者もいる。もちろん、経済史学者が指摘してきたこと、すなわち、機械化が完全に勝利をおさめたのはようやく一九世紀の半ばになってからであること、さらには累積的な経済発展によって一八世紀の諸変化が生みだされたことは、まさしくそのとおりである。また、彼らが以下のような多くの要因を考慮にいれたのも正しい。すなわち、産業革命以前のイングランド（とイギリス［ブリテン］）には複雑に入りくんだ貿易取り引きが存在していたこと、多数の仲買人がいたこと、工場が成長する以前に農村工業があったこと、イングランド人の多くが機械をあつかう技量をそなえていたこと、蒸気機関が出現する以前に水力が利用されていたこと、人口が増加したこと、広範囲の製品（単純な製品は新しい製造工程によっていっそう安価になっていた）にたいする需要が増大したこと、などである。ちなみにイングランド経済におけるこれらの現象はすべて、一八世紀の初めにデフォーが認識していたことでもある。地誌の著作で知られたウィリアム・ハットン（一七二三―一八一五）は一七四一年ににぎやかなバーミンガムを訪れ、これまで見たこともなかったような「活気」に出会っていた。「昔は眠っているような人ばかりだったのが、いまではみんなが眼をさましている」。

産業革命は突然生みだされたものではなかったけれど、たしかに一八世紀後半に大成長という認識が生まれ、機械や無生物の力が人間と動物の力にとって代わるか、あるいはそれを補うようになっていた。石炭の生産高は一七五〇年から一八〇〇年の半世紀のあいだに二倍となり、さらに一九世紀の一〇〇年間で二〇倍に増加した。なかでも一八〇〇―三〇年および一八三〇―四五年には、それぞれ二倍になっている。銑鉄の生産は一七四〇―八八年に四倍も増え、つぎの二〇年間にまた四倍になり、一九世紀をとおして三〇倍以上もの増加を示した。原綿の輸入は一七八〇―一八〇〇年に五倍になり、一九世紀の一〇〇年間で三〇倍にも増えた。ほかの多くの指標も、とりわけ人口における農業従事者が占める比率の減少が、おなじ現象を物語っている。こうした数字の変化も、また経済成長の展開も、けっしてなだらかな右肩上がりではなく、経済のリズムは「好況」に向かうこともあれば、「停滞」に向かうこともあった。今日ようやく過去のものと思われつつある一九世紀の産業社会が生まれたのも、迂余曲折があったとはいえ、ひとえに資本主義の大発展のおかげであった。この産業社会は初めから完全な姿で出現したわけではなく、過去から受け継いだ多くの要素をふくんでいた。ただしこの社会こそ、この二〇〇年間の大多数の人びとにとって、「われわ

工業化初期の段階では、イングランドの北東部だけでなく、南西部にも鉱山があった。コーンウォール州は錫で有名であった。コーンウォール州では18世紀に蒸気機関が導入されようになり、鋳物工場主ジョン・ウィルキンソンは錫の採掘権を獲得していた。高い煙突をもった石造りの排水場は美しいコーンウォール州の風景によくみられるものであった。錫の採掘業はヨーロッパ以外の外国の採掘地域との競争に敗れ、消滅することになる。

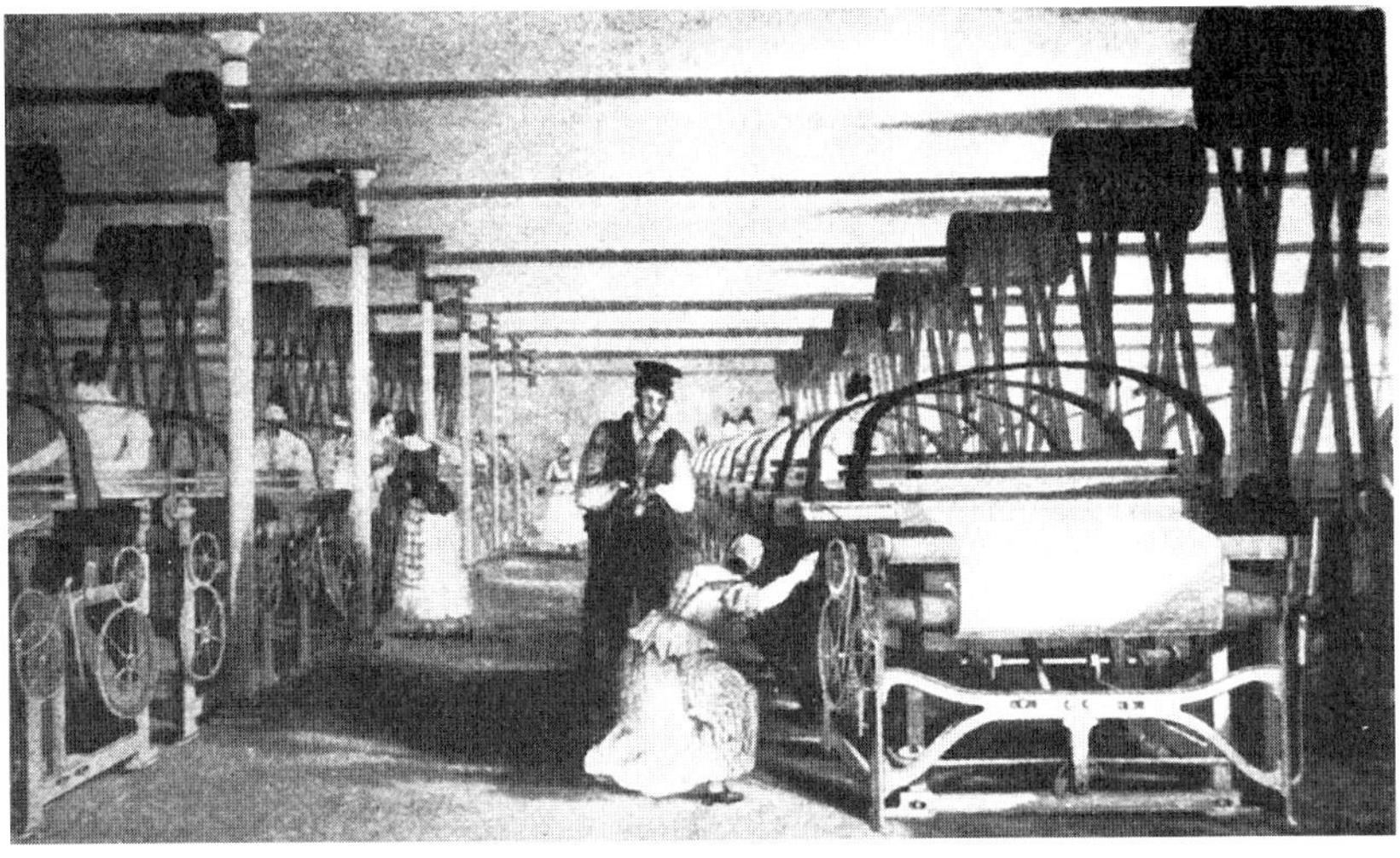

海外から輸入された綿花は工業化に新しい弾みを与え、社会生活の外観を変えた。綿織物産業はとりわけランカシャーで栄え、新しい輸入品と輸出品を開拓した。紡績、織布、彩色、染色といった作業工程にはジェイムズ・ワットの発明以降、蒸気機関が用いられた。この産業の経済単位は「ミル」とか「ファクトリー」と呼ばれた工場であり、初期において多くは女性と児童であった労働者は、工場の新しい規律に従わねばならなかった。この規律はしばしば、アメリカ南部のプランテーションにおける奴隷労働者への命令に喩えられた。

れがたどりついた目的地」にほかならない。

たしかに、発明こそ経済成長の加速化に不可欠な一要因であり（ただし、急激な成長は今日と同様、当時も警戒されていた）、発明がなければ、あのようなとてつもない生産の増加を達成するのは不可能であったにちがいない。ところが経済成長全体への貢献度からみれば、一七八〇年から一八六〇年のあいだに達成された技術進歩の半数以上は、経済のごく少数の部門にかぎられていた。また発明家の多くが科学に関心をもち、科学の万能を信じていたとしても、発明品そのものは科学とほとんど関係がなく、多くの場合実地経験から生まれていた。しかも、一七五四年に創立されたグレイト・ブリテン技芸・製造業・商業奨励（王立）協会のような団体は、発明家の関心を実用的な方向に向かわせた。発明する才能だけでは成功できない、とみなされていた時代であった。

発明家には水車大工から聖職者にいたるさまざまな社会的な経歴の持ち主がいたが、成功をおさめるためには発明力以外の素質が必要であった。商売の目はしがきくこともそのひとつであった。蒸気力の利用によって革命を起こし、（ナイト〔騎士〕の爵位こそ授けられなかったものの）死去にさいして国民的な英雄とみなされたスコットランド人ジェイムズ・ワットの場合でも、その生涯でもっとも重要であったのは一七七三年にバーミンガムのマシュー・ボールトンという最適な共同経営者をみつけたことであった。ボールトンは「ヨーロッパのほぼすべての商業都市と連絡網をつくり、定期的に注文がまいこんでくる」ことを誇りにしていた。一方、大量の錬鉄の生産を可能にした攪錬法と圧延法という重要な発明を一七八一年にしたヘンリー・コート（一七四〇―一八〇〇）は、成功したワットから見ると、「ひとり残らず無知な馬鹿者である事業家から、侮辱的な扱いをうけ」ていた。仲間の労働者と仲たがいした発明家もいた。たとえば、飛び杼《ひ》〔自動織布機〕を発明（一七三三年）したジョン・ケイ（?―一七六四）は自宅を襲撃されて、フランスに逃亡しなければならなかった。

輝かしい舞台の背後で孤独のうちに仕事をした発明家もいた。商売に関心のない発明家は事業家と手を組まなければならなかったが、なかには事業家顔負けに宣伝を重視した発明家もいた。偉大な製陶業者ジョサイア・ウェッジウッドが典型的な例であり、彼らの才能は販売促進活動と流行の開発に向けられた。情熱的な鋳物工場主ジョン・ウィルキンソン（一七二八―一八〇八）は、イングランドに鉄の重要性を意識させるのに一役買った人物で、鉄製のボートを所有していた。この鉄製ボートとともに有名だったのが、ウィルキンソン専用の鉄製棺桶であった。ウィルキンソンが死んでから七年後にこの棺から出てきて、自分の溶鉱炉を見にくるという噂が広まり、彼の復活を見るために大群衆が集まった。

発明そのものとともに、技術発明の応用も産業革命社会の歴史を動かす大きな原動力となった。起業家《アーントレプレナー》が経済成長を生みだしたというよりは、むしろ経済成長が起業家を生みだしたという方が実態により近いのかもしれないけれど、その場合でも現実問題としてまず資本が必要であったし、危険に賭けてみる冒険心も不可欠であった。「無一文から大富豪」はそうざらにある話ではなかった。法律上の障害、ことに特許法が発明の障害になりえたし、逆に言えば、特許権をもつことで改良努力をいっそう駆りたてることもありえた。事実として特定の発明には、それを必要とするはっきりした需要があった場合が多かった。「君がつくれるかぎりの水玉模様のモスリンやおしゃれなモスリンが欲しいんだ。君は十分すぎるほどの働きものなのだから、もっと製品をつくるために新しい発明を探したまえ。……お天道さまのあるかぎり、チャンスは逃がさないようにしよう」、これは一七八六年に、イングランド北部の木綿工場主がロンドンの仲買人から聞かされた言葉である。紡糸と織布の場合のように、ひとつの発明が成功すると、今度はそれと関連のある工程を補足するための発明が必要になることも多かった。商売上の要請と消費者の期待が高いかぎり、ひとつの技術的な改良が連鎖的に新たな改良を生んだのである。

ところが、それからほぼ一世紀が経過した一八六〇年になっても、相対的にみて発明の影響をほとんどうけない経済分野がまだ多数存在していた。労働力《レイバー・フォース》は一七八〇年とくらべてより専門化していたものの、過去八〇年間に技術の点で根本的に形を変えた経済活動に従事する労働者は、一〇人のうちでわずかに三人程度にすぎなかった。のちのボイラー修理工や港湾労働者の例が示すように、人間の力が完全に時代おくれになってしまうことはなかったのである。工場で働く労働者はまだまだ少数派であった。内職労働者や下請け労働者、さらに底辺には移民労働者の「渡り者」をふくむ季節労働者がまだ多数いた。繊維工場で働く人よりも家事奉公人の方が数は多かったし、鉱山と採石場で働く人よりも建築工事に従事している男性の方が多く、建築と鉱業をあわせたものよりも農業、園芸、漁業に従事している人の方がいぜんとして多数を占めていた。

とは言っても、鉱夫の数は増加しつづけていた。一八五一年には二一万六〇〇〇人であったのが、三〇年後には四九万五〇〇〇人になった。文字どおり石炭は産業革命の燃料であり、鉄は主要な原料であった。鉄道の先駆者ジョージ・スティヴンソン（一七八一―一八四八）はこう述べた――「イギリスの力はその鉄と石炭の鉱床にある。貴族院議長である大法官どのはいまでこそ羊毛の荷袋に坐っておられるが、もはや羊毛は……イングランドの主要商品ではない。坐り心地はけっしてよくないであろうけれど、議長は石炭袋の上にお坐りになられるべきである」。蒸気力は、工場において機械の動力として利用される以前は、排水のために炭鉱で使われていた。しかしながら工作機械と精密工学の発達にともない、保守党の首相サー・ロバート・ピール（一七八八―一八五〇）によって「新たに加わった人間」と呼ばれる蒸気機関が産ぶ声をあげたのは、工場であった。新しい工場制度を弁護する人は、工場が完全なオートメーションという未来の可能性を切りひらくと主張した。たとえば、アンドルー・ユア（一七七八―一八五七）は『製造業の哲学』（一八三四）において、工場制度は「水陸の二つからなるこの地球に文明を伝える、偉大な伝道者である」と述べた。ユアいわく、「もっとも完全な製造業は、肉体労働をまったく不必要としてくれる」。その一方で、工場制度と機械を批判する人は、工場こそは社会（とりわけ家族）の解体をうながすと考えた。

一七八〇年代から一八六〇年代にかけて、経済成長との関連で――もっともその関連は複雑であり、さまざまな異論もあるが――人口が三倍にも増加したにもかかわらず、一人あたりの所得の実質的な上昇を可能にしたのは、経済の「原動力」部門、とりわけ木綿工業における成功であった。過去の人口増加の時期においては、多くの貧しい人びとが厳しい暮らしを強いられたのに（一六―一七世紀には貧困者の所得は半減した）、今度は平均所得が上昇したのである。フィリス・ディーンの計算によると、全人口の一人あたりの平均所得は、一七〇〇年に年額八―九ポンドであったのにたいして、五〇年後に一二―一三ポンド、一八〇〇年には二二ポンド、さらに五〇年後には倍増していた。このような所得の上昇の背景にあったのは、資本の増加である（国民所得にたいする投資の比率は、一七八〇年から一八六〇年までの一〇年単位でみると、おおよそ一三―一四パーセントの水準で安定していた）。産業革命がはじまる直前の時期に不動産をのぞく耐久総資産は、イギリス全体の資本の三分の一以下と推定されているが、一八六〇年になるとその比率は二分の一に増加した。

当時の人びとは、このような経済成長にかんする統計数値のすべてを知っていたわけではなく、知っていたのは魅力のある数字だけであった。一八三六年に初版が刊行され、その後版を重ねた統計学者G・R・ポーター（一七九二―一八五二）の『国家の発展』は、こうした急速な変化を記録にとどめたので、「まるで定期刊行物のようだ」と言われたほどであった。とくに国力の比較をするときに、統計は（国民すべてではなかったにしても）多くのイングランド人にとって大きな自慢の種となった。一例をあげると、一七八〇年の時点で国全体の鉄生産量がフランスよりも少なかったのに、一八四八年にはイギリスは世界の総生産量のうち、鉄は三分の二、綿織物は半分以上を生産するようになった。一八五一年に世界最初の万国博覧会である「あらゆる国民の大博覧会」が水晶宮《クリスタル・パレス》で開かれたとき、一万四〇〇〇人の出品者の半数以上がイギリスとその植民地の人びとであった。「機械の時代」において、イギリスは「世界の工場《ザ・ワークショップ・オブ・ザ・ワールド》」として飛びぬけた存在になって

工業化初期の段階では、硬貨がない場合代用硬貨が用いられた。

イギリス最初の郵便切手「ペニー・ブラック」(1840)。

いた。
ヴィクトリア時代の人びとに統計数値よりも深い感銘を与えたのは、質の面での変化であった。同時代のひとりによれば、「水晶宮はこの時代の英智を表す輝ける記念碑である。それは一五年前でも建てられなかったであろうし、遠いナイトの時代では想像もつかないものであろう」。デヴォンシャー公の庭園設計家であったジョーゼフ・パクストン(一八〇一—六五)(独力で成功をおさめた「自助《セルフ・ヘルプ》」の人物の典型として称賛された人物である)によって設計されたガラスづくりの水晶宮は、しばしば寺院と比較された(縦の長さはセント・ポール大聖堂の三倍もあった)。そしてそのなかにならべられた展示品は、統計数値よりも雄弁に「進歩」のメッセージを伝えていた。当時のある著作家はそこからこの時代にふさわしい教訓を引きだしている——「イギリス人にとって資本は労働者であり、資本を働かせるために機械をたえず求めつづけている」。展覧会場の入口に重さ二四トンもの巨大な石炭の塊を陳列すべきこと(じっさいにはリチャード獅子心王の銅像の背後におかれることになった)、また展示品の多くを遠い国々のものとすることも、当時においては正しい当然の選択であった。大博覧会の成功に多大の貢献をした女王の夫君アルバート公(一八一九—六一)は、「地球上のあらゆる地域の産品がわれわれの意のままに配置されており、われわれとしては、用途にかなった最良にして、もっとも安価のものを選びさえすればよい。生産力は競争と資本の刺激にゆだねられるべきである」と述べた。穀物法廃止の前後の一八四〇年代にはじめられていた自由貿易は、このときすでに信条《ゴスペル》になっていた。

大博覧会は経済成長物語のほんの一部にすぎなかった。自由貿易も自由競争も、その目的は価格を下げることにある、と主張されていた。一八五一年に見物にやってきたフランス人は、「イングランドのような貴族的な国が庶民向けの商品の提供に成功し、民主的な国のフランスが貴族向けの商品の生産が上手なのは、まことに奇妙なことだ」と、うらやましげに書いている。なるほど大博覧会では、一九世紀に新たに発明されたマッチ、鉄製のペン先、封筒など、多様な消費者向け商品が展示されていた。郵便切手もヴィクトリア時代の発明で、一八四〇年発行の美しい「ペニー・ブラック」は世界初の郵便切手であった。一九世紀の後半には大衆向けの市場が驚くほど広がり、商品を常時展示している新しい商店が生まれた。「百貨店《ユニヴァーサル・プロヴァイダー》」の店主ウィリアム・ホイットリー（一八三一―一九〇七）は一八六三年にロンドンで大きなデパートを開き、接客上手なリヴァプールの小売商デイヴィッド・ルイスは、みずから店員ともども「庶民のお友だち」と称した。世紀末には多くのチェーン店が出現した。たとえばノッティンガムの薬剤師ジェシー・ブート（一八五〇―一九三一）は地方に一八一もの店舗をもっており、また食料商トマス・リプトン（一八五〇―一九三一）はロンドンだけでも六〇以上もの支店をもっていた。

したがって産業革命ははじめて「自然を征服する」ばかりか、「人類を向上させる」ことも可能にしたと、楽天的であったヴィクトリア時代の人びとは考えた。一九世紀の著作家のなかでもっとも雄弁に産業革命の英雄とその価値を語ったサミュエル・スマイルズ（一八一二―一九〇四）『自助論《セルフ・ヘルプ》』の著者」は、いまや「富と繁栄を収穫する時機」であることを情熱的に述べている。スマイルズいわく、「わが国民は古くからの由緒ある民族であると同時に、若い民族でもあり、……いわゆる『大衆』の文明化ははじまったばかりだ」。スマイルズが示した新時代という意識は、すでに一八四三年にある著作家によって先取りされていた。チャールズ・バベッジ（一七九一―一八七一）は、蒸気機関には前例になるものはなく、「ジェニー紡績機」にも先祖がいないことを強調して、「ミュール紡績機や力織機は過去の遺産を利用して発明されたものではなく、ユピテルの頭からミネルウァが生まれたように、突然出現したものである」と述べた。来たるべき時代を示唆する機械式計算機の発明者であるバベッジにとって、蒸気機関は「支援の手段だけでなく、増殖の手段をも提供するもの」であった。彼によれば、「蒸気機関は膨大な燃料の需要を生み……多数の鉱夫、機械技師、造船工、水夫に雇用の機会を与えてくれる」のであった。

(上) ハイド・パークの「水晶宮」で開かれた1851年の「大博覧会」は、ただ工業発展をあつかうだけの催しではなかった。「水晶宮」を訪れた人びとの多くにとって、「大博覧会」がロンドンを訪れる初めての機会であった。
(下) 日常品の売買は産業革命期のあらゆる段階で重要な役割を演じていた。ただし、小売商店が発達するのは鉱山や工場の発達よりも後のことであり、不規則ながらも労働者の所得がゆっくり上昇するにつれ発展していった。1850年にノッティンガムのメソディストの家庭に生まれたジェシー・ブートは、労働者階級の認可医薬品にたいする需要が増えたことによって利益を得た。1877年には彼の店の売上高は100ポンドとなり、1900年にはチェーン店ブーツは「世界で最大の薬局」と呼ばれるようになった。

ここであげられた職業人のなかでも、機械技師《エンジニア》が花形であり、新雑誌『機械工学』の編集者は一八六六年にこう語っている――

機械工学は戦争や外交以上のものを達成し、教会や大学以上のものを達成してきた。また、抽象的な哲学や文学以上のものを達成し、社会を変えるのに……法律以上のものを達成してきた。われわれは軟弱におちいることなく、ぜいたくな時代を実現した。今日のミドルクラス［中産階級］のなかで、自分たちの快適な邸宅と家財道具を、古代ローマ人の最高の荘園《ウィラ》と交換したがる者は、まずいないだろう。

スマイルズは機械工学ばかりでなく土木工学にも興味をいだいていたが、それにもまして興味をもったものが「いわゆる『大衆』の文明化」であった。ケンブリッジ大学トリニティー・カレッジの学寮長ウィリアム・ヒューエル（一七九四―一八六六）も工業化礼賛者のひとりで、「実用的な応用こそ、文明という鉄道を動かす巨大なエンジンの別名なのだ」と述べた。こうした工業化礼賛の立場は、二〇世紀の後半にスノー卿（一九〇五―八〇）「『二つの文化と科学革命』（一九五九）の著者」によってとりあげられることになり、彼は工業化を非難できたのは、工業化に反対する知識人をふくめ、機械破壊運動に加わった者たち（ラダイト）だけであった、と強く主張することになる。しかし、これはあまりにも事態を単純化した議論である。産業革命が人びとの生活、思考、感情におよぼした衝撃はどんな政治革命よりも大きく、それにたいする反応もひとつということはなかったし、またそうではありえなかった。

スマイルズの「新時代」礼賛が当時において広く同意を得ることができず、また歴史学者もその論理に反発してきたことには、二つの大きな理由があった。まず第一は、たしかに一人あたりの所得は実質的に増加したものの、恩恵をうけたのが、貧困者よりも金持ちであったことである。事実、工業化の初期のきわめて重大な時期に、貧困者にも恩恵がおよんだかどうかについては、当時から議論があった（二〇世紀にもふたたび取りあげられることになる）。しかも当時においては、貧困者もみずから声を大にしてこの議論に参加したのであった。

詩人のロバート・サウジー（一七七四―一八四三）を例とする工業化の批判者たちは、労働者の生活が改善された兆しが見えないことに不満を感じていた。その例にあげられたのが手織り工であり、彼らはナポレオン戦争の初期に好景気の恩恵をうけたものの、その後急速に賃金が下落し、就労機会も減ってしまった。手織り工が力織機の犠牲者であったことに疑問の余地はないが、問題は彼らが姿を消すのにどのくらい時間がかかったかである。一八二〇年に手織り工は二四万人存在し、その半数はランカシャーにいた。それが一八四〇年には一二万三〇〇〇人、一八五六年になると二万三〇〇〇人に減ってしまっている。「われわれ手織り工は社会からのけ者扱いされ、ごろつき呼ばわりされるが、それというのも自活できないからだ」と、一八一八年にランカシャーのベリーに住む手織り工は書いている。それから十年後、おなじ州のコーンで暮らす住民の三分の一は、一日わずか二ペンスで生計をたてており、おもな食事は粗挽き粉、脱脂乳、ジャガイモ、それに土曜の夜にはエールが一口加わるだけであった。ところがこのような手織り工のおかれた状況は、むしろ例外であった。というのも、一八一五年のナポレオン戦争の終結から一八二〇年まで下落した実質賃金は、一八五一年まで一〇年ごとに着実に上昇しつづけたと推定されているからである。また、工場の主要な労働力になっていた女性と子供の所得獲得能力も、男性の所得増加にあわせて大きくなっていたと指摘されている。ただし、この時期には物価の地域的変動が激しく、失業者も増えた。貧困者たちが最大の恩恵を得られるようになるのは一九世紀の後半、一八七五年から一九〇〇年の期間に物価が四〇パーセントも下落したときのことである。

イングランドに三四年間住み、政治を経済と直接関連づけたマルクスは科学的な分析を試みたけれど、工業化にたいして向けられた初期の批判の大半は、経済学や政治学よりも、道徳と社会学の立場からくだされていた。たとえばサウジーは四季のリズムを工場のテンポと、また村を都市と、大聖堂を綿紡績工場と、工場で働く子供を黒人奴隷と比較した。一九世紀も終わりに近づくと、工業はしっかり根をおろしたものになり、社会主義者がその分析を体系化する一方で、炭坑の村に生まれた小説家D・H・ロレンス（一八八五―一九三〇）などの新たな批判者たちは、工業化が感受性や想像力に悪しき影響をおよぼすと不満をもらした。

スマイルズの工業化礼賛にたいする第二の批判は、ジョン・ラスキンなどの批評家からあらわれた。ラスキンは、芸術と建築から政治まで幅広く論じた人物であり、工業は人間関係に害をおよぼすだけでなく、環境の悪化を招くのを避けることはできない、と主張した。彼は二〇世紀のイングランドに、「リヴァプールのドックに立つマストほど多くの煙突が立ちならび」、「牧場もなければ……樹木も生えず、庭園もなく」、「坑道や機械がみられない土地は一エーカーもなくなってしまう」可能性があることを予見していた。マルクス流の社会主義者に転向したウィリアム・モリスは、「世界からものを見る喜びが消えさって、最後に行きつくのは、石炭の燃え殻の山のてっぺんに陣どる会計事務所なのだろうか」と辛辣な問いかけをした。

「不況《イルス》」と「好況《ウェルス》」を両極にすえた理論をとなえたラスキンは、産業革命による風景の変化への対応において、けっして孤立した存在ではなかった。たとえば一八四八年に、ドイツからイングランドを訪れたJ・G・コールは、新しい環境の本質を理解していた――

緑の野原に黒い道がうねうねと走り、黒い宝をいっぱい積んだ馬車が連なり、……石炭のくすぶる小山が平原にちらばり、黒い坑道が口をあけ、そこここに飾りっけのないメソディスト派の教会堂や学校がある。そんな光景を想像してみよ。イングランド人が喜んで「真っ黒なインド諸国」と呼ぶものが、まあまあわかるであろう。

この光景以外にも、大工業都市のおぞましい光景があった。批判者たちのみるところ、都市の光景における「悪化」の徴候は、けっして運河や鉄道で埋めあわせのできるものではなかった。『アメリカの民主主義』で名高いフランス人トクヴィル(一八〇五―五九)はマンチェスターについて、「ここでは文明が奇跡を起こし、文明人も野蛮にもどる」と述べている。「この不潔な排水口から、人類の産業のなかでもっとも大きな流れが、全世界を肥沃にするために排出される。この汚い下水管から純金が流れでる。ここにおいて人類は、完全かつもっとも野蛮な発展の極致に達する」。

一八三〇年代と一八四〇年代において、社会になにが起こりつつあるのか、また将来なにが起こるかを知りたいと思う者にとり、マンチェスターは恰好の対象であった。この都市特有の特徴はマルクスの親友フリードリヒ・エンゲルス(一八二〇―九五)を惹きつけ、彼はこの町で実業家として生活し、地の利を生かして『イングランドにおける労働者階級の状態』を執筆した。著述にさいして彼が利用したのは、議会の調査委員会の有名な報告書『ブルー・ブック』とピーター・ギャスケルなどの著作であった。ギャスケルは「共同体」とその価値観の消滅を嘆き、「道徳的にみても社会的にみても、家内工業に従事している人の方が、あとから出現した製造業者よりもはるかに優れていた」と主張した。ところが、エンゲルスはギャスケルとおなじデータを使いながら、異なる結論を導きだしていた。というのも、ギャスケルが組織労働者の誕生を「帝国内の帝国」と危険視していたのにたいし、エンゲルスはその誕生を革命にとって(また労働者の救済にとって)必要不可欠な主体として歓迎したからである。しかも、エンゲルスはマルクスと同様に生産量の増大に強い関心をよせたが、それはギャスケルにはみられない関心であった。

ギャスケルにしても、またエンゲルスにしても、真の全体像を把握するまでにはいたらなかった。というのも、地域社会のレヴェルでも、また社会全体のレヴェルでも、両者の単純化された分析が示す以上に多様な社会順応の現象がみられたからである。工業都市においても村においても、共同体はもとの機能を失っていなかったし、仕事のうえでの家族主義も健在であった。労働者にしても、彼らが工場や都市に流れる動機は高賃金や出世の機会目あてである場合が多く、その当時考えられていた以上に彼らは新たな環境に順応していた。また、雇用主も無慈悲な搾取者ばかり

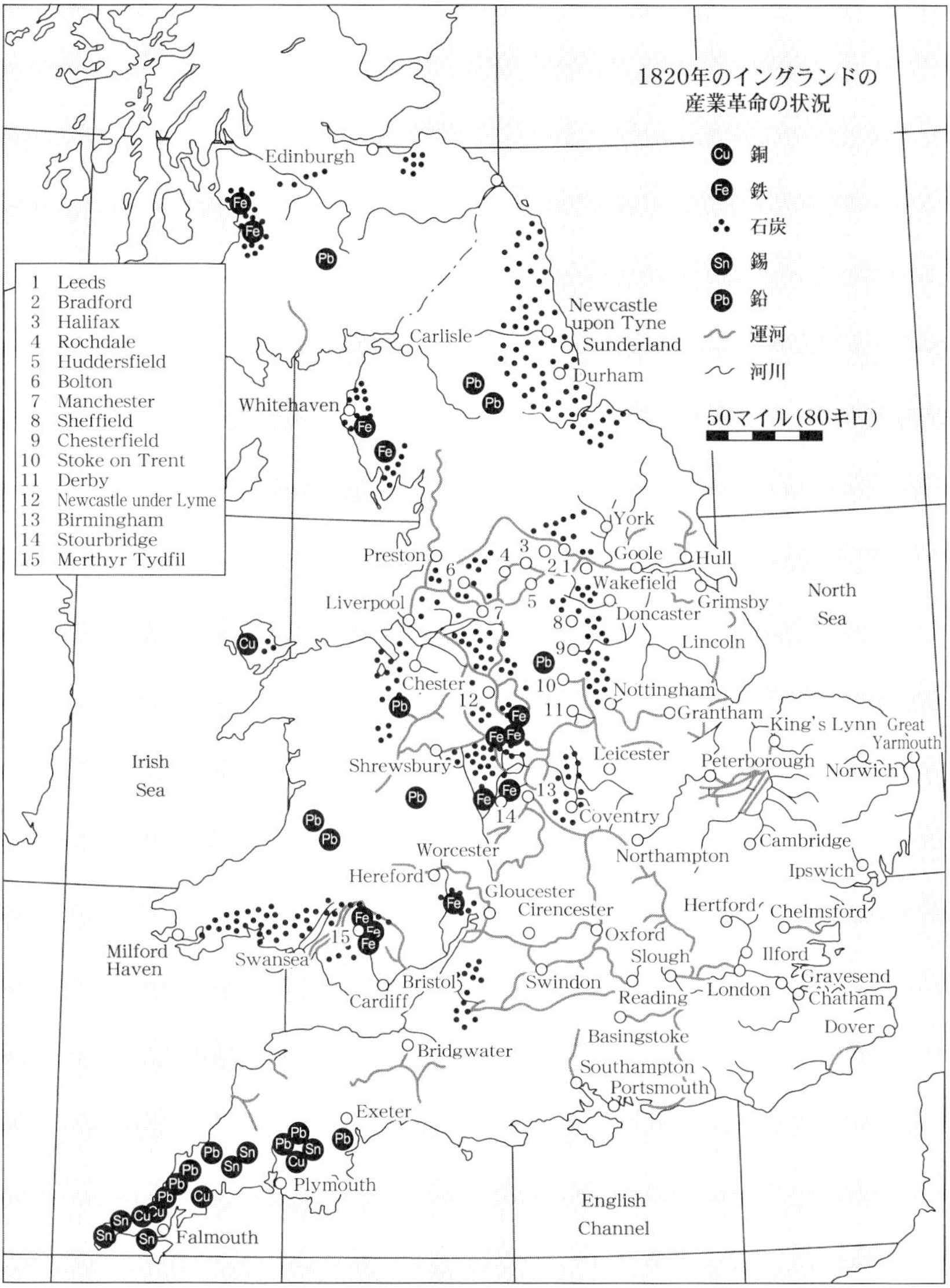
1820年のイングランドの
産業革命の状況
銅
鉄
石炭
錫
鉛
運河
河川
50マイル(80キロ)
1 Leeds
2 Bradford
3 Halifax
4 Rochdale
5 Huddersfield
6 Bolton
7 Manchester
8 Sheffield
9 Chesterfield
10 Stoke on Trent
11 Derby
12 Newcastle under Lyme
13 Birmingham
14 Stourbridge
15 Merthyr Tydfil
Edinburgh
Newcastle upon Tyne
Sunderland
Carlisle
Durham
Whitehaven
York
Preston
Goole
Hull
Wakefield
Grimsby
Liverpool
Doncaster
North Sea
Lincoln
Chester
Nottingham
Grantham
King's Lynn
Great Yarmouth
Irish Sea
Shrewsbury
Leicester
Peterborough
Norwich
Coventry
Cambridge
Worcester
Northampton
Ipswich
Hereford
Gloucester
Cirencester
Hertford
Chelmsford
Milford Haven
Oxford
Swansea
Slough
Ilford
Bristol
Swindon
London
Gravesend
Cardiff
Reading
Chatham
Dover
Basingstoke
Bridgwater
Southampton
Portsmouth
Exeter
Plymouth
English Channel
Falmouth

とはかぎらなかった。たとえば、ランカシャーのアシュトンに住む雇用主であったヒュー・メイソンにたいしては、つぎのような評判がたっていた――「商品の取り引きのように、雇い人たちの労働を金で買っているという意識はこの人物とは無縁であり、雇われる側でも、金のために働いているという意識はおよそありえなかった。このご仁こそ、労働者の幸福を心から願っていた人物である」。

イングランドは、当時のある社会主義者が表現したような「産業労働者を指揮する大富豪軍と、その日暮らしの賃金奴隷軍という二つの陣営」から成る社会ではなかった。雇用主階級とともに、貴族やスクワイヤー〔郷士〕のような支配階級もいぜんとして存在しており、彼らの大部分は工業からではなく、土地からその収入を得ていた。スクワイヤーや貴族たちがときとして雇用主以上に工業労働者へ同情を示していたのにたいし（もちろん、雇用主の方が貴族たち以上に同情を示すこともあった）、雇用主の方でも、農村部における劣悪な生活と農業労働にすすんで目を向けようとする者がいた。こうした対角線の関係（あるいは、かりに本音とちがう場合が多かったにしても、じっさいの行動に影響を与えるその当時の行動規範）を考慮しない社会行動の図式化は、不適切である以前に誤解を与えてしまう。宗教の影響力もいまだ健在であった（しばしば内部対立を起こすとともに、ほかの社会対立にも口をはさんだ）。メソディスト派、とりわけその一派の原始メソディスト派は、労働者を政治に駆りたてるか、あるいは政治に代わるものを彼らに提供することができた。

新興の工業都市は、二次資料にたよりがちな社会史学者が語るような、感情をもたない場所ではなかった。そこに「群れをなす」おびただしい数の新たな住人たちがはたしてどんな意味をもつのか、深刻に懸念する声があがる一方で、都市には誇りもあった。すなわち、貴族の影響力から自由であること、世論が幅広い多様性をもっていること、自発的につくられた組織が前例をみないほどの広がりと活力をもっていること、そして都市こそが「新しい国家《コモンウエルス》の核」であることへの誇りであった。「新しい国家の核」という表現をつくったのは、リーズのある非国教徒の牧師であるが、彼は機械工の出現を歓迎して、彼らを「大衆」に分類するのは完全に間違っており、「大衆」という用語を使うことじたい現実の人びとを知らないことを示す、と信じていた。

「真っ暗闇のリーズ」は、活気にあふれた新興工業都市のひとつであった。この種の新興工業地にあげられるのは、ヨークシャーだけでも、すぐ近くで競いあうブラッドフォードとシェフィールド、さらにハダズフィールドといった小さな工業町、デナムのような工業村など数多く存在した。ほかにも、バンズリーといった鉱業に従事する村や町があった。社会史にとって画期的な出来事である一八〇一年の最初の国勢調査では、二万人以上の人口をもつ都市の数は一五にすぎなかったのが、一八五一年に二八、一八九一年には六三を数えるまでになった。マンチェスター、シェフィールド、バーミンガムとともにリーズの人口も、(人口増加がもっとも急速な一〇年間である)一八二〇—三〇年に四〇パーセント以上もの増加率を経験し、マンチェスターの人口は、一八五一年から一九〇一年にかけてふたたび倍増した(隣接するサフォードは三倍になった)。一方、古い都市の人口増加率は新興工業都市とくらべてはるかに低かったが、都市によって違いがあった。たとえばオクスフォードの人口が、一八〇一年から五一年にかけて一万二〇〇〇人から二万八〇〇〇人へと二倍以上も増加したのにたいし、ウィンチェスターは、(ほぼ二〇〇〇人の軍人をふくめて)八一七一人から一万三七〇六人へ増加したにとどまった。鉄道網の中心になったヨークは、一万七〇〇〇人から三万六〇〇〇人に増加した。

　古い都市と同様に工業都市もさまざまな顔をもっており、アメリカの都市史学者ルイス・マンフォードがのちに主張するような、名前こそちがえ、みなおなじ「コークスの町」というわけではなかった。とりわけマンチェスターとバーミンガムには産業構造および社会構造の点で、はっきりした違いがみられた。マンチェスターには多数の大「資本家《キャピタリスト》」(これはこのころから用いられはじめた用語である)が存在し、リチャード・コブデンの表現によると、その一部は「両ポケットにそれぞれ一〇万ポンドをねじこんでいる歴戦のつわもの」であったが、一方のバーミンガムには小規模の雇用主が多かった。商業の町リヴァプールはまたべつの特徴をもっており、膨大な数の季節労働者をかかえていた。小規模の都市でも、オールダムやノーサンプトン、バロー・イン・ファーネス、それに「イングランドの生んだ最年少の子供」である新しい町ミドルズバラには、それぞれ顕著な違いがみられた。

　都市には、一九世紀の発展段階において、多くの共通する特徴もみられた。テラスが長い列をなしていた労働者向けの住宅(今日のテレビ人気番組「コロネーション・ストリート」の舞台となる)は、とくに煉瓦造りの場合には外見がきわめて似かよっていった。鉄道の駅と「パブ」(エールハウスと旅籠《タバーン》をあわせたものとして、このころ定着した)は、建築様式に大きな違いがあったにしても、これまたたいへんよく似ていた。新旧を問わず都市と町が直面した重大な問題は、公衆衛生と治安、それに都市間の輸送であった。一八三五年の都市自治体法とさらに一九世紀後半の立法によって改革された地方行政の形態が、これらの問題に対処する共通の枠組みとされたが、とり組む姿勢に違いがあったため、都市によって発展の道のりは異なった。この時代の驚異であり、恐怖でもあったロンドンは、その市政のありかたと発展の規模の両方で例外的な存在であった。

　地域問題の解決に地方行政がどれだけ関与できるかは切

実な問題であり、都市の議員たちは政策決定権がウェストミンスターの議会ではなく、自分たちにあると考えるまでになった。『エコノミスト』の編集人であったウォルター・バジョット（一八二六―七七）は、「小さな独立した『地方当局』が多数存在しており、それらは中央から遠くはなれて、権限の小さな中心になっている」と一八六七年に述べている。「したがって、首都の中央政府がなにか行動を起こしたいと強く希望しても、これらの小さな団体が躊躇をみせ、協議を重ねて命令に従わないことさえあるので、有効な行動をとることはできない」。この文章が書かれた直後に、バーミンガムで積極的かつ効果的な地方政治がはなばなしく出現した。バーミンガムの自由党のリーグーであったジョーゼフ・チェンバレン（一八三六―一九一四）は、「われわれ市当局は人民の権威を代表する」と力強く言明し、また「市民の福音」をめざすもうひとりの人物は、「町とは神聖な有機体であり、その体内で人間の道徳性がめざす、もっとも崇高にしてもっとも正しき目標が形成され、実現されていく」と主張した。彼らの指揮のもとで、バーミンガムはガスと水道を市有化し、大規模な都市改良策を実行にうつした。その目にみえる成果は、新しい「市道」であった。

　政治家になる前には螺子《ねじ》製造業者であったチェンバレンは、小規模の実業にかかわっていた点で、初期の起業家の典型的な存在であった。個人経営もしくは共同経営が当時の製造業形態の一大特徴であり、家族企業はあたかも土地資産であるかのように、ひとつの世代からつぎの世代へと受け継がれていった。こうした家族企業では血族結婚も多かった。製鉄、造船、化学などが先導役になって、製造業で大会社が成長するようになるのは、これよりもかなりのちのことである。一八五六年に有限責任会社にかんする重要な法律が制定されており、会社合併にかんする規則も存在していたが、バーミンガムでは一八八〇年代になっても、有限責任会社の数はわずか四社にすぎなかった。所有と管理が分離し、経営がしだいに専門化していく現象が後期産業革命［第二次産業革命］の一大特徴であり、前期産業革命［第一次産業革命］にこうした特徴は金融業（新たな産業社会には不可欠なサーヴィス）と輸送業以外にはみられなかった。一八八二年のロンドン株式取引所の時価見積もりによれば、企業全体の総資本額五八億ポンドのうち、他者から払いこまれた資本は六四〇〇万ポンドにとどまっていた。しかも、一八九〇年代以前のイングランドにおいて大規模な合併企業はわずか一社、一八八六年のノーベル・ダイナマイト・トラストだけであった。

「後期《レイター》産業革命」（二〇世紀になってからつくられた、おもに一八八〇年代と九〇年代に適用される用語）の時期に、ほかの諸国、とりわけドイツとアメリカ合衆国が劇的な産業革命を経験するにおよんで、イギリスの優位は消えていった。一九一三年のイギリスの鋼鉄の生産量は八〇〇万ト

エセックス州のオードリー・エンド・ハウスにあるジェイムズ1世時代の間仕切り。ジェイムズ1世時代の建築や家具の様式は「ジャコビアン」と呼ばれるが、その家具の堅牢さは、その性質においてまぎれもなくイングランド的なものであり、時代を超えて生き延び、後世において模倣されることになる。この時代の建築同様、家具の様式は古典とゴシックを一体にしたものであった。ただし、17世紀という時代の方は、家具とちがって安定していなかった。（第6章）

「ティッチボーンの施し」(1670)。サー・ヘンリー・ティッチボーンがハンプシャーの領地で、困窮した小作人にパンの施しをしている。これは先祖伝来の行事であったが、見物している人のなかには黒人奴隷（左）やクエイカー教徒の女性（右）の姿がみえる。(第6章)

リンカンシャーのボストンにおける羊の品評会を描いたジョージ・ノーサウスの絵画。羊はいぜんとして大きな収入源であった。この当時、多くの改良品種が飼育されるようになった。(第7章)

富の追求の一面に投資と投機があった。1700年にはじけてしまった「南海泡沫事件」は、多くの人びとに破滅をもたらす一方、少数の者には富をもたらした。大数学者のアイザック・ニュートンはうまく株を売り抜けたが、歴史学者エドワード・ギボンの祖父は、30年間の苦労が「一夜のうちに泡と化した」。この泡沫事件はさまざまな媒体によって取りあげられるところとなった。後年描かれたジェイムズ・ギルレイのこの諷刺漫画で、キャプテン・クックの南海航海に同行した大博物学者サー・ジョゼフ・バンクスは「変身譚」さながらに描写されている。バンクスはキュー・ガーデンズをみごと植物学の宝物庫に変身させ、1778年から1820年まで王立協会の会長を務めた。（第7章）

L・H・デイヴィスの「ヒーリ氏の羊」に描かれているこの羊のように、公開用としての巨大動物の飼育は18世紀後半の農業の一大特徴であった。雄牛の場合はさらに印象は強烈であった。(第7章)

ローマ支配時代のブリテン島で名高かったバースは、18世紀後半に温泉場ならびに社交生活の中心として、繁栄を謳歌した。そこでおこなわれた数多くの娯楽にはダンスやトランプ遊びがあり、なかにはけっして健全とはいえない娯楽もあった。18世紀に建てられた建築物は堂々たるものであった。有名なクレセント［三日月型の建物］をはじめとして、バースの外観は見る者に圧倒的な印象を与えていた。(第7章)

クリケットは典型的なイングランド的団体競技としての地位を確立しつつあった。モールジーハーストにおけるクリケット試合を描いたこの絵画は、クリケットにおいて権威ある地位を獲得したマーリーボーン・クリケット・クラブが所有している。最初のクリケット・ルールは1744年につくられた。（第7章）

室内室外をとわず賭博は盛んにおこなわれた。トランプや賭博は他のスポーツ、とりわけ競馬やボクシングの副産物、あるいは補完物としてあらゆる社会階層の人びとの娯楽となった。（第7章）

（上）ニューカースルのオールドヘットン炭鉱。石炭と鉄はイングランドの工業化にとって、なくてはならない原料であった。大きな危険を冒して地中から掘り出された石炭と鉄鉱石は、鉱山地域から他地域に輸送された。ニューカースルを輸送の中心地とするイングランド北東部は、テューダー朝のころから石炭で有名であった。この地域はまた、石炭と鉄の両方を利用する蒸気機関が発達した中心でもあった。18世紀には、固定式蒸気機関が深い地層からの採掘を可能にした。新たな社会の溝をつくりだしたのも石炭であった。すなわち、すでに炭鉱地域は17世紀に独特な場所となっており、また炭鉱そのものも貴族とジェントリーによって所有され、場合によっては直接的に経営されていた。しかし今日振りかえってみると、鉱山業の発展は、ルイス・マンフォードが「石炭による資本主義」と呼ぶものの形成における重要な一段階を画していた。（第8章）

（次ページ上）鍛冶場と鋳造所は、鉱山と（少し後の）工場とともにイングランドの工業化の象徴であった。汗まみれの労働者が働くその光景は、その場を訪れる画家たちを魅了した。「錨を鋳造する」と題したW・J・ミラー（1812－45）のこの絵画は、工業化のもうひとつの象徴であった錨の製造を描いている。（第8章）

（次ページ下）セヴァーン川の沿岸にあるコールブルックデイル（シュロップシャー）は「産業革命のゆりかご」と呼ばれ、その光景は画家や詩人を魅惑した。この絵画はウィリアム・ウィリアムズ（1740－1800）によるものである。1709年に鉄を溶かすのにコークスが最初に用いられたのも、ここコールブルックデイルであった。世界で最初の鉄橋も1779年にここで架けられた。今日のコールブルックデイルはイギリスの貴重な産業遺産のひとつになっている。（第8章）

ウィガンで「夕食時間」をとっている女性労働者。アイレ・クリュー（1824－1910）の作品。アウトサイダーであったジョージ・オーウェルは1930年代にこの場を訪れ、その『ウィガン波止場への道』（1937）で工業化をたどるこの町を描いている。（第8章）

ンであったのにたいして、ドイツは一三五〇万トン、合衆国は三一〇〇万トンにも達していた。繊維産業もしだいに競争にさらされるようになった。たしかにランカシャーでも一八九五年から一九一四年の期間に多額の投資がおこなわれたが、いぜんとして伝統的な技術に依存していた。石炭の産出量は一九一〇―一四年に二億七〇〇〇万トン（一八五五―六〇年には六六七〇万トンであった）、輸出量も六二七〇万トンで最大に達した。ところが生産性は低下の一途をたどり、化学、電機といった新興産業においては、出発点から他国に遅れをとっていた。

二〇世紀後半に主張された説によれば、資本主義の経済と技術にたいするイギリスの自信は、その成果である一八五一年の大博覧会において頂点に達し、その直後から「産業精神の衰退」がはじまることになる。しかし事実をみれば、一八五一年から一八八一年のあいだに、国民総生産は五億二三〇〇万ポンド（国民一人あたり二五ポンド）から、一〇億五一〇〇万ポンド（国民一人あたり七五ポンド）に増加した。また、イギリスの国際的な影響力のよりどころであった輸出も、一八五〇―五九年の一億ポンドから一八六〇年代には一億六〇〇〇万ポンド、さらに一八七〇年代には二億一八〇〇万ポンドに増加している。イギリス船舶の総トン数は、一八五〇年の三六〇万トンから一八八〇年には六六〇万トンに増加し、鋳鉄の生産量も一八五〇―七五年に三倍に増えた。これらの数字が示すように、産業が衰退していなかったことは明らかである。産業で用いられる動力も一八七〇年の二〇〇万馬力から一九〇七年には一〇〇〇万馬力に上昇しており、一九〇一年に製造業に従事していた人口の割合は、イギリス史上最大となった。ヴィクトリア時代の好景気は一八七五年に最盛期の終わりをつげたけれど、好調を持続するあいだは、ベンジャミン・ディズレーリ（一八〇四―八一）が「異様な大繁栄」と形容するほどの大好況であった。

一九世紀末から第一次世界大戦までの時期でも、発明能力と起業活力はけっして衰えてはいなかった。重要な発明である一八八四年のチャールズ・パーソンズ（一八五四―一九三一）の蒸気タービンは、まさに未来の姿を示すものであった。ウィリアム・リーヴァー（一八五一―一九二五）の石鹸製造業は、やし油を求めて西アフリカのジャングルまで進出し、彼の後継者は一九二九年にオランダ企業と合弁で、ヨーロッパ最初の巨大な多国籍企業ユニリーバ社をつくった。もうひとりの実業界の巨頭ラドウィッグ・モンド（一八三九―一九〇九）の化学工業は、のちにインペリアル化学工業会社の重要な一部になった。また、ヴィカーズ・アームストロング社の創業者ウィリアム・アームストロング（一八一〇―一九〇〇）は、世界の武器産業でドイツのクルップ社と競いあっていた。一九一三年の時点でも、イギリスの工業製品が世界貿易において全工業製品の四分の一を占めることができたのは、勤勉と起業活力によるところが大きかった（一八八〇年代前半では三七パーセントであった）。たしかに世界全体の工業製品におけるイギリス製品の占有率は、三〇パーセント以上から一三パーセントまで下落はしたものの、国民所得の成長率の二・三パーセントは、ヴィクトリア時代の中期とそれほど変わってはいなかった。

一八七五年以降のイングランドはかつて考えられていたような「大恐慌」期であったわけではないけれど、先行きがしだいに暗くなりつつあったことは事実であった。ケンブリッジ大学の経済学者アルフレッド・マーシャル（一八四二―一九二四）はこの時期の雰囲気をつかみ、一九〇八年につぎのように指摘した。マーシャルによると、アメリカ合衆国とドイツが過去六〇年間に多くの産業部門において、イングランドの主導権を奪おうとしたのは「必然的」であったかもしれないが、イングランドがじっさいに主導権を失ってしまうことまでは「必然的」ではなかった。イングランドの「衰退」現象と関連して、これまで以下の五つの側面が指摘されてきた。

まず指摘された側面の第一点は、ロンドンのシティーの金融力が、イングランド産業社会の技術力や資源よりも高い評価を得ていたため、本来イングランド国内で使われてよい資本が、公式および非公式の帝国領へ流出していったことである。たとえば、一九一四年の海外投資総額は四〇億ポンドにも達し、この数値は他国と比較してずばぬけて大きかった。その一方で、一八七〇年から一九一四年にかけて、国内の地方株式取引所が一〇カ所から二カ所に減少してしまっている。資本の海外流出の結果、国内産業の設備更新が十分におこなわれなくなってしまったのかどうか、あるいは、新興産業の発達速度が資本の海外流出の影響を受けたのかどうかは、その当時から議論されており、この論議は現在もつづいている。ただし、南アフリカのダイヤモンド鉱山やアルゼンチンの都市開発への投資であら稼ぎをした「金権主義者《プルートクラット》」は、イングランドの工業家よりも富裕であったことは事実である。また、（本質的に不労所得である）「利子所得者《ランティエ》」の収入は、一九一三年においてフランティエという用語の母国である）フランスの国家予算の歳入額をも上まわっていた。

第二点として、後期産業革命では科学的知識と調査が重要となり、またより標準化された設備や生産マニュアル、さらには進歩する機械の作業能力に合わせていける労働力が必要となったが、イギリスはこの「新たな産業革命」から取り残されつつあったことが当時から指摘されていた。ただしこの点についても、今日論争がおこなわれている。また労働者側にすれば、雇用主は「いちばんよい仕事をする」のをゆるさず、「市場で廉価で売れるようにするために、仕上げ工程や洗練度、美しさを犠牲にすることを強制している」という言い分があった。

第三点として、たしかに統計の数値をみると、他国の工

工場に基礎をおく工業の発展は移住に拍車をかけ、1780 年代以降はこの図版に描かれているストックポートのような工業都市の成長を加速化させていた。林立する煙突は今ではみられない。工場の大きさに注目せよ。

工場の通過儀礼は、働きにでた最初の日からはじまる（半日は学校で、また半日は働いてすごす）。この写真は、1908 年のケイリー工場の外側でみられる「半日労働者」。

業生産性はイギリスよりも高いように当時は思えた。一八七〇―一九〇七年の期間にかんするある概算によると、合衆国における生産性の年平均の上昇率はイギリスの二倍以上であり、ドイツのそれはさらに高かったことになる。ただしすべての調査がこの種の結果を示していたわけではない。たとえば、ドイツの製鋼労働者にかんする一九一〇年の研究は、イングランドで一人の労働者がすることにドイツでは三人が必要であったことを明らかにしている。

第四点は、地盤沈下の要因として経営や労働組合のありかた、教育の不備が槍玉にあげられていたことである。前述のアルフレッド・マーシャルが起業活力の減退（二代目、三代目は創業者ほどりっぱではなかった）を指摘する一方、「安楽の福音が国民全体に浸透している」と不満をもらす評論家もいた。一九〇六年にアーサー・シャドウェルが述べたところによれば、「イングランドには、アメリカの進取の気性とドイツの秩序の名残りこそみられるものの、いまや進取の気性は色あせ、秩序は混乱している」。雇用主が労働組合の生産制限慣行を非難すれば、労働組合は雇用主が最新の機械設備を導入しないと非難しかえす一方、外国の評論家のなかにはフランスの歴史学者エリエ・アレヴィのように、イングランド産業界に透明性と積極性が欠如している原因は、雇用主と労働者の暗黙の馴れあいにあると非難する者もいた。このアレヴィの指摘は、バーミンガムの金属工業やダラムの炭鉱の実例で立証することができる。

技術教育の不十分さは、一八五〇年代以降ずっと懸念されており、一八七〇年という工業化の終盤になって、ようやく「初等学校」を導入する教育法が制定された（通称初等教育法、この法律によって地方税の補助を受ける公立小学校が創設された）。一八七〇年の教育法が議会を通過したとき、その提案者であったW・E・フォースター（一八一八―一八八六）は下院でつぎのように演説した――

われわれには遅滞はゆるされない。わが産業の繁栄は、初等教育をすみやかにつくり上げることにかかっている。世界の諸国に伍してわが国の地位を保つためには、個人の知的能力を高めることによって、数の少なさを補わねばならない。

一九世紀末の時点で初等教育は義務化されていた。と同時に、中等教育制度の不備から、古典教育偏重によるパブリックスクールの「科学軽視」と「実業嫌い」まで、教育にたいする新たな不満も生まれていた（これらの不満は二〇世紀に引きつがれた）。このような環境のもとで、経営者や管理者など未来の経済人たちは当初から教育上のハンディを背負っていたのである。当時の評価によれば、中等教育を担うグラマースクールは実務がまったくできない人材ばかり育成していた。

第五点として、「衰退」の原因は、イングランド労働者に「アメリカ的な成功」を求める動機を与えられなかった

工業化は必然的に不満を生みだし、さらにその不満が労働者階級の集団行動を生みだした。新たな階級意識は産業革命が生んだもののひとつであった。政治的な目標をもつ最初の組織化された労働者階級の運動は、チャーティスト運動であった。この運動は新しい工業都市だけでなく、工業が衰退していた古い町でも起きていた。チャーティストたちは、1848年4月10日のロンドンにおいて最大規模の示威運動を計画した。その脅威を重大にうけとめた当局は、みずからの力とロンドンのミドルクラスの力を参加者たちにまざまざとみせつけた。この事件の写真は、チャーティスト運動参加者の規模とその整然とした秩序を写しだしている。

こととされ、事実、イングランド労働者の賃金と将来への期待感は低かった。また労働者には無関心が目立ち、計画的欠勤も続発していた。個々の工員を勤勉に働かせて、望む額の給料を稼がせるには、工場の適切な配置、合理的な労働条件、経営の効率化などが必要だと考えられた。ところが、イングランドとアメリカ（あるいはドイツ）の状況は異なっており、とりわけアメリカの労働組合はリーダーシップと目標の点で、イングランドのそれとは対照的なものであった。さらにイングランド労働者には「階級」意識がアメリカよりもはるかに強かった。

「イングランド労働者階級」の形成（あるいは再形成）を論じるにあたっては、産業革命の初期から一九世紀後半および一九〇〇年代まで振りかえってみなければならない。まず、労働者独特の階級言語が生まれたのが産業革命の初期であり、それは当時の記述によれば、「大勢で集まった作業労働者がたえず話しあうことで、能力をみがき向上させた」時代の産物であった。また、労働者による「運動」が形成されたのも産業革命の初期であった（一部の労働運動は改革をめざし、ごく一部の運動が革命をめざす一方、すべての労働運動に共通することは「組合《ユニオン》」をめざした点である）。労働者階級版の経済理論もその当時から存在しており、それは競争ではなく協同を、社会的な階層の移動ではなく連帯を、「失業者の予備軍」ではなく「貧困の廃絶」を理論の中心としていた。

チャーティスト運動は世界最初の労働者階級独自の社会運動であった。この運動は社会へのさまざまな不満を吸収することで雪だるまのように膨れあがり（社会への不満のなかにはお互い矛盾するものがあった）、とにもかくにもこれらの不満を、成年男子の普通選挙権など一八三八年の「人民憲章」にかかげられた六カ条の政治プログラムとしてまとめあげた。チャーティスト運動の全盛期は一八四二年であったが、ちなみにこの一八四二年は一九世紀前半のもっとも困難な「危機」の年のひとつであり、大凶作期の四年目で、失業率も高かった（トマス・フッドの『シャツの歌』で「パンは高いが、人間さまの血と肉はただ同然」と歌われた年でもあった）。チャーティスト運動は一八四八年に大デモ行進をおこなってから一八五〇年代に消滅したが、その記憶は一世代のちに新しい状況のもとでよみがえった。

独自の生活様式をもつ労働者階級の文化が本質的に階級差別の産物として形成されたのは、一八七〇年以後のことである。この文化は、産業労働にたいする共通の意見――意見のなかには矛盾がしばしばみられた――よりも、生活と余暇の過ごし方にもとづいていた（もちろん余暇が仕事と一致することもありえた）。一方、労働者の興味と考え方は、地域や職業集団ごとにはなはだ多様であった。それどころか、人口の六分の一を占めるミドルクラス［中産階級］と変わらないほど、労働者階級の内部でも財産規模と考え方に違いが存在し、とりわけ熟練労働者と非熟練労働者の違いはいちじるしく、両者をまったく別個の人種とみなした鋭い観察者もいたほどである。熟練労働者も多くの集団に分かれていたが、彼らには仕事場において人員の補充をとりしきるなどの特権的な地位を与えられることが多かった。一方の非熟練労働者は雇用も解雇も成りゆきしだいであったので、その仕事は「臨時雇い《カジュアル》」と表現された。

階級意識に陰りがみられたことは一九世紀のあらゆる時点で明らかになり、大半の地域において階級意識は労働者の考え方や行動に影響をおよぼす唯一の要素どころか、主要な要素でもなくなっていた。身分をわきまえるという伝統的な考え方は、工業化初期の段階でこそもっとも深刻な状況があらわれたときでも守られていたが、一八五〇年代と六〇年代になると、「階級」間の調和という新しい考え方が広まっていた。一方、「国家《ステイト》」（イングランドではこれまでほとんど使われなかった用語であった）が産業組織にみられた「悪弊」を正すために、工業化のさまざまな社会的側面に介入するようになった。外部からの激しい圧力をうけて、議会が紡績工場における女性と子供の労働時間を制限する「一〇時間労働法」を一八四七年に通過させたのは、みずから発議したものではなかったにせよ、ピールの後任者であるジョン・ラッセル卿（一七九二―一八七八）

このコヴェントリーの自転車工業の写真が示しているように、19世紀の後半には古い産業ばかりでなく、新産業も女性を雇用した。コヴェントリーは中世において繊維産業の町として栄えていたが、自転車と自動車生産の中心としてふたたび栄えている。

苦しみのために立ち上がったのは男性だけではなかった。1888年にロンドンのマッチ製造業に従事する少女たちはストライキをおこない、新聞の見出し記事になるだけでなく、歴史にその名を残すことになった。マッチは19世紀に発明されたもので、イングランドはいわゆる安全マッチを発明したことで先んじていた。ところが製造中に、19世紀でもっとも恐ろしい職業病である燐中毒にかかる者がでてきた。このような疫病から工業労働者を守るために立法措置がとられ、またストライキがこれらの疾病に人びとの目を向けさせた。

が首相をつとめたときのことである。これより以前でも、一八三三年の工場法が調査機構を導入していた。この年末に任命された最初の四人の調査官は、はじめのうち工場主と労働者の両方から疑惑の目でみられていた。ところが、いざ法の執行になると、彼らは任務に精力的かつ誠実にとり組み、調査官の一人によると、「工場に広く、深くはびこる不道徳の温床を一掃」した。一九世紀が進むにつれ、より広い範囲で組織的な国家介入をめざすいくつもの工場法が通過し、一九〇一年の統合工場法で国家の介入は頂点に達した。この「なにもかも規制する『官僚の』網の目」は、当時の人びとが「たとえよくは思わないにしても、その使い方と我慢の仕方を学びつつあったものである」と、経済史学者のジョン・クラパムは述べている。

　しかしながら、一九世紀初めから半ばにかけての産業の大発展を帳消しにした最大の要因は、国家による賃金と労働時間の規制ではなく、労働組合の力が強くなったことである。労働組合は一八二四年以降、合法的な存在になっていたが、一八七〇年の時点で組合員は全労働者の四パーセントにすぎなかった。ところが一八九〇年代の前半には約一五〇万人の組合員がいて、そのうち三〇万人以上が鉱業、三〇万人以上が小売業に従事しており、新しい「非熟練労働者」組合の数も増えつつあった。労働組合の歴史（あるいはある著書のタイトルを借りれば労働組合の「前進」）はかなり古いものである。過去の家内工業制度にも、中世の職人ギルドとは性格が異なる「同業《トレイド》クラブ」があった。印刷工の「集会《チャペル》」はすでに一七世紀に存在していたし、一六九六年にはロンドンのフェルト製造職人が賃金を決めるための「連　合《コンビネイション》」を組織していた。工業地帯のランカシャーでは、一七九〇年代に機械紡績工の組合がつくられ、一七九二年にはその連合組織をつくろうとする動きさえみられた。全紡績工組合は、マンチェスターの賃金と「同額にする」ための大ストライキを一八〇八年と一八一〇年に組織したが、不成功に終わった。一方、プレストンの織布工は、一八〇八年、一八一八年、一八二一年に賃上げを求めたストライキをおこなっている。このような労働者の団結を禁止する新しい法が一七九九年と一八〇〇年に議会を通過したが、効果はあまりあがらなかった。

　経済にたいする労働組合の影響について激しい議論があったように、その社会的な意味についても労使双方から意見が表明されていた。団結禁止法が廃止された一八二四年に、マンチェスターの商工会議所は「工場主であれ、労働者であれ、団体をつくることは敵対感情を生み……社会の最善の利益に反する」と主張したが、同様な意見はほかからもあがった。一方、団結禁止法廃止の支持者たちは、労働組合にたいする規制法が発効すれば、労働組合はやがて消滅しかねないと危惧していたが、現実の労働組合は実力と野心をたくわえていき、地域組合や職種別組合、あるいは「総連合《ジェネラル》」組合の組織を試みた。むしろ、当初の段階でめざされていたのは、職種別のものよりは「労働者《ジェネラル・》総連合組合《ユニオン》」の方であった。マンチェスターに住むアイルランド人青年ジョン・ドーアティーは「グレート・ブリテンとアイルランドの紡績工の大連合《グランド・ユニオン》」と、さらにのちには「全国労働者保護協会」を組織した。一八三三年に急進的な社会運動家ブロンテア・オブライエンはつぎのように雄弁に語っている——

　団結の精神が過去において例をみないほど労働者階級のなかに成長してきている。その目標とするところは考えうる至高のもの、すなわち……生産者階級がみずからの勤労の成果を完全に支配するようになることである。……彼らは社会の底辺ではなく、頂点をめざす。いや、むしろ底辺も頂点もなくそうとするのだ。

　初期の労働組合運動が頂点に達し、その最初の殉教者を(工業地帯ではなく)ドーセット州の農村で生んだのは、チャーティスト運動よりも前の一八三四年のことであった。雇用主たちが九シリングという悲惨な賃金をさらに六シリングにまで引き下げたため、「連合《コンビネイション》」側が雇用主と実りのない議論をおこなっていたさなか、トルパドルという鉱山町出身の六名の組合員が一七四九年の暴動法に違反した科で告発され、逮捕された。六名にたいして流刑判決がくだされたが、この判決はロンドンなどの都市部で大規模なデモを引き起こすことになった。判決をくだした裁判官は、「見せしめと警告を与える」ことこそ「法的刑罰すべての目的」のひとつであると述べたが、この事件がもつ真の意義は、いまや労働組合活動《トレイド・ユニオニズム》がすっかり定着していることを世間に知らしめたことにある。労働組合活動こそ、煤煙のたちこめた町と公害で汚染された河川、金融やサーヴィスなどの新しい社会的基盤の整備、そしてマンチェスターの実業家たちがいだいた世界自由貿易へのかぎりない欲望とならんで、イングランドの工業化がもたらした副産物であった。

　初期の段階で労働組合運動がもっとも成功をおさめたのは、一八三四年のような経済が好況で豊作のときであり、またその勢力がもっとも衰えたのは、一八三七年にはじまる未曾有の大不況期であった。逆に、政治的な行動は「困窮」と関連していた。一八三五年に亡くなるまで、急進主義者のなかでもっとも影響力の大きかった人物であるウィリアム・コベットでさえ、「満腹の人間を煽動することはできない」と語っていた(彼は未来の新しい社会を夢みるよりも、過去の黄金時代を懐かしむ保守的人間でもあった)。未来の姿がよりはっきりと見えるようになった一九世紀の最後の年月になると、一八三〇年代と四〇年代に経済活動全般に直接の影響をおよぼしていた農作物の収穫高もそれほど重要ではなくなった。海外から輸入される食料品が増え、またパンも以前のような主要食品ではなくなってしまった。しかし、これが変化のすべてではなかった。資本主義の形態そのものも変わりつつあった。労働者ばかりか雇用主も団体組織をつくりはじめ、実業界の内部にも外部にも、はるかに大きな専門家の集団が出現してきた。政治も新しい形態をとるようになった。一九世紀の前半では、一八一九年のマンチェスターで起こった「ピータールーの大虐殺」事件（八月一六日）［一一名が死亡した官憲による民衆運動弾圧事件］などの追悼日に大規模な集会が各地で開かれる一方、その合間の日々は政治的な示威活動の休眠期であった。ところが一九世紀後半になると、組織化された政党が常時政治活動をおこなうようになり、とりわけ一八六七年の第二次選挙法改正によって、労働者の大多数に選挙権が拡大された以後はその傾向が強まった。そして政党の背後には組織化された圧力団体が存在し、その多くは豊かな社会と文化の下部構造の一部として継続的な活動をおこなうようになった。

こうした状況のなかで労働組合は経済制度および政治制度の一要素となり、また組合の細かい規則集や注意深く記録された議事録、監査をうけた会計簿などが示すとおり、イングランド独特の組織となった。一八六八年に新しく結成された労働組合会議がマンチェスターで開催した最初の年次総会は、わずか三四人の代表が出席する小さな事件にすぎなかった。またおなじ一八六八年の時点で、機械工、大工、建築業者など比較的給料のよい労働者からおもに支持された「新組合」の組合員数は二五万人にとどまっていたが、経済の好況がつづいた五年間のうちに三倍になった。その直後経済状況が悪化すると、組合員数も減少したが、農業労働者が好況期に組合を結成していた。組合の力が強かったのはおもに都市部においてであり、一八六〇年に創設されたロンドン労働組合協議会のような組合協議会のおかれた都市もあった。

ヴィクトリア時代中期の労働組合員は「労働貴族」としばしば形容されており、彼らの組合は当時でも非組合員から、（この時期に盛んであった「友愛協会」のような）互助組織と非難されていた。しかし協調路線を皮肉られる組合員でも、必要を認めたときにはストライキも辞さなかったし、事実、ストライキの数は一八五〇年から一八八〇年まで減ることはなかった。組合員たちは一八六〇年代の選挙権拡張などの政治活動に参加することもあり、協同組合運動にも熱心であった（一八四四年にマンチェスター近郊のロッチデイルの労働者が、最初の出資金二八ポンドを出しあって、この町のトード・レインに協同組合経営店をつくったことがよく知られているけれど、協同組合の運動そのものはすでにそれ以前からおこなわれていた）。一八七〇年代の前半になると、協同組合は九七二の支部と三〇万人の組合員をもつようになった。

組合の組織力をつうじ、一九世紀の中ごろに労働組合の権利を法的に認知させたのは、熟練労働者の組合員であった。彼らは一八六七年に王立委員会で証言をおこない、一八七一年の労働組合法を成立させる圧力団体の役割を演じた（この労働組合法は「労働組合憲章」と呼ばれることもあり、労働争議をおこなうという理由だけで、労働組合の目的を犯罪とみなせないことを明文化した）。労働組合は法の保護をうけはするが、その内部の事柄にかんしては法による干渉はうけないことになった。この法は自由党政権が成立させたものであったが、一八七五年に労働組合にとっていっそう有利な法がディズレーリの保守党政権によって提出された。この法によって、契約をやぶることももはや刑法上の犯罪ではなくなり、暴力をともなわないピケも合法化された。

労働組合の法的地位が危機にさらされたのは、二〇世紀初めのことであった。一九〇〇年のタフ・ヴェイル事件にたいし、裁判所は鉄道労働者のストライキが与えた民事上の損害にかんして、労働組合は組合資金によって弁償する義務があるとする判決を翌年にくだした。しかし二〇世紀初めになると、組合に参加する非熟練労働者の数もしだいに増えつつあり、彼らは一日八時間労働（アルフレッド大王が最初に一日を三つの部分――労働と睡眠と娯楽――に分けたというのが、彼らの言い分であった）などさらなる要求をおこない、また支持する政治家についても自由党の政治家ではなく、目的達成のためにすすんで国家を利用する社会主義の政治家にたいして支持を表明していた。一八八八年から一八九一年のあいだに、労働組合員数が八〇万人から一五〇万人に増えたのも、社会主義政治家の努力の成果であった。二年後の一八九三年に布製の帽子をかぶった、炭鉱労働者出身のスコットランドの社会主義者キア・ハーディー（一八五六―一九一五）が、その年に工業都市ブラッドフォードで産声をあげた新しい政党、独立労働党の議長となった。この政党に、一八八九年の大ドック・ストライキの年に論文集を出したフェビアン協会などの社会主義団体が加わって、労働代表委員会が結成され、一九〇六年には労働党という新しい名称のもとで下院の二九議席を獲得した。労働党は当初から労働組合の固い支持を得ており、労働組合員数が四〇〇万に達した一九一四年に、それからの長い生命が保証された。ハーディーは将来を見すえて、産業革命時代の比喩を使った。独立労働党は、労働党の内部において「機械にたいする蒸気の役割、すなわちすべてを動かす動力源」となるであろう、と彼は述べた。

第九章

一九世紀のイングランド（二）

交通・通信網の発達

1770年　リーズ＝リヴァプール間の運河工事着工（—1816年完成）
1807年　フルトン、ハドソン川で蒸気船の実験に成功
1814年　スティヴンソン、蒸気機関車を開発
1825年　ストックトン＝ダーリントン間鉄道建設
1830年　リヴァプール＝マンチェスター間鉄道開通
1839年　最初の鉄道時刻表が出版される
1851年　ロイター通信社創設
1876年　アレグザンダー・グラハム・ベル、電話の特許をとる
1877年　トマス・エディソン、蓄音機の特許をとる
1885年　ローヴァー社の安全型自転車が大流行する
1895年　フレドリック・ランチェスター、イギリスで最初の四輪自動車を製造する
1896年　ハリー・J・ローソン、ロンドンからブライトンへの最初の自動車ラリー開催
　　　　「デイリー・ミラー」紙創刊　映画の上映開始
1907年　ロンドンに最初のバス登場

じっとしていてはいけない！　蒸気船でも、乗合馬車でも、なんでもいい。
船倉でも、船室でも、操縦室でも、鶏檻でもいい。
外国旅行に国内旅行、船旅に馬車旅、馬旅に徒歩の旅、
目的も水泳、スケッチ、散歩に旅の話となんでもいい。
とにかくじっとしていることだけはご法度！　いまや熱狂の時代、
動きつづけることこそこの時代の法律であり、ファッションなのだ。

サミュエル・テイラー・コールリッジ（一八二四）

すごいことじゃない、ヘレンおばさま。昨日パリにいたヘンリーおじさまが今日帰ってくるのよ。信じられない。鉄道や蒸気船がなかった時代の人たちって、いったいどうしてたのかしら。

作者不詳『蒸気の勝利』（一八五九）

顧客がめいめい自動車を走らせ、鉄道の駅までやってくることはできないものかと考えておりました。自動車のおかげで鉄道産業がいっそう栄えるとすれば、それはたいへんけっこうな話ではありませんか。

グレイト・ウェスタン鉄道社長の発言（一九〇二）

空飛ぶマシンが飛びはじめるころには、
わたしたちは家にじっとしちゃいない、
ちょこっとパリやローマまで
気軽に半日出かけてくるのさ。

ミュージカル・コメディ『バースの花嫁』（一九〇六）

イングランドは、農業と商業を中心とする社会から工業社会へと変容していくが、この変容は交通網の発達なしには不可能であっただろう。広範囲の市場へ原料や製品を効率よく、しかも低価格で輸送する活動は、生産活動に劣らず基本的な活動であった。工業化の過程もそうだったが、交通網の整備は国家からの指図を受けておこなわれたわけではない（もっとも、交通網を管理するために国家を引きこむ必要はあった）。さらに、産業革命から生まれた新しい現象というわけではないという点も、工業化進行の場合と同様である。全国的な統一こそとれていなかったが、各地で着々と交通手段整備への動きが進んでいたのである。

イングランドの内陸部では、何世紀にもわたって、陸上の交通よりも水上の交通が頼りにされてきた。したがって、最初の交通大改革となる運河の建設は、革命的というよりもごく自然な展開にみえる。内陸部の水路は、一六世紀後

半から少しずつ改良されつづけていた。たとえば、一五六四年から六六年にかけてエクセター社が出資し建設した「ライター運河」は、イングランドで最初の水門を組みこんだものである。とはいえ、一七世紀には河川、ことにセヴァーン川とマージー川がイングランドの動脈として活躍していた。アンドルー・ヤラントン（一六一九―一六八四）がその著書『イングランドの水陸交通の改良』で運河網を夢みたのは、一七世紀の終わりごろであった。

運河建設の時代がはじまったのは一八世紀の初期であったが、ピークは一七九〇年代の運河ブームを迎えたときである。この間に、資本総額六五〇〇万ポンドを費して、総計四二の新しい運河が建設された。当時の人びとは、一七九二年を「疫病のように蔓延する投機への情熱」に彩られた「運河熱」の年であった、と述懐している。運河の株（相当に大きな単位で所有されるのが通常であった）がはじめて株式取引所の記録に登場するのは一八一一年であるが、地方の豪商、工場経営者、地主たちは、この株の取得に躍起となった。

運河の開拓に大きな貢献をはたしたのは、大土地所有者たちであった。一七六一年には、大陸へのグランド・ツアーから帰ってきたばかりのブリッジウォーター公（一七三六―一八〇三）は、独学で土木技術を学んだジェイムズ・ブリンドリー（一七一六―一七七二）と手を組んで、ブリッジウォーター公の炭鉱があるランカシャーのワースリーとマンチェスターの郊外をつなぐ一〇・五マイルの運河を開いた。この運河は美しい高架式水道橋と石炭層に掘られた地下水路をそなえており、当時は「世界でもっとも精巧な人工物」と呼ばれていた。マージーサイドはすでに発展の中心地となっており、その首都リヴァプールの港湾計画も構想されていた。すでに一七五九年には、リヴァプールのある技師が人工運河「サンキー運河」を建設していたのである。

運河は、なによりもまず大河川をむすびつけ、水上交通の便のない土地へ物資を運ぶことを目的としていた。河川には産業に必要な物資を運搬するうえで、多くの不利な点があった。たとえば一七九六年、（けっして沈泥が堆積することのないディー川ではありえないが）水位があまりにも低くなりすぎたために、セヴァーン川は一〇カ月間も航行不能になった。シュロップシャーのコールブルックデイルは、一七〇九年にエイブラハム・ダービーがその地で最初に鉄と石炭で精錬をはじめ、また一七七九年にはトマス・テルフォード（一七五七―一八三四）［割石のあいだに砕石をつめ、小石の層をおき、ローラーで固めならすテルフォード式舗装道路を考案した］が世界最初の鉄橋をセヴァーン川に架けたことで、今も昔も産業の名所として有名であるが、このコールブルックデイルのような発展途上の産業地域も、交通の不備のために円滑な発展をとげられなかった。ほかにも不利な自然条件のもとで苦労していた産業地域が

ブリッジウォーター公は、産業化に貢献し、産業から利益を得た貴族である。大陸へのグランド・ツアーが刺激となり、交通システムの改良に取りかかった先駆者でもある。とはいえ、イングランドにおいて公が関心をもったのは、人の輸送よりもむしろ物資の輸送、それも馬車での輸送ではなく船での輸送であり、それによって市場を開拓し、輸送コストを削減することをめざしていた。運河は経済に活況をもたらすとともに、風景を一変させた。ブリッジウォーター公、そして独学で身を立てたジェイムズ・ブリンドリーの二人は、「運河熱の時代」を代表する人物である。

あった。とりわけ、中央イングランドの大分水界にまたがるミッドランド地方西部がそうであり、この地域を往来するためには水路陸路を組みあわせていかねばならなかった。完全に陸の孤島と化す地域も数多く存在した。

　ジェイムズ・ブリンドリーが構想したのは、マージー、セヴァーン、テムズ、トレント、ハンバーの各河川を連結する全長二六〇マイルを超す運河からなる、壮大な十字路であった。一七六六年に着工されたある運河は「グレイト・トランク」と呼ばれた。そして一七七二年以降、セヴァーン川はスターポート経由でマージー川と連結することになり、（この結果、伝統ある河川町ビュードリーは衰退の途をたどった）、さらに一七九〇年にはテムズ川ともつながった。石炭を積んだ最初の船荷がコヴェントリーからオクスフォードに届いたとき、オクスフォードでは祝賀の鐘が鳴り響いた。その後、陸の障害もつぎつぎに取り除かれた。ペンニン山脈を横断するもっとも重要な水路、リーズ＝リヴァプール間運河は、一七七〇年に着工され、一八一六年にようやく完成した。その間、数々の運河があちこちでつくられた。ジョン・レニ（一七六一―一八二一）製作による、莫大な費用をかけた美しい閘門《こうもん》［水位を調節するための水門］をもつロッチデイル運河もそのひとつである。ただし、運河網はついに完成することはなかった。マンチェスターとシェフィールドをむすぶ直通の運河がつくられることはなかったし、マンチェスター＝リヴァプール間の船舶用運河が開通した一八九三年には、すでに運河の時代は遠い過去となってしまった。

　運河時代の最盛期には、総計四〇〇〇マイルもの水路が存在していた。運河建設は地方主導でおこなわれる場合が多く（ロンドンもそのひとつであった）、この事業は雇用と流通に直接影響をおよぼした。ブリッジウォーター公は「よい運河の終点には石炭がなくてはならない」と発言したが、石炭以外にも、穀類などさまざまな農産物、工業製品などが運搬された。なかでも原料および製品の輸送にかんし、運河の恩恵を受けたのが、陶器産業であった。製陶業者のウェッジウッドは、ブリンドリーの仕事を評して、「同時代の人びとの記憶に永遠に刻みつけられる」仕事であると称えて、彼を強力に支援した。

　人間もまた運河を用いて移動した。旅客用運河船に乗った旅行者たちは、十九世紀の旅人の表現を借りれば、「牛や田園家屋や緑の平原が延々とつづくパノラマのなかをゆったりと」滑っていく感覚を楽しんだ。初期の客船は、初期の荷船もそうだったが、派手に装飾をほどこしたものが多かった。そして沿道には「錨亭《ジ・アンカー》」や「運河亭《ザ・ナビゲーシヨン》」など、感じのよい船宿が建ち並んでいた。輸送手段として馬も使われており、馬が運搬できる荷の重量を基準にして重量計算がおこなわれていた。

　運河も機械もともに産業革命の産物であったが、それぞれにたいする人びとの反応は、まったく異なるものであった。機械は人間を仕事へとかきたてるか、不安にさせるかのいずれかであったが、新しい水路は人びとに満足を与えたばかりか、自然の補完物とすらみなされた。橋も運河とおなじ受けとめられ方をした。その背景には、機械工学は自然を征服するためのものであり、土木工学は既存の環境をととのえるためのものであるという発想が存在した。ところが、運河はいいことずくめではなかった。運河の水は「地獄の川のように真っ黒で、ペストの巣窟であった」。

運河時代の初期は、乗合馬車の全盛期でもあった。この「直行便《ドア・トゥー・ドア》」は、多くの旅行者が不満をもらす、轍《わだち》でデコボコであった一八世紀イングランドの道路を走らなければならなかった。農業経済学者のアーサー・ヤングは、プレストンとウィガンをむすぶ幹線道路は「地獄」なので、「旅行者は悪魔を避けるように、この道路を避けるべきである」と彼らしい表現で記している。ロンドンのなかでも、エッジウェア街道はぬかるみが深く通行不能になることが多かったし、ケンジントンとウェストミンスターをむすぶ道路の惨状に憤慨したある住人などは、「われわれはまるで大洋の真ん中で座礁したように、陸の孤島で暮らしている」と嘆くほどであった。

それでも、一八世紀には、道路と乗り物、そのほかの交通手段に多くの改良が加えられていた。門扉がついた有料道路《ターンパイク》が、一七〇六年以降建設されはじめた（かならずしも質のいい道路とはかぎらなかった）。以前は道路の維持は教区が担当していたが、この有料道路は地方の資本に援助された合同企業が請けおった。議会の制定法によって、合同企業は個々に資金を借りたり、通行料金を徴収したりする権利を与えられた（最初の有料道路法は早くも一六六三年に成立していた）。一八世紀の後半に、有料道路の数は急速に増加し（一七六〇年から一七七四年にかけて四五二の法律が成立しており、ホレス・ウォルポールが「この種の法律制定が国会の主要な仕事になっている」と嘆いたほどである。そして一七七三年には包括的な一般有料道路法が成立した）、その結果、一八〇〇年までに一六〇〇〇もの有料道路が生まれた。さらに、一八三〇年代までつづく馬車の黄金時代をとおして、実質的な総マイル数はさらに延びた。偉大な測量技師や土木技師も生まれていた。たとえばヨークシャーのネアズバラ出身である盲目の「ジャック」・メトカーフ（一七一七—一八一〇）は、自分の人生とともに道路を切りひらいていった人物として名を残しており、トマス・テルフォードは、橋の建設者としても有名である。そしてジョン・ラウドン・マカダム（一七五六—一八三六）は、現代の路面にその名を残している「コールタール・アスファルト式のマカダム道路」。マカダムは、個々の道路を改良しただけでなく、ローマ時代からの幹線の整備をおこない、教区の道路をその支線とする大道路網を計画した（ただし、ほとんど失敗した）。

馬車の数も運行範囲も増加し、旅行に要する時間は劇的に短縮された。一七五四年の時点で、マンチェスターとロンドンを往復する四輪大型荷馬車《ワゴン》を運行させる会社は六社であった。ある新聞広告にはこんな誇らしげな字句が躍っていた――「夢のような話に聞こえますが、当社の馬車はマンチェスターを出発してから四日後にロンドンに到着します」。さらに三〇年後、旅行時間はその半分の二日間になった。一八一六年には、マンチェスターから「四輪大型馬車あるいは二輪軽装馬車」で商品を運搬する陸運会社は二〇〇社にものぼり、一八三〇年には毎日五四台の旅客馬車が運行された。イングランド全体でも、主要都市を走る乗合馬車の数は一七九〇年から一八三六年までのあいだに八倍に膨らんだ。一八三六年には、七〇〇台の郵便馬車と三三〇〇台の乗合馬車が国内を定期的に運行するようになった。

馬車の一部は、乗客とともに郵便物《ロイヤル・メール》を配達しはじめていた。早くも一七八四年には、ブリストルのジョン・パーマー（一七四二―一八一八）が、従来の車体よりも軽いばねつき車体を用いて、旅程の途中の宿駅で馬を交替させるという方法を導入した。この改良は郵便制度にとっても、乗客の移動にとっても有益な効果をもたらすことを、政府も乗客もたちまち認めた。馬車は認可制になり、運行マイル数に応じて課税されることとなり、課税査定額は一七八三年と一八一五年に増加している。もちろん宿屋《イン》の経営者もこの交通から直接に利益を得た。そのなかのひとり、ロンドンの「双頭の白鳥亭《ザ・スワン・ウイズ・トゥー・ネックス》」の経営者であるW・J・チャップリンは、一八三八年の時点で六八台の馬車と一八〇〇頭の馬を所有していた。しかし、乗客に危険がともなっていたように（一八世紀に悪名をとどろかせた追剝ぎはきびしく取り締まられていたが、それでも危険はあった）、馬車業には危険がつきものであった。その一方で、有料道路建設の初期に起こっていた反対暴動（一七五三年にリーズとブラッドフォードの近郊で起こった騒動のように、「反乱」にまで大きくなったものもあった）の方は、すっかり過去のものとなっていた。

運河時代の初期と馬車時代の全盛期は、人と商品を運搬するための画期的な方法が模索されつづけた時代でもあり、既存の輸送手段の改善はもちろんのこと、来たるべき新世紀にふさわしい新種の輸送手段の構想が議論された。「水の流れに逆らって進める荷船」、「馬なしで走る荷車」、気球（一七八〇年代は気球熱の時代であった）、そして「手紙と荷物を空路を使って、絶対確実かつ迅速に運ぶ方法」まで、ありとあらゆることが議論されたのである。ウェッジウッドとボールトン［ワットとともに蒸気機関車を完成させた］を友人としてもったエラズマス・ダーウィン（一七三一―一八〇二）［博物学者・医師・詩人で、進化論を唱えたチャールズ・ダーウィンの祖父］などは、蒸気で動く「炎の大型馬車」に人を乗せて空路で運ぶという大胆な構想まで練っていた。しかし現実においては、最速の移動手段はい

河川は蛇行するが、運河は直進する。河川には勾配があるが、運河には水位調節のための水門がある。河川と運河の共通点は、橋を必要としたことである。たいへん美しい橋もつくられた。これはマンチェスター付近のバートン・ブリッジを描いた銅版画で、河川と交差する運河が描かれている。河川にも運河にも船が航行しているが、まったく異なる種類の船である。運河の端を歩く馬に注目せよ。

当時としては改良型の道路であった有料道路は、通行料に支えられていた。道路の入り口、あるいは途中に、料金徴収所としてつくられた目立つ建物があった。ほとんどの建物は現存しない。これはバーミンガムのパーショア道路の徴収所である。

ぜんとして馬であった。一八世紀は、仕事にも娯楽にも馬が大活躍した時代であった。［イギリス本国内の競馬をつかさどる］ジョッキー・クラブの創立は一七五二年であり、セント・レジャー競馬は一七七七年に、そしてダービー競馬は一七八〇年に誕生した。

　そんななか、「鉄製の馬」が走行に成功して、最初の大躍進が訪れた。鉄道は最初から、予想よりもはるかに多くの乗客を運搬することができた。鉄道の発展には長い時間がかかったが、それは鉄道の構成要素、すなわち線路（はじめは鉄製ではなく木製で、「貨車道」と呼ばれていた）、機関車とそのエンジン、線路による物資の移動、そして乗客の移動がそれぞれに、長い前史をもっていたからである。鉄道の革新が進んだ中心地が北東の炭鉱地域だったことは驚くにあたらない。ワット式蒸気エンジン以前の、ニューコメン式蒸気エンジンが排水ポンプとして使われた中心地もこの地域であった。

　一般に、鉄道の創始者とされているのは、ジョージ・スティヴンソンである。彼は炭鉱のウィンチ係から出発したたたき上げのノーサンバランド出身の技術者であり、彼の「ロケット号」は一八三〇年にリヴァプール＝マンチェスター間の機関車競走で勝利をおさめた。なるほど、『自助論《セルフ・ヘルプ》』の筆者サミュエル・スマイルズからみれば、スティヴンソンは「機関車の父」である。ただ、じっさいには彼はおおぜいの「父」のひとりにすぎなかった。たとえば、彼の息子ロバートは工学技術面で傑出した貢献をはたした。また、草分け的な人物のなかでもっとも著名な技術者に、コーンウォール出身のリチャード・トレヴィシック（一七七一―一八三三）がいる。一九世紀の初頭、彼はジェイムズ・ワットの助言に逆らい、復水器なしの高圧蒸気エンジンと取りくんで、「パファー（汽車ぽっぽ）」として知られるエンジンをみごとつくりだした。「強力な蒸気」の威力を信じるトレヴィシックは、一八〇二年に最初の特許をとったその六年後にはロンドンっ子たちに有料で、「追いつけるものなら追いついてごらん」と名づけた彼の機関車が、「動物の速さ」で走る馬を追い抜くさまを公開した。このときすでに、来たるべき蒸気の時代にはイングランドの馬の数は激減するだろう、と予測されつつあった。ところが、じっさいには、出力は「馬力」単位で計測されており、この単位は車の時代にまで受け継がれていくことになる。

　未来へ向けての発展を熱狂的に夢見たり、予測したのは、こうした発明家たちばかりではなかった。ある書物は仰々しいタイトルをつけて将来の可能性を雄弁に語った。『鉄道一般あるいは陸上蒸気交通にかんする意見――鉄道がいずれあらゆる公共の乗り物から馬を追い出してしまうこと、および、鉄道と蒸気機関が、有料道路、運河・沿岸貿易船のいかなる長所も台なしにしてしまうほど、圧倒的に優れていることを論じる』。著者はトマス・グレイ（一七八七

―一八四八）、一八二一年に刊行されたこの著書のなかで、彼は鉄道の未来の諸相を饒舌に予測していた。クエイカー教徒のエドワード・ピーズ（一七六七―一八五八）［ストックトン＝ダーリントン間の鉄道敷設を実現］も未来の発展を夢見ていたひとりである。ダーリントンの工場経営者でスティヴンソンの後援者でもあったピーズは、彼の鉄道のモットーに「公益のために私財を投げうつ」を選んだ。

一八二五年から一八三五年のあいだに、鉄道敷設を許可する五四の鉄道法が成立し、その結果、一八三八年末までに総計五〇〇マイルの鉄道が敷設された。鉄道ブームが最初に意識されたのは、一四九八マイルの鉄道路線に関係する四四の会社が認可された一八三六年から三七年にかけてであった。一八四三年には二〇三六マイルもの鉄道がじっさいに使われるようになった。さらに一八四五年から四七年の「鉄道熱」の時代になると、三〇年代のブームなど一挙にかすんでしまうほどで、この時期には五七六社と、さらに八七三一マイルの鉄道路線が認可された。

「鉄道熱」は一七九〇年代の「運河熱」をはるかに超えていた。ある歴史学者が指摘するように、この熱病に「貴族から乞食にいたるまで、あらゆる階級がうかされていた」とまでは言いきれないにしても、鉄道会社の株に人気が殺到していたことは間違いない。蒸気の力も金の力があってこそ、という現実を知っていた鉄道会社の創立者たちはこの機に乗じて大儲けした。国家も利益をあげた。近代の歴史はじまって以来、国家経済の全収入の正味一〇倍、あるいはそれ以上が資本の蓄積にあてられた。なるほど、鉄道を建設するにもそれを増設するにも、従来の産業システムにくらべてはるかに経費を要した。ところが、鉄道建設事業はイングランドを大不況から救いだしたばかりか、いったん鉄道システムが機能しはじめると、市場を広げ、産業を活気づけることになった。その最大の恩恵をうけたのは石炭、製鉄産業であった。一方、鉄道熱の時代に投資された個人の資金は、投機と横領によって消えてしまった。そこには非凡な人物たちがかかわっていた。なかでももっとも有名なのは、「鉄道王」ジョージ・ハドソン（一八〇〇―七一）である。ヨークの服地商としてビジネスをはじめた彼の銅像は、いまもヨークにある。彼はあらゆる事業に目まぐるしく手を染めたひとりであり、その経歴は国会議員を経由して、詐欺罪の囚人で終わった。

鉄道会社による独占の問題ももちあがっていた。しかし、政府は自由競争よりもむしろ、会社どうしの談合を受けいれざるをえなかった。労使間の問題も生まれようとしていた。国内外でもっともみごとな鉄道事業の経営手腕を発揮したのは、トマス・ブラッシー（一八〇五―七〇）であった。彼は労働力と経済にかんして確固たる信念をもって行動した人物で、一八七〇年に亡くなったときに残した遺産総額は、三二〇万ポンドであった。ブラッシーは、巨大な烏合の集団であるゆえにときに手に余る労働者たちを、だれよりも上手にあつかうことができた。労働者は、当時の道徳家からは「衝動的で直情的で野獣のようで……道徳感も社会の連帯意識ももちあわせていない」と軽蔑されていた。これはあまりにも単純な批判であった。交通革命にはたした「作業員」たちの貢献たるや、絶大なものだったのだから。つるはしやスコップを使って（そう、機械を使ったわけではない）、彼らはひたすら交通革命を後押ししていった。鉄道史研究者のハミルトン・エリスの表現によれば、彼らはまさしく「一大帝国をつくりだしても不思議ではない大軍隊」であった。

ひとたび鉄道が開通すると、経営者たちは管理のため職員に制服を着せ、陸軍のような規律を導入した（制服のボタンやひさしつきの帽子を考案したのは海軍将校だと言われているが）。陸軍のように、地位や権威が精巧に序列化され、この制度はたちまち広められた。貨車操作場の作業者がこんなことを述べている。「低い階級の作業員でも、もっと下の人間よりは優れているとみなされた。貨物の運搬人は転轍手から下等な生き物とみなされ、その転轍手は貨物列車の車掌から必要悪としてしぶしぶ存在を認められていた」。鉄道の労働組合ができたのはようやく一八七二年になってからのことで、当時は「鉄道従業員の合同会」と呼ばれた。また、それを後継した組合組織が歴史の中心に躍りでるのは、一九〇一年（タフ・ヴェイル事件裁判）、一九一九年（大ストライキ）、そして一九二六年のことであった。

一八四一年の国勢調査においてはまだ、地名として登場すらしていなかったクルーあるいはスウィンドンといった新興の鉄道の町では、会社側と労働者側との新しい社会関係が生まれており、これは何世代にもわたって互いの独立した行動を抑制することになった。一八四〇年に「ロンドン・アンド・ノース・ウェスタン鉄道取締役会」がクルーに建設した父権制的な共同体は、とかく「形を変えた封建的組織」と批判されがちな鉄道会社でも「慈悲心」があることを証明するものと当時は言われていた（もっとも、その慈悲心は「一般開放」はされなかったらしいが）。酔っ払ったり、不品行をはたらいたりする鉄道従業員を収容するために設置された初の「監禁所」に収容される者があふれかえったスウィンドンでは、一八七〇年代には「会社にとっての善は、ニュー・スウィンドンにとっての善」と力をこめて主張されていた。

経営と投資が危険をともなっていたにもかかわらず、一八五五年には、一〇年前より数少ない会社によって、総計八〇〇〇マイルを超える鉄道ができていた。バーミンガム＝ロンドン間の二本の鉄道を筆頭に、めぼしい都市はすべて鉄道でつながった。一八四五年には鉄道会社間の決済システムがつくられたが、これはいまや斜陽産業となり、容赦ない競争や鉄道会社による乗っ取りに甘んじている運河会社が成しとげられなかったものである。偉大な土木技

（上）自動車やバスがあらわれるより前から、交通渋滞の問題は深刻であった。馬を使った交通手段は種類もさまざま――スピードもさまざま――であったが、すでに交通問題にたいする意識が芽生えていた。問題はほかにもあった。道路が馬糞で覆われるために起きる事故が頻発していたのである。これは、1890 年代のロンドン、ストランド街の交通の様子を写した写真。あふれかえる広告に注目せよ。

（下）リチャード・トレヴィシックは、蒸気機関車に高圧蒸気を適用した先駆者であった。これは、どんな馬よりも早く走った彼のエンジンである（1808 年）。彼の発明したエンジンはすべて「パファー（ぽっぽと蒸気を噴き出すタイプ）」だったが、この用語はのちにほかのエンジンにたいしても用いられるようになる。まもなく蒸気機関車は「鉄製の馬」と呼ばれ、それが走る道は「鉄道」として知られるようになった。

術者イザンバード・キングダム・ブルーネル（一八〇六―五九）が設計したグレイト・ウェスタン鉄道［ロンドン＝ブリストル間］の路線だけは、ほかの鉄道路線とちがい広軌であったために全国的な規格統一を妨げていたが、グレイト・ウェスタン鉄道の負担で路線の西側から序々に標準軌へ変えられ（一八六〇年代から本格化した）、一八九二年についに全国統一の鉄道網が完成した。忙しく各地を飛びまわる金融業者はそうではなかったかもしれないが、土木技師や工事請け負い人や作業員は、工事現場にへばりついて仕事に精を出したために、工事前の風景を思いだすことがたちまちむずかしくなった。小説家のウィリアム・サッカレー（一八一一―六三）の表現を借りよう。「鉄道以前の原始世界を生き抜いてきたわれわれは、箱船から出てきたノアとその家族のごとく、まったくの新天地に降り立ったかのようである」。

一八三〇年の「ロケット号」試運転の大成功を見て興奮したあるジャーナリストはつぎのような論評を残した。「この成功によって、印刷機が人類に広く知の門戸を開いたとき以来、もっとも大きな文明化の原動力の基盤が築かれた」。これほど的確に表現したジャーナリストはほかにはいない。しかしその彼ですら、新聞業界（一八五〇年代には「第四階級」［言論界］と呼ばれた）の発展が鉄道輸送に大きく依存することになるとは予見できなかった。偉大な新聞販売業者W・H・スミス（一七九二―一八六五）の事業まで予測できなかったのである。

一八五〇年代になると、鉄道はもはや目新しいものではなくなり、人びとの想像力を刺激しなくなった。鉄道は当たりまえの存在として受けとめられていたが、それは鉄道によって運搬される商品がごく身近になったばかりか（鉄道は、牛乳から郵便にいたるまでの、傷みやすく壊れやすくかさばる品物の運搬方法を革新した）、乗客がもはや、列車のスピードにたいして初期の乗客が感じていたような興奮を感じなくなってしまったからであった。まだスピードが珍しかった時代には、つぎのような誇らしげな感想を綴った鉄道旅行者もいたものであった。「田舎の人びとは列車の雄姿に目を見張っている。たとえ二本の尾をひく彗星が通過してもこれほどの興奮は示さないだろう」。この人物はさらにこう述べた――

畑や石切場で働く男たちは、斧を手にしたまま神経を集中させて彫像のように立ちつくした……女たちはとっておきの上着を羽織り、帽子をかぶって村から駆けつけ、十字路という十字路に集まった……動物たちも興奮した……馬という馬は巨大な物体が近づいてくるにつれて、恐怖と驚きの表情で警戒した。

初期の鉄道旅行者のなかには、「鉄製の馬」というありきたりの比喩を使うのにみじんの躊躇もみせないどころか、徹底してその比喩にこだわる者までいた。女優ファニー・ケンブル（一八〇九―九三）もそのひとりである。

明敏な人びとは、蒸気の時代における旅行が開く新しい可能性にたちまち目をつけた。1800 年代には、いや 1830 年代でさえ、「40 日間で世界一周」は想像すらできなかったであろう。人一倍抜け目なかったトマス・クックは、旅行を組織化する仕事、旅行斡旋事業に着手した。はじめは国内の地方の旅行からスタートしたが、たちまち国境を越える旅行の計画に手を広げるようになった。

19 世紀後期の北部産業地域の大衆にとって、ブラックプールは休日のメッカとなった。ブラックプールで楽しめる娯楽の種類は増えていき、観覧車、展望タワー、ジェットコースター、巨大オルガンがつくられていった。とりわけ人気を博したのは、秋のイルミネーションであった。

機関車は車輪という足と、ピストンというぴかぴかの鉄の足を動かして進む。この足を動かしているのは蒸気である……このすてきな生き物の手綱は小さな鉄のハンドルで、これが足やピストンから蒸気を出したり引っ込めたりしている。小さな子供でもこのハンドルをあやつることができるのだ。鼻息を吹きだしている

このかわいい生き物を、私は撫でてあげたくなった。

馬はイングランド人の生活にひときわ深くかかわってきたけれど、この「鉄製の馬」の到来は決定的な転機をもたらした。馬車の全盛期には、一年間に一頭の馬を飼うためには、五エーカー分の干し草とカラス麦、一連隊分の蹄鉄工を必要とした。一方、石炭を採掘するためには、危険で過酷な地下で働く炭鉱労働者（一八四二年までは女性もふくまれていた）を必要としていたが、鉄道で国の隅々まで運搬される石炭は、エネルギー源としてはずっと安価であった。

だが、鉄道に浮かれ騒いでいたのはほんの初めのころだけであった。多くの一九世紀の男女にとって、鉄道は多くの問題をかかえたものであり、蒸気機関車は、トーリーの議員だった日記作家トマス・クリーヴィー（一七六八―一八三八）の言葉を借りれば、「蒸気と硫黄の尾を引いて進む化け物」であった。偉大な大衆小説家、チャールズ・ディケンズ（一八一二―七〇）は、『ドンビーとその息子』（一八四八）のなかで、「鉄の道をぐいぐい突き進むエネルギーの塊」を「不敵な笑みを浮かべる死神」と描写している。鉄道事故は建設段階でも起こり（一八三九年から一八四五年のあいだに、シェフィールドからさほど離れていないウッドヘッド・トンネルの建設作業では、少なくとも三二人が死亡、負傷者も多数でた）、それは前例がない規模の人為的な惨劇であった。『パンチ』誌のなかで、ある批評家はつぎのような言葉を述べた。「鉄道は長い。しかし人生は短い。しかも、鉄道が長くなればなるほど、人生は短くなる」。

そのほかの批評家たちの態度は、現代の批評家が自動車道路に向ける批判とおなじように賛否こもごもであった。反対派の不満は、敷設のために立ちのきを余儀なくされる家族がでてくることや、鉄道の両側で共同体が両断されることにたいして向けられた。好意的に受けとめる批評家は、人口の密集する不健康な労働者階級居住地域をぬってレールが敷かれることにより、間接的に鉄道が衛生改革を促進することを評価した。ただしその批評家にしても、「巨人の力」をもつ蒸気機関車を「衛生改革者」としてたよれば、機関車は「盲目で判断力のないポリュフェーモス［食人種の一つ目巨人族の首長］」と化すであろうという警戒は解かなかった。

鉄道が（その多くが鉄道時代の産物である）ヴィクトリア時代の都市に与えた影響は甚大であった。一八九〇年の時点で鉄道会社は町の中心部の八―一〇パーセントを所有

しており、さらに中心部の二〇パーセントにかんしてその使途に影響をおよぼしていた。とはいえ、ロンドンを通過する中央幹線を完成するという野心ははたされずじまいであった（その代わりに複雑な外郭路線は数多くつくられた）。ロンドンから幹線が放射状に延び、地方と地方を直接むすぶ線路はほとんどできなかった。幹線の主要な駅（「駅」という言葉も新しい言葉である）はその偉容を誇った。ユーストン駅にはみごとなドリス式アーチ門が、そして一八六八年完成のセント・パンクラス駅にはゴシック式の径間《わたりま》三六〇フィートの屋根がつくられた。

鉄道は大きな町を変えたばかりではなく、小さな共同体も決定的に変質させた。たとえばテディントンは、一八三七年には「森」や「領主の大邸宅」やテムズ川沿いの小さな教会や広々とした牧場をもつ「静かな田舎の村」であったのに、一八八四年にはすっかり変身をとげていた。「こぎれいな郊外住宅や、こざっぱりとした集合住宅」が建ちならび、「大きなホテル」や「巨大な商店」が、小さな宿屋を押しのけ小売り店をおびやかしていた。

また、たとえ鉄道敷設によって環境の激変や鉄道事故が起こらないとしても、鉄道が伝統的な生活のリズムを乱し、既成の社会秩序をおびやかすことになるのではないかという危惧の念は、批評家たちのあいだに根強く残った。「［鉄道は］封建社会を完膚なきまでに破壊する」と表現したラグビー校の校長トマス・アーノルド博士（一七九五―一八四二）の目には、鉄道は過度に民主化をうながすものと映った。地主のなかには、鉄道が領地内に侵入するのをおそれ、自分の土地からできるだけ遠ざけるように取りはからった者もいた。イートン校の校長やオクスフォード大学の副学長も同様の考えをもっていた。しかしそれでも、鉄道普及の波に刃向かうことはむずかしく、オクスフォードもついに貧弱ながら駅をもうけた。ディズレーリの小説『シビル』（一八四五）に登場する二人の貴族の会話は、誇張されているとはいえ、当時の人びとの恐怖や混乱を描きだしている。

デ・モーブレイ卿　「鉄道でいらしたのですか？」
マーネイ夫人　「ええ、マラムから。一〇マイルほどの旅でした」
デ・モーブレイ卿　「大革命ですな」
マーネイ夫人　「ほんとに」
デ・モーブレイ卿　「しかし、鉄道のせいで危険な平等社会が訪れそうで嫌ですな。聞くところ、あなたのご主人は、ありとあらゆる対抗手段を講じていらっしゃるとか」
マーネイ夫人　「ええ、ジョージほど激しく鉄道に反対している人間はおりませんわ。彼は地区をまとめあげて、マラム線に反対いたしました」
デ・モーブレイ卿　「私はご主人の支援をたよりに、この地区に敷かれる支線に反対するつもりでおりました。でも結局、ご主人は鉄道敷設に同意なさったのですね。驚きましたよ」

マーネイ夫人 「補償問題が解決したからですわ。その後ジョージは反対運動をやめました。補償の条件に同意してからは、マラム線反対運動からすっぱりと手をひいています」

これは上流階級の見解である。

下の階級はどのように考えていたのかといえば、まず実業家は、鉄道普及は市場拡大のチャンスとみてこれを歓迎し、一八七〇年には鉄道をビジネスに不可欠とみなすまでになった。商品の大量輸送、とりわけ傷みやすい商品の輸送は鉄道に依存し、鉄道によってニューズベリーの牛乳、バートン・オン・トレントのビール、グリムズビー、ハル、ローストフト、ヤーマスの鮮魚が届けられた。一八四九年から一八七〇年に鉄道路線の総マイル数は二倍となり、同時に乗客数も飛躍的に伸びて、一等車と二等車の乗客数は四倍、三等車の乗客数は六倍に増えた。一八四四年に制定された法律では、鉄道会社はクリスマスと復活祭前の聖金曜日を除く平日に、大人一ペニー、子供(三歳―一二歳)半ペニーを超えない料金の列車を、少なくとも一日一本運行させることが義務づけられた。この法律がたちまちイングランドをミドルクラス[中産階級]や専門職従事者の通勤王国に変えてしまったわけではないが、あらゆる階層の人びとにたいして新しい可能性を切りひらいたことは間違いない。「鉄道は三等車の人びとを、王室の人びととおなじ速さで運んでくれるではないか」と問いかけたのは、急進的な自由主義者の政治家ジョン・ブライト(一八一一―八九)である。「鉄道に応用された科学は、最貧困層にまでいきわたったのだ」と彼は述べた。

鉄道は、工場と同様、時間の感覚を鋭敏にした。一八三九年にはすでに『ブラッドショーの全英鉄道時刻表』第一号が創刊された。列車に乗るのか、さもなくば乗り遅れるのか、そのいずれかをせまる世界の幕開けである。多くのミドルクラス、専門職従事者にとって鉄道は通勤に絶対不可欠な存在となったが、それも、適用範囲の広い最初の運賃割引法が一八八三年に制定されてからのことである。家庭と職場を分離する郊外ルートが開けたことで、生活のパターンがすっかり様変わりした。

鉄道の目的地は仕事場だけでなく、海辺や田園地方でもあるという認識がもうひとつの大きな生活の変化を生みだし、すぐさま具体化した。一八三九年、北ヨークシャーのホイットビー・アンド・ピカリング鉄道の特別列車が、ある教会主催のバザーに遠路からの客を乗せてきたのを発端に、一八四一年にはあの一大旅行会社の創設者、トマス・クック(一八〇八―九二)がミッドランド地方鉄道を説得し、レスターからロックバラへ、禁酒労働者定例代表者会議に向かう五一〇人分の割引切符を発行させた。クックの主張は「万人のための鉄道を」であり、彼はこれを実現し

1870年代、1880年代にはさまざまな形、大きさの自転車があらわれた。2人乗り自転車まで登場した。自転車に乗る方法に解説など不要であり、乗る人は経験（しかも、多くは快適でない経験）から乗り方を学んだ。

都市間の交通が便利になるにつれて、都市内の交通も改善を余儀なくされた。ロンドンは蒸気時代におけるさまざまな都市問題のひとつとしての交通問題に、積極的にとりくみはじめた。地下鉄は、20世紀に大活躍することになる壮大な都市施設の一部となった。ロンドンの最初の地下鉄には「メトロポリタン」というぴったりの名前が与えられた。図版の出典は、非常に貴重な史料である「挿絵入りロンドンニュース」。1863年9月13日の地下鉄開通日の模様が描かれている。

た。その後まもなく、一八四四年に運行したロンドンからブライトンへの最初の日帰り旅行列車によって、貴族階級のブライトンにいだくイメージが決定的となり、その二年後、鉄道がブラックプールに開通すると、無産階級がブラックプールにいだくイメージが、「海辺にたたずむ小さなこぎれいな村」から休日の行楽地へと一変してしまった。「骨の髄まで旅行者精神」が浸みこんでいるクックは、外国旅行も企画しはじめた。ヨーロッパ大陸、合衆国、聖書に出てくる東洋の国々などが、旅行先にふくまれていた。

クックにつづいてイングランド人がブリテン島の外へ、何万人という単位で出かけていくようになるまでには、まだ一世紀を要するけれども、一九世紀末にはもうイングランド人は大挙して海岸沿いのリゾートに押しよせていた。一八七一年のバンク・ホリデー法によって、一年のうち何日かが公休日と定められたが、この公休日には従来のキリスト教暦が定める祝祭日のような宗教的背景がなかったため、この公休日を行楽にあてる人びとでこの日の列車と海辺は混雑をきわめた。当時の状況は、いまに残る絵葉書(一九世紀から二〇世紀初期にかけての発明である)から想像することができる。そしてこの公休日の混雑地域を決定したものこそ、鉄道だったのである。かつて栄えた内陸部の保養地は衰退し、代わりに新しい海辺のリゾートが脚光をあびた。モーカムとブリドリントンにはヨークシャーの工業都市ブラッドフォードからの観光客が大挙して押しよせたため、このリゾート地は「海辺のブラッドフォード」と呼ばれた。ロンドンから足を伸ばせるところでは、ブライトン、イーストボーン、ワージング、サウスエンドといった選択肢があった。各リゾートはそれぞれ固有の歴史と特徴をもっていた。

しかしながら、鉄道会社の社長や経営者たちが、鉄道の将来を構想するにあたって、完全に上流階級の視点から解放されるまでには、若干の時間を要した。当初、経営者たちは乗客よりも積み荷の方にはるかに高い関心をよせており、三等の乗客には「きわめて遅いスピードで走る、下層階級向け仕様の客車」(グレイト・ウェスタン鉄道社長による寒々とした表現)をあてがえば、それで十分なサーヴィスと考えていた。その三等乗客用の客車について、当時のある旅行者がこんなふうに描いている――

三等車両に乗り込むと、むき出しの床が目に飛びこみ、陰気な空気につつまれる。窓といってもそれは小さな隙間にすぎず、座席にはクッションもない。途中、列車は頻繁に停車する。あちこちでガタンゴトンと転轍するし、長いあいだ退避所で停まっていたりするのだ。

とはいえ、このような三等車の設備もしだいに改良されていき、一九世紀のあいだに大小あわせて九〇〇〇もの駅が設置されていった。二等車は消滅し、三等車両にも(ヨーロッパ大陸の三等車とは異なり)、クッション入りの座席が取りつけられた。一八八一年には客席と分離された廊下や化粧室が設置され、それ以前にも、いくつかの路線ではプルマン式の豪華な客車が導入されていた。

一八六〇年のヴィクトリア駅の開設は、通勤と娯楽双方の観点から一大事件となった。外観はユーストン駅やセント・パンクラス駅に肩をならべられるような代物ではなかったが、ヴィクトリア駅は通勤の時代の開幕を高らかにつげ、「広い世界への出入口」を新しく開いたのだった。三年後、ロンドンに最初の地下鉄メトロポリタン線が開通する。これはパディントンとファリンドン・ストリートとをむすぶ四マイルを走る地下鉄で、経営会社はロンドン市とグレイト・ウェスタン鉄道会社であった。一八七一年にはディストリクト線がヴィクトリア駅を路線に組みこみ、一八八四年には内環状線が完成した。地下鉄はロンドン南部と「メトロランド（地下鉄区）」に新興住宅地をつくらせるきっかけにもなったが、その代償として、早朝夕刻の通勤ラッシュも生みだした。これは二〇世紀後半の道路の交通渋滞に引き継がれていく。

鉄道のつぎに発達した重要な交通手段は、自動車であった。当初、乗り物としての自動車の性格はきわめて特殊であった。裕福な旅行者にとって、定められた線路上を進みながら「あちこちでガタンゴトンと転轍する」のは、鉄道旅行の頭痛の種であるうえ、客車に乗り込むまではどんな人と同室するのかまったくわからない。それにくらべて、お金さえあればの話ではあるが、自動車は所有者自身のものであり、自分の選ぶ道路の条件しだいでいかような走行もできる。すなわち、「路上の自由」を獲得できることになる。さらに、自動車は維持するのが楽であった。一八九七年のロンドンで、ある人物がこのように語っている。「自動車の面倒をみるのは、馬の面倒をみることにくらべれば子供の遊びみたいなもんだ。一カ月まるまる車を使わなくても一銭もかからない。働きもしないのに、馬小屋で大食らいしている馬なんか必要ないんだからな」。さらに彼はこうつづけた。「ダイムラーなら、私と従者と荷物を合わせて二五〇ポンドにもなる重さの積み荷を運んでくれるが、馬車だったら、いったい何頭立てになることか」。

かくして、一世紀以上にわたって最良の「自力で走る交通手段」と見こまれてきた蒸気の乗り物は、内燃エンジンの乗り物にその地位を奪われることになった。鉄道とはちがい、自動車はイングランドではなく、ドイツとフランスで誕生した（この時期に象徴的な現象である）。西部地方の農家に生まれたエドワード・バトラーの手によって、交通に応用しうるガソリン動力のエンジンがイングランドに初めて生まれたのは、ようやく一八八八年になってからのことである。一八九五年にフレドリック・ランチェスター（一八六八—一九四六）がイングランドで最初の四輪自動車をつくりだし、ハーバート・オースティン（一八六六—一九四一）がデザインした車をバーミンガムのウルズリー羊毛刈機会社が製作した。その隣の伝統ある町コヴェントリーでは、すでに昔の絹織物業や時計製造業に代わってミシンや自転車製造業が繁栄していたが、ほどなくダイムラー社がかつての絹織物工場を使って自動車生産を開始した。イングランドで最初にお目見えした自動車は、一八九四年に輸入されたベンツであった（これを波止場まで引き取りに来た輸入業者は、ロンドンを横断するさいに警官に停止を命じられた）。一八七八年から一八九〇年のあいだにはすでに路上も混雑していたが、走っていたのはおもに馬の力で走る「短距離馬車」などの乗り物であった。

バトラーが最初に考案した乗り物は、ガソリンで動く自転車であって、自動車ではなかった。自動車時代に突入する前に自転車の時代があったのである。交通の歴史において、自転車はそれじたい重要であるばかりでなく、自転車の歴史は自動車の先駆けとしても重要であった（のちのナフィールド卿ウィリアム・モリス（一八七七―一九六三）は車をつくる前に自転車の改良をおこなっている）。自転車は「路上の自由」の感覚を誕生もしくは復活させた。自転車がもともと比較的安価であったうえに、ますます安価になっていったことも（一八九〇年代には四ポンド五〇ペンスで買えた）、自転車の大衆化に拍車をかけた。ゴムタイヤのおかげで乗り心地が改良されてからは、ますます普及に加速がかかった。一八八五年にJ・K・スターキーが考案したローヴァー社の安全型自転車は、他社の型を押しのけて大流行した。一八七八年には早くも自転車ツーリング・クラブが創設されて、その五年後にサイクリスト・ツーリング・クラブと改名する。この年には全国サイクリスト協会もつくられた。両団体は、路上の自由ばかりでなく「路上の連帯」をも強調した。また、郊外を探索する楽しみも享受した。

さまざまな自転車文化が誕生し、そのなかには若者《ユース》（当時はまだ使われなかった言葉）の文化、社会主義（この頃からしだいに用いられる言葉）の文化、そして「女性の解放」（当時流行のフレーズ）とかかわる文化があった。従来の衣服改革者たちが何代かかっても成しとげえなかった「合理的」な女性服の改革を、自転車はあっさりとやってのけた。こういった改革は自発的に、かつ戸外で推進されていった。しかしながら、戸外の空気は初期の自動車所有者たち（貴族は少数で、大多数が新興の富豪）のおかげで、汚染の危機にさらされていた。彼らは親しみのこもったからかいを受けたり、悪意に満ちた嘲笑の的になったりした。ときに本当に暴行をうけることもあれば、機知に富んだ詩句でからかわれることもあった。以下のヒレア・ベロック（一八七〇―一九五三）の詩もそのひとつである――

金持ちがカップルでやって来た、
ロールス・ロイスに乗ってやって来た。
彼らは自分たちの商売の話を
耳障りなでかい声でしゃべりたてていた。

しかしそれでも、ベロックがこの詩を書いたときには、大

1890 年代にロンドン郊外のパブに集合するサイクリスト・ツーリング・クラブ。

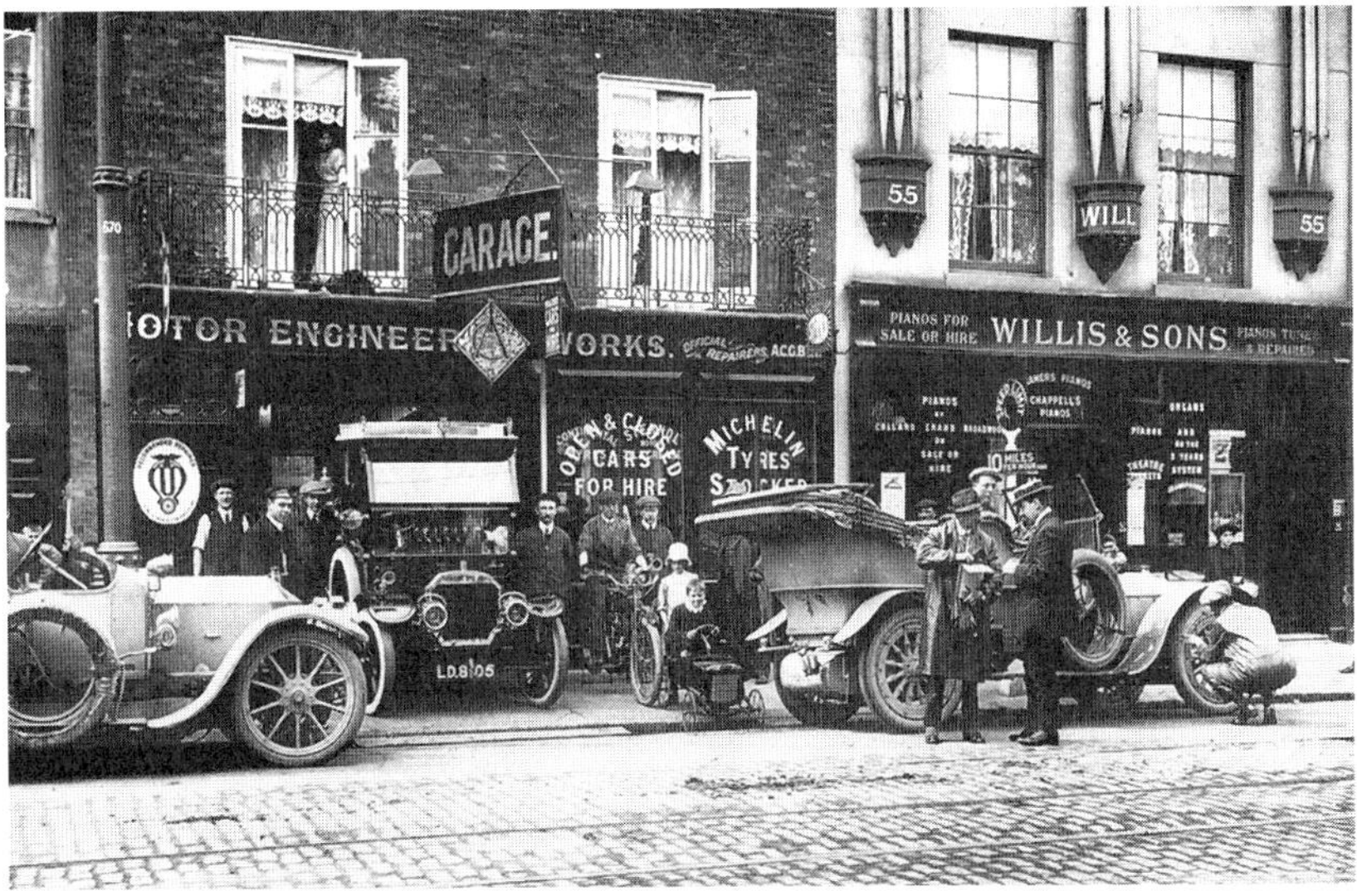

自動車修理所ではガソリンを販売した。車を貸すこともあった。写真は、ロンドンのアクスブリッジにある自動車修理所であるが、隣のピアノ店にも注目せよ。多くのヴィクトリア時代の家庭において、ピアノは身近な存在になっていた。「万人のための車」時代の前には、「万人のための音楽」時代があったのである。

西洋の向こう側では種類も価格も多様な自動車がおおいに活用されていた。けたはずれに広い北米大陸では、自動車はたちまち有用な存在として認知されたのである。ヘンリー・フォード（一八六三―一九四七）は安いコストで車をつくることに貢献し、ベロックは先ほどの詩行にこうつづけた――

　貧しい人びとはフォードに乗ってやって来た、
　フォードの外観は持ち主にそっくり。
　彼らは貴族や貴婦人が
　集まってきたのを見て笑った。

一九一三年にはマンチェスターで六〇〇〇台のT型フォードが生産されていた。
「鉄道の時代」に社会資本の投下先が住宅設備などから交通へと移っていったとすれば、「自動車の時代」には個人資本と収入の投下先が、必需品から娯楽活動へと移っていった。一八九〇年代の電車の実用化、一九〇五年のメーター付きタクシー（裕福な人向け）の登場に引きつづいて、一九〇七年のロンドンに内燃エンジン搭載の乗合バスが「遠慮がちに」走りはじめたけれども、最大の関心を集めていたのは、あいかわらず個人用の自動車であった。「信じがたいスピードで走る、放浪するための機械」、一九〇九年にある社会主義志向の自由党政治家は自動車をこう呼んだ。「日曜の午後、新しくオープンした宿屋《イン》の外には、二〇―三〇台の車が行列をなしている。そして人びとはその車のなかで飲み食いしているわけである」と彼はからかった。しかし、車に敵意を示すコメントすべてがこのように穏便であったわけではない。一九〇八年にフラムで配られたビラには、露骨にこんな警告が連ねてある――「みなさんが生まれながらに得ている権利が、自分勝手な自動車運転者によって奪われています。イングランドのみなさん！　立ち上がり、結束して、地元の国会議員に圧力をかけましょう」。とはいえ、そのような反自動車主義者よりも強い影響力を発揮したのは、一八九七年創立の（王立）自動車クラブ［RAC］と、初期の諸団体と合併して一九〇五年創立の運びとなった自動車連盟［AA］であった。
　そうした積極的な運動にもかかわらず、ロビー活動では解決できない社会問題も生まれていた。人身にかかわる自動車事故は、一九〇九年には三七三件だったのが、一九一四年には一三二八件にまで増加していた。このころ、イギリス［ブリテン］の路上には一三万二〇一五台の個人所有車が走っていた。この数字は一九〇九年のほぼ三倍である。当然ながら、道路は車の走行に適していなかったので、有料道路《ターンパイク》の時代は過去のものとなっていた（一八三八年までに二万二〇〇〇マイルの道路が有料道路化されていたが、一八九〇年には有料道路経営トラストはわずかに二社が残るだけであった）。自動車運転者の自由を制限する規制も残っていた。一八六五年に制定された赤旗法は、一八七八年に修正を加えられて広い適用範囲のもとに改正されていたが、それによれば制限速度は郊外では時速四マイル、町中では時速二マイルであり、すべて「路上を移動するもの」は三人の人間をともなわねばならず、うち一人は昼間は赤旗、夜はランタンをもって、車の六ヤード以内の前方に立って歩かなければならない、と定められていた。

このようなわずらわしい規制は、もちろん自動車にたいしてではなく、古いタイプの乗り物にたいして定められていたものであるが、一八七八年に修正され、一八九六年の軽量車両交通法によって撤廃されることになった。それに代わって、さまざまな自動車規制が導入されていく。一九〇四年にはナンバー・プレート制度と免許制度が導入され、一九〇九年には最初のガソリン税と馬力税が課された（道路や橋の建設、維持のための道路基金の約定に従った課税である）。制限速度も定められ（一九〇四年に時速二〇マイル）、つづいて道路標識、信号、路上の白線などの制度が採り入れられた。このような規制および制度は、古い時代の閉幕をつげるものではなく、新しい時代の産物であった。一八九六年は「自動的に動く乗り物のための」雑誌『オートカー』が創刊された年だが、この年に、ハリー・J・ローソン、すなわち安全自動車の専売特許権所有者であり、自動車業界のジョージ・ハドソン［鉄道王］になろうとした人物が、ロンドンからブライトンへの最初の自動車ラリーを開催した。これを祝う儀式として、ウィンチェルシー卿が赤旗をはなばなしく引き裂いた。

一八九六年および九七年には、二〇世紀後半のイングランドでこれほどこれほど自動車が、大衆的な乗り物になろうとはイングランドで想だにできなかったにちがいない。おなじように、電話の発明につづく一連の通信手段の発達も（その一部はイングランド人の発明であった）、想像だにできなかったであろう。電話は、一八七六年にアレグザンダー・グラハム・ベル（一八四七—一九二二）が特許をとっていた。また一八七七年にはトマス・エディソン（一八四七—一九三一）が蓄音機の特許をとり、二〇年後、エミール・バーリナー（一八五一—一九二九）がこれを大幅に改良して大量生産し、新しい商標名として「グラモフォン」と名づけていた。一八九六年には「レコード」という言葉が使われはじめたが、両面レコードが生産されるのは、一九〇四年になってからである。

イングランドでの電話の普及はおくれていた。一八八二年に『タイムズ』が報じたところによれば、シカゴでは三〇〇人に一台の割合で電話が普及しているのにたいし、ロンドンでの普及率は三〇〇〇人に一台であった。イングランドでは大量生産車の普及がおくれたばかりか、電話の普及もおくれてしまったわけであるが、その理由のひとつは、整備された電信システムが、一八六八年の保守党政権によって郵便公社の管轄下に置かれていたことにある。

電信システムは、一八三七年にウィリアム・フォザギル・クック（一八〇六—七九）がキャムデン・タウンから、ユーストンの薄暗いオフィスに待機していた共同発明者のチャールズ・ウィートストン(一八〇二―七五)に最初の電信メッセージを送信するのに成功して以来、鉄道とおなじく民間経営のもとで発達していた。郵便公社の管理下において、電報は手紙とおなじようにあつかわれるようになった。電報は家族の歴史において、急な知らせを伝えたりする重要な役割をはたし、新聞や通信社の歴史においても決定的な役割をはたした。多くのニュース欄の上には、「電信による配信」という言葉が躍った。そのなかには八五一年創設のロイター通信社から配信されたものもあった。私用と商用いずれに使われるにせよ、電話はまたべつのメディアであったが、一八九二年に郵便公社は電話幹線のシステムを管轄し、一九一一年には個人資本で開拓されたローカル・システムをもほとんど手中にした。

このように、さまざまな通信手段の発達の歴史はそれぞれに独自の特徴をもっていたが、それが一点に向かって収束する時が訪れた。一八九六年は、その記念すべき年である。当時こそそのような重要な年としてとらえられてはいなかったが、この年に未来を先取りするような出来事が起こった。一八九六年はロンドンからブライトンへの最初の自動車ラリーがおこなわれたばかりでなく、『デイリー・ミラー』創刊の年であり、ロンドンのウェスト・エンドで映画の定期的な上映がはじまった年でもあった。さらに、イタリアから若きグリエルモ・マルコーニ(一八七四―一九三七)[一九〇九年ノーベル物理学賞受賞]がロンドンを訪れ、ブラックボックスに入れた無線通信装置を見せてくれた年でもあった。

一部半ペニーの『デイリー・ミラー』を刊行したアルフレッド・ハームズワース、のちのノースクリフ卿(一八六五―一九二二)は早くから自動車に乗り、『自動車および自動車運転』(一九〇二)の編集にもたずさわるほどの自動車好きでもあったが、彼は、「ニュー・ジャーナリズム」とレッテルをはられた大衆紙『デイリー・ミラー』の新しい読者にたいし、「論説、議会の記事、演説のコラムが載っていない」新聞をつくることを約束した。世紀末に保守党の首相をつとめたソールズベリー卿(一八三〇―一九〇三)であれば、『デイリー・ミラー』を「オフィスの雑用係がつくった雑用係のためのジャーナリズム」と切り捨ててしまったであろう。しかし、そのころまでに『デイリー・ミラー』の販売部数は一万部にものぼっていた。ハームズワースはさらに、それから一〇年もたたないうちに高級紙『タイムズ』をもその傘下におさめた。ちなみに『タイムズ』の創刊は一七八八年であった。

映画の定期的な上映がはじまったのは一八九六年、ロンドンのレスター・スクエアであったが、このときはそれがとりたてて革新的なこととは思われていなかったし、二〇世紀の中ごろに「グラナダ」とか「エルドラド」などエキゾティックな名前のついた豪華な映画館に観客が大挙して

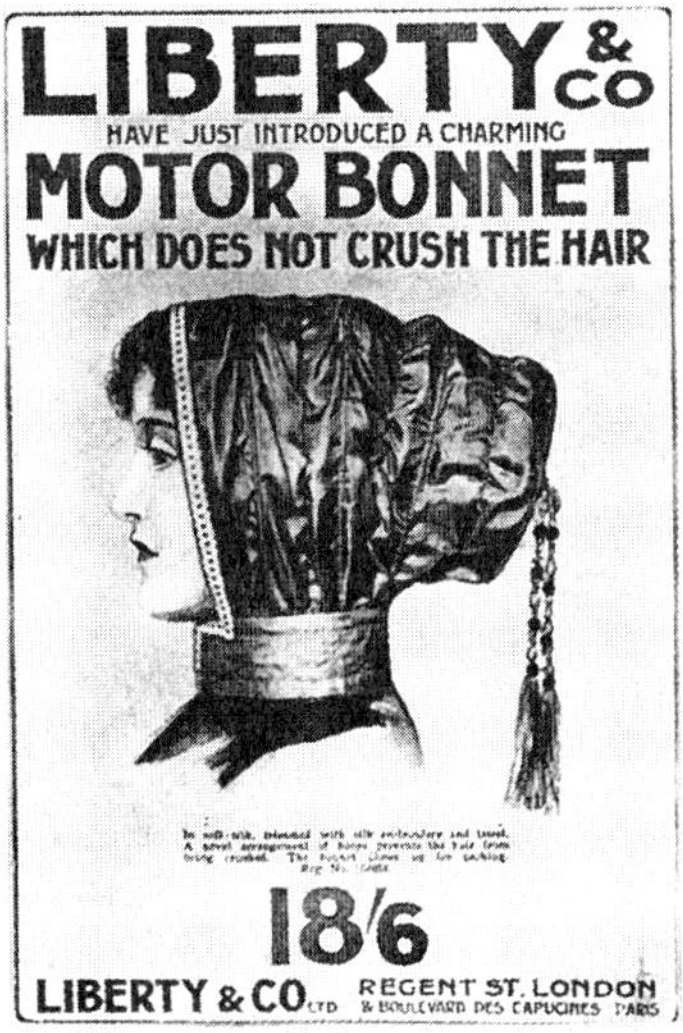

自動車にはたくさんのアクセサリーがついてまわった。運転手は制服を着たし、女性（みずからハンドルを握って運転するものではないとされていた）にも、それなりのドライヴ用ファッションがあった。思えばずいぶんと古風な時代であった。走行用にすっぽりと頭をくるみこむようにできている帽子に注目せよ。

英国電話公社の交換局。1900年に設置されたこの交換局によって、個人間の直接通話が可能になった。

押しよせるようになるとは、だれも予想すらしていなかった。しかし、映画の前身と呼べるものはずいぶん前から存在していた。カメラにかんしては、一八三九年にイングランドではフォックス・トールボット（一八〇〇—七七）が、フランスではダゲール（一七八九—一八五一）が、最初のカメラを宣伝していた。しかし写真が手軽になり大衆化されるのは、一八八八年にアメリカ人ジョージ・イーストマン（一八五四—一九三二）が「コダック」を世に出してからである。動く写真、ちなみに馬の写真であったが、これをつくりだしたのは、イングランド人のエドワード・マガーリッジ（一八三〇—一九〇四）で、一八七二年のことである。そして一八九六年以降、映画は個人で楽しむ気晴しどころか、「大衆娯楽」へとたちまち変貌をとげていった。映画はスライド式の幻灯のような古いテクノロジーに急速にとって代わり、劇場をもおびやかす存在にまで成長した。

マルコーニの場合、無線を発明した彼自身も、ラジオをデモンストレーションしてみせた郵便公社の技術者たちも、無線の将来にさほど大きな期待を寄せているわけではなかった。無線が放送の道具になるとは、夢想だにされていなかったのである。それどころか、信号ではなく声で交信できる「無線電話」を現実化するための技術上の改善が求められていたくらいである。ラジオによる交信は有線による交信の代替物にすぎず、「放送」という側面は責務であって、利益を生む大きな可能性とは考えられていなかった。国王ジョージ五世（在位一九一〇—三六）が、イギリス帝国の臣民すべてにラジオをとおして話しかけるという時代も予想すらされなかった。ただし、一九一四年以前から、ラジオが犯罪者の逮捕に役だったり（イギリス在住中に妻を毒殺し、処刑された米国人医師クリッペンは、無線の利用によって逮捕された最初の犯罪者）、客船タイタニック号の沈没のニュースを流したりと、大衆の関心を惹きつけてはいた。

通信手段の歴史は三〇年の周期で変化しているように思われるが、この無線ラジオも、三〇年後には地方の情報源として中心的な位置を占めるまでになった。その後、莫大な数の聴衆に話しかけることによって、時間と空間を一様に均《なら》し、その結果として経済や社会や文化に予想もできなかったほどの大きな影響を与えることになった。イギリス放送史のある便覧にはこう述べられている——

広範囲に通信がとどく非常に安価なこのメディアが出現するまでは、大多数の人びとは歴史をつくるほどの大事件を直接に知ることができなかった。……今日、国民になにか訴えたいことのある者は、たちまち何万人もの聴衆に向かって語りかけることができる。

通信手段は、聴衆に国民意識をうえつけていた。

のちの時代に「コミュニケーション革命」として回顧されるこの現象が、国境を超える国際的な革命としての本質

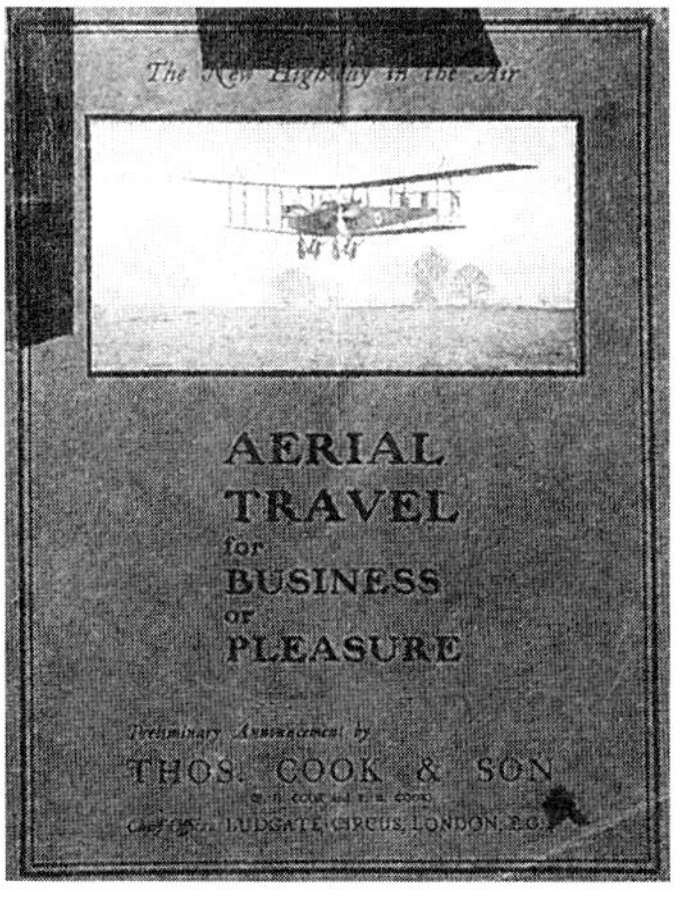

1914年に第一次世界大戦が勃発する前にも、トマス・クックが「商用であれ休暇であれ」空の旅行を販売できるほどに飛行機は普及していた（まだ驚異的な乗り物とみなされてはいたが）。しかし、旅客機の全盛期がくるのは、第二次世界大戦以降であった。

をもっており、それゆえ「地球レヴェル」でみれば、いまだに革命が続行中というのは皮肉な話である。この革命を推進したのは、世界共通のテクノロジーの進歩であり、それはイングランドに特殊のものではなかった。ただし、イギリス全体でラジオのテクノロジーを取りあつかうべく誕生した組織は、(イングランド的ではないとしても)きわめてイギリス的な制度であった。というのも放送事業は、利益という目的からではなく、むしろ国民への奉仕という意識で運営されたからである。独占権を与えられたBBCの番組編成はまさしくこの意識を反映したものであった。一方、映画(イギリスの映画産業は助成金を与えられてはいたけれど)や新聞にはこの国民への奉仕という意識は存在せず、ともに民間企業が運営し、発達させていった。

一九一四年以前のコミュニケーション革命を語るにあたって、船と飛行機の話をはぶくわけにはいかない。船舶による輸送は、一九世紀の蒸気革命をへて、地上の交通とおなじように大胆な変容をせまられてはいたが、この時代をつうじて「伝統的な」活動とみなされていた。帆船から蒸気船への変化は、馬車から鉄道への変化とおなじように劇的なものであった。帆船の建造が最高潮に達したのは一八六四年で、この年に総積載トン数二七万二〇〇〇トン分の帆船が建造された。その五〇年後、帆船は一二〇万五〇〇〇トンに、蒸気船は一七二六万四〇〇〇トンになった。あるイギリス人の船舶史研究者が、一九世紀の船舶の発達にかんする著書のタイトルを『大洋を走る鉄道』としたのもうなずける。

鉄道の場合とおなじように、船の設備やサーヴィスも大きな変化をとげた。近代的なドック第一号はロンドンの西インド・ドックで、これは一七九九年に議会で認可された(ドックが開設されたのは一八〇二年)。また、まだ帆船の時代だった一八〇三年には、倉庫法も成立した。しかし、一九〇八年にロンドン港管理委員会が創設されるころには、ロンドンの船舶事情は大きく変わっていた。ほかの港湾もそうであった。サウサンプトン港はロンドン・アンド・サウス・ウェスタン鉄道の資本で一八九二年にドック用の地所を獲得し、ロンドンのライヴァルとしての新しい様相をみせはじめていた。この時代には、イギリスの積載トン数はイギリスをのぞく世界全体の総トン数を上回っており、イギリスは第一次世界大戦の勃発時でも船舶王国であった。

大西洋横断は、蒸気船ができてはじめて可能になった海上交通である。全行程を蒸気で航行した最初のイギリス船シリウス号が、ロンドンからニューヨークへわたったのは、一八三八年のことである。シリウス号は、ブリストルからニューヨークへ向かった土木技術者イザンバード・キングダム・ブルネルの帆船グレイト・ウェスタン号(「わが国の誇りであり、わが気高い町ブリストルの誉《ほま》れ」と呼ばれた)よりも一日早く到着したが、かかった時間はグレイト・ウェスタン号よりも三日と半日分、長い旅となった。

一年後、サミュエル・キュナード（一七八七―一八六五）が価値ある北大西洋郵便契約を手中におさめ、キュナード汽船会社を設立した。最初の鋼鉄製の船であり、最初に電灯をそなえた船となったサーヴィア号が一八八一年に大洋に乗りだしていったころには、スエズ運河もはなばなしく開通していた（一八六九年の開通式にはトマス・クックも出席した）。また、あまり話題にはのぼらなかったが、一八八七年には運河を通過する船舶に夜間の航行用ヘッドライトを灯すことが許され、これによって航行時間は一六時間短縮されることになった。

速度も、積み荷の種類をふやし、傷みやすい品物を運搬可能にした要因である。商品をどっさり積んだ大小の船が、北極海から南太平洋にいたるまでの大海原にひしめきあった。ラドヤード・キプリング（一八六五―一九三六）は、つぎのような詩を書き、これは頻繁に朗唱された――

「イングランドの石炭を積んだ大きな汽船たちよ、
塩からい海をわたって、君たちはみんなどこへ行くんだ？」
「君においしいものをもって来てあげるんだ、
パンやバターや牛や豚や羊の肉、卵やりんごやチーズをね」

船という船がすべて、ユニオン・ジャックのひるがえるメルボルンやケベックや、香港やボンベイの港に向かうわけではなかった。ブエノス・アイレス、バンコク、ボルチモア、サン・フランシスコに向かう船もあれば、歴史学者が「非公式の」帝国と呼ぶ、はるかかなたの港へ向かう船もあった。

客船も航行した。煌々と照明がともるサロンや贅沢な内装の客室をそなえた豪華客船がある一方、改善されつつあったとはいえ、ひどい設備しかない移民船もあった。この移民船に乗船した大勢の人びとは、帝国内での永住の地を求めて海をわたった。ニュージーランドやカナダへ、あるいは新しい人生を求めて大西洋をわたってアメリカに向かう者もいた。一八五〇年から一八八〇年のあいだに新しい生活を求めて海外に渡航した三〇〇万人のうち、およそ二〇〇万人が合衆国へわたっていた。

移住者の背景も動機もさまざまであった。イングランドでの苦境から逃れるようにして渡航した者もいたが、よりよい人生を渇望し、本国で得られないチャンスに賭けて渡航しようという者が大多数であった。オーストラリアに最初に移住したのは受刑者たちであったが、一八四九年に受刑者を送りこむことは停止された。一方、ニュージーランドや南アフリカには当初から、「だれよりも早く、だれよりも大金持ちになってやろう、という確固たる意志」をもった自由な人間が移り住んだ。フランスの批評家テーヌ（一八二八―九三）は、一八五〇年代にニュージーランドへ渡航しようとしていた若い二人（一一人家族の出身）を観察してつぎのように表現した。「彼らのエネルギー、情熱、果敢な勇気をどのように表現したらよいのだろう。ありあまるほどのエネルギーと活力、全身にみなぎる血気がひしひしと伝わってくる」。しかも、ほとんどすべての移住者は、二度と帰国しない覚悟で海をわたった。フォード・マドックス・ブラウン(一八二一―九三)がかの有名な自作の絵画につけたタイトルは、その気概を正確に表している。すなわち、「イングランドの見おさめ」。

植民地の社会は本国とはまったくちがっていた。あるイギリスの上流紳士は、一八五四年にアデレードでこんな状況に出あって愕然とした。波止場で働いていた作業員が、彼の旅行鞄を運ぶのを拒否したばかりか、身分が上である自分たちにたいして敬意をはらうようにという説教も一蹴し、おまけにこう切り返してきたのだった。「あんたはそうやって体面を着かざってな。おれもこのままブルーのシャツを着つづける。この国じゃあどっちが長もちするか、楽しみなもんだぜ」。一八八七年のヴィクトリア女王戴冠五〇周年式典のころともなると、メルボルンのような帝国下の大都市は、バーミンガムやリーズとおなじようにヴィクトリア女王の都市として誇りをもち、式典を「帝国のほかのどこの都市もかなわないような熱狂で」祝うことができたのかもしれないが、その三〇年前になる一八五〇年代の植民地はゴールド・ラッシュで大混乱をきわめていた。

一九世紀も後半になると、都市部ではなく「奥地《アウトバック》」の価値観が評価されるようになり、ついには「オーストラリア人の」伝説を形作るようになっていく。一八二三年、ケンブリッジ大学に学び、大学総長賞の次席となったあるオーストラリアの若者は、ずっと「オーストラリアのミルトン」、あるいは「オーストラリアのシェイクスピア」になりたいと願っていた。しかしそれから七〇年後、「われらがオーストラリアの道」と呼ばれる詩行には、まったく異なる雰囲気が流れていた――

イングランド人の狭くるしい道は
われらには向いていない。
イングランド人の道には、安定した価値を守るために
大昔からのくびきがかけられている。
だが、われらの道はだれも見たことがないような道、
しかもわれらの血脈には
流浪の民のように絶えざる変化を愛する血が流れている。
その血がわれらを西へ西へと駆りたてる。
太陽のさらに西方へと駆りたてる。

しかしながら、一九世紀最後の一〇年間に、イギリス帝国領は、移住ではなく征服と支配によって拡大していく。帝国の拡大は一八八〇年代から一九一四年にかけてピークをむかえ、この間に四五〇万平方マイルを超える新たな領土が世界地図に赤色で印刷されることになる。宣教師、商人、産業資本家、政治家、詩人や大学教師はそれぞれの立場から帝国の使命について議論した。植民地の開拓は、「暗黒

の未開地へ光と文明をもたらすのだ」という説もあれば、イギリスの貿易を拡大し、イギリスの産業（と労働者）を支援するためという主張もあり、いや、冒険とロマンを求めに行くのだという説まで飛びだした。公式および非公式の帝国を背後から支えた動機、あるいはレトリックはそのように多様であった。しかし、イギリス帝国が存続していくために必要な条件は、ただひとつだけであった。「イギリスの支配による平和《パックス・ブリタニカ》」である。この平和は制海権に依存していた。英国海軍の艦隊は、平和を守るために不可欠であったばかりでなく、平時における帝国領と本国とのつながりを維持しておくためにも、なくてはならぬ存在だったのである。

一九一四年の時点で、船はどこにでも見られたが、飛行機はまだ珍しい存在であった。一九〇一年には、「来たるべき事象」の予言者H・G・ウェルズ（一八六六―一九四六）が、飛行機が「交通や通信のシステムを大幅に変えてしまうほど実用化される」ことはまったく考えられない、と予想した。もっとも彼は、「一九五〇年になるまでには、飛行機が一機くらい空を舞いあがり、無事着地に成功している可能性はあるだろう」ときわめて寛大な譲歩をしてはいた。それも、英国航空界の父サー・ジョージ・ケイリー（六代目准男爵）（一七七三―一八五七）の死去から九年後の一八六六年、彼の友人たちが航空協会を設立したという現実の背景を踏まえての話であった。

ガソリン動力のエンジンをそなえた飛行機が歴史的な大躍進をみせたのは、自動車の場合と同様、大西洋の向こう側であった。一九〇三年一二月、アメリカでオーヴィル（一八七一―一九四八）とウィルバー（一八六七―一九一二）のライト兄弟が動力つき飛行機による飛行を成功させた。つぎに一九〇九年、ルイ・ブレリオ（一八七二―一九三六）が、フランスからイングランドへ海峡を越えて四〇分間で飛んできた。民間の飛行機が輸送の主要手段として使われはじめるのは一九五〇年ごろであるが、そうなるとイングランドは、世界の海を制圧していたとはいえ、安全な島国とは言えなくなってしまった。ブレリオが英仏海峡をわたった年の『エアロ』誌にはこんな広告がのっている。「飛行機の在庫あります。価格二〇〇ポンドより。……すべての飛行機は無料で操縦方法教えます。さらにお届け時に一マイルの飛行をサーヴィスいたします」。その五年後、ドイツの飛行機がイングランドの大地に最初の爆弾を落下させた。

第一〇章

一九世紀のイングランド（三）

助走、開花、余波

1837年　ヴィクトリア女王即位
1839年　ロンドンで反穀物法同盟成立
1840年　ヴィクトリア女王、アルバート公と結婚　アヘン戦争はじまる
1842年　チャドウィック『イギリス労働人口の衛生状態にかんする報告書』
1845年　ディズレーリ『シビル、あるいは二つの国民』
1846年　穀物法廃止
1847年　10時間労働法制定　E・ブロンテ『嵐が丘』、サッカレー『虚栄の市』
1848年　公衆衛生法制定　コレラ流行（―49年）
1849年　航海法廃止
1851年　第1回万国博覧会開催
1853年　クリミア戦争（―1856年）
1858年　インド統治法制定、インド直轄領となる
1859年　スマイルズ『自助論』、ダーウィン『種の起源』、J・S・ミル『自由論』
1861年　アルバート公死去
1868年　パブリックスクール法制定
1869年　慈善組織教会設立
1870年　初等教育法制定
1874年　『全国土地調査報告書』（―76年）
1875年　公衆衛生法、職工住宅法、雇用・労働者法制定　スエズ運河株買収
1877年　ヴィクトリア女王、「インド女帝」宣言
1880年　教育法制定（就学強制）
1884年　ロンドン協定、南アでのイギリス宗主権確認　第3次選挙法改正　フェビアン協会結成（「社会主義の復活」）議会調査委員会によるスラム問題の調査
1889年　チャールズ・ブース『ロンドンの人びとの生活と労働』
1890年　第1回メーデー（ロンドン）
1891年　公立初等教育の無償化
1894年　中等教育の改善にかんする「ブライス委員会」設置
1901年　ヴィクトリア女王没　エドワード7世即位
1902年　中等教育の改革を目的とする新教育法制定
1905年　「救貧法および貧困の救済にかんする王立委員会」（救貧法委員会）設置　婦人参政権運動の示威行動のはじまり

ヴィクトリア時代の人びとは、自分たちが特殊であること、つまり「成り上がり」文化の人間だということを自覚していた。彼らは、人類の歴史がきわめて特異な発展をしていくその先頭を走っていたのである。

ハンフリー・ハウス

『ヴィクトリア時代人は再来するか?』(一九四〇)

私にとって、一九世紀の中期はあまり魅力的ではありません。その理由は、自分たちのすぐ前の世代にはどうしても反発したくなるためだと思われます。

A・J・バルフォア『大学での講演』(一九〇五)

イギリスの歴史において、ヴィクトリア時代は小休止の時代にすぎないことを人びとはわかっていない。

ハロルド・マクミランの言葉(一九八一)　アンソニー・シンプソンが引用した

ヴィクトリア時代的価値観とは、わが国が大国になった時代の価値観だったのです。

マーガレット・サッチャーの発言(一九八二)　ブライアン・ウォルデンとのテレビ対談における

ヴィクトリア時代の名士のなかには、世の中の動きを見まもりながらも、交通・通信の発達と工業化の進展がもたらした輝かしい成果にたいして、鋭い疑問を投げかけた者たちがいた。マシュー・アーノルド(一八二二―八八)もそのひとりで、「ちぐはぐな目的に向かって狂ったように急がねばならぬ現代生活というこの奇病」を嘆いた。イングランドはたんなる一産業化社会の枠にすっきりとおさまるほど単純ではなかった。「伝統」の威信、ことに工業化以前から引き継がれてきた社会的階層秩序とそれにともなう価値観がなお存続し、これが一八三七年から一九〇一年までの長きにわたるヴィクトリア時代の最後のころまで幅をきかせていた。イングランドを訪れる人びとは、新しさよりも、この伝統の威光の印象を強烈にうけることが多かった。

一八三三年と一八四七年にイングランドを訪れたアメリカの詩人・思想家であるR・W・エマーソン(一八〇三―八二)はつぎのように述べている。「イングランド中いたるところに城館、大邸宅、大庭園が点在し、女王陛下の宮殿と壮麗さを競いあっている。このような金殿玉楼は長子相続制の賜物である」。『全国土地調査報告書』によると、一八七三年には、国土の五分の四が七〇〇〇人の個人によって所有されており、そのなかでも貴族の存在が目立つ。彼らは「共通の血筋、境遇、生活、そして名声」によって、ほかのどの階級にも増して固い絆でむすばれていた大土地所有者ではあるが、財産ばかりでなく称号によって社会的尊敬をかちえていたのは、こうした貴族ばかりではなかった。ジョン・バーク編『地主としてのジェントリー』第四版（一八六二）の序文におけるジョン・ハミルトン・グレイ師の言葉を借りると、貴族のなかには「地方に住むジェントリー［地主階級］の大部分とくらべてみれば、ほんの成り上がりにすぎない者がいる……ジェントリーの名家は、成り上がり貴族のご先祖がまだ一片の土地も所有していないときに、すでに地方の特権階級としての地位を確かなものにしていたのである」。この二年後、ウォルター・バジョットはイングランドの政治政体についての優れた評論を書き、そのなかで、たとえ破産状態であろうと、「スクワイヤー［郷士］でさえあれば、新興の金持ちよりも五倍は多い敬意をはらわれる」と指摘した。社会全体が、なんと実業家までもが（穀物法に反対して闘った織物工場経営者のリチャード・コブデンはあきれかえったが）、獲得された地位よりも継承された地位の方が優位に立つことを認めていたのである。

バジョットも、それまでの社会評論家の例にもれず、ヴィクトリア女王が統治した時代は階級間の格差がいちじるしかったことを言葉をつくして論じた。一方には理想と権力をもつ人びとがおり、彼らはその地位を受け継いだり自力で獲得したりした。そしてもう一方には、「運動家」の演説に耳をかたむけるどころか、石を投げつけるような「無知蒙昧な」ドーセット州の労働者がいた。バジョットによれば、社会の「下層階級の特徴」は、「上層階級のいまの生活よりも、大昔の生活」に近いものであった。このころにイングランドを訪れたあるアメリカ人は、ウィルトシャーに見つけた「風変わりな村々」の住宅を、「五世紀という大昔に、イングランドに渡来してきたジュート族のヘンギストとホルサの子供がつくったか、と見まがうような小屋」と表現している。「世論」（とその発表機関としての新聞）というものが生まれてはいたが、都市部においてさえ、社会的コミュニケーションの影響力には限界があった。たとえばリヴァプールのある作家もこんなことを言っている。「おなじ市長のもと、おなじ教会の鐘の音のもとに隣りあって住んでいる二つの集団は、じっさいには世界のべつべつの地域に住んでいるも同然のように、遠くへだたっている」。

さらにバジョットが論じるところによれば、当時の国民の多くは、国を治めているのは議会ではなく、女王であると信じていた。多くのイングランド人にとってなじみのある公僕といえば、収税吏かあるいはいろいろな種類の視察官であり、この種の役人は警官（これもおおむねヴィクトリア時代の産物である）と同様に嫌がられていた。しかしじっさいには、国家公務員の数は一八五四年から一九〇〇年までのあいだに倍増し、地方行政官とともに行政に重要な役割をはたすようになっていた。一八七〇年以降には、

ヴィクトリア時代の農村および町の風景。庶民の暮らしはまだ豊かさとはほど遠いものであった。

有力者のコネではなく、公募試験によって公徳を重んじる公務員が採用されるようになった。この制度は「ヴィクトリア時代のイングランドにおける唯一の偉大な政治的産物」であったと正しく評されており、この制度のもとで生まれた公務員たちが立法の方針づくりにはたした役割は、近年において詳しく分析されている。ヴィクトリア時代のもうひとつの顕著な特徴は、直接税が低かったことである。所得税は、ロバート・ピールが一八四二年にあらゆる間接税を廃止または減税するにあたって、その代償として導入したものであるが、自由党党首W・E・グラッドストーン(一八〇九―九八)は課税という課税を嫌い、一八七三年にはこの所得税をも廃止しようともくろんだほどである。また、一八六六年には会計検査院長のもとに公共の会計にかんする特別委員会が設置され、この委員会が政府の支出を監視しながら汚職に目を光らせた。

「ヴィクトリアン」という形容詞は、大博覧会開催の年である一八五一年にはじめて登場したが、この特徴ある時代に貼りつけるレッテルとしては、「産業化社会」よりも、こちらの方がはるかにふさわしい。この用語はその時代の抗争と妥協、そして自意識と誇りを伝えてくれる。ただし、この形容詞を使うときには注意が必要である。ヴィクトリア女王の長い統治期間のあいだには、いくども世相の変化があったし、それぞれの変化の時期にも社会のなかでさまざまな違いがあったからである。したがって、「ヴィクトリアニズム」という用語によって表されるこの統治期間に一貫した、唯一の道徳律を想定することは、およそ馬鹿げている。たとえば気高い奉仕精神に満ちた「ランプをもった淑女」ことフローレンス・ナイティンゲール(一八二〇―一九一〇)と、おなじくクリミア戦争[一八五三―五六]の功労者カーディガン伯(一七九七―一八六八)にこの用語をあてはめてみれば、一目瞭然であろう。カーディガン伯といえば、一八四〇年になっても決闘をおこない、一八四三年には不義密通と証人誘拐のかどで訴えられたうえに、自分の率いる軽騎兵たちに「チェリー・ピンクのズボン」を履くよう命令した人物である。「チェリー・ピンクのズボン」は、『タイムズ』の言葉を借りれば、バレエ『ギュスタフ』に出演する女性の軽騎兵の衣装ならともかく、軍務にはまったくふさわしくないズボンであった。ヴィクトリア時代の行動様式では、型破りの奇行が重要な要素となっていた。

明暗をふくむヴィクトリア女王の六三年間にわたる治世は、初期、中期、後期に三分してみるとわかりやすくなる。経済的に繁栄し、社会が安定し、多様な文化が開花したのは中期(評価されないことが多いクリミア戦争で中断される)であり、この時期の強烈な印象がヴィクトリア時代全体の解釈に大きな影響を与えている。しかし実のところ、大博覧会開催までの初期と一八七〇年代の「転機」以降の後期には、中期とは異なる共通点が多い。若き自由主義者ジョン・モーリー（一八三八―一九二三）はその共通点を以下のようにみごとに表現した。「古い価値観のなかで生きる人びとは、たえず不安と疑念と驚きをもって身辺を見つめている。……戦争の気配にぴりぴりしなければならないうえに、万事がいかがわしさと不本意と悪い予感に満ちていたからである」。中期には社会の多様な利益関心の均衡がとれていた。しかし、初期と後期には関心はばらばらに食いちがい、反体制的なムードさえ生まれていたのである。

一八四〇年代には警世家（なかでもきわだっているのはトマス・カーライル）の声がつねに聞こえてきたし、労働者階級によるチャーティスト運動とミドルクラス［中産階級］による反穀物法同盟の運動はともに攻撃的になり、そのレトリックも感情的なものになっていた。労働者にとって、地主たちは「パン税を巻きあげる独裁者」であり、「主義節操をもたず」、「感情をもたない」、「強欲非道な」輩とののしられた。その一方で、ヴィクトリア時代最初の首相となったメルボーン卿（一七七九―一八四八）は、反穀物法同盟のことを「これまで人間が思いもおよばなかったほどの狂暴な組織」と呼び、同盟の指導者たちにくらべれば、「分厚い木綿の上着を着て無精髭を生やしたイングランド人」の方がまだまし、とすら感じたほどであった。彼は一八世紀を生きてきた人間だったので、革命が起こる可能性をも視野に入れていたが、そのように考えたのは彼ひとりではなかった。保守党のメルボーンの後継者となるピールが、内相時代の一八二八年にロンドン警視庁を創設してはいたが、一八五〇年代に入るまで地方を管轄するための地方警察が存在しなかったので、チャーティスト運動の陰にちらついていた暴力的脅威に立ち向かうためには、軍隊（そして特別巡査）の力を借りねばならなかった。

ピールは一八四六年に穀物法を撤廃させるにあたって、「運動《ムーヴメント》」という言葉を信用してはいなかった。彼は党をつうじて政治的にも、また個人的にも利益を与えてくれる農業と、彼自身の富の源泉である産業との均衡を保つことをめざしただけなのである。さらに、パンの価格を引き下げることによって、「イングランドの窮状」論争にも終局の糸口を与えたいと思ったのである。

ピールその人は、ロンドンのコンスティテューション・ヒルで落馬したときの怪我がもとで亡くなったが、ピールのめざした均衡は一九世紀半ばになって達成された。不満の火はほとんど鎮まり、当面の関心は、さまざまな利益関心をかみ合わせること、地方レヴェルでも国家レヴェルでも特殊限定された改革をおこなうことに集中した。これはヴィクトリア時代中期のスキャンダルから大衆の関心をそらすためにおこなわれねばならなかった種類の改革であった。騒乱はまだあったが、その多くはティーカップの中身にさざ波がたつ程度のものであった。この時代を導いた政治家、「万年大活躍卿《エヴァーグリーン》」ことパーマストン（一七八四―一八六五）は、ピールとはまったく異なっていた。バジョットの表現を借りれば、一八五九年から一八六五年まで首相をつとめたパーマストンは、ヴィクトリア時代中期の思想・行動様式の中核となっていた「セルフ・ヘルプ」［自助努力］の理念と古くからの「ジェントルマン」理念とをむすびつけることのできた、時の政治家であった。選挙権がまだかぎられていた一八五〇年の下院でおこなった外交政策にかんする演説のなかで、パーマストンはつぎのように語った。

> われわれは、社会のあらゆる階級が神に与えられた運命を喜んで受けいれ、同時に各階級に属する個人が、不正や暴力や違法行為によってではなく、善行と神が授けたもうた知性を精力的に使うことによって、つねに社会の階段を上昇しようとしているような国家の模範をつくりあげた。

外国人が「セルフ・ヘルプ」や「ジェントルマン」を自国語に翻訳するのはなかなか容易なことではない。しかし、パーマストンとおなじように、この二つの理念と現実に折り合いをつけていこうとしていたイングランド人は少なくなかった。たとえば、よく読まれたクレイク夫人の『紳士ジョン・ハリファックス』（一八五四）もそうである。物語のなかで、孤児であった主人公が一財産を築き、ヴィクトリア時代の人びとにとってもっとも重要なステイタス・シンボルであるお屋敷を建て、馬車を買ったとき、息子が「これでぼくたちもジェントルマンの一員ですね」と言うのだが、父であるジョンは、「いや、そうではない。私たちはこれまでも、ずっとジェントルマンであったのだ」と答えた。

ヴィクトリア時代の典型と考えられている特徴の多くは、中期に属する。貴族がまだ社会的影響力をとどめ、政治的影響力の大部分を手中にしており、政党がどれひとつとして政界を支配してはいなかった時代である。一方、新しく形成されつつあった自由党は、利益関心とともに道義心にもうったえかけ、人類の進歩を信じる人びとの支持を獲得していった。ヴィクトリア時代中期に活躍したホイッグの歴史学者マコーリー卿の数巻におよぶ『イングランド史』は、同時代の人びとに絶大な人気を誇った。彼は一六八八年の権利章典を筆頭とする過去の偉業の数々を称揚するとともに、現在の経済や科学技術の飛躍的発展をも惜しみなく称賛した。マコーリーはつぎのように述べている――

> 近年の科学の発展は寿命をのばし、苦痛を軽減し、疫病を撲滅し、土壌を肥沃にし、船員に安全を与え、兵士を新兵器で武装させ、大河や砂洲に祖先も驚くような橋を架け、夜の闇に昼間の光を与え、人間の視界を拡大し、交通・通信、そして友愛に満ちた交わりや商取り引きのすべてがスムーズにおこなわれるようにした。そして人間は、深海へと潜没することも大空のか

ヴィクトリア時代の１ペニー貨とクラウン銀貨。女王の頭部の変化に注目せよ。

ヴィクトリア時代の人びとは、議会を誇りに思っていた。1867年と1884年に有権者層が拡大し、選挙区の地図が書き換えられて、議会は大々的に改革されていた。国会での議事録は新聞で詳細に報道され、議会の発展の歴史が中心のテーマにくるよう、中世の歴史は書き換えられた。政治的名声がつくられたり失われたりした場所は、下院の議員席である。政府側と野党側は、「イン」と「アウト」それぞれの側につき、向かい合う形で着席した。ほかのヨーロッパ諸国の議会は半円形に座席が並んでおり、イギリスの座席配置はきわめて特殊である。批評家は、ヨーロッパ諸国の議会が劇場であるとするならば、イギリスのそれは闘技場であると表現した。

なたへと飛翔することも自由にできるようになった。

マコーリーが『イングランド史』を執筆していた当時、イングランドは世界でもっとも裕福な国家になっていた。一八六〇年の国民一人あたりの収入はフランスよりも五〇パーセント多く、ドイツのほぼ三倍であった。しかも、社会のあらゆる階層が国家の繁栄の恩恵に浴しているかにみえた。物価はゆるやかに上昇していたが、賃金、とりわけ熟練労働者の賃金も物価上昇率より高い水準で伸びていた(ヴィクトリア時代中期の統計学者ダドリー・バクスターによれば、勤労者の七分の一が全俸給の四分の一を獲得していた)。地代や農業収入とともに産業資本家の利潤も上昇し、これは社会の調和を保つ重要な要因となった。穀物法が撤廃されたからといって、土地が富を生まなくなったわけではない。それどころか、ヴィクトリア時代中期は、農業が高利潤を生みだす黄金時代であった。

しかしながら、この時代にも異議をさしはさんだり、疑念や悲観論すら論じたてる者がいた。一八五九年は、チャールズ・ダーウィン(一八〇九―八二)の『種の起原』、エドワード・フィッツジェラルド(一八〇九―八三)による『オマル・ハイヤームのルバイヤート』英訳版、そしてスマイルズの『自助論《セルフ・ヘルプ》』(「倹約よりも浪費に走るのが人間の自然な性向である」と認めた本でもある)が出版されたすばらしい年であったが、まさしくこの年に、社会への順応を非難し、個性の遺憾ない発揮を擁護したジョン・ステュアート・ミル(一八〇六―七三)の『自由論』も発表されているのである。このなかでもっとも論争をよんだ著作物は、もちろん『種の起原』であろう。この著書はすでに存在していた宗教的な疑念をますますあおり、キリスト教原理主義者や福音派を憤慨させたばかりでなく、科学界の有力者たちにも衝撃を与えた。しかし、同時代社会のあり方についてもっとも多くの問題を提起したのは、ミルの『自由論』である。ミルの父はジェレミー・ベンサム(一七四八―一八三二)の親しい友人であった。政府は「最大多数の最大幸福」の実現につとめ、より多くの責任を負った、より効率的で腐敗のない政府をめざさねばならぬ、と説いたあのベンサムである。ミルはベンサム的な功利主義を教えこまれて育ったが、いまや彼のおもな関心は社会の本質に向けられ、個人主義というよりは個人の利益の特質に大きな関心をはらうようになっていた。

また、ヴィクトリア時代中期には、あやふやな思考と曖昧な行動にたいする批判も絶えることがなかった。とりわけ「形骸化した格言《カント》」は、論客や詩人の攻撃の対象となった。マシュー・アーノルドの親しい友人であったアーサー・ヒュー・クラフ(一八一九―六一)は、有名になった『新・十戒』のなかでこのように註釈を加えている――


汝盗むなかれ。詐欺で大もうけできる時代には、盗みぐらいでは誰も褒めてくれない。

汝欲しがるなかれ。といっても、奪い合い競争であればどんなものでも歴史は認めてくれる。

批判はより広い範囲へとおよんだ。たとえば一八五七年にエイルズベリーで起こった殺人事件の裁判経過を報告するにあたって、舌鋒鋭い雑誌『サタデー・レヴュー』は、感傷に浸されがちな田園生活における夢と現実の違いをこのようにまとめてしまった――

不義密通に近親相姦、殺人、堕胎、毒薬投与など、など、貧困者の犯罪記録がずらずらっとならぶこの現状こそが「われらが村」の実体、「幸せなキリスト教徒たちのイングランド」の姿なのである。

地方ほど感傷におぼれていない都会においては、エマーソンが観察するところによれば、子供たちは「ほとんどの場合、乞食同然の状態」であるし、女性は「安い売り物」であった。

そうはいっても、批判する人ばかりというわけではけっしてなかった。『サタデー・レヴュー』は手きびしい雑誌であったが、小説とともにヴィクトリア時代中期の人びとが愛読したさまざまな種類の刊行物のなかのほんの一冊にすぎない。トマス・カーライル（一七九五―一八八一）の警世の言葉は、世間の偏見と一致したときにもっとも歓迎された。また「最古の土地」にたたずむ「最新の思想家」としてカーライルを選び、彼をストーンヘンジへの旅の同伴者としてえらんだエマーソンは、イングランドはほかのどの国にもまして「多くの偉大な人間」を生みだしてきたのだと納得するにいたった。偉大なるものへの信仰はつねに強く、それは当然のように英雄崇拝へとむすびついていた。

きら星のごとく居ならぶヴィクトリア時代の小説家のなかでも、ひときわ人気の高かったチャールズ・ディケンズは、小説家生命を読者のなかからくみとった作家であった。ディケンズは、彼の読者の多く（そして作家の大半）が、「品性を堕落させ」るものや、「精神を高尚に」しないものを目にしたくないこと、そしてその目にしたくないものがヴィクトリア時代中期の社会のなかにはいくらでも存在することを熟知していた。「品性を堕落させる《デベイシング》」と「精神を高尚にする《エレヴェイティング》」という形容詞はヴィクトリア時代中期が好んで用いたもので、建築物や書物や思想にたいして使われていた。たとえば、メルボーン卿はディケンズの『オリヴァー・ツイスト』をこんな表現で酷評した。「救貧院や棺桶職人やすりの話ばかり。こんな低級で品性を堕落させる話など読みたくない」。そして新しい世代の読者はといえば、従来の小説世界を超えるディケンズの描写に衝撃をうけた。「そんなことは知りたくない。そんなことは議論したくもない、そんなことは認めるものか」と言い放つ横柄なポズナップ氏〔『われらが共通の友』の主人公〕の偏見は、彼ら読者の偏見でもあったからである。

ヴィクトリア時代初期には、様式《スタイル》の鮮明な対立があった（なかでも、様式《スタイル》のなかの様式《スタイル》であり、悪しざまに罵られようともけっして見捨てられることはなかったゴシック様式の、リヴァイヴァル版とオリジナル版とのあいだでの対立がきわだっていた)。そして「古い」様式《スタイル》を支持する人と「新しい時代」にふさわしい「新しい」様式《スタイル》を推進する人とのあいだでは議論が絶えなかった。この変わりつつある社会には、大勢の自称「趣味仕掛け人」が存在し、同時期の人びとは流行の影響と、流行を超越していたい「高尚な」趣味仕掛け人の影響とをうけていた。とはいえ、折衷主義の風潮が色濃いヴィクトリア時代中期には、美術、工芸、デザイン、建築の分野において、美術史の研究者たちが前例のない「趣味の雑種化」と表現した混淆と折衷の現象が広く生まれていた。古代エジプト風、ノルマン民族風、ムーア人支配時代のスペイン風、中国風、と選択肢はなんでもありであった。

さらに、新しい事物もこれまでに例をみないほどあふれかえった。そのなかには一八四二年にマレー地方から運ばれたグッタペルカのようなゴム様の材質〔絶縁体・歯科充塡材・ゴルフボールなどに用いる〕もあれば、ヴィクトリア女王即位の前年に発見された製版法でつくられ、一八四〇年に商業化された「銀版の電気版印刷」法もあった。もうひとつの新しい製版法はウィリアム・バクスターが発明したもので、その方法で印刷されたバクスター式印刷物は広く配布された。その印刷物の量たるや、壁を隙間なく埋めつくすほどであった。壁を隙間なくといえば、じっさい、ヴィクトリア時代中期のミドルクラスの室内には(そしてしばしば屋外にも)、手を加えられていない空間がほとんど見られなかった。表面にはたいてい装飾がほどこされ、曲線が多用され、ありとあらゆるテーブルの脚はもちろんのこと、むき出しのままの姿が許されたものはなにもなかった。壁にはなにかメッセージをもった挿話風の絵が何枚も飾られていた。しかし、ヴィクトリア時代のインテリアにも趣味の変化が訪れ、バクスター式印刷物とスタッフォードシャー風肖像画は、ヴィクトリア女王治世の末期には流行おくれになった。装飾は落ち着きを取り戻していた。

一八六〇年代後半から七〇年代初期にかけては、さしものヴィクトリア時代の好景気も翳りをみせはじめるが、これが中期と後期の分岐点のひとつになる。分岐点になった出来事としてもうひとつ、一八七〇年代の集約農業の没落がある。これによって農家や地主の収入が記録的な落ちこみをみせたばかりでなく、田園《カントリーサイド》の風景まで一変してしまった。小麦畑が激減した代わりに牧草地が大幅にふえ、「コーン〔穀物〕からホーン〔牧牛〕へ」という言葉が流行ったほどである。一八八〇年代には市場向けの野菜畑や果樹園、ホップ畑も増えていった。外国との市場競争に脅威を感じた農業経営者の一部は保護貿易の復活を求め、産業資本家も海外からの脅威に不満をもらした。その一方で、事業家は現役を引退したあとに過ごす理想の地として、ますます田園地方の土地を求め、労働者は一九世紀の初期に

19世紀以前にもロンドンに警官は存在したが（中央警察裁判所のあるボウ街は1739年、ウォッピングは1798年にまでさかのぼる）、「警官隊」は19世紀の産物である。ヴィクトリア女王が即位する前にサー・ロバート・ピールがロンドン警視庁を創設したときに生まれたものである（「ボビーズ」あるいは「ピーラーズ」とあだ名をつけられた）。ほかの自治体でも、この世紀のあいだに続々と警官隊が登場した。この写真は1880年代、ガス灯が灯るようになったロンドンを背景にしているが、「巡回中」の警官のイメージや、探偵のイメージはこのころにつくられた。

1868年のこの漫画のように、イギリスの政治は演劇として描かれた。1867年から1880年までのあいだ、ディズレーリとグラッドストーンはイギリスの政界を支配し、「少年少女はみな小さな自由党員か保守党員」といわれるまでの影響力をふるった。選挙区を基盤に組織される政党の構造は、1832年の選挙法改正からヴィクトリア時代の終わりまでの間にすっかり様変わりした。政党の地方組織が発達したのは、保守党のディズレーリと自由党のグラッドストーンという大物の力というよりはむしろ、地方で働く政党の委員の尽力によるところが大きい。しかし、国家にたいしては（二人の主要リーダーにたいしても）、政治とは国家の得失の問題ばかりでなく、信念の問題をも問いただすものであった。二人のリーダーは互いを信用してはいなかった。グラッドストーンはディズレーリよりも長く生き、「大おやじ（グランド・オールド・マン）」と呼ばれた。

は考えられなかったほど安価で、多様な種類の消費財を享受することができた。

　ヴィクトリア時代後期にかんする話題は尽きない。たとえば政党の組織化がある。また、おそまきながら教育改革が着手された。ボランティア組織も激増した。専門職の成熟もみられる（数が増加し、組織も強化され、社会的影響力が大きくなり、その結果、知識がより特殊専門化していった）。さらに、一八八四年の選挙法改正による農業労働者への選挙権の拡大。非熟練労働者の団体組織の結成。部分修正ではない全面改革への新たな要求。アイルランド自治問題がイングランドの政治に与えた衝撃（アイルランド自治法案を提出したグラッドストーンの自由党は一八八六年に分裂、その後約二〇年間も保守党に政権を委譲することになる）。地方行政の再編成（一八八八年には州議会議員が選挙によって選出されるようになる）。そして一八八九年の相続税を筆頭とする税制の改革……。

　バジョットはかつてこのように書いたことがある。「恭順な貧困者のいる国は、恭順にならざるをえない貧困者が存在しない国にくらべるとはるかに不幸ではあるけれど、最高の支配体制をつくるには理想的である」と。しかしいまやこの原理に共感を覚える人間も少なくなっていた。理想の衝突ばかりか、あちこちの路上で衝突が起こっていた。失業者たちはたびたびデモをおこない、トラファルガー広場でも暴動が起きた。このような状況のなかで、学校教育の拡充は必要にせまられておこなわれた。ジョン・モーリーはこれを国家問題の最重要事項と考えたほどである。しかし、文化的な不安は根強く残り、ジョージ・ギッシング（一八五七―一九〇三）とトマス・ハーディー（一八四〇―一九二八）の二人は、その不安を小説の形で表現した。

「市場《マーケット》」と「公共《パブリック》」との違いはどこにあるのか。文化の質は堕落しているのか。伝統的な価値観はまだ有効か。女性の役割は、そして女性の権利はどうなったのか。「生活のあらゆる分野で既成の権威への反抗が生まれるのは、動乱に満ちた過渡期の、なによりも民衆の時代の特徴である」と一八八八年に述べたのは、女性のエリザベス・チャップマンであった。また、多作の同時代評論家T・H・S・エスコットは、「往古からの境界線」が消滅しつつあり、「伝統的に思想や信仰の目印となってきたものは捨てさられ、崇拝されてきた偶像は破壊されてしまった」ことを感じとっている。

「ヴィクトリアニズム」にたいする同時代批評家の態度は、前期よりも後期のほうが強腰でわかりやすい。「自助《セルフ・ヘルプ》」や「美徳《キャラクター》」、「品性《リスペクタビリティー》」という「ヴィクトリアニズム」の本質をなす要素が疑問視されはじめ、このような資質のあらわれとしての勤勉、節制、倹約という行動が攻撃の的になりだした。それればかりではなく、資質が論じられる調子そのものが、以前とはまったく変わってしまった。たとえば、「真面目さ《アーネスト》」は一八九〇年代の初期には完全に

振りかえってみると、ヴィクトリア時代とそれにつづくエドワード７世時代は、帽子に彩られた時代であった。女性の帽子は流行に応じて変わった。女王が好んだシンプルなボンネットもやがて廃れ、羽根や花の装飾をアレンジした凝った帽子が流行したりした。男性にとってトップハットは地位と富の象徴であり、平たい布製の帽子は労働者階級の象徴であった。その後、ボウラーハット（ドーム型山高帽）とソフト帽がそれぞれの象徴となっていく。この写真はエドワード７世時代のマンチェスターの帽子工場である。ぎっしりと働く女性の従業員の様子は、帽子産業が大きな利益を生むことを物語っている。ヴィクトリア時代中期には、小さな帽子店でも広告や宣伝の影響とは無縁でいられなかった。

時代おくれになり、オスカー・ワイルド（一八五四―一九〇〇）は「生真面目な人びとに捧げる喜劇」と副題をつけた『真面目が肝心』（一八九五）という喜劇で、真面目さから連想されるありとあらゆるいかがわしさを茶化してしまった。また、サミュエル・バトラー（一八三五―一九〇二）は、『万人の路』（一八七三年から一八七五年までのあいだに書かれたが、一九〇三年になってようやく出版された）のなかで、キリスト教徒的な名前、アーネスト《まじめ》という名をさらに皮肉っている。ワイルドもそうだが、社会主義者の劇作家ジョージ・バーナード・ショー（一八五六―一九五〇）はつぎのように解説している。「貧困者の美徳は喜ばれるであろう。しかしまことに嘆かわしいことでもある。貧困者のなかでも出来のいい人間はけっして感謝などしない。感謝せず、満足せず、反抗的である。それがきわめて正しい態度なのだ」。

一九世紀の終わりごろには、ヴィクトリア時代中期の様式《スタイル》にたいする「反動」も起こった。シンプルな「美術工《アーツ・アンド・》芸《クラフツ》」品（この「美術工芸」という用語は一八八八年につくられた言葉である）をつくるデザイナーが折衷主義に挑戦し、アール・ヌーボーが美意識の高い一部の人びとを魅了したのである。またこの時代は、新しい世代となる「自国の」建築家が、さまざまな様式《スタイル》で設計した時代でもある。その様式《スタイル》のなかには、これまでのヴィクトリア時代中期様式《スタイル》の家具などが似合いそうもない「アン女王」様式《スタイル》もあった。アール・ヌーボーや、「新しい女性」から「新・連合主義」〔アイルランド自治法案に反対して、アイルランドをイギリスの統一支配下にとどめるべきという考え〕、「ニュー・ジャーナリズム」にいたるまでのありとあらゆる「新」現象を説明するにあたっては、「世紀末」論が多用されたが、この時代は「近代の潮流《モダン・ムーヴメント》」が形成されつつある過渡期であったのである。ちなみに、贅沢が消滅してしまったわけではなかった。土地所有者が経済的な問題に直面していたとしても、その一方で、新しい「金権主義」が出現しはじめていた。デザイナーであるウィリアム・モリスの弟子で、彼の影響を強くうけた社会主義者のウォルター・クレイン（一八四五―一九一五）は、つぎのように書いている。「モリス方式の最大の長所であり魅力であるのは、それがシンプルな装飾にも豪華絢爛な装飾にも、いずれにも適用できることである」。オーク材の素朴なテーブルにイグサ張りの椅子と敷物一枚だけの部屋をつくることもできれば、「金色の輝きと光沢……ステンドグラスと豪華なタペストリーの壁」にかこまれた空間をつくりだすこともできた、というわけである。

　エドワード七世（在位一九〇一―一〇）の時代には、両極端をなすものがいちだんと増えた。ヴィクトリア時代には健在だった抑制がほとんど取り除かれてしまうとともに、社会の不平等を知る人びとが増えるにつれて、社会の責任を痛感せねばという風潮が強まり、組織化された形での抗議が多くなった。統計学者が貧困の実態をつまびらかに調査し、大衆向け新聞がみずからの意見を大々的に公表するようになった結果、一九〇六年に圧倒的支持を得て政権に返り咲いた自由党の政治家たちは、選挙の争点として社会改革をかかげた。一九世紀に政治を左右していた改革といえば選挙権問題であったが、それもいまや、新しく自由党から首相になったキャンベル＝バナマン（一八三六―一九〇八）が、イングランドを「富者にとっての遊園地ではなく、国民にとってのかけがえのない家とする」と言えるほどまでに、時代が成熟してきたかのようであった。それでも、いくつかの点から社会をながめてみると、両極端は以前にもましてきわだっていた。この時代は、田園地方《カントリーサイド》での週末の生活、ロンドンの社交シーズン、実業界の大立て者《タイクーン》の台頭、「ゲイエティー・ガールズ」〔「ゲイエティー」劇場の美人コーラスガール〕（彼女たちは大立て者ではなく、貴族を夫に選ぶこともたまにはあった）、淑女のバッスルスカートに紳士のトップハット、そしてなによりも王室の黄金時代である。その一方で、この時代は実質賃金が下降し、農業労働者が港湾で働く日雇い労働者よりも貧しい暮らしを強いられた時代でもある。モード・ペンバー・リーヴス（一八六五—一九五三）が一九一三年に出版した『一週間一ポンドで暮らす方法』という題の本は、多くの版をかさねた。八〇〇万人ちかくが二五シリングに満たない週給で暮らし、「雨露をしのげるかどうかという住居に、食べるものも着るものもあるかないかの状態で」暮らしていたのである。

ポール・トムソンが、エドワード七世時代を生きた五〇〇人にたいしておこなったインタビューの録音テープのおかげで、この時代は口頭による証言を十分に残す歴史上初めての時代となったが、もちろん、そのほかの種類の記録も重要である。一九一三年は、労働者、そしてなんといっても婦人参政権論を唱える戦闘的な女性たちによる抗議活動があちこちで起こる一年であったが、この年にアメリカ大使が書きとめた記録にはつぎのようにある。「アメリカの民主主義者にとって悲しいことは、奴隷状態にある階級の存在である」。この時期にみられる激しい社会対立は、多くの歴史学者の関心を呼んできた。この対立は、デイヴィッド・ロイド＝ジョージ（一八六三—一九四五）が提出した大胆きわまりない予算案を上院が拒否したために、国家体制そのものが揺らぐことになった一九〇九年から、第一次世界大戦が勃発するまでの期間に顕著であった。法律にたいする信頼は薄れ、いっさい妥協をしない強硬な主張ばかりがまかりとおるかに思えた。一九〇九年の『タイムズ』は、読者の大多数が属する階級に向けて、「この階級は黄金時代を過去に置きざりにしてしまった」と書いた。しかし、先のアメリカ大使の目にとまったのは、なによりも奴隷状態にある階級の「悲惨なさま」であった。「彼ら、もしくは彼らの子孫が紳士淑女になりうる可能性は、まずもってありえない」と大使は書いている。

振りかえってみれば、変化しつつあるヴィクトリア時代においてもっとも顕著であったものは、あらゆる階級の老若男女によって共有される経験が連続していたこと、それもこの経験が階級の対立によって阻害されることがなかったことである。まず大博覧会で幕を開け、二回の戴冠記念式典《ジュビリー》、すなわち一八八七年の戴冠五〇周年式典と王室はじまって以来のできごとである一八九七年の戴冠六〇周年記念式典《ダイヤモンド・ジュビリー》をつうじて、「帝国《エンパイヤー》」の出現でクライマックスにいたる一連の出来事は、イングランド史においても燦然と輝く経験であった。一八四一年に創刊されて以来、ミドルクラスの気分をたくみにとらえて表現してきた週刊誌『パンチ』は、戴冠六〇周年記念式典がおこなわれるころにはすでに、変化しつつある社会と文化のなかで一貫性を象徴しているのはほかでもない、女王陛下その人であることを確信していた。エリザベス一世よりこのかた、同時代の国民にこれほど強力な影響力をもった君主はいなかった。

「女王陛下は国民の道徳の導き手である、とわれわれは思うようになった」とバジョットは書いている。彼によれば、「美徳の君主を戴くことはごく自然なことである、とわれわれは信じるにいたった」。しかし、これはそれまでになかった確信である。ジョージ四世は自分の記念碑としてブライトン・パヴィリオンを残した国王だが、この王の治世においては、摂政時代（一八一一―二〇）と国王時代（一八二〇―三〇）をとおして、ヴィクトリア女王が得た評価とはほとんど正反対の評価がごくあたりまえに受け入れられていた。王妃のキャロラインは急進的な新聞のヒロインであったし、この種の新聞はまた急進的な詩人のように、ジョージの性格（そして容姿まで）の欠点という欠点をあげつらった。ジョージの芸術熱および芸術にたいする知識など、同時代の国民にとってなんの意味もなさなかった。国民の多くは彼の政治よりも、彼の放蕩に強いショックをうけていたのである。とはいえ、ジョージ四世時代においても「ヴィクトリア時代以前のヴィクトリアニズム」の兆候があるにはあった。たとえば、トマス・バウドラー（一七五四―一八二五）がシェイクスピアの作品からいかがわしい箇所を削除して編纂した「家庭版」シェイクスピアは、一八一八年に出版されている。しかし、自分の名前を新しい「主義《イズム》」に与えたのは、ヴィクトリア女王その人であり、ほかの君主にはおそらく例をみない。しかも、アルバート公亡きあと、大衆の前にしばらく姿をあらわさなかった一八七〇年代に、共和制支持論もちらほら出てきたことがあったとはいえ、一九〇一年に女王本人が崩御すると、大衆新聞の論説はその死をこう報じた――

　女王陛下崩御。この喪失感を言葉で表すことなどできはしない。ほとんどの国民は、今になってようやく、女王陛下がわれわれの生活のなかに大きな存在を占めていたことに気付いたであろう。陛下の存在という黄金の横糸は国家の発展という縦糸と縒りあわされ、国民一人ひとりの生活と深くかかわり、光明を与えてきたのである。

『アニュアル・レジスター』誌は、このような国民の反応の前例を探すにあたって、九世紀のアルフレッド大王までさかのぼらねばならなかった。

「ヴィクトリアニズム」の核には、女王にはついぞ気に入られなかったグラッドストーンが、「道徳的義務《オート》の規則」と呼んだものがあった。彼が公表した二九巻にわたる『日誌』は、公私両面におけるグラッドストーンを理解するうえで鍵となる史料であるが、このなかに、目をひきつけられるつぎの二行がある――

　彼の語る言葉、いだく思想はすべて
　揺るぎない「義務」の規則に従っていた。

多くのヴィクトリア時代の人びとは、自然な性向よりも責務の方を優先させ、快楽や権力の追求よりも道徳律を優先

ヴィクトリア時代の死は厳粛でありながらも、誇示的なものであった。貧しい人も、立派な葬式を挙げるために保険に加入した。無縁墓は恥とされていた。地方の有力者は、このバーミンガムの写真（1901年）にみられるように、馬車や送葬者の長い葬列をともなった立派な葬式によって埋葬された。女王も模範を示した。1861年のアルバート公の死にさいして、女王は深い喪に服し、完全な忌み明けはついぞしなかった。1901年に執りおこなわれた女王の葬式は、盛大な国際的イヴェントとなった。

させていた。グラッドストーンも、当時の多くの著名人たちと同様、筋金入りのキリスト教徒であった。自由党に入党する前も入党後もそれは変わらない。彼は自分自身では「義務の規則」に従うのはむずかしいと思ったが、それに従おうとすることによって、あるいは政敵のディズレーリが従っていないことを大衆に知らしめることによって、政敵に勝つ好機をつかみ、また政治的危機を招きもした。じっさい彼は人気政治家となり、講演や出版活動をとおして民主政治への過渡期に橋を架け、敬意と揶揄のこもった愛称で「大おやじ《グランド・オールド・マン》」と呼ばれるまでに長生きをした［一八〇九—九八］。熱心な彼の支持者の多くは非国教徒であり、社会正義を支援するにあたっては、グラッドストーンも力を入れていた反「トルコの蛮行」キャンペーンをはじめとして、「非国教徒の良心」として知られるようになる行動をとってみせた。

ヴィクトリア時代には国家レヴェルでも地方レヴェルでも、社会奉仕という目的は、利益追求という目的とおなじほど大きな影響力をもった。これまでの歴史にも社会奉仕という目的がなかったわけではないが、この目的の特徴の多くはまぎれもなくヴィクトリア時代的なのである。社会への奉仕は、看護制度改革に着手したフローレンス・ナイティンゲールのような個人の指針となったばかりではなく、あらゆるボランティア団体および圧力団体の活動を活発化させた（後者の一例は英国動物愛護協会であり、この協会はヴィクトリア女王が戴冠するよりも前に創設されたもので、外国人からみればきわめてイングランド的な組織である)。オスカー・ワイルドが生みだした登場人物のひとりは、このように嘆じなければならなかった。「イングランドでは、道徳を知らない群衆に向かって、週二回道徳を説くこともできないような男が、りっぱな政治家として高い地位についている」。しかし、道徳的な改革は、ますます小さな分裂を重ねていた党派を越え、社会階層や宗教の壁も越えるものであった。星の数ほどいた社会改革者のなかでもとびぬけて名高かったのは、保守党の第七代シャフツベリー伯(一八〇一―八五)である。彼は福音派に属しており、この宗派の啓示をうけて、一日一〇時間までに労働時間を削減すべく闘っていた工場労働者や、自分のために闘うには幼なすぎる煙突掃除の少年を庇護する立場をとった。彼はまた公衆衛生改革を強く支援した人でもあり、安息日を厳守した人でもあった。一八八五年におこなわれたシャフツベリー伯の葬儀には、彼が手をさしのべた多数の労働者が参列した。

　道義的改革が結束しておこなわれたことが多かったのにたいし、宗教はしばしば分裂した。判事たちはキリスト教を「国の法律の根本である」と主張したが、国教徒と非国教徒の対立ばかりでなく、国教徒内部においても激しい対立が起こっていた。「ヴィクトリアニズム」の形成に多大な影響を与えた福音派は、高教会派《ハイ・チャーチ》のオクスフォード運動《トラクタリ》支持者《アン》たちと真っ向から対立していたのである。後者のなかにはジョン・ヘンリー・ニューマン(一八〇一―九〇)のように「ローマ・カトリックに改宗」し、当時の人びとを驚かせた者もいれば、好戦的な非国教徒に支持された国教会制度廃止案を考えた者もいた。ヴィクトリア時代初期にオクスフォード運動支持者と福音派の袂を分かたせたのは、宗教的権威の本質についての論争であったが、後期には教会における礼拝様式(簡素にするか豪華絢爛にするか、プロテスタント式かカトリック式か)をめぐる争いにまで発展した。国教会カトリック派の教会のなかではプロテスタント派による騒乱が起こり、新聞には手きびしい諷刺漫画が掲載された。

　しかし、福音派も国教会カトリック派も、一九世紀の科学の発展を恐れていたという点では一致していた。これが当時のさまざまなキリスト教宗派の正当性をおびやかしていたのである。そして、一九世紀のリベラルな勢力と手をたずさえる道を模索したのは、高教会派(オクスフォード運動支持者)でも低教会派(福音派)でもない第三の宗派、広教会派《ブロード・チャーチ》であった。一方、宗教上の「不可知論者」(新しい用語である)は、キリスト教の信条に疑念を抱きながらも、ヴィクトリア時代的な道徳観と行動の規範を共有することは可能であるとした。たとえば、非キリスト教徒の大作家ジョージ・エリオット(一八一九―八〇)は、善でなければならないのは神のためではなく善そのもののためである、という強い信念をもっていた。あるケンブリッジ大学の教師は、カレッジの庭園で、夕暮れの明かりのもと、エリオットが「おそろしく真剣に」語った話に強い印象を受けた。それは、エリオットが三つの強力なヴィクトリア時代らしい単語、すなわち「神、不滅、義務」について語られるのを耳にするたび、第一のものには想像がおよばず、第二のものは信じることができず、第三のものは威圧的で専横であると感じるのだ、という話であった。

道徳律は心のなかから語りかけてくるのであって、外から強制されるわけではなかった。道徳律の命令を心の内に感じていたヴィクトリア時代人は「自律的目的をもった」人びとであった。ところが、抗議よりも無関心でいることを選ぶ人が増え、相対主義が流行しはじめ、サミュエル・バトラーが使った言葉である「無意識」の力が理解されるようになると、ついに心の内部の要求が絶対的な価値を失いはじめる。無関心、とりわけ都市部の労働者階級の無関心がもたらす危機感は、一九世紀の半ばにも末期にも十分に認識されていた。マンチェスターの新しい司教区だけをとってみても、一八四〇年から一八七六年のあいだに一五〇万ポンドが教会区設置および教会建築の費用として使われた可能性がある一方、一八五一年の国家規模の宗教調査は、宗教に無関心な人びとが多数いた事実を示している。統計学者チャールズ・ブース（一八四〇―一九一六）が集めた資料もふくむ一九世紀末の記録は、この事実を裏付ける証拠となっている。

このような状況のなかでは、福音を説くことが務めであると思われた。また、福音を説くことは宗教的活動以外でもおこなわれた。グラッドストーンとシャフツベリー伯が自由主義と保守主義を福音に翻案することができたのだとしたら、ダーウィンの進化論をとり入れたT・H・ハクスレー（一八二五―九五）も科学においておなじことをしたことになる。そしてまた世紀末の社会主義者たちも例外ではなかった。社会主義者とは、特権や権力ではなく、平等と正義という人間の基本的原理の受容を基盤とする社会への変化を夢見た人びとである。何年ものあいだ、彼らはどの党派にも属していなかったために、ほかの政治家たちにくらべると福音を説いてまわる活動をおこないやすかった。また、どの党派にも属していなかったために、社会主義者たちは自由党のように妥協を強いられることもなければ、保守党のように受益階層からの支援にたよらねばならないということもなかった。「真理と公正」に訴える社会主義の醸しだす倫理感は強力であった。労働党創設者のひとりキア・ハーディーは一八八八年にこのように述べている。「凡庸な政治家は無意味なたわごとを垂れ流すのをやめて、人類愛で燃えさかる心をもつ真摯な人間に地位を明けわたし、彼に熱き言葉を語らせるがよい」。新しい社会の特徴となるべきは連帯（あるいは兄弟のような間柄）であり、しかもその社会のなかではすべての個人が完全な個性を発揮することが可能になるだろう、と説かれたのであった。

「奢侈放蕩で悪名高い一八九〇年代」には、ヴィクトリア時代中期の価値観とともに、伝統的な行動様式までもが攻撃にさらされていたが、それでも結局は最後に「義務の規則」が采配をふるうことになった。『真面目が肝心』が上演されたまさしくその年に、世紀の大裁判、ワイルドの裁判がおこなわれた。ワイルドの同性愛を焦点に開かれたこの裁判は、ワイルド個人を破滅に追いやったばかりでなく、さまざまな反抗的な勢力の魅力も打ち砕いてしまった。この裁判のあと、ありとあらゆる「頽廃《デカダンス》」の形式、反「品性《リスペクタビリティー》」の態度は、つるしあげにあった。前衛派の手になる唯美主義運動の機関誌『イエロー・ブック』と、新たに登場した大衆向けの煽情的な新聞（批評家が「イェロー・プレス」と呼んだ）とのあいだには、越えがたい溝ができた。週刊誌『パンチ』はワイルドの裁判後、断固たる論調でつぎのように書いている——


　逆もどりとは退却の反対を意味する。

　もしわれわれが世にはびこる過度の放蕩から身を引き、
　性を売り物にする小説家や、落書きを傑作と称する芸術家たちの前から退却するならば、
　そのときこそ、かようなつまらない疫病の蔓延が食い止められるのだ。

　そしてすばらしい年となった暁には、クリケットに乾杯しよう。

　いついかなる場合でもフェア・プレイ、素直な打法に率直な駆け引き。

　文学でも、道徳でも、芸術でも、そして日常生活でも、行動や感情を当たりまえの規範にもどそう。

　これが社会を正常にもどすための真の逆もどりの道である。


このくだりを書いた「英国の名士《ブリティッシュ・ライオン》」ことW・G・グレイス（一八四八—一九一五）［クリケットの名選手］は、クリケットが本質的にイングランド的なものであるという意識を表現しているが、この意識は、G・K・チェスタートン（一八七四—一九三六）が「われわれは政治よりもクリケットの方をはるかに愛する」、「われわれを代表しているのは、チェンバレンよりもむしろ偉大なクリケット選手C・B・フライの方だ」と述べた八年後には、もうすっかり世にゆきわたっていた。「クリケットではない」［フェア・プレイではない］という言いまわしは、一八六七年にすでに用例がみられる。

　団体競技の複雑な約束事がある意味で「義務の規則」とむすびついていたとするならば、家庭はその聖堂であった。一八五一年の国勢調査の序文の筆者は、このように書いている。「家を所有するということは、すべてのイングランド人の大願である。なぜならば、家はその人の家族と炉端を囲む、くっきりと鮮明な輪郭を与えてくれるからだ——家こそイングランド人が悲しみ、喜び、瞑想する聖堂なの

海辺で過ごす休日は家族の一大行事となった。それぞれに特徴のあるホリデー・リゾートでは、さまざまな娯楽を享受することができた。なかでもシンプルで人気があったのは、水をぱちゃぱちゃとはねる水遊びであった。1892 年に撮影されたこの写真は、ブライトンでもブラックプールでもなく、サフォーク州のヤーマスで撮られたものである。写真、とくにスナップは、家族の思い出の瞬間をとどめる手段となった。

階級の明暗は住宅事情にそのまま反映されていた。写真のロンドンのイースト・エンドの路地は、典型的な下層階級の生活場所である。ストリートとむすびついた独特の社会生活も存在した。ストリートの事情に精通しているかどうかということは死活問題であった。大人も子供も、男は縁なし帽をかぶっていることに注目せよ。

である」。家庭が特別な場所であったことは「わが家《ホーム》よ！楽しいわが家《スウィート・ホーム》よ！」という歌からもうかがえるが、この歌はヴィクトリア時代に通底するテーマ曲でもあった。チェスタートンによれば、この時代の人びとは、「子供たちに祭壇のない暖炉を崇めるよう教えた」最初の世代であった。暖炉が家庭のひときわ目立つ主役となっていたのは、農家の居間や大邸宅の奥の間ばかりではない。ミドルクラスが暮らす最新のゴシック・ヴィクトリア式一戸建て住宅においてもそうであった。ヴィクトリア女王にくらべるとはるかに悲惨な「家庭生活」をおくったジョン・ラスキンは、憧憬をこめて、家庭は「平和の場であり、あらゆる危害から、そしてあらゆる脅威、疑惑、不和から逃れることができる避難場所」と表現した。競争の激しい仕事人生から身を隠すことのできる安全地帯、とも呼ばれた。

　ヴィクトリア時代の多くの人びとが家庭に望んだことは、「宿」（少なくとも人生のいくぶんかを宿として過ごすところにはちがいないが）とはまったく異なるものであった。「満ち足りた家庭、かわいい子供たち、負債のない収入、なにごとにも中道」と詠ったのは、当時時代を一歩先んじていた桂冠詩人アルフレッド・テニソン卿である（彼はグラッドストーンのもとで爵位を与えられた）。しかし、じっさいには家庭の理想像は現実としばしばかけ離れており、そのおかげで道徳律としての「ヴィクトリアニズム」はうさん臭く思われるようになった。ヴィクトリア時代のいく人かの著名人にとって、「幸せな家族」というゲームは観客のためのゲームにすぎなかったし、夫婦愛の神聖を詠いあげたコヴェントリー・パットモア（一八二三―九六）の連作長詩『家庭の天使』を貫いていた崇敬の心も、世紀末には古くさいものになってしまった。労働者階級の家庭が抱いていた家族観は、いまでも歴史学者の視界のなかにはほとんど入ってこない。しかしながら、「上品《リスペクタブル》」な人びとと「下品《ラウディ》」な人びととのあいだには、くっきりと対照がみられたことは確かである。後者は子供のころから路上生活に引きずりだされていたのだから。

　都市部の家で最大のものは芝生、生け垣をそなえた一戸建て《デタッチト》の邸宅で、もっとも裕福な家には温室もあり、そのなかでパイナップルが栽培されることもあった。もちろん、郊外にはさらに大きなヴィクトリア式邸宅もあったが、そのなかには外見はりっぱながら、隙間風が入って住み心地の良くない、華麗な邸宅としては最後の建築物となるものもあった。このような邸宅の多くは現在、学校や病院などべつの用途で使われているか、すでに取り壊されてしまっている。町では、一九世紀に考案された二軒続き《セミ・デタッチト》の住宅がふつうであったが、標準規格の長屋式《テラス》の家も多く、所によっては背中合わせ《バック・トゥ・バックス》の住居もあった。都市部のもっとも小さな住居は、かぎられた空間にぎゅうぎゅうと乱雑につめ込まれた「悲惨な住宅」であった。公衆衛生のパイオニアであるサー・ジョン・サイモン（一八一六―一九〇四）

ヴィクトリア時代の家庭では、新生児が毎年誕生するというケースが多かった。麻酔剤が使われるようになったおかげで、出産はいくらか楽になっていた。しかし、ヴィクトリア女王は母になることについて、以下のように記している――「生活はほんとうにつらいものになる……母はだれもがくたくたに疲れ果て、神経はずたずたになる」。彼女は小さな赤ん坊をキャベツに喩えた。

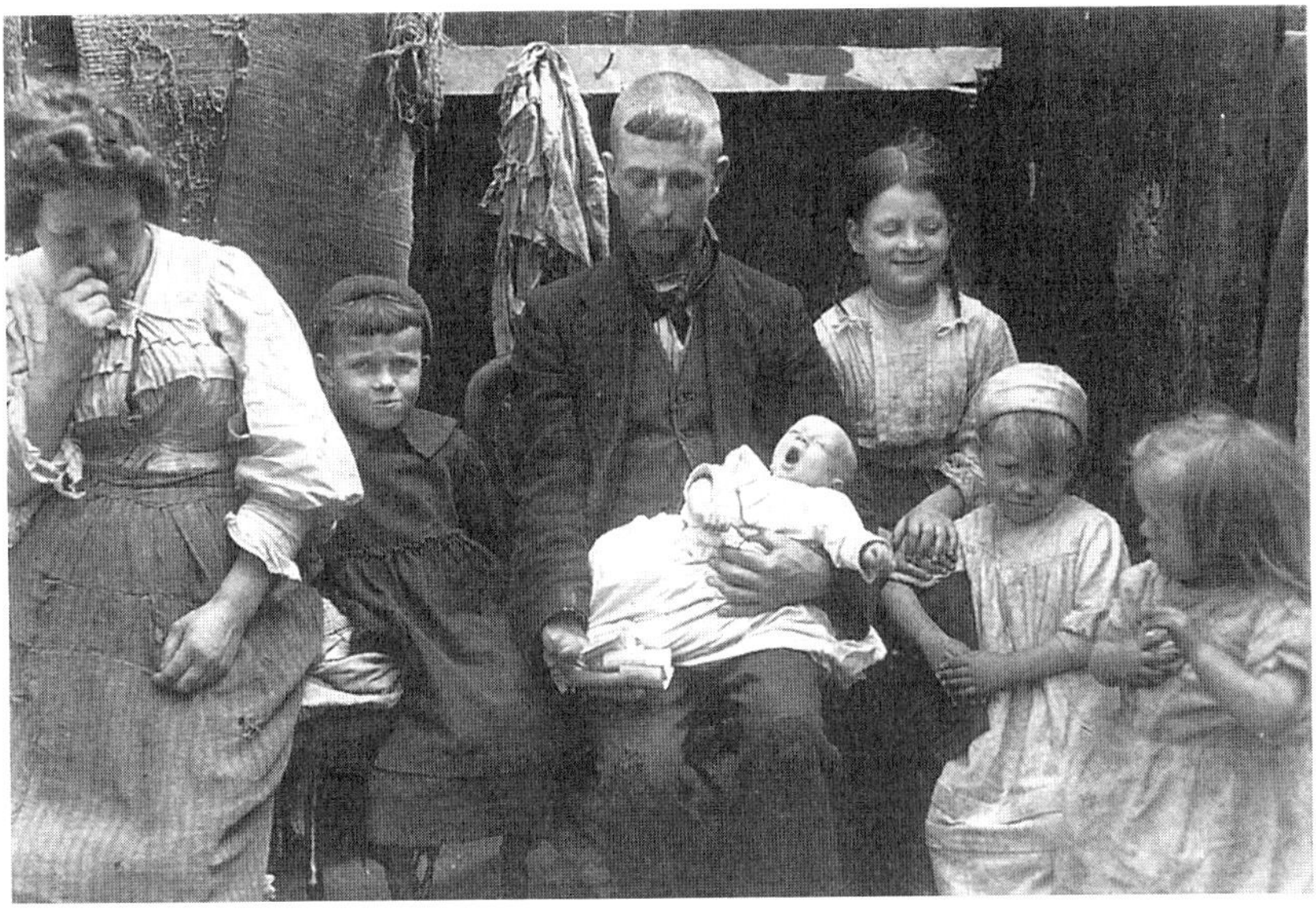

最貧困階層の人びとにとって、ヴィクトリア時代、エドワード７世時代はつらい時代であった。季節的なものであれ景気と連動したものであれ、はげしく変動する経済状況に苦しめられていたのである。1912年に撮影されたこの家族は、明らかに苦境にある。手に握られた質札に注目してほしい。しかし、子供のひとりはなんとか笑顔を見せており、赤ん坊は驚くほど健康的な表情であくびをしている。

は、一八五四年の『ロンドン市における衛生状態の報告』のなかで、「一二フィート平方かそれ以下の部屋に、三家族か四家族が、家畜さながらに雑居しているのを見つけることは、けっして珍しいことではない」と述べた。「人口過密」と「スラム」という用語は一九世紀初めに生まれ、世紀末に向かうにつれてその現実についての認識が高まっていった。

階級の対照は「家政」のあらゆる点でいちじるしかった。とくに、召使をやとえる者とやとえない者とのあいだに顕著な格差がみられた。大博覧会のあと二〇年間、召使の数は六〇パーセント増加した。これは人口増加率の二倍の割合である。召使をやとっていた家庭の全部が全部、当時の水準からみて裕福だったというわけではないが、召使をやとっていない家庭は、まちがいなく貧しかった。召使をやとうパターンはさまざまである。名門貴族は細かい職階制のある多数の召使をやとっており、ミドルクラスや上流階級の家庭にはまたそれぞれ階上、階下などに区別された召使がいた。ミドルクラスでも下層になると、やとえる召使は一人か二人になり、狭い空間のなかでなんとかやりくりしていかねばならなかった。

行儀作法や食事、衣服にも似たような階級差のパターンがあった（ただし「わがイングランドのローストビーフ」信仰は階級の壁を越えて健在であった）。イザベラ・ビートン夫人（一八三六―六五）の『家政学の書』（一八六一）は、いくども版をかさねていまも読みつがれる好著であるが、そこにあげられている料理のなかには、贅沢な材料を必要とするばかりでなく、それを調理する（そしてその分量からしてそれを消費もする）召使を必要とするものがある。彼女は労働者階級を読者対象に入れていなかったが、ヴィクトリア時代の中期から後期にかけて、労働者階級の食料品の消費がめざましく伸びていた。その一方で、パンやミルクなど比較的安価な食品までもが粗悪になり、重大な社会問題となった。そして、（あまりに安易すぎる因果関係かもしれないが）不潔な水や腐敗した食品のせいで、ビールやピクルスを常用するのが流行した。タバコによる社会的損害はビールや各種アルコール飲料とちがって重大に考えられていなかったが、タバコの年間消費量は、一八三〇年代から一八七〇年代後期までのあいだに、一人あたり一四オンスだったのが一ポンド半にまで跳ねあがっていた。紙巻きタバコは一九世紀の末になってから愛用されたが、まもなくいたるところで目にとまるようになった。

ヴィクトリア時代の家族や家庭の実態にかんしては、同時代の説教や書物、小説を鵜呑みにする前に、紫煙をかきわけて人口統計上の問題を詳しく調べてみる必要がある。というのも、ヴィクトリア時代後期から二〇世紀にいたるまでの最大の変化のいくつかは、この人口統計とかかわっていたからである。夫婦の性生活という秘められた一面の特徴がヴィクトリア時代には多くの文献で取りあげられることになり、一八七〇年代以降ますます詳細かつ綿密に論じられるようになった。一八五七年に初版が出た、アクトン博士の『青年期・成人期・老年期における生殖器官の機能と障害、その肉体的・社会的・心理的影響』は、ヴィクトリア時代中期に性について書かれたひときわ啓蒙的な書物であった。禁欲におけるサミュエル・スマイルズと呼ばれてきたウィリアム・アクトンは、つぎのように断定した。「知的《インテレクチュアル》な性質は、通常、性欲と逆比例する。両者は互いに相容れないかのようである。一方を行使すると、他方を消滅させることになるのだから」。このような立場をとったのはアクトンばかりではなかった。ただし、ここでアクトンが用いている「知的」という言葉は、かなりかぎられた意味である。つまり、彼が称揚する「節制」という美徳がもたらす知的能力とは、将来にたいする深慮と自己管理能力と倹約能力、すなわちなにかを知的に思索する人にとってではなく、仕事をおこなう人にとって必要な能力を意味するのである。しかも、ヴィクトリア時代とエドワード七世時代のミドルクラスのなかでは、労働者階級最大の特徴を将来にたいする深慮の欠如とみなす考えが一般的であった。

社会状況の問題はさておいて、ありとあらゆる社会的な議論に道徳的な色づけがなされるような時代にあっては、性にたいしても必然的に道徳的な態度がとられた。しかしながら、一九世紀も進行するにつれて、申し合わせたような沈黙のなかから、抑圧をものともせずに性が表出してくるようになり、社会意識の一部をも形成する。ヴィクトリア時代後期の反逆は、階級ばかりでなく性（そしてこの両者間の関係）にもかかわるものである。性の表出は国家の運命とも利害をともにしているかにみえた。だから、性にかんするおびただしい量の著作を残した一八五九年生まれのハヴロック・エリス（一八五九―一九三九）も、性は「たんに民族を維持し増強するための手段ではなく、未来にたいするあらゆる夢が築きあげられる基礎でなければならない」と論じることができたのである。遺伝学は国家的に重要なトピックとなった。

ヴィクトリア時代中期の理想、そしてこの理想にたいするヴィクトリア時代後期の批判、このいずれも現実の実態とむすびつけることは容易ではない。ヴィクトリア時代中期の家庭内では「女性」が、少なくともヴィクトリア女王が国民に崇められていた程度には「崇拝」されていたようであるが、女性が鎮座させられていた玉座は、つくり物であった。女性は「純潔」でなければならなかった。すなわち結婚前は貞淑で、結婚後は「慎み深く」あらねばならなかった。女性が性を表現することははっきりと否定され、毎年妊娠することで女性の従順は保証されていた。

男は戦場、女は炉ばた、
男は手に剣、女は手に針、
男は頭脳、女は心、

男が命じ、女が従う。

テニソンの『プリンセス』のなかで前工業化社会的な感情を露呈している男性は、よきヴィクトリア時代人であった。一方で、ヴィクトリア時代中期の「大いなる社会悪」として認められていた娼婦も健在であった（当時の記録では、その数の見積もりは三万人から三六万八〇〇〇人までとかなり幅がある）。娼婦を生んだのは、前述の女性観をつくったものとは異なる道徳律ではなく、まさしくおなじ男性の道徳律、ヴィクトリア時代よりもはるか以前より存在していた道徳律なのである。「秘密の生活」があちこちで存在しており、なかでも積極的なものは階級の境界線を越えることが多かった。結婚のおそい独身男性が娼婦を求めたのにたいし、結婚していて裕福な男性は愛人をもったようである。その「犠牲者」になったのは、「堕落した女」である。一九世紀後期には、この二重の道徳基準《ダブル・スタンダード》にたいして公然と抗議の声があがり、ジョセフィン・バトラー（一八二八―一九〇六）率いる「廃娼同盟」が、伝染病法に反対する運動を起こした。伝染病法は一八八三年に執行を停止され（三年後に撤廃された）、つづいて一八八四年には売春宿を禁止し、女性が結婚に同意できる年齢を一六歳にまで引きあげ、男性の同性愛行為にたいする一一の刑罰を導入した刑法修正法が成立した。さらに、一八九八年の浮浪者取り締まり法と一九一二年の第二次刑法修正によって法の強化がおこなわれた。

結婚生活においては、これまでもそうだったように、法律によって夫の有利な立場が補強された。既婚女性にたいして、結婚前もしくは結婚後に取得した財産の所有権を認める既婚女性財産所有法が制定されるには、一八七〇年と一八八二年まで待たねばならなかった（政治的権利にいたっては、婦人参政権運動が下火になるころにようやく認められた）。一連の離婚法のなかで最初のものは一八五七年の婚姻訴訟法で、これにより一般の離婚裁判所が設立され、離婚可能な経済的条件下にあるごく少数の男女に、さまざまな条件で離婚を認可した。夫側は妻の不貞の証拠を示しさえすればよかったが、妻側は暴力や同居拒否といった夫の適性失格の証拠も提出せねばならなかった。宗教的な理由とともに社会的、経済的な理由が、ヴィクトリア時代をとおして離婚率を低くおさえていた。一九世紀の終わりごろで、結婚しているあらゆる夫婦のうち、離婚を経験したのはほんの〇・二パーセントであった。

夫婦の関係は明らかに多様であった。とりわけ、階級や地域によってその違いは顕著であった。一九世紀の終わりごろは、快楽や娯楽にたいする姿勢においては、労働者階級の家庭の方がミドルクラス（貴族階級ではなく）の家庭よりも抑圧が少なかったと言ってさしつかえない。それでも、職人の婚期はおそくなり、一九世紀中ごろ以来、庶子出生率は低くなり、結婚前に最初の妊娠をする率も、一九世紀初期から二〇世紀初期のあいだに四〇パーセントから二〇パーセントにまで低下した。

ヴィクトリア時代の家族は概して大家族であった。一八五一年には平均の子供の数は四・七人で、これは一七世紀の平均値とほぼおなじである。しかし、歴史学者G・M・ヤングがイングランド史上最大の多産時代と表現した一八六〇年代には、結婚している一五〇万組の夫婦はこの平均値を六・二人に引きあげた。子供が一人か二人という家族は八家族のうちの一組だけで、六家族のうち一組には一〇人以上の子供がいた。したがって、「小さな子供から目を離してはならないが、子供の言うことに耳を貸してはならない」という忠告は、権威あるりっぱな助言というよりもむしろ生活から生まれた知恵だったのである。

一九世紀のイングランドには多くの新しい「事実」がみられるが、なかでもひときわ目立っているのは人口の増加と、人口の特定地域への集中である。一〇年ごとの統計数値は、スタジオ撮影のりっぱな家族写真や混雑する商店街の写真(社会史学者にとってこれも新しい種類の資料である)に劣らず目を惹きつける。全人口は一八五一年には一六九〇万人だったのが、一九〇一年には三〇八〇万人に増加した。ドイツ、イタリア、ロシアよりも急激な、そしてフランスよりもはるかに急激な増加率である。一八七一年の時点において、英国人のうち二人に一人が二一歳以下で、五人のうち四人が四五歳以下であったが、幼児の死亡率が高いままでなければ、子供の数の平均値はさらに高かったかもしれない。たっぷりと顎鬚をたくわえた老人はごく少数であった。それでも、このヴィクトリア時代中期はまぎれもなく、家父長の時代、多子多産の時代、不安よりも驕りの時代の絶頂期だったのである。

一九世紀の初めには国民のなかに人口過密の不安が広がっており、聖職者であり政治経済学者でもあり警世家でもあったトマス・マルサスの理論、すなわち貧困者にたいして養護院の外でも援助を与えたり、むやみに施しを与えたりすることは、人口統計および人間社会の諸問題を増やすことにつながるという理論は、ヴィクトリア時代初期に広く引用された。一八三四年の新救貧法は、直接に彼の理論の影響をうけて施行されたわけではないが、この法律を支持した人びとの多くは「マルサス主義者」であり、救貧院内での統制をきびしくすることを要求した。救貧院とは、ヴィクトリア時代人がたんに「施設」と呼んでいた場所で、あらゆるタイプの貧しい人びとが閉じこめられており、しばしば人びとに脅威を与えていたところである。しかし、マルサス理論にもかかわらず、ヴィクトリア時代後期になるともう人口の数は峠を越え、ヴィクトリア時代後期には子供の過疎化にたいする不安がささやかれはじめ、二〇世紀に入ってこの不安は高まっていく。

ヴィクトリア時代後期に起こった重大な人口統計上の変化、すなわち、ヴィクトリア時代版「不確実性の時代」である一八七〇年代に起きた出生率の低下現象は、その原因があまりわかっていない。ほぼ半世紀にわたって、出生率は人口一〇〇〇人あたり三五人前後で安定していたが、一八七五年と一八八〇年のあいだにマルサスの言う「道徳的抑制力」が新たに示されたわけでもないのに落ち込み、さらに一九一四年を迎えるまでに急激に低下して、一〇〇〇人あたり二四人にまで下がった。一八九〇年代には子供の数の平均値は四・三人に、第一次世界大戦が勃発するころには二・三人にまで低下したのである。一方、平均結婚年齢は遅くなっており、子供のいない夫婦、および生涯独身をとおす人の全人口にたいする割合も着実に上昇していった。

それにもかかわらず総人口は、一八七一年から一九一一年のあいだに実質的に増加していた。これは、一八七五年以降、死亡率が着実に減少したためである。世紀末までに、死亡率は人口一〇〇〇人あたり約二二人から一四人へと(不規則にではあるが)低下していた。一方で平均寿命も男性で四〇歳から四四歳へ、女性では四二歳から四八歳へとのびていた。一九一一年の人口調査には、総人口中に六五歳以上の人口の占める割合がいちじるしく上昇していることが、記録されている。この現象にもマルサス理論はあてはまらなかった。これは明らかに個人による人口調整力ではなく、社会による人口調整力がはたらいた結果だからである。一九世紀に飛躍的増加をとげた(経済の)生産力によるものでもなければ、マルサスが思いえがいた調整力によるものでもないでもない。一八七〇年以降の家族構成の変化には、明らかにほかの諸要因がはたらいていたのである。生活水準が向上したこと、物質的な豊かさへの期待も要因の一部であろう。そこで家計をのぞいて、背景となる経済状況をいくらかでも明らかにしてみたい。

経済学者、社会学者とともに栄養学者も、ヴィクトリア時代の人びとがどんなものをどのくらい食べていたのかを分析してきた。一八七〇年代以降、オーストラリアやニュージーランドからの冷凍肉や果物とともに、安価なアメリカ産のトウモロコシが大量に入荷しはじめた。農家も商人も不景気だと嘆いていたこの時期に、生活水準はかつてなかったほどの上昇をみせたのである。当時の文筆家たちがしばしば指摘していることだが、食卓は日々変化した。朝食にならぶ食べ物からはじまり(ミドルクラスの食卓には主食としてベーコンと卵がならぶようになった)、ティー(肉、サラダ、ケーキのならぶハイティーであれ、バター付きパンだけのローティーであれ)へとつづき、多数の料理が運ばれる晩餐《ディナー》あるいはフィッシュ・アンド・チップスの夕食《サパー》でしめくくられた。裕福な人びとばかりでなく、貧しい人びとの食生活も向上した。女王即位から一八六〇年までに、年間一人あたり一八ポンドから三五ポンドへと増加していた砂糖消費量は、一八七〇年から九九年には五四ポンドに、一九〇〇年から一九一〇年のあいだには八五ポンドまで増加した。おなじくいまやビールとならんで国民

新しく設立された公立小学校は、1870 年以降、大規模な公立教育を与える最初の教育機関となり、生徒に知識と規律を教え込んだ。男女別学がふつうであった。この教室の女生徒たちは「自然観察」の授業中である。教育内容のほとんどは「3 つの R」、すなわち読み（reading）、書き（writing）、計算（arithmetic）であった。

石鹸は、19 世紀の終わりにもっとも広く宣伝された製品のひとつである。

的な飲料となっていた紅茶の消費量は一・五ポンドから、まずは四・二五ポンドへ、そしてついには六ポンドへと上昇した。

といっても、子供の数の変化を説明する鍵は、食事のメニューや請求書のなかに隠されているわけではなく、ましてや労働者階級の場合、子供たちにかかる費用（一八七六年以降、子供は強制的に学校へ行かされた）と子供がかせいでくるお金との、正確な数値も不明な算盤勘定のなかに隠されているわけでもない。より重要なのは、子供が「神さまからの贈り物」ではないという意識が広がってきたこと、各家庭内で、その家庭の状況に応じて子供の数を「抑制」することができるという意識が広まってきたことである。家庭の状況には、仕事や娯楽のパターンや、子供の養育にたいする考え方がふくまれていた。宗教もまた家庭の状況の一要素であった（もっとも、大多数の人びとにとって宗教はもはや行動の指針にはなりえていなかったが）。「産児制限《バース・コントロール》」という用語がつくりだされたのは、第一次大戦の直前のこと、イングランドではなく大西洋の向こう側であった。死の抑制《デス・コントロール》はもう少し早くからおこなわれていた。少なくともその理由の一部は、一八三〇年代、四〇年代の統計にあらわれる不公平な数値に恐れを感じてのことであった。地域や社会階層によって、人の死ぬ可能性にこれほどの大きな差異があるとすれば、この運命のギャップは人為的に小さくできるのではないだろうか。初期、中期ヴィクトリア時代の「衛生観」および公衆衛生の改善は、一八四八年と一八六九年の公衆衛生法において結実するのだが、これは道徳的な側面が支えていた。人は死を遅らせ、自分の運命を自分であやつることができるのだ、という道徳である。振りかえってみると、産児抑制の方は必然的に、議会や地方当局による公の決定というよりも、家庭内でのひそやかな決定によるものだったが、「産児制限」の追求は死の抑制と相互補完的な関係にあったようにみえる。公衆衛生に関与した医者たちがあばいてしまった、より貧しい人びとの生活の実態からうかがえるように、妊娠と死は直接的にむすびついていた。

各家庭内での決定が多様であることを考慮にいれても、出生率の低下に階級的な差異があるのも当然であった。社会階層別の子供の数をみると、年ごとの推移のパターンが階層によって異なっていたのがわかる。そこでは明らかに上流階級と専門職にたずさわるミドルクラスが、避妊において先頭を走った。世俗主義者の代弁者チャールズ・ブラッドロー（一八三三―九一）と未来の神智学者アニー・ベザント（一八四七―一九三三）が、産児制限を推奨するチャールズ・ノールトンのパンフレットを再出版したことで告発された一八七六年の裁判は、避妊の問題にたいする大衆の関心をひき、ノールトンのパンフレットは五年間に二〇万部以上も売れた。一八九〇年から九九年のあいだに結婚した夫婦の子供の数の平均値をみると、専門職就業者で二・八人、事務職従事者で三・〇四人、熟練労働者で四・八五人、非熟練労働者で五・一一人であった。つぎの一〇年間をみると数値はそれぞれ二・〇五人、一・九五人、三・二四人、四・〇九人となっている。

義務教育が家庭以外でもっとも重要な影響力をもちはじめるのは、まさしくこの時期である。新しく組織された公立小学校《ボードスクール》は、教育機関というよりも社会生活の場と考えられていた。生徒たちは社会のなかでの自分の立場を受けいれることをしつけられた。一八七〇年以前に存在していたありとあらゆる規模の労働者階級向け私立学校では、行動を統制することにはそれほど重点がおかれていなかったし、教師たちも公的な資格をもっているわけではなかった。道徳的な教育は、教会主宰の日曜学校にまかされていたのである。しかし、一八七〇年以前から存続する慈善団体や宗教団体が営む学校や、新しい公立学校では、「正しい行動」が教えこまれ、「路上文化《ストリート・カルチャー》」はできるかぎり抑制された。マナーや道徳にかんしても同様であった。一八九〇年のロザラムの学校の教育日誌にはこのように記録されている。「男の子と女の子がおなじ運動場で遊んでいるのを発見した。きわめて猥褻な行為を目撃したということだ」。

中等教育および高等教育は、一九〇二年の重要な新教育法（これによって学務委員会は廃止され、教育は地方当局の手に委ねられることになった）によって再編されたとはいえ、社会的に階層化している点は変わりなかった。教育法によって新しい機能を与えられたグラマースクールは、地域の少年のなかのかぎられた人数を入学させた。そのなかには奨学生試験で才能をみせつける子もいれば、たんに授業料を払うだけの子もいた。一方、私立の「パブリックスクール」があった。その多くが低教会派または高教会派という主義を明確に打ちだし、生徒は「プレパラトリースクール」［私立予備校］から進学してくるパブリックスクールは、社会のごく一部の子弟を対象として、卒業すれば「ジェントルマン」となることを保証するという方針に沿って教育していた。パブリックスクールの仕事もまた、なによりも社会を教えこむことだったのである。一八六〇年に『論壇《アシニアム》』において、ある筆者が表現するところによれば、パブリックスクールが歩調をあわせているのは、

> ある生々しい、漠然とした、しかしきわめて分かりやすいもので、それをイングランド的な人生の構図《スキーム・オブ・ライフ》、と呼んでもよかろう。大資産にささえられた学校法人は、知のレヴェルからみると、教育機関というよりもむしろ社会教育機関と考えられている。

一九世紀の末ごろまでには、パブリックスクールのなかにはチーム・スポーツを、価値を教えこむための試練の場とみなしたり、宗教とすらみなしたりする学校がでてきており、ラグビー校を舞台にしたトマス・ヒューズ（一八二二—九六）の小説『トム・ブラウンの学校生活』に登場するいじめっ子フラッシュマンのような生徒がたくさん生まれ

た。それとともに、校長トマス・アーノルド博士が育成しようとした精神的、政治的指導者として成長する生徒、さらにトム・ブラウン本人のように中道を行く生徒も多数生みだした。この三タイプの卒業生たちは、帝国の植民地で、「シティー」で、そして（聖職もふくむ）故郷の専門職で、とそれぞれに活路を見いだしていった。彼らが「善く」成長したか「悪く」成長したかはさておき、ともかくも彼らは「イングランド的な人生の構図」の象徴となったのである。

第一一章

二〇世紀前半のイングランド

戦争による分水嶺

1899年　第2次ボーア戦争勃発　ラウントリーによるヨーク市での社会調査がはじまる
1901年　ラウントリー『貧困—都市生活の研究』
1906年　総選挙、自由党勝利　労働党の成立と大躍進　労働争議法制定　海運法制定　労働者災害補償法改正法制定
1909年　救貧法解体推進委員会設置（1910年　貧困予防国民委員会と改称）
1910年　エドワード7世没　ジョージ5世即位　炭鉱夫ストライキ
1911年　海員ストライキ　港湾労働者ストライキ　鉄道ストライキ　国民保険法制定「デイリー・ヘラルド」紙創刊
1912年　炭鉱労働者ストライキ　炭鉱労働にかんする最低賃金法制定　タイタニック号遭難
1913年　労働組合法制定　婦人参政権運動の激化
1914年　第1次世界大戦参戦
1917年　英王室、名称を「ウィンザー家」に変更　兵器工場などの軍需産業で非公認ストライキ活発化　食糧配給制度の導入
1918年　第4次選挙法改正、30歳以上の婦人参政権実現　第1次世界大戦終結
1919年　J・M・ケインズ『講和の経済的帰結』
1921年　失業保険法、保険支給額の減額を規定　石炭業国家管理解除法　BBC創設
1922年　運輸・一般労組による港湾スト
1924年　第1次労働党内閣（首相マクドナルド）成立　初のゼネラル・ストライキ　保守党、総選挙で勝利し政権復帰
1925年　チャーチル蔵相、金本位制への復帰を断行
1926年　炭鉱労働者のスト支援のゼネラル・ストライキ（5月）、炭鉱労働者はゼネスト敗北後も11月までスト　BBC公社化
1927年　労働争議法成立　同情ストの禁止、労働党への組合からの献金を制限
1928年　婦人参政権、男性と平等になり、21歳以上に投票権　D・H・ロレンス『チャタレー夫人の恋人』
1929年　総選挙、労働党勝利　第2次労働党内閣（首相マクドナルド）成立
1931年　恐慌対策をめぐってマクドナルド内閣分裂、辞職　英連邦の枠組みを明文化したウェストミンスター憲章発表
1933年　労働党大会、労働党政府への労働組合会議の監督強化策を決定
1935年　ペンギンブックス創刊
1936年　ジョージ5世没　エドワード8世、シンプソン夫人との恋愛の末、王位を捨てる　ケインズ『貨幣論』　ジャローからロンドンへ向けての「飢餓行進」
1937年　ボールドウィン、首相辞任、後任にネヴィル・チェンバレン
1939年　徴兵制導入決定　対独宣戦布告、第2次世界大戦に突入
1941年　国民兵役法で女性も徴用対象となる　武器貸与法によるアメリカからの援助開始
1942年　福祉国家の青写真となったベヴァリッジ報告発表
1943年　カサブランカ会談、枢軸国の無条件降伏要求を決定
1944年　ノルマンディー上陸作戦成功　バトラー教育法制定　国民保険省設置

どこを見まわしても戦争である。しかも、ますます戦争そのものが目的と化している。

『ザ・ネイション』(一九一六年一〇月七日)

新しい旗を買うつもりはないわ。この前の戦争で使ったのがまだあるから。

バスのなかでの女性の立ち話『世情調査』(一九四五)

しかし、古い世界がもどり、私たちはまた帰ってきた、荒涼とした畑へ仕事場へと。
富める者と貧しい者が反目しあう、
あのおなじみの世界へと。
私たちの勝利は、敗北であった。

ハーバート・リード
『一九四〇年に徴兵された一兵士へ』(一九四六)

あのような無垢は、もう二度ともどらない。

フィリップ・ラーキン
『白衣の日曜日の結婚式』の「1914」より(一九六四)

ウィンストン・チャーチル(一八七四―一九六五)はパブリックスクールのハロー校在学時代に「人類の歴史は戦争で語られる」と書いたが、それは彼が作戦指揮に直接かかわった第一次世界大戦がはじまる以前のことであり、まして彼が二〇世紀最大の戦争指導者のひとりとして頭角をあらわすことになる第二次世界大戦は、はるかのちの話である。しかし、一九〇〇年にパブリックスクール卒業生に率いられたイングランドの軍隊が南アフリカで戦争をおこなったときですら、戦争と平和が二〇世紀世界史の主題になるだろうと予測できた人などほとんどいなかったのである。ウォルター・バジョットは、一九世紀初めに近代社会は封建制度の遺物たる「戦闘の時代」から「議論の時代」へと移行したと論じたが、これは多くの一九世紀イングランド人の考え方を代表していた。

イングランド人のこれまでの経験に照らしあわせれば、バジョットとは逆の考え方をするのは無理というものであった。二〇世紀にヨーロッパを巻きこんだ二つの大戦はともに世界戦争となり、若きチャーチル自身もかかわった一九世紀の「小さな戦争」とは規模も性質もまったく異なっていた。一九世紀に戦争が起こった地域の多くは、かつてローマ帝国時代にローマ軍が戦った前線であり、少数の正規軍が遠隔の前線へ赴いて敵軍(シーク教徒、アフガニスタン人、アシャンティ族、ズールー族、スーダン人)と交戦した。それは法と秩序を強要する征伐のための遠征であることもあれば、帝国の領土を増やすための野心的な戦いであることもあった。戦争には産業のようになんらかの理論が適用されることがほとんどなく、軍隊そのものも一九世紀の終わりごろまでは、ごくごくかぎられた変化を経験したにすぎなかった。長期間におよんだナポレオン戦争において、正規軍の数は二二万人であった。その数は一八四〇年には一〇万人をわずかに超える程度までに落ちこんでいたが、一九世紀の終わりごろには二〇万人にまで回復した。これは、一八六八年から一八七四年のあいだに陸相としてグラッドストーンを忠実に支え、陸軍省の改革をおこなったエドワード・カードウェル（一八一三―一八八六）の功績による。将校の職を購買によって手に入れるという長らく続いてきた制度は廃止され、短期の規定期間服務制度が導入され、陸軍省そのものも再編された。しかしながら、伝統的な連続性がつねに強調された。「イギリス帝国は英雄たちを生みだしてきた。彼らは危険と脅威のなかにあっても、『母国の沿岸の岩のように』厳として立っていた」とは、一九世紀末によく読まれた書物、『ある兵士の体験』中の「兵卒からの声」の一節である。

イギリス海軍《ロイヤル・ネーヴィー》はいぜんとして国防の要であり、「イギリスの支配による平和《パクス・ブリタニカ》」の守護者であった。イングランドにとってこの海軍がいかに重要であるかを、テニソンはつぎのように表現した。

　イングランドの無敵の陸軍は分散していて、兵力も少ない
　ところがわが国土は無数の海外の土地によって養われているから
　イングランド艦隊こそかけがえのないものなのだ

しかし、一八六〇年代、七〇年代に入り、海軍は技術革新の重大性を認識してはいても、それを考慮に入れて戦術を検証しなおすこともしなかったし、人口が密になってきたこの国が封鎖されれば、前例がないほどの犠牲が出るという可能性にたいして、なんらかの対策を立てたわけでもなかった。海軍への歳出配分承認法補足案が議会を通過したのはようやく一八八四年になってから、選挙権が拡大した直後のことであった。この法律により海軍増強五カ年計画が導入され、一八八九年の海軍防衛法へとはずみがついた。防衛法によって八隻の巨大な戦艦と二隻の小戦艦の建造が正式に許可され、海軍拡張の時代の幕が開くこととなった。

一八七〇年にドイツとフランスのあいだで戦争がおこなわれていた。イギリス「ブリテン」は中立を保ったが、このころから一九世紀末にかけて、軍事費の増大と大衆にたいする軍国主義の鼓舞という重要な現象が起きていた。一八九九年に「女王陛下の兵士たち」は、長期化して論議をよんだ植民地戦争、すなわち「先住民」ではなく南アフリカに住む白人のボーア人相手の戦争に突入した。この戦争は答えの出しにくいさまざまな問題点を露呈させることになった。すなわち、新兵たちの体力や教育水準の低さ、作

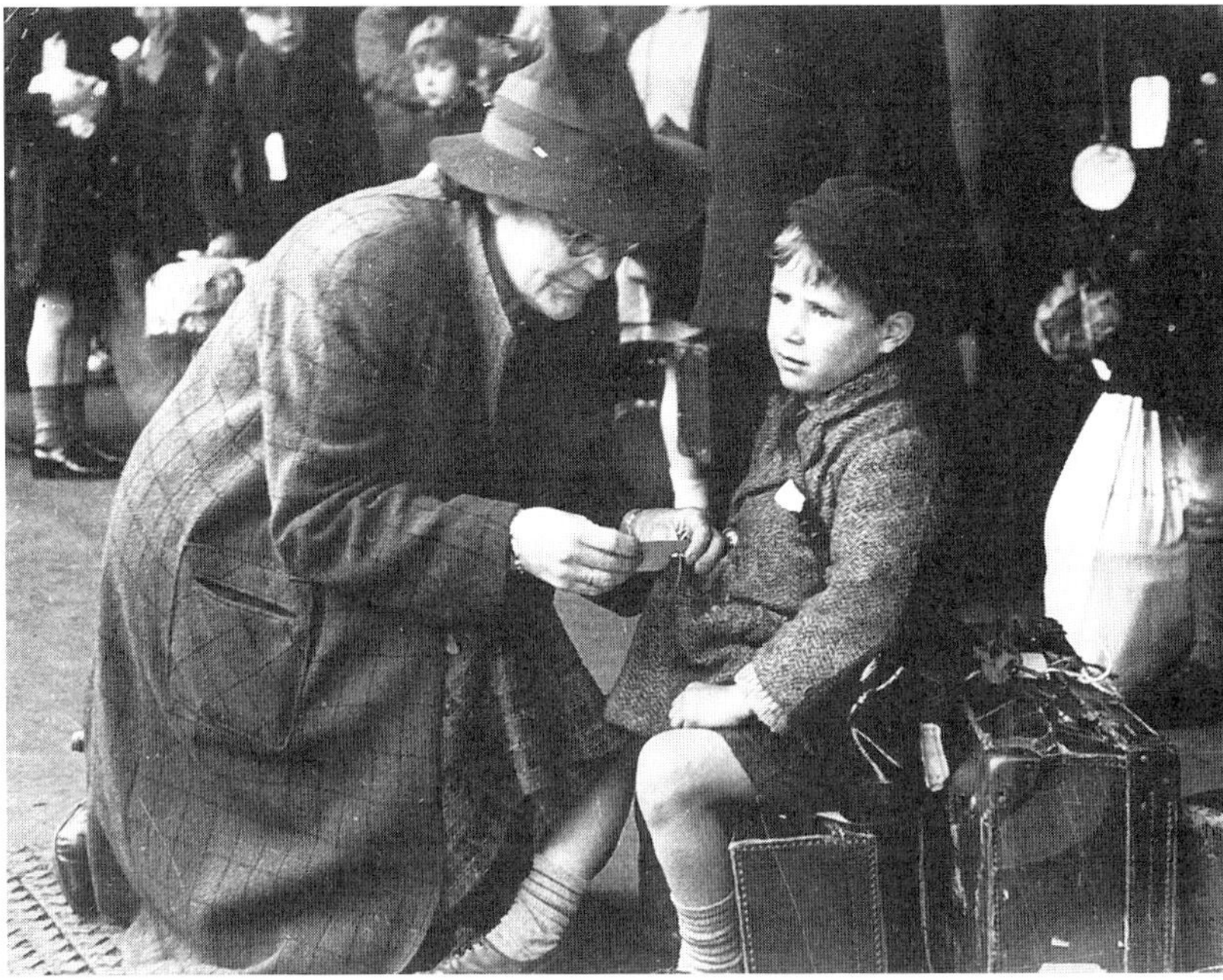

20世紀には、異なる戦争で兵役につく父と子、第二次大戦中ならば「銃後の守り」とよばれた仕事をする母と兵役につく子、というように親子の代にわたって戦争の経験が共有された。戦争には別離がつきものである。多くの子供たちが家庭を離れて疎開させられた。教師に名札をつけられているこの写真の子供もそのひとりである（1942年）。「戦争の子供たち」は平和な時代に入ってもその記憶を脳裏深くに刻みつけていた。しかし、第一次世界大戦が終わってから第二次世界大戦がはじまるまで、平和な時代はそれほど長くはつづかなかった。

戦遂行における「効率」追求の必要性、戦争と社会の方針とのむすびつき、世論とプロパガンダの役割、そしてとりわけ、戦場における栄光ではなく恐怖の問題、などである。「日中は、積極的な行動を起こせと言いたてるばかりの新聞を読んですごし、夜は夜で現状と未来のことばかりを夢にみている……戦争は貧富の区別なくあらゆる人びとを巻きこんでしまう。だれもが戦場に友人や親戚を送りだしているのだから」とは、南アフリカ駐在のイギリス代表使節(のちに高等弁務官)アルフレッド・ミルナー(一八五四―一九二五)に送られてきたイングランドの友人からの手紙の一節で、一八九九年一一月の日付がある。ところがその数カ月後には、当時の事情を伝えるべつの書簡によると「イングランドの大衆」は戦争に疲れきっており、「戦争を英雄詩で称えるようなことは終わった」ことが示唆されている。

ボーア戦争がおこなわれているあいだに、「イギリス帝国の運命をにぎるのは民衆」という意識が強まりつつあった。だが、一九〇二年から一九一四年までの期間において、戦争と平和にかかわる重大な決断は、表舞台の陰でひそかになされており、その多くにかかわったのは、新たに設置された帝国国防委員会であった。自由党から首相になっていたハーバート・ヘンリー・アスキス(一八五二―一九二八)は、一九〇九年にこの委員会を評して「わが国家機構にとって有益、かつこのうえなく重要な機関である」と表現した。第一次世界大戦の原因はあれこれ複雑にからみあってはいるが、ともかくも原因は海のかなたの大地ではなく、ヨーロッパにあった。そして大衆は、ますます細かく張りめぐらされていた外交上の提携ネットワークが意味する危険、すなわちもし戦争が勃発したら、それは一八七〇年や一九〇〇年の戦争のような局地的な戦争ではおさまらないことは間違いないという危険を認識していなかったのである。大衆新聞の大見出しになったのは、イギリスとドイツの軍艦建造競争のことで、このころから「危機《クライシス》」という言葉が一般に使われはじめた。

国際問題にたいする意見は、帝国にたいする意見と同様に、真っ二つに分かれた。非国教徒の良心も強ければ、強硬な愛国主義も根強かった。そして世の中には暴力をあつかった読み物がますます増えていき、なかでも侵攻と地下抵抗物は人気を博した。振りかえってみれば、この種のものが好戦的な環境を助長していた。当時まだ若き哲学者であったバートランド・ラッセル(一八七二―一九七〇)の表現を借りれば、「人間の本能の基底部分に眠る野蛮性が掘り起こされつつあった」のである。一九一〇年から一九一四年のあいだにも、アイルランドやイングランドで小規模の紛争が起こっていたので、第一次大戦の勃発を突然の大事件ではなく、一連の出来事の最終段階と解釈することも可能となっている。

イギリスは参戦当初、少数の正規軍に、軍隊に復帰した予備役兵（第一次遠征軍の六〇パーセントを占めた）の大援軍を加えて戦ったが、それでも兵士はまったく足りなかった。大戦が勃発してから一四カ月のあいだにカリスマ的な戦争総司令官キッチナー卿（一八五〇―一九一六）の呼びかけに応じて「新しい軍隊」がつくられ、ついには二二五万人もの志願兵が集まったが、それでもまだ不十分であった。しかもまもなく、将校たちが命を落としはじめた。一九一四年が暮れるまでに、戦死者のなかには六人の世襲貴族、一六人の准男爵《バロネット》、六人のナイト爵、八四人のナイト爵の子弟がいた。最後の解決策として、一九一六年の年頭に一八歳から四一歳までの独身成年男子全員を対象とする徴兵制が導入された。一九一八年、戦争が終わるころに、軍隊の兵士に配給される糧食は、一九一四年八月の一六万四〇〇〇人分から、五三六万三三五二人分という驚くべき数値にふくれあがっていた。たとえば、新規に組織されたイギリス空軍《ロイヤル・エア・フォース》だけをとっても（三万一一二七人の将校と二六万三四一〇人の兵卒）、一九一四年の時点における兵士の総数よりはるかに多い兵士が生まれていたのである。兵士たちを支えていたのは家畜と内燃機関であった。配給された家畜の総数は、一九一四年には二万七五〇〇頭だったのが、一九一八年には八九万五七七〇頭にも増えた。また、ガソリン消費量は、フランスにおける消費量だけをとっても、一九一四年の一カ月あたり二五万ガロンから、一九一八年には一カ月あたり一〇五〇万ガロンにまで増加した。『戦場の乗合バス』（一九一八）の作者である「臨時中尉」は、「この戦争は技術者の戦争と呼ばれている。この戦争ではガソリンが生命線なのだ」と書いた。とはいえ、馬もまだ戦闘の重要な部分を占めていたことを忘れてはいけない。

　兵士、家畜、内燃機関とともに、軍需物資にたいする需要もとどまるところを知らず、政府はやむなく経済活動への介入を深めていった。一九一四年に鉄道経営は民間から政府の手に移り、以後「政府によってではなく、政府のために」管理経営されることになるのだが、これをはじめとして多くの民間企業にたいする戦時活動制限がおこなわれた。その結果、戦争が終わるころには政府に新しく巨大な部門、たとえば海運部門や食糧部門などが設置されており、なかにはほとんど即席でできたものもあった。需要と供給の法則の代わりに、いわゆる「上からの命令による悪循環《コマンド・スパイラル》」の法則が働き、必然的につぎからつぎへと政府の介入をまねくことになった。結果は、公務員の数の大膨張である。もっとも、その上層部で権力をふるっていたのは、ことに一九一七年以降には、経済界から政治家への転身者である場合が多かった。

　経済活動ばかりでなく、土地までもが管理されようとしていた。一九一五年夏、かの南アフリカ帰りのミルナーが農業委員会の議長に指名された。しかし現実には、各州《カウンティ》の戦時農業委員会はあまり役にたたず、唯一の有益な戦時の変化であった「サマータイム」の導入（一九一六年五月）も、農業経営者から抗議をうけた。一九一七年になると国家の食糧備蓄がわずか三週間分だけという事態になり、女性農業部隊《ウィメンズ・ランド・アーミー》が設置され、産業に従事する労働者人口総数の三分の二が政府の管轄下におかれることになった。食糧配給制もしかれた。配給される食糧の種類はかぎられていたが、配給の方法はお役所的形式主義にしばられていた。一九一八年の『パンチ』に、「ロンダ・ランドのデイヴィッド」というタイトルの諷刺漫画が掲載された。このなかで、アスキスの後を継いで首相になったデイヴィッド・ロイド＝ジョージが、ウェールズの石炭王から食糧大臣に転身したロンダ卿と口論している。「いつも家を空けがちなんだが、どうしたら砂糖をもらえるんだね」とロイド＝ジョージがたずねる。「あげられません。書式に必要事項を記入しないと」と「頭のおかしい食料品店主《マッド・グローサー》」ことロンダ卿が答える。「でも書式にはちゃんと記入したぞ」とロイド＝ジョージが言いはると、食料品店主が答えるには、「それではべつの書式に記入していただかねばなりません」。

　アスキス政権が失脚したあと、一九一六年にロイド＝ジョージが首相に指名された。経済人を政府内に引き入れたのは、ほかならぬこのロイド＝ジョージであった。一九一六年以前に軍需物資、軍資金の調達を任されていたのも、新聞が戦時にふさわしい指導者として持ちあげていたのも、彼である。ロイド＝ジョージとアスキスはともに自由党員であったが、一九一五年以降、彼らが率いたのは連立内閣であった。自由主義《リベラリズム》もまた戦争による犠牲をうけていたのである。一九一八年にある有名な自由党員がこのように書いている。「戦争は自由のルールに沿って遂行されるわけではない。ただし、自由が守られる唯一の手段が戦争であったのだ」と。一九一四年に成立した国土防衛法（DORA）は、一九一五年と一九一六年に適用範囲が広げられ、一九一四年以前ならばけっして社会が許さなかったであろう程度までに、政府が個人の自由へ介入することを認めた。このような状況のなかで、徴兵制度は、自由党員が直面しなければならなかった難題中の難題となった。

　戦時下の経済管理もまた難題であった。長くつづいた自由貿易と低率直接税の時代に終わりがつげられた。一九一四年には、所得税に課せられるもっとも高い税率でも、収入一ポンドにつき一シリング二ペンスであった。この場合、もっとも高収入の納税者さえ、所得の七分の一を超える税金を国家にはらう必要はなかった。ところが、一九一八年には、所得税の標準税率は一ポンドにつき五シリングにまで跳ねあがった。しかも、納税者の数は六倍に増えた。それでもなお、莫大な借金が必要であった。これにともなう戦後の負債にたいして深刻な不安を表明したのは自由党員ばかりではなかった。たとえば歴史学者トレヴェリアンの兄にあたるチャールズ・トレヴェリアン（一八七〇—一九

20世紀最初の戦争は、多くの国々を巻きこむ世界大戦ではなく、南アフリカでのボーア戦争だった。イギリス本国と植民地諸国がボーア人の小国と戦ったこの戦争は、結局、ずるずると紛争が引き延ばされたものにすぎなかった。この戦争は、イギリス帝国の国威発揚を煽るような宣伝であと押しされたが、イギリス本国では戦争反対の立場をはっきりと表明する階層もあって、はからずもイギリス社会や組織の欠陥を露呈することになった。この戦争プロパガンダ絵画は「帝国家の息子たち」と呼ばれている。

五八）は、一九一五年におこなった演説で、「われわれがこの戦争をはじめたのは、わが国の資金は潤沢であるから、わが国に降りかかることにはいかようにも対処できる、と思い込んでのことであった」と述べている。それが一九一八年には、国債は一九一四年の四倍になった。それどころか、しばらくのちの一九三二年には、負債は開戦時の一二倍にまでふくれあがった。

一九一六年に総司令官ヘイグ（一八六一―一九二八）付きの将校のひとりが、つぎの一節を書きとどめている（一九一四年以前の筋金入りの自由党員ならば、こんなものを読んでもなんのなぐさみにもならなかっただろうが）。

ここは総司令部である。行政部門には、民事法や社会設備に相当するものがほとんど揃っている。食糧供給、道路および鉄道による交通、法と秩序、機械操縦技術、医療の仕事、教会、教育、郵便サーヴィス、そして農業までも。しかもこれはイングランドのどこかひとつの行政区域（ロンドンを除く）よりも大きな人口を対象としているのである

第一次世界大戦がはじまると、最左翼の自由主義経済学者J・A・ホブソン（一八五八―一九四〇）は（彼の帝国主義にかんする著作は、亡命してきたロシアの革命指導者レーニンに影響を与えた）、未来の平和時には軍国主義が脅威となるであろう、と確信した。ホブソンの主張によれば、軍国主義は、「帝国主義、保護貿易主義、法律至上主義、娯楽と潤い《エモリエント》（慈善活動、スポーツ、飲酒など）、修正社会主義、保守主義、国家絶対主義、権威主義（教会、学校、新聞など）、そして官僚主義」とともに「不正の悪循環」の中心にあった。しかしながら、このような見方をするイングランド人はそれほど多くはなかった。それどころか、現実を見わたすと、「娯楽と潤い」はもっと多い方がよいと考えていた兵士や民間人ばかりであった。ちょっとしたホテルやレストランはどこも、「飲み食いしたり、踊ったり」する人びとでいっぱいであった。ナイトクラブも同様である。「女の子にはだれでも軍人の恋人がいる」。『エコノミスト』の編集者にあてた手紙のなかで、ケンブリッジの経済学教授はこう書いている。

「娯楽と潤い」への渇望は、第一次世界大戦のような大規模な戦争が必然的に生みだしてしまう副産物であった。一九一四年に多くの兵士たちが群衆の歓呼のなか勇んで出陣した。その状況にロマンを感じた兵士さえいた。ルパート・ブルック（一八八七―一九一五）の詩句では、「このすばらしい瞬間にわれわれを引きあわせてくださった神よ、ありがとう」と詠われた。ところが、このロマンも塹壕のなかの現実によって跡形もなく吹き飛ばされた。戦況は長いあいだ膠着していた。どちらの陣営も（驚くべき数の戦死者をだしながら）必死に戦ったけれども、相手陣営を壊滅させることはできなかったのである。六〇〇〇マイルにおよぶ塹壕は、配置された分隊ごとに番号がつけられ、ま

1914年8月4日撮影。ロンドン警視庁の新兵募集事務所前で、志願兵として登録しようと待機している男たちを写したものである。担当職員がこの人ごみをかきわけて机にたどりつくのに20分かかり、そのために20人の警察官の助けを借りなければならなった。翌月までに志願兵として登録した男性の数は、25万人であった。

た兵士たちによってほかの分隊と区別するためだけでなく「人間社会らしく《ヒューマナイズ》」しようとして、ピカデリー、ハイド・パーク・コーナー、マーブル・アーチなどのロンドンの地下鉄の駅の名前をつけられていた。視界の狭い塹壕に囲まれた世界は、泥と有刺鉄線の世界であった。そして地図上の場所が地名におき換えられると、その地名は不吉な兆候とみえた。画家、批評家、小説家のウィンダム・ルイス（一八八二―一九五七）がベルギー北西部のパッセンダーレという地名をはじめて耳にしたとき、彼はその名が「泥はね《スプラッシネス》」と「殉教《パッション》」を暗示することから、この地は「無意味《ナンセンス》」が花咲く運命のもとにあると感じた。結局、パッセンダーレは一九一七年に、一四万四〇〇〇人の犠牲者を出した。「戦争の支配者となりうるのは、邪悪な悪鬼の化身だけである。神の手の微光すらどこにも見えない」と書いたのは画家のポール・ナッシュ（一八八九―一九四六）、一九一五年のことであった。若き少尉ウィリアム・ラトクリフは、「いたるところで神の御業が人間の手で汚されている」と書いたが、その少尉も一九一六年に戦死した。

　戦争の傷跡を描いたナッシュの風景画は、おなじく彼が描いた穏やかなイングランド田園地方の風景画とはいちじるしく対照的である。この二つの風景に共通するものはひなげしだけであるが、ひなげしが咲き誇る激戦地として有名なフランドルの戦場において、「日没と日の出」は「神にたいする冒瀆」となった。戦争詩人のアイザック・ローゼンバーグ（一八九〇―一九一八）はフランドルの戦場で折り重なる死体を詠った。戦後、共同墓地の管理人になった人びとは、十字架を何列にもわたって整然と並べる作業をおこなうことになった――

俺たちの生活を支えてくれるのは鉄の十字架
俺たちがまだ若いときに鋳造された鉄の十字架
豊かな土地のなかにぽっかりと焼け焦げた戦場跡は
美人の口のなかの一本の折れた歯のようだ

フランスにくらべると、イングランドが失った兵士ははるかに少なかったとはいえ、殺戮はすさまじかった。戦闘による兵士の死者は、およそ八五万人と見積もられていた。この数が戦争前の一〇年間にイギリス本国から移民していった人の数よりも少なかったことは事実であるが、問題はそのような数値で表されるものではなかった。適応とは恐ろしいもので、時とともに人びとは死に慣れはじめていた。それでも、家族が引き裂かれ、町や村が荒廃するにつれて、悲しみの帳《とばり》が社会のあちらこちらに下りはじめた。アスキス首相にも聡明な息子がいたが、彼はソンムで戦死した。オクスフォード大学の学生も、ほぼ五人に一人の割合で戦死した。妻は夫を失い、婚約中の娘も相手を失った。なかにはそれっきり結婚せずに生涯をとおした娘もいた。人と人との関係が回復不能なまでに変えられ――もちろん、いつも悪い方へというわけでもなかったが――、地方および国家のありとあらゆる組織が休止した。こうした出来事は二〇世紀を分断してしまう大分水嶺《グレイト・デイヴァイド》となり、ある作家はこれをグランド・キャニオンにたとえている。

いまや死は運不運の問題になったが、二〇世紀のモロク［セム族が信仰した神で子供を生贄に要求する］の犠牲になったのは死者ばかりではなかった。負傷した者、毒ガスにおかされた者、戦争神経症を患った者、盲目になった者が、回復の見込みもなく戦場からよろよろともどってきた。動員された八〇〇万人の兵士のうち、およそ二〇〇万人が負傷しており、一九二二年に九〇万人分以上の軍人恩給が支払われた。一九二八年の時点で四八の特別精神病院が、なおも六万人を超える戦争神経症患者の治療をおこなっていた。第一次大戦を詠った詩のなかでも一九二〇年代、三〇年代にもっとも広く知られていたものは、ロレンス・ビニヤン（一八六九―一九四三）の「戦没者のために」であり、各地で作られる「戦争記念碑」のかたわらで毎年朗読された。記憶と現実とをむすぶこの詩は、こう詠っている――

戦死した兵士たちは老いることはない。残されたわれらは老いるばかりなのに。
齢《よわい》が彼らに疲れを与えることはない。年月も悲しみをもたらすことはない。
陽の沈むときにも、そして朝にも
われらは彼らを思いだすであろう。

この詩が書かれたのは戦争開始から七週間後、まだどの程

第一次世界大戦では、市民は第二次世界大戦のときほど大きな被害を受けなかった。とはいえ、生命も建物もずいぶん失われた。これは、1915年にドイツの飛行機ツェッペリン号がロンドンを急襲したあとの被害を写したもの。ツェッペリン号は恐怖をまき散らしたけれども、戦争の道具としての飛行船の未来はあまり長くなかった。

度の犠牲が出ているのか、はっきりわからないころであった。犠牲の凄惨さをいやでも思いださせるのは、ずっとあとにヘンリー・リード（一九一四—一九八六）が書いたつぎの詩である——

戦争の話が出ると
ぼくの心のなかに
大戦《グレイト》と呼ばれた戦争が
攻め入ってくる。

厳重な検閲を経て前線から送られてくる「楽しそうな」手紙は、故意に戦争の真実を隠蔽したものであった。もっとも、「いとしなつかしの英本国《ブライテイー》」での休暇中に、こっそりと真実を打ち明ける兵士もいたにちがいない。一九一六年の七月にトーニー軍曹としてソンム攻撃に参加した歴史学者のR・H・トーニー（一八八〇—一九六二）は、兵士と言えば「陽気に敵兵を殺し、いつも快活で、戦場の興奮を楽しみ、闘いのチャンスには喜んでとびついていく」ような「トミー」［陸軍法規に兵士の代表名としてトミー・アトキンズを用いたことから］が思い浮かぶことを不満に思っていた。完全な真実、すなわちたくさんの個人の真実の集積は、戦争が終わってからようやく書物などで公に明らかにされた。『われら女王陛下の兵卒』もそのひとつである。この本の著者は身元を明かさず、ただタイトルページに「兵卒一万九〇二二番」と自分の認識番号だけを書いた。

この戦争は叙情詩《リリック》にふさわしい戦争であり、叙事詩《エピック》的ではなかった（総司令官ヘイグや将校たちならば、当然後者を好んだとは思うが）。兵卒たちは、平静さを装った沈黙を保つことで精いっぱいであった。ただ、ウィルフレッド・オーウェン（一八九三―一九一八）作の深く共感をよんだ詩、「不運の青年たちを称える歌」は、時と場所を超えていまでも心に訴えてかけてくる――

牛のように死んだ者たちへの弔鐘などなんになろう。
祈りをあげるつもりならば、
それができるのは大砲の咆哮と
ライフルのしゃがれた吃音だけ。

統制のゆきわたった軍務の隙間から、原始的な恐怖が噴きだしていた。おなじ戦争歌でも、戦争直前に書かれ、兵士たちが行軍歌として愛唱していた「ティペレアリー」にくらべれば、この「地獄の鐘」のような冷笑を浮かべた兵士たちの戦争歌は、まったくちがう種類の歌である。

人間の犠牲にくらべると、戦時中の技術的な進歩はそれほど身近に感じられなかった。ドイツ軍は飛行船《ツェッペリン》を使った空襲を四〇回ほどおこなったが、イギリス軍は飛行船を使用しなかった。そして、一九一七年に飛行機でロンドン攻撃を開始したのも、やはりドイツ軍であり、このときばかりは「ロンドンの運命は侵入者たちのなすがまま」という危機感を生みだした。前線では、イギリス軍が一九一七年になってようやく、（これも新兵器である）戦車を大量に投入した戦闘を開始したが、それもカンブレの戦いにおいて戦車の有効性が認識されてからのことであった。このころ巨大な権力をにぎるまでにのしあがっていた新聞王ノースクリフ卿（一八六五―一九二二）〔『デイリー・メイル』創業者〕は、戦車の乗員たちを、「スポーツをするような気分、すなわちサッカーをするときのあの勝気な情熱をもって」戦車に乗りこむ「命知らずの若者たち」と評したが、幸いなことにこの発言は今日ではすっかり忘れさられている。いまでも戦争のイメージをもっとも鮮明かつ強烈に伝えているのは、ジークフリート・サスーン（一八八六―一九六七）が書いた、戦車がロンドンの劇場の一階前方特別席《ストール》に突入するイメージである――

ぼくは戦車がS席に突入していくところが見たい。
ラグタイムのリズムか、「埴生《はにゅう》の宿」のメロディーに
合わせてがたがたと突進していく戦車を。
そうすればミュージック・ホールで激戦地バポームに
ごろごろ転がる弾痕だらけの死体を
茶化して冗談を言う奴など黙りこんでしまうだろう。

ラグタイム〔ジャズの源流となった音楽〕は、タンゴとともに戦前から流行していた（一〇〇年前ならばワルツであっ

男性ばかりでなく女性もまた、戦争のための仕事をすることを余儀なくされた。1914 年以前に婦人参政権のために運動していた女性たちも例外ではない。(右) 1913 年のこの写真は、婦人参政権論者のデモ行進の模様である(軍隊のような規律正しさで行進している)。(左) 戦時中のこの写真には、バーミンガムの軍需品工場で働く女性の補給兵が写っている。彼女が製造しているのは手榴弾である。両大戦中に、女性は軍需品の生産の場においてめざましい貢献をしたので、戦前には婦人参政権論者に眉をひそめていた男性も、第一次大戦中にすっかり考えを改めるほどであった。

ただろう)。ラグタイムでブラック・ユーモアをつくりだすには、戦争そのものが必要であった。

多くの民間人たちが進んで戦争に協力した。ボランティア組織が物資の援助をおこない、一七四万二九四七本のマフラー、一五七万四一五五組の手袋、六一四万五六七三個の救急袋、一二二五万八五三六個の包帯、一六〇〇万冊の本、そして二億三二五九万九一九一本のタバコを戦場へ送った。送られた安物の紙巻きタバコ(ファグと呼ばれた)が、有刺鉄線と同様に塹壕での生活の重要な一部となり、従軍牧師のひとりはタバコの名にちなんで「ウッドバイン・ウィリー」と名づけられた。一方、救世軍は、一八八〇年代の「暗黒のイングランド」の産物であったが、戦前に都市部のスラムで活躍したときとおなじように、軍隊間を活発に動きまわって社会との連絡役をはたした。しかし、「民間人の歩く街路」と「兵士の戦う戦場」との心理的な溝は、一九一四年と一九一八年のあいだに大きく深まった。このときの溝の大きさにくらべれば、のちの一九三九年(遅くとも一九四〇年)から一九四五年に戦われた「国民の戦争」のときの方が、両者の溝ははるかに小さかった。

政治家と将軍たちのあいだにも大きな心理的な溝が生まれていた。「政治家は将軍たちをまったく信用しなかった。将軍たちは政治家を公然と非難した。陸軍軍人と海軍軍人は互いに信頼感をほとんどいだいていなかった。大衆にとっての英雄は存在しなかった」と述べたのは、もうひとりの新聞王、男爵のビーヴァーブルック卿（一八七九―一九六四）である。彼は『デイリー・エクスプレス』の発行者であり、当時の政治情勢にかんしてはだれよりもきびしい意見の持ち主だった。一九一七年、一九一八年には厭戦気分を示す多くの兆候があらわれた。「荒廃と悲哀が逆巻く嵐」と自由党系の雑誌が呼んだ状況のさなか、戦闘を「最終的な解決」へと向かわせる「一連の因果関係」を見極めることがむずかしくなっていたからである。しかし、一九一七年にアメリカが参戦すると転機が訪れた。不可欠だった兵力増強ができたばかりでなく、戦争目的が新たに議論されるようになったのである。そして、一九一七年一〇月のボルシェヴィキの勝利で終結をみたロシアの革命によって、社会の根本となる諸問題に直接の関心が向けられることとなった。このような情勢のなかで、政治家たちは戦後の変わりゆく社会をどのように「再建」するかについて多くの論議を重ねていった。ロイド＝ジョージはつぎのように宣言している。「かつていかなる国にもこのような機会が訪れたことはなかった。フランス革命ですら、社会再建の機会を与えてくれたわけではなかった。国家はいま溶解状態にある。われわれはもう昔のやり方、昔の悪習、昔の愚行にもどることはできない」と。

　しかしながら、戦争体験そのものをとおして（たとえば軍需工場での福利厚生の状況を改善する方法を学ぶことによって）、社会政策の諸問題がもち上がっていた。一方で、多くは愛国的な戦争支援者であった労働組合員たちは、軍需生産を最大限に増やしたいのであれば、労働者の不満にたいして分別ある対処をすべきである、と主張していた。一九一四年には組合の指導者たちは、従業員や一般組合員たちにたいして、「ストライキや工場閉鎖などの強行手段にたよらねばならなくなる前に和解できるよう、真剣に努力する」よう強く要請したが、戦況がきびしくなるにつれて、そのような無理のある命令を守ることがむずかしくなった。少なくとも工場の作業場ではそうであった。新しい勢力である組合の職場委員《ショップ・ステュワード》は国境を越えて連帯の輪をつくっており、ロイド＝ジョージが閣僚に労働党員を加えても、不穏な緊張はしずまらなかった。労働党員の閣僚のひとりジョージ・バーンズ（一八五九―一九四〇）は、不穏な緊張がつづく理由をつぎのように列挙した。「犠牲が公平ではなかったという思い、政府が公約を破ってしまったという思い、労働組合の指導者がもはやあてにならないという思い、そして、産業社会の未来にたいする不安感」と。

　一九一四年には戦時緊急労働者全国委員会が、「戦時下における労働者階級の権益を守る」という目的のもとに結成され、一九一七年まで「富の徴発」キャンペーンをおこない、運動が頂点に達した一九一八年二月には新しい労働党憲章を採択した。その第四条は社会主義をはっきりと打ちだしている――

　手と頭を用いて生産をおこなう者たちに、その労働の全成果を確保し、生産手段の共有と各産業、サーヴィス分野の大衆による経営管理システムを基盤として成しうるような、富と機会の完全に公平な配分を保証する。

多忙の労働党党首アーサー・ヘンダーソン（一八六三―一九三五）は、とくに労働者の国際的な結束と革命後のロシアへの態度をめぐる外交政策上の対立を理由として、一九一七年八月に、ロイド＝ジョージの内閣を離れた。ヘンダーソンの政権離脱はその後、労働党憲章第四条よりも長期にわたる影響をおよぼすことになった。A・J・P・テイラー（一九〇六―九〇）が論じるところによれば、対立は「ロイド＝ジョージと『人民』の進む道が真っ二つに分岐」したことを示していた。労働党は連立内閣を去る旨を通告した。その結果、新生労働党（いまや団体加入の党員以外に個人の党員もおり、確固たる選挙区基盤もあった）は、ロイド＝ジョージが政権に返り咲いた一九一八年の総選挙においてわずか五七議席しか獲得できなかったにもかかわらず、政治的立場は一九一四年よりもはるかに強くなった。その後数年もたたないうちに、労働党は自由党を押しのけて国家における第二の党へと躍進した。

労働党の立場はほかの面でも強まっていった。一九一八年の国民代表法により、史上はじめて本格的に民主的な選挙権が保証された。また、労働組合員はピーク時には六〇〇万人を超え、それにともなって新生労働党の資金が増加した。さらに、党の指導者のなかに一九一四年に戦争に反対した者や、「超愛国主義」全盛時代に良心的に戦争に反対したばかりにつるしあげにあった者がいたという事実も、結局は党の不利にはならないことがわかった。幸いにも、一九二〇年代には「超愛国主義」そのものにたいする激しい嫌悪感が広まったからである。

その一九二〇年代になると、そのほか多くの戦時下におけるる社会変化も全体的にとらえることが可能になった。そのひとつは女性の役割の変化である。一部の女性は一九一八年の選挙権拡大の恩恵にあずかり、三〇歳以上の女性世帯主と世帯主の妻に選挙権が与えられた。用心深くおこなわれたこの改革によって女性へ参政への門戸が開かれ、さらにその九年後には、平和時の女性有権者に国家体制を一変させる意志がないことが判明することにより、女性は男性とおなじ条件で選挙権を与えられた。戦前の多くの婦人参政権論者は、一九一四年に「戦争への協力」が要請されるとただちに反発していた。たとえば、戦闘的な指導者クリスタベル・パンクハースト（一八八〇―一九五八）は、「この大戦争は、女性を服従させてきた男たちにたいする神の復讐である」と書いた。そして一九一七年には、強い影響力をもっていたジャーナリストのJ・L・ガーヴィン（一八六八―一九四七）がつぎのように書くまでに事態は変わっていた。「かつて私は国家を維持しているのは男だけだと思っていた。いまでは、新しい国家は男女に等しく依存しなければならないということがわかった」。おなじ年、「女性の選挙権のためになんらかの手段を与えよ」との全党会議の勧告が出され、それを早期に実現するための法案を要求する動議が議会に提出されたのであるが、その立役者はなんと、戦前には婦人参政権運動家の敵であり、攻撃目標であったあのアスキスであった。女性の役割は戦争中に大きく広がっていた。前線で看護婦として働く女性もいたし、軍需工場で作業をおこなう女性も大勢いた。従来女性には閉ざされていた職業や職場に進出する女性も増えた。ところが、一九二一年における女性の労働力は、一〇年前の二九パーセントまで落ちこみ、また、選挙権を得たといっても、政治を変革することはできなかった。

女性の役割における最大の変化はおそらく、工場や職場よりもむしろ家庭において明白だったであろう。食糧獲得の闘争は、塹壕での奮闘に劣らぬ厳しい戦いだったからである。一九一七年のクリスマスの二週間前、『タイムズ』には、ロンドン郊外のチェーン店にマーガリンを求めて長い行列をつくる女性たちの写真が掲載された。両手に幼子を抱きかかえる女性もいれば、スカートのまわりに子供たちをまつわりつかせている女性もいる。パンとジャガイモは配給の対象にはならなかったが、一九一七年には主食の価格は補助金で維持されねばならなくなった。しかも、ジャガイモの供給量はいつもわずかだった。一九一八年一月に配給されることになった日用品の第一号は砂糖である。

その少し前、『パンチ』が一九世紀の有名な知識人の亡霊を以下のように呼び出していた――

おお、マシュー・アーノルドよ、あなたは正しかった

私たちにはもっともっとあなたが言った「甘美《スウィートネス》・

と光明《アンド・ライト》」が必要だ

われわれが残忍な敵を打ち破るその日まで

砂糖は不足し、電灯は暗いままなのだから

一週間の一人あたりの砂糖消費量は、一九一四年から一九一八年までのあいだに一・四九ポンドから〇・九三ポンドへと落ちこんでいた。また、一九一八年の後半になって配給切符《クーポン》で配給されはじめた食肉《ブッチャーズ・ミート》は、二・三六ポンドから一・五三ポンドに消費量が落ちた。しかし、食糧の不足や物価の高騰にたいする不満が噴出していたにもかかわらず（この不満もミドルクラス［中産階級］だけにかぎった話ではなかった）、カロリー摂取量は一九一四年以前よりも高い水準をほぼ保っており、イングランド人の栄養状態は敵国よりもはるかに良好であった。事実、労働者階級の女性と子供の食生活は、戦前よりも向上していた。これは雇用の改善、給食、そして週単位でわたされる給料袋のおかげであった。ロンドンの学校医務局が出した一九一八年の公式報告書によると、「栄養失調状態にある子供の割合は、一九一三年の半分以下に減少している」。

戦時下の経済政策が統制経済を生みだしたように、社会政策の悪循環は、政府を徹底的な一連の国家介入へと導い

1918年、ロンドンのクラッパム公園の市民農園を訪れるジョージ5世。勝利のための耕作は、両世界大戦における一大テーマであった。ジャガイモは多くの戦艦と生命を救ったのである。

た。ロンダ卿は、食糧大臣という論議沸騰のポストを引き受ける前に、戦後の新しい省庁がつくられるべきだと主張し、一九一九年にクリストファー・アディソン（一八六九―一九五一）が保健省を新しく創設する法案を提出した。アディソンはロイド＝ジョージの「再建」キャンペーンにおける彼の右腕であり、自由党から労働党へ移籍したグループのひとりでもあった。彼は教育の状況を横目でうかがいながら、小学校にみられる肉体的に不健康な子供にたいして社会の特別な関心をひきつけた。「不健康な子供が毎年あらゆる年齢層にみられる。その数たるや、一個中隊や一個連隊どころではなく、方面軍を組織できるほどである」。

一九一八年の時点で、女性と同様、子供たちにも国家がいっそうの関心を向ける必要があるという認識が広まっていた。これも戦争経験や戦争の影響がもたらした結果である。子供たち、そして「青少年《アドレッセント》」（当時はまだ一般的には使われていなかった用語である）の役割は、女性の役割以上に戦時中に大きく変化したといってよい。一四歳以下の子供の就業者数が四倍になったのである。この状況に対応する新しい定義が必要になったのももっともで、「少年少女《ジュベナイル》」という用語が生まれた。この単語はもともと「小さな賃金労働者」という意味だったのが、いまや「訓練中の労働者および市民」と新しく定義しなおされた。青少年の定義が定められてから五カ月後の一九一八年八月に、教育省長官で歴史学者としても知られているH・A・L・

フィッシャー（一八六五―一九四〇）が一九〇二年以来はじめての大々的な教育法を提案した。彼はこの法律によって義務教育終了年限を一四歳にまで引きあげたが、それを正当化するにあたっての根拠は、「子供にたいする産業社会の圧力」を緩和すべきであるというものであった。

　フィッシャーは、初等教育ばかりでなく「上級《アドバンスト・》教育《インストラクション》」にも広く機会を与えるべきとの信念をもっており、公立の小学校の授業料の全面免除を指示したほか、学校教育を終えてからの生涯教育にも力を入れさせた。このような尽力はともに、才能は無駄にされるべきではないというおなじ理由にもとづいておこなわれた。また彼は、戦争によって高まった「社会の結束感」に訴えて、自由主義者がかくも憂慮した徴兵制は、「市民の境界線は富の多寡によって決められるものではない」ことを意味するのだと論じた。経済学者J・A・ホブソンは、戦争（と徴兵制）の影響の分析ではフィッシャーと真っ向から対立していたが、右の結論だけはまったく一致した。

　さらに一九一九年、アディソンは重大かつ遠大な影響をおよぼすことになる住宅法を導入した。これによって未来の家族生活のあり方と街なみの景観が一変することになった（政党政治も変わらざるをえなかったことは言うまでもない）。この法律は地方の行政機関にたいし、地域内の住宅の需要を調査し、国家の基金から補助金を受けるべき住宅建設の計画を提出するよう義務づけた。戦後しばらくは補助金の分配に大きな格差がみられはしたが、ともかくもこの法律のおかげで、地方行政機関が国家の援助を受けて、市営住宅（新しい市営住宅団地のなかに造られることが多かった）を供給する業務に乗りだすことになった。女性も子供も新しい家庭環境を与えられることになったのである。

　ここには社会的な問題ばかりではなく、道徳的な問題もかかわっていた。戦争は家族をばらばらにし、「暖炉の火を絶やさず燃やしつづける」ことは生易しい仕事ではなくなっていた。早婚も戦争の影響で増加していたが、これも安定を補いはしなかった。子供たちがかつてないほど放任されることが多かった時代にあって、子供たちの将来は政治家の手にゆだねられていた。少年少女がかせぐ賃金が増え、宗教による拘束力がいっそう弱くなるにつれて、「しつけ」が甘くなった。宗教のなかでもことに「非国教派」は、時代遅れに見えはじめていた。戦時下の状況では、非国教派の教えに従うのは困難であり、ましてやそれを子供に強いるなど、とうてい無理というものであった。性の風紀も変わりつつあった。婚姻外出生の割合が増加し、避妊もますます当然のこととして受けとめられるようになった。ある証言によれば、一九一九年までには「どの村の薬局でも避妊用品を販売していた」。戸籍本署長官は、一九一六年の婚姻外出生率の急増について、「おおぜいの若い男女が家庭の束縛から自由になったこともふくめて、この年の異例な状況」という言葉で説明している。

イギリス初の労働党内閣が誕生すると、イギリス初のゼネストが発生した。1924年に労働党内閣が倒れると、ゼネストもたちまち沈静化した。ウィンストン・チャーチルが実権を握るボールドウィンの保守党内閣は、ストライキのあいだ、国家を「運営」するあと押しをしてくれる大勢の志願兵を動員した。この写真は、志願兵が運営するバス事業所での衛兵の交替の模様を写したものである。ストライキのあいだ、激しい暴動は起きなかったが、根深い階級対立感情が広がっていった。とりわけ炭鉱地域ではそれが激しく、炭鉱労働者が資本家に裏切られたという意識を強くしていった。

道徳批判は戦中にも戦後にも洪水のようにあふれた。批判対象は広く（ふつうは他人の生活様式の変化にたいして向けられた）、衣服（たとえば丈の短いスカート）から飲酒（ことにパブにおける女性の飲酒）にまでおよんだ。批判の多くは階級の偏見に根ざしており、都会にたいする反感をあらわにした口調で語られることが多かった。しかも批判者にとって具合の悪い事実は黙殺された。たとえば一九二〇年代に婚姻外出生率が一九一四年の数値以下にまで低下した事実や、過度の飲酒の顕著な減少（戦争中に飲酒による犯罪の件数は五分の一にまで少なくなっていた）である。しかしながら、戦前には名残りをとどめていたヴィクトリア時代的な道徳観は、そのほとんどが消えさってしまったのは明白であった。当時の人びと自身が社会のあらゆる見解を集めてアンソロジーを編纂しているが、そのなかに、エドワード七世時代の社会批評家でもあったノーベル賞受賞作家ジョン・ゴールズワージー（一八六七―一九三三）によるつぎの一節がある。「いまや絶対的なものなど、なにひとつとしてない。自由貿易、結婚、外交関係、石炭、階級、どれひとつとっても全面的な信頼を寄せられるものはない」。また、これにひけをとらぬ雄弁をもって、ある女性の大学出身者が語るところによれば、「ヴィクトリア時代の家庭をつつんでいたあの確かな感覚、あの確かさゆえに男たちは高齢になっても息子の世代のために不動産を買い、ワインセラーをつくったものなのに、戦争はその感覚を粉々に打ち砕いてしまった」。

経済の変化はさらなる分裂と不安をまねいた。一〇〇万エーカー以上の土地が売却された一九一九年のはやり言葉は、「イングランドの支配者が交代しつつある」であった。ランズダウン侯（一八四五―一九二七）は、戦争時には話し合いによる平和政策を支持した人物だが、来客があるたびにイングランドの大きな地図を広げ、地方のスクワイヤー［郷士］の所有地を意味する緑色の部分を指さして、「事実上、この部分はすべて消えさる運命にある」と嘆じたものであった。土地売却の背景には、短期間ではあったが戦後のにわか景気があった。しかし、政府の目には、近い将来革命が起こるのではと懸念されるほど、事態は悪下していているように映っていた。一九一九年と一九二〇年の両年にストライキが波のように発生したのである。警察官までもが参加するほどの大々的なストライキであった。にわか景気のあとには、一九二一年の『エコノミスト』誌が「産業革命はじまって以来の最悪の不況期」と呼んだ時期がつづいた。平和時における組織的な労働者たちの怒気たるや、戦時の軍隊に負けず劣らず戦闘的であった。もっとも、多様な労働組合組織をまとめあげるのは困難であったようで、一九二一年四月一五日の「暗黒の金曜日」に起きた事件、すなわち炭鉱労働者と鉄道、運輸各労働組合による「三者同盟」の合同ストライキがスト突入の二、三時間前になって中止された事件は、その困難さをよく物語っている。組合の圧力にたいしてロイド＝ジョージの連立内閣が示したのは、不公平を是正するという態度ではなく（是正どころか、せっかくの戦時中の統制を徹底的に解除してしまった）、諜報機関が「破壊活動」を調べあげるまでのあいだ、その場しのぎでひとまず取りつくろおうという態度であった。諜報機関は、組合の活動を陰で支援しているのが国会議員の大部分とミドルクラスの意見であることをつきとめた。ミドルクラスの意見は、たとえば『タイムズ』の「国内の経済戦争は、ドイツとの戦争のように最後まで戦い抜かれねばならない」という宣言にも後押しされていた。

しかしながら、ドイツとの戦争とは異なり、国内戦争は最後まで戦い抜かれることはなかった。結局、双方の「陣営」におなじ程度の覚悟がなかったからである。一九二二年、連立内閣が倒れ保守党が政権に返り咲いたが、この出来事は労働党にとってまたとないチャンスとなった。そして一九二四年、労働党は少数与党政府としてはじめて政権についた。しかし、その後の出来事で明らかになったことは、イングランドでは革命的な変化はそれほど求められていないという事実だったのである。労働党内閣そのものが、たとえ実現の見通しは先のことであっても、根本的な改革計画を貫徹する意思をちらりとでもほのめかすことはなかった。一九二九年から一九三一年に政権についた第二次労

野に下ったロイド＝ジョージ、そしてJ・M・ケインズと労働党左翼のある活動家は、失業者救済の方法を知っていると主張したが、戦後の政府はどの政党も、大量の失業者を救済することができなかった。冷酷非情な失業問題でせっぱつまったジャローの人びとは、ゼネストの10年後にあたる1936年、ロンドンまで飢餓行進するという「聖戦」に出発した。この行進は左翼の政治家が仕組んだものだったけれども、彼らの抗議行動も現実を変える力をほとんどもたなかった。1930年代半ばには失業率も低下しはじめたが、階級対立はあいかわらずつづいた。ジャローもノーサンバランドも、第2次世界大戦がはじまったときはいぜんとして経済不況に苦しんでいた。

働党内閣もおなじ態度であった。それどころか、労働党から首相になったラムゼイ・マクドナルド（一八六六―一九三七）は戦争中は平和主義を通した人物であったが、財政の危機に直面したときに、総選挙もおこなわずに、保守党員が多数を占める「挙国一致」政府を率いることを選んだほどであった。その時期に過酷な経済不況という試練を経験したものの、国の社会的な枠組みは、一九一九年と一九二〇年に多くの批評家が示唆したほどには変化していなかった。

一九二六年五月三日に炭鉱労働者を支援しておこなわれたゼネラル・ストライキは、イングランド史において異彩を放つ事件であるが、この事件すら社会の枠組みが変化した証拠ととらえるわけにはいかない。ストライキの呼びかけに応じたのは全労働者で、どの職業であれ労働組合員はストライキ中止まで仕事にもどることはなかった。ところが、一九二四年中に政権に復帰していた保守党政府は、おもにボランティアの援助のおかげで、サーヴィスの供給と秩序を維持するに十分な公共事業をつづけ、国家秩序の崩壊を避けることができたのである。しかも、どちらの陣営も過激な主張をかかげていたにもかかわらず、社会の緊張は比較的少なかった。ある歴史学者の言葉を借りると、「どちらの陣営も相手を過激政策の持ち主だとなじっておきながら、それは本心ではなかった」のである。一般労働者の熱心な参加にもかかわらず、そもそもストライキ決行にも気乗りしていなかった中央の労働組合指導者は、ストを継続する意志の強さをもちあわせていなかった。一方、首相のスタンレー・ボールドウィン（一八六七―一九四七）も、合意の道をさがせるはずだと信じており、無条件降伏を強いるよりもなんとか和解にもっていこうとしていた。その結果、ゼネストは五月一二日に中止となった。炭鉱労働者にはなんの確約も与えられず、彼らは重い犠牲をはらって、孤軍奮闘すべく取り残されたのである。

一九二七年、政府は新たに労働争議法案を通過させた。将来ゼネストがおこなわれれば、確実に違法にすることを目的とする法案であり、労働組合員たちはできるだけ早急にこれを撤回するよう強く求めた。しかしながらその一年後、何人かの組合の重要な指導者は、産業界の未来にかんする経営者たちとの話し合いに参加した。この話し合いの手筈をととのえたのはサー・アルフレッド・モンド（一八六八―一九三〇）、戦後の巨大な特定部門集中型産業の模範例となったインペリアル・ケミカル・インダストリー社の会長であった。対決よりも協調をめざす多くの力学が働いていたので、近年の見方からすると、二六年のゼネストは階級闘争の頂点ではなく、むしろ逆に労使関係において、階級闘争が七〇年代まで放棄される出発点と考えられている。ゼネストが終了したとき、一九一一年に創刊された労働党の新聞『デイリー・ヘラルド』の編集者は、「いたるところに濃厚な安心感」を感じとった。「たったいま、店の窓に『名誉ある和平《ピース・ウイズ・オナー》』という貼り紙が貼ってあるのを見た。これが実現したことと思う」とこの編集者は書いた。この「名誉ある和平」はその当時大いに論議を呼んだが、それから一二年後の一九三七年にボールドウィンの後を継いで首相になったネヴィル・チェンバレン(一八六九―一九四〇)が、ヒトラーと宥和的な条約を結んでミュンヘンから帰国したあとにやはりこの「名誉ある和平」を訴えて論議を呼んだ。小説家のE・M・フォースター(一八七九―一九七〇)は、二つの世界大戦にはさまれた時期の雰囲気をこのようにまとめあげている。「二〇年代は戦争に反発し、戦争から遠ざかっていった。三〇年代は戦争が起こるのではと懸念し、戦争へと導かれていった」と。

首相のボールドウィン自身は、「諸戦争を終わらせるための戦争」であるはずの第一次世界大戦がひきずる影を強く意識していた。彼は新しい戦争の影が近づいてきた一九三五年、「戦争の記憶は、いまもわれわれを不快にする」と論じ、「われわれの子供たちや孫たちの命、われわれの大地に立つ遺跡や諸組織、そして、われわれの自由な精神の境界石」を守りぬかねばならないと述べた。これはボールドウィンお気に入りの言葉である。イングランドはその国民の歴史により、ファシストでも共産主義者《コミュニスト》でもない、というのが彼の主張であった。三〇年代の半ばともなると、もはや「歴史」を「経済」におき換えて、第一次世界大戦に払った犠牲を勘定するには、時すでに遅しであった。というのも、次なる戦争の準備のためではなく、次なる戦争からイギリスを守ることを目的とする再軍備が、すでに経済を活性化させはじめていたからである。実のところ、イギリスはまだすっかり「正常」な状態にもどっていたわけではなかった。商船の四〇パーセントは失われ、外国向けの投資は極端に減っていた。しかも、戦争中にイギリスの工業生産高が減少したその一方で、アメリカの工業生産高は二二パーセント増加し、第一次大戦後の繊維産業においても手強い競争相手となった日本の工業生産高も、一九一三年から一九二〇年までのあいだに七九パーセントも上昇していた。新しい競争国が工業化する一方、海外市場は失われていた。ヒトラーが政権につく直前の一九三二年、イギリスでは保険に加入していない事務職の労働者を多数ふくむ二七五万人の人びとが失業しており、経済の構造上の問題が一九三〇年代をとおして根強く残っていた。

ボールドウィンの後継者となったチェンバレンは、イギリスの「準備がととのう」までヒトラーを「なだめすかす」ことに努めたが、大多数の有権者の支持にもかかわらず、その努力は空振りに終わった。ヒトラーは「なだめすか」されず、また、戦争がはじまってみると、今度の戦争は第一次大戦よりもさらに長引くことが目にみえていた。今回の戦争には一九一四年の熱狂はどこにもみあたらなかった。戦争勃発のニュースも国民には衝撃としてうけとめられなかった。相当数の有権者が「宥和政策」に反対し、ヒトラーの行動をただちに阻止するべきだとの信念をもっていたからである。徴兵制がすでに実施されており、「対空襲予防手段」もかぎられた規模ではあったが、すでに組織化されていた。

　しかしながら、ヒトラーにたいする戦いはむしろ「戦争もどき」の様相を呈し、世情調査《マス・オブザヴェイション》に意見を寄せたある人物の表現を借りれば、「これまでの戦争のなかでもっとも奇妙な戦争」となった。大衝突を予測させられていた大衆にとって、予測どおりのことはほとんど起こらなかった。専門家の予測によれば、最初の空襲での死亡者、負傷者はそれぞれともに六〇万人で、それが六〇日間つづくとのことであった。一九三九年九月三日の日曜日に最初の空襲警報が鳴り響いたとき、絵に描いたように赤子をひしと抱きしめたある女性は、「天に向かって祈りを唱え、最悪の事態が訪れるのを待った」。ところが、そういう場合にありがちなことだが、その警報は誤報であった。最悪の事態は訪れず、まもなく「灯火管制《ブラック・アウト》」のなかに、肩すかしを食わされたような感覚が広がった。家庭を離れて疎開した子供の数は、フランスへ派兵された兵士の数の一〇倍であったが、疎開による心理的および社会的不安の原因は戦時の緊迫ではなく、むしろ戦闘以前の食糧不足にあった。余暇の大黒柱になっていた映画館や劇場は閉館させられ、ＢＢＣ放送も制限されたが、それもなんの役にもたたなかった。もっとも、映画館はすぐにふたたび開館して繁盛したし、放送は聴衆に情報を与え、かつ激励するためのメディアとしてたちまち不可欠な存在となった。一方、情報省（戦時につくられた不評の省庁）は自信に満ちた社会的ムードを醸成すべく、あえて歴史の力にたよろうとし、ひとりの役人は情報省最初のポスターとしてつぎのような図案を提言したが、これはほとんど無意味であった――

　何百年も前の戦争から抜けだしてきたような、長い弓をもった兵士が両足を広げて（安定感を象徴する）立ち、弓を引いている（力強さを意味する）。兵士の背景にはイングランドの緑色のシルエットがある。兵士の片足はデヴォン州あたりに、もう片方の足はケント州あたりにおかれているのがよかろう……。

一九四〇年の暑い夏、ヨーロッパ西部がドイツ軍による電撃的侵攻《ブリッツクリーク》を受けてからようやく、イギリスはウィンストン・チャーチル（一九四〇年五月にチェンバレンの後を継いで首相になり、労働党をふくむ連立内閣を率いていた）が誇らしく、イギリスの「最高の時《ファイネスト・アワー》」と呼んだものを経験することになった。イギリス軍（のうち二二万五五八五人）が、ヨーロッパ大陸からの撤退を余儀なくされ、五月二六日から六月四日までのあいだにダンケルクから小さなボートによる臨時船団を結成して逃れてきたのである。そしてしばらくのあいだ、イギリス本土は占領される危機にあるかにみえた。ヒトラーに対抗し、孤立していることに国民が誇りをもっている兆候を見たチャーチルは、「汝ら

1940年12月、前線はイングランド国内に移った。ドイツによる夏の電撃的侵攻と「バトル・オブ・ブリテン」（イギリス上空でおこなわれたイギリス空軍機とドイツ空軍機による一連の大空中戦）がはじまる前に、ウィンストン・チャーチルがネヴィル・チェンバレンに代わって首相の座についていた。そのチャーチルが、爆撃によるロンドンの損害を視察しているところを撮影した写真。ドイツによる空襲は、ドイツみずからが「ブリッツ（電撃的侵攻）」と表現した。土地や建物は手ひどい損害を受けたが、国民の士気は高かった。国民ひとりひとりが危機や惨事にみまわれたこの戦争は「人民の戦争」であった。

武勇の人となれ」と指揮をとった。本土侵略の脅威が高まり（「軽率なおしゃべりは命とり」というスローガンを生んだ「スパイを警戒し、国内事情が敵国側に漏れるおそれを警告」）、「国防市民軍《ホーム・ガード》」が組織された。この市民軍は伝説的な存在になっているが、まもなくドイツ空軍が本土に総攻撃をかけはじめると、民兵の小隊よりも空襲監視員の方が必要とされるようになった。防空気球におおわれたイギリスが、植民地や、本国を占領された連合国の政府、そしてひそかにアメリカ合衆国大統領およびその多くの国民の援助をうけることができたのは、幸運なことであった。

　爆撃の被害を受けたロンドンの生活の驚くべき光景は、世情調査によって集められた同時代の記録から再現されてきた。世情調査とは、一九三七年に「日常生活の正確な観察記録と、ありのままの人びとの心情を伝えるために」組織された調査機関である。一九三〇年代におこなわれた興味深い冒険的試みのひとつであるこの世情調査の発起人はトム・ハリソン（一九一一―一九七六）で、人間の営みを鳥を観察するのとおなじ態度で観察した人であるが、戦争中に各地に散った調査員のなかには、公の調査機関に引き抜かれた者もいた。じっさい、長引くドイツの攻撃にたいする反応の声は、ロンドンからも地方からも（地方にはコヴェントリーやハルのようにほぼ壊滅状態になった町もあった）まったく聞こえてこなかった。むしろ、概してドイツの空襲《ブリッツ》は、苦労をともにする人びとの団結をうながしていた。

　小説家J・B・プリーストリー（一八九四―一九八四）はヨークシャー訛の声で「この戦争は民衆の戦争である」とBBCをとおして宣言したが、この言葉はチャーチルの言葉に負けないほどの影響力をもった。イングランドの歴史と田園生活に慰安の根拠を求めた点では、チャーチルもプリーストリーもおなじであったが、プリーストリーは断固たる口調で、戦後は人びとがはらう犠牲を平等とすること、より公平な政策が新たに執りおこなわれることを強く要求した。「われわれは過去をやりなおすために戦っているのではない。高貴な未来を計画し、つくりだしていかねばならないのである」と彼は声高らかに主張した。チャーチルの「無名兵士たち」は、戦闘と平和の両方に勝ち抜くよう求められたのであった。一九三八年創刊のイラストの豊富な雑誌『ピクチャー・ポスト』も、このメッセージを伝えていた（もっとも、映画館で上映される「ブリティッシュ・ムーヴィートーン・ニュース」での「われわれはいま、まさに歴史を生きている」話はもううんざりだったが）。

　確かなことがひとつあった。第二次世界大戦中の経験はとくに一九四一年のソヴィエト連邦と合衆国の参戦以降、第一次世界大戦中の経験とはまったく異なるものであったことである。したがって、第一次大戦から第二次大戦までの期間（「両大戦間の時代」と表現されることが多い）は二一年間にも満たないとはいえ、この両大戦をひとくくりにして解釈しようとすると誤解を与えることになりかねない。熱情あふれる作家ヴェラ・ブリテン（一八九三―一九七〇）いわく、「両戦争をこんなふうにとらえてしまうと、二つの戦争にたいして誤った理解をするばかりか、失われた二〇年間の歴史を極端に単純化してしまうことになる」。

　二つの大戦の違いは顕著である。まず、第二次大戦では塹壕がほとんど登場せず、軍馬にいたってはほとんど出番はなかった（一九四二年に世情調査のある調査員がこんなことを書きとめている――「馬も配給手帳をもっている。当局が猫に配給手帳を配るのはいつだろう」）。第二に、第二次大戦では戦車が多く使われた。第三に、科学の活躍の場が増えた。そのなかにはレーダー、初歩的なコンピューター、原子力もふくまれる。第四に、戦線が増え、戦闘の多くは砂漠やジャングルをふくむ、イングランドの田園地方とは似ても似つかぬ慣れない土地で戦われた。「残酷な海」もしばしば戦場になった。一九四〇年の前半、中盤にドイツによる攻撃の矢面に立ったのは、空軍兵士と、そしてだれよりも海軍軍人であった。この状況は映画や絵画、そして文学に描きだされている。第一次世界大戦で有刺鉄線のフェンスを描いたポール・ナッシュは、この戦争では大破した航空機を描いた。単座戦闘機スピットファイヤーが新種の戦闘機の典型であったように、リチャード・ヒラリー（一九一九―四三）も「新しい世代の典型」であったが、そのヒラリーはこのように書いている。「スピットファイヤーに乗っていると、われわれは戦争の本来の姿に連れもどされる。個人対個人の戦いへ、己れのみが頼みの綱となる戦いへ、自分の運命にたいして自分が全責任をとらねばならぬ戦いへ、と」。

　しかし、それにもまして第一次大戦と第二次大戦との重要な違いは、民間人の参加であった。子供は「戦争の勝利に力を貸す」ために最大限の努力をするよう奨励され、女性も多くの戦線で前面に出て活躍した。一九四四年には、ほぼ五〇万人の女性が軍隊に所属しており、女性補助部隊でも二〇万人が働き、文官として勤務した女性もゆうに三〇万人を超えていた（全労働人口の四八パーセントである）。ガーヴィンの言葉にあった「依存」は、彼には想像もつかなかったであろうほどの大きなものになっていた。

　戦争がつづくにつれてますます多くの人びとが巻きこまれ、戦線での民間人の犠牲はしばしば重大であった。一九四〇年九月七日から一九四一年一月一日までの四カ月のあいだに、ロンドンに例をとると一万三三三九人が死亡、一万七九三七人が重傷を負った。さらに悲惨な事態が起こった。一九四一年の五月一〇日から翌一一日にかけて、一四三六人が亡くなり、一七五二人が負傷した。このような状況にあっては、民間人にとって勇気が不可欠な資質となった。「ピムリコの私の女家主はライオンに負けないくらい勇敢だった」、チャールズ・スノー（一九〇五―八〇）の小説『光と闇』（一九四七）の登場人物はこう述べている。

戦争が終わるまでに、六万人の民間人と三万五〇〇〇人の船員が犠牲になった一方で、戦闘で命を落とした兵士は三〇万人、第一次大戦のときの半数以下であった。戦場の最前線はハル、ブリストル、サウサンプトン、プリマス、コヴェントリー、そしてロンドンへ、ロンドンの地下深く「古きよきロンドンの地下鉄《チューブ》」へと広がった。彫刻家ヘンリー・ムーア（一八九八―一九八六）が描いた防空壕の絵の数々は、当時の雰囲気をよく伝えるものである。このデッサン・シリーズは一九四一年七月に最優先印刷権を与えられ、すぐさま四回も増刷された。また、個人の私的な日記につづられた言葉も、当時の雰囲気を伝えている。つぎの文章はある民間人の日記に書かれたものである――

空襲がはじまったとき、人びとはかなり神経をとがらせており、どのように行動したらよいのかわからなかった。しかし、二、三日たつと、みんなすぐに慣れてきた。夕方防空壕にやってくるとき、身の回りの物、保険証、現金、宝石類、紅茶入りの水筒、子供のミルク、キャンディーなどを手につかんでもってきた。やがて当局も集結所でダンス・パーティーをはじめるようになった。

物質的な耐乏生活を強いられるにつれて、娯楽がますます求められるようになっていた。一九四三年五月には、七〇〇〇近くの工場で四〇〇万人が、ラジオから流れてくる「働きながら聞く音楽」や「労働者の休み時間」に耳をかたむけていた。この番組のなかで、チャーチルが有能な労働省長官としてえらんだ有力な労働組合員アーネスト・ベヴィン（一八八一―一九五一）が、祝福の言葉を述べていた。「音楽・芸術審議会（The Council for the Enjoyment of Music and Arts）」、通称CEMA――戦時中に身近になった略語のひとつ――は、軍隊を慰問するENSAこと慰安奉公会（The Entertainments National Service Association）とおなじくらい名が知れわたるようになった（もっとも、ベヴィンはこの名称を「高尚すぎる」と思ったようだが）。「音楽・芸術審議会」は階級を超える支持を得た。

このCEMAにたいし、政府が一九三九年の暮れに最初の補助金を与えたとき、大衆紙はこの補助金を「ばかげたやり口」と書いたが、その根拠は「戦時には文化に類するものなどない……またいまは文化的活動など無視されるべきときである」であった。しかし、第一次大戦中にくらべ第二次大戦中には、はるかに広い範囲にわたって文化にたいする渇望が強かったのである。たとえば、ナショナル・ギャラリーでおこなわれたマイラ・ヘス（一八九〇―一九六六）の戦時コンサートは、ロンドンのあらゆる階層の人びとに深い感激をもって受け入れられたし、歴史と伝統を誇るロンドンの劇場サドラーズ・ウェルズが地方でおこなったオペラ公演も同様であった。かかわったのは教養のある少数派であったが（この光景のもう一方の端には大混雑

女性は第1次大戦のときよりもはるかに広い範囲で戦争活動にたずさわっており、多くの女性が軍隊で働いた。写真の女性たちはロンドンのガス工場で働いている。このなかのひとりは、戦前は病棟のメイドの仕事をしていた。土にまみれて働く女性が大勢いた。

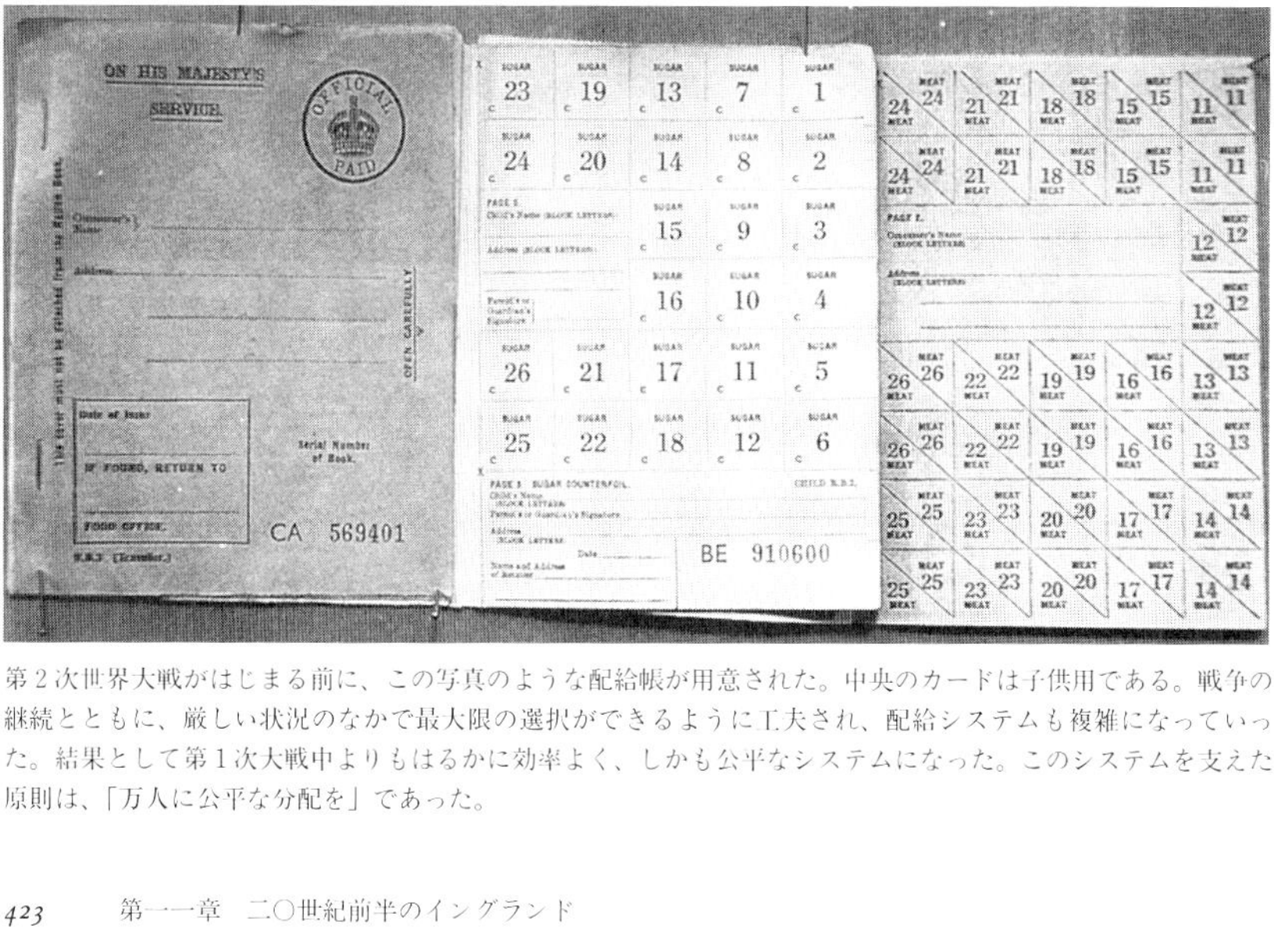

第2次世界大戦がはじまる前に、この写真のような配給帳が用意された。中央のカードは子供用である。戦争の継続とともに、厳しい状況のなかで最大限の選択ができるように工夫され、配給システムも複雑になっていった。結果として第1次大戦中よりもはるかに効率よく、しかも公平なシステムになった。このシステムを支えた原則は、「万人に公平な分配を」であった。

のハマースミス・ダンスホールがあった）、芸術の世界が有力者の後援やボランティア組織に左右される世界から、国家がかかわる世界へと転換していくにあたって、この少数派は重要であった。戦後できた芸術審議会《アーツ・カウンシル》の母体となったのも、CEMAであった。

　この種の文化が戦争のいわば「華やかな一面」を演出する一方、戦争を支える窮乏生活の方は第一次世界大戦中よりもはるかに均等に共有された。また戦争のための長期的な経済負担は、国債よりもむしろ課税によって多くまかなわれた。戦前から計画されていた配給制は厳格に実施されたが、非必需品を対象として一九四一年の暮れから導入された「ポイント制」によって選択の余地を残すなど巧みな工夫をおこなった。必須栄養素という概念は四半世紀前にはかえりみられなかったか、もしくは誤解されていたかのいずれかであったが、第二次大戦中の配給量は栄養摂取の必要量が配慮されるようになり、栄養面からみると多くの人びとの栄養状態はかつてないほどすぐれた状態となった。一九四四年には、総蛋白摂取量は一九三九年よりも高くなり、欠乏している可能性のある栄養素は唯一、ビタミンAだけとなった。パンとジャガイモは配給の対象とならず、「勝利のためのひと掘り」キャンペーンがおこなわれたが、これは多くの家庭での、つねにたっぷりとはいかなくても定期的な野菜の供給をめざすものだった。食堂、学校、「ブリティッシュ・レストラン」（チャーチルによる造語）では、共同体による給食が供されるよう奨励された。デイヴィッド・ルイス商会の総支配人であったウルトン卿（一八八三―一九六四）（人情味あふれる政治家で、政治の世界に入るのはこれがはじめてであったが、のちに「再建」の任務も与えられた）が長官に就任した食糧省は効率よく運営され（しばしば諷刺の対象になったり、古くさかったりしたとはいえ）、効果的な宣伝をおこなった。パン、卵、食肉、チーズにはすべて補助金が与えられ、一九四四年末の食糧物価指数は、一九三九年にくらべてほんの二〇パーセント上昇しただけであった。検閲から灯火管制にいたるまでさまざまな不自由が戦争により強いられたとはいえ、食糧統制は完全雇用の実現（一九三〇年代には達成されなかった）と実質賃金の着実な増加とあいまって、全国民の三分の一にあたる低所得層の経済状況を相対的に向上させた。

　戦争と福祉は両立するかにみえた。学校給食の支給が、貧困者救済の手段とみなされる時代は終わり、公共サーヴィスとされたために、給食の支給数は一九四〇年から四一年のあいだに二倍に増加した。おなじように、出産後のケアにもより多くの関心がはらわれるようになり、「赤ちゃんにはミルクとオレンジジュースを与え」られることになった。一方、緊急病院制度も拡張され、この制度は「戦後には国民医療制度《ナショナル・ヘルス・サーヴィス》の堅固な基盤となった」。一九四四年に制定された身体障害者法は、リハビリテーションを受けた労働者を法定の人数だけ受け入れることを雇用者にたいし義務づけたものだが、これはのちの社会政策のさきがけとなった。

戦争が終わると陸・海・空軍の兵士たちは民間人と同様に未来のことを深く考えた。また志願もしくは徴兵を受けて一時的に入隊した多くの人たちも同様であった。戦前の放送人ハワード・マーシャルは軍隊について、「軍人たちが待ち望んでいるのは千年王国などではない、公平な政策《フェア・ディール》だ」と述べた。アーサー・モーウィック（一九三六―　）が呼ぶところの戦前の「苦い社会《ビター・ソサエティ》」の体験は、人びとにより良い社会《ベター・ソサエティ》の未来像をいだかせつつあった。

「除隊」（デイヴィッド・ロウ、1945年）

それゆえ、戦争が進行するにつれて、プリーストリーの発言に従って、未来を語るのではなく未来を計画することが必要と考えられるようになった。「戦争に勝利する」ことで頭がいっぱいだったチャーチルは、未来の計画にはあまり乗り気ではなかったが、大衆の高い関心を無視するわけにはいかなかった。大衆の関心を生んだのは、サー・ウィリアム・ベヴァリッジ（のちに卿《ロード》）による社会保障についての報告書である。一九四二年に公表されたこの報告書は「新生イギリスの象徴」となった。陸軍時事局（Army Bureau of Current Affairs, 略称ABCA）が発行した話題の小冊子の一冊に採録されたベヴァリッジ報告を読んだ軍人たちにとっては、とりわけそうであった。ベヴァリッジは完全な社会保障制度を奨励したばかりでなく、完全雇用、国家医療制度、児童手当、住宅や教育における「新しい政策」を達成維持することを目的とした経済政策をも奨励した。一九四五年までに、これら一連の社会政策のほとんどが下院発行の報告書である「白書」発行競争のなか、ほかの公式報告書でも（しばしば長々と）取りあげられるか、あるいはそのまま政府の実現目標となった。舞台裏で批判する人びとは社会福祉にかかる費用にたいして不満をもったようだが、大衆は、将来の経済的問題もイギリスが戦時中アメリカ合衆国に経済的に依存していた事実も、ほとんど認識していなかった。保険から都市計画にいたるまで、およそ社会政策の名がつくものはすべてこの時期に検討されていた。その一方で、一九四一年から一九四五年のあいだに「再建」にかんするおもだった戦時内閣委員会に提出された四〇〇通の覚え書のうち、イギリス経済の未来をあつかったものはわずか六四通であった。

教育関連では、イギリスの未来に直接かかわることが戦争の最中に起こった。皮肉なことに、一九三九年に義務教育終了年齢を一五歳まで引き上げると定められた日は、まさしく戦争が勃発した日であった。しかし、一九四四年に制定されたR・A・バトラー（一九〇二―八二）による教育法は、教育改革への根強い要求の集大成であり、ほとんど裏取引の産物だったにしても、それまでの教育改革の遅れを補ってあまりあるものであった（少なくともそう思えた）。この教育法は一九一八年の教育法よりもはるかに進んでおり、「すべての子供に無料の中等教育を」という目的をかかげていたのである。「戦争は、国家がこれまで十分に生かしきっていなかった能力の宝庫を所有しているという事実に、人びとを目覚めさせた」。教育法は、教室のなかで生徒の「年齢、能力、適性に応じて」教育改革が進められるような制度をつくりあげた。それをさらに一歩推し進めて、初等教育以外の教育を受けていない一八歳以下の青少年すべてを対象に、地方のカレッジで定時制の補習教育を義務化することも構想した。どのような種類の教育をおこなうべきかということについては、それほど注意深く考慮されなかったが、未来の社会はかつてないほど高い教育水準の社会になりそうであった。

「万人のために《フォー・オール》」は、社会政策にかんする戦時の計画にとって合い言葉となった。「万人のために」、ベヴァリッジは戦時中の国家の「団結」をかえりみて、社会保障計画における「汎用性」を主張した――「このような重大な問題については、地位や職務、財産による例外をもうけることなく、すべての人びとが受益者となることが望ましい」。また住宅計画と経済計画の動議でも、「万人のために」家を建てることと共同体を計画する必要性が強調された。イギリス産業連盟の月刊機関誌の編集者は一九四〇年一〇月、「空爆によって、われわれすべてが再建者となった」と述べている。戦時中の映画『暁のパトロール』（一九四一）には、ひとりの国防市民軍兵士が同僚に向かってこのように言う場面がある。「この戦争でおれたちはみんな同胞だということがわかった。戦争が終わってもこのことを忘れないようにしなきゃな」。

第一二章

第二次世界大戦後のイングランド

窮乏と進歩

1945年　総選挙で労働党圧勝、アトリー政権発足
1946年　イングランド銀行国有化される　国民保険法制定　国民医療制度法制定　パン配給制実施
1947年　石炭と電信・電話が国有化される　燃料危機　食糧危機
1948年　鉄道、電力、運輸業が国有化される　国民保険法および国民保健産業傷害法、国民医療制度法、国民救助法などが実施される　ロンドン・オリンピック開催される
1949年　ガスが国有化される　ポンド切り下げ断行（下げ幅30%）
1951年　鉄鋼が国有化される　総選挙実施、保守党政権復帰　ジェット旅客機飛ぶ
1952年　ジョージ6世没、エリザベス2世戴冠
1955年　ロンドン大気浄化法制定　民間テレビ創設
1956年　モンテ・ベロ島で原爆実験　英・仏軍エジプト攻撃、スエズ戦争（10月—12月）
1957年　クリスマス島で水爆実験
1958年　核兵器武装反対キャンペーン（CND）結成　ノッティン・ヒルで人種差別暴動

発展の機会もなければ、刺激もなく、ただただおなじことが繰りかえされる社会に、はたして幸福というものがありえるのだろうか。

H・G・ウェルズ『モダン・ユートピア』(一九〇五)

貧困からの解放は、民主国家に強要できるものではないし、国家に任せられるものでもない。それは民主国家が勝ち取らねばならないものである。

ウィリアム・ベヴァリッジ『社会保険および関連サービス』(一九四二)

いま国政は、より公正で人道的なやり方でおこなわれている。過去に怒りの叫びに満ちた闘争があったことなど、すっかり覆い隠されてしまった。

C・A・R・ロズランド『社会主義の未来』(一九五六)

国家全体が裕福になったにもかかわらず、昔からの不平等は解消されていない。貧困者の地位は向上した。しかし、富める者の地位もまた向上しているのである。

フランク・フィールド『不平等なイギリス』(一九七三)

第二次世界大戦終結の三年後に、アーネスト・ワトキンズはアメリカの読者を対象とし、「一九四五年以降のイギリス国民の生活」を率直かつ明快に描く著書にとりかかっていた。執筆をうながしたのはひとりのアメリカの友人であるが、彼はワトキンズに誘導尋問のような質問の数々をあびせかけていた。

イングランドの現状はまだ長期におよぶ危機の途上にあるのか、それともそうではないのか? われわれは嫌っているが、君たちイングランド人は好んでいるらしい「社会主義」とはどのようなものか? キャンディーは現在でも配給されているのか? なぜイングランドの労働組合員たちは、高賃金と高生産率を望まないのか? ほとんど一夜にして帝国を失った気分はどのようなものか?

これまでイングランドについて語ってきた著者たちとおなじく、ワトキンズもイングランドの光景を舞台に見立てて答えた。ト書きはあっさりとしたものである。「カーテンが上がり、ところどころ壊れた工場が見える。床には未完成の弾薬箱が散乱している。屋根の天窓からは、灯火管制用の布が荒々しくはぎとられている」。

第一の質問にたいする彼の答えは、以下のとおりであった。長期におよぶ危機の途上にあるわけではないが、一九四七年にはイングランド中が空っぽの暖炉の前で震えあがった燃料危機があったし、さらに不安をあおるようにその二年後には通貨危機が生まれ、対ドル収支の赤字が二倍になり、大蔵大臣のサー・スタッフォード・クリップス（一八八九―一九五二）が情け容赦なくポンドの大幅切り下げを断行した（為替レートを一ポンド四・〇四ドルから二・八〇ドルに引き下げた）。第三の質問にたいするワトキンズの答えは、イエスである。キャンディーはなお配給されており、一九五四年まで配給されつづけた。じっさい一九四五年以降、家庭内で消費される物資の状況は、ますます悪化していたのである。戦時中のもっともきびしいときですら配給の対象にはならなかったパンが、一九四六年七月から一九四八年七月まで配給制となり、ジャガイモも同様に一九四七年末から配給対象となった。

第二、第四、第五の質問、すなわち社会主義、労働組合、帝国の喪失にかんする質問にたいする答えは相互に関連しており、もっと複雑になる。クレメント・アトリー（一八八三―一九六七）に率いられた労働党内閣は一九四五年に圧倒的勝利（三九三議席対二一三議席）で政権に復帰し、社会政策を再編するとともに産業の国有化を試みる計画を推しすすめた。しかし、朝鮮戦争が勃発した一九五〇年の総選挙では、ぎりぎりの辛勝に終わった（三一五議席対二九八議席）。緊縮財政はなんとしても必要であったが、その必要性が（とりわけクリップスによって）力強く道徳的に説かれる一方で、戦争の勝利の余韻がうすれるにつれて、緊縮財政はいっそう陰鬱な気分をあおることになった。そしてついに、政府の福祉政策の人気よりもこの緊縮財政の不人気が上回り、一九五一年、あのチャーチルが復活した。彼は一九四五年に反社会主義スローガンをかかげて敗北したが、今回の選挙では有権者に向かって、君たちはだれでも上ることができる梯子か、だれもが公平な分配を求めて待たねばならない行列かを選びとることができるのだ、と力説して勝利した。チャーチルによれば、社会主義は人びとを公平に貧窮させることによってのみ、平等を実現できる。一般の有権者とおなじように労働党の指導者たちも、どのような国策をとるべきかの方向を統一しきることができず、労働党は世論調査においては四八・八パーセントと、保守党よりも高い支持率を得ていたにもかかわらず、選挙では勝利を譲る結果となってしまった（三二一議席対二九五議席）。その後政権を奪回するのは一三年先で、労働党がスローガンで「一三年間のむだな歳月」と表現するのは一九六四年の話になる。とはいえ、この一三年にわたる保守党政権においても、一九四五年から一九五一年まで労働党がすすめてきた社会政策を逆行させるような試みはほとんどおこなわれなかった。一九五〇年の時点で政府の支出は、国民総生産の三九パーセントの割合を占めていた。一九六〇年にはそれが四一パーセントになった。

アメリカの友人による第四の質問、労働組合についてはつぎのように答えることができた。組合員はいまや九〇〇万人を超え、組合の任務をみずから規制し、労働党とその

35

階上と階下。このテーマについてはさまざまな角度から論じることが可能だが、結論はすべてドアのうしろの階級間格差に集約される。階級間格差は多くの場合、視界には入ってこない。というのも、都市や町や大きな村の特徴として、居住地区が階級によって分けられていたからである。この写真ではその落差がはっきりと目に見える。階上にはつぎつぎと訪れる訪問客と庇、階下には使用人の出入り口とゴミ用バケツが見える。この格差がもっとも鮮明だったのは、使用人のいる家庭であった。社会的な平等がますます求められる時代潮流にあっても、使用人がいるかどうかということは、社会的地位をはかるひとつの指標でありつづけた。

指導者を強力に支援しつづけていた。組合の委員たちは、産業界における「生産制限の慣行」に終止符をうつ必要性を一般の組合員にたいしては認識させることができず、じっさいに生産制限がおこなわれてしまうと、経営者側の欠点をあげつらった。作業場レヴェルで経営者と労働者の仕事の条件にあまりにも大きな違いがあったので、ヨーロッパ大陸から視察に訪れた者たちは、イギリス［ブリテン］がかかえる深刻な産業問題のおもな理由は、このような経営者側と労働者側の断絶にあるのだと納得したほどであった。実は適切な設備投資が欠けていたことに大きな問題があったのだが、この点にはさほど注意をはらわれなかった。

第五の質問である帝国の喪失にかんして、イングランド国内では賛成や反対の意見以前に、大衆の反応そのものがほとんどみられなかった。H・G・ウェルズがかつて指摘したとおり、「大衆はアルゼンチン共和国やイタリア・ルネサンスについて、ほとんどなにも知らないのとおなじように」、帝国についてもほとんどなにも知らなかったのである。一九四八年には早くも、あるアメリカ人学者がイギリスの国力は合衆国の七分の一という評価を示した。また、のちの一九六二年にアメリカ人という気楽な立場からディーン・アチソン（一八九三―一九七一）がくだした評価によると（頻繁に引用された）、アメリカ人がその存在を良しとしていない帝国をイギリスは失ってしまったばかりか、いまだ新しい役割を見つけられていなかった。じっさい、戦争中こそイギリスを全面的に支援してきたアメリカは、一九四五年に武器貸与法を更新せず、さらに戦後の借款に厳しい条件をつけることによって、終戦直後のイギリスの経済的困窮に一役も二役も買っていたのである（ちなみにイギリス代表としてこの交渉にあたったのは、J・M・ケインズ（一八八三―一九四六）だった）。借款にあたっては、一九四七年七月までにポンドの兌換性を回復することなどさまざまな条件がつけられ、いずれも実現不可能なものであった。さらに、借款交渉の開始から一九四七年半ばにかけて合衆国の物価が四〇パーセントも上昇すると、借款条件の実現は不可能をこえて不条理となった。遅まきながらようやく一九四七年になってから、G・C・マーシャル（一八八〇―一九五九）がイギリスとヨーロッパにおける未来のイギリスのライヴァルたち（および、こちらはほとんど手遅れだったが、一九七三年以降のパートナーたち）を救おうとして構想力にあふれる復興計画［マーシャル・プラン］を提出したが、これは破産寸前になって実施された。この計画は、一九四九年の「ドル不足」と通貨危機からイギリスを救いはしなかった。

労働党の植民省大臣、アーサー・クリーチ＝ジョーンズ（一八九一―一九六四）は、一九四五年以降もイギリス植民地としてとどまっている地域にたいし、人びとに「平等な生活水準と、いかなる方面からであれ圧政からの自由」を保証する労働党の福祉政策を導入しようとしていた。しかし、植民地にはそれぞれ固有の歴史があり、彼が希求し、多くの植民地も望んだ「福祉国家」の夢は断たれてしまった。チャーチルの夢もまた断たれることになった。インドが一九四七年に帝国からの独立を勝ちとったときにはチャーチルは政権についていなかったが、一九五一年に政権復帰したときには、「連邦《コモンウェルス》」という名称よりも、戦前のまま「帝国《エンパイヤー》」という名称を好んで用いた。しかし、名称が連邦であれ帝国であれ、以後一三年間保守党が支配する間に、その規模は縮小しつづけていった。

　ワトキンズの記述には多くの重要問題が省かれていた。一九四〇年代後半のイギリス社会のなかで、彼の目にもっとも顕著な現象と映ったものは、過去と現在の好ましい対照であり、とくに「一般大衆」の過去の生活と現在の生活との対照であった。その変化は彼の目に進歩と映った。「一九四五年から一九五〇年までの大多数のイギリス人の生活様式は、一〇年前とは一変している。所得が増えた人びとが増加する一方、並はずれて多い所得を得る人は減少した」。党の政治パンフレットから計算表やグラフがぎっしり書かれた分厚い本にいたるまで、当時の統計的調査の多くで、まさしくこの点が強調された。

　もっとも、その意味での進歩の兆候ならば一九四五年以前にも数多くみられた。「魔の一〇年間」と呼ばれたあの一九三〇年代、すなわち株価の暴落で幕を開け、ウォルター・グリンウッド（一九〇三―一九九三）の『ラヴ・オン・ザ・ドール』〔失業手当てで養われる愛〕（一九三三）の主題となった失業が蔓延し、飢餓行進があちこちで起こり、戦争による惨劇で幕を閉じたあの一九三〇年代にすら、進歩の徴候は存在した。一九三七年に全面的に改訂された小学校教師用の『教育のヒントのためのハンドブック』のなかには、「生活水準全般」がたいへん向上したこと、生活が「より速いペースで」送られつつあることがすでに書かれている――

　自動車、放送、……そして映画の普及は日常生活に新しい表情を与えている。また、住宅環境が向上し、電気、機械製品がますます普及し、万人に余暇と社交の可能性が増えることにより経験を豊かにする機会がいっそう増加している。このような状況のなかで、教育にたずさわる者は自分の使命を新たに見直す必要にせまられている。

ここには悲観論などみられない。学校そのものにも悲観すべきところなどみられなかった。学校は反復練習の日々を過去のものとし、カリキュラムの幅を広げ、新しい教育方法を導入していた。校長は、女性であれ男性であれ地域内で高い社会的地位を誇った。また、教職につく者全体の社会的地位が向上した。

　公式に発表される失業率はつねに一〇パーセントを超えており、一九三二年のピーク時には二二・五パーセントにまで達していたにもかかわらず、経済史学者は戦争に先だつ一〇年間には「進歩」の兆候があったと指摘している。経済史学者がことに強調しているのは、昔からの産業の陰鬱な「うらさびれた地域」の沈滞を補ってあまりある「新しい」産業（と新興産業地域）が発展していること、そしてイギリス産業が閉鎖された造船所や廃屋になった工場と炭鉱のイメージを脱却し、新しい研究所や明るく電灯が灯された店舗のイメージへの変貌をとげたことである。電気産業従事者は一九二四年から一九三八年のあいだに二倍以上に増加し、流通業従事者も一九二〇―二二年には一六六万一〇〇〇人だったのが、一九三七―三八年には二四三万六〇〇〇人にまで増加した。マークス・アンド・スペンサーのチェーン店の総売り上げ高は、不況などどこ吹く風で、一九二九年から一九三九年のあいだにほぼ一〇倍になった。工業生産指数は、一九一〇年から一三年までの期間にくらべ、一九三五年から三八年までの期間には七五パーセントも高くなっている。

年ごとの生産の変動はかなり大きく、長期的傾向の解釈は、基準として選ばれた年がいつであるかによってずいぶん左右されるのは確かである。それでも、一九一三年から一九三八年までの期間に（しかも一九三八年は景気後退の年である）、実質賃金は五〇パーセント増加しており、労働時間は一〇パーセントから一四パーセント減少した。家計に食費の占める割合は六〇パーセントから三五パーセントにまで低下し、住居費も一六パーセントから九パーセントへと減少した。その一方で、平均的労働者階級の家計における、いわゆる「諸雑費」への週単位の出費は、それ以前のほぼゼロから約一六シリングへと増えた。この「諸雑費」のうちトップにくるのが「国民保険」で、つぎに任意保険、「診察費、薬代、病院代」とつづく。ほぼ同額で四番目にくるのが労働組合の組合費と「映画、演劇、サッカー観戦など」にかかる費用であった。以下、順番に「郵便代、電報代、文具、筆記具など」、「犬とラジオの登録料、ペットのえさ代など」、美容院代、洗濯代、家事手伝いへの支払い、行楽費となる。最初のペンギン版ペーパーバックが世に出たのが一九三五年なので、その支出がのっていても不思議ではないのだが、図書費の項目はみあたらない。

なかでも興味をひくのは、リストの最後にくる行楽費である。これは、労働時間の減少と理解のある給与方針なしには登場しえなかったものである。一九二〇年代に、一五〇万人の賃金労働者が有給休暇を与えられた。一九三八年までにその数字は三〇〇万人にのぼり、その年に有給休暇法が成立したのをうけて、一九三九年には一一〇〇万人にまで跳ねあがった。休暇用キャンプ場（なかでも有名なのは一九三六年にオープンしたビリー・バトリン〔一八九九―一九八〇〕による「陽光まぶしいスケグネス」のいたれり尽くせりのキャンプ場）は大々的に宣伝され、おなじ年の八月のバンク・ホリデー〔法定公休日〕には五〇万人を超える人びとがブラックプールを訪れた。余暇はいっそう商業化路線にのっていく。その一方で、ほぼ五〇〇万人の労働組合員たちは戦う姿勢をみせることなく、「さしたる望みもない」ままに、週四〇時間労働を要求しつづけていた。これはアメリカやフランスの労働者たちの大多数がすでに手中にしている権利であった。

人びとの好みも、すでに一九四五年以前からいちじるしく変化をとげていた。栄養学の観点からみると、一九四五年の時点で炭水化物にあてられる支出の割合が激減していた。果物の消費量が八八パーセント増加する一方、ジャガイモの消費量はわずか一パーセントの増加にとどまり、果物にはパンよりも二倍多い支出があてられるようになった。バターの輸入は二倍になり、食肉の輸入は五〇パーセント増加していた(この数値は恐慌が訪れる前の一九二五年から一九二九年のあいだにはさらに高くなっている)。鮮烈な印象を与える広告で宣伝されたスタウト「ギネス」の消費量が上昇したにもかかわらず、ビール全体の消費量は激減していた。また、アルコール消費量が減る一方、タバコの消費量は増加していた。一九一三年から一九三八年にかけて、および一九二九年から一九四〇年にかけて、それぞれ、パイプタバコと紙巻きタバコの一人あたりの消費量は実質二倍になった。喫煙はあらゆる社会階級にみられる共通の習慣であった。

社会問題になる飲酒は(家庭内であれ、路上であれ)減りつづけていたが、それは、国家権力の圧力のせいでもなければ(酒類販売免許を与えられる店は減少してはいたが)、絶対禁酒主義者たちの熱心な運動の賜物でもなく、教育と生活様式の変化、そして社会行為の多様化がもたらした結果であった。新しい社会行為のなかには、(少数派ではあったが)反対派からの強い非難を浴びたものがある。賭博である。一九一四年には五五〇万ポンドが賭博(高度に組織化された競馬賭博から、小規模のサッカー賭博まで)に費やされ、社会学者で慈善家のシーボウム・ラウントリー(一八七一―一九五四)や反賭博同盟などを戦慄させていたが、その数字さえも、一九三八年にサッカーくじに費やされた金額、四〇〇〇万ポンドとくらべれば物の数ではなかった。一九三六年の『エコノミスト』は賭博をイギリス第二の巨大産業として位置づけた。賭博は新しい産業ではなかったが、新しい方式で組織化されたのである。サッカーくじの中心地たるリヴァプールでは、賭博が一大産業になった。

一九三〇年代に新しく非難の対象になったのはサッカーくじばかりではない。競技としてではなく「観るスポーツ」としてのサッカーそのものも批判の対象となった。一八九八年には早くも、ある工業都市の夜道を歩けば、耳に入ってくる会話の断片がほとんど「サッカー批評か、その勝敗の予想」であることが憂慮されていた。ほかの「観るスポーツ」も大衆を魅了する力を発揮しはじめ、観客数が増加するにつれてその吸引力を心配する声が高まってきた。

（右）商品の流通にはさまざまな方法がとられた。牛乳は馬と荷車で配達された。ビールや、また多くの地域では果物や野菜、鮮魚までもがそのように配達された。
（左）「コーナーショップ」は精肉や衣類をあつかう地元の専門店と同様、重要な小売店としての地位を保ちつづけた。しかし、地方や国レヴェルでチェーン展開をする店の数が増加し、大都市には「百貨店」が出現した。1886年にリーズの市場で露店を出すことからスタートした「マークス・アンド・スペンサー」は、それじたいがひとつの制度になるまでに成長した。写真は1933年の「マークス・アンド・スペンサー」店内である。「M&S」は商品の品質を向上させ、やがてさまざまな階級の顧客を得るまでになった。商品の流通方法はこのように改善されたけれども、それによって不均等な富の配分が変わるわけではなかった。富の不平等を改善することは、階級間格差解消のための、唯一とはいわないまでも主要な鍵とされていた。

「観るスポーツ」のなかにはモーター・レース、グレイハウンド・レースまで出現し、どちらもサッカーチームの本拠地として有名であったマンチェスターではじまったレースである。「スポーツ」という総称的な言葉は役にたたなくなっていた。賭け事の公認の業者にまじって闇業者もでてきた。一方、映画は完全に商業路線にのっていた。「観るスポーツ」の観客に向けられたのと同様の批判が映画の観客にたいしても向けられ、映画「中毒」と観客の判断能力の欠如が槍玉にあがった。

当然のことながら、批判者の価値判断と批判される側の態度と行為とのあいだには、たいてい大きなギャップがあった（もっとも、そのギャップを完全に認識できるのは敏感な心理学者ぐらいであろうけれども）。たとえば映画は、製作する側にとってはきらめく魅力と熱くほとばしる感情を提供するものだったが、観る側にとっては映画館の後列で体を寄せあうチャンスを与えてくれるものでもあった。賭博は、飲酒とおなじく、労働者階級の人びとばかりでなく上流階級の人びとも熱中した行為であったが、これはたんなる娯楽にとどまるものではなかった。少なくともサッカーくじは何百万人もの人びとにとって、大金持ちになれるかもしれないという希望を与えてくれるものであった。こうした行為すべてに共通するのは、現実からの逃避指向であった。じっさい、サッカーがめだって盛んになったのは、経済的に沈滞しきっていた地域である。サッカーの繁

（右）店頭での買い物の仕方は学校で教育された。それは単なる算数教育以上の内容をふくんでいた。1925 年に撮影されたこの写真には、「家政学」も学ぶ女生徒（女生徒だけ）が写っている。広告（タバコの広告もある）やポスター（一枚には「家畜」が、もう一枚にはヤシの木が描かれている）に注目せよ。いまや世界が台所にまで入りこんできたのである。
（左）ベルの音とともに、アイスクリームは路上で販売された。おもな顧客は子供である。1930 年代には「ミルクバー」が出現した（対象は、やがて「青少年」と呼ばれることになる年齢層である）。アイスクリーム・パーラー（店主はイタリアの移民が多かった）の繁盛は、ヴィクトリア時代後期とエドワード 7 世時代のイギリス社会の特徴のひとつである。

栄は社会の深いところに根をもっていたのである。サッカーが盛んな地域の一部では、クリケットも盛んであった。ことにヨークシャーやランカシャーでクリケット熱が高く、毎年おこなわれる白薔薇のヨークシャー対赤薔薇のランカシャーの「薔薇試合」は、どのスポーツの優勝決定戦よりも熾烈な闘いになった。もっとも、クリケット「文化」といえば、優雅な郊外の風景、「アマチュア」主導性、国際試合《テスト・マッチ》を連想させ、当時は偏狭さ丸出しだったサッカーとは対極にあったことは断わっておかなければなるまい。一九三三年は「打者をめがけての投球《ボディ・ライン・ボウリング》」論争で鮮烈な国家意識がつくられた年であるが、その年の「今年の言葉」のひとつにこんな発言がある。「クリケットの国際試合に負けたぐらいで、イングランドは堕落してしまったと感じる人びととは、私は立場を異にする」。

じっさい、一九四五年以降の時代を語るときに恰好の比較対象となる一九三〇年代には、多くの異なる「イングランド」があった。その様子は、一九三四年に出版されたJ・B・プリーストリーの『イングランドの旅』によく描写されている。この著書は、「大聖堂」対「工場群」、「延々とつづく裏通り」対「二軒続きの住宅《セミ・デタッチト》と完璧に手入れされた郊外の庭園」、「屑鉄」対「アルミニウムとベークライト」、という対照に満ちたイングランドを描きだしている。さらに、プリーストリーの著書には描かれていないが、この時代には上流階級のイングランドもいぜんとして存在していた。これはチップス・シャノン（一八九七―一九五八）の日記にありありと描かれている。三〇年代のロンドンには三カ月間の社交季節《シーズン》があった。第一次大戦前よりも短くなったが、この期間に舞踏会が催され、社交界にデビューする上流階級の娘が宮廷で紹介されるのである。こちらはダイヤモンドとシャンペンのきらめきに囲まれたイングランドであった。カントリーハウスもこの世界に属していた。

　このように一九三〇年代では、まだ階級によって異なる多様なイングランドが共存しており、したがって第二次世界大戦後の社会が一九三〇年代の雰囲気をどのように解釈するかは、「スポットライト」をどこにあてるかによって異なってきてしまう。すなわち、行楽地スケグネスか廃工場の並ぶオールダムか、あるいは新興住宅地スラウか労働者デモ行進［飢餓行進］の出発点となった港湾都市ジャローか、新興化学産業都市バークンヘッドか伝統ある大学都市であるとともに自動車産業の都市ともなったオクスフォードか、はたまた自動車産業の栄える工業都市でサッカーも盛んなアストンかロイヤル・アスコット競馬がおこなわれる優雅なアスコットか、いずれに焦点があてられるかによって解釈は異なるものになったのである。ただし、このような多様性はすべて、「数値上の」階級格差をともなっていた。一九一一年の国勢調査が一例となるように、ありとあらゆる社会的な指標は、社会階級間の大きな差異を示していたのである。その後の社会調査で用いられる社会階層の区分は、職業にもとづくようになった——階級1「専門職」（非肉体労働の従事者）。階級2「中程度の所得のグループ」。階級3「熟練労働者」。階級4「一部熟練技能を必要とする労働者」。階級5「非熟練技能労働者」（肉体労働の従事者）。職業の違いが所得の格差を生み、ひいては階級の違い、財産構造の違いを生んでいたのである。「戦う人《ベラットーレ》」の子孫たち［地主階級《ジェントリー》］は階級の区分からしばらくのあいだ姿を消すことになった。

　階級の社会的指標としてまず幼児の死亡率があげられる。一九三〇年代にはどの地域でも、幼児の死亡率が階級1よりも階級5において高かった（ただし、乳児死亡率の格差は、雇用水準と共同体が提供するサーヴィスや設備施設の地域的格差と対応して、地域間にも顕著であった）。「商業ブーム」の期間でさえ、少なくとも全労働者人口の一五パーセントから二〇パーセントの人びとは、いかに収入を「賢く」やりくりしても、イギリス医療協会が一九三三年に提唱した「健康と労働能力」を保証する基本的な食事をまかなうことすらできなかった。彼らは「究極の窮乏」状態で暮らしていたのである。その三分の一は不十分な失業手当てをたよりに暮らす人びとと、三分の一は高齢者（年金は最小限度の要求も満たすこともできないほど少額だった）、そして残り三分の一は最低生活水準を下回る賃金で生活する人びとであった。

遺産相続も階級によって異なっていた。今日指摘されるところでは、労働者階級の家族が「ミドルクラス［中産階級］の生活水準に近づくこと」を熱望するなど「ありえそうもない」ことであったし、また、一九三〇年代に肉体労働者の要求水準が上昇したといっても、それは「限定的な標準モデルのものさしのなかで」上昇したにすぎなかった。階級1の人びとは、まったく異なる社会的地位と収入をもつ階級5の人びとにとっては、羨望の余地もないほど隔絶した異次元の世界に住んでいた。収入の格差にたいする意識以上に低かったのが、資産の格差にたいする意識である。たとえば、全資産の半分以上を次世代に遺贈できる余裕のある階層は成人の一パーセントであったのにたいし、三分の二の故人は遺贈する以前に、全財産が一〇〇ポンドにも満たない状況だったのである。この両極端な資産格差にも比較と羨望が入りこむ余地はあるにはあったが、二〇年前あるいは四〇年後にくらべると、羨望ははるかに小さくなった。イングランドに滞在するアメリカ人のマーガレット・ホールジーは、「労働者階級がおかれている血も涙もない屈従状態」を見て嘆いたが、つぎのようにも書いている。「今日、腰をおろして三杯めの紅茶をかきまぜているとき、ふと思いました。遅い午後のくつろいだ雰囲気が大部分のイングランド人の生活におよんでいるのだ、と」。これはバーバラ・ピム（一九一三―一九八〇）の小説に描かれるイングランドであって、イーヴリン・ウォー（一九〇三―六六）が描くようなイングランドではなかった。

各階級の標準モデルのいちじるしい違いは、一九三七年のG・D・H・コール（一八八九―一九五九）による調査で明らかになった（コールは、R・H・トーニーやハロルド・ラスキ（一八九三―一九五〇）と並んでイギリスを代表する社会主義の学者である）。平均的な工場労働者の賃金で生活している五人家族の食事内容と、年収五〇〇―六〇〇ポンドで生活するミドルクラスの五人家族の食事内容とを比較したコールは、ミドルクラスの家族は労働者の家族にくらべ、パンや小麦粉の消費量が平均一二パーセント少なく、ジャガイモの消費量も一六パーセント少ない一方、食肉の消費量は三六パーセント多く、魚とミルクの消費量は二倍以上も多く、卵にいたっては六八パーセントも多く、マーガリンは半量なのにバターは五六パーセント多く消費していることを突きとめた。さらに、ヴィクトリア時代の貧困調査のなかでも有名な二つの調査の「第二弾」が両大戦間におこなわれており、このおかげで、現在では長期的視野からの統計上の比較が可能となっている。まず、大調査をおこなったチャールズ・ブースの志を継ぐ、『新版・ロンドンの人びとの生活と労働』が一九二八年に発表された。この調査の結果明らかになったのは、ロンドンの労働者階級の家庭にかんし子供の一三パーセント、六四歳以上の老人の二二パーセントが、いまだに極貧状態で生活しているという事実であった。もうひとつの調査は、一九世紀末にヨークの調査結果を発表したラウントリーが、一九三六年におこなった再調査である。これによって彼は、労働者階級の家庭の三一パーセントがまだ一九世紀末とおなじ状態で生活していることを突きとめた。それどころか、ヨークの失業状況は一九世紀末には最貧困家庭の二・三一パーセントを占めていたのが、いまや四四・五パーセントにものぼっている事実が判明した。

それでも、家族を貧困線以上に保つために必要な最低限度の金額を計算するラウントリーの方法は、一九世紀末の調査時にくらべ大幅に変化していた。一九〇一年にあらゆる「感傷」を排除することを心がけた彼は、最低水準の食事内容から食肉さえ除外した。そのさい、彼はこのように説明した。「私は、『ラウントリーは現実をちっとも見ていない』と言われたくなかった」。さらに彼は、一ポンド・シリング八ペンスで生活する家族のモデルを具体的に説明するが、その内容を雄弁かつ驚くべき一節で見てみよう。一ポンド一シリング八ペンスの生活水準とは、

鉄道やバスの運賃に一ペニーもはらえない。徒歩以外では郊外に出かけることができない。半ペニーの新聞を買うことができず、コンサートのチケットには一ペニーもはらえない。家を離れている子供に手紙を書くことができない。教会や礼拝堂にはなにも寄付することができないし、近隣の人びとを援助できるような金もない。貯金もできなければ、疾病扶助組織や労働組合に加入することもできない。子供は人形やビー玉やお菓子を買う小銭をもたない。父はタバコもビールも一切たしなむことができない。母は、自分や子供のためにきれいな服を買うことができない。食事と同様、家族の衣類の種類が決められているからである。最低限の肉体の健康を維持するためにどうしても必要なもの以外は一切買うことができず、しかもどうしても買わねばならぬものは、ただそのためだけのものでなければならない。子供が病気になれば、教区担当医に診てもらい、子供が亡くなれば、教区で埋葬してもらう。最後に、賃金をかせいでくる者は、一日たりとも仕事を休んではならない。

一九〇一年にこのきびしい条件を適用したラウントリーは、ヨークには一四六五家族が極貧状態で生活していることを明らかにした。ところが、一九三六年になると、彼は一九〇一年度に設定した条件が、「生活というよりも生存するぎりぎりの水準」であったと判断した。そのうえで、彼は、新たに二ポンド三ペンス六シリングの生活という賢明な基準を定め、そのなかに九シリングの「諸雑費」という数値を採り入れた。「諸雑費」には、職場への往復交通費としての一シリング、毎日の新聞代としての七ペンス、「ラジオ」にかかる費用六ペンスがふくまれた。

このように長期の範囲でながめてみると、労働者階級の期待と欲望は一九三〇年代までに重要な変化をとげていた

ロイヤル・メールは、1780年代以前に比べると、馬車を使ってはるかに迅速に配達できるようになっていた。工業化のすすむ社会においては、情報をより速やかに正確に伝達することは、物資や人を運搬することとおなじくらいに重要であった。ロンドンのシティーでは、情報の迅速な伝達は戦略的にも重要であった。この1827年の図版は、シティーの中心、ロンバード・ストリートから郵便馬車が出発するところを描いている。ロイヤル・メールが社会のあらゆる階層の人びとに恩恵を与えるようになるのは、1840年代に1ペニー郵便制度が登場してからである。(第9章)

（上）1780年代にはイギリス海峡の両側で気球ブームが起こった。あのジョンソン博士までもが気球に夢中になった。1785年に海峡を渡ったこの気球には［ジャン＝ピエール＝フランソワ・］ブランシャールと［ジョン・］ジェフリーズが搭乗していた。気球には限界があることがまもなく明らかになったが、気球は空の交通手段への興味をかきたてた。地上を見おろす眺め――パノラマ――をはじめて提供したのも、気球であった。（第9章）

（下）線路にではなく、一般道路に蒸気馬車を走らせる試みも数多くおこなわれた。1830年代――まだ鉄道システムができていない時代――には、この蒸気馬車は、半世紀前の気球と同じように、人びとの想像力をかきたてる乗り物であった。これは、ロンドンのホワイトチャペル・ロードを舞台に描かれた同時代の空想図である。（第9章）

ヴィクトリア女王の治世は長く、1901年に女王が没したときには、女王の戴冠式の模様を思い出せる者がいなかったほどである。この図版は1837年に女王がブライトンを訪れたさい、女王を歓迎する群集を描いている。群衆のなかには、ブライトンに「ロイヤル・パヴィリオン」を建てたジョージ4世を歓呼で迎えた者も多かったはずである。しかし、この二人の君主ほど対照的な君主はまずいないだろう。ジョージ4世の治世下では道徳の権威はまったく地に堕ちており、彼が戴冠式のときに王妃キャロラインに見せた冷たい態度はスキャンダルを引き起こした。キャロライン自身も、スキャンダルにまみれた女性であった。一方、ヴィクトリアは、その名に「イズム」がついて「ヴィクトリアニズム」と呼ばれるほどの道徳の規律を確立した。彼女は、自分と夫アルバートと子供たちという「ロイヤル・ファミリー」を非常に大切にした女性である。1837年の時点では、この図版に描かれているような海辺の華やかさと裏腹に、産業化がすすむ北部では窮乏と不満がつのり、階級対立が深まっていた。1897年になると、女王の2度目の戴冠記念祝典であるダイヤモンド・ジュビリー（即位60年記念祝典）は、60年前の戴冠式や10年前の盛儀がかすむほど、帝国の威厳が満ち満ちた盛大な式典となった。（第10章）

（上）テニスは女性も参加できた初のチーム・ゲームであった。最初のウィンブルドン・トーナメントが開催されたのは、1877年である。男女双方に愛されたゲームとしては、ほかにクロッケーがある。1877年にウィンブルドンを統括していたクラブは、「全イングランド・クロッケー・アンド・テニス・クラブ」と呼ばれた。（第10章）

（次ページ上）ヴィクトリア時代ほど、家族で祝うクリスマスを大切にする時代はなかった。クリスマスツリー、クリスマスカード、そして七面鳥は、この祝祭日の象徴であった。チャールズ・ディケンズの『クリスマス・キャロル』（1843年）に登場する主人公、エベニーザー・スクルージは、永遠の生命をもつことになった。この絵画は、ある家族が暖炉のまわりに集い、クリスマスの物語に耳を傾ける光景を描いている。（第10章）

聖ヴァレンタインはヴィクトリア時代人お気に入りの聖人で、ヴァレンタインカードはクリスマスカードと並んで、プライヴェートなコミュニケーションに愛用された。どちらのカードも、しばしば過度にセンチメンタルなものとなった。鳩、ハート、天使、そして薔薇は、どのカードにも愛用された象徴であった。ヴィクトリア時代には、この時代特有の花言葉も生まれた。（第10章）

「衛生」は、ヴィクトリア時代の改革者たちにつきまとって離れない観念のひとつであった。無料の水道を供給するために、膨大な労力がつぎこまれた。ジョージ・シャーフ（1788－1860年）によるこの絵画は、ロンドンのトッテナム・コート・ロードに水道管を敷設する工事を描いたものである。（第10章）

少数民族がイングランドの都市部に定住するようになると、衝突ばかりでなく、お祭りも出現した（もっとも、衝突とお祭りが一体化する場合も多々あった）。これは1991年のノッティングヒル・カーニヴァルの写真で、文化多元主義を祝福する笑顔が写っている。イングランド社会の歴史は多様な経験をとりこんで、豊かになっていった。（第13章）

20世紀の大衆参加型戦争において、なんとしても必要だったのが未来への希望である。連立政権の首相、ロイド＝ジョージは戦後復興のための省庁を設立した。労働党は、1919年と1920年のこの対照的な絵からもわかるように、独自の夢を描いていた。戦後の一時的好況はまたたくまに終わり、多くの失業者が町にあふれた。最初の少数派内閣である労働党内閣は、ラムゼイ・マクドナルドのもと、1924年に組閣された。スコットランド出身のマクドナルドは、第一次大戦に反対しつづけていた政治家であった。（第11章）

（上）1992年にプリンス・オブ・ウェールズ夫妻の別居が報じられたとき、王室は1936年の国王退位事件以来、最大の危機を迎えることになった。二人が和解する可能性は皆無であった。メディアは執拗なほど熱心に、王室メンバーの行動を公私にわたって監視しつづけた。（第13章）

（下）1965年の北海天然ガスの発見、1970年の北海油田の発見は、20世紀後半の経済史において画期的な出来事であった。精巧な油井掘削機の建設は工業技術の偉業であった。1975年には石油の供給が開始された。同時に、新しいテクノロジーの歴史にはつきものであるが、ときおり惨事が発生した。しかし、石油をめぐるもっとも熱い議論を提起したのは、だれがどのように利益を得ることになるのかという開発の経済学であった。原子力の利用はつねに物議をかもしつづけてきた。（第13章）

ことがわかる。たとえ労働者たちがほかの階級と比較しても仕方がないと諦めていたか、あるいはアーネスト・ベヴィンが言う「欲望の欠乏」状態にあったとしても、ある変化は存在していた。一九〇一年、政治綱領をかかげるさいにラウントリーの著書を振りまわしていたのはロイド＝ジョージや「新自由主義者」たちだったが、一九三六年になると、労働者階級の人びと自身が、自分たちの「えさの水準」にたいして批判の声を高くあげるようになった。彼らには、社会学者が最低必要限度と定めている基準を喜んで受け入れるつもりなどなかったのである。ラウントリー自身も彼らの念願にたいして同情を表明していた。「未来から現状を見てみれば、多くの労働者たちの生活水準が、この程度であればまあよし、と評価される水準よりもはるかに下回っていることがわかるであろう」。

その一〇年後に労働党が政権につき、六年間政権を担当したあとの一九五一年に、ラウントリーは終戦直後の時代を対象にした第三弾にして最後の調査報告を出版する。アーネスト・ワトキンズは、この時代を「一般大衆」にとって物質的な環境が格段に向上した時代として注目していたが、ラウントリーが調査対象としたのもまさにその時代である。ラウントリーは結論として、一九三六年以降の「福祉政策」とそれにともなう完全雇用が推進されたことで、一九五一年には完全雇用も当然のこととみなされるまでになり、その結果ヨークの最貧困家庭はわずか八四六家族（全人口の一・六六パーセント、また労働者階級の二・七七パーセント）にまで減少した、とむすんでいる。しかも、就業可能な労働者の失業が極貧の直接的な原因となっていた例はひとつもなかった。この間、一九〇一年から一九五一年にかけて、六五歳以上の人口の占める割合は、五パーセントから一一パーセントにまで上昇しており、この高齢者人口こそが最貧困家庭の数値の中身となっていたのである。一九二五年に未亡人のための年金が導入されたときには、これぞ進歩のための一手段として大歓迎されたものであったが、男性のための年金も女性のための年金も適切な生計を保証するまでにはいたっていなかった。

ラウントリーが一九三六年に余分の費用として認めていた九シリングは、一九五一年には一一シリング六ペンスになっており、「切手、便箋など」にかかる費用として認められた額は二倍になった。ただし、この種の変更は人為的もしくは恣意的な操作となりつつあった。というのも、ラウントリーと彼の共同調査者は、かつての倍額に設定された「諸雑費」（「ビール、タバコ、贈り物、行楽、本、旅行など」）のための六シリング八ペンスが、「一九三六年当時の三シリング四ペンスほど物が買えない」ことを認めていたからである。振りかえってみると、ラウントリーの統計で目をひくのは、じっさいとくらべて物価水準が相対的に安定していることである。一九三六年と一九五一年の生活費は、ほんの少し補正をするだけで比較検討することが可能であった。「通勤費」にいたっては、ぴったりおなじ金額、一シリングにとどまっていた。一方で、ラウントリーがほとんど言及しなかった統計がひとつある。犯罪者の数である。労働者階級には比較的暴力が少なかったが、第二次大戦中に五〇パーセント増加していた起訴犯罪件数が、一九五一年には新たなピークに達してしまったのである。一九三八年には、一四歳から一七歳の年齢集団をとってみると起訴にいたる犯罪を犯したのは一〇〇人のうち一人であったのが、一九五一年には五〇人に一人となった。当時は警察にたいする批判はあまりおこなわれず、刑務所の状況、ことに年少者のための刑務所と保護観察制度にたいしてより多くの関心が向けられていた。

第二次大戦後の時代には、社会改良の経済学ばかりでなく、社会改良をめざした政治との関連に焦点をあてて、戦争という大分水嶺にまたがる時代の因果関係を論じることが流行した。労働党政府によって一連の社会政策がとられたあと、いく世紀もの歴史をへて到達すべきイギリス特有の頂点として出現したものは、立憲君主制や代議政治制ではなく、福祉国家であったため、一昔前の「ホイッグ的な歴史解釈」が新たな装いのもとにふたたび有力となった。この新しい進歩主義の見方に従えば、一七、一八世紀は市民権主張の時代、一九世紀は政治的権利を獲得した時代、そして二〇世紀は「社会的権利」を実現していかなければならない時代であった。

歴史学者のE・H・カー(一八九二―一九八二)はいち早く社会的権利の実現を唱道しており、一九四〇年の『タイムズ』の論説で以下のように書いている。ちなみに一九四〇年といえば、イギリスがかつてないほどの危険にさらされていた年で、まだ「福祉国家」という用語も一般には使われていなかった(この用語はどうやらキャンタベリー大主教ウィリアム・テンプル(一八八一―一九四四)がつくりだしたらしいが、もしそれが事実だとすれば、いかにも彼らしい用語である)。

民主主義とは、投票権は与えてくれるが働く権利と生存する権利をなおざりにするような民主主義のことではない。自由とは、社会組織や経済計画を排除した徹底した個人主義のことではない。平等とは、社会的、経済的特権によって無効にされるような政治的平等のことではない。経済の再建というのは、最大限の生産をあげること(それも必要ではあるが)よりもむしろ、公平な分配を実現することを言うのである。

カーは、一九世紀の「夜警国家」と二〇世紀の福祉国家とをくらべ、「最大限の生産」をあげる必要性をそれほど重要と考えなかったばかりでなく(終戦直後の状況では「最大限の生産」が不可欠であったにもかかわらず、である)、無条件に国家権力を大きくせよと表明したのである。じっさい、「福祉国家」の建設や弁護に尽力した人びとの多くは、党を問わず、理想的な福祉国家実現に必要となる費用

第2次世界大戦前後には、ダンスの人気が高かった。BBCは社交ダンスを奨励した。1960年代の大々的な変化がまだ訪れていないこの時代には、社交ダンスの型にはさまざまな順列組み合わせが考案され、またつぎつぎと「新型」ダンスが生まれた。この写真は1936年にビリー・バトリンの休暇用キャンプ場で撮影されたものだが、ここでダンスを楽しむ人びとにはダンスフロアなど要らなかった。

19世紀後半から20世紀にかけて、サッカーは大勢の観客を動員する「観る」スポーツとなった。初期の観客は行儀がよく、フーリガンなどめったにいなかった。写真は1923年、ウェスト・ハムのサポーターがボールトン・ワンダラーズとのFAカップ決勝戦に駆けつけるところである。

は度外視して、国家機構よりも市民権を議論することを好んだ。「家庭、健康、教育、社会保障、これらはすべて君たちが生まれながらにしてもつ権利である」と有権者に語ったのは、労働党の押しの強い厚生大臣アナイリン・ベヴアン（一八九七―一九六〇）であるし、「福祉という総意」で労働党に近い方針へかたむいていた保守党の改革グループも、一九四八年には、社会福祉政策として、「人間相互の責任からお互いがこれ以下に落ちてはならない最低限度の基本的な保障、住宅、均等な機会、雇用、そして生活水準」を万人に実現することを提言した。この提言は、ヴィクトリア時代の救貧法が社会的弱者に押しつけた恥辱の烙印を消し去るものであった。

一部の批評家は、福祉国家を社会主義特有の主張とみなし、ときには非難した。ワトキンズが読者対象とした多くのアメリカ人もおなじように考えていた。しかしじっさいには、福祉国家という制度は多くの異なる思想や立場の産物であり、さまざまな動機や妥協を反映したものであった。歴史的にみて重要なのは、福祉国家建設に尽力した人びとがみな、自由な経済活動のもとに存在する社会とは異なる社会を実現しようとしていたことである。第二次世界大戦は福祉国家実現の過程を早めただけであって、大戦が福祉国家実現の理想を生んだわけではない。

このような展望に立ってみると、二〇世紀の「福祉国家」の起源は、二つの世界大戦後の「再建」政策よりもかなり前のエドワード七世時代［一九〇一―一〇］、もしくは一九世紀に求められることになる。一九世紀には、工場法によって産業を規制し、調査や視察によって健康を律し、当初は慈善団体の力で、のちに公共の機構をつうじて教育を拡大し、「社会正義」を促進する道への最初の一歩が踏み出されていた。また、一九世紀当時から、この種の対策が「社会的責任感」の「自然な成長」を促し、未来の「変容」への道を切りひらくと論じられていた。保守党はしだいに健康と住宅の問題に関心をはらうようになり、自由党は自由党で、「個人対国家」という極端な形で表明された自由放任《レッセ・フェール》の個人主義をはなれ、「自由を平等に与える」ための集産主義［国家または私的集団が権力によって財の生産・分配・サービスを集団的に統制する社会制度］的な政策を導入する必要を認識しはじめていた。さらに、シドニー・ウェッブ（一八五九―一九四七）とビアトリス・ウェッブ（一八五八―一九四三）夫妻の指導のもとに結成されたフェビアン協会は、最大多数の最大幸福をとなえるベンサム主義的功利主義を自然に受け継いでいた。

しかし、フェビアン協会も認識していたことであるが、「福祉国家」を実現させるためには、粉砕せねばならないひとつの伝統があった。一八三四年制定の救貧法であり、この法律こそその厳しい罰則と恥辱の烙印とともに葬り去られねばならなかった。救貧法廃止案は、一九〇九年の救貧法にかんする王立委員会（保守党が設立したが、委員の

バトリンの休暇用キャンプ場は大衆の欲望を満足させた。一方、慈善舞踏会はおもに上流人士を対象に開催された。日常の雑事から逃れる最高の手段である豪華客船の上では、食事を楽しむ人も泳ぎを楽しむ人もぜいたくな雰囲気につつまれた交流を楽しんだ。この写真は、1934年のマジェスティック号上での慈善舞踏会の1コマを写したものである。

なかにはビアトリス・ウェッブもいた）の少数派の報告書が提出した意見であったが、フェビアン協会の影響を強くうけている少数派の意見は、多数派の意見とかなりの合意に達していた。事実、改革派の自由党員はおなじ目的で異なる方法をとっていた。彼らは一九〇六年の学校給食法制定、一九〇八年の老齢年金法制定、一九〇九年の職業紹介所の設立などをふくむ一連の福祉政策の実施に引きつづき、一九一一年には雇用者と被用者が保険料を分担する、かぎられた規模での国民保険を導入したのである。

従来、社会保障と呼びうるものを提供していたのは全国規模の友愛団体（当時一四〇〇万人のメンバーがいた）や労働組合、民間会社であった。いまやそのなかに国家が、「着実な経済管理のための救援」をかかげ、どの団体にも所属していない市民を不測の事態から守るという名目で加わってきたのである。当時ロイド＝ジョージの右腕であったウィンストン・チャーチルはつぎのように述べた。「われわれは、偶然に個人をおそう自然の猛威という重圧《プレッシャー》の代わりに、加入者の公平な分担によって、個々の場合に応じて損害を軽減し緩和する働きをする保険という負担《プレッシャー》を与えたいと思っているのである」。制度導入にあたって、反対者が老齢年金を「施しもの」だの「帝国にとっての致命傷」と酷評するなかで、ロイド＝ジョージは道徳的正義として老齢年金を擁護したばかりか、さらに大きな計画を考えていた。彼は以下のメモを書き留めていた。「これは急場しのぎとしてとりあえず必要だった保険である。それほど遠くない将来に、国家は疾病、破産、失業にたいして、完全に責任をもって支給しなければならなくなる日がくるであろう」。

その国家の責任は一九二〇年に一歩推しすすめられたが、「完全な責任」が受け入れられるには、一九四六年まで待たなければならなかった。この年に労働党政府が国民保険法と国民医療制度法を通過させたのである。国民健康保険制度は広範囲に適用され、個人は定額を支払うだけで、医療給付、老齢年金、失業保険、労災保険をうけられた。この制度は「すべての男性、女性、子供を貧困と逆境による悲惨から守ってくれる盾」となった。国民医療制度法は、国民保険法よりも論争をよび、不評をかった。これは国民に完全に無料の医療サーヴィスを提供するもので、その経費には個人が支払う保険料ではなく税金をあて、慈善病院と地方自治体経営の病院を国有化し、それを地方当局の管轄のもとに地理的にグループ分けして配置した。個人はそれまでどおり家族ぐるみで世話になる医師を選ぶ権利をもつことができたけれども、この制度により顧問医師の数が増大することになり、彼らは大きな発言力を有することとなった。この制度を実施するという「約束の日」、一九四八年七月五日は、福祉政策における「Dデー」〔作戦開始日〕となった。

そして三番目の福祉立法が、国民救助法である。この法律は国民が最低の生活水準を維持できるような安全網を張りめぐらすことを意図したもので、つぎのような強い語調からはじまっている——「現存の救貧法は機能を停止させねばならない」。救貧法との訣別は意図的なものであった。救済金は、国民救助委員会をつうじて支払われ、その経費は保険料ではなく税金によってまかなわれた。したがって、これは一八三四年以来の救貧法との訣別であったばかりでなく（救貧委員会は一九二九年に消滅していた）、一六〇一年以来の「旧救貧法」との訣別でもあった。近隣の人びとは地域内の貧困者にたいして、もはや直接責任を負わなくともよくなったのである。事実、一九四八年には、ついに旧来の救貧法すべてが消滅したという意識のみならず、これで将来「貧困者はもはやわれわれの社会からは姿を消す」という意識が色濃く広がった。しかし、この意識も長くはつづかなかった。

「Dデー」から五年もたたないうちに、いまや貴族となったベヴァリッジその人が、政府のやり方は自分の福祉計画の根底を掘りくずしている、と政府にたいして非難をあびせた。ベヴァリッジは社会保障にかんする一九四二年の提言において、国民保険法のもとに支払われる定額の手当ては純粋に最低生活水準を満たすものでなければならない、と主張していたが、この原則が、一九五四年に年金・国民

廃業した劇場のあとに開業する映画館もあった。一方、新しい「夢の宮殿」として、娯楽とともに興奮と魅力を提供する映画館もあらわれた。そこで上映される作品のほとんどはハリウッド映画であった。写真は、1929年ごろのロンドン、ブリクストンのアストリア劇場前。トーキーになったばかりの映画「シンギング・フール」を観るために人びとが行列している。

保険担当大臣によって正式に破棄されてしまったのである。さらに、保守党が一九五一年の政権復帰をまだはたしもしないうちに、労働党政府は経済的理由をかかげて完全無料の国民医療制度をあきらめ、薬代は個人が負担すること、のちには義歯と眼鏡の代金も個人が負担することを決定した。国民医療制度政策を主導したベヴァンは、この薬代個人負担にかんしては不承不承受けいれたが、政府がさらなる個人負担を導入したときにはさすがに辞職してしまった。彼は、政府が「労働党が誇りとし、かつイギリスが世界の倫理的指導者になるはずであった社会福祉を破壊しはじめた」と非難して、内閣から去った。

このように福祉政策の理想と経済状況の現実とが衝突してしまう危険性は、一九二〇年代から存在していた。一九二一年には保険支給額を減額させた失業保険法をめぐって激しい論争がかわされたし、その一〇年後には、マクドナルド率いる労働党政府が財政の危機に直面して、保険支給額の一〇パーセント削減（これでも国家歳出を検討するために組織された五月委員会が勧告した数字の半分である）という「節約」計画の細部をめぐって分裂した。一九四五年以降、現実の経済と理想との衝突は慢性化した。戦前にみられた社会福祉事業の不均衡は是正され、福祉政策も充実する一方で、壁のポスターは「われわれの経済は困難に直面している」、「労働か、さもなくば窮乏か」と訴えた。財政における社会福祉関係の支出額は、一九三八年から一九四九年までの期間ですでに四倍にものぼっていたが、完全雇用のおかげで大蔵省への保険支給金請求が減少したために、この膨大な支出にたいする批判は控えめになるか、もしくは沈黙状態であった。それどころか、事は順調に運んでいるという雰囲気が流れていた。

すべての国民にたいし、並の福祉ではなく最高の福祉を提供するという原則は、つねに実現困難であった。一九五二年に『タイムズ』は（「福祉国家の危機」という意味深長な見出しがつけられた記事のなかで）つぎのように書いている。「万人に最高の福祉をという原則は、社会福祉がもっと小規模で、いまほど広範な範囲におよんでいなかった時代にはさほど目立たなかった大問題を表面化させた」。福祉があらゆる地域社会に浸透するという事態（第二次世界大戦中につちかわれた結束の精神と汎用性の原則が反映されていた）は支出を膨張させたばかりか、約束された「最高」が提供されないときの不満を増大させた。同時に、この原則は階級4と階級5の人びとよりも階級1、階級2、階級3の人びとを優遇することになり、税金を財源とする社会福祉経費の再分配効果を低めてしまった。政府による食糧補助金もおなじであった。食糧補助金が最初に導入されたのは一九四〇年、賃金要求を押し切るための緊急処置として実施されたが、一九四九年になって明らかになったことは、この補助金が大家族を養わねばならない最貧困労働者の食費ばかりでなく、扶養家族のいない大富豪の食費までをも援助しているという事実であった。これには上限値が定められたが、まもなく廃止された。

それにもかかわらず、一九五〇年代初期に入るまでに「福祉国家」を真剣に問いなおす声はほとんど出てこなかったし、「依存の文化」に言及する声もまったく聞かれなかった。福祉国家の理想と現実が綿密に検証されるようになったのは、耐乏生活を強いられていた時代ではなく、比較的「裕福」な一九五〇年代になってからであった。また、自由市場方式と国家介入が国民の「幸福《ウエル・ビーイング》」におよぼす相関作用が注目されはじめたのも、まさしくおなじ時期であった（ちなみに当時は個人や家族にかんすることでも、「福祉《ウエルフェア》」より「幸福《ウエル・ビーイング》」の方が一般的に受けいれられやすい用語であった）。従来において福祉政策と市場との関係は、ブース式やラウントリー式の調査でも、政治家の演説でもなおざりにされがちであった。その点、「福祉国家」とは、変動が激しく不完全で非能率的な市場の欠点を補い、なおかつ必要とあらば、個人や家族にたいし、その仕事や資産の市場価値にかかわらず、最低限度の収入を保障するものと考えられていた。ところが、一九五〇年代に社会的関心は、拡大する一方の市場の影響力へと移って

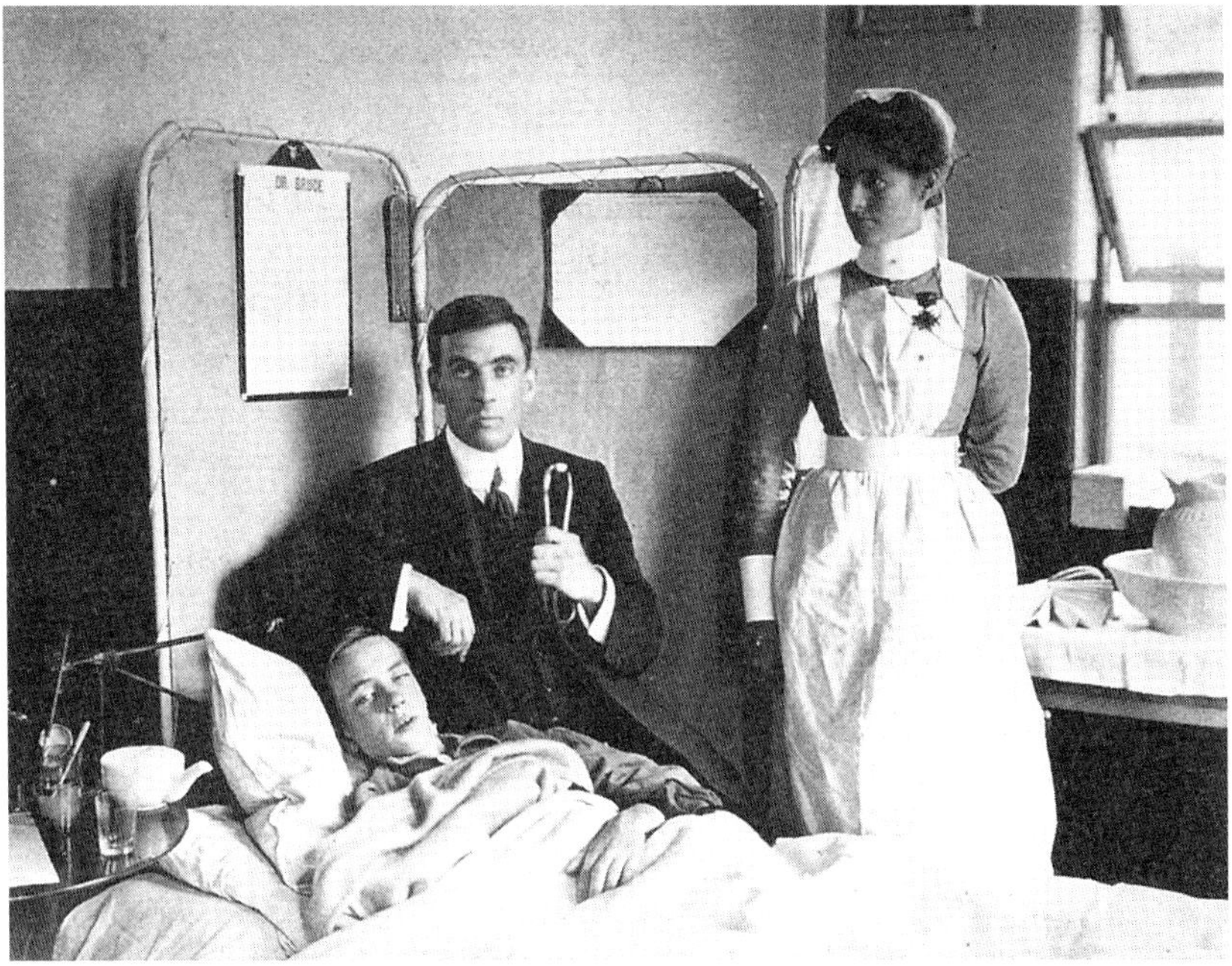

(上) 新しい医療は、より幅広く医薬品に頼る傾向を強めていった。大腿骨頭置換手術などの外科手術が可能になるなど、医療は全般的に進歩した。臓器移植手術もおこなわれたが、それは大々的に報道されることが多かった。人物がポーズをとっているこの写真は、コンピューター時代が訪れる前のものである。医療テクノロジーが発達していく1960年代には、質の高い看護を確保することが最大の関心事となっていく。
(下) 広告はごくあたりまえの手段になった。広告にはそれぞれ独自のレトリックがあったが、栄養飲料「オヴァルティン」は独自の組織——オヴァルティニーズ(オヴァルティン愛好者同盟)——までもっていた。深い睡眠を十分にとることのむずかしさが話題にされることが多く、オヴァルティンの広告の場合、その敵は「夜間の空腹」とされた。歯磨き粉の広告であれば、敵は「大きな虫歯」になった。

いく。貧困線以下の生活をする人びとばかりでなく、貧困線以上の生活をする人びとにたいしても市場の影響がおよんでいたのである。社会福祉にたいする関心がそうであったように、市場にたいする関心も過去の見直しをせまることになった。「進歩」がはじまったのはいつだったのであろうか、消費財をあつかう「大衆市場」が形成されはじめた一九世紀後半に、すでに重大な変化が起こっていたのではなかろうか、というように。

　とはいえ、一九五〇年代当初はまったくべつの疑問が起こっていた。はたして本物の進歩など存在したのだろうか、という疑問である。耐乏生活が不人気になった後でも、労働党支持者の多くは、J・B・プリーストリーが「マスコミ宣伝」と呼ぶもの、すなわち新しい媒体や広告による需要創造、そして消費を増やせば喜びは増すという発想にたいして、うさん臭さを感じとっていた。「マスコミ宣伝」を批判する者は、誇示的消費にたいしてだけでなく、労働者階級の「物質崇拝主義」にたいしてもピューリタン的な嫌悪をいだいていた。彼らは広告費の膨張を、空恐ろしく感じていた。広告協会の発表によれば、広告費は一九三八年には年間五八〇万ポンド、一九四八年には年間七九〇〇万ポンド、そして一九五四年にはほぼその二倍の一億五七〇〇〇万ポンドにも達していたのである。

　広告の増加によって、大衆の関心は否応《いやおう》なく缶や箱で美しく包装されたブランド商品に惹きつけられることになった。一九三〇年代は、一八八〇年代と一八九〇年代に生まれた商法が大きな発展をみせた時代である。この時代には、クエイカー・オーツ、ケロッグのコーンフレーク、麦芽粉乳ホーリックスや栄養飲料オヴァルティン、ジョン・ウェストのサーモンとデルモンテの桃の缶づめ、バーズのカスタードパウダー、クロス・アンド・ブラックウェルのスープ、ハインツのベイクドビーンズ（なんと五七種あった）などのブランド商品が花盛りになる。消費者の行動ががらりと変わってしまっていたが、これは食品の海外貿易の増加と流通革命の結果であった。流通革命の成功は、鉄道の力にもよるが、自動車輸送手段の発達がもたらした賜物でもある。多くの支店をかかえるチェーンストアも繁栄した。支店を二五店舗以上もつチェーンストアは、一九二〇年から一九三九年までのあいだに、二万六〇二社から三万九〇一三社にまで増加しているし、二〇〇店舗以上の支店をもつチェーンストアも、一万九四二社から二万一二八三社にまで増えている。衣料品のモンタギュー・バートンやスーパーマーケットのセインズベリーは家庭内でなじみの深い名前となった。

　地方の商店街の景観もまた変わりつつあったが（のちには根本から一変してしまうことになるが、このころはまだそれほどの激変にはいたらなかった）、これも、スーパーマーケットが町はずれの地域に進出し、さらには建設業者（と不動産業者）が、かつては地元商店で栄えていた大通りを占拠して繁盛しはじめた結果であった。一九三八年にはまだ、個人経営の小売り店が全小売り業者の八八パーセント（六五万七〇〇〇店）を占め、業界の六六パーセントを担っていた。労働運動に起源をもつ生活協同組合の店は、一〇パーセントを占めた。一方、再販売価格維持制度は、一九〇〇年には国内の消費者支出のうちわずか三パーセントに適用されたにすぎなかったのに、一九三八年には三八パーセントにおよぶまでになった。人びとの生活が平均化した要因がここにある。

物質社会の計画性のない変化は、計画性のない環境というやっかいな副産物を生みだしていた。道路にそって「帯状開発」がでたらめに進み、町の中心部はうるさい密集地域となり、市街地が村にまで拡大して、乱雑な「集合都市」が成長していった。この現象の背景にあったのは、一九一九年から一九三九年までの期間でほぼ二〇倍に増えた自動車の通行量であった。第二次世界大戦勃発の四カ月前に、一〇〇万台目のモリス社製自動車が、昔とはずいぶん様変わりをしたオクスフォードのカウリー工場から出荷されていった。第二次大戦中にはガソリンが配給制になったこともふくめてさまざまな制約があったために、自動車工業の発展は足踏み状態であったが、一九五〇年に入るころには、ヴァンやトラクター（農業も機械化の時代に入っていた）もふくめた自動車の生産台数は、年間九〇万台を超えていた（ちなみに、戦前の生産台数の最高は年間五二万六〇〇〇台であった）。イングランドにおいてはまだ自動車の利用は一般的ではなかったが、独特の自動車文化が明らかに一九三九年以前から出現していた。その最たるものが、一九三七年にロンドンのアールズ・コートではじめて開催されたモーター・ショーである。これも当時の目には、「発展」の象徴のように映った。とはいえ、最優先されたのはやはり公共の交通機関の整備である。交通機構のなかでも最大規模のものは、一九三三年にできたロンドン交通局である。この交通局は二〇〇〇平方マイル以内の公共交通機関すべてを独占していた。この時期までに、バスは四六五六台走り、延べ二三万七六一八人を運んでおり、すっきりとデザインされ完全に近代化された鉄道の駅が数多くお目見えしていた。

環境を計画的につくりあげることは無理にしても、せめて環境管理はおこなおうという努力は、一九〇〇年代からおこなわれていた。たとえば、一九〇九年には最初の「住宅、都市計画などにかんする法」が制定されているが、これは地方当局に町や都市の膨張を抑制させる権限を与えなかった。またその五年後には都市計画協会が新しく創設され、「あらゆる市町村を醜悪という野獣から解放せよ」という要求を出した。「野獣」を完全に駆逐するのは不可能としても、なんとかそれを飼いならそうとする苦闘は、一九三〇年代をとおして活発におこなわれた。一九三二年には重要な新・都市田園計画法の法案が可決され、この法案の枠組みのもとでおこなわれた都市と田園の公認開発計画はわずか九二件であったとはいえ、ロンドンがほかの市町村に先んじて、「緑地帯《グリーン・ベルト》」方針をかかげて精力的な開発のスタートをきった。一九三七年に工業人口の配分を検討するために組織されたバーロー委員会は、「改善の手段」を提案しなければならないという最終段階になって、困難に直面した。しかし、一九四〇年に提出されたこの委員会の報告書は、「規模と性格において国家レヴェル」の中央計画委員会を設立することを推奨している点において、記念碑的な報告書となった。

　国家や地域などあらゆるレヴェルにおける土地開発計画の動きは、第二次世界大戦によって加速された。一九四一年には、「人口過密と改善」を検討すべくアスウォット委員会が組織され、さらに田園地方の未来を検討するためにスコット委員会が組織された。その一方で、パトリック・アバークロンビー（一八八〇―一九五七）の『ロンドンの開発計画』が一九四三年に登場した。一九四五年に労働党政府が政権についたとき、補償のための政策の基礎となったのは、アスウォット提案であった。またこのおなじ年に、産業分配法が成立し、これはその後のあらゆる地方開発計画の基本となった。つづいて一九四六年には「ニュータウン法」が、そしてさらに一年後には新・都市田園計画法が法律化された。ある熱烈な支持者によると、この法律はイングランド人の「家族愛が、ようやく国家という器にふさわしい大きさにまでふくらみつつ」あることを示していた。この立法により、地方当局に開発計画を推進する責任が与えられることになった。

「ニュータウン」計画は、過去の「庭園都市」運動の流れをくむ大胆な計画で、ニュータウン第一号となったのはスティーヴニッジである。ニュータウンは未来への大きな希望を象徴していたが、開発を担当したのは、地方当局ではなく公団であった。しかし、建設は遅々として進まず、一九五〇年の終わりになっても、ロンドン周辺のニュータウンでわずか四五一棟の新築家屋が完成したにすぎなかった。問題は進まぬ建築だけにあるわけではなかった。ニュータウン計画を支える論理と同様、ニュータウン計画という発想の背後にある心理そのものに問題があった。一九五二年にスティーヴニッジ研究を出版したハロルド・オーランズは、著書のなかで「ユートピアはつねに期待を裏切るものなのか」と問いかけている。

　住宅問題の歴史は社会発展の二本の糸、すなわち計画的な発展と無計画な発展から綴られている。また、住宅問題は教育問題とよく似た問題点をふくんでいる。というのも、家の外見の違いばかりでなく、内部の違いもふくめた住宅格差は、社会的、文化的差異の指標となる教育格差と類似しているからである。ラウントリーの指摘によれば、両大戦間の時代に住宅は全体的に改善された。彼の報告では、一九〇〇年にはヨークの労働者階級の人口の五・七パーセ

住宅の格差はいぜんとして大きかった。町の地区によって人口密度が異なっていた。景観もちがっていた。とりわけ郊外では、家族の行動様式は似たりよったりでも、住宅のスタイルは実にさまざまであった。デタッチト・ハウス（一戸建て住宅）やセミデタッチト・ハウス（二軒続きの住宅）の場合は、町営住宅や市街地では考えられないプライヴァシーを確保することができた。

ントが住宅密集地域に住み、二六パーセントがスラムに住んでいたのに、一九三六年になると密集地域の住人はわずか一・七パーセント、スラムの住人は一一・七パーセントとなっている。ただし、住宅事情の改善にもかかわらず、文化上の問題があった。それぞれのスラムには独自の社会的アイデンティティーがあり、考え方、感じ方、ふるまい方に、大戦という時間の分水嶺を越えて受け継がれてきた伝統が根強く存在していた。この伝統がいかなるものであるかは、今世紀初めの「古典的」なサルフォードのスラムを、魅力あふれる文体で描写したロバート・ロバーツの著書や、マイケル・ヤングとピーター・ウィルモットによるベスナル・グリーンの研究、およびリチャード・ホガート（一九一八－　）によるリーズのハンスレットについての記述などを読めばよくわかる。一般にスラムでは、行動様式の同化の問題とならんで、人びとが「発展」にたいして抵抗を示しがちだという問題があった。また、一九三〇年代には、スラムと郊外の住宅地のあいだだけでなく、個人住宅地と公共住宅地のあいだにも、はっきりとした社会的な対照がみられた。じっさい、オクスフォードのように両者のあいだに物理的な障壁がおかれたところもあったほどである。

どちらの種類であれ、新しい宅地のなかには生気なく、無表情で退屈に見えるものがあった。もっとも、個人の住宅はきちんと手入れされ、プライヴェートな安らぎの感覚をただよわせていたし、公共の新しい宅地でもマンチェスターやバーミンガムのように印象的な建物が建てられた地域もあった。リーズでは全国的パターンとは逆に、郊外ではなく町の中心、クオーリー・ヒル（もう壊されてしまったが）に巨大なフラット街が建てられ、この一郭は称賛者（少数派だった）によってウィーンの街にたとえられたほどであった。この計画はある労働党顧問が考案したもので、リーズの公共住宅地労働党支持者の牙城となった。ほかの多くの公共住宅地も同様であり、このためにあせりを感じた保守党は、公共住宅ではなく私有住宅取得の有利さを強調しなければならなくなった。

戦中、戦後史を研究する社会史学者にとって、公共住宅地のもつ意味はきわめて大きく、一八世紀を研究する社会史学者にとってカントリーハウスがもつ意味の大きさに劣らぬほど重要なものである。公共住宅は地方当局の新たな賃借人となった人びとにたいし、より快適な生活空間を与え、地域政策の形成に影響をおよぼしたが、しばしば指摘されたようにプロレタリアート（無産階級）をブルジョワジー（有産階級）に変身させたわけではない。おなじころ、本物のブルジョワジーの方は住宅金融組合の資金援助を求めていた（おそらくイングランドの歴史において初めてブルジョワジーの現実について語ることが可能となった出来事である）。一九一二年の時点ですでに住宅金融組合は総額六五〇〇万ポンドの資産を所有しており、同年に九〇〇万ポンドの抵当付き融資をおこなっていた。ところが、一九四〇年になると、融資の未回収総額が、六億七八〇〇万ポンドにまで跳ねあがった。そのころ組合が融資した人は一五〇万人以上、八所帯に一所帯の割合になる。社会統計学者のマーク・エイブラムズは、一九四五年の借用者たちを、大陸の、ブルジョワジーではなく小作農階級と対応させた。土地への愛着に支配されるのではなく、郊外の住宅への投資に支配される彼らの生き方は、大陸の小作農階級に近いものであった。

第二次世界大戦中、私有の家屋であれ地方当局管轄下の家屋であれ、あらゆる家屋の建築が中止されて、「住宅問題」は悪化した。二〇万戸が完全に破壊され、五〇万戸はひどい損傷をうけた。福祉問題とともに住宅問題にもかかわっていたベヴァンは、この問題に取り組むにあたって、「ミドルクラスの住宅問題は第二次大戦前にほぼ解決したが、低所得層の住宅問題は産業革命以来、未解決のままである」という、いかがわしいながらも挑戦しがいのある前提を出発点とした。ベヴァンの「解決」という言葉は割り引いて解釈しなければならない。たしかに、一九一一年から一九三九年までのあいだに五〇〇万戸の新築家屋が建設され、三五万戸のスラム家屋が取り壊されてはいたが、ミドルクラスをもふくむ四〇〇万人はいぜんとして、ほとんど「近代化されていない」一九世紀的な住宅に暮らしていた。そして一九五〇年代には、ベヴァンの保守党の後継者が、やはり地方当局をつうじてではあるが、大規模な取り壊し工事と「コンクリート製」の「高層」アパートの建築に取り組むことになった。一九四五年以降、労働党政府は年に二四万七〇〇〇戸を建築するという目標値に一度たりともたどりつけなかったが、この事実に刺激されて、保守党は一九五一年に住宅問題を最優先事項とした。事実、ハロルド・マクミラン(一八九四―一九八六)による年三〇万戸を建築するという公約は(目標値はさらに大きく、四〇万戸だった)、一九五一年の保守党綱領のなかでもっとも魅力的な項目であった。また、保守党が諸規制の廃止を言いだした事実も好感を与えた。一九五四年には保守党政権のもとで私有建築物にたいする認可制度が廃止され、その結果、労働党政府では全新築家屋のわずか一八パーセントにすぎなかった私有家屋が、たちまち二倍に増えた。それにともなって建築ブームが起こり、あちこちで都市環境の美観が損われたけれども、建築ブームは消費ブームに直結し、これが一九五〇年代後期の特徴となった。「耐久消費財」(経済評論家がつくりだした用語である)の販売を促進していたのは、分割払い制度であった。一九一八年から一九三八年までの期間に分割払いで購入された商品の総額は二〇倍にも増えていた。

新たな住宅は(一九四五年以前も、またそれ以降でも)市街地のはずれか、郊外に建てられ、ときには近隣の古い村を呑みこむことがあり、交通機関の利用が可能な場合にはさらに遠い村々をベッドタウン地帯に変えていった。家庭と仕事場と地域社会との関係は流動的なものになった。娯楽のパターンも同様であった。一九三〇年代後期までには、二〇世紀の「発展」を記述したもののなかにはかならず、仕事とならんで娯楽が前面に登場するようになった。一九五四年には、工業都市ダービーにおける「都市生活における現代のさまざまな影響力」にかんする詳細な研究書が出版されたが、この研究は地域内の教育、クラブや協会、スポーツや趣味、パブ、映画館、宗教活動についてそれぞれ章をもうけているばかりでなく、全国版の新聞、ラジオ、テレビ、映画が地域社会におよぼす影響についても検証した。この研究の背景にある歴史的な仮説は、地方ごとに異なる特色がいぜんとしてイングランドに存在するものの、その違いは一〇〇年前、あるいは五〇年前とくらべて「はるかに小さく」なっている、ということであった。

さらにこの研究で明らかになったことは（もしもほかの地域の研究があればおなじ結果が出たと思うが）、クラブや協会が地域社会を網の目状におおっていたことである。クラブや協会の多くは一九世紀や二〇世紀初頭に誕生しているが、由来も交際範囲もそれぞれに異なっていた。たとえば、プロのサッカー・クラブは、学校のチームに起源をもつものもあれば、教会あるいは工場のチームを基盤に育ったクラブもあるし、慈善事業をおこなう協会の起源にしても、地域の教会、礼拝堂、あるいはパブ、とさまざまであった。起源ばかりではなく、動機もさまざまであった。なかでも慈善協会は相異なる動機の産物である場合が多く、社会奉仕をしたいという人びとも、社会を改革したいという人びとも（もちろん両者が同一人物である場合もあった）、ともにおなじ協会に集った。このような協会はすべて、一九四七年以前の病院がそうであったように、個人の基金を結集することで成り立っていた。「旗の日」［街頭で慈善のために募金する日で、寄付者は記念の小旗をうけとる］の光景は、一九三〇年代や一九五〇年代には、サッカーくじのクーポンと同様、定期的に人目をひく光景となった。慈善活動は地域単位ばかりでなく、全国規模でおこなわれ、イングランドの典型的なボランティア活動のひとつとなった。それを象徴するのが、家庭福祉協会、全国社会福祉協議会（一九一九年設立）などの団体であり、ベヴァリッジは慈善団体を「福祉国家」にとって不可欠な存在であると考えていた。一九〇三年に創設された労働者教育《ワーカーズ・エデュケーション・》協会《アソシエーション》には支局があった。女性町民組合《タウンズウィメンズ・ギルド》、女性《ウィメンズ・》協会《インステイテュート》、婦人連合《マザーズ・ユニオン》も同様であった。

全国的に存在する二つの伝統組織がこの当時も地域生活と密着していた。パブと教会である（パブの支援者はしばしば夫の方で、妻は教会を支援した）。ダービーの調査週間のあいだ、映画館を訪れる人の数よりもパブを訪れる人の数の方が多かった。もっとも、外に飲みに出かけるのは男性がダービーの全男性の四分の三であったのにたいし、

英国祭の博覧会には、1951 年 6 月にジョージ 6 世とエリザベス王女が訪れた。ともに第 2 次大戦中に王室の威信を回復させた、高い人気を誇る君主である。写真は、2 人が科学とテクノロジーの発達を称える「発見の館」へ入場するところである。この博覧会は「国家の強壮剤」と表現された。

1950 年代後期には、テレビ鑑賞が国民的娯楽になり、ほかのどんな娯楽にも費やさないような多くの時間がテレビ鑑賞に費やされるようになった。テレビが子供に与える悪影響にかんして、心理学的、社会学的に本格的な研究がおこなわれたのも当然である。にもかかわらず、テレビの保有率は 6 年間で 2 倍に跳ねあがり、この 1957 年の写真のように家族がそろってテレビを観賞した。このころ、テレビはささやかな家庭のなかの主役となり、暖炉よりも重要な存在になった。

女性は三分の一であった。総計してみると、人口の三〇パーセントが少なくとも週一回は映画館に通っているのにたいし、日曜日に教会や礼拝堂へ行った人は一二パーセントにとどまった。ただし、無宗教と自認する人間は一九五〇年代初めにおいてほとんどおらず、またダービーの調査を見ても、聖書をおいていない家庭の割合は一〇軒のうち一軒にすぎなかった。

ダービーでは（そしてほかの地域でも）、家庭内の娯楽と家庭外での娯楽は別種のものとなっていた。じっさい、家庭はすでにヴィクトリア時代の栄光を失っており、一九二〇年代、一九三〇年代には私的なくつろぎの場としての性格をより強く帯びるようになった（とはいえ、くつろぎと情報はラジオ番組をつうじて、どこでもだれとでも共有できる時代にはなっていたのだけれど）。ラジオはほとんどの家庭にそなえられていた。庭園も多くの家庭にあった。この時代は、フロリバンダ・ローズ［ポリアンサ系とティー系を交配させてできた房咲きの薔薇］、クロスワード・パズル、推理小説、そして「趣味《ホビー》」など「一人用の楽しみ」の全盛期であった（ただし、個人の趣味といっても、切手収集の場合のように売買をつうじて何十万人という同志と共有することはできた）。切手業者スタンレー・ギボンズ（一八四〇―　）の名は、サッカー選手スタンレー・マシューズ（一九一五―二〇〇〇）（のちにナイト爵を受けた）の名とおなじくらい広く知れわたっていた。一方、映画鑑賞やスポーツ観戦など「家庭外での活動」は家庭生活の楽しいおまけとなった。一九四五年までに、国内には四五〇〇館を超える映画館ができていたが、大型映画館のうち七〇パーセントは大資本グループが運営しており、なかにはほかのレジャー分野にも投資しているグループもあった。

社会階級の格差は娯楽活動の多様性を生み出す最大の要因であった。パブは行楽地と同様、「気風《トーン》」がそれぞれに異なっており、さらにどのパブも中央で上層階級向き「ラウンジ」と下層階級向き「パブリック・バー」に仕切られていた。ダンスホールも狩猟会主催の舞踏会《ハント・ボール》とは似ても似つかぬものになった。競馬は広い階級にわたって愛好されていたが（なかには競馬場に出かけたことのない大勢のギャンブラーもいた）、グレイハウンド・レースは一部の階級にかぎられていた。社会における娯楽の発展過程はもっと複雑である。サッカーは当初野原や路地での遊びだったのが、一九世紀半ばにパブリックスクールのスポーツとなり、一九世紀末にはふたたび下層階級のスポーツになった。ただし、この時期のサッカー観衆はおとなしかった。一九五五年にジェフリー・ゴアラーが『イングランド的特徴の探究』のなかで、サッカーの観衆は「教会に集う会衆のように行儀がよい」と書いているほどである。最貧困層の割合がもっとも高かったのは映画の観客であり、この階級の人びとにとって、ときに魅惑的なほど美しい映画は娯楽であるとともに、現実からの逃避の場でもあった。しかし、映画は社会階級を超えて人びとを魅了し、フィルムの芸術は少数の教養人をとりこにした。

もちろん年齢や性別によっても娯楽活動は異なった。とりわけスポーツにおいてそうであった。カブ・スカウトやボーイ・スカウトの数は、一九一三年の一五万二〇〇〇人が、一九三八年には四三万八〇〇〇人に増え、ボーイ・スカウトを創設した将軍ベイドゥン＝パウエル（一八五七－一九四一）の名は、国内でもっともよく知られた名のひとつとなった。ボールズ［重い木球を芝の上でころがし、白球の近くに停止させるゲーム］はすでに高齢者のスポーツとして人気を確立し、はじめは男性のスポーツだったが、すぐに女性のスポーツとなった。テニスは、誕生したころから男性にも女性にも楽しめるスポーツであった。ウィンブルドンをイングランド的な文化的産物のひとつにあげたのは、T・S・エリオットである。彼の評論集『文化の確立に向けて』（一九四八）によれば、このほかにダービー競馬、ヘンリー・ボートレース《レガッタ》、ライチョウ狩猟の解禁日（八月一二日）、サッカーのFAカップ決勝戦、ドッグ・レース、ピンボール・マシン、ダーツ盤、ウェンズデールのチーズ、切り分けたゆでキャベツ、酢漬けのビーツ、一九世紀のゴシック建築教会、E・W・エルガー（一八五七－一九三四）の音楽がイングランド的文化の産物としてあげられている。しかし、エリオットは、文化は発展してはおらず衰退の途をたどっているとみていた。彼にとって、教育の拡充もほとんど慰めとはならなかった。教育の拡充は一九四八年ごろに、もうひとりの批評家、すなわち過去ではなく未来を見つめていたマイケル・ヤングが、「実力主義《メリトクラシー》社会の誕生」と呼んだ現象を生みつつあった。また、エリオットにとって、増加の途上にあった専門職従事者たちもあまり期待はできなかった。彼によれば、専門職は人を型にはまった思考と行動様式に押しこめてしまうものであった。誠実に社会批評をおこなった人はほかにもいたが、全部が全部、エリオットのように保守的であったり、ヤングのように革新的であったりしたわけではない。多くの批評家が目を向けたのは、教育と仕事と娯楽間の関係であった。教師たちは、生徒が卒業後におこなうことが学校での活動をまったく無駄にしてしまうと不満をもらしつづけていたし、生徒は生徒で、学校で習うことのほとんどがまったく自分とはかかわりのないことだと不満をもらしつづけ、できるだけ早く就学期間を終えた。

一九五〇年代の後期になると、たとえ計画性のない余暇の過ごし方でも、「暖炉の前の敷物の色や陶器の絵柄などのような個人的な趣味の問題」とは言いきれず、「文化」の促進は営利本位の商売人にまかせておいてはならない、という見方がすっかり広まった。なにかゲームをすることは、ゲームをただ見ているよりも「まし」なことと考えられ、本を読むことは、映画を観たりスポーツを観戦したりすることよりも「まし」とみなされた。ボランティア活動と同様に社会奉仕は高く評価され、いずれの場合も金銭の報酬はともなわなかった。

一九三〇年代、四〇年代、五〇年代初期のBBC［英国放送協会］の方針は、まさしく高邁な無償の社会奉仕であった。一九三八年まで初代BBC総裁の地位にあったジョン・リース（のちに卿《ロード》）（一八八九―一九七一）は、第二次世界大戦中は都市計画の任務に引き抜かれた人物であるが、総裁就任当初からつぎのような主張をおこなっていた。「（ラジオのような）偉大な科学の発明を娯楽の追求という目的だけに用いていれば、科学的発明は安い身売りをしたことになっていただろう」。したがって、BBCの番組プログラムは、アメリカのようにコマーシャル・スポンサーの圧力に左右されることはなかった。BBCは民衆を購買対象《マーケット》としてではなく視聴者としてあつかわねばならないと強調し、民衆には「彼らが欲するもの」ではなく、教示すれば「欲するようになるもの」を提供すべきである、という方針をとった。提供すべき番組のなかにはクラシック音楽、BBCが推奨する良い趣味《テイスト》、まじめなドラマなどがあった。一九四五年以降もおなじ方針がとられてはいたが、テレビの時代に入って少なからず堕落してしまった。

議論の的になった「発展」の五〇年間を象徴するクライマックスは、一九五一年に開催された「英国祭《フェスティヴァル・オブ・ブリテン》」である。一八五一年の大博覧会とは異なり、これはイギリス［ブリテン］だけを対象とした博覧会であった。発案したのは労働党の政治家ハーバート・モリソン（一八八八―一九六五）で、ロンドンの行政で活躍したのち、中央で活躍するまでに出世した人物である。彼はこのフェスティヴァルを「民衆がみずからを褒めてはげます」機会と考えた。しかし、マイケル・フレイン（一九三三― ）はこの博覧会を回顧して次のように描写している。「草食性で端正な《ハービヴォア・》イギリス人《ブリテン》の作ったBBCニュース、クラウン・フィルム・ユニット［良質なドキュメンタリーを作成した］、お菓子の配給、イーリング・スタジオ［ロンドンのイーリング・スタジオで製作された一連の喜劇映画］……といったものの最後の開花であり、遺作も同然であった」。この評価はなかなか説得力があるが、しかし完全とは言えない。このフェスティヴァルは「楽しさと夢と活気」にあふれ、批評家の予言を裏切って民衆に大人気を博した。これによって民衆は、ヴィクトリア時代のイングランドや環境問題にたいする関心をますます強くいだくようになった。またフェスティヴァルでは新しい種類の創造的才能が発揮されたが、この才能は次世代にはさまざまな分野、さまざまな方法で活躍することになる。

しかし、根本的な変化はすでにそれ以前から訪れつつあった。一九五〇年には、左翼系の人気タブロイド紙『デイリー・ミラー』が、読者に向けてこのように書いている。「あなたがテレビを自宅に招き入れたならば、生活は二度と以前とおなじようにはいかなくなる」。じっさいそのとおりになった。ラジオとテレビを兼ねた契約は、一九六〇年代には一〇〇〇万の大台を軽く超え、四年間で倍増したのである。世紀の大討論の末、テレビにおけるBBCの独占体制は一九五五年に失われた。新しく放映権を与えられた営利本位の放送局は、きわめてイギリスらしい現象であるが、許可の範囲をしっかりと守り、なかにはスタート地点でぐらつきながらも大きな利益をあげた局もあった。

「世界が見える新しい窓」を開いたテレビも、ブームになった「耐久消費財」のうちのひとつにすぎなかった。一九五五年から一九六〇年のあいだに、冷蔵庫を利用している人の総人口に占める割合は、六パーセントから一六パーセントに増加し、洗濯機利用者は二五パーセントから四四パーセントに、自動車所有者は一八パーセントから三二パーセントへと増加した。この現象に深くかかわっているのが広告で、一九六〇年には広告費は消費者支出全体の一・九一パーセント、国民総生産の一・四二パーセントという空前の高い数値にまで跳ねあがった。

一九六〇年代の夜明けとなるこの時代は、社会学者ファーディナンド・ツウァイグが「価値観の根底からの変容」、「これまでとは異なる考え方や感じ方、新しい社会の倫理感、新しい欲求や願望の広がり」を認めた時代であるとともに、『エコノミスト』誌が家庭内に入りこんできた新しい発明品の数々による女性解放効果を歓迎した時代でもあった。「一〇年前、(国民のほぼ二分の一を占める)平均的な働く女性は、旧式の台所のなかで奴隷となっていた。今日では、ローンで雇った電気じかけの奴隷たちが彼女にかしずき、彼女の労働時間(彼女はそのあいだだけはテレビ番組を観ない)に活躍してくれる」。これは、「脱プロレタリアート化した消費者の革命」であった。さらに『エコノミスト』が論じるところによれば、これは日常生活を変えたばかりでなく、政治をも変えた。しかも過激思想の政治家ではなく、保守党の政治家に影響をおよぼした。労働者階級はもはや労働者階級であることをやめ、保守党は保守的であることをやめた。ロンドンはいまや人種のるつぼの中心地となった。もちろんロンドンばかりでなく、地方都市の生活、たとえば活気あふれるリヴァプールもそうだが、その生活も変容しつつあった。ツウァイグが言う「価値観の根底からの変容」をどのように解釈するのであれ、リヴァプールにおいて少なからず確認できる倫理感や生活様式、そして政治上の変化すべてはこの「価値観の根底からの変容」と関連づけなければならない。ただ、どう関連づけるべきかは今日議論の的となっている。

『エコノミスト』の論調は、当時激しい反論をうけた。『エコノミスト』は、いぜんとしてなくならない生活環境の不平等、たとえば労働時間や労働環境、あるいは住宅環境の不平等から意図的に目をそらしていたが、その点を受けて、社会学者たちは(なかでも顕著な活躍をしたのはジョン・ゴールドソープとデイヴィッド・ロックウッド）、いわゆる「裕福な」労働者といえども、彼らの先祖とまったく変わってはいないことを証明しようとした。一方、『エコノミスト』は保守党寄りだったこともあり、「脱プロレタリアート社会」が発達したからといって、その成員がかならずしも「より確かな判断力をもち、よりすぐれた倫理感をもち、より自立心が強い」人間になるとはかぎらない、という点だけは譲歩して認めた。

この点が証明されたかに見えたのは、一九六〇年代、すなわちファッションの変化（ミニ・スカート、タイツ、ジーンズ、ピルの出現）にともなって、ビジネス、国家、教会、大学といった多くの支配体制への反抗的姿勢があらわれた時期である（もっとも、のちにこの反抗的姿勢にたいする反動も出てくるが）。六〇年代とそれ以前の時代にはたしかに断絶があったが、それほど大きな断絶ではなかった。「五〇年代の子供、六〇年代の大人」というタイトルは、ロバート・スキドルスキーとヴァーノン・ボグダノアによる『豊かさの時代』の最終章を飾るにぴったりのタイトルであった。戦後の時代を回顧して『爆弾文化』を書いたジェフ・ナトール（一九三三—二〇〇四）のように、戦後の時代の争点を物質的な生活の変化ではなく、爆弾においた作家や画家がいた。彼らの論理によれば、ほんとうの断絶は一九四五年にすでに訪れていたのである。「ＶＥデー［ヨーロッパ戦勝記念日］がひとつの世界に生まれ、ＶＪデー［対日戦勝記念日］がべつの世界で生まれていた」のであった。「世代が決定的に分裂してしまった」のは、まさしくこの瞬間であった。この瞬間から、多くの人びとは原爆や水爆（イギリスが最初の水爆実験をおこなったのは一九五四年である）は、戦争抑止手段になるどころか生命そのものへの脅威となる、と信じてきた。核兵器武装反対のキャンペーンは一九五八年に結成され、復活祭に［核兵器研究所のある］オルダマーストンで核兵器反対をとなえるデモ行進をおこなった。

文化的にも政治的にも、多くの人びとの目に一九五六年は象徴的な時代の区切りと映った。この年にあらわれたのは、ジョン・オズボーン（一九二九—九四）の芝居『怒りをこめて振り返れ』、ジェイムズ・ディーン主演の映画『理由なき反抗』、エルヴィス・プレスリー（一九三五—七七）が歌う『ハートブレイク・ホテル』、ビル・ヘイリー・アンド・ザ・コメッツの『ロック・アラウンド・ザ・クロック』、そしてプレミアム・ボンド第一号［政府発行の割り増し金付き証券で、利子のかわりに毎月くじで賞金を出す］である（キャンタベリー大主教は、この証券は国を堕落させるかもしれないと恐れた）。また、この年には国内世論を沸騰させた二つの国際紛争が起こっている。まず、ソ連のハンガリー侵攻。これによってイングランドにもささやかながら存在していた共産党は分裂し、「新左翼《ニュー・レフト》」が生まれた。つぎに、イギリスのスエズ出兵。これは世論を真っ二つにわけ（一九八二年のフォークランド紛争時の対立をはるかに超える激しい対立であった）、もはやイギリスは、第二次大戦中にイングランド人（とそのほかの人びと）が感じていたような偉大な国際的な地位を失ってしまった現実を痛感させられることになった。イングランド社会が（相対的な）耐乏生活から豊かな生活へと移行していくにつれて、列強の一員という幻想を捨てて、国力の深刻な限界を苦くも認識せねばならなくなったのである。

第一三章

現代のイングランド

終わりと始まり

1961年　南ア、英連邦脱退　イギリス、EECへの加盟申請
1962年　移民法制定
1963年　ド＝ゴール、イギリスのEEC加盟を拒絶　ウィルソン、労働党党首に選出　陸相プロヒューモ辞任　ヒューム政権発足　ビートルズのレコード売り上げ700万枚
1964年　総選挙で保守党敗北　ウィルソン労働党政権発足　ポンド危機　各国から30億ドル緊急借款
1965年　同性愛を合法化する法案、上院を通過　保守党党首にヒース就任　下院、死刑廃止決議
1966年　総選挙挙行、労働党勝利
1967年　鉄鋼産業の再国有化　EEC加盟を申請、拒否される　ポンド切り下げ断行　妊娠中絶法制定
1969年　白書『闘争に代えて』公表（1月）、ウィルソン『闘争に代えて』断念（6月）　18歳以上に選挙権　オープン・ユニヴァシティー認可　離婚改正法制度
1971年　労使関係法成立　移民法改正　十進法の通貨制度開始
1972年　ヒース、EC加盟条約に署名　EC法制定　石炭ストに非常事態宣言　北アイルランドの自治権停止、イギリス政府の直接統治開始
1973年　ECに正式加盟　石油危機に非常事態宣言
1975年　保守党党首にサッチャー選出　EC加盟にたいする国民投票　失業者100万人を超す
1976年　ノッティン・ヒル・カーニヴァル、暴動と化す　ポンド急落
1977年　IMFから借款
1979年　サッチャー政権発足
1980年　CND（核兵器武装反対キャンペーン）、グリナム・コモン反核集会
1981年　ブリクストン暴動　リヴァプール暴動　チャールズ皇太子結婚式
1982年　フォークランド諸島にアルゼンチン軍上陸（4月）、フォークランド諸島奪還（6月）
1984年　地方税法制定　労働組合法制定　全国の石炭労組、ストに突入
1985年　地方自治法（大ロンドン市廃止）制定　バーミンガム暴動　ブリクストン暴動　トッテナム暴動
1986年　大ロンドン市廃止　失業者340万人
1988年　地方財政法成立　北海油田で爆発事故　IRAのテロ活動活発化
1989年　シェフィールドのサッカー会場で圧死事件
1990年　コミュニティ・チャージ（人頭税）の導入に反対する暴動　サッチャー辞意を表明、保守党党首にメイジャー選出　ECの為替管理機構に加入
1991年　保守党、地方選挙で大敗　メイジャー、「市民憲章」を公表　メイジャー、マーストリヒトのEC首脳会談に参加　新聞王マクスウェル、カナリー諸島沖合で転落死
1992年　総選挙、保守党勝利　下院はマーストリヒト条約批准審議推進動議を可決　文化遺産相メラー、女性スキャンダルで辞任
1993年　下院はマーストリヒト条約の社会憲章にかんする政府提案を否決　マーストリヒト条約（ヨーロッパ連合条約）批准
1994年　英仏海峡トンネル開通

私たちは自分たちの始まりを知ることによって、行く末を知ることができる。

サー・ジョン・デナム『分別について』（一六六八）

あんたはなにもかも変わってしまったといって怒っている。ジミーはなにも変わっちゃいないといって怒っている。二人とも現実とちゃんと向きあうことができないのよ。

ジョン・オズボーン
『怒りをこめて振り返れ』のアリソンのセリフ（一九五六）

最高の状態は、まだ実現できていない。

ウィリアム・デイヴィス『ハイライフ』の記事（一九八二）

最後には、善が勝つ。

マーガレット・サッチャーの発言（一九八四）

社会史学者にとって、対象となる時代が自分たちの時代に近づけば近づくほど、自分たちの時代に本質的なものをつかんだという実感は湧きにくくなる。これは対象が身近だからこそ起こる現象である。現在という時代のなかには、まだ見えていないものがあるのかもしれない。ジョージ・オーウェルが未来小説のタイトルに選んだ年である一九八四年は過去のものとなり、一九九〇年代には新たな千年紀《ミレニアム》の始まりについて語られるようになった。オーウェル自身は、一九四一年の時点で、イングランドはつねにイングランドでありつづけることを以下のように表現した。「イングランドは過去と未来へ向かって広がる永遠の生命をもつ動物であり、あらゆる生命体の例にもれず、似ても似つかぬものに変化しながら、しかも同一性を保ちつづける力をもつ生物である」。しだいに文化が多様化する社会（少なくともイングランドのさまざまな地域で多様化していた）にあって、商業路線にのりつつも「イングランドの遺産」にたいする広い関心が生まれたのは、数多くの危機に見舞われたあの一九七〇年代のことであった。まなざしは未来ばかりではなく、過去にも注がれていたのである。

ジャーナリストは一日を単位として記述する。社会史学者は、全体的な見通しを得るために一〇年を単位として記述する。すると、それぞれの単位につけられる形容句は異なってくる。たとえば、同時代に「活気に溢れた《スウィンギング》」と華やかに表現されていた一九六〇年代は、今日ではしばしば

「浮かれすぎ」た時代として片づけられることが多い。また、一九七〇年代が終わるころでも、「一九七〇年代は二〇世紀のなかでももっとも特徴の薄い一〇年間であった」とくくられたものである。『エコノミスト』誌はつぎのように書いた。「われわれは生き抜いた。一九七〇年代の経済については、それだけしかコメントできない」。ところが、あとの時代になれば、あれこれとたくさんの解説が聞こえてくる。一九八〇年代にはまだ名前が与えられていない。もちろん、ひとつの表現で総括できるような時代ではなかった。しかしそれでも、一九六〇年代とはまったくべつの意味で、一九八〇年代はさまざまな伝統あるイングランドの諸制度、たとえば王室、イングランド国教会、軍隊、法曹界にとって試練の年であり、この試練は一九九〇年代へと引き継がれている。

二〇世紀の社会史を概説する場合には、六〇年代と九〇年代との違いに目を向けなければならない。この二つの時代をへだてる間隔はちょうど一世代分ある。「世代」とは社会史を記述するうえで便利な用語で、一九六〇年代には流行語にもなっていた。一時は、階級の違いや地域の違い（イングランド、スコットランド、ウェールズ、アイルランドの違いは七〇年代に力説され、国の政治に直接影響をおよぼすことになった）よりも世代の違いの方が、より多くの関心を集めたほどであった。「若者」にかんして一九六〇年代にかわされた議論ははからずも、「寛容な社会」にたいする議論とともに、古い世代の人びとのあいだでさえ全体的な合意《コンセンサス》が、すでに一九六〇年代以前から（経済危機を一因として）崩れ去っていることを露呈させた。一九九〇年代においてものの考え方《アティテュード》が変化したように、一九六〇年代でも社会構造以上に考え方は変化していた。しかし、一九九〇年代において、革新派が望んだり評論家が述べたてたりしたほどには社会慣習が変わらなかったのとおなじように、一九六〇年代にはメディアが騒ぎたてるほど自由気ままな若者ばかりではなかった。若者じたいがまさに変化の過程にあった。たとえば、「成人年齢」にかんするレイティー委員会が一九六七年に開かれ、選挙権を与える年齢を従来の二一歳から一八歳へと引き下げるべきだと提案したとき（この提案は一九六九年の法改正法で認められた）、立案者たちは若い世代の過激さではなく、社会への順応性の高さを指摘した。おなじ年、ローリング・ストーンズのメンバーのひとりが麻薬取締法違反で実刑判決を受けたが、その時の世論では、一〇代の若者の八五パーセントがこの判決に賛成し、判決が甘すぎるとみた者もいた。

一九七〇年に解散したビートルズにつづいて、ポップ・グループが続々と世に出た。ロックはもう珍しくなくなっていたが、一九六〇年代後半にサイケデリックなカウンター・カルチャーに向かった「ヒッピー」や「フラワー・ピープル」は、おもにミドルクラス［中産階級］出身の少数派であり、数で比較すれば、労働者階級から出てきた一九

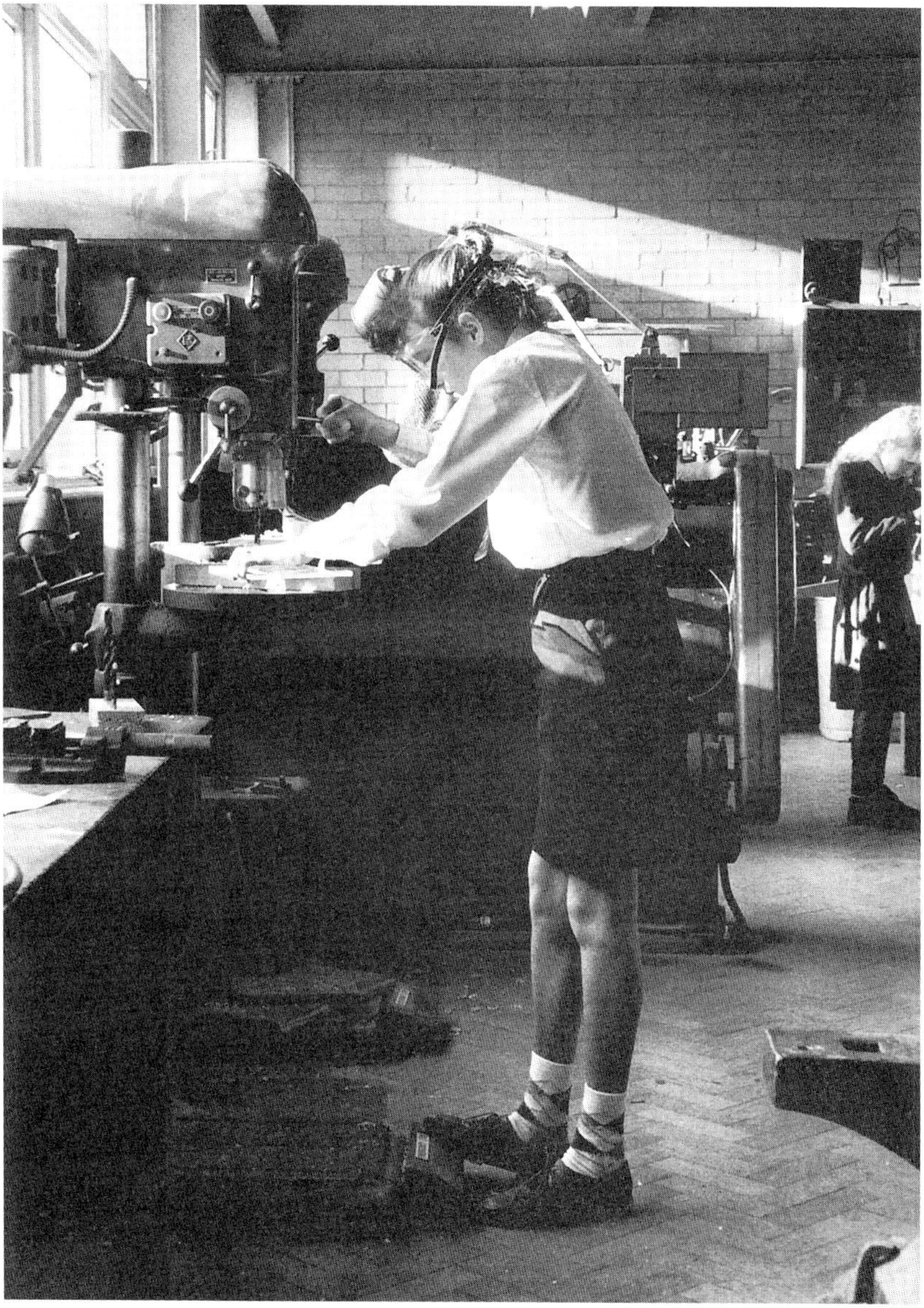

1980年代には教育の機会が増大し、技能教育にいっそう力点がおかれるようになっていった。地方には、地方自治体の外部の制度（中央政府と対立することも増えていた）として、新しい専門学校が建てられた。写真は昔の炭鉱産業地域、ヨークシャーはロザラムのモルトビー総合制中等学校で学ぶ12歳の女生徒である。テクノロジーの授業などは、ひと昔前であれば想像すらできなかった。

五〇年代の「モッズ・アンド・ロッカーズ」やその後の「スキンヘッズ」や「パンク」よりも少ないであろう。重要なことは、いずれのグループにしても社会の少数派であったことである。一九九〇年代にもその遠い親戚は生き残っている。「路上」で生活する男女や子供たちの「トラヴェラーズ」もそのひとつである。一九八〇年代にグリナム・コモンの平和キャンプに集まった女性たちもそうであった。彼女たちは信念も生活様式もかたくなに守り、米ソ間で核兵器にたいする合意がみられたあともキャンプを立ち退かなかった。

少数派ばかりではなく、主流派のなかでもものの考え方は変わりつつあり、一九六〇年代にはことにそれが目立った。一九六〇年代は議会が、党派路線を超えて数々の法案を提案した時代であるが、その法案は法律にたいする考え方の重要な変化を示していた。一部の法案は、「倫理感の領域」と「法の領域」をはっきりと分け、「倫理感の領域」は、同性愛と売春にかんするウルフェンデン委員会の表現を借りれば、「法律のあずかり知らぬこと」とされた。一九五九年、ハロルド・マクミラン率いる保守党政府は自殺法を制定した。それまで自殺は、キリスト教的な倫理観においては一貫して（しかもほぼ全世界で）罪とされ、法律のうえでも重罪としてあつかわれてきたが、この法律によって犯罪ではないとされた。しかし、成人の合意による同性愛行為を認める法律が導入されるには、その後さらに八年かかった。これは労働党の平議員レオ・アブゼの功績である。おなじ一九六七年、妊娠中絶法（自由党の議員、デイヴィッド・スティールにより導入）が制定され、国民医療制度のもとで、二人の医師が健康上の理由および心理的な理由で中絶が必要と認めれば、妊娠二八週以内にかぎり中絶手術をおこなってもよいことになった。さらに、家族計画法が定められ、国民医療制度のもとで各地医療機関は避妊薬を処方してよいとされた。二年後の一九六九年にはウィルソン労働党内閣のもとで離婚改正法が通過し、結婚が修復不可能な場合にかぎり、夫か妻のいずれかが裁判所に離婚申し立てをすることができるばかりでなく、別居期間が五年を超えれば、いずれの側でも相手の意向にかかわらず離婚する権利をもつことが定められた。六〇年代の重要な法律はほかにもある。一九六〇年の賭博法は賭博クラブおよび賭け屋（大多数のマニアにとって、賭け屋の認可の方がはるかに重要だった）を法律で認めることになり、一九六八年には劇場の検閲制度をみなおす法律が制定された。

このような新しい法律が生まれた背景には、さまざまな動機がからみあっていた。まず第一に、賭博法の制定に明らかであるが、法律に強制力と信頼性を与えたいという保守的な動機があった。第二に、人間をさまざまな制約から解放しようというリベラルな動機があった。この動機は一九六〇年に明確にあらわれていた。この年、それまで発禁とされていたD・H・ロレンスの『チャタレイ夫人の恋人』のペーパーバック版を印刷する権利が、裁判所でテスト・ケースとして認められたのである。このとき評決を下したのは国会ではなく陪審員だったが、これによって宮内大臣の検閲権限がしだいに薄れて、消滅の方向へ向かうことになった。第三の動機は人道主義であり、それは一九六五年の死刑廃止に強くあらわれている。この年に先だつ九年前、ひとりの議員が提出した死刑廃止法案は下院を通過していたが、上院（貴族院）で却下されていた。そして六五年、労働党の平議員シドニー・シルヴァーマン（一八九五―一九六八）が提出した死刑廃止法案は下院の大多数の賛成を勝ちとり、廃止に反対かあるいは一部修正を加えようとする議会の試みはすべて失敗に終わった。第四の動機は、社会のあらゆる階層を平等にあつかおうとする平等主義である。一九六七年以前では、（危険がともなってはいたが）中絶手術を受けることができたのは富裕な階級であったが、いまや万人に開放された。一九六四年には広範囲におよぶ法的な援助計画の導入が決定されたが、その背景にあるのもこの平等主義である。第五の動機は、男女を平等にあつかうという原則である。この原則は離婚法（ある女性労働党議員によれば「漁色家《カサノヴァ》を認可する勅許状」）にはっきりとあらわれており、主婦であろうと外で働こうと、妻の仕事はおなじ貢献度とみなすと定められた婚姻財産法（一九七〇）、および男女同一賃金法（一九七〇）の直接的な背景となった。もっとも後者は一九七五年に機会均等調査委員会が設置されて、ようやく実効をもった。

　動機はどうであれ、法律の変化は社会の変化に付随した現象であり、社会の変化にしてもその多くは市場経済が誘導していた。賭博の世界には賭け屋の帝王ウィリアム・ヒルのような企業家が生まれていたし、ペーパーバック革命は教育に影響をおよぼしていた。また、人道主義は慈善を目的とするボランティア組織を大量に生みだしていた。ロンドンはさまざまな文化がひしめく「るつぼ」となった。公共交通機関の代わりに、自家用車での移動が激増した。一九七四年には、結婚後一〇年以内に離婚するカップルが一九パーセントになった。一方、女性はどんどん仕事を見つけていった。一九三一年において働く女性の割合は三四パーセントであったのが、一九八一年には四五パーセントになった。働く既婚女性の割合は、一九五一年の二二パーセントから、一九六一年には三〇パーセント、一九八一年には四七パーセントへと上昇した。少子化と高齢出産化がすすむ社会で、ようやく女性はある期間主婦業に専念したあと、仕事に復帰できる可能性に恵まれるようになった。保育園や託児所にたいする要求が高まり（この要求を満たすのはそう簡単なことではなかった）、女性向きのパートタイムの仕事も増えていた。

　しかし、一九六〇年代、七〇年代に制定された法律には、現実レヴェルでさまざまな制限や条件があったので、満たされない少数派の不満はますますつのった。戦闘的な少数派は要求を一段と強め、しばしば街路（解散地は決まってトラファルガー・スクエアであった）での示威運動をおこない、いっそう大きな変革（なかには「新左翼」があおったものもある）を実現しようとした。六〇年代の「寛容な社会」への反動がたかまった七〇年代半ばにおいて、少数派の活動はいぜんとして活発であり、しばしばより過熱化した。当時は、イングランド社会の良い面はあまり評価されずに、イングランド社会の崩壊ばかりか、「イギリス国家」末期論までささやかれ、はては「イギリス国家」の分割論まで飛びだした。議論とはべつの次元でも、社会的な関心をひきつける事件がつぎつぎに起こった。IRA［アイルランド共和国軍］がロンドンをはじめとするイングランドの諸都市でテロ事件を起こしたり、サッカー競技場で暴動を起こすフーリガン、街路での強盗、複雑巧妙化する組織犯罪、そして公共物への破壊行為が社会不安をあおった。

一九七四年に発足した「放送の将来」を検討するアナン委員会は、イングランド社会と文化を統一しておくことがますます困難になっている現状を指摘した。アナンが指摘するところによれば、テレビが映し出す「新しい生活の映像」は、あらゆる社会的分裂、すなわち階級間、世代間、両性間、南北間、地方とロンドン間、そして理想と現実間の分裂をありありと反映していた。なかには以前から存在していたにもかかわらず、テレビによってその存在が明るみに出た社会的分裂があり、ときには「火のないところに煙を立てる」場合もあった。分裂を強調するのはきわめてイングランド的な現象であり、またこの「放送の未来」検討委員会による既存組織の存続の主張も、これまたきわめてイングランド的であったと言える。存続が主張された既存組織のなかには、一九六〇年から六九年まで「改革派」の総裁を務めたサー・ヒュー・グリーン（一九一〇－　）が、「イギリスの生活を変えていく台風の目」にしようと奮闘していたBBCそのものもふくまれていた。

おなじような脈絡のなかで、イングランド国教会、非国教徒、ローマ・カトリック教会、ユダヤ教は、昔からの憎悪を捨て去る変革の道を模索することができた。ところが、宗教は政治と同様に大きな圧力を受けており、「統一」の議論があちこちでかわされたにもかかわらず、各宗派には政党顔負けの多くの派閥が存在していた。思想や感性の変化がまだ目立ってあらわれていない一九五〇年代の初頭でさえ、定期的に教会へ足を運ぶ人は総人口の一〇パーセントにすぎなかったが、一九六〇年代になるとその数は急激に落ちこみ、とりわけ非国教徒が教会に行かなくなった。非国教会系の勢力はすでに衰えていたが、都市部を中心としてさらに衰退が進んだ。ヴィクトリア時代に建てられた立派な会堂は、つぎつぎと取り壊されるか、ほかの目的に使われるようになり、なかにはビンゴ・ホールに様変わりして「草の根」ギャンブル・センターとして繁盛するようになった会堂さえある。ローマ・カトリック教徒の数は増えつづけた。一方、教理や典礼、倫理体系といった根本的な問題できわめて多様な意見をふくむイングランド国教会は、一九七〇年代にかんするかぎり、非国教宗派ほど衰退はしなかった。新しいキリスト教原理主義派や過激な新興宗派が勢力をのばしてきたが、それは、これらの宗派が世俗社会との妥協などいっさいおこなわず、世界教会主義《エキュメニズム》には微塵も関心を寄せなかったために支持を得られたからであろう。

権威のあり方も変わりつつあった。学校や大学では学生が自分たちの要求をより強く突きつけるようになったし、病院では看護婦長の、鉄道では駅長のささやかな帝国が崩壊していった。工場では、組合の職場委員が集会で演説しても、つねに組合員の同意を得られるわけではなかった。サッカー競技場やテニスコートでは、審判の判定は絶対的なものではなくなった。警察にしても全幅の信頼を得てはいなかった。軍隊の権威も失墜し、軍服を着ることを拒否できる者は本当にそうした。徴兵制度は一九六〇年に終了しており、軍隊が擁する兵士の数は、六九万人から三七万五〇〇〇人へと激減していた。「国民兵役」に代わる制度はつくられなかった。

社会の変革はある者には「崩壊」と映り、またある者には「解放」と歓迎されるものだが、一九六〇年代から七〇年代初めにかけて、社会変革の一現象が経済面でも起こった。消費ブーム（その最新のものは一九七一年から七三年にかけて）が起こり、一九七一年には十進法の通貨制度が導入され、新しいペニー硬貨と古いポンド紙幣を使って消費を楽しむ行為は、社会のほとんどの階層に残っていたピューリタン的な価値観を根底から掘りくずしてしまった。貯蓄ではなく消費が時代の要請となり、分割払い方式とアメリカから入ってきたクレジット・カードによる支払い方式が、倹約の美徳を一掃してしまった。セントラル・ヒーティングが発達した結果、家のなかは昔よりも暖かくなった。遊びのために着る服が、仕事のための服よりも高価になりはじめた。園芸センターがあちこちにできた。そして産業革命以来最大の食習慣の変化がはじまった。冷蔵・冷凍のシステムが革命的に発達し、アヴォカドなどの「新しい」フルーツが人気を博し、「ファーストフード」チェーンが展開し、外国料理の人気がますます高まり（そのなかには「持ち帰り」方式をとり入れた中国料理やインド料理もあった）、菜食主義や健康食品、低カロリーのダイエット食品などもお目見えするようになった。新聞の日曜版についてくるカラーの付録が最初に世に出たのは一九六二年、BBCの政治・社会諷刺番組『ザット・ワズ・ザ・ウィーク・ザット・ワズ』放映の年であり、［政治諷刺とスキャンダル記事で世を騒がせた］『プライヴェート・アイ』創刊の年であったが、いずれにせよこのカラー付録は、記事内容と掲載する広告をとおして、テレビとともに人びとの価値観や趣味の変化を強力に後押しした。

このような現象は一九七〇年代、スーパーマーケットの時代に入ってますます進展していった。アヴォカドのつぎにキウイ・フルーツがやってきた。食物ブームはつづき、ワイン・ブームも訪れた。衣服の分野では、ジーンズのあとにはスニーカー、そしてトレーニング・シューズと、足元に革命が起こった。「スポーツ」はますます商業路線に乗っていたが、なかでも陸上競技がひときわ脚光を浴びた。芸術の分野も活気に満ち、とりわけ演劇とグラフィック・アートは全盛だった。「ファッション」とともに「デザイン」にたいする関心も高まった。マリー・クワント（一九三四― ）はカーナビー・ストリートから広まった流行の火つけ役であった。カーナビー・ストリートが廃れてしまったあとでも、ストリート・ファッションへの関心はますます高まっていった。

経済変化以上に根本的な変化が、イングランド社会に前例もなく生まれていた。一九四八年以前においては、イングランドへの非白人系移民の数はごくわずかにとどまっていた。非白人系移民たちが「よく見かける」存在になったのは、一九五〇年代のことである。初期には、旅行会社が派手な宣伝をうって、おもに西インド諸島からの出稼ぎを積極的にうながした。現地の低賃金と高い失業率とあいまって、イギリスの豊かさと当時の労働力不足が出稼ぎブームに拍車をかけた。一九四八年に、ジャマイカだけで五四七人が入国した（そのうちの四九二人はいっせいに、蒸気船エンパイヤー・ウィンドラッシュ号に乗ってやってきた）。一九五五年になると、入国者の数は一万八五六一人にものぼり、その三年後には一万九九二〇人になった。一九五七年以前は入国者の大多数が成人男性だったが、その年からようやく女性と子供の姿がちらほら見かけられるようになり、その後の二年間に、女性と子供の数は男性をしのぐまでになった。これは、入国者たちが定住する徴候のひとつであった。新たな移民たちは、そのほとんどがイギリスに「母国」としての期待を寄せており、かつ、イギリスに入国して定住する権利（一九四八年の連合王国国籍法で定められていた）をもっていた。彼らはさまざまな職業についたが、おもに男性は鉄道関係、女性は病院関係の仕事に従事した。いわゆる「豊かさの時代」にあって、イングランド出身の労働者があまりやりたがらないような仕事や労働条件に、彼らは喜んで飛びついた。しかし、雇用や住宅や教育の面で、彼らは根強い差別に直面しなければならなかった。

一九五八年には、すでに推定二一万人の「非白人の民族少数派」がイギリスに住んでおり、彼らの多くは、かつてミドルクラス［中産階級］向けに建てられ、いまや廃屋寸前となったヴィクトリア様式家屋の地下室でぎゅうぎゅう詰めになって暮らしていた。この一九五八年にノッティン

子供や動物を連れまわし、楽器をたずさえた「トラヴェラーズ」の出現は、1990年代の田園地方で物議をかもすことになった。彼らの動きを統制しようとする警察や地方自治体の行動もまた、議論の的になった。

大規模な取り引きをおこなう小売業者の需要にこたえて農業が合理化されていくが、それにしたがい、鶏や家畜は多段式鶏舎や檻に閉じこめて飼育されるようになった。このような動物の扱いがもたらした影響のひとつに、活発な少数派による「動物の権利」への関心の高まりがあった。彼らは医学や産業の研究の場における動物実験にも反対した。

ガムとノッティン・ヒルで深刻な暴動が起こった。暴動を起こしたのは黒人の移民ではなく、「テディ・ボーイ」として知られている「黒人狩り」をする若者たちであった。ノッティン・ヒル事件のあと、九人の白人の若者に刑を宣告した判事はつぎのように述べた、「ノッティン・ヒルでの暴力沙汰を起こした張本人は君たちだ。君たちは社会全体からみれば、小さなとるにたらない一片にすぎない……なのに君たちは全国民を恐怖と憤怒と嫌悪の嵐に巻き込んでしまった」。

偏見と衝突が渦巻くなかで、人種差別《レイシャル・ディスクリミネイション》（まだ「人種的偏見《レイシズム》」とは呼ばれていなかった）や移民制限、治安活動などの諸問題がようやく論議されはじめた（現実におこった出来事にくらべれば、「論議」という表現は穏当すぎるかもしれない）。ドイツやスイスに労働者として移ってくるトルコ人やスペイン人やポルトガル人とはまったくちがって、イギリスに働きにくる移民はイングランドとなんらかの文化的つながりをもつ旧植民地の出身者であった。にもかかわらず、彼らがやって来る背景や彼らの生活様式について、イングランド人が知っていたことはごくわずかであった。忘れ去られていた歴史がいまやつぎつぎとよみがえってきた。カリブ海周辺からの移民ラッシュのあとには、インド亜大陸周辺からの移民が押し寄せてきた。パンジャブ地方のシーク教徒、グジャラート地方のヒンズー教徒、パキスタンおよび（一九七一年以降はパキスタンから分離独立した）バングラデシュのイスラム教徒である。七一年には移民人口が一二〇万人になった。その数字には政治的な圧力によってアフリカから追い出されたアジア人がふくまれていた。その数もまた増える一方となった。

移民人口が増えるにつれて、緊張も高まっていった一九六八年に、当時活躍中の保守党政治家イーノック・パウエル（一九一二―九八）は将来を予見して、こんな生々しいスピーチをした。「ローマの人びととおなじように、私もテベレ川が大量の血で真っ赤に染まるのが目に見えるようだ」。その一方で、「人口の流入を規制する」ためのさまざまな移民規制法が議会で導入されていた。最初は一九六二年、保守党政府のもとで移住を制限する法が施行された。第二の法は一九六八年、労働党内閣のもとで成立したコモンウェルス移民法である。これによって、イギリス生まれの父母あるいは祖父母をもたない連合王国民《ブリテイッシュ・シテイズン》はすべて入国の権利を剥奪された。そして入国希望者は、年間七五〇〇部のみ発行される特別証明書を申請しなければならないことになった。一九七一年にはさらにきびしい法案が通過し、その一〇年後に連合王国国籍法が成立すると、移民の数は激減した。この法律は、本国と植民地の住人に同一の市民権を与えていた「七〇〇〇年の伝統」に終止符をうち、市民権を三種類、すなわち本国人にたいする市民権、英領植民地住民にたいする市民権、そして英連邦加盟諸国の住民にたいする市民権、という三種類に区分することになった。

そのころになると、イギリスの政治的、経済的状況はすっかり変わっていた。都市部ではアジア人の大きな居住区が出現した。アジア人の占める割合は、レスターでは一六・五パーセント、ウルヴァーハンプトン（パウエルのかつての選挙区）で八・八パーセント、ブラッドフォードでは七・八パーセントとなり、ロンドンやミッドランド地方には大きな西インド諸島人社会が生まれていた。一部の住民は努力と決断、あるいはスポーツでの成功によって富裕となり、イングランド社会に大きく貢献したが、ロンドンのサウソールやブリクストン、リヴァプールのトクステスなどでは、人種問題がからんだ深刻な暴動が起きていた。ブリクストンの暴動をあつかったスカーマン報告書（一九八二）は、法律家が暴動の原因を分析したものである。この報告書によると原因はひとつではなかった。黒人の若者の失業、都心部の人口過密地域の悲惨な生活、一九八六年にイングランド国教会が提出することになる問題の多い報告内容、そして分散した警察組織のさらに問題の多い対応という、それじたい大きな未解決の問題が複雑にからみあっていた。移民側からは、寛容や礼節、相互の人格尊重などの「伝統的な」イングランドの価値観が危機的状況にあるという、時に悲痛な、時には怒りのこもった不満があがった。

移民の存在やEC［ヨーロッパ共同体］加盟（一九七三）、あるいはメディアをつうじたアメリカ文化の影響によって、一九七〇年代には、イングランドらしさとはなにかという問題が国民的関心になった。この背景にもまたさまざまな動機がからんでいた。現状から逃避したいという願望もあれば、過去を理解し、そのなかにイングランドらしさのルーツを求めたいという願望もあった。また、イングランドをとりまく環境にたいする関心の盛り上がりも動機のひとつである。環境破壊に危機感を抱いていた彫刻家ヘンリー・ムーアは、一九八〇年につぎのように書いた。「私たちを取り巻く環境は私たちの存在の一部である。しかも、イングランド人気質をつくってきたのは、ほかならぬイングランドの田園地方特有の性質なのである」。ムーアはさらに、ヨークシャーの風景がなかったら、自分の彫刻はちがうものになっていただろうとまで述べた。しかし、「環境」にたいする関心はもっと広い範囲におよんでいた。地域レヴェルでの関心と同様、地球レヴェルでの関心が大きくなっていたのである。一九七〇年には、はじめて「地球の日」が定められた。

さて、その田園地方の環境を脅かしていたのは不動産関係者や工場経営者ではなく、むしろ農業経営者であった。ECに加盟した一九七三年以来、農業経営者の収入はEC本部のあるブリュッセルで（ロンドンではなく）決められた農業価格協定に左右されるようになっており、農業の形態が変わらざるをえなかった。いきおい農場の風景や建物といった外観も変わっていった。この一九六〇年代、七〇年代に起こった変化は一八世紀の農業変革のときよりもはるかに大きかった。新たな農業形態は、伝統ある多様な風景と野性動植物、そして建築物を台無しにしてしまったのである。多様であった地方は、多様であった都市（こちらも問題をかかえていた）がそうなってしまったように、いまやおなじ風景に見えはじめた。この惨状を目のあたりにした政府が動きだし、一九六八年の「田園保護法」によって、「自然の美と田園の魅力を保存することの望ましさ」に関心をはらうことを農業大臣の任務と定めたときには、すでに何千エーカーという草原地やヒースの茂る丘陵が姿を消してしまっていた。しかも、バタリー式飼育法［鶏を小部屋に仕切った多段式鶏舎で集約的に大量に飼育する］、化学肥料を用いた穀物栽培、集約的畜産を支えるための牧草単一栽培がますます広がりつづけていた。ドーセット州の白亜の丘陵に生えていた低木林に代わって大麦が、ヒースに代わって針葉樹が植えられ、サンザシの代わりに有刺鉄線が張りめぐらされた。一九四五年以降、一列に並べてみるとすれば一二万五〇〇〇マイル分にものぼる低木が失われた。鉄塔の列は平原を横切り、干拓された農地にトタン板でできた納屋や倉庫が出現した。そして、いたるところで化学肥料や殺虫剤が撒かれた（一九五三年から一九七六年までの期間に、窒素化合物を用いた肥料の消費量は八倍になった）。国のほぼ半分の森林は失われた。一方、人間や家畜に代わって機械が働くようになっていた。一九五〇年には三〇万頭の馬が働いていたのに、一九七九年になると三五七五頭に激減していた。専業の農業労働者も、一九四五年には五六万三〇〇〇人だったのが、一九八〇年には一三万三〇〇〇人に減った。

農業の収益が格段にあがり、環境を激変させたという点で、これは新石器時代の大躍進や一八世紀の変革とも肩を並べる、新しい「農業革命」と言ってよい。しかもこの革命は、ECに加盟する以前から政府決定によって促進されていたのが特徴である。農業改革支援の基礎となったのが労働党内閣のもとに一九四七年に制定された農業法であり、これは戦前の不安定な経営から農家を守るためにつくられた。さらに、イギリスがヨーロッパ共同市場に加入するにあたって、資本金補助や、税の特別優遇、価格維持といった、もはや支援の域を超えた大盤ぶるまいの優遇措置がとられた。一九七四年以降は、ヨーロッパ共同市場の農業方針にたいして反発が起こり、多数の農家が、昔の農業方法を改良した「有機農法」を向上させていった。一九八二年には、「野生動植物および田園にかんする法」も新たに制定された。

農業の分野に起こった反動現象は、改革の一九六〇年代と包括的な環境法ではじまる九〇年代の対照を示すほんの一例にすぎなかった。「環境保護論者」たちを満足させるにはいたらなかったが、環境法は正しい方向をめざすものと受けとめられた。では、変革にたいするほかの反動現象はと言うと、変革のときよりも激しい議論を呼んでいた。

そこで、改革の六〇年代よりも五〇年代を懐かしく振りかえる人びともいる九〇年代の問題を論じるにあたって、「年代」あるいは「世代」という観点から、「動向《トレンド》」という観点へと視点を移してみたい（六〇年代のティーンエイジャーはいまや熟年にさしかかりつつある）。この「動向」という言葉は、もともと『社会動向年鑑《ソーシャル・トレンド》』という定期刊行物に由来するもので、ここに出ているデータを利用する社会史学者たちが、「年代」とともによく使う用語である（一九七〇年に創刊されたこの年鑑は統計を連載しているが、一連の統計資料は文化統計や経済統計、工業統計ではなく、人口統計からはじまっている）。ただし、統計そのものには批判的な検証を加えねばならない。一九七九年から一九八八年までのあいだに、失業者数の査定基準が一九回も変わっているからである。健康統計にいたっては、『不思議の国のアリス』の統計と揶揄されている。

　さて、『社会動向年鑑』に従って人口から話をはじめると、イングランドの総人口は一九五一年の四一〇〇万人から、一九七一年の四六〇〇万人へとゆるやかに増加した。一九七一年から一九八一年までの一〇年間には、二〇万人増加しただけである。しかしこの期間には、平均寿命がのびるとともに人口構造に重大な変化がみられた。一九八一年には、六五歳以上の人口は総人口の一七パーセントになった（ちなみに一九六一年には一五パーセント、一九〇一年には五パーセントであった）。さらにその年には、労働人口二〇人にたいし、退職年齢に達している人と一六歳以下の人をあわせると一三人になった。出生率がもっとも高くなったのは一九六六年で一七・八パーセント、一〇年前の一九五六年の一六パーセントからは若干増加したが、その後は低下し、一九七七年には一一・六パーセントにまで落ちこんだ。母親の初産平均年齢も、母親の総出産平均年齢も上昇した。初産平均年齢は、一九九二年には史上最高齢の二七・八歳になった。こうした人口構成上の変化は、過去の例にもれず地域格差が顕著であったとはいえ、社会政策にかんする将来計画に影響をおよぼしはじめた。とりわけ、年金の推定予算や、都心の貧困地帯の管理（「社会基盤《インフラストラクチュア》」という言葉が盛んに用いられた）、刑務所の配置、そして学童数の変化に応じた教育予算とかかわる将来計画が大きな影響を受けた。

　一九六〇年代、七〇年代の社会動向の大きな特色に、教育の機会が拡大したことがあげられる。その陰には、価値観や目的の違いを反映した教育理念および方針についての議論（結論が出ないのがふつうであった）や、国家生命の鍵をにぎる教育行政にたいして募る一方の危機感があった。伝統的なエリート主義に対抗してつくられた最初の総合制中等学校《コンプリヘンシヴ・スクール》が開校したのは一九四四年、バトラーの教育法が制定されて間もなくのことであったが、これが急速に普及するのは一九六四年の総選挙以降、労働党がこの教育制度に力を入れはじめてからのことになる。一九七一年に総合制中等学校に通っていたのは、イングランドの全中学生の三四パーセントであったが、一九八〇年にはその割合は八〇パーセントにまで上昇した。この変化にともなう教育上の影響および社会におよぼした結果は、現在でも熱い議論の的になっている。その一方で、授業料を支払わなくてはならない私立学校も、社会分裂の元凶と非難されながらも健在で、生徒数を増やしていた。私立学校の未来を左右するものは法律ではなく（法律については一九六〇年代半ばに議論がすんでいる）、あくまでも市場の需要であった。

一九六〇年代には高等教育機関も二倍に増えた。これを後押ししたのは、楽観的な機会拡大主義を表明したロビンズ報告（一九六三）であり、先行しておこなわれた大学補助金委員会の審議と同様に、この報告も人口統計（一時的に「増加」）と教育統計（大学進学希望者数の「増加傾向」）をもとに作成された。まず一九六一年にサセックスに、つづいてヨークやキャンタベリーやコルチェスターなどの歴史ある都市に、新しい大学が続々開校した。この現象は、高等教育への門戸があまりにも狭すぎ、総人口からみれば高等教育機関が少なすぎるという認識を反映していた。一九七〇年代には、高等教育を受ける人の数は増えつづけたが、政府による一連の大学補助金削減が、大学ばかりでなくポリテクニックの志気も削いでしまった。ポリテクニックとは、一九六〇年代にいわゆる複線型教育システムのもう一本の柱としてできたもので、昔の制度を改良した新しい教育制度、大学レヴェルの総合高等教育機関である。一九七〇年代にできたもっとも重要な教育制度は、オープン・ユニヴァシティーの制度であった。これは一九六〇年代の申し子であり、本部は新興都市、ミルトン・ケインズにもうけられた。オープン・ユニヴァシティーはラジオやテレビなどの手段を用い、対象も学業を離れた者や学びたい意欲のある社会人としており、入学に特別の受講資格をもうけていない。

国家的な問題という観点から、教育機会の拡大（とそれにつづく生涯補習教育）の必要性がしばしば論じられていた。その背景には、コンピューター時代においては時の趨勢から労働人口の構成が変化せざるをえないと広く認識されていたことがある。イングランドにおける男性の労働人口は、一九五五年に新たなピークをむかえていた。過去にくらべると若者の就業年齢が上がり、六〇代における退職年齢が早まっていたにもかかわらず、イングランドの労働人口の増加はほかのヨーロッパ諸国よりも大きかったのである。一九六一年から一九八〇年までに二〇〇万人以上の労働人口の増加があったが、この増加の最大の要因は、働く既婚女性の数が七〇パーセント上昇したことにあった。男性も女性も、高等教育は仕事につくのに不可欠な資格とみなされていることがわかった（もっとも就職時の資格はそれだけでは不十分で、つねに時代にあわせた最新版の資

十進法による硬貨。ヨーロッパ共同市場への参加を記念して鋳造された50ペンス硬貨。

エリザベス2世の戴冠25周年記念切手、1977年。

格を要求されることになるのだが)。一方、ますます重要な職業になっていた会計士や、「介護」に依存しすぎる社会でしだいに大きな力をもってきたソーシャル・ワーカーなどの専門職従事者にかんしても、資格に必要な条件を改訂したり、仕事の仕組みや手続きに見直しを加えたりするようになった。とはいえ、ビジネスのための教育が真剣に取り組まれるのは一九八〇年代の終わりになってからである。それまでＭＢＡ〔経営管理学修士号〕はビジネス界において標準的な資格ではなかった。また、かつて政治家と官僚たちの世界で高等教育の「アマチュアリズム」への批判があがっていたように、ビジネス界でもおなじような批判があがるようになった。

　ほかの国々と同様に、イングランドの労働力の決定的な変化は、製造産業従事者数の減少にみられる(一九六五年から七五年のあいだに一二パーセントも減少した)。しかも、その必然的な結果としてサーヴィス産業がめざましく発展したにもかかわらず、サーヴィス産業従事者の数も一九八〇年には減少してしまった。構造的なものであれ景気の影響を受けたものであれ、失業が増大し(しばしばオートメーションの結果であった)、一九七〇年代の大問題になっていた。七〇年代終わりには、過酷な現実として失業が当たりまえに受けいれられるまでになっていた。ちなみに、一九七四年には六〇万人だった失業者数は、一九七九年には一五〇万人にまで増えた。この数値は大暴動を引き起こしたとしても、まったくおかしくはないものであった。ところが、失業者たちの不満が爆発することはなかった。そのおもな理由は、失業手当てだけでそれなりの生活を送ることが可能であったこと、さらには地域がかぎられはするが、「裏産業」で働くことにより副収入を得る機会はいくらでもあったことである。一九七〇年代においてその種の失業手当て受給者として有名だったのは「夜間活動者《ムーンライター》」［売春婦］であり、その存在は戦後の物資不足につけこんだかつての闇屋とおなじく、華々しくメディアで取りあげられていた。一方、失業による人間や社会の荒廃、あるいは産業の衰退が共同体や個人に与える影響などにたいしては、それほど関心がはらわれることはなかった。もっとも、一九八〇年になってようやく発足した人材派遣委員会が、「失業は鬱病や不安や病気を生む」という公式の研究成果を発表したりはした（犯罪を生む、とつけ加えたくなった人も多かったであろう）。地域活動を活性化しようというこの委員会の見上げた努力も、残念ながら一九八〇年代の後半に放棄されてしまった。

一九八二年には史上はじめて、工業製品の海外収支において赤字が出た。ポール・セロー（一九四一―　）の『海辺の王国』（一九八三）の言葉を借りれば、「北部の悪夢」とは、すすだらけになった工場の煙突や煤煙、くず鉄の山のことではなく、煙を出さない煙突や清浄な空気、くず鉄の山に生える雑草の光景であった。新聞産業の「危機」を乗りきったロンドンのある夕刊紙は、「イギリスの繁栄の原動力となったヴィクトリア時代の偉大なエンジンは、ついに最後の蒸気を出し尽くしてしまった」と書いた。経済においてますます支配的な力をもつようになった都市は、あいかわらずロンドンであった。一九八〇年代後半には、ロンドンの住民一人あたりの生産高は、ほかの地域にくらべて二五パーセントも高かった。もはやかつての製造業を復活させようという気配はなく、一九九〇年には失業率はふたたび大きく上昇した。ロンドンはロンドンで大都市がかかえる基本的な問題に、ますます意識的に取り組むようになっていた。なかでも新聞記事や日常会話の話題を提供する公共交通機関の整備は最大の課題であった。

雇用問題も交通網整備の流れも、当然のことながらテクノロジーの発達と深くむすびついていた。テクノロジーの問題にかんしては、一九六〇年代から八〇年代までのさまざまな時期に、悲観論から楽観論までさまざまな議論が飛びかったが、とくに新聞産業そのものとの関連、およびヴィデオ産業の勃興との関連において熱い議論が交わされた。第二次世界大戦によって、イギリスは航空、電子工学、および原子力を中心とする最新の軍需産業システムを発達させることができたが、このシステムには、コーレリー・バーネットが指摘したように、本質的な弱点がひそんでいた。一九四五年以降、この分野の研究と発展にあてられる国家歳出は不適切とも言えるほど増加したにもかかわらず、この種の軍事関連技術、およびこの分野にかかわるイギリスの開発能力を商業的に生かしきるのはむずかしいことが明らかになった。一九五四年、世界初の実用ジェット旅客機コメットが空中分解してしまった事件は、企画した設計者および技術者にとって大打撃となった。さらに、一九六一年のブルー・ストリーク弾道ミサイルの失敗が追い討ちをかけた（このころには原子力の使用にかんしては世論がきびしくなっていた）。それから一五年後の一九七六年、準備に時間をかけすぎたおかげで、当初の予定よりもはるかに経費がふくらんでしまった世界初の超音速旅客機コンコルドが大空を飛んだ。しかし、これも商業上の大飛行とはならなかった。海外へ旅行するイギリス人はますます増加してはいたが、そのほとんどはパッケージ・ツアーを利用して陽光を求める旅行者であり、利用したのはおもにアメリカ製の飛行機だったのである。

　イングランド人は多くの分野で技術革新者でありつづけたし、また多くの技術革新を受けいれるのにも機敏であった。しかしそれでも、人びとの日常生活に影響をおよぼすようなテクノロジーの変化には、つねに心の奥底で不安と疑念をいだいていたのである。イングランドは最初期のコンピューターを開発した国のひとつであったけれども、一九五〇年代の後半には早くも、コンピューターの利用による経済的な利益よりもオートメーションが人間におよぼす推定上の悪影響にたいして、より多くの関心がはらわれていた。だから一九六〇年代と七〇年代には、集積回路《マイクロチップ》の急速な開発はおもに産業以外の分野でおこなわれることになった。ちなみにイングランドでもっとも有名なロボットは、テレビのSF番組『ドクター・フー』に登場するダレクであった。アルヴィン・トフラーのアメリカ的な研究『未来の衝撃』の底を流れる興奮を共有できたのは、イングランドではごくわずかな人びとにすぎなかった。医療科学は、さまざまな新しい医薬品（抗生物質、血液凝固剤、避妊薬など）を開発し、革新的な外科手術（股関節手術やさまざまな移植手術）を導入したが、こうした進歩は歓迎ではなく批判をあびた。とはいえ、広い視野からみれば、批判は健全な反応ではあった。とりわけ「医療工学」が生き方（そして死に方）におよぼす影響は間違いなく議論があってしかるべきものであり、人工妊娠中絶、化学物質が環境におよぼす影響、生物工学の倫理と経済学などにかんしては、現在にいたるまで活発な論議が繰り広げられている。ペニシリンを発見し開発したのは二人のイングランド人、アレクサンダー・フレミング（一八八一―一九五五）とハワード・フローリー（一八九八―一九六八）であった。また一九五三年に「生命の秘密」であるDNA分子の構造を発見したのは、フランシス・クリック（一九一六―　）をその一員とするケンブリッジ大学のキャヴェンディッシュ研究所で働く科学者たちであった。最初の心臓移植もイギリス連邦でおこなわれたのである。執刀したのは南アフリカの外科医クリスティアーン・バーナード（一九二二―二〇〇一）、一九六七年のことであった。当初の批判にはフランケンシュタインの教訓をほのめかすものまであった。

健康は、一九七〇年代および八〇年代におけるイングランド人の最大の関心事であった。したがって当然、国民医療制度にたいしても高い関心がもたれていた。この制度の創始者ベヴァンはこんなことを発言したことがある。「病院の床に病人用おまるが落ちたら、その音は国会議事堂に鳴り響かなくてはならない」。じっさい、この発言どおりになった。一九七四年の国民医療制度改正法を皮切りに、この制度の構造が変わり、経費も増大したが、それでもなお、医療サーヴィスへの高い期待は満たされないままであった。一九七七年以降、（いまやヨーロッパで最大の雇用を生みだすまでになっていた）国民医療制度へのてこ入れが公にされるにつれて、医療関係の統計も大々的に報道されるようになった。その結果、いつも新聞の投書欄はこの話題でもちきりであった。問題は、この制度を「治療する」にはどのような方法をとりうるかであった。統計の一部は国民医療制度の輝かしい成果を示す一方で、一部の統計は警告的な数値を示しており、さらには制度をどう改善していけばいいのか判断がつかない統計もあった。一九九〇年に地域医療法が制定されて、国民医療制度が医療サーヴィスを、当時流行のやり方だった独立採算制に従って運営することに決まったときにも、議論はやまなかった。それどころか、この組織とそれをめぐる議論は新たな厳しい局面をむかえることになったのである。

その間にも、イギリス人の健康と生活習慣にかんする詳細な調査結果が公表され（一九八四―八五）、つづいて一九九一年にはおなじ調査対象を用いて前回との比較調査がおこなわれた。それによると、最初の調査で一八歳から四五歳だった女性は、七年後には健康状態が向上している。一方、肉体労働者の六四パーセントは、健康状態が「悪い」と「比較的良好」から、「きわめて良好」あるいは「良好」へと移行している。しかし、六〇歳以上の人では、三〇パーセントが高血圧症用の薬を服用していることがわかった。一九八四年よりも一九九一年の方が肥満者の数は多かった。三〇歳以上の肥満者の割合は、一九八四年には男性四七パーセント、女性五〇パーセントであったのが、一九九一年には男性五三パーセント、女性五七パーセントに上昇している。一九八六年に政府が発行した国民の食事調査に照らしあわせてみれば、肥満者の増加はべつに驚くほどのことでもない。この調査を掲載したある新聞の見出しはこのようにつけられていた――「イギリス人の食事には、早死にするためのあらゆる栄養素がふくまれている」。

一九八〇年代に集中砲火をあびることになった習慣は喫煙で、禁煙運動も起こった。健康および生活習慣の調査によれば、喫煙量は全体的に減少し、「ときどき吸う喫煙者」（一日に一本以下）はほぼ完全にいなくなった。ところが若い女性のあいだでは、一九八四年の「ときどき吸う喫煙者」のうち四一パーセントは、七年後には常習的喫煙者になっている。一九九三年には人気ジャーナリストのバーナード・レヴィン（一九二八― ）による「喫煙の自由よ、さようなら」と題したコラムでの挑発に応じて、『タイムズ』に喫煙にかんするたくさんの投書が寄せられているが、このときの投書欄の見出しは、「喫煙の自由についての煙たい討論」であった。考えてみればこのような討論は、タバコがイングランドに入ってきてまもないジェイムズ一世時代からつづけられてきたのである。飲酒の習慣が討論の結果減少したかといえばそうではなく、麻薬の常習にいたっては国内中で増加していた。新たに麻薬中毒になった患者の数は、一九八五年で五〇〇〇人を超えており、この年には増加する一方のヘロインとコカインの密輸に対抗するために、関税・消費税調査官が五〇人増員されている。

　健康にかんする統計で、いやでも社会不安を増大させることになった項目がある。エイズである。一九八七年一月には、イギリスには六〇〇人のエイズ患者がおり、そのうちの半数が死亡した。この新しい「疫病」にたいする反応は、最初の患者がホモセクシュアルであったこととも相まって、黒死病《ペスト》にたいして起こった反応とおなじように複雑なものであった。世論調査からうかがえるのは、「寛容な社会」がなかったら「エイズ問題」なども起こらなかったであろう、と成人のほぼ半数が調査の前まで考えていたということである。半数を超える人びとが、エイズについてほとんどなにも知らないと答えていた。社会のなかのエイズの存在を、警告的役割をする原水爆兵器の存在にたとえる者もいた。また、コンドームの使用を奨励する宣伝に抗議をする宗教団体もあらわれた。とはいえ、エイズ患者が最後の安らぎを見出す場所であるホスピスやケア・センターでは、宗教の力が大きく役にたっていた。すべてが宗教とつながっているわけではなかったが、慈善活動によるホスピスの設置が増加しているという事実は、二〇世紀末のイングランド人が、一九五〇年代のイングランド人よりも人間の死に方について深く関心をよせるようになったという兆候である。いまやもう教会の墓地は満杯状態で、市の共同墓地が売り出されている時代であり、また火葬が増加してはいるが、葬式や追悼集会も重視されていることは、故人の思い出がいぜんとして大切に思われていることを示している。

　故人にたいする思い出が大切にされたとしても、イングランド国教会という制度にたいする思い出もそうであったとはかぎらない。未来への期待によって推進された国民医療制度が二〇世紀の新たな制度である一方、信仰によって推進されたイングランド国教会は古い制度であり、制度の伝統そのものが批判の対象となった。その批判は新聞の見出しをにぎわせ、イングランド国教会を困難な問題に直面させていた。国教会へかよう人の数が、史上最低のレヴェルにまで落ちこむ一方で、イングランド国教会と国家との関係がますます非難の的になってきた。一九七〇年代の後半に、リヴァプール大聖堂のある参事会員が「イングランド国教会はアイデンティティーの危機に苦しんでいる」と表現した。さらには一九八〇年代、イングランド国教会の指導者たちが都心部と郊外それぞれにおける国教会の役割を、徹底的に検証せねばならないと意気込んでいたその矢先に、聖職者に女性を就任させるかどうかの問題をめぐり、国教会の内部で分裂が生まれてしまった。一九九四年、総会《ジェネラル・シノッド》（一九六九年に発足した新しい代議制の教会会議）の決定を受けて女性第一号の司祭が任命されたが、改革反対派にとってこの決定が意味するものは伝統との訣別ではおさまらないものであった。ロンドン主教をふくむ多くの改革反対派がローマ・カトリック教会へ移った。ローマ・カトリック教会の信者は人口の七パーセントに満たないが、日曜に教会に出席する信者の数は、イングランド国教会よりも多かった。

　女性聖職者の問題が議論されるなかで、しばしば過去が論拠としてもち出され、ある者は「原始キリスト教会」を、またある者は宗教改革を、そしてある者はヴィクトリア時代の価値観を引用した。ただし、国教会の問題が一九八〇年代および九〇年代初めにおける宗教問題のすべてではなかった。教会財政があやまった投資などによって逼迫していたこと、泥棒や芸術品破壊者締めだしを理由に教会が施錠されることが多くなっていたこと、倫理の問題にたいする教会の指導力が疑問視されるようになっていたことなど、新しい問題が山積していたのである。暗い先行きを示す事実もあった。一九九〇年のクリスマスに、八歳から一四歳までの子供でなんらかの宗教行事に参列したのは、男の子が一七パーセント、女の子で一九パーセントにすぎなかった。教会の外では、イスラム教が影響をおよぼしはじめていたし、ありとあらゆる「新興宗教」、すなわち生まれ変わりを信じるカルトから「科学的宗教」を自任するカルトまでが、定期的に星占いをのせるようなジャーナリズムの関心をかきたてていた。イスラム教は、「原理主義」という昔ながらの問題を提起することになったが、新興宗教の流行は概して「魂の危機」の証と受けとられていた。

「危機《クライシス》」という表現は、「管理《マネッジメント》」という言葉とともに一九七〇年代、八〇年代に頻繁に用いられた。ことに家族問題に触れる場合にはしばしば「危機」の文字が躍り、それには王室問題も例外ではなかった。王室は、タブロイド紙ばかりでなく、ジャーナリズム一般に異常ともいえる高い関心をもって取りあげられていた。じっさい、一九九二年は「ザ・ロイヤルズ」（新しい用語）の浮き沈みがニュースにならない日はなかった。王室のメンバー《ザ・ロイヤルズ》はベストセラー本やテレビ番組のテーマにもなり、エリザベス二世（在位一九五二―　）はこの年を「恐怖の一年《アヌス・ホリビリス》」と表現した。その一方で、家族というものの価値が公に宣伝され、政治

長い議論を経て、国教会の教会会議は1992年に女性の聖職者を叙任させることを僅差で可決した。女性司祭第一号は、1994年にブリストルで就任した。

的にも利用された。「家族を大切にしなさい。そうすればあとはおのずとうまくいく」とは、ローマ・カトリック教徒のジャーナリストであるクリフォード・ロングリーが一九九四年に語った言葉である。ただし彼は、「家族」の定義は柔軟で、現実を踏まえる必要があることを認めており、つぎのように語ってもいる――「現実とむすびつかない時代遅れの家族観を擁護しても、熱意は空回りしてしまう」。

ジャーナリズムそのものも、危機の実態を報告するよりはむしろ危機をセンセーショナルにあおっており、ときには危機を捏造さえしていると多方面から批判を受けた。王室のメンバーにかんしては、彼らの写真が紙面に登場する回数は、かつての諷刺漫画時代よりも増えた。しかし王室の方でも、王室のあり方やメンバーの品行にかんして批判にさらされる根拠はあった。ジョージ四世時代にそうであったように、特定のメンバー間の人間関係や彼らのふるまいが、いやでも人びとの関心を惹きつけるようなものだったからである。家族の形態はいまやきわめて多様化しており、擁護とともに分析が求められている。扶養すべき子供のいる片親の家庭の割合は、一九七六年から一九九一年までにほぼ二倍に増加した。一九九一年には、全所帯の四分の一以上が一人暮らしの所帯で占められているが、これは一九六一年の割合の二倍である。婚外出産の割合は、一九八二年から一九九二年のあいだに二倍以上増加し、ほぼ三人に一人の割合となった。

家族の形態が急激に変化していくその時代に、新聞（およびそのほかのメディア）が公に批判される対象となった。公私の区別などまったく意に介さないジャーナリストが出現しており、メディアや国境の枠を越えて事業を拡大し、本人がスキャンダルの主役になってしまう「メディア界の大立て者《タイクーン》」もいた。その代表的な例が大衆紙『デイリー・ミラー』のオーナー、ロバート・マクスウェル（一九二三―九一）であり、一九九一年におけるその謎めいた死は彼のメディア帝国崩壊の序曲となった。ちなみに彼が死亡した日は一一月五日、ガイ・フォークス祭［一六〇五年に計画されたカトリック陰謀事件の発覚を記念する祝日、かつては首謀者であるガイ・フォークスの人形を燃やした］の祝祭日であった。

イングランド社会の歴史において、新聞は国民医療制度やBBCとともに比較的新しい制度であり、テレビはさらに新しい制度になる。一方、「社会の骨組み」の一部をなす古い制度が、一九九〇年代に攻撃の槍玉にあげられるようになった。かつて一九六〇年代の「新左翼」が批判した（そしてあまり批判は効を奏さなかった）のは、「資本主義および軍国主義、帝国主義の複合体」であったが、一九九〇年代の批判の対象は「社会の骨組み」であった点が異なっていた。まず陸軍という古い制度が、法曹界の制度や日曜就業禁止の規則とともに、一九八〇年代、九〇年代に大批判を浴びることになった。ただし、（陸軍批判にかぎったことではなかったが）陸軍という組織を危機におとしいれたのはジャーナリズムではなく、政府であった。一九九三年度の軍事費削減によって、陸軍は、規模において一八三〇年以来最小の軍隊になってしまった。一九九二年に由緒ある連隊が消滅してしまったさいには、軍人たちは怒り悲しんだ。一九九三年、さらなる軍事費削減が提案されると、陸海空軍の長は警鐘を耳元で鳴らすために、首相と直談判をする権利を行使した。一方、イングランドにおける弁護士《ザ・バー》および法曹界のシステムはひとまとまりの「法の骨組み」とみなされていたが、イングランド司法界にとって部外者であるスコットランド人の大法官マッカイ卿（一九二七―二〇〇一）がこの機構の改革を提案した。このとき、ジャーナリストよりもむしろ裁判官から苦情が殺到した。

一九九三年および九四年に警察の地域組織が撤廃される恐れがあらわれると、「地方の声」に後押しされて警察からも不満が噴出した。「奉仕者の声」と称される機関紙の『警察』は、警察制度にかんするシーヒー報告を「惨劇への青写真」と表現し、いまや「経費削減」が「警察サーヴィスの最重要課題」になってしまったと主張した。「社会の骨組み」が「新時代」の礼賛者ではなく、ほかならぬ保守党政府によって内側から脅かされているのはまぎれもない事実であった。これが一九六〇年代と一九九〇年代の決定的な違いである。歴史の重みがある家屋をつぎつぎと取り壊し、時には「存続のための改築」という口実すら省いてしまうのが、保守党なのであった。したがって、ある保守党の閣僚が、自由競争という市場の原理を熱烈に支持する一方で、「国家的制度」にたいする民間の批判を苦々しく思うとすれば、彼は自己矛盾におちいっていることになる。「ロイヤル・メール」〔英国郵政公社の郵便部門、本書が執筆されていた当時、保守党政権によって民営化の方針が打ちだされていた〕ほど「国家的」な制度はない。市場原理の主張がつねに「過去の遺産」保護の主張と両立できるわけではないのである。

　政治家という存在も批判の的になったが、一三世紀の修道士で年代記作家のマシュー・パリスの弁護によれば、政治家とは大衆からかけ離れた別人種であった。一方、統計上の数値は経済状況が最大の課題であることを示していた。一九七〇年代から八〇年代にかけて何度か深刻な経済的「危機」が訪れた。さらに深刻だったのは、さまざまな政策がとられたにもかかわらず、根本的に解決しえない問題が残ってしまったことである。すなわち、イギリスの製造産業部門の縮小現象、世界貿易におけるイギリスのサーヴィス産業が占める割合の落ちこみ（製造業よりも急速に落ちこみは進んでいた）、巨額の輸入手形（一九九三年の貿易赤字は一三兆ポンドを超過していた）、北海油田からの歳入にたいする過度の依存（あっさりと「自然の恵み」で片づけられていた）、民間産業にも公益事業にも適切な投資がおこなわれていないこと（調査、開発にかける基礎的な投資が少なすぎた）である。こうした諸問題をめぐる計量可能な経済的「事実」は、ヨーロッパやヨーロッパ以外の国々の経済と比較してながめなければならない。その「事実」が意味することを考察すれば、私たちの目はどうしても過去から未来へと向かわざるをえない。遠い過去と近い過去はつねに分かちがたくむすびついているからである。ウィンストン・チャーチルの言葉を引用すれば、「過去に遠い視線を向ければ向けるほど、はるか前方の未来までながめわたすことができる」。

　政治の世界でおこなわれる選択は、その後長期にわたって社会に影響をおよぼすので、社会史から省くことのできない対象である。この理由だけでも、一九六〇年代から九〇年代にかけての重要な政治選択を見きわめるために、過去を未来と関連づける必要がある。節目となる重要な政治選択にはすべて政治的な方向性とともに、経済および社会的な方向づけがふくまれていた。一九六四年にハロルド・ウィルソン（一九一六―九五）が、アトリー以降最初の労働党の首相となった。政権末期にスキャンダルがつづいたマクミラン内閣の後をうけて首相に就任したウィルソンは、テクノロジーの革命を公約した。しかし、労働党政権はわずか三議席の優位だけでかろうじて与党になっていたにすぎず、六六年の総選挙で九八議席の優位を得たものの、一九七〇年にはエドワード・ヒース（一九一六―　）率いる保守党に敗北した。ウィルソン内閣は、新たに議会をつうじて労働組合の力を制限するという難しい選択をおこなった。この方針は『闘争に代えて』(一九六九)において示されたが、ほかならぬ労働党内部で労働組合の政治的発言力が強力であるかぎり、大きな成果をあげる見込みはなく、事実、ほどなくこの方針は撤回された。その後、ふたたび労働党が政権につくと、いわゆる「社会契約」の一部として労働組合に有利な法律が議会で成立した(一九七五)。しかし、保守党にとって、これは明らかに受けいれがたい法律であったし、また組合が「王国の支配」をもくろみ、権力を濫用しつつあるように思えた一部の階層および新聞にも同様に受けいれがたいものであったから、この政治選択も大きな成果をあげる可能性はほとんどなかった。一九七五年におこなわれたギャラップ世論調査では、イングランドでもっとも影響力をもっているとみなされた人物は、運輸一般労働組合の指導者ジャック・ジョーンズであることが明らかになった。

労働組合会議(TUC)は一九七〇年代と八〇年代に批判をあびた制度のなかでもっとも重要なもののひとつであり、ヒース内閣のもとでもっとも物議をかもした法案は、労働組合員すべてを激怒させた一九七一年の労使関係法であった。それまでは、労働党の法律家カーン゠フロインド(一九〇〇—七九)が指摘したように、「労使関係の形成においていて、イギリスほど法律が重要な役割をはたしていない国もめずらし」かった。この法律によって労働組合は登録制になり、労使協定が法的な拘束力をもつことになり、不公正な労使慣行も規制され、国の制度として労使関係裁判所がもうけられて、この裁判所が審理や訴訟を受けもつことになった。しかしこの法律が発動されることはきわめてまれで、未来の保守党政府に根本的な介入をゆるす余地を与えてしまった。その結果が、一九八二年の雇用法である。マーガレット・サッチャー(一九二五—)率いる保守党内閣のもとで成立したこの法律は、組合が苦難のすえ獲得してきた法的権利の一部を剥奪し、各種労働争議に制限を加えることによって、労働組合の力を抑制するためにつくられた。この法律をきっかけに、二〇世紀末におけるもっとも重大な労働紛争である一九八四年と八五年の炭鉱ストライキが起こり、結果は石炭労働者全国連合の完敗に終わった。一九六〇年には一〇〇〇万人に満たなかった労働組合員数は、一九七〇年に一一〇〇万人、一九八〇年には一三〇〇万人と着実に増えつづけていたが、一九八〇年代に入って急激に落ちこみをみせた。かりにそのおもな原因が労使関係法や雇用法ではなく、労働者の数そのものを減らしている失業問題にあったとしても、組合員の減少はいちじるしかった。

ヒース政権とサッチャー政権の対照的な姿勢は、しばしば指摘されてきた。ところがヒースは一九七〇年に首相の座についたとき、彼自身の言葉を借りれば、「この国の進路と歴史を変える」ほどの「画期的な変化、すなわち平和

過去に何度もデモの中心地となってきた（暴動にいたったデモもある）トラファルガー広場は、1990年に人頭税反対のデモ現場となった。暴動はデモの目的だったわけではなく、不測の事態であった。大規模なデモは1960年代にも起こっていた。イングランド社会の歴史において、税制と課税水準はつねに主要な関心事であった。

で全般的な革命」に乗りだしていた。変化への願望は保守党の指導者のなかにもすでにあったのである。地方行政の「改革」によって古い州の名前がなくなり、代わりにエイヴォン州やハンバーサイド州などの新しい州名が採用されたとき、過去の歴史、一〇〇〇年を超える歴史は抹消されてしまった。そして、遅ればせながら一九七三年、イギリスがEC［ヨーロッパ共同体］に加盟したとき、新たな歴史がはじまったのである。

その一年後、ヒース内閣が崩壊したさいに、一年に二回の総選挙がおこなわれた（一九一〇年以来であった）。このとき政治を動かしていたものは「改革」ではなく、経済的、社会的な要因であった。一九七三年には史上最悪の赤字財政を記録し、一九七四年は未曾有の経済的、社会的危機の年となった。イギリス経済を左右する石油価格が前例のないほど急騰したうえ、ヒース内閣がふたたび炭鉱労働者たちと対決せざるをえなくなったために、石炭生産が大打撃をうけた。指導者たちがいかに壮大に「新しい産業構造」を夢見ようと、また社会学者たちがいかにアメリカの社会学者の言う「ポスト産業社会」の問題を論じようと、いまだにイギリス産業は、石炭産業に象徴される過去から受け継いだ労使問題にがっちりと足かせをかけられていたのである。

ウィルソンは一九七四年にふたたび首相の座に返り咲いたが、二年後の七六年に辞職した。その短い執務期間に、もうひとつ前例のない出来事が起こった。ヒースが政治生命をかけて実現したイギリスのEC加盟が、一九七五年に残留か離脱かをめぐって国民投票《レファレンダム》にかけられ、残留を承認されたのである。著名な作家で放送人でもあるアンドルー・ションフィールド（一九一七―八一）の表現を借りれば、イギリスはいまや「目的地のわからない旅」に出発しようとしていた。大多数の人びとは楽観していたが、しぶしぶ旅に同行する人びとの疑念は晴れなかった。喜んで同行する人びとの心のなかにも、経済不振などによる倦怠感があった。一九七〇年代初期から中期にかけて、民間で発表されるイングランドの社会時評の多くは「イギリス病」にかんするものであった。著名な批評家アンソニー・サンプソンはイギリスの現代を鋭く分析し、「イギリス病」を一七世紀スペインの衰退になぞらえた。その後、疑念は晴れないまま残ることになったが、倦怠感の方は、一九八〇年代に入ると表明されることはめっきり少なくなった。サッチャーとその閣僚が「イギリス病」を病いではなく、罪悪とみなしたからである。

　激しい労使対立の「不満の冬」がすぎた一九七九年、ウィルソンの後継者ジェイムズ・キャラハン（一九一二―　）の後を継いで、サッチャーが首相になった。彼女がイギリス史上初の女性首相であったことは社会史において重要であるが、一方で一九七九年における女性議員の数は、一九五一年以降で最少となった（一九人）。サッチャー本人は、世の中でますます大きく取り沙汰されるようになっていた「女性の進出」にはなんの共感も示さなかった。

　一九八〇年代のイギリス社会におけるもっとも重要な出来事は、サッチャー政権の誕生によって、それまでの政権（ウィルソン、ヒース、キャラハン）が進めてきた試み、すなわち失業問題に配慮してインフレを賃金・所得政策で抑制する試みに終止符が打たれたことである。インフレ率は一九七九年に一四・五パーセント、一九八〇年の五月には二二パーセントにまで上昇したが、その後急激に下がり、一九八六年にはわずか三パーセントにまで抑制された（もっともサッチャーが退陣し、ジョン・メイジャー（一九四三―）が後を継ぐと、ふたたび九・七パーセントになった）。その間に、失業者は一九八二年には三〇〇万人台を超え、一九八六年の一月には三四〇万人にも達した。この数字は全労働人口の一四パーセントに相当する。平均失業期間もまた長くなった。一九九二年には労働争議に費やされる延べ日数が記録史上最低になったのも、ごく自然な話である。

　一九六〇年代には、労働党の政治家マイケル・ステュアート（一九〇六―九〇）は、ほかの経済的諸問題が国をおびやかそうとも、失業問題は少なくとも「過去の話になってしまった」と論じていたものである。ところがその一世代後、「過去の話になってしまった」のは、完全雇用をめざす政府の努力の方であった。「全体的な合意《コンセンサス》」を摸索する政府の姿勢もまた、とくに失業問題においては過去の話になってしまった。一九八三年、八七年の総選挙で連続して政権を確保したサッチャー内閣は、「全体的な合意《コンセンサス》」など得ようとしたことはなかった。国を分極化させたうえに地方政府のポストを自分たちの味方だけで固めてしまったという非難をあびたサッチャー政権は、保守党の一部を切り捨て、野党ばかりか議会外の団体や伝統的な中道派を敵に回す姿勢を強めた。たとえば、大ロンドン市議会が廃止されたが、その過程で多くの地方政府が中央集権化され、その結果、中央政府の権力が強化された。

　とはいえ、サッチャー政権が、「福祉国家」を完全に解体してしまったわけでもなかった。解体する代わりに、福祉国家の前提に挑戦し、ほぼ四〇年間にわたる福祉行政の流れに逆行する法案を通過させたのである。最大の改変のひとつは一九八六年の社会保障法によってもたらされた。この法律によって、最貧困層の家族にはさまざまな名目の「収入補助」が社会基金から給付されたが、それ以外の家族にたいする補助は撤廃された。これまで給付されてきたさまざまな手当てが、削減もしくは廃止された。一九四五年に最初の家族手当てとして導入された児童手当ても、削減の対象となった。それでも大量の失業者に支払われる給付がとにかく多かったので、全体としての社会保障費は増えつづけた。この法律が成立したときには、社会保障費は国家支出全体の三〇パーセントを占めていた。

　サッチャー「体制」（あらゆる政党の政治方針を変えてしまったので、体制《レジーム》としてとらえられるようになった）は、その誕生の瞬間から内部市場システムによる経費削減をめざす政策に力点をおいた。サッチャー体制のもとでは国民ひとりひとりが「お客さま」となったが、と同時に二言目には経費削減を言いだす経営者の数もいちじるしく増加することにもなった。さらに、サッチャー体制は財政政策の抜本的な改革にも力を入れ、課税をふたたび財政政策の最前線に引っぱりだした。サッチャー内閣での最初の大蔵大臣ジェフリー・ハウ（一九二六ー　）は、為替管理を停止し、直接税を引き下げた（もっともこの結果、間接税は引き上げられ、その後ほとんどの公共支出に限度枠をもうけるか、削限させることになった）。それ以降、大臣がだれに代わろうと、大蔵省は好況時も不況時も厳しい監査をのがれる唯一の機関となった。

　政府がおこなった社会政策としては、公営住宅の売却（一九七九年から八五年のあいだに一一・五パーセント以上の地方自治体所有の住宅が手離された）や、産業やサーヴィスの民営化がある。一九八八年から八九年にかけての電信電話産業と大騒動になった水道事業の民営化もそのなかにふくまれる。この政策の基底にある考え方は経済活動の自由放任主義であったが、ヴィクトリア時代的価値観の復活とか、革新的な「新しい発想」という美名で語られた。また、「選択の自由」というレトリックも強調されたが、こちらはレトリックをはるかに超える結果を出した。持ち家率は一九五一年には三一パーセントだったのが、一九八七年には六六パーセントにまで上昇したのである。また一九八七年の時点で、株の所有者の数（八〇〇万人）は労働組合員の数を超えていた。一九九〇年には七〇〇万人以上の人が任意保険に加入している。一方、住宅組合、銀行、マーチャント・バンク〔外国貿易用為替手形引き受けと証券発行に携わる金融会社〕はこれら一連の民営化政策から直接に利益を得た。一九八〇年に銀行と住宅組合の貸付けは一五・七兆ポンドだったのが、一九八八年には八二兆ポンドにまで跳ねあがった。

民営化の断行とそれに関連する政策は、一九八三年と八七年の総選挙での大差の勝利によって支持されたわけだが、この政策が議会の外で反感を引き起こすことになるのは避けられなかった。社会は民営化路線によってどう変わったかといえば、不平等の格差が広がり、国から面倒をみてもらう貧困層は増加し、（経済自由放任主義のおかげとも、その原則にもかかわらず、とも言えるが）「階級」の影響力は強いまま生き残りつづけることになったのである。事実、「階級」は多くの人びとの自己および他者認識の形成に力をもちつづけた。「階級」にかんする現実は、サッチャーが首相に就任する二年前の一九七七年に、イヴァン・リードが『イギリスの社会階級』という厳密に経験に根差した研究書のなかでていねいに叙述している。彼が考慮に入れたのは、職業ばかりではなく、「ゆりかごから墓場まで」の環境や行動をめぐるあらゆる局面、すなわち健康、ジェンダー、家族、教育、政治、宗教、利用する弁護士や金融機関、娯楽活動であった。一九三〇年代以降のイングランド社会の変化を記述するにあたって、リードはジョージ・オーウェルが一九三七年に書いた言葉を、ある一章のモットーとして引用している。「どの道に進もうと、階級の呪いは石の壁のようにわれわれの前にたちはだかる。それは石の壁というよりはむしろ水槽の板ガラスと表現した方がよいかもしれない」。

一九三七年以降、不平等が拡大するといっても、抽出調査『ソーシャル・アティテュード』（一九九三年に第九版が刊行された）が毎年配布するアンケートにたいし、およそ三分の二の回答者がきまって自分たちを「上層労働者階級」か「労働者階級」に分類し、残りのほぼ全員は「ミドルクラス」〔中産階級〕に位置づけていた。一九八四年の調査が明らかにするところでは、七〇パーセントの人びとが、社会階級は人生の多くの機会に影響をおよぼしていると回答し、九〇パーセントの人がイギリスは人種的偏見のある国だと考えていた。また三分の一は自分自身が人種的偏見をもっていると答えた。一九九三年版では、「白人および黒人の下層階級」にたいする差別意識がより強く、かつ広がっており、ヴィクトリア時代中期の人びとが「危険な階級」を見るのとおなじような目がこの階級に向けられるようになった。「ホームレス」は最大の社会問題となった。物乞いもそうである。その多くがまだ若い乞食の数は、大都市の路上で前例がないほどに増加した。もし失業手当てを給付すれば、あるいは住居を与えれば、その数はどれほど減少するのか、この問題が真剣に討論された。乞食の行動を判断するのにヴィクトリア時代的価値観ではなく、エリザベス時代の救貧法的価値観を引き合いにだす批評家もいた。

　サッチャー時代の雰囲気は時期によって異なった。初期にはフォークランド諸島へ侵攻したアルゼンチンとの戦争に勝利し（一九八二）、これが国民の目を内政から外交へ向けさせることになり、あれこれ批判はあったがナショナリズムは高揚した。中期には経済が回復し、あまりにも安易に経済の奇蹟と呼ばれたりしたものだが、じっさいには適切な投資とむすびついていなかった。末期には経済不況が深刻になり、これはサッチャーが退陣する一九九〇年以降もつづいた。九〇年のサッチャーの退陣は、ひとりの保守党議員がエリザベス時代の悲劇作品にたとえたほどの劇的な出来事であった。しかし、この退陣は保守党内部での国内政策にかんする対立の結果というよりはむしろ、ヨーロッパの問題、すなわち「イギリスはほかのヨーロッパ諸国とどの程度まで足並みをそろえるべきか」という問題にかんする決定的な決裂と、リーダーシップのとり方にかんする決裂の結果であった。ほかの権威がことごとく地に堕ちる一方で、サッチャー自身の権威だけは、国内ばかりかヨーロッパおよび世界中に広まっていった。これは人びとの反感を買い、そしてついにある問題で大衆の「草の根運動」的な猛反発をまねくことになった。地方税の基盤を変えることになる「地方行政負担金《コミュニティ・チャージ》」の導入である（巷《ちまた》では「人頭税《ポール・タックス》」と封建時代の用語で呼ばれた）。反サッチャーの気風が強かったリヴァプールでは、地方税の不払いが五二パーセントにものぼった。リヴァプールとはまったく異なる気風の地方でも、一時は一五・五パーセントにまで上昇した高い不動産税にたいする怒りと、不動産価格の落ちこみにたいする不安が広がった。空き家や空のオフィスが目立ちはじめてきた。

　サッチャー時代の末期から一九九〇年代をとおしてインフレにふたたび加速がかかっていったが、それとともに犯罪件数も増加していた。記録されている犯罪件数は、一九八一年には三〇〇万件だったのが、一九九二年には五六〇万件にまで増加した。こうなると「自由経済社会」どころか、「病んだ社会」のことがより大きな話題になる。ほかのヨーロッパ諸国も経済的、社会的困難に直面している事実はほとんど参考にはならなかった。イギリスの方がいち早く直面していたからである。

　サッチャーが一九九〇年に辞職すると、ジョン・メイジャーが新しい首相として就任し、「階級なき社会」の実現を公約した。一九九三年に彼は「基本的価値観への回帰」

を提言したが、これはおごそかに響くわりに内容があいまいな概念で、本質はどうであれ雰囲気においてはノスタルジックなものであった。しかし、経済不況がつづくかぎり、財産や所得の格差は、社会慣習や生活様式、家族生活に少なからぬ影響を与えつづけた。その影響はサッチャーが最初に政権につく以前よりも大きくなった。さらに、産業の諸問題についても、解決の糸口が見いだせていなかった。石炭産業の運命は、過去においてもそうだったように、社会とその基盤となる経済問題を如実に表していた。三一の炭鉱が閉鎖され、それにともなって三万人の失業者が出ることが決まったとき、多くは炭鉱社会とは無縁の世界に暮らしていた批評家たちも、一九八〇年代の空前の生産性向上にもかかわらず、イギリスに残る深掘りの炭鉱すべてが西暦二〇〇〇年までには消滅するだろう、と論じた。女王陛下がお膝元のウィンザー地域の貧しい年金生活者たちに与えていた恒例の石炭の贈り物が一九九三年に廃止されたのは、象徴的な出来事である。

二〇世紀末の社会史はアイロニーに満ちている。一九九〇年代の不況は中部の工業都市ロザラムばかりか、臨海都市のブライトンやヘイスティングズでも顕著にあらわれた。ロイズ保険引き受け機構の破綻の犠牲者には、メイジャー首相に非難されてもっともなほど異常な高給をとっていた企業のトップたちが多くふくまれていた。メイジャーは「(家族という)基本的価値観」を主張しつづけたが、女性スキャンダルなどで最初に脚光をあびることになったのは政治家であった。一九九〇年に起きたストレンジウェイでの囚人暴動の発端になった場所は、礼拝堂であった。一九九四年に全国宝くじの独占販売権を勝ちとった「キャメロット」資本合同に名をつらねていたキャドベリー社(現在はキャドベリー・シュウェップス社)の創始者は、賭博反対主義者であった。

保守党を支配するのはもはや「歴史と伝統のトーリー党員《オールド・トーリー》」ではなく、由緒ある家柄の出身でもない、新しい時代の人間であった。しかしそれでも、一九九二年に景気回復の兆しが見られたときに用いられた表現は、「緑の若枝」や「春のつぼみ」という田園にまつわる隠喩であった。かつて一九七九年に為替管理が撤廃されたときも、ドラマティックに「絶壁を越える」と表現されていた。

一方、本来の社会的連帯がくずれ、奇妙な社会的連帯が生まれた。一九九二年に、ある公爵(ウェストミンスター公)が、自然環境保護団体が田園生活を息苦しいものにしていると主張した。本来獲物を嗅ぎまわっているはずの週刊誌『プライヴェート・アイ』[スキャンダル暴露誌として有名]は、「狩猟妨害者」を攻撃するよりはむしろ擁護したし、ジェントリー[地主階級]と貴族は「自然保護団体」と連携して、高速道路建設に反対した。一九八六年にロンドンの外郭を走る環状道路M25の最後のコースが開通したとき、階級横断的な抗議を恐れて、一般庶民は開通式

「これもきっと、マーストリヒト条約のあいまいな条文のせいにちがいない！」

イングランド国内のトラブルはしばしばブリュッセルの「EU官僚」のせいにされた（官僚たちにその責任はなかった）。マーストリヒト条約にかんして延々と議論がおこなわれたにもかかわらず、結局わかったことは、ヨーロッパの問題にたいして議会の意見はばらばらで、政府の指導力もないことであった。条約そのものにも複雑であいまいな条文が少なからず盛り込まれており、イギリスがECのメンバーになる利点はどこにあるのか、一般人には理解しがたいように書かれていた。かぎられた選択肢にかんしてなにか建設的な見解をもたせるよりも、偏見——あるいは本能的警戒——を助長するほうが簡単であった。

に招待されなかった。開通式から一分もたたない午前一一時一六分、一台の車が新しい道路で故障を起こした。なにかと問題が絶えなかったM25であるが、一九九〇年代に入るまでに、二〇〇〇万台の車がこの道路を利用している。

一九八二年から一九九三年までの不況と好況が繰りかえされる時代に、高速道路の利用状況が二倍になったという現象を、進歩の兆候とみるには不安が残る。気になる統計はほかにもある。一九八九年には労働争議に費やされた延べ日数は二三七万一〇〇〇日を記録したが、これは炭鉱労働者のストライキがあった一九八四年以来、もっとも高い数値である。また、一九九一年に教育を受けつづける若い人の数が、同年齢集団の六一パーセントにまで上昇したが、これは明るい未来の証なのだろうか、それとも景気後退の証にすぎないのだろうか。さらに、一九九二年にかつてのポリテクニックが一夜のうちに総合大学に生まれ変わり、高等教育をうける機会が増えたことが大きく取りあげられたが、統計によれば、高等教育全体の財源はいっこうに増えていない。「財源不足《アンダーファンディング》」(近年よく使われている用語)は低い課税率のため生じていたが、一九九四年四月以降、総合的にみた課税額は異様なほど高くなった。

私たちの生きる時代まで書かれないうちに終わってしまう歴史書は、それを読む者の経験が入る余地のない不完全な歴史書である。おなじように、私たちの生きる社会の内側と外側とのつながり(そして比較)を書かないイングランド社会史は、不完全な社会史である。イングランドの地域史あるいは国家史がスコットランド史やウェールズ史、アイルランド史と簡単に切り離すことができないのとまさしくおなじように、イングランド社会史はヨーロッパ社会史(あるいは世界の社会史)と簡単に切り離すことなどできないのである。時間の流れのなかで、それぞれの社会は大きなアーチでつながっているのである。さて、本書の副題は「氷河時代から英仏海峡トンネルまで」である〔新版のこの副題は原著では本扉にのみ記載されているもので、本訳書では副題を添えなかった〕。イングランドは一万二〇〇〇年前(地球の歴史を考えれば比較的最近の話である)にヨーロッパ大陸とつながっていた。そして一九九四年、あるアメリカのジャーナリストの表現を借りればこんな出来事が起こった。「痛む両足をひきずり、景色が退屈だと愚痴をこぼしながら、一〇〇人を超える人が英仏海峡トンネルをわたり、氷河期以来、フランスからイギリスを歩いてわたった最初の人間として歴史の書物に書かれることになった」。そして今現在、イングランド人はどこを歩いているのだろうか。

一九九三年のマーストリヒト条約〔EC一二カ国のヨーロッパ連合条約。域内の政治、経済、通貨などの統合の道筋を定めた〕をめぐっては、イギリスの運命を決する一票のために下院議員がきわめて珍しく一致団結しなければならなかったのだが、当時のドラマティックな議会の討論は、E

C加盟にかんする複雑な政治問題を物語っていた。しかし、問題は政治や経済にとどまらない。マーストリヒト条約反対派は法律に訴えた。宗教にも訴えた。しかしそれでも、海峡トンネル（最初に計画に着手されたのが一八八〇年で、構想はそれ以前からなされていた）は、「島国のステイタス」へのこだわりがもはやなんの安全保障ももたらさないことを示す象徴であることには変わりない。私たちは、（コンピューターを手にもって）イングランド社会の歴史がはじまった地点に舞い戻っている。

訳者あとがき

England イコール「イギリス（帝国）」とみなす保守的なイングランド人が今でもいるのかもしれないけれど、England はやはり「イングランド」であって、「イギリス」という理解と訳語は現在では基本的に避けた方がいいと思う。ちなみに、この二、三年間に出版された英和辞典でも、ほぼ例外なく「イギリス」という訳語が好ましくないこと（そして、その理由）が記述されるようになった。同様に Englishman も、中学英語で教えこまれる訳語「イギリス人」では誤解を招きやすい。

では、言語の方の English はどうかといえば、「英語」という訳語と国際語というイメージがすっかり定着していて、地理的、文化的に遠く隔たったわが日本でも、近い将来、小学生の必修外国語になるのかもしれない。ただし、その「英語」にしてもたかだか五、六百年前までは、イングランドとその周辺に限られるごく狭い地域でしか使われていなかった言語なのである。

「英語」ばかりでなく、イングランドを起源とする社会的制度や文化的産物は私たちのまわりに氾濫《はんらん》している。議院内閣制という政治制度から、産業革命と農業改良に由来するテクノロジー、背広やミニスカートなどのファッション、園芸や紅茶、サッカー、ラグビーなどの娯楽とスポーツ、はては「ジェントルマン」的なライフスタイルまで、私たちの社会生活は「イングランド的な」諸制度、諸産物をぬきにしては考えられないと言っていい。言い換えれば、この数百年間で起こったこと、それはイングランドの社会的・文化的制度（産物）がイングランドという枠をはるかに超えて、国際社会のなかで圧倒的に優勢となる現象なのである（もちろん、影響はよい面ばかりではない）。たぶん、イングランド社会史の面白さは、この点に集約できるのだと思う。

あともう一点、私たち日本人にとってはより生々しいレヴェルで、イングランド社会史は興味深い。政治改革やバブル崩壊、失業、教育制度改革、高齢化社会対策、年金改革、暴力犯罪などなど、今日の私たちが直面している社会問題の多くはイングランドが一足先に経験してきた事柄である。一八七〇年代以降におけるイングランド産業の衰退現象とその原因（本書第八章）、あるいは一九八〇年代におけるサッチャーの「構造改革」とその結果（第一三章）などは、けっして他人事としては読めないはずである。

イングランドとかかわる研究分野の専門家、あるいはイングランドに関心をおもちの方々の多くが、本書の存在をご存じだと思う。先史時代から現在まで、イングランド社会の歴史全体を網羅的にあつかう研究書はけっして少なくないと思うが、この種のものは監修方式のもとに多数の執筆者によって書かれるのが通常であろう。その点、本書の魅力とすごさは、ひとりの執筆者によってイングランド社会史全体が概観されたことにある。一言でひとりと言えるけれど、これが意味するのは、政治や経済から、文学や娯楽をふくむ文化全般まで、すべての時代と地域にたいして目配りしながら、膨大な量の基本文献を読み、問題点を整理したうえで、さらに統計的な最新の研究成果を取り入れる作業をひとりでこなさなければならないことである。

G・M・トレヴェリアンの名著（邦題『イギリス社会史』、みすず書房）がかつてそうであったように、本書がイングランド社会史の概説書としてもっともスタンダードであり、かつ広く読まれているのも、ひとえにひとりの人間によって書かれることにより、読み物として格段に面白くなっていることがあるのだろう（時代ごとの視点や関心対象のぶれが避けられ、ある時代と別の時代との比較対照が容易となる）。ただし、この種のものはそうそう簡単に出るわけでもなさそうで、本書の序文でも、唯一言及されているのがトレヴェリアンの著書であることを考えると、二〇年か三〇年に一回出るか出ないか、なのかもしれない。

簡単に著者ブリッグズの紹介をすると、ブリッグズは一九世紀および二〇世紀のイギリス社会史、とくにヴィクトリア時代の研究で知られている。主要著書については、本書の「参考文献」でご自身のものを挙げているので、そちらを参照していただきたい。経歴は、一九二一年生まれで現在八三歳。ケンブリッジ大学で歴史学、ロンドン大学で経済学を学んだのち、早くも二四歳でオクスフォード大学ウスター・カレッジのフェローとなっている。その後リーズ大学の現代史教授、サセックス大学の副学長を経て、一九七六年からふたたびウスター・カレッジに戻り、一九九一年まで学寮長を務めた。また一九七九年にはオープンカレッジの学長にも就任している。

研究者にとって勲章である名誉学位の数や、学会と政府委員会で務めた要職の数はまさしく長いリストになる。ただ一点挙げるとすれば、一九七六年にブリッグズは一代貴族に叙せられており、正式にはブリッグズ卿ということになる。

ここで多少私的なことについてお話させていただきたい。もともとこの「訳者あとがき」はイギリス史のすぐれた専門家であり、共訳作業でも中心的役割を果たされてきた今井宏氏がお書きになる予定であった（残る共訳者二人は専門領域こそ違うが、年齢差やご業績の点から氏のことを公私において今井先生とお呼びしてきたので、以後はこの敬称で言及することをお許しいただきたい）。ところが一年半前の二〇〇二年秋に、今井先生はリンパ腫でお亡くなりになり、共訳作業の大黒柱が失われてしまった。

今井先生は、専門分野の異なるほぼ一世代年下の二人を共訳に誘ってくださり、共訳作業のなかでさまざまな情報とご助言を与えてくださった。とりわけ中野香織においては、東京大学教養学部でイギリス史の講義を聴講させていただいた一九八〇年代後半以来ずっと、折に触れ、ご指導をいただいた（そのころ先生が講義で採用されたテキストのなかに、ほかならぬ本書の原著がある）。その先生がいらっしゃらなくなっては、この仕事もこれまでと思い、残る二人は続行をほぼ断念していた。ただそれから半年経ってから、周囲からの勧めもあり、われわれ二人はとにかくこの仕事を完成させることが先生のご遺志に沿うものと考えるにいたり、今ようやく出版までこぎつけることができた。以上の経緯から、この「訳者あとがき」をふくめ、本訳書全体が、先生がご存命であればもっと洗練されたものになっていたことをお断り申しあげたい。

訳の分担は、序文から第四章までが中野春夫、第五章から第八章が今井宏、第九章から第一三章が中野香織である。相互に訳文をチェックしたうえで、文体の統一は第六章の途中までは今井先生、それ以降は今井先生の文体を踏襲して、残る二人が共同でおこなった。人名や地名など固有名詞の表記はなるべく統一を心がけ、一部については一般になじみ深いものを使っている。また専門用語については、基本的に『英米法辞典』（東京大学出版会）と『英米史辞典』（研究社）に依拠している。たぶんこれがいちばん重要なお断りになるが、England（English）とBritain（British）は厳格に「イングランド（の、的な）」と「イギリス（の、的な）」に訳し分けた。結果として、慣例となってきた用語や著書タイトルの訳語を変える場合が多少出てしまい、もしかすると歴史関係の研究者の方々には違和感と不快感を感じさせてしまうかもしれない。ただ、二〇〇二年のサッカー・ワールドカップに参加したイングランド・チームをさすがに「イギリス・チーム」とは訳せない時代になってしまったので、その点はご容赦いただければ幸いである。

最後に、訳者三人がそれぞれ多くの方々からさまざまな情報と助言をいただいたと思う。残った二人だけがお名前を挙げるわけにはいかないので、その点の非礼はお許し願えればと思うけれど、この場であつく、あつくお礼申し上げたい。編集作業にかんしては、参考文献と索引の作成でご協力をいただいた学習院大学大学院生の大徳宏美さん、また、ゲラの余白に数多くの疑問点をご指摘くださった筑摩書房の校正担当の方、そしてこの仕事に誠実かつ精力的にお付きあいくださった筑摩書房の渡辺英明さんと高山芳樹さんに心よりお礼申しあげたい。編集者のこのお二人のご協力とご助言、激励がなければ、この翻訳がこのような形で日の目を見ることはなかったと思う。

生前、今井先生はこうおっしゃっていた――「この翻訳はきっと長い間読まれることになるだろうから、きちんとした、読みやすいものをつくろうよ」。できあがったものがどれだけこのお言葉にかなうものであるか、はなはだ不安ではあるが、残された二人としてはできるかぎりのことはおこなった。温厚で寛容な今井先生はこの努力だけは認めてくださると思う。この翻訳をつうじて、イングランドに関心をもつ方がひとりでも増えることが、生前の今井先生の願いであり、共訳者二人の願いでもある。

二〇〇四年五月　故今井宏先生のご冥福をお祈りして

中野春夫
中野香織

索引　INDEX

イングランドとかかわる分野の研究者、あるいは一般読者の方々にも本書を広く役立てていただけるように、この索引では「人名」と「事項」に加えて、「テーマ別」のものを設けた。テーマの項目については、本書で指摘される「社会史の6つの柱」にもとづき、共訳者2人（中野春夫、中野香織）が35項目を選択した。項目で挙げられているページには、それぞれのテーマについてまとまった記述があるので、特定のテーマについてある時代と別の時代との比較対照、あるいは歴史的な変化の概観が可能になると思う。読者それぞれのご関心とご研究の一助になれば幸いである（訳者）。

テーマ別索引（太字は章番号）

タ

ナ

ハ

マ

ラ

人名索引

ア

カ

サ

タ

ナ

ハ

マ

ヤ

ラ

ワ

事項索引

タ

ナ

ハ

マ

ヤ

ラ

ワ

参考文献

以下の文献リストは、さらに関心を広げてみたいと思う読者のために選んだもので、代表的な研究書から専門的なものまで、さまざまなレヴェルのものがふくまれている。代表的な研究書にはこの参考文献よりも充実したリストが収録されているので、そちらも参照していただきたい。刺激的な最新の研究成果は学術誌に収録されている論文にもみられるが、残念ながらスペースの都合から論文はこのリストから省き、著書だけを挙げてある。

第1章　先史時代

I.H. Longworth, *Prehistoric Britain* (1985) は、ブリテン古代史の簡潔な入門書となってくれる。以下の2書は貴重な概説書である——C. Renfrew (ed.), *British Prehistory—A New Outline* (1974); J.V.S. Megaw and D.D. Simpson, *Introduction to British Prehistory* (1979)。また、S. Thomas, *Pre-Roman Britain* (1965) には、320点のすばらしい図版が収録されている。

先史時代の歴史については、以下の2書を参照せよ——K. Hudson, *A Social History of Archaeology* (1981); P.J. Bowles, *The Invention of Progress : The Victorians and the Past* (1989) [充実した文献リストが収録されている]。先史研究にかんする方法論および論争については、以下に収録されている論文を参照せよ——C. Renfrew, *The Explanation of Culture Change : Models in Prehistory* (1973)。

イングランドの風景の変化については、以下の3書を参照せよ——W. G. Hoskins, *The Making of the English Landscape* (1955); J.G. Evans, *The Environment of Early Man in the British Isles* (1975); I. Sissons and M. Tooley (eds), *The Environment in British Prehistory* (1982)。

R. Bradley, *The Social Foundations of Prehistoric Britain* (1984) は、考古学における推論の役割を論じている。ブリテン古代史の初期については、以下の3書を参照せよ——J.B. Campbell, *The Prehistoric Settlement of Britain* (1978); J.J. Wymer, *The Palaeolithic Age* (1986); P.J. Fowler, *The Forming of Prehistoric Britain* (1983)。後期については、以下の2書を参照せよ——D.D.A. Simpson (ed.), *Economy and Settlement in Neolithic and Early Bronze Age Britain and Europe* (1971); B.W. Cunliffe, *Iron Age Communities in Great Britain* (2nd edn, 1978)。

ストーンヘンジなど古代遺跡については、以下の6書を参照せよ——R. J. C. Atkinson, *Stonehenge* (1979edn); J. Fowles and B. Brukoff, *The Enigma of Stonehenge* (1980); G.S. Hawkins and J.B. White, *Stonehenge Decoded* (1966); *The Penguin Guide to Prehistoric England and Wales* (1981); G.E. Daniel, *Megaliths in History* (1972); C. Renfrew, *Before Civilisation* (1972) [古代遺跡に関する議論が参考になる]。

芸術については、以下の2書を参照せよ——I. Finlay, *Celtic Art* (1973); P. Jacobsthal and E.M. Jope, *Early Celtic Art in Britain* (1977)。

宗教については、以下の2書を参照せよ——A. Ross, *Pagan Celtic Britain* (1967); T. Kendrick, *The Druids : A Study in Celtic Prehistory* (1927)。

第2章　ノルマン征服以前のイングランド

ローマ支配時代の研究における学風と視点の変化を映しだす例として、オクスフォード大学の歴史学者による以下の代表的な2書を比較してみると面白い——R.G. Collingwood and J. N.L. Myres, *Roman Britain and the English Settlements* (1934); P. Salway, *Roman Britain* (1981)［みごとな図版を収録している1993年の発展的な著書も併せて参照せよ］。また、以下の研究書を参照せよ——S. Frere, *Britannia : A History of Roman Britain* (2nd edn, 1978)。ローマ支配時代の社会史的な側面については、以下の6書を参照せよ——A. R. Birley, *The People of Roman Britain* (1979); A.L.E Rivet, *Town and Country in Roman Britain* (1958); J. Wacher, *The Towns of Roman Britain* (1975); B.W. Cunliffe, *Fishbourne, A Roman Palace and its Garden* (1971); D.J. Breeze and B. Dobson, *Hadrian's Wall* (1978 edn); P. Marsden, *Roman London* (1980)。

J. Munby and M. Henig (eds), *Roman Art and Life in Britain* (1977) は、この時代の文化にかんするもっとも包括的な研究書である。宗教については、以下の2書を参照せよ——W. Radwell (ed.), *Temples : Churches and Religion : Recent Research in Roman Britain* (1980); C. Thomas, *Christianity in Roman Britain to A.D. 500* (1981)。L. Alcock, *Arthur's Britain* (1953) は魅力的な先駆的研究書であり、以下の2書と比較検討してほしい——J. Morris, *The Age of Arthur* (1973); P. Hunter Blair, *The World of Bede* (1990)。D. Whitelock, *The Beginnings of English Society* (1952) は、この時代を対象とする社会史の入門書である。P.H. Sawyer (ed.), *Medieval Settlement* (1976) は中世史研究者だけでなく、社会史学者にとっても興味深い対象をあつかっている。

アングロ・サクソン史にかんしては良い入門書が数点あり、そのうちの最新のものは美しい図版と充実した文献リストを収録した以下のものである——J. Campbell (ed.), *The Anglo Saxons* (1982)。また、以下の3書も参照せよ——P.A. Sawyer, *From Roman Britain to Norman England* (1978); H.R. Loyn, *Anglo-Saxon England and the Norman Conquest* (1962); D.M. Wilson, *The Anglo-Saxons* (3rd edn, 1981)。

ヴァイキングについては、以下の3書を参照せよ——P.H. Sawyer, *The Age of the Vikings* (1971 edn); J. Graham-Campbell, *The Viking World* (1980); R.T. Farrell (ed.), *Viking Civilisation* (1982)。

この時期のキリスト教については、以下の4書を参照せよ——H. Mayr-Harting, *The Coming of Christianity to Anglo-Saxon England* (1972); M.W Barley and R.P.C. Hanson (eds), *Christianity in Britain, 300-700* (1968); M. Deanesly, *The Pre-Conquest Church in England* (2nd edn, 1962); J. Godfrey, *The Church in Anglo-Saxon England* (1962)。

この時期の芸術と建築については、以下の8書を参照せよ——T.D. Hendrick, *Anglo-Saxon Art to 900* (1938) and *Late Saxon and Viking Art* (1949); D. Talbot Rice, *English Art, 871-1100* (1952); C.R. Dodwell, *Anglo-Saxon Art* (1982); J. Beckhouse, *The Lindisfarne Gospels* (1981); R.L.S. Bruce-Mitford, *The Sutton Hoo Burial, A Handbook* (3rd edn, 1979); C. Fox, *Offas's Dyke* (1955); B. Hope-Taylor, *Yeavering* (1977)。

1066年のノルマン征服については、以下の2書を参照せよ——F. Barlow, *William I and the Norman Conquest* (1965); R.A. Brown, *The Normans and the Norman Conquest* (1969)。F. Barlow, *The Feudal Kingdom of England 1042-1216* (1972 edn) は、1066年前後の時代を対象とする包括的な研究書である。

第3章　中世前期のイングランド

J. Hatcher and E. Miller, *Medieval England : Rural Society and Economic Change, 1083-1348* (1978) が最良の概説書であるが、以下の研究書などによって補足することができる——J.L. Bolton, *The Medieval English Economy 1150-1500* (1980); P.R. Hyams, *Kings, Lords and Peasants in Medieval England* (1980)。

本章および第4章以降の地理的情報については、以下の研究書が不可欠である——H.C. Darby (ed.), *A New Historical Geography of England* (1973)。また、以下のものも参照せよ——L. Cantor, *The English Medieval Landscape* (1982)。上記の2書とは対照的なアプローチをとるものとして、以下の4書を参照せよ——M.R. Vaughan, *Matthew Paris* (1979 edn); T. Clanchy, *From Memory to Written Record : England 1066-1300* (1979); R.W. Southern, *The Making of the Middle Ages* (1953); G. Duby, *The Chivalrous Society* (1977)。

包括的研究の基礎となる個別研究の多くは地域的なものである。その例として、以下の3書を参照せよ——E. King, *Peterborough Abbey, 1086-1310* (1973) [本章とまったくおなじ期間を対象としている]; Z. Razi, *Life, Marriage and Death in a Medieval Parish : Economy, Society and Demography in Halesowen, 1270-1400* (1980); J. Raftis, *Tenure and Mobility : Studies in the Social History of the Medieval English Village* (1964)。

古典的な研究書では、しばしば日常生活の断面が具体的に説明されている。とくに以下の4書を参照せよ——H.S. Bennett, *Life on the English Manor* (1956); W.G. Hoskins, *The Midland Peasant* (1955); C.S. Orwin, *The Open Fields* (1954 edn); G.C. Homans, *English Villagers of the Thirteenth Century* (1940)。中世期の農夫については、以下の2書を参照せよ——T. Shanin (ed.), *Peasants and Peasant Societies* (1971) [間接的ながら、社会生活におけるイングランドの独自性を指摘している]; R. H. Hilton, *The English Peasantry in the Later Middle Ages* (1974)。A. MacFarlane, *The Origins of English Individualism* (1978) は刺激的な研究であり、論争を生んできた。

都市については、以下の4書を参照せよ——S. Reynolds, *History of English Medieval Towns* (1977); R. Holt and G. Rosser (eds), *The Medieval Town : A Reader in Urban History 1200-1540* (1990); M.W. Beresford, *New Towns of the Middle Ages* (1967); S. Thrupp, *The Merchant Class of Medieval London* (1948)。

F. Pollock and F.W. Maitland, *History of English Law Before the Time of Edward I* (1968 edn) は基本文献である。また、以下の2書も参照せよ——J. C. Holt, *Magna Carta* (1965); A. Harding, *The Law Courts of Medieval England* (1973)。P. Brand, *The Origins of the English Legal Profession* (1992) は近年の重要な研究であるが、以下のものも参照せよ——H.M. Jewell, *English Local Administration in the Middle Ages* (1972)。

中世期の城と建築物については、以下の3書を参照せよ——F. Wilkinson, *The Castles of England* (1973); C. Platt, *Medieval England : A Social History and Archaeology from the Conquest to A.D. 1600* (1978); A. Clifton-Taylor, *The Cathedrals of England* (1967)。修道院は以下の大著によって詳細に論じられている——D.M. Knowles, *The Monastic Orders in England, 943-1216* (1940) and *The Religious Orders in England* (3vols, 1947-59)。ユダヤ人については、以下の2書を参照せよ——J. Parkes, *The Jew in the Medieval Community* (1938); H.G. Richardson, *English Jewry under the Angevin Kings* (1960). また、発展の可能性をはらむ以下の研究も参照せよ——K. Thomas, *Religion and the Decline of Magic* (1971)。

本章および次章については、以下の3書を参照せよ——J. Thornton, *The Habit of Authority* (1974); E. Prestage (ed.), *Chivalry* (1928); R. Barber, *The Knight and Chivalry*

(1970)。中世期の影響については、以下の2書を比較せよ——Henry Adam, *Mont St Michel and Chartres* (1980 edn); A. Chandler, *A Dream of Order : The Medieval Ideal in Nineteenth-Century Literature* (1971)。本章および第4章以降については、以下のものを参照せよ——R. Burchfield, *The English Language* (1985)。

中世前期にかんするかぎり、D.M. Stenton, *The English Woman in History* (1957) によって指摘されたテーマ、あるいは近年の女性史研究があつかう問題はまだ十分に論じられていない。個々の女性については、以下の研究を参照せよ——D. Baker (ed.), *Medieval Women* (1978)。

第4章　中世後期のイングランド

M.H. Keen, *England in the Later Middle Ages* (1973). が最良の概説書である。同じ筆者の以下の研究書も参照せよ——*English Society in the Late Middle Ages, 1348-1500* (1990) [両書ともに充実した文献リストが収録されている]。Barbara Tuchman, *A Distant Mirror* (1978) もまた、みごとな中世後期の分析をおこなっている。また、以下の3書も参照せよ——S.L. Waugh, *England in the Reign of Edward III* (1991); J. Hatcher, *Plague, Population and the English Econonmy, 1348-1530* (1977); B.R. Dobson (ed.), *The Peasants' Revolt of 1381* (1983)。

対仏戦争については、以下の2書を参照せよ——C. T. Allmand (ed.), *The Hundred Years War* (1988); J. Barnie, *War in Medieval Society : Social Values and the Hundred Years War* (1974)。また、以下の2書も参照せよ——J.R. Lander, *Government and Community, England, 1450-1509* (1980); J. Huizinga, *The Waning of the Middle Ages* (1924) [ヨーロッパを対象とする古典的研究書]。

K.B. McFarlane, *The Nobility of Later Medieval England* (1973) はいくつかの重要なテーマを提起した先駆的研究。また、以下の5書も参照せよ——J.M.W. Bean, *The Decline of English Feudalism* (1968); G.A. Holmes, *The Estates of the Higher Nobility* (1957); A.R. Bridbury, *Economic Growth, England in the Later Middle Ages* (1921) [経済史的側面をあつかっている]; C. Dyer, *Standards of Living in the Later Middle Ages* (1989); P.D.A. Harvey (ed.), *The Peasant Land Market in Medieval England* (1984)。財政については、以下の2書を参照せよ——H.J. Hewitt, *The Organization of the War under Edward III* (1966); G.L. Harris, *King, Parliament and Public Finance in Medieval England to 1369* (1975)。

実地調査の興味をかきたてる点で、以下の研究書が面白い——M.W. Beresford and J.G. Hurst, *Deserted Medieval Villages* (1971)。また、以下の3書も参照せよ——C. Platt, *The English Medieval Town* (1976); R.H. Britnell, *Growth and Decline in Colchester, 1300-1525* (1986); C. Plythian Adams, *The Desolation of a City : Coventry and the Urban Crisis of the Later Middle Ages* (1979)。

羊毛などの貿易については、以下の2書を参照せよ——T. H. Lloyd, *The English Wool Trade in the Middle Ages* (1977); E. Carus Wilson and D. Coleman, *England's Export Trade, 1275-1547* (1963)。

宗教については、以下の4書を参照せよ——W. A. Pantin, *The English Church in the Fourteenth Century* (1955); P. Heath, *The English Parish Clergy on the Eve of the Reformation* (1969); D.J. Hall, *English Medieval Pilgrimage* (1966); J. Hughes, *Pastors and Visionaries* (1988)。B. Harvey, *Living and Dying in England, 1100-1560* (1993) は、「修

道院の日常」におけるさまざまな側面をあつかっている。

教育については、以下の2書を参照せよ——N.I. Orme, *English Schools in the Middle Ages* (1973); Hoeppner Moran, *The Growth of English Schooling* (1985)。

印刷術については、全ヨーロッパ的なコンテキストにおいて、以下の研究書が論じている——E. Eisenstein, *The Printing Press as an Agent of Change* (2 vols, 1979)。また、これに先行する研究として以下の2書も参照せよ——H. S. Bennett, *Books and Readers, 1475-1557* (1969 edn); G.D. Painter, *William Caxton* (1976)。また、以下のものも参照せよ——J. Coleman, *English Literature in History* (1981)。

中世後期における女性の役割については、以下の3書において分析されている——M. Elergant and M. Kowaleski, *Women and Power in the Middle Ages* (1988); B.A. Hanawalt, *Women and Work in Pre-industrial Europe* (1986) and *The Ties that Bound* (1986)。

M.H. Keen, *The Outlaws of Medieval Legend* (1961) は、以下の3書と関連づけて読まれるべきである——R.H. Hilton (ed.), *Peasants, Knights and Heretics : Studies in Medieval English Social History* (1976); J.G. Bellamy, *Crime and Public Order in England in the Later Middle Ages* (1979); A. McCall, *The Medieval Underworld* (1979)。また、以下の2書も参照せよ——J.C. Holt, *Robin Hood* (1982); J.J. Jusserand, *English Wayfaring Life in the Middle Ages* (1989)。

第5章　16世紀のイングランド

D. M. Palliser, *The Age of Elizabeth : England under the Later Tudors, 1547-1603* (1938) は、16世紀後半期の社会史および経済史にかんする網羅的で、史料をよく踏まえた概説書である。その他の概説書として、以下の3書を参照せよ——D.C. Coleman, *The Economy of England, 1450-1570* (1977); P. Ramsey, *Tudor Economic Problems* (1963); J. Youings, *Sixteenth-Century England* (1984)。

社会もしくは経済の歴史を、政治行政の歴史から明確に分けることは不可能である。この理由から、対照的な二人の歴史学者による以下の研究書は不可欠である——G. R. Elton, *England Under the Tudors* (2nd edn, 1974); A.L. Rowse, *The England of Elizabeth* (1950)。また、以下の8書を参照せよ——L. Stone, *The Crisis of the Aristocracy* (1965); P. Williams, *The Tudor Regime* (1979); J. L. Hurstfield, *Freedom, Government and Corruption in Elizabethan England* (1973); W.T. MacCaffrey, *The Shaping of the Elizabethan Regime* (1968); C. Haigh (ed.), *The Reign of Elizabeth* (1984); K. Wrightson, *English Society, 1580-1680* (1982); P. Laslett, *The World We Have Lost* (2nd edn, 1971); R. O'Day, *Economy and Community : Economic and Social History of Pre-Industrial England, 1500-1700* (1975)。

農業史については、以下のものを参照せよ——J. Thirsk (ed.), *The Agrarian History of England and Wales*, Vol. IV (1967)。産業については、以下のものを参照せよ——D.C. Coleman, *Industry in Tudor and Stuart England* (1975)。J.U. Nef, *The Rise of the British Coal Industry* (2 vols, 1932) は「初期産業革命」の概念を提示している。16世紀全般の経済については、以下の2書を参照せよ——J.D. Chambers, *Population, Economy and Society in Pre-Industrial England* (1972); N.B. Harte et al. (eds), *Trade, Government and Economy in Pre-Industrial England* (1976)。

都市の生活については、以下の3書を参照せよ——P. Clark and P. Slack, *Crisis and Order in English Towns, 1500-1750* (*1972*) and *English Towns in Transition, 1500-1700*

(1976); P. Clark (ed.), *Country Towns in Pre-Industrial England* (1981)。地域研究としては、以下のものが挙げられる——P. Clark, *English Provincial Society from the Reformation to the Revolution, Religion, Politics and Society in Kent, 1500-1640* (1977); M.E. James, *Family Lineage and Civil Society : A Study of Society Politics and Mentality in the Durham Region, 1540-1640* (1974); D. Palliser, *Tudor York* (*1974*); M. Spufford, *Contrasting Communities* (1974)。

貧富の格差や慈善、救貧については、以下の3書を参照せよ—— J. Pound, *Poverty and Vagrancy in Tudor England* (1971); A.L. Beier, *The Problem of the Poor in Tudor and Early Stuart England* (1983); W.K. Jordan, *Philanthropy in England 1480-1660* (1959)。

教育については、以下の2書を参照せよ—— J. Simon, *Education and Society in Tudor England* (1967); R. O'Day, *Education and Society in Britain, 1500-1800* (1982)。本章および次章については、以下の刺激的な研究を参照せよ——D. Cressy, *Literature and the Social Order : Reading and Writing in Tudor and Stuart England* (1980)。また、以下の研究書も参照せよ——L. Stone (ed.), *The University in Society*, Vol. I (1974)。

宗教改革と関連する宗教上の変化は、以下の3書が詳細に論じている——A. G. Dickens, *The English Reformation* (1964); R. O'Day and F. Heal (eds), *Church and Society in England, Henry VIII to James I* (1977) and *Princes and Paupers in the English Church, 1500-1800* (1981)。また、以下の研究書を参照せよ——J. Youings, *The Dissolution of the Monasteries* (1971)。ピューリタニズムについては、以下の3書を参照せよ——P. Collinson, *The Elizabethan Puritan Movement* (2nd edn, 1982) and *Godly People* (1983); J. Phillips, *The Reformation of Images : The Destruction of Art in England 1535-1660* (1973)。P. McGrath, *Papists and Puritans under Elizabeth I* (1967) は、カトリックとピューリタン双方を論じている。R. O'Day, *The Debate on the English Reformation* (1986) は、当時の歴史文献をみごとにあつかっている。

文化的側面については、以下の4書を参照せよ——P. Burke, *Popular Culture in Early Modern Europe* (1978); C. Phythian-Adams, *Local History and Folklore : A New Framework* (*1975*); V.L. Neuberg, *Popular Literature : A history and Guide* (1977); B. Capp, *Astrology and the Popular Press* (1979)。

法律および行政については、以下の4書を参照せよ——J. S. Cockburn (ed.), *Crime in England* (1977); A. Fletcher, *Tudor Rebellions* (1973); A. Fletcher and J. Stevenson (eds), *Order and Disorder in Early Modern England* (1985); J.H. Gleason, *The Justices of Peace in England, 1558-1640* (1969); L. Boynton, *The Elizabethan Militia, 1558-1638* (1967); G.R. Elton, *Policy and Police* (1972)。財政については、以下の2書を参照せよ——F.C. Dietz, *English Public Finance, 1558-1642* (1932); R.B. Outhwaite, *Inflation in Tudor and Early Stuart England* (1969)。J. Burnett, *A History of The Cost of Living* (1969) は、16世紀以外の研究でも有益である。

人口統計関係については、以下の3書を参照せよ——E.A. Wrigley and R.S. Schofield, *The Population History of England, 1541-1871* (1981) [不可欠な基本文献]; C. Webster (ed.), *Health, Medicine and Mortality in the Sixteenth Century* (1979); L.A. Clarkson, *Death, Disease and Famine in Pre-Industrial England* (1975)。家族研究については、以下の3書を参照せよ——L. Stone, *The Family, Sex and Marriage in England, 1500-1800* (1977); M. Anderson, *Approaches to the History of the Western Family* (1980); R.B. *Outhwaite* (ed.), *Marriage and Society : Studies in the Social History of Marriage* (1981)。

居住環境については、以下の3書を参照せよ——M.W. Barley, *The English Farmhouse*

and Cottage (1961); N. Pevsner; *The Planning of the English Country House* (1961); M. Girouard, *Robert Smythson and the Architecture of the Elizabethan Era* (1966)。

第6章　革命の17世紀

クリストファー・ヒルによる以下の4書が、17世紀を対象とする歴史研究書のなかでもっとよく読まれている——Christopher Hill, *Puritanism and Revolution* (1958); *Society and Puritanism in Pre-Revolutionary England* (1964); *From Reformation to Industrial Revolution* (1967); *The English Bible and the Seventeenth Century Revolution* (1993)。C. Russell (ed.), *The Origins of the English Civil War* (1975) はヒルとは異なるアプローチをとっており、その概略は以下の彼のエッセイ集で述べられている——*Unrevolutionary England, 1603-1642* (1990)。

L. Stone (ed.), *Social Change and Revolution in England, 1540-1640* (1965) は、ジェントリーにかんする歴史的な議論をあつかっている。また、以下の2書を参照せよ——J.G.A. Pocock (ed.), *Three British Revolutions, 1641, 1688 and 1776*; R. Ashton, *The English Civil War, 1603-1649* (1978)。17世紀後半期の歴史については、以下の3書を参照せよ——J.R. Jones, *County and Court, 1658-1714* (1978); J. Miller, *Popery and Politics in England, 1660-1688* (1973); J.H. Plumb, *The Growth of Political Stability, 1675-1725* (1967)。

経済については、以下の4書を参照せよ——D.C. Coleman, *Industry in Tudor and Stuart England* (1975); Charles Wilson, *England's Apprenticeship, 1603-1763* (1965); J. Thirsk and J.P. Cooper (eds), *Seventeenth-Century Economic Documents* (1972); J. Thirsk, *Economic Policy and Projects: The Development of a Consumer Society* (1978)。

第5章の参考文献で紹介したもの以外にも、興味深い地域研究がある。その例として、以下の4書を参照せよ——J.T. Cliffe, *The Yorkshire Gentry from the Reformation to the Civil War* (1969); B.G. Blackwood, *The Lancastrian Gentry and the Great Rebellion* (1978); A. Fletcher, *A County Community in Peace and War: Sussex 1600-1660* (1975); J.S. Morrill, *Cheshire 1630-1660: County Government and Society under the 'English Revolution'* (1974)。Richard Gough, *The History of Myddle* は同時代人による珍しい農村研究であり、近年の以下の研究によって取りあげられている——D.G. Hey, *An English Rural Community: Myddle under the Tudors and Stuarts* (1974)。

財政と課税については、以下の4書を参照せよ——M. Roberts, *The Military Revolution* (1956); W.R. Ward, *The English Land Tax in the Eighteenth Century* (1953); R.P. Cust, *The Forced Loan* (1987); C.D. Chandaman, *The English Public Revenue, 1660-1702* (1975) [17世紀後半を対象とした研究]。

宗教、社会、政治については、以下の6書を参照せよ——P. Lake, *Anglicans and Puritans* (1988); R. O'Day and F. Heal (eds), *Continuity and Change, Personnel and Administration of the Church in England* (1976); A.S. Woodhouse (ed.), *Puritanism and Liberty: Being the Army Debates* (1950 edn); G.R. Cragg, *The Church and the Age of Reason, 1648-1789* (1960); W.C. Braithwaite, *The Beginnings of Quakerism* (1982); W.K. Jordan, *The Development of Religious Toleration in England* (4 vols, 1936-40)。また、以下のものも参照せよ——U.S. Henriques, *The Return of the Jews to England* (1905)。

家族については、以下のものを参照せよ——R. Houlbrooke, *The English Family, 1450-1700* (1984)。女性の役割については、以下の3書を参照せよ——A. Clark, *The Working Life*

of Women in the Seventeenth Century (1919); G.E. and K.R. Fussell, *The English Countryman : A Farmhouse Social History* (1953); B. Thompson, *Women in Stuart England and America : A Comparative Study* (1974)。女性史にかんして、最新の包括的研究は以下のものである——Antonia Fraser, *The Weaker Vessel* (1984)。子供については、以下の2書を参照せよ——L. de Mause (ed.), *History of Childhood* (1974); I. Pinchbeck and M. Hewitt, *Children in English Society* (Vol. I, 1969)。

エールハウスとコーヒーハウスについては、それぞれ以下の研究書を参照せよ——P. Clark, *The English Ale House, 1200-1830* (1983); A. Ellis, *The Penny Universities : A History of the Coffee House* (1956)。文化の変化にかんするその他の現象については、以下の7書を参照せよ——G.V.P. Akrigg, *Jacobean Pageant or the Court of King James I* (1962); B. Little, *Sir Christopher Wren* (1975); M. Ede, *Arts and Society in England under William and Mary* (1977); J. Summerson, *Architecture in Britain, 1530-1830* (6th edn, 1977); B.A. Reay (ed.), *Popular Culture in Seventeenth Century England* (1985); M. Spufford, *Small Books and Pleasant Histories* (1981); D. Brailsford, *Sport and Society : Elizabeth to Anne* (1969)。

犯罪と「反乱」については、以下の2書を参照せよ——P. Slack (ed.), *Rebellion, Popular Protest and Social Order in Early Modern England* (1984); J.S. Brewer and J. Styles, *An Ungovernable People : the English and their Law in the Seventeenth and Eighteenth Centuries* (1980)。また、以下のものも参照せよ——W.R. Prest, *The Inns of Court* (1972)。

科学とテクノロジーについては、以下の6書を参照せよ——A.R. Hall, *The Revolution in Science, 1500-1800* (2nd edn, 1973); G.N. Clark, *Science and Social Welfare in the Age of Newton* (1949); A.G. Smith, *Science and Society in the Sixteenth and Seventeenth Centuries* (1972); R. Briggs, *The Scientific Revolution of the Seventeenth Century* (1965); C. Webster, *The Great Instauration : Science, Medicine and Reform, 1626-1660* (1975); M. Hunter, *Science and Society in Restoration England* (1988)。また、以下のものも参照せよ——H. Hartley (ed.), *The Royal Society, Its Origins and Founders* (1960)。

第7章　18世紀のイングランド

Roy Porter, *English Society in the Eighteenth Century* (1982) はペリカン版イングランド社会史シリーズのなかで最良のものであり、近年の調査をよく踏まえ、また貴重な参考文献リストを収録している。また、古典的ではあるが、以下の3書からは今日でも学べるものが多い——D. Marshall, *English People in the Eighteenth Century* (1956) and *Eighteenth-Century England* (1962); M.D. George, *England in Transition* (1953)。近年の概説書のなかでは、以下のものが最良である——P. Langford, *A Polite and Commercial People : England 1727-1787* (1989)。同じ著者による以下の研究書も参照せよ——*Public Life and the Propertied Englishman, 1689-1798* (1991)。T.S. Ashton, *An Economic History of England : The Eighteenth Century* (1955) は今日でも有益であるが、以下のものも参照せよ——C. Clay, *Economic Expansion and Social Change in England, 1500-1700* (2 vols, 1984)。同時代人の発言については、以下のものを参照せよ——A. Briggs, *How They Lived, 1700-1815* (1969)。

海外からもたらされた富については、以下の2書を参照せよ——K.R. Andrews, *Elizabethan Privateering* (1964); R. Davis, *English Overseas Trade, 1500-1700* (1973)。18世紀については、以下の5書を参照せよ——R.S. Dunn, *Sugar and Slaves* (1973); R. Pares, *War and*

Trade in the West Indies (1936) and *A West Indian Fortune* (1968); D. Boorstin, *The Americans : The Colonial Experience* (1973); S. Jones, *Two Centuries of Overseas Trading* (1986)。

奴隷と反奴隷運動については、以下のものを参照せよ——J. Walvin (ed.), *Slavery and British Society, 1776-1848* (1982) [新旧の奴隷論争を歴史的にあつかっている]。植民地全般については、以下の2書を参照せよ——D.K. Fieldhouse, *The Colonial Empires* (1965); A. Calder, *Revolutionary Empire* (1981)。

土地がもたらす富については、以下の6書を参照せよ——G. E. Mingay, *English Landed Society in the Eighteenth Century* (1963) and *The Gentry* (1976); M. Girouard, *Life in the English Country House* (1979); R.A.C. Parker, *Coke of Norfolk* (1975); L. Stone and J.C. Fawtier Stone, *An Open Elite?; England 1540-1880* (1984) [きわめて刺激的、かつ魅力的な研究書]; C. Payne, *Toil and Plenty, Images of the Agricultural Landscape, 1780-1890* (1993)。

初期の企業家については、以下の3書を参照せよ——F. Crouzet, *The First Industrialists* (1985); G. Unwin, A. Hulme and G. Taylor, *Samuel Oldknow and the Arkwrights* (1924); R.S. Fitton and A.P. Wadsworth, *The Strutts and the Arkwrights* (1958)。「中間層」については、以下の3書を参照せよ——P. Earle, *The Making of the English Middle Class : Business, Society and Family Life in London, 1660-1730* (1989); M.J. Reader, *Professional Men* (1966); W. Prest (ed.), *The Professions in Early Modern England* (1989)。「庶民」については、以下の4書を参照せよ——J.L. and B. Hammond, *The Town Labourer* (1917), *The Village Labourer 1760-1832* (1919) and *The Skilled Labourer* (1919) [この3書は今日でも読むに値する]; J.F.C. Harrison, *The Common People* (1984)。J.J. Hecht, *The Domestic Servant Class in Eighteenth-Century England* (1956) は、当時多数存在した家事奉公人という重要な職業をあつかっている。また、以下の研究書も参照せよ——D. Marshall, *The English Domestic Servant in History* (1969)。

貧困層については、以下の2書を参照せよ——D. Marshall, *The English Poor in the Eighteenth Century* (1926); G. Taylor, *The Problem of Poverty, 1660-1834* (1969)。救貧法については、以下の3書を参照せよ——J.R. Poynter, *Society and Pauperism* (1960); M.E. Rose, *The English Poor Law, 1760-1830* (1971); D. Owen, *English Philanthropy, 1660-1960* (1965) [次章以降とも関連する]。また、以下の研究書も参照せよ——F.N.L. Poynter, *The Evolution of Medical Practice in Britain* (1961)。

都市部については、以下の4書を参照せよ——C.W. Chawklin, *The Provincial Towns of Georgian England* (1974); M.D. George, *London Life in the Eighteenth Century* (1925); G. Rudé, *Hanovarian London* (1971); P.J. Corfield, *The Impact of English Towns, 1700-1800* (1981) [辺境地域を対象としている]。都市と地方の関係については、以下の3書を参照せよ——R. Williams, *The Country and the City* (1973); D. Read, *The English Provinces, 1700-1900* (1964); E. Hughes, *North Country Life in the Eighteenth Century* (2 vols, 1952, 1965) [特定の地域を対象としている]。産業地域については、以下のものを参照せよ——J. Rule, *The Experience of Labour in Eighteenth-Century Industry* (1981)。

都市部の暴力については、以下の3書を参照せよ——J. Stevenson, *Popular Disturbances in England, 1700-1870* (1979); G. Rudé, *The Crowd in History* (1964) and *Paris and London in the Eighteenth Century* (1952)。法律は以下の記念碑的な研究によってみごとに論じられている——L. Radzinowicz, *A History of English Criminal Law* (1948)。「大衆から」見た法制度にかんする近年の解釈については、以下の2書を参照せよ——E.P. Thompson, *Whigs and*

Hunters (1975); D. Hay et al., *Albion's Fatal Tree* (1975)。W.K. Manchester, *Legal History, 1750-1950* (1970) は、本章以降との関連でも有益な研究書である。

宗教については、以下の7書を参照せよ——N. Sykes, *Church and State in the Eighteenth Century* (1934); W.R. Ward, *Religion and Society in England, 1790-1850* (1972); S. Andrews, *Methodism and Society* (1970); M.R. Watts, *The Dissenters* (1978); C.G. Bolan et al., *The English Presbyterians* (1968); J. Bossy, *The English Catholic Community* (1975); R. Vann, *The Social Development of English Quakerism, 1655-1750* (1969)。

教育については、以下の3書が18世紀をふくめ、広い期間を対象として論じている——B. Simon, *Studies in the History of Education*, Vol. I (1960); J. Lawson and H. Silver, *A Social History of Education in England* (1973); R. O'Day, *Education and Society in Britain, 1500-1800* (1982)。また、以下の研究書も参照せよ——M.G. Jones, *The Charity School Movement* (1938)。

「消費社会」の起源については、以下の2書を参照せよ——J.H. Plumb, *The Commercialisation of Leisure in Eighteenth-Century England* (1973); N. McKendrick et al., *The Birth of a Consumer Society* (1982)。消費社会におけるレジャーについては、以下の2書を参照せよ——R. Malcolmson, *Popular Recreations in English Society 1700-1850* (1975); R. Cunningham, *Leisure in the Industrial Revolution* (1980)。

財政については、以下の4書を参照せよ——J.H. Clapham, *History of the Bank of England* (2 vols, 1946); J. Carswell, *The South Sea Bubble* (1960); P.G.M. Dickson, *The Financial Revolution in England 1688-1756* (1967); L.S. Pressnell, *Country Banking in the Industrial Revolution* (1956)。

18世紀における女性の地位については、以下の3書を参照せよ——B. Kanner (ed.), *The Women of England* (1980); L. Charles and L. Duffin (eds), *Women's Work in Pre-Industrial* England (1985); C.A. Davidson, *A Woman's Work is Never Done : A History of Housework in the British Isles, 1650-1950* (1983)。セクシュアリティーと不道徳については、それぞれ以下の2書を参照せよ——P.G. Boucé, *Sexuality in Eighteenth-Century England* (1982); M. J. Quinlan, *Victorian Prelude* (1941)。また、以下の研究書も参照せよ——P. Fryer, *Mrs. Grundy* (1963)。

文化史については、以下の13書を参照せよ——I. Watt, *The Rise of the Novel* (1957); D. Monaghan, *Jane Austen in a Social Context* (1981); M. Butler, *Jane Austin and the War of Ideas* (1975); J. Gross, *The Rise and Fall of the Man of Letters* (1969) [次章以降とも関連する]; P. Rogers, *Grub Street, Studies in a Sub-culture* (1972); M. Whinney and O. Millar, *A History of English Art* (1957); L. Lipkin, *The Ordering of the Arts in Eighteenth Century England* (1970); B. Sprague Allen, *Tides of Taste, 1619-1800* (1945); M. Foss, *The Age of Patronage : The Arts in Society 1660-1750* (1972); T. Fawcett, *The Rise of English Provincial Art* (1974); D. Stroud, *Capability Brown* (1975); B. Denvir, *The Eighteenth Century, Art, Design and Society, 1689-1789* (1983); J.M. Black, *The English Press in the Eighteenth Century* (1987)。

19世紀との関連については、以下の3書を参照せよ——A. Briggs, *The Age of Improvement ; J. Roach, Social Reform in England, 1780-1870* (1978); A Goodwin, *The Friends of Liberty* (1979); M. Butler, *Peacock Displayed* (1979)。

第8章　19世紀のイングランド㈠

R. Floud and D. McCloskey (eds), *The Economic History of Britain since 1700* (2 vols, 1981) は、有効な計量的アプローチによる近年の成果を紹介したものである。伝統的なアプローチにかんしては、以下の2書を参照せよ——P. Mathias, *The First Industrial Nation* (1970); T.S. Ashton, *The Industrial Revolution, 1760-1830* (1948)。また、以下の研究書も比較検討されるべきである——D. S. Landes, *The Unbound Prometheus : Technological Changes and Industrial Development in Western Europe from 1750 to the Present* (1969)。S.G. Checkland, *The Rise of Industrial Society in England, 1815-1885* (1964) は、以下の先行研究を凌駕するにはいたっていない——W.H. Bowden, *Industrial Society in England Toward the End of the Eighteenth Century* (1925); G.D.H. Cole, *A Short History of the Working Class Movement* (1937)。

後期産業革命については、以下の5書を参照せよ——E. J. Hobsbawm, *Industry and Empire* (1968); S.B. Saul, *The Myth of the Great Depression* (1972 edn); A.L. Levine, *Industrial Retardation in Britain, 1880-1914* (1967); K. Middlemas, *Politics in Industrial Society : The Experience of the British System Since 1911* (1979); M.J. Wiener, *English Culture and the Decline of the Industrial Spirit* (1981)。

統計については、以下の研究書が不可欠である——B.R. Mitchell and P. Deane, *Abstract of British Historical Statistics* (1962)。また、以下の2書を参照せよ——P. Deane and W.A. Cole, *British Economic Growth, 1688-1955* (1967); R.C.P. Matthew, C.H. Feinstein and J. C. Odling Smee, *British Economic Growth, 1855-1973* (1982)。経済変動とその社会史における影響については、以下の文献を参照せよ——W.W. Rostow, *The British Economy of the Nineteenth Century* (1948)。

質的な面をふくめて生活水準におよぼす工業化の影響については、以下のものが最良の入門書である——A. J. Taylor (ed.), *The Standard of Living in Britain in the Industrial Revolution* (1975)。さらに、以下の3書によって補足せよ——B. Inglis, *Poverty and the Industrial Revolution* (1971); G. Himmelfarb, *The Idea of Poverty* (1984); J. Burnett, *Plenty and Want : A Social History of Diet from 1875 to the Present Day* (1966) [*Economica* (1955) に掲載されたフェルプス・ブラウンとホプキンズの生活費指標を紹介した研究書]。

工業化と社会階級については、以下の2書を比較せよ——E.P. Thompson, *The Making of the English Working Class* (1963); H.J. Perkin, *Origins of Modern English Society 1780-1880* (1969)。また、以下の2書も参照せよ——P. Hollis (eds.), *Class and Conflict in Nineteenth-Century England, 1815-1850* (1973); G. Stedman Jones, *Languages of Class* (1983)。芸術家に与えた産業の衝撃については、以下の4書を参照せよ——F.D. Klingender, *Art and the Industrial Revolution* (1947); A. Briggs, *The Power of Steam* (1982); J. Warburg (ed.), *The Industrial Muse* (1958); M. Vicinus, *The Industrial Muse* (1958)。K. Hudson, *Industrial Archaeology* (1962) は、現在でもこのテーマにかんする最良の入門書である。

The Oxford History of Technology の第4巻および第5巻 (1958) が産業革命期のテクノロジーをあつかっている。また、以下の5書も参照せよ——N. Rosenberg, *Perspectives on Technology* (1976); A.E. Musson and E. Robinson, *Science and Technology in the Industrial Revolution* (1969); W.H.G. Armytage, *A Social History of Engineering* (1961); L.T.C. Rolt, *Victorian Engineering* (1970); H.I. Sharlin, *The Making of the Electrical Age* (1963)。労働運動史については、以下の6書を参照せよ——K.D. Brown, *The English Labour Move-*

ment 1700-1951 (1982)［膨大な参考文献が有益］; R. Price, *Masters, Union and Men* (1980); P. Joyce, *Work, Society and Politics* (1982); A. Briggs (ed.), *Chartist Studies* (1959); D. Jones, *Chartism and the Chartists* (1975); D. Thompson, *The Chartists* (1984)。

産業革命期における農業と地方については、以下の4書を参照せよ――P. Horn, *The Rural World, 1780-1850* (1980); G.E. Mingay, *The Agricultural Revolution* (1966); E. Hobsbawm and G. Rudé, *Captain Swing* (1973); J.P. Dunbabin (ed.), *Rural Discontent in Nineteenth Century Britain* (1974)。

産業革命に関連するものとして、以下の研究書も参照せよ――T.C. Barker (ed.), *The Long March of Everyman, 1815-1960* (1978)［有名なBBCのラジオ番組を基にしている］; S. Pollard, *The Genesis of Modern Management* (1948); I. Pinchbeck, *Women Workers and the Industrial Revolution,1750-1850* (1969); M. Hewitt, *Wives and Mothers in Victorian Industry* (1958)。

第9章　19世紀のイングランド(二)

交通手段の初期の歴史については、以下の4書を参照せよ――J. Crofts, *Packhorse, Waggon and Post* (1967); T.S. Willan, *River Navigation in England, 1600-1750* (1938), *The Inland Trade* (1970) and *The English Coasting Trade, 1600-1750*。18世紀以降の歴史については、以下のものが網羅的にあつかっている――P.S. Bagwell, *The Transport Revolution from 1770* (1974)。

道路については、以下の4書を参照せよ――W. Albert, *The Turnpike Road System in England 1663-1840* (1972); E. Pawson, *Transport and the Economy : The Turnpike Roads of Britain* (1977); D. Hey, *Packmen, Carriers and Packhorse Roads* (1980); J. Copeland, *Roads and Their Traffic, 1750-1850* (1968)。

運河については、以下の4書を参照せよ――C. Hadfield, *British Canals* (1968 edn) and *The Canal Age* (1968); L.T.C. Rolt, *The Inland Waterways of England* (1950); A. Burton, *The Canal Builders* (1972)。J. Simmons, *The Railways of Britain* (1965) は、経済と社会におよぼした鉄道の大きな影響をみごとに概観している。また、以下の3書も参照せよ――J. Simmons, *The Victorian Railway* (1991); M. Robbins, *The Railway Age* (1965); T. Colman, *Railway Navvies* (1968)。鉄道町の形成および都市におよぼす鉄道の影響については、それぞれ以下の2書を参照せよ――W.H. Chaloner, *The Social and Economic Development of Crewe, 1780-1923* (1950); J.R. Kellett, *The Impact of Railways on Victorian Cities* (1969)。海運については、以下の2書を参照せよ――A. McGowan, *The Century Before Steam* (1980); R. Hope, *A New History of British Shipping* (1990)。

自転車については、以下の3書を参照せよ――L.H. Adams, *Cycles and cycling* (1965); J. Woodford, *The Story of the Bicycle* (1970); H.O. Duncan, *The World on Wheels* (1927)。自動車については、以下の2書を参照せよ――H. Perkin, *The Age of the Automobile* (1976); W. Plowden, *The Motor Car and Politics in Britain, 1890-1970* (1971)。地下鉄については、以下のものを参照せよ――T.C. Barker and M. Robbins, *A History of London Transport* (2 vols, 1963, 1974)。飛行機については、以下の2書を参照せよ――C.H. Gibbs Smith, *Aviation, An Historical Study from its Origins to the End of World War II* (1970); D. Edgerton, *England and the Aeroplane* (1991)。

電信と電話については、それぞれ以下の3書を参照せよ――J. Kieve, *The Electric Telegraph* (1973); F.G.C. Baldwin. *The History of the Telephone in the United Kingdom* (1925);

I. de Sola Poole (ed.), *The Social Impact of the Telephone* (1973)。無線と放送については、以下のものを参照せよ——A. Briggs, *The BBC, The First Fifty Years* (1985) [充実した参考文献リストを収録している]。郵便局については、以下の2書を参照せよ——H. Robinson, *Britain's Post Office : A History of Development from the Beginnings to the Present Day* (1953); M.J. Daunton, *Royal Mail, the Post Office Since 1840* (1985)。

新聞については、以下の5書を参照せよ——G.A. Cranfield, *The Development of the Provincial Newspaper, 1700-1760* (1962); A.J. Lee, *The Origins of the Popular Press, 1855-1914* (1976); S. Koss, *The Rise and Fall of the Popular Press in Britain* (2 vols, 1981, 1984); L. Brown, *Victorian News and Newspapers* (1985); R. Pound and B. Harmsworth, *Northcliffe* (1959)。また、以下のものも参照せよ——L. James, *Print and the People* (1976)。通信社については、以下のものを参照せよ——D. Read, *The Power of News : The History of Reuters* (1992)。また、以下の4書も参照せよ——R.K. Webb, *The British Working Class Reader 1780-1848* (1955); R.D. Altick, *The English Common Reader* (1963); R. Williams, *The Long Revolution* (1961); J. Willsberger, *The History of Photography* (1977)。

第10章　19世紀のイングランド㈢

G.M. Young, *Victorian England, Portrait of an Age* (1957 edn) は古典的な解釈ではあるけれど、さまざまな点で今日でも有益に読める刺激的な研究書である。また、以下の8書も参照せよ——J.F.C. Harrison, *The Early Victorians, 1832-1851* (1971); G. Best, *Mid-Victorian Britain, 1851-1875* (1971); A. Briggs, *Victorian People* (1954), *Victorian Cities* (1963) and *Victorian Things* (1988); G. Kitson Clark, *The Making of Victorian England* (1962); F.M.L. Thompson, *The Rise of Respectable Society* (1989); F. Bedarida, *A Social History of England, 1851-1975* (1979 edn)。ケンブリッジ版イギリス社会史シリーズの3巻本も有益である (ed. F.M.L. Thompson, 1990)。

E.D.H. Johnson (ed.), *The World of the Victorians* (1964) は、同時代の韻文および散文の便利なアンソロジーである。また、以下のものも参照せよ——W.E. Houghton, *The Victorian Frame of Mind* (1957)。以下のアンソロジーも参照せよ——P. Keating, *The Victorian Prophets : A Reader from Carlyle to Wells* (1981)。社会史との関連で重要な伝記については、以下の8書を参照せよ——S.E. Finer, *The Life and Times of Sir Edwin Chadwick* (1952); E. Hodder, *The Life and Work of the Seventh Earl of Shaftesbury* (3 vols, 1886); J. Morley, *The Life of William Ewart Gladstone* (2 vols, 1908); R. Blake, *Disraeli* (1966); K. Robbins, *John Bright* (1979); P.T. Marsh, *Joseph Chamberlain* (1994); Elizabeth Longford, *Victoria RI* (1964); R. Rhodes James, *Albert, Prince Consort* (1983)。

個別の政治問題については、以下の9書を参照せよ——C.R. Fay, *The Corn Laws and Social England* (1932); N. Gash, *Politics in the Age of Peel* (1977 edn); W.L. Burn, *The Age of Equipoise* (1964); H.J. Hanham, *Elections and Party Management* (1978 edn); J. Vincent, *The Formation of the British Liberal Party* (1976); J. Butt and I.E. Clarke (eds), *The Victorians and Social Protest* (1973); J.P. Parry, *Democracy and Religion* (1986); M. Richter, *The Politics of Conscience* (1964); H. Pelling, *Popular Politics and Society in Late Victorian Britain* (1968)。

政府と社会については、以下の3書を参照せよ——K.B. Smellie, *A Hundred Years of British Government* (1951 edn); P. Stansky (ed.), *The Victorian Revolution ; Government and Society in Victoria's Britain* (1973); V. Cromwell, *Revolution or Evolution : British*

Government in the Nineteenth Century (1977)。官僚組織については、以下のものを参照せよ——E.W. Cohen, *The Growth of the British Civil Service, 1780-1938* (1965)。出版社については、以下のものを参照せよ——P. Hollis, *The Pauper Press* (1970)。『パンチ』誌の最初の 20 年間については、多数の図版を収録している以下の研究書を参照せよ——A. Briggs and S. Briggs, *Cap and Bell* (1972)。

地方については、以下の 9 書を参照せよ——G.E. Mingay (ed.), *The Victorian Countryside* (1981); F.M.L. Thompson, *English Landed Society in the Nineteenth Century* (1963); D. Spring, *The English Landed Estate in the Nineteenth Century* (1963); M. Girouard, *The Victorian Country House* (1978); P. Horn, *The Rural World 1780-1850 : Social Change in the English Countryside* (1980); R. Samuel (ed.), *Village Life and Labour* (1975); G.E. and K.R. Fussell, *The English Countryman, 1500-1900* (1955); M.K. Ashby, *Joseph Ashby of Tysoe* (1961 edn); N. Philip, *Victorian Village Life* (1993)。19 世紀の想像力豊かな自然観については、以下のものを参照せよ——U.C. Knoepflmacher and G.B. Tennyson, *Nature and the Victorian Imagination* (1977)。

都市部については、以下の 11 書を参照せよ——A. Briggs, *Victorian Cities* (1968 edn); H. J. Dyos and M.Wolff (eds), *The Victorian City* (2 vols, 1973); P.J. Walker, *Town, City and Nation, 1850-1914* (1983); J. Walvin, *English Urban Life 1776-1851* (1984); D. Fraser, *Urban Politics in Victorian England* (1976); E.P. Hennock, *Fit and Proper Persons* (1973); R. Dennis, *English Industrial Cities of the Nineteenth Century* (1984) [地理学者によるすばらしい研究成果]; J. Garrard, *Leadership and Power in Victorian Industrial Towns* (1983); D. Cannadine, *Lords and Landlords : The Aristocracy and the Towns* (1980); G. Stedman Jones, *Outcast London* (1971 edn); R. Scola, *Feeding the Victorian City* (1992)。

貧困については、次章で挙げるものに加えて以下の 5 書を参照せよ——J. H. Treble, *Urban Poverty in Britain, 1830-1914* (1979); M. Tebbutt, *Making Ends Meet : Pawnbroking and Working-Class Credit* (1985); G.R. Boyer, *An Economic History of the English Poor Law, 1750-1850* (1990); N. Longmate, *The Workhouse* (1974); M.E. Rose (ed.), *The Poor and the City : The English Poor Law in its Urban Context, 1834-1914* (1985)。C.L. Mowat, *The Charity Organization Society, 1869-1913* (1961) は基本的な慈善活動をあつかっており、以下の 2 書とあわせて読まれるべきである——A. F. Young and E. T. Ashton, *British Social Work in the Nineteenth Century* (1956); K. Woodroofe, *From Charity to Social Work* (1962)。ビジネスについては、以下の 3 書を参照せよ——B.C. Hunt, *The Development of the Business Corporation 1800-1867* (1969 edn); W.D. Rubinstein, *Men of Property* (1981); G. R. Searle, *Entrepreneurial Politics in Mid-Victorian Britain* (1993)。

労働運動の歴史については、以下の 6 書を参照せよ——E.H. Hunt, *British Labour History 1815-1914* (1981); J. Benson, *The Working Class in Britain, 1850-1939* (1989); K. Brown (ed.), *Essays in Anti-Labour History* (1974); K. Brown and I.A. Clarkson, *The English Labour Movement* (1982); E. Hoplins, *A Social History of the English Working Classes* (1979); K. Burgess, *The Challenge of Labour ; Shaping British Society, 1850-1930* (1988)。

海辺のリゾートについては、以下の 2 書を参照せよ——J. K. Walton, *The English Seaside Resort 1750 1914* (1985); J. Walvin, *Beside the Seaside* (1971)。また、以下の 9 書も参照せよ——Walvin, *Leisure and Society, 1830-1950* (1978); P. Bailey, *Leisure and Class in Victorian England* (1978); J.A.R. Pimlott, *The English's Holiday* (1947); J. Lowerson and J. Myerscough, *Time to Spare in Victorian England* (1977); J. Lowerson, *Sport and the*

English Middle Class, 1870-1914 (1993); S. Inglis, *The Football League and the Men who Made It* (1988); T. Mason, *Association Football and English Society, 1815-1914* (1980); A. Ross, *The Turf* (1982); M. Clapson, *A Bit of a Flutter, Popular Gambling and English Society, c. 1823-1961* (1992)。

居住環境および「家庭」については、以下の4書を参照せよ――A.S. Wohl, *The Eternal Slum : Housing and Social Policy in Victorian London* (1979) and *The Victorian Family* (1978); E. Gauldie, *Cruel Habitations* (1974); J. Burnett, *A Social History of Housing, 1815-1970* (1978)。

宗教については、以下の11書を参照せよ――R. Currie, A. D. Gilbert and H. Horsley, *Churches and Churchgoers : Patterns of Church Attendance in the British Isles since 1700* (1977); W.O. Chadwick, *The Victorian Church* (2 vols, 1966, 1970); K. Inglis, *Churches and the Working Classes in Victorian England* (1963); B. Hilton, *The Age of Atonement* (1988); P.T. Phillips (ed.), *The View from the Pulpit : Victorian Ministers and Society* (1978); T.W. Lacqueur, *Religion and Respectability : Sunday Schools and Working Class Culture* (1975); J. Cox, *The English Church in a Secular Society* (1963); I. Sellers, *Nineteenth Century Nonconformity* (1977); D.W. Bebbington, *The Nonconformist Conscience* (1982); C. Binfield, *So Down to Prayers : Studies in English Nonconformity* (1977); R.V. Holt, *The Victorian Contribution to Social Progress in England* (1952)。V.D. Lipman, *Social History of the Jews in England, 1850-1950* (1954) は、以下の3書と併せて読まれるべきである――L.P. Garner, *The Jewish Immigrant in England, 1870-1914* (1960); C. Holmes, *Anti-Semitism in British Society, 1876-1939* (1979); D. Feldman, *Englishmen and Jews, 1840-1914* (1994)。

出版業については、以下の3書を参照せよ――J.J. Barnes, *Free Trade in Books* (1964); J. Sutherland, *Victorian Novelists and Publishers* (1976); N. Cross, *The Common Writer : Life in Nineteenth-Century Grub Street* (1985)。教育については、以下の10書を参照せよ――A. Digby and P. Searby, *Children, School and Schooling in Nineteenth Century England* (1981); E.C. Mack, *Public Schools and British Opinion since 1860* (1941); J.F.C. Harrison, *Learning and Living, 1790-1860 : A Study in the History of the English Adult Education Movement, 1760-1960* (1961); M.Sturt, *The Education of the People* (1967); R. de S. Honey, *Tom Brown's Universe* (1977); J. Pinchbeck and M. Hall, *Children in English Society*, Vol. II (1973); W.J.G. Armytage, *Civic Universities* (1954); W.R. Ward, *Victorian Oxford* (1965); R. Rotblatt, *The Revolution of the Dons* (1968)。

犯罪と刑罰については、以下の4書を参照せよ――I.J. Tobias, *Crime and Industrial Society in the Nineteenth* Century (1972); D. Philips, *Crime and Authority in Victorian England* (1977); C. Emsley, *Crime and Society in England, 1750-1900* (1987); V. Bailey (ed.), *Policing and Punishment in Nineteenth Century Britain* (1981)。

(真実と神話をふくめて)ヴィクトリア時代の道徳については、以下の5書を参照せよ――S. Marcus, *The Other Victorians* (1966); R.Pearsall, *Public Purity Private Shame* (1976); R. Walkowitz, *Prostitution and Victorian Society* (1980); P. McHugh, *Prostitution and Victorian Social Reform* (1980); A. McLaren, *Birth Control in Nineteenth Century England* (1978)。

J.A. Banks, *Prosperity and Parenthood* (1954) は先駆的な研究であるけれども、現在では以下の研究のコンテキストにおいて参考になる――N.L. Tranter, *Population and Society* (1973); J.Weeks, *Sex, Politics and Society* (1981)。

ヴィクトリア時代後期とエドワード7世時代の連続性については、以下の4書を参照せよ——J. Harris, *Private Lives, Public Spirit, A Social History of Britain 1870-1914* (1993); J. Nowell Smith (ed.), *Edwardian England* (1964); D. Read, *Edwardian England* (1972); S.L. Hynes, *The Edwardian Turn of Mind* (1968)。E.H. Phelps Brown, *The Growth of British Industrial Relations* (1959) は、そのタイトルが示す以上の問題を広く論じている。G. R. Searle, *The Quest for National Efficiency, 1899-1914* (1971) は、啓発的な研究である。Paul Thompson, *The Edwardians* (1973) は口述歴史文献にもとづく啓蒙的な研究である一方、Henry Pelling, *Social Geography of British Elections 1885-1910* (1967) は当時の政治状況を地理的にあつかったものである。G. Dangerfield, *The Strange Death of Liberal England* (1935) はみごとな筆力で読ませる一方、解釈については非難を受けてきた。エドワード7世時代にさかんに取り上げられてきた「金権主義」と貧困の問題については、それぞれ以下の2書を参照せよ——J. Camplin, *The Rise of the Plutocrats* (1978); S. Meacham, *A Life Apart : The English Working Class, 1890-1914* (1977)。

女性の役割については、以下の8書を参照せよ——J. Lewis, *Women in England, 1870-1950* (1984) and *The Politics of Motherhood* (1980); E. Roberts, *Women's Work* (1988); S. Rowbotham, *Women, Resistance and Revolution* (1972); M. Vicinus (ed.), *Suffer and Be Still* (1972); R. Fulford, *Votes for Women* (1959); B. Harrison, *Separate Spheres* (1978); D. Gittins, *Fair Sex : Family Size and Structure, 1900-1939* (1982)。

ヴィクトリア時代およびエドワード7世時代のイギリス帝国については、以下の7書を参照せよ——C. J. Bartlett (ed.), *Britain Pre-eminent* (1969); C.A.G. Bodelson, *Studies in Mid-Victorian Imperialism* (1960); R. Robinson, J. Gallagher and A. Denny, *Africa and the Victorians* (1961); A.P. Thornton, *The Imperial Idea and its Enemies* (1959); J.E. Flint and G. Williams (eds), *Perspectives of Empire* (1970); E.J. Hobsbawm, *Industry and Empire* (1970); J.M. Mackenzie, *Imperialism and Popular Culture* (1986)。近年では、以下のオーストラリア研究のように、周縁からのアプローチがさかんにおこなわれている——R. Hughes, *The Fatal Shore* (1989)。J. Morris, *Pax Britannica* (1968) は中心からのアプローチをとる研究であり、たいへん面白く読める。

第11章　20世紀前半のイングランド

ヴィクトリア時代の社会史学者J.R. Greenにとって、同時代の歴史研究は軍事史ばかりであった。ところが近年、軍事史研究と社会史研究は明らかに接近するようになっている。その例として、軍事史に欠落しがちであった社会的視点をもつ以下の研究書を参照せよ——J. Keegan, *A History of Warfare* (1993)。

19世紀と20世紀の連続性については、以下の4書を参照せよ——A. Briggs (ed.), *The Nineteenth Century* (1970); B. Bond, *Victorian Military Campaigns* (1967) [「小規模の戦争」をあつかった研究書]; O. Anderson, *A Liberal State at War* (1967) [クリミア戦争をあつかった研究書]; T. Pakenham, *The Boer War* (1979)。 I.F. Clarke, *Voices Prophesying War, 1763-1984* (1966) は、戦争と文学作品を対象とする刺激的な研究書である。

20世紀については、以下の3書を参照せよ——A.J.P. Taylor, *English History, 1914-1945* (1965); A. Marwick, *Britain in a Century of Total War* (1968); A.D. Harvey, *Collision of the Empires : Britain in the Three World Wars, 1783-1945* (1992) [ナポレオン戦争までさかのぼる刺激的な研究書]。2つの世界大戦をあつかう研究書は膨大な数になる。そのなかで以下の2書が良い入門書となってくれる——A.J.P. Taylor, *The First World War* (1963); B.

Collier, *A Short History of the Second World War* (1967)。また、以下のものも参照せよ——P. Addison, *The Road to 1945* (1975)。

第1次世界大戦の社会史については、以下の2書を参照せよ——A. Marwick, *The Deluge* (1965) [充実した参考文献リストが収録されている]; J. Terraine, *Impacts of War, 1914 and 1918* (1970)。

戦時における女性の役割の変化については、以下の2書を参照せよ——A. Marwick, *Women at War, 1914-1918* (1977); G. Braybon and P. Summerfield, *Out of the Cage : Women's Experience in Two World Wars* (1987)。

世界大戦間の時期については、以下の6書を参照せよ——C.L. Mowat, *Britain Between the Wars* (1955) [すぐれた概説書]; R. Graves and A. Hodge, *The Long Week End* (1940); J. Stevenson, *British Society, 1914-1945* (1984); J. Stevenson and C. Cook, *The Slump* (1979); R. Skidelsky, *Politicians and the Slump* (1970); N.K. Buxton and D.H. Aldcroft (eds), *British Industry Between the Wars* (1979)。ゼネラル・ストライキについては、以下の3書を参照せよ——P. Renshaw, *The General Strike* (1975); M. Morris, *The General Strike* (1976); S. Skelley (ed.), *The General Strike, 1926* (1976)。また、以下の3書も参照せよ——R. Charles, *The Development of Industrial Relations in Britain, 1911-1939* (1973); K. G.T.C. Knowles, *Strikes* (1952); E. Wigham, *Strikes and the Government 1893-1974* (1976)。

A. Calder, *The People's War, 1939-45* (1974) は、第2次世界大戦の社会史を包括的にあつかっている。また、以下の3書も参照せよ——T. Harrison, *Living Through the Blitz* (1976); N. Longmate, *How We Lived Then* (1971); D. Flower and J. Reeves (eds), *The War, 1939-1945* (1960)。I. McLaine, *Ministry of Morale* (1979) は、さまざまなプロパガンダをあつかっている。S. Briggs, *Smiling Through* (1975) は図版が充実しているが、その補足的な研究書としては以下のものを参照せよ——A. Marwick, *The Home Front* (1976)。戦時の犯罪については、以下のものを参照せよ——F. Smillies, *Crime in War Time* (1982)。

The Oxford Institute of Statistics, *Studies in War Economy* (1946) は、同時代の啓発的な研究である。また、世論調査の報告書である *People in Production* (1942) も同様である。また、以下のものも参照せよ——J.M. Winter (ed.), *War and Economic Development* (1975)。P.H.J. Gosden, *Education in the Second World War* (1976) は、数多い官製版歴史のひとつである。第2次世界大戦直後に書かれたもののなかでは、とくに以下の2書が貴重である——R.J. Hammond, *Food*, Vol. I (1951); W.H.B. Court, *Coal* (1951)。

C. Barnett, *The Audit of War* (1980) は、本章と第12章、第13章にまたがる重要な問題をあつかっている。また、以下の5書を参照せよ——A.S. Milward, *The Economic Effects of Two World Wars on Britain* (1977); M.M. Gowing, *Britain and Atomic Energy* (1964); R. M. Titmus, *Birth, Poverty and Wealth* (1943) and *Problems of Social Policy* (1951); J. Harris, *William Beveridge* (1977)。

第12章　第2次世界大戦後のイングランド

第2次世界大戦直後のイングランド社会については、おそらくラウントリーの一連の著書が最良の手引きとなってくれる——Seebohm Rowntree, *Poverty, A Study of Town Life* (1901), *Poverty and Progress, A Second Social Survey of York* (1941) and, with G.R. Lavers, *Poverty and the Welfare State* (1951)。1951年の著書は経済問題だけをあつかっており、それ以外の問題については、以下の研究書が包括的に論じている——S. Rowntree and G.R.

Lavers, *English Life and Leisure* (1951)。ラウントリーの解釈と方法論の変化、およびその問題点については、以下の私の研究を参照せよ——A. Briggs, *A Study of the Work of Seebohm Rowntree* (1961)。より発展的な研究として、以下の4書を参照せよ——R. Atkinson, *Poverty and Progress* (1973), P. Townsend, *Poverty in the United Kingdom* (1979 edn); W. G. Runciman, *Relative Deprivation and Social Justice* (1966); K. Williams, *From Pauperism to Poverty* (1981)。S. Pollard, *The Development of the British Economy, 1914-1950* (1960) は有益な研究である。

Charles Booth, *Life and Labour of the People in London* (7 vols, 1889-1903) はラウントリー以前に生活水準をあつかったものであるが、同書については以下の研究書がある——R.O'Day and D. England, *Dr Charles Booth's Inquiry* (1993)。また、以下のものも参照せよ——H. Llewellyn Smith (ed.), *New Survey of London Life and Labour* (1932)。ブース以降にも多くの社会調査がおこなわれているが、そのなかでは以下の5書を参照せよ——M. Abrams, *Social Surveys and Social Action* (1951); A.M. Carr-Saunders and D. Caradog Jones, *A Survey of the Social Structure of England and Wales* (1927 ; revised edn, 1937); A.M. Carr-Saunders and C.A. Moser, *A Survey of Social Conditions in England and Wales* (1958); G.D.H. Cole, *The Post-War Condition of Britain* (1956) [妻との共著である *The Condition of Britain* (1937) と比較検討せよ]; D.C. Marsh, *The Changing Structure of England and Wales* (1965)。

統計については、以下の3書を参照せよ——A.R. Prest, *National Income of the United Kingdom, 1870- 1946* (1948); A.H. Halsey, *Trends in British Society Since 1900* (1972) and *Change in British Society* (2nd edn, 1981) [社会学者の立場からの解釈]。地域的なアプローチについては、以下の2書を参照せよ——S.V. Ward, *The Geography of Interwar Britain : The State and Uneven Development* (1988); C.M. Law, *British Regional Development since World War I* (1981)。政治については、以下のものを参照せよ——S. Beer, Modern British Politics (2nd edn, 1969)。

失業問題や医療問題については、以下の4書を参照せよ——J. Harris, *Unemployment and Politics : A Study in English Social Policy, 1886-1914* (1972); S. Constantine, *Unemployment in Britain Between the Wars* (1980); J. Boyd Orr, *Food, Health and Income* (1936) and, with Sir George Godber, *Medical Care : The Changing Needs and Pattern* (1970)。また、以下のものも参照せよ——PEP, *Britain's Health* (1939)。

居住環境については、これまでに挙げたものに加えて、以下の3書を参照せよ——R. Roberts, *The Classic Slum* (1971); F. Allaun, *No Place Like Home* (1972); M.J. Daunton (ed.), *Councillors and Tenants : Local Authority Housing in English Cities, 1919-1939* (1984)。

社会的流動性にかんしては、D.V. Glass (ed.), *Social Mobility in Britain* (1954) が古典的研究書であるが、以下のものも参照せよ——A.P. Heath, *Social Mobility* (1981)。生活保護については、以下のものを参照せよ——K. Jones, *The Making of Social Policy, 1830-1990* (1991)。

「福祉国家」の「諸起源」(いずれの用語も検討を要する) については、以下の8書を参照せよ——P. Thane (ed.), *The Origins of British Social Policy* (1978); D. Fraser, *The Evolution of the British Welfare State* (1973); R.C. Birch, *The Making of the Welfare State* (1974); B. B. Gilbert, *The Evolution of National Insurance in Great Britain : Origins of the Welfare State* (1966) and *British Social Policy, 1914-1939* (1970); T.H. Marshall, *Citizenship and Social Class* (1949) and *Social Policy* (1965); R.M. Titmuss, *Essays on the Welfare State* (1958)。J. Peacock and J. Wiseman, *The Growth of Public Expenditure in the United*

Kingdom (1961) は、社会福祉の代償を論じている点で貴重である。

20世紀の無方針な発展とその評価については、以下の8書を参照せよ——R. Stone, *Measurement of Consumers' Expenditure and Behaviour in the United Kingdom, 1920-1938* (1954); E.J. Cleary, *The Building Society Movement* (1965); C. Willet Cunningham, *Englishwomen's Clothing in the Present Century* (1952); J.B. Jefferys, *Retail Trading in Britain 1850-1950* (1954); A. Adburgham, *Shops and Shopping, 1800-1914* (1964); G. Rees, *St Michael, A History of Marks and Spencer* (1973 edn); A. Briggs, *Friends of the People* (1956) and *Wine for Sale* (1986)。人びとのものの考え方の変化については、以下の4書を参照せよ——H. Hopkins, *The New Look* (1964); J. Nuttall, *Bomb Culture* (1968); C. Booker, *The Neophiliacs* (1969); B. Levin, *The Pendulum Years* (1970)。

産業の背景については、以下のものを参照せよ——N.K. Buxton and D.H. Aldcroft (eds), *British Industry Between the Wars* (1979)。経済については、以下の3書を参照せよ——J.G. R. Dow, *The Management of the British Economy 1946-60* (1964); F. Zweig, *The Worker in an Affluent Society* (1962); G. Gorer, *Exploring English Character* (1960)。

社会的、文化的変化については、以下の14書を参照せよ——K. Roberts, *Leisure* (1970); A. Hawkins and J. Lowerson, *Trends in Leisure, 1919-1939* (1979); J. Minihan, *The Nationalisation of Culture* (1977); R. Low, *The History of the British Cinema, 1929-1939* (1979); R. Armes, *A Cultural History of the British Cinema* (1978); J. Richards, *The Age of the Dream Palace* (1984); A. Briggs, *Sound and Vision* (1979); L.A. Belsen, *The Impact of Television* (1967); P. Black, *The Biggest Aspidistra in the World* (1972) and *The Mirror in the Corner* (1972); *M.C.H. Smith, Paper Voices : the Popular Press and Social Change 1935-1965* (1975); J. McAleer, *Popular Reading and Publishing in Britain, 1914-1950* (1992); R. Gellatt, *The Fabulous Phonograph* (1965); G. Melly, *Revolt into Style, The Pop Arts in Britain* (1970)。

Richard Hoggart, *Uses of Literacy* (1957) は広く読まれてきた研究書であり、以下のものと比較せよ——P. Willmott and M. Young, *Family and Kinship in East London* (1957)。また、以下の2書も参照せよ——J.H. Goldthorpe, D. Lockwood et al., *The Affluent Worker* (3 vols, 1967-9); D. Lockwood, *The Blackcoated Worker* (1958)。

以下の4書を参照せよ——D. Gabor, *Inventing the Future* (1964); W.H. Beveridge, *Voluntary Action* (1948); Mass-Observation, *The Pub and the People* (1943); J. Walvin, *The People's Game, A Social History of English Football* (1971)。

宗教については、以下の2書を参照せよ——B. Wilson, *Contemporary Transformations of Religion* (1976) [重要文献] and *Religion in a Secular Society* (1964)。

第13章　現代のイングランド

この30年間の社会史にとって、新聞と定期刊行物は、ラジオおよびテレビ番組とともに重要な（おそらくもっとも重要な）史料であるが、批判的に検討してみる必要がある対象でもある。*New Society* は1988年6月に *New Statesman* に吸収されるまで、本章のテーマの多くを直接あつかっていた。*The Oldie* が1992年に刊行されたことは、世相の反映である。社会史研究に不可欠な公式刊行物である *Social Trends* は1970年から、また Sainsbury Family Charitable Trusts の助成を受けている *British Social Attitudes* は1983年から刊行されている。パンフレットにかんしては、きわめて多数のものが出版されており、パンフレットによって結論はさまざまである。一例として、1965年に設立された Child Poverty Action Group のパンフレット

と、1964年から70年にかけて300点以上が刊行された右翼系のInstitute of Economic Affairsのパンフレットを比較せよ。

メディア史の背景については、以下の7書を参照せよ――C. Seymour Ure, *The British Press and Broadcasting since 1945* (1991); J. Tunstall, *The Media in Britain* (1983); *Report of the Committee on the Future of Broadcasting* (the Annan Report) (1977); R. Day, *Grand Inquisitor* (1989) and *But With Respect* (1993); C. Shaw, *Rethinking Governance and Accountability* (BFI, 1993); G.J. Mulgan, *Communication and Control* (1991)。

A. Marwick, *British Society Since 1945* (1982) は過去30年の一部もあつかっており、参考文献が充実している。また、以下の3書も参照せよ――J. Ryder and H. Silver, *Modern English Society* (1970); P. Calvocoressi, *The British Experience, 1945-1975* (1978); N. Annan, *Our Age* (1991)。第2次世界大戦以降の「時の流れ」については、以下の2書を比較せよ――M. Sissons and P. French (eds), *The Age of Austerity, 1941-1951* (1963); V. Bogdanor and R. Skidelsky (eds), *The Age of Affluence* (1970)。また、A. Sampson, *Anatomy of Britain* (1962) を同書の1965年版、およびおなじ筆者による以下の2書と比較せよ――*New Anatomy* (1971); *The Essential Anatomy of Britain* (1992)。より広範な期間を対象とする概観については、以下のものを参照せよ――G. Cross, *Time. . . Money : The Making of Consumer Culture* (1993)。20世紀後半のイギリス社会に出現した新たな現象は、以下の4書において中心的にあつかわれている――H. Hopkins, *The Numbers Game* (1973); T. Forester (ed.), *The Microelectronics Revolution* (1980); F. MacCarthy, *A History of British Design 1830-1979* (1975); R. Hughes, *The Shock of the New* (1980)。

「階級」については、とくに以下の4書を参照せよ――I. Reid, *Social Class Differences in Britain* (2nd edn, 1981); D. Wedderburn (ed.), *Poverty, Inequality and Class Structure* (1974); F. Field, *Unequal Britain* (1984); J.H. Goldthorpe, *Social Mobility and Class Structure in Modern Britain* (1980)。

労働組合と労使関係については、以下の3書を参照せよ――J. McIlroy, *Trade Unions in Britain Today* (1988); G.S. Bain (ed.), *Industrial Relations in Britain* (1983); P. Fosh and C.R. Littler (eds), *Industrial Relations and the Law in the 1980s ; Issues and Future Trends* (1985)。

人口基礎形態の変化、およびその社会的な影響については、以下の7書を参照せよ――R.M. Williams, *British Population* (2nd edn, 1978); R. Leite, *Changing Patterns of Family Formation and Dissolution in England and Wales, 1964-76* (1979); R. Fletcher, *The Family and Marriage* (1962); C. Rosser and C.G. Harris, *The Family and Social Change* (1965); M. Young, *Leisure and the Family Life Cycle* (1975) and *Dual Families Re-examined* (1976); R. and R.N. Rapaport and Z. Strelitz, *Fathers, Mothers and Others* (1977)。

都市部については、以下の6書を参照せよ――R.E. Pahl, *Patterns of Urban Life* (1970); W.D.C. Wright and D.H. Steward (eds), *The Exploding City* (1972); B.T. Robson, *Urban Growth* (1973); A.A. Jackson, *Semi-Detached London* (1973); P. Dunleavy, *The Politics of Mass Housing in Britain, 1945-1975* (1981); A. Edwards, *The Design of Suburbia* (1981)。R. Blythe, *Akenfield* (1969) は町のスクラップ・ブックを資料としている。農業については、以下の2書を比較せよ――R. Body, *Agriculture : The Triumph and the Shame* (1983); M. Shoard, *The Theft of the Countryside* (1980)。

移民と人種問題については、以下の12書を参照せよ――S.K. Ruck (ed.), *The West Indian Comes to England* (1960); S. Patterson, *Immigration and Race Relations in Britain, 1960*

-67 (1969); P. Fryer, *Staying Power, The History of Black People in Britain* (1984); N. Deakin, *Colour Citizenship and British Society* (1970); C. Husband, *'Race' in Britain* (1989); L. Henry and P.B. Rich (eds), *Race, Government and Politics in Britain* (1986); three PEP/PSI surveys in 1966, 1974 and 1984 [1984年版は *Black and White Britain ; The Third PSI Survey* と呼ばれている]; the Scarman Report on the Brixton disorders (1982); T.J. Cottle, *Black Testimony* (1978); P. Mohanti, *Through Brown Eyes* (1985) [インド人芸術家の視点によるもの]。

以下の4書も参照せよ——R. Thomas, *The British Philosophy of Administration* (1978); A.G. Gray and W.I. Jenkins, *Administrative Politics in British Government* (1985); J. Dearlove, *The Reorganisation of British Local Government* (1979); A. Henney, *Inside Local Government* (1984)。

法と秩序については、以下の3書を参照せよ——K. Mannheim, *Aspects of Crime in England Between the Wars* (1940); F.M. McLintock and N.H. Avison, *Crime in England and Wales* (1968); M. Hough and P. Mayhew, *The British Crime Survey* (1983)。また、以下の3書も参照せよ——B. Whittaker, *The Police in Society* (1979); J. Benyon and C. Bourn (eds), *The Police : Powers, Procedures and Properties* (1986); C. Moore and J. Brown, *Community versus Crime* (1981)。L. Radzinowicz and J. King, *The Growth of Crime* (1977) は、国際的な視点のなかでイングランドの犯罪をあつかっている。

青少年と教育については、以下の9書を参照せよ——T. Musgrove, *Youth and the Social Order* (1964); O. Banks, *The Sociology of Education* (1968); M. Young, *The Rise of the Meritocracy* (1958); S. Humphries, *Hooligans and Rebels : An Oral History of Working-Class Childhood and Youth* (1981); J. Seabrook, *Working-Class Childhood* (1982); J. Kamm, *Hope Deferred, Girls' Education in English History* (1965); J. Gathorne-Hardy, *The Public School Phenomenon* (1977); K. Leech, *Youthquake : The Growth of a Counter Culture* (1973); R.W. Connell, *Ruling Class, Ruling Culture* (1977)。

仕事とそれにたいする意識については、以下の3書を参照せよ——G. Routh, *Occupation and Pay in Great Britain, 1906-1979* (1980); C. Saunders et al., *Winners and Losers, Pay Patterns in the 1970s* (1977); R. Fraser (ed.), *Men and Work in Modern Britain* (1973)。

経済については、以下の3書を参照せよ——C. Johnson, *The Economy under Mrs Thatcher* (1991); D. Simpson, *Understanding Mrs Thatcher : Conservative Economic Policy 1979-1987* (1988); G. Peden, *British Economic and Social Policy* (1988)。

サッチャーおよび「サッチャー体制」(政治ばかりでなく、出版物でも一世を風靡した) については、以下の9書を参照せよ——H. Young, *One of Us* (rev. edn, 1991); *F. Riddell, The Thatcher Government* (1985); M. Thatcher, *The Revival of Britain* (1989) and *The Downing Street Years, 1979-90* (1993); S. Letwin, *The Anatomy of Thatcherism* (1992); R. Skidelsky (ed.), *Thatcherism* (1989); D. Kavanagh, *Thatcherism and British Politics* (1987); A. Gamble, *The Free Economy and the Strong State, The Politics of Thatcherism* (1989); M. Loney, *The Politics of Greed* (1986)。

「福祉国家」については、以下の4書を参照せよ——V. George and P. Wilding, *Ideology and Social Welfare* (1987); R. Hadley and S. Hatch, *Social Welfare and the Failure of the State* (1981); R. Mishra, *The Welfare State in Crisis* (1984); P. Wilding (ed.), *In Defence of the Welfare State* (1987)。また、以下の2書も参照せよ——R. Donnison and C. Ungerson, *Housing Policy* (1982); S. Fineman (ed.), *Unemployment, Personal and Social Consequences* (1987)。

イングランド国教会にかんする研究は多数にのぼるが、とくに以下の5書を参照せよ——M. De-la-Noy, *The Church of England : A Portrait* (1993); P.A. Welsby, *How the Church of England Works* (1985); Y.M. Graham, *The Church Hesitant* (1993); D. Holloway, *The Church of England : Where is it Going ?* (1985); B. Heeney, *The Woman's Movement in the Church of England* (1988)。

君主制については、以下の9書を参照せよ——J. Cannon and R.A. Griffiths, *The Oxford Illustrated History of the British Monarchy* (1988); R. Lacey, *Majesty* (1977) [歴史解釈の点でも興味深い研究書]; J.M. Packard, *The Queen and Her Court : Guide to the British Monarchy Today* (1981); E. Wilson, *The Myth of the British Monarchy* (1989); T. Nairn, *The Enchanted Glass : Britain and its Monarchy* (1990); E. Longford, *Royal Throne : The Future of the Monarchy* (1993); A. Holden, *The Tarnished Crown* (1993); A Rowbottom, *Happy and Glorious : The Symbolic Role of the Monarchy in Modern Britain* (1989); A.N. Wilson, *The Rise and Fall of the House of Windsor* (1993)。

訳者略歴

今井　宏（いまい・ひろし）

一九三〇年生まれ。東京大学大学院博士課程（西洋史学専攻）単位取得退学。元・東京女子大学文理学部教授。著書：『絶対君主の時代』（河出文庫）、『クロムウェルとピューリタン革命』（清水書院）、『明治日本とイギリス革命』（ちくま学芸文庫）ほか、訳書：J・ケニヨン『近代イギリスの歴史家たち』（共訳、ミネルヴァ書房）ほか。二〇〇二年逝去。

中野春夫（なかの・はるお）

一九五七年生まれ。東京大学大学院博士課程（英文学専攻）単位取得退学。現在は学習院大学文学部教授。著書：『シェイクスピアの英語で学ぶここ一番の決めゼリフ』（マガジンハウス）、訳書：R・J・W・エヴァンズ『魔術の帝国―ルドルフ二世とその世界』（平凡社）、C・エリオット『英国ガーデニング物語』（集英社）ほか。

中野香織（なかの・かおり）

一九六二年生まれ。東京大学大学院博士課程（地域文化研究専攻）単位取得退学。東京大学非常勤講師などを経て現在コラムニスト。著書：『スーツの神話』（文春新書）、訳書：A・ホランダー『性とスーツ』（白水社）、J・ウォラク『シャネル　スタイルと人生』（文化出版局）ほか。

イングランド社会史《しやかいし》

二〇〇四年六月二五日　初版第一刷発行

著　者　エイザ・ブリッグズ

訳　者　今井《いまい》宏《ひろし》／中野《なかの》春夫《はるお》／中野《なかの》香《か》織《おり》

発行者　菊池明郎

発行所　株式会社筑摩書房
東京都台東区蔵前二―五―三
郵便番号　一一一―八七五五
振替　〇〇一六〇―八―四一二三

装　丁　神田昇和

印　刷　株式会社精興社

製　本　株式会社鈴木製本所

Printed in Japan ISBN 4-480-85758-3 C1022

注文・お問い合わせ、および乱丁・落丁本の交換は左記へ。
筑摩書房サービスセンター

郵便番号　三三一―八五〇七

さいたま市北区櫛引町二―六〇四

電話　〇四八―六五一―〇〇五三

◉筑摩書房の本◉

〈ちくま文庫〉
ケルトの神話
女神と英雄と妖精と

井村君江

古代ヨーロッパの先住民族ケルト人が伝え残した幻想的な神話の数々。目に見えない世界を信じ、妖精たちと交流するふしぎな民族の源をたどる。

〈ちくま文庫〉
とびきり愉快なイギリス史

ジョン・ファーマン
尾崎寔訳

愉快な「とびきり」シリーズの一冊め。歴史上のエピソードをざっくばらんに笑いのめした、ユーモアと皮肉と愛情たっぷりのイギリス史。イラスト多数。

〈ちくま文庫〉
とびきり哀しいスコットランド史

フランク・レンウィック
小林章夫訳

タータンチェック、ウイスキー、ネッシー……おなじみの素朴なイメージの下に、ドロドロでおかしくてやがて哀しき歴史がある。

解説　松村昌家

とびきり可笑しなアイルランド百科

テリー・イーグルトン
小林章夫訳

〈神秘〉のヴェールに覆われがちな翡翠色の島アイルランドの現実を、英国文芸批評の旗手イーグルトンが辛辣な筆致で描く。AからZまで全96項目の小百科事典。

前代未聞のイングランド
英国内の風変わりな人々

ジェレミー・パクスマン
小林章夫訳

イングランド人とは、一言でいえば〝食えないやつら〟である。その実態を検証し、一筋縄では捉えきれない彼らの心の奥を覗きみる瞠目のイングランド文化論。